国家社会科学基金重大项目“环境保护与经济高质量发展融合的机制、路径和政策体系研究”（项目编号：18ZDA051）

经济与管理研究文库

TANZHONGHE BEIJING XIA
ZHONGGUO JINGJI LüSE FAZHAN YANJIU

碳中和背景下中国经济绿色发展研究

■ 涂正革　著

華中師範大學出版社

新出图证（鄂）字 10 号

图书在版编目（CIP）数据

碳中和背景下中国经济绿色发展研究/涂正革著．—武汉：华中师范大学出版社，2024.3

（经济与管理研究文库）

ISBN 978-7-5769-0502-1

Ⅰ．①碳… Ⅱ．①涂… Ⅲ．①绿色经济—经济发展—研究—中国 Ⅳ．F124.5

中国国家版本馆 CIP 数据核字（2024）第 043877 号

碳中和背景下中国经济绿色发展研究

责任编辑：王 胜　　**责任校对**：方统伟　　**封面设计**：甘 英 胡 灿

编 辑 室：学术出版分社　　**电　话**：027-67863280

出版发行：华中师范大学出版社有限责任公司

社　址：湖北省武汉市洪山区珞喻路 152 号

邮　编：430079　　**销售电话**：027-67861549

邮购电话：027-67861321　　**传　真**：027-67863291

网　址：http://press.ccnu.edu.cn　　**电子信箱**：press@mail.ccnu.edu.cn

印　刷：湖北恒泰印务有限公司　　**督　印**：刘 敏

开　本：710mm×1000mm 1/16　　**印　张**：43.25

版　次：2024 年 6 月第 1 版　　**印　次**：2024 年 6 月第 1 次印刷

字　数：730 千字　　**定　价**：165.00 元

欢迎上网查询、购书

前　言

中国经济已由高速增长转向高质量发展，发展的质量和效率成为关注焦点，如何实现高质量发展是当前中国面临的新任务和新挑战。高品质生态环境作为高质量发展的重要组成部分，其需求日益增加。但高污染高排放的经济增长方式尚未取得实质性转变，生态环境治理与经济增长的不平衡问题依然存在。统筹生态环境保护和经济增长、推动中国经济绿色高质量发展，需要构建生态环境保护与经济高质量发展的融合体系，因此以下几个关键问题亟须得到回答。

理论问题：如何构建生态环境保护与经济高质量发展融合的理论基础。

当前中国的主要矛盾为人民日益增长的美好生活需要和不平衡不充分的发展之间的矛盾，站在环境角度理解便是经济下行压力与生态环境保护的矛盾。在此时代背景下，我们有必要探讨生态环境保护对中国经济和各类经济主体而言是负担还是机遇，也需要在西方既有的绿色发展理论和假说的基础上，构建推进环境保护与经济高质量发展相互融合的中国特色经济绿色高质量发展理论体系。

实证问题：何种路径能确保实现生态环境保护与经济高质量发展融合。

中国经济粗放的增长方式使得生态环境保护与经济增长之间的矛盾激化。在此背景下，中国亟待跨越环境库兹涅茨曲线拐点，进入高增长、低排放的协调发展阶段，实现绿色高质量发展。然而，实现这一目标势必要摆脱对旧发展模式的路径依赖，探寻全新的发展方向。但是中国在短期内还难以彻底扭转以模仿为主的技术结构、以工业为主的经济结构、以煤炭为主的能源结构。因此，我们需要探寻在中短期内治理生态环境问题的有效模式和在长期内稳步实现经济全面绿色转型的路径。

政策问题：推进中国经济绿色高质量发展的政策体系改革创新之路在何方。

作为解决环境污染负外部性的一种手段，环境政策在各国的绿色发展实践中取得了良好效果。但中国的市场化建设还不够成熟，环境规制整体偏弱，这都对环境政策的有效性提出了挑战。为推进生态环境保护与经济高质量发展的融合，是继续采取由政府主导的命令控制型环境政策，还是寻求创新市场激励型环境政策，抑或是多种政策配合使用？同时，环境保护不仅仅关系到工业企业的发展，还关系到政府和公众的多方利益。然而，从中国当前的环境治理实践来看，各方力量难以在生态环境保护上达成一致目标。由此，我们需要从更多角度考虑环境政策体系的改革方向。

基于对以上现实问题的思考，本书从理论机制、路径探索和政策体系三个方面，对生态环境保护与经济高质量发展的融合进行了科学、深入、系统的研究。理论机制方面，从生态环境保护与经济高质量发展融合的逻辑关系、现实困境、国际经验三个方面出发，本书既汲取了国际经验又结合中国特色的生态环境治理理论，构建区域、行业、企业等宏、中、微观三个层面的绿色全要素生产率，评价生态环境保护与经济高质量发展的融合程度。路径探索方面，除了普遍认可的技术进步、经济结构调整、能源结构转型外，本书还结合中国企业和居民的绿色行为特征，从地区和行业视角挖掘行之有效的短期、中期、长期相结合的融合路径。政策体系方面，本书一方面针对绿色产业的补贴政策、税收政策、金融政策、价格政策四大绿色产业政策工具，设计绿色产业激励政策；另一方面针对环境保护体制以及命令控制型、市场引导型、公众参与型三大环境政策工具，优化设计宏观生态环境治理体系。基于以上分析内容，本书全方位地设计了推进生态环境保护与经济高质量发展融合的方案体系，提出了切实可行的促进经济绿色高质量发展的政策改革建议。

本书是国家社会科学基金重大项目“环境保护与经济高质量发展融合的机制、路径和政策体系研究”（项目编号：18ZDA051）的最终成果。本项目的研究和本书的出版得到了复旦大学经济学院陈诗一教授、暨南大学经济学院王兵教授、华东理工大学商学院邵帅教授、华中师范大学经济与工商管理学院谌仁俊副教授和魏伟教授的大力支持与帮助，在此深表感谢。感谢中国地质大学（武汉）经济管理学院成金华教授、浙江农林大学浙江省乡村振兴研究院/经济管理学院张俊飚教授、武汉大学经济与管理学院/气候变化与能源经济研究中心齐绍洲教授、武汉大学经济与管理学院刘传江教授、华中师范大学经济与工商管理学院曹阳教授在本项目的论证环节中提出的宝贵意见和建议。

本书同样是整个研究团队共同努力的成果。华中师范大学经济与工商管理学院副教授谌仁俊，中南民族大学经济学院讲师甘天琦，武汉工程大学法商学院副教授胡天杨，清华大学建设管理系博士生邓辉，山东大学蓝绿发展研究院博士生周涛，华中师范大学经济与工商管理学院博士生王昆，青海大学计算机技术与应用学院助理教授孔稼阳，华中师范大学经济与工商管理学院讲师王智骁和博士生刘博涛、曹宇、金典、马港、程烺、毛旌宇，硕士生魏玮、陈龙、邓明曦，陈彦龙、肖庆兰、杨杰、周双双、李怡慧、戴成燕、兰受卿、刘嘉琪、周星宇、张茂榆、许章杰、冯豪、黄诗茜、姬晓晨、陶为婕、张文怡等团队成员在本书的完善过程中提供了优秀的研究思路，在撰写过程中付出了辛勤劳动，在此一并致谢。博士生马港在本书最后的校稿和完善过程中付出了大量时间和心血，再次表示感谢。

由于作者水平有限，书中难免有不足和疏漏之处，恳请同仁和读者批评指正。

涂正革

2024 年 4 月

目　录

第1章 绪　　论

1.1 研究背景与意义

1.1.1 研究背景

2020年9月，中国在联合国大会上宣布了力争在2030年前实现碳达峰、2060年前实现碳中和的目标，其本质是能源节约与环境保护问题，归根结底依然是寻求工业的绿色转型。在新时代背景下，推进工业的绿色转型关键在于提高工业绿色全要素生产率，实现经济发展与环境保护的双赢。

（1）中国经济进入由高速到高质量的“换挡期”

改革开放四十余年来，中国经济迅速增长，创造了举世瞩目的增长奇迹。《中国统计年鉴》数据显示，1978年至2022年中国GDP年均增长率超过14%，人民物质生活水平相应地大幅提高，特别是在2010年，中国超越日本成为全球第二大经济体。然而近几年来，中国经济进入调整期，GDP增速从2011年的9.3%下降到2019年的6.1%，新冠肺炎疫情冲击后的经济增长逐步放缓，2020年和2022年分别仅为2.2%和3.0%。这个经济增长放缓的过程，被称为中国经济的新常态。其关键特点是：经济增速放缓，两位数的经济增速不再出现；结构性失调与调整，特别是产能过剩等问题大量出现，如钢材、水泥等在投资驱动下出现重复建设、重复引进，以致在过去三十多年实现二三十倍的超高速增长；投资和要素驱动的经济增长动力衰减（Garnaut et al.，2013）；工业粗放增长的模式不符合绿色发展的要求，具有明显的“三高”特点——高耗能、高污染与高增长（吴敬琏，2005；Pan et al.，2011）。

（2）资源环境强约束倒逼经济增长方式转变

中国过去的经济增长模式表现出明显的粗放型特征，对资源环境的依赖性较大（Pan et al.，2011；张希良等，2022）。随着经济增长和工业化加速扩张，发达国家百年工业化进程中分阶段、分层次出现的环境问题，在中国数十年的时间内集中出现，环境与经济的矛盾趋于尖锐。据国家统计局数据显示，中国2015年能源消耗量是1978年的7.5倍之多（NBSC，2016），土壤侵蚀、空气污染、全球变暖等问题严重阻碍了中国经济的可持续增长（Xing et al.，2017；陈诗一和陈登科，2018；李卫兵和张凯霞，2019）。按国际能源署（IEA）的统计数据，2006年中国的二氧化碳（CO_2）排放总量为59.62亿吨，超过美国3.59亿吨，成为世界最大的碳排放国家。据亚洲开发银行发布的《中国环境分析（2012）》显示，在中国最大的500个城市中，有九成以上城市空气质量达不到世界卫生组织推荐的空气质量标准。《2021中国生态环境状况公报》显示，2021年中国339个地级及以上城市中，环境空气质量超标城市占比35.7%，若不扣除沙尘影响，超标城市占比43.1%，出现酸雨的城市比例达30.8%。

耶鲁大学等研究单位联合发布的《2020年全球环境绩效指数（EPI）报告》显示，中国以37.3分在参评的180个国家和地区中位居第120位，排名靠后。据《全球环境竞争力报告》显示，中国在全球空气质量排名中常年位列倒数，尤其是2006年中国二氧化硫（SO_2）排放总量为2588.8万吨，高居世界第一，其中84%都来自工业二氧化硫排放。

（3）粗放增长模式带来的环境污染危害着公众健康

经济增长产生的环境污染，对健康的负向影响也极为显著。中国经济增长过程中，环境污染对人体健康的威胁正由“隐性”步入“显性”：中国空气与水污染产生的健康成本占GDP总量的4.3%（World Bank，2007）。目前中国很多城市能源供应仍然以煤炭为主，由此带来的以煤烟型为主的大气污染是诱发呼吸系统急、慢性疾病以及心脑血管疾病和癌症的最主要危险因素之一（安树伟，2013）。基于2004年至2013年数据，复旦大学钱孝琳研究表明，$PM_{2.5}$浓度每增加100 $\mu g/m^3$，肺癌的发病率增加12.07%。世界著名医学杂志《柳叶刀》公布的《全球疾病负担报告（2013）》特别提到，在中国约20%的肺癌与大气

$PM_{2.5}$ 污染有关。世界卫生组织（WHO）调查表明，全球80%的疾病和50%的儿童死亡都与饮水水质不良有关。同时，据中国疾病防控中心（CDC）的报告，饮用受污染又未经净化的水，会导致痴呆症、肾结石、心血管疾病甚至癌症等多种疾病。因此，为了自身健康，公众参与环境治理的理念和程度逐步提高：宏观层面，中国近20年里，公众参与环境治理的需求急速增长，逐渐由“环境关心”转变到“环境行动”，公众的崛起正在打破环境保护的力量格局；微观层面，公众参与的内容扩充和渠道扩展加快了环境治理速度与成效，促使了“象征参与—实质参与—科学参与”的路径转变。

(4) 中国环境问题存在压缩性、复合性和结构性的典型特点

①中国环境问题的压缩性特点

压缩型经济社会的典型特征是工业化进程超速发展，产业结构急剧转变、资源环境问题愈加复杂。在压缩型工业化过程中，环境问题也表现出与传统发达国家不同的形态，即多样性和复合性，既有与贫困落后相关联的环境破坏问题，也有伴随高收入、工业化而产生的如汽车公害、有毒化学物质、固体废弃物剧增等与高水准工业化相关联的环境污染问题（刘建涛和贾凤姿，2012）。

②中国环境问题的复合性特点

复合型污染是指一定区域内不同类型或同一类型的污染物在一定时空内彼此影响和相互渗透，使得生态环境污染出现点源、线源、面源相互重叠和交叉的共生性污染现象。这一方面是由于贫困和发展不足而产生的土地贫瘠化、自然资源枯竭和人类居住环境恶化，如卫生用水没有保障等问题；另一方面是由于发展过快或不当产生的水污染、空气污染、土地污染等环境问题，如由工业、城市生活中产生的排放物和农业面源带来的水体有机污染富营养化问题。大气二氧化硫、颗粒物污染等老环境问题还没有解决，新问题又接踵而至，如危险废物、微量有机污染物、土壤污染问题以及伴随社会消费转型的机动车尾气污染、电子废物与有害建筑材料等问题，从而形成了新旧污染与二次污染相复合的发展态势（曲久辉，2005；陈健鹏和李佐军，2013；王帆宇，2016）。

③中国环境问题的结构性特点

结构性污染是经济发展过程中的一个普遍现象，指经济系统中的某种结构与污染状况有直接或间接的关系。中国能源消费以煤炭消费为主，具有显著的结构特点。长期以来，煤炭消费占总体能源消费的三分之二左右。在单位GDP

能耗过高的情况下，大量的能源需求，意味着需要燃烧大量煤炭。煤炭在燃烧过程中，释放大量的二氧化硫、烟尘等污染物，从而造成严重的大气污染。不仅如此，黑色金属等六大高耗能行业还是水污染和固体污染的重要来源。中国过度依赖煤炭的能源消费结构导致中国环境不断恶化，严重影响人们生活质量和健康水平（陆诤岚，2005；钟定胜和张宏伟，2005）。

（5）降碳减污增效已经列入国家发展规划

党的十八大以来，生态文明建设被摆在治国理政的突出位置，生态环境保护工作成为生态文明建设的主阵地和主战场，低能耗和低排放逐渐成为环境保护的核心目标和主要任务。“双碳”目标，其本质是能源节约与环境保护问题，归根到底依然是寻求经济的绿色转型。中央和地方出台了大量法律法规，如专门针对工业的《工业绿色发展规划（2016—2020年）》《关于加强长江经济带工业绿色发展的指导意见》《关于加快推进工业节能和绿色发展的通知》《“十四五”工业绿色发展规划》，希望通过立法解决空气污染问题。包群等（2013）认为单纯的立法并不能抑制污染，需要严厉的监管和执法才能保证法律发挥效果。

鉴于此，国务院先后颁布了重新修订的《中华人民共和国环境保护法》和《中华人民共和国大气污染防治法》，2016年通过的“十三五”规划（2016—2020年）更是提出明确要求，地级及以上城市每年的重污染天数要减少25%，到2020年全国空气质量优良天数比率要超过80%。国务院和生态环境部也实施了多项专项治理行动，包括中央环保督察、京津冀及周边地区大气污染防治专项计划、大气污染防治强化督察等。中央政府已经将环境治理作为政府工作的重中之重，不仅持续加强生态文明建设的顶层设计，深入激活地方政府官员这层环境保护的中坚力量，而且还广泛激发公众和媒体这层环境保护的大众力量，以期形成环境多方共治的有利态势。

为此，中国已在“十四五”规划中将持续改善环境质量作为重要内容并明确指出，坚持绿水青山就是金山银山理念，坚持尊重自然、顺应自然、保护自然，坚持节约优先、保护优先、自然恢复为主，实施可持续发展战略，完善生态文明领域统筹协调机制，构建生态文明体系，推动经济社会发展全面绿色转型，建设美丽中国（见图1.1）。

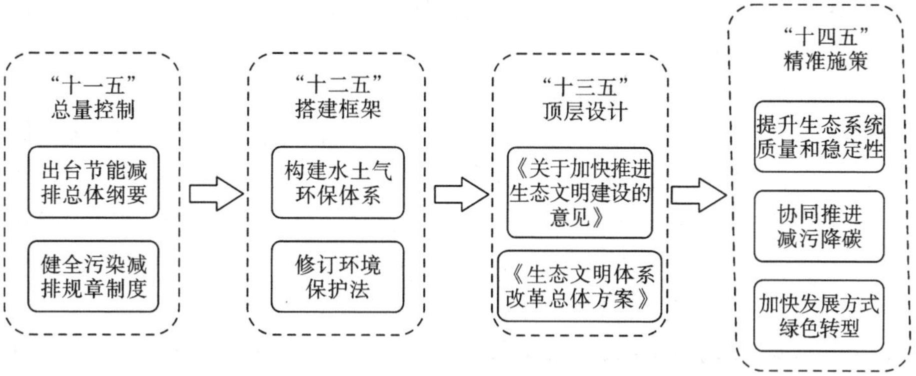

图 1.1　从"十一五"到"十四五"的环境治理规划

1.1.2　研究意义

中国作为发展中国家，既不能一味追求经济增长而无限度牺牲环境，也不能只重视环境保护而忽视经济发展，推动实现经济增长与环境保护相协调的绿色发展才是新时代中国经济发展的必然选择（史丹，2018；林伯强和谭睿鹏，2019)。因此，在国内环境问题日益严重，经济亟须转向与环境相协调的绿色发展的当下，深入讨论绿色与发展融合的机制，科学测度和评价中国的绿色发展绩效，探究绿色增长的动力来源，准确识别重要环境政策与绿色发展之间的关系，对于新时代推动中国生态文明建设和绿色发展具有重要意义。这主要体现在以下几个方面。

(1) 绿色与发展融合的理论推进

现有成果主要集中研究经济发展与环境保护的相互关系，缺乏对二者融合机制的探讨，尚未构建总体模型将经济发展与环境保护结合起来，通过统一视角进行研究。目前学术界对绿色发展的界定和思考较为丰富，但是缺乏将绿色发展与环境保护相融合的研究成果。由此，本研究从绿色发展的内涵和新时代经济发展特征入手，对环境与经济的交互影响进行重新梳理，引入内生方向性距离函数模型来测度中国工业绿色发展绩效。本研究相对于已有研究的独到价值和意义在于以下几个方面。

①学术探讨方面

目前国内关于绿色发展的相关研究较为丰富，但研究内容还有待补充和深入，缺少对绿色发展的环境价值进行单独探讨的内容。本研究以绿色发展中的绿色为切入口，研究其环境效率与价值，将经济与环境的相互关系统一到一个更高的维度进行分析，在理论上可弥补现有文献的不足，进一步丰富相关研究领域。具体体现在：将资源环境因素纳入效率和生产率分析框架，并引入内生方向性距离函数模型来测度中国工业绿色发展绩效；基于节能减排目标的视角将绿色与发展进行融合分析；多层面探讨中央环保督察对河北省生态、经济、社会效益的影响，对全国地级以上城市空气质量的影响以及对企业绿色高质量发展的影响；从环境激励政策视角探究绿色发展的实现路径；通过对非政府组织和第三方机构两种环境治理的参与形式进行评估，为学术界探讨公众如何有效参与环境治理提供理论依据；剖析地方政府环境治理机制，研究我国环境治理机制的内核。

②应用实践方面

本研究在结合国际经验的基础上探索适合中国新时代国情的绿色发展道路，探索经济与环境协调发展路径，找到绿色发展的环境推动力和重要着力点，为精准施策、实现“双碳目标”提供应用方面的理论依据。比如：如何更好地以改善生态环境质量为核心，发挥生态环保对经济发展的倒逼、约束和推动作用，从而推动供给侧结构性改革和提高全要素生产率（TFP）。本研究对提高中国环境治理水平、促进企业节能减排和绿色技术创新及保障公众健康等都有启发价值与实践意义。

（2）绿色与发展融合测度的方法探索

当前经济进入新常态，新时代发展过程面临着一系列机遇与挑战，新的经济增长动能亟须被挖掘，而绿色全要素生产率便为新时代发展指明了方向。通常意义上，全要素生产率被视为科技进步的指标，它主要来源于技术进步、生产创新、管理创新、社会经济制度改革等因素。绿色全要素生产率是在资源枯竭与环境恶化状态下分析经济增长来源的重要工具手段。因此，本研究从方法论上重构符合新时代特征的区域、行业与企业绿色全要素生产率指标体系。其研究意义和价值体现在以下几个方面。

①学术意义方面

虽然国内外已经具备全要素生产率与绿色全要素生产率的诸多研究，但是在测算方法的改进和完善上还有待持续深入。本研究聚焦工业绿色发展的效率与生产率分析，拓宽内生方向性距离函数模型的应用，为中国绿色发展绩效提供一个新的科学测算模式，这对于科学考察中国工业绿色转型、可持续发展具有重要的理论和实践意义，也能为加快推进中国绿色发展提供重要经验参考，为经济环境政策制定提供重要启示。本研究突破了方法论的研究难点，完善了绿色发展理论，全面揭示了中国绿色与发展的融合机理，丰富了现有方法体系。

②社会意义方面

党的十八大以来，以习近平同志为核心的党中央把生态文明建设摆在治国理政的突出位置，生态环境保护成为生态文明建设的主阵地和主战场，低能耗和低排放逐渐成为环境保护的核心目标和主要任务。2020 年 9 月，中国在联合国大会上宣布了力争在 2030 年前实现碳达峰、2060 年前实现碳中和的目标，其本质是能源节约与环境保护问题，归根到底依然是寻求经济的绿色转型。为此，政府出台了一系列促进经济绿色发展的政策，如专门针对工业的《工业绿色发展规划（2016—2020 年）》《关于加强长江经济带工业绿色发展的指导意见》《关于加快推进工业节能和绿色发展的通知》《“十四五”工业绿色发展规划》等。2021 年 11 月 11 日习近平主席在亚太经合组织工商领导人峰会上也指出，要协调好经济增长与节能减排，在经济发展中促进绿色转型、在绿色转型中实现更大发展。同时，绿色全要素生产率的提升有助于中国跨越中等收入陷阱。根据亚洲生产率组织（APO）的测算，1995 年至 2000 年、2001 年至 2005 年、2006 年至 2010 年等三个时间段，全要素生产率对美国经济增长的贡献分别为 35％、46％、36％，而韩国则分别为 32％、38％、63％。美国、韩国的测算数据表明，经济发展进入相对稳定的成熟期后，全要素生产率对经济增长的贡献更加重要。因此，科学测度和评价中国工业的绿色发展绩效、识别和探究绿色增长的动力来源作为一项基础的测度工作，对于新时代推动中国生态文明建设和绿色发展具有重要现实意义。

③应用意义方面

效率和生产率分析被国内外学者广泛用于测度经济绩效、探究经济增长的内在动力。效率和生产率指标已成为衡量一个国家或地区经济发展质量的重要指标。本研究将资源环境因素纳入效率和生产率的分析框架，给效率和生产率赋予“绿色”内涵，得到的绿色发展效率和绿色生产率增长可以很好地衡量经济的绿色发展状况，具有广泛的应用价值。这主要表现在三个方面：其一，优化了绿色全要素生产率的计算方式；其二，为绿色全要素生产率增长的影响因素和作用机理提供科学的判断，为绿色全要素生产率的提升路径提供依据；其三，根据测度的绿色全要素生产率，准确揭示绿色全要素生产率作用机制的真实差异与普遍规律，为使用倍差法（DID）、断点回归设计（RDD）等因果识别方法探索促进绿色与发展融合的政策体系提供支撑。

（3）实现绿色与发展融合路径的政策解析

现有文献未全面系统地从环境保护和绿色发展的内涵和外延出发，结合中国式环境保护的新进展，梳理两者融合的理论逻辑和困境，并通过一系列的重大政策评估来探寻中国绿色发展的国际国内先进路径。因此，本研究根据上述研究思路，对如何实现绿色与发展融合进行可行路径、微观激励政策与宏观保障体系相结合的政策探索，对新时代中国工业实现绿色发展和高质量发展有着重要的借鉴意义。

①学术意义方面

本研究从能源要素配置视角，从微观层面采用倍差法识别“十一五”规划地区节能目标的政策效果，弥补现有文献对地区节能目标政策研究的不足，补充节能政策引致能源错配的经验证据。识别总量减排目标政策下的经济冲击以及最优减排目标选择，并考虑碳排放权交易机制对实施减排目标政策的组合效应，对相关文献大多聚焦正在实施的碳强度减排目标政策是一大补充。从宏微观层面，本研究探讨中央环保督察对河北省生态、经济、社会效益的影响，对全国地级以上城市空气质量的影响以及对企业绿色高质量发展的影响，分析各种激励政策手段（二氧化硫排污费征收标准调整的环境规制政策、绿色信贷和绿色债券等绿色金融政策，以及全国文明城市的评选政策）能否实现减排和增效的高质量发展。本研究以环境非政府组织在 2008 年发布的一项污染源信息公开指数（PITI）为准自然实验，利用倍差法估计政策效果，以极具社会影响的《中国企业绿色透明度报告》为例，研究第三方评估对企业市场价值的影响。基于“政府、市场和公众”环境治理框架，本研究分析绩效考核、公众诉求和市场法治对地方政府环境治理行为的影响，对公众参与型环境政策的治理效果进行评估，聚焦“两控区”（酸雨控制区和二氧化硫控制区）和二氧化硫排放权交易试点政策在城市工业层面与企业层面的实践，研究并比较这两类环境政策。这一系列研究将进一步丰富环境保护相关领域的研究成果。

②社会意义方面

对目前的主流环境政策与产业政策进行评估能够及时发现问题，纠正政策在执行过程中出现的各种偏误，强化政策的可行性和科学性。任何一项政策在执行初期都会或多或少地遇到“一刀切”“表面化”“形式化”等各种阻力和问题，对现有政策进行及时研究能够提出科学合理的政策建议，修正和改善执行情况，有力推动中央政策的贯彻落实。

③应用意义方面

根据国际经验和中国实际，探索出一种符合中国国情的绿色与发展融合模式，不仅可以对现有污染进行全面综合的治理，改善中国目前严重的环境污染问题，提升公众的生活质量，还可以达到促进经济结构转型、促进产业升级、增强经济可持续和高质量发展的目的，同时为其他发展中国家提供绿色发展经验。

1.2 研究目的、主要内容与分析框架

1.2.1 研究目的

本研究立足中国新时代发展现状与特征，聚焦绿色与发展融合的机制、路径和政策体系研究，以期达成以下理论、实证和政策三大方面的研究目的。

(1) 理论目的：回答如何构建绿色与发展融合的理论基础

当前中国的主要矛盾已转变为人民日益增长的美好生活需要和不平衡不充分的发展之间的矛盾，从环境角度解读便是新常态经济下行压力与环境保护的矛盾。那么，在经济下行压力还未解除而公众对“绿水青山”的呼吁日益高涨的时代背景下，强调生态环境保护对企业而言是负担，还是新的发展机遇？如何构建适合中国新时代绿色与发展融合的理论机制？西方既有的绿色发展理论或假说（如外部性理论、环境库兹涅茨曲线、污染天堂假说、波特假说），能否在新时代下推进绿色与发展融合的实践中成立？具有中国特色的“两山”理论又能否在新时代加强生态环境保护并转变经济增长方式中得到印证？新时代背景下环境保护和绿色发展的内涵、外延以及两者融合的理

论逻辑和困境是什么？以上问题是本研究要重点突破的融合理论问题，也是开展具体研究的出发点。

（2）实证目的：探寻何种路径能确保实现绿色与发展融合

长期以来，中国依靠粗放型经济增长方式取得了史无前例的高速增长，但也因此付出了巨大的环境代价，环境保护与经济增长矛盾激化，经济进入环境库兹涅茨曲线中高增长、高排放的不协调发展阶段。在此背景下，中国亟待利用新时代经济增长的换挡期，跨越环境库兹涅茨曲线拐点，实现绿色发展，进入高增长、低排放的协调发展阶段。然而，要想实现绿色与发展融合，势必要摆脱旧的路径依赖，并走向全新的发展方向。

普遍的观点认为，技术水平、经济结构与能源结构是推进绿色与发展的融合路径。但是，对于中国而言，以引进模仿为主的技术水平、以工业发展为主的经济结构、以煤炭消耗为主的能源结构均在短期内难以实现巨大改变，尤其是只能希冀优化刚性需求的能源结构成为推进绿色与发展融合的长期手段。因此，以下问题亟待回答：中国多个层面的绿色发展效率（静态指标）和绿色全要素生产率变化（动态指标）如何变化？中国工业绿色发展绩效的真实状况、地区差异等具有何种特征？契合新时代特征的中国式绿色发展的先进路径有哪些？以上问题是本研究要重点破解的融合评价和路径问题，也是开展具体研究的核心点。

（3）政策目的：解答经济绿色发展的改革创新之路在何方

以提升清洁生产技术、转变当前以高耗能与高投资为主的生产要素结构为核心的绿色产业，是新时代绿色与发展融合的重要体现。绿色产业的崛起需要匹配合理的微观激励政策，然而，近年来以新能源产能过剩、新能源汽车骗补为代表的财政补贴扭曲现象频发，不能不让人怀疑现有的绿色产业政策是否能充分发挥正向激励作用。同时，作为解决环境污染负外部性的一种手段，环境政策在各国绿色发展实践中呈现出多种形式。在中国，市场化建设还不成熟，环境规制整体偏弱，为推进绿色与发展融合，是继续采取政府主导的命令控制型环境政策，还是创新市场引导型环境政策，抑或两种方式配合使用？同时，环境保护不仅仅是工业企业发展的事，还关系到政府和公众的多方利益。然而，从中国当前的环境治理体系来看，各方力量难以在环境保护上达成一致目标，如中央更看重环保而地方更在乎 GDP，上游地区偏好在河流边界建厂进而将污染“转嫁”给下游地区，公众对环保的诉求缺乏有效途径等。由此，为推进绿色发展，以微观产业激励政策和宏观环境治理政策为核心的政策体系改革创新之路在何方？这些问题都亟待探索并得到解决。

具体而言，在微观企业层面，“西低东高”的节能目标政策会造成区域经济增长与降低能耗的双失衡吗？在宏观层面，实施总量减排目标政策，中国工业能否实现经济增长与二氧化碳总量减排的双赢发展？作为具有中国特色的环境规制政策的代表，中央环保督察行动背后的逻辑以及带来的生态—经济—社会效益具有什么特点？除了强硬的环境规制政策，新发展时期下的环境激励政策与企业绿色高质量发展之间有何种关系？公众参与环境治理具体的诉求和需要是什么以及如何有效开展？非政府组织和第三方专业机构参与环境治理的作用有何不同？公众参与型环境政策的实施是否有效？“两控区”和排放权交易试点政策在城市工业层面与企业层面的实践有何不同？上述问题是本研究要重点解决的政策体系问题，也是开展具体研究的落脚点。

围绕上述问题，本研究将在绿色与发展相融合的概念、评价、政策三大方面进行深入探讨。

其一，概念：弄清楚什么样的增长才是绿色与发展的融合模式。

本研究不仅需要从国际社会、中国实际、宏观层面、中观层面、微观层面等不同维度全面界定“绿色发展”这一概念，而且要从环境保护这一角度来重点界定“与环境保护相融合的绿色发展”这一概念。这里至少包括四层依次递进的含义：一是环境保护至少不损害经济发展，二是环境保护要促进经济发展，三是发展经济时不能牺牲环境质量，四是发展经济时同样要提升环境质量。对此概念的界定需要从以上四个维度进行考虑。本书旨在全面系统地从环境保护和绿色发展的内涵和外延出发，结合中国式环境保护的新进展，梳理两者融合的理论逻辑和困境，从内涵解读、指标测度、政策评估等多个角度补充现有研究的不足，为中国式绿色发展夯实理论基础。

其二，评价：测度绿色与发展的融合程度，探索融合路径。

本研究需要找到一个国内社会认同、国际社会认可，能科学评价环境保护与经济发展二者融合程度的一套指标体系——本研究定义的绿色全要素生产率衡量体系，在环境保护和经济发展双重视角下，这一套指标体系同样包含至少三个层面的含义：一是同样的产出下投入要尽可能地少，二是同样的投入下“好”产出要尽可能地多，三是同样的投入下“坏”产出要尽可能地少。这种测度方式既要能客观反映环境、资源与经济的协调性，又要能够保证在经济理论中保持稳定性和持续性，所以需要尽可能地满足以上三个重要前提。本研究基于环境效率和生产率的理论，针对中国工业绿色发展绩效的经验评估这一核心命题，秉承“充分让数据说话”的原则构建一个新的绿色发展分析框架，并希望借助内生方向性距离函数、Luenberger生产率指标、Dagum基尼系数等研究方法，测度出多个层面的绿色发展效率（静态指标）和绿色全要素生产率变化（动态指标），进一步从静态、动态两个角度深入探究中国工业绿色发展绩效的真实状况、地区差异等的演变特征，以此探寻中国式绿色发展的有效路径。

其三，政策：为制定出合理的环境、经济政策提供科学依据。

本研究综合梳理和总结国内外发展经验，尤其是借鉴与中国有着相似发展道路的国家的经验，改良和创新现有的不利于实现环境与经济融合发展的环境政策。决定环境政策效果的关键问题在于政策对象与方法的科学性与合理性、政策执行者的正确理解和执行、政策相关者的参与和反馈。所以具体来说，制定促进绿色与发展相融合的环境政策在于明确对象与手段、确保执行过程与效果、促进参与和反馈三大环节。这需要找到影响这三大环节的关键因素并据此提出合理的政策建议。本研究总结了美国和日本治理污染的成功经验，其共性如下：第一，重大公害事件普遍发生在工业化率接近顶峰时期；第二，公害事件暴发引发公民意识觉醒，政府惩治污染决心更加坚定，倒逼政策密集出台；第三，都经历了公害治理、环境保护、循环发展这三个阶段；第四，污染治理手段都经历了行政化（如制订污染排放标准）、法治化（征收环保税）、市场化（设立排污权交易制度）三个阶段；第五，污染治理有赖于经济结构调整，包括产业结构和能源结构的调整。本研究在梳理国际先进经验的基础上，进一步深入考察国内多类环保政策的现实效果，以期为中国式绿色发展提供有益借鉴和参考。

1.2.2 主要内容与分析框架

（1）主要内容

绿色与发展融合的理论、路径和政策体系研究，是一个系统且需长期探索的重大工程。因此，为缓解环境与经济间矛盾升级，本研究将从区域（宏观）和企业（微观）两个层面来展开。其中，在宏观层面，笔者选取省（自治区、直辖市）[以下称省（区、市），本书所涉及的各种划分，除特别说明外，均不包括港、澳、台地区] 和地级市为研究对象，重点剖析省（区、市）和地级市层面的绿色与发展的融合程度，同时将省（区、市）划分为八大综合经济区，将城市划分为十九个城市群，进一步考察地区之间的异质性，继而在此基础上评估绿色与发展融合的可行路径和政策体系。在微观层面，笔者考虑到企业对环境保护的偏好差异，主要选取上市工业企业作为研究对象，重点考察微观企业在环境保护与经济高质量融合发展的过程中，如何充分把握中国绿色转型的重大机遇，实现高质量发展。

推进绿色与发展融合，是对“两山”理论的实践诠释。然而，在经济下行压力倍增的新时期，推进绿色与发展融合面临诸多困难。理论上，波特假说支持经济与环境的双赢发展，但是其较为苛刻的理论假设以及创新补偿的滞后性，使得各国在实践中往往很难实现双赢。尤其对于发展中国家而言，在亟待发展经济的情况下，还要添加环境与能源的强约束，更是巨大的挑战。在这些众多的理论假设中，合理而严格的环境规制是一个非常重要的外生必要条件。因此，全新的绿色发展革命，必将意味着政策体系的全面革新。只有合理而严格的产业政策和环境规制，才有可能推动企业积极主动地走向绿色与发展的融合之路。

为此，笔者从机制、路径和政策三方面，对绿色与发展融合进行科学、深入和系统的研究：在机制方面，主要通过分析绿色与发展融合的内涵外延、发展现状、逻辑关系、现实困境与国际经验等五大方面，设计既汲取国际经验又借鉴符合中国新时代国情的融合理论，并构建和测度省（区、市）和地级市层面的绿色全要素生产率，精准评价绿色与发展的融合程度；在路径方面，除关注普遍认可的技术水平、经济结构与能源结构路径外，还结合中国企业与居民的绿色微观行为特征，从多个视角挖掘更多体现新时代特征且行之有效的短期、中期与长期路径；在政策方面，一方面针对节能减排目标政策、中央环保督察行动、环境激励政策（排污收费标准调整、绿色信贷、绿色债券、全国文明城市建设）、公众参与型环境政策进行效果评估，另一方面将“两控区”政策和排污权交易试点政策作为命令控制型政策和市场引导型环境政策的代表，从宏观的城市层面和微观的企业层面比较两大类环境政策工具的实践表现，以此对融合实现路径、微观产业激励政策和宏观环境治理政策三个维度进行深入研究，全方位设计推进绿色与发展融合的方案体系，提出切实可行的绿色与发展融合改革建议。余下章节的主要内容具体如下。

①全面解读绿色与发展融合的理论机制

第2章多角度且全面系统地从以下几个方面对理论机制开展深入解读：绿色发展的内涵和外延；中国环境保护发展现状和未来趋势；绿色与发展融合的理论逻辑、现实困境和国际经验。

②测度与解析中国工业绿色发展绩效

第3章立足于中国工业绿色发展绩效测度这一主题，聚焦工业绿色发展的效率与生产率分析，引入内生方向性距离函数模型进行绿色发展效率的测度，再利用 Luenberger 生产率指标进行绿色生产率增长的测度，并对绿色生产率变化进行新的分解，从而构建一个评价绿色发展的新的科学框架。

③评估减排政策的环境效果

第4章分别评估“十一五”规划中节能减排目标政策和如今更为严格的总量减排目标政策的降污减排效果，并进一步分析其对经济增长的影响。此外，拓展和构建减排目标政策下基于方向性距离函数的行为分析模型，试图回答总量减排目标政策对工业增长的潜在影响，并由此探寻绿色增长下的最优减排目标。

④科学评价中央环保督察的环保效果

第5章采用完全饱和断点回归模型，以河北省为例，分析环保督察对空气质量问题的处理效应，度量试点督察给规模以上工业企业造成的经济损失并据此分析环保督察改善空气质量的内部机理，评估河北省空气质量改善带来的环境健康总福利。进一步地，笔者分别采用断点回归设计和多期倍差法，识别中央环保督察对全国地级以上城市空气质量和上市工业企业绩效的影响，由此回答相较以往更为严格、“党政同责”的命令控制机制对社会效益和企业绩效的影响。

⑤评估环境激励政策带来的绿色发展效果

第6章，一是采用倍差法检验排污费标准调整是否能实现二氧化硫减排效果，并进一步运用三重差分方法考察排污费标准调整在企业层面的影响；二是科学地测度工业企业的绿色全要素生产率，并采用倍差法及一系列稳健性检验对工业企业绿色全要素生产率受绿色信贷政策的影响进行衡量；三是利用多元回归实证检验发行绿色债券和普通债券对两类企业产生的不同效果，进一步解析发行绿色债券影响企业市场价值的长期内在机制；四是利用倍差法从微观视角系统考察授予全国文明城市称号在环境治理领域的政策效果。

⑥ 公众参与型环境政策的宏微观效应分析

第 7 章不仅从宏观层面探讨非政府组织参与对地区绿色发展效率的影响，而且在合法性理论与信号传递理论的基础上引入第三方评价的作用，探讨微观视域下第三方机构环境信息披露评价对上市企业市场价值的影响和作用机制。

⑦ 环境与经济协调发展的环境治理路径探寻

第 8 章从城市和企业两个层面着手，比较政府“威逼型”“两控区”政策和市场“利诱型”二氧化硫排放权交易政策的净效应和组合效应，以厘清中国高污染企业的真正减排诱因，同时分析两类环境规制政策对于相关制造业企业经济总量及质量的影响。

⑧ 结论、启示和展望

第 9 对全书作简要归纳和总结，并提出未来值得进一步深入研究的焦点问题（见图 1.2）。

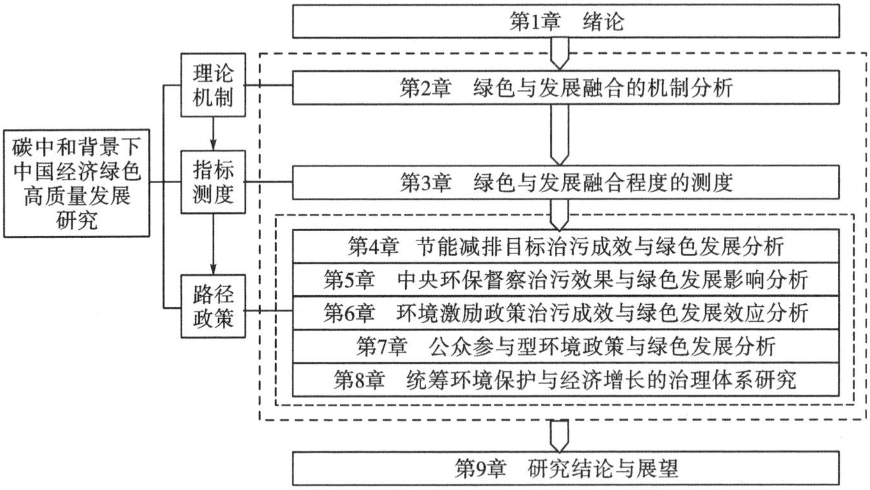

图 1.2　研究脉络

（2）分析框架

本研究全面系统地分析绿色与发展融合的理论、路径和政策体系，总体研究框架为：首先，通过对绿色发展等核心元素的内涵外延解析，结合环境保护发展现状进行未来趋势展望，展开绿色与发展融合的逻辑关系、现实困境与国际经验的文献研究和案例分析，进而从理论上构建推进绿色与发展的融合机制，为后续经验分析奠定扎实的理论基础。

其次，从省（区、市）和地级市两个层面，构造绿色全要素生产率指数，以评价绿色与发展融合程度。接着，从融合实现路径、环境激励政策和宏观环境治理体系三个维度，深入剖析绿色与发展融合的推进方案。具体而言，对节能减排目标政策、中央环保督察行动、环境激励政策（排污收费标准调整、绿色信贷、绿色债券、全国文明城市建设）、公众参与型环境政策进行效果评估，同时在探究绿色信贷政策对企业绿色高质量发展影响效果时测度工业企业层面的绿色全要素生产率，此外还将“两控区”政策和排污权交易试点政策作为命令控制型政策与市场引导型环境政策的代表，从宏观的城市层面和微观的企业层面比较两大类环境政策工具的实践表现和效果。

最后，根据对节能减排目标政策、中央环保督察行动、系列环境激励政策、公众参与型环境政策、命令控制型政策和市场引导型环境政策的评估结果，充分结合当前相关政策导致的产业扭曲等诸多绿色发展问题，以及相关重点行业企业绿色全要素生产率变化情况，从完善宏观环境治理体系和保障微观企业绿色转型的角度，设计和提出促进绿色与发展融合的可行路径和政策建议，助力我国绿色发展。

本研究从背景、机制、测度、路径与政策五个维度，探讨绿色与发展的融合。其中，第 1 章主要通过介绍研究背景来引出研究内容，第 2 章为理论机制部分，第 3 章为指标测度部分，第 4 章和第 5 章为实现路径部分，第 6 至第 8 章则是政策体系部分。各章节与整体之间、各章节相互之间存在紧密的内在逻辑关系。

第 1 章和第 2 章是研究的理论基石，不仅通过背景介绍引出研究的问题，而且解析绿色发展等核心元素的内涵外延、环境保护发展现状和未来趋势，梳理绿色与发展融合的逻辑关系、现实困境与国际经验，为本研究奠定扎实的理论基础，一方面为后续构建融合指标提供科学依据，另一方面为设计融合路径和政策体系提供基本思路。

第3章是整个经验分析的核心，重点从多个层面，以绿色全要素生产率为测度指标，评价绿色与发展的融合程度，既是对第2章融合理论的深化研究，又能为后续相关研究提供实证参考和经验分析中所需的被解释变量。其中关于企业层面的指标测度，在第6章分析绿色信贷政策对企业绿色高质量发展影响时被使用到，因此将企业层面的测度过程放到了第6章。基于前三章构成的理论机制部分，本研究将先开展实现路径研究，继而探讨引导走向实现路径的政策体系，最终得出推进绿色与发展融合的现实方案。

第4章和第5章是环保政策的案例分析，重点从区域和企业两个角度，以节能减排目标和中央环保督察为切入点，研究并设计绿色与发展融合的重要实现路径，为中国的绿色低碳发展选择“软约束”还是“硬约束”的路径提供有益参考。

第6至第8章则是绿色与发展融合的政策探索，分别从环境激励政策、公众参与型环境政策和宏观环境治理体系三个维度，评估和改进绿色与发展融合的政策体系，提出适合中国新时代国情的政策建议，以推动融合路径的实现。其中，第6章在科学测度工业企业的绿色全要素生产率的基础上，检验排污费标准调整是否能实现二氧化硫减排效果，衡量工业企业绿色全要素生产率受绿色信贷政策的影响，检验发行绿色债券对企业产生的特殊效果，考察授予全国文明城市称号在环境治理领域的政策效果。第7章分析公众参与环境治理的微观证据，并探讨非政府组织参与对地区绿色发展效率的影响和第三方机构环境信息披露评价对上市企业市场价值的影响和作用机制，为政策体系的构建指引设计方向。第8章依次从环境治理框架与具体环境政策工具（包括命令控制型和市场引导型两大类）两方面，设计保障绿色与发展融合的宏观环境治理体系。由此可见，本研究设置的各章节之间联系紧密，环环相扣，共同支撑本研究最终提出切实可行的推进绿色与发展融合的改革建议。具体的总体分析框架如图1.3所示。

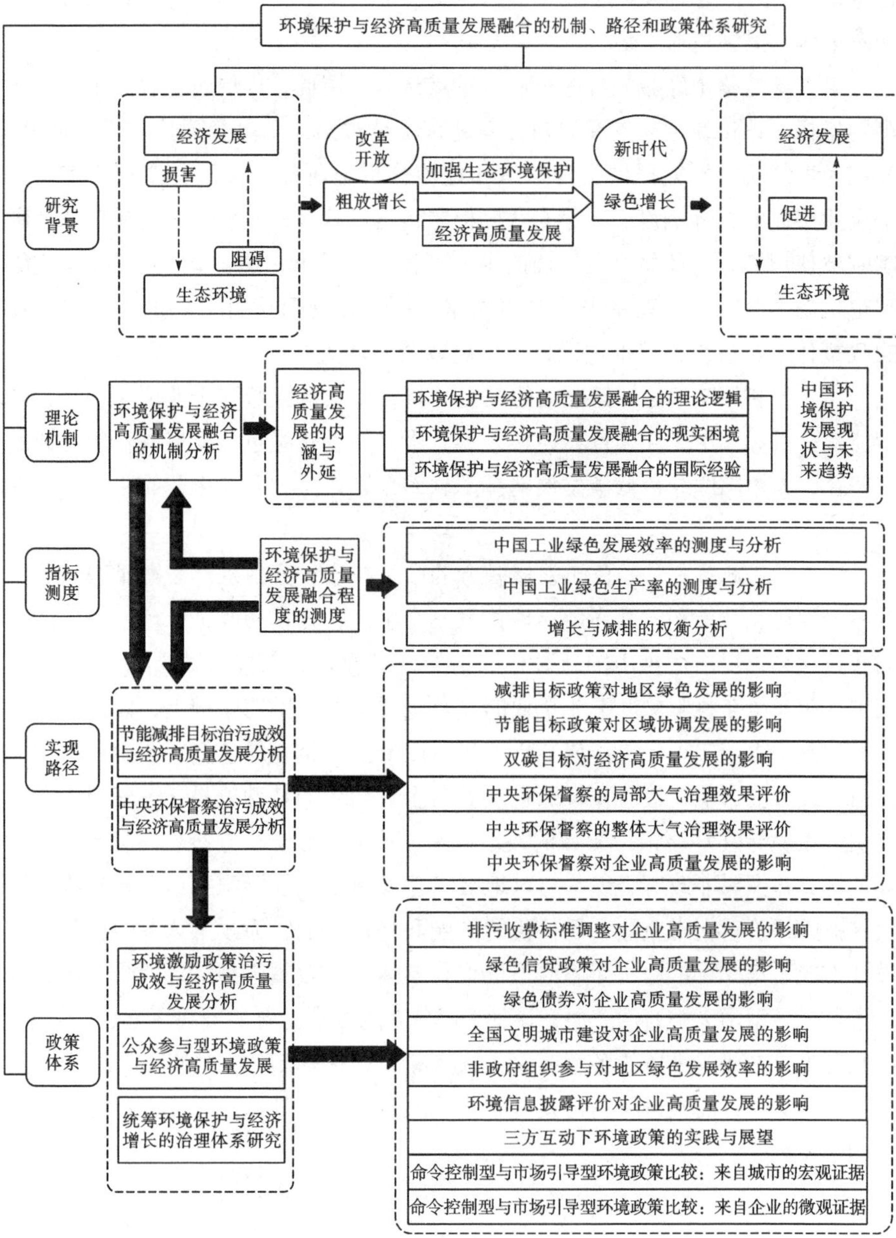

图 1.3　本研究的总体分析框架图

1.3 研究价值

目前对绿色与发展融合还缺乏科学、深入和系统的研究，理论上缺乏对绿色与发展融合机制的系统研究，实践上缺乏对实现绿色与发展融合的路径和政策体系的深入探讨。为服务国家发展战略，应对现实重大理论和实际问题，本研究特全面开展具有中国特色的绿色与发展融合的机制、路径与政策体系研究，设计绿色与发展融合的评价指标模型，从省（区、市）、地级市和企业等宏微观层面，以绿色全要素生产率为核心构建衡量绿色与发展融合程度的指标体系，并基于此探索实现绿色与发展融合的可行路径、微观激励政策与宏观保障体系，从而提出切实可行的绿色与发展融合方向与模式。相比于已有研究，本研究具备较强的创新价值，对现有研究的边际贡献如下。

（1）从统筹视角提出测度绿色与发展融合程度的新框架

本研究立足于中国工业绿色发展绩效测度这一主题，聚焦工业绿色发展的效率与生产率分析，引入内生方向性距离函数模型进行绿色发展效率的测度，再利用 Luenberger 生产率指标进行绿色生产率增长的测度，并对绿色生产率变化进行新的分解，从而构造一个评价绿色发展新的科学框架。在此框架下，笔者使用中国经验数据对中国工业绿色发展绩效进行全面实证测度和分析。本研究拓宽内生方向性距离函数模型的应用，为中国绿色发展绩效提供一个新的科学测算模型，这对于科学考察中国工业绿色转型、可持续发展具有重要的理论和实践意义，也能为加快推进绿色发展提供重要参考经验和证据，为制定经济环境政策提供重要启示。

（2）从宏微观层面评估生态环境政策对经济绿色发展的影响

① 节能减排目标治污成效与经济发展分析

笔者从能源要素配置的微观视角补充地区节能目标政策的经验评估，深入剖析地区节能目标政策对企业经济影响的作用机制，通过微观经验分析给出能源错配的政策原因，为中国在新发展阶段合理制定区域节能政策提供理论依据。笔者拓展并构建减排目标政策下基于内生方向性距离函数的行为分析模型，试图回答总量减排目标政策对工业增长的潜在影响，并由此探寻绿色增长下的最优减排目标。

② 中央环保督察治污成效与经济发展分析

研究层面涵盖宏观的地区层面和微观的上市企业层面，笔者采用多期倍差法得到稳健的估计结果。在研究内容方面，笔者紧贴当下的时政热点政策即中央环保督察，完成备受关注的波特假说检验，并全面识别对上市工业企业绩效变化影响的异质性表现。在实践应用方面，笔者剖析中央环保督察能否倒逼上市工业企业的绩效增长，所得政策启示对新时代实现以绿色发展为核心的高质量发展，有着重要的启示作用。

③ 环境激励政策治污成效与经济发展分析

其一，排污收费标准调整政策。基于排污收费这一视角，笔者讨论环境规制影响企业绩效的可能性机制路径，以及环境规制对利益关联性企业和不同所有制企业的异质性影响。从绿色发展的角度，笔者探究环境规制的减排和经济增长效应。其二，绿色信贷政策。笔者采用倍差法及一系列稳健性检验对绿色信贷政策影响工业企业绿色全要素生产率进行衡量，基于微观角度对既有文献进行梳理，系统地讨论绿色信贷政策的约束与激励双重效应，为优化绿色金融政策、促进企业绿色发展提供丰富的经验支持和参考依据。其三，绿色债券政策。本研究通过事件研究法验证资本市场在短期内对发行绿色债券的反应，提供资本市场存在绿色偏好的经验证据。本研究利用多元回归实证检验发行绿色债券和普通债券对两类企业产生的不同效果，支持信号传递理论，为确定资本市场的绿色有效性提供稳健检验。

本研究进一步解析发行绿色债券影响企业市场价值的长期内在机制，发现绿色债券的发行企业会投入更多研发资金，并获得更多的绿色专利产出，从而将绿色金融有效性的讨论由“是否有效”拓展到“如何产生效果”层面，进一步丰富了相关领域的研究。其四，全国文明城市政策。本研究以授予全国文明城市称号为例，从微观层面补充环境激励型政策是否有效的实证检验，深入剖析授予全国文明城市称号的效应和作用机制，从理论层面为构建现代环境治理体系、推动绿色发展提供科学依据。其五，公众参与型环境政策。笔者调查了公众参与对城市环境保护的影响，从第三方机构介入的视角分析企业环境信息披露与市场价值的关系，科学评估了第三方机构的环境信息披露评价的作用，发现了第三方机构评价结果对企业市场价值影响的直接和间接效应。

(3) 统筹环境保护与经济增长，为构建环境政策体系提供理论指引

本研究的重要落脚点是为环境治理体系的进一步优化提供依据。其一，从

理论上拓展了周黎安（2018）的“官场＋市场”模型，纳入了公众参与和制度环境两个因素，发展出了“官场＋市场＋公众”的地方环境治理理论框架。其二，不同于目前多数环境经济学的研究范式——环境规制怎么影响经济增长和环境质量，本研究考察了绩效考核、市场法治环境和公众监督在“政治锦标赛”框架下如何影响地方政府的环境治理行为。其三，本研究不仅系统地比较了环境绩效考核前后地方政府的环境治理模式的差异，而且研究了在环境绩效考核开始后，经济和环境绩效考核对地方政府环境治理的影响，以及两种考核的交互效应。其四，本研究运用倍差法分别识别代表命令-控制机制和市场化手段的“两控区”政策和二氧化硫排放权交易试点政策，对工业经济“量”和“质”以及绿色创新的影响。其五，在企业微观层面，本研究比较了政府“威逼型”“两控区”政策和市场“利诱型”二氧化硫排放权交易政策的净效应和组合效应，以厘清中国高污染企业的真正减排诱因，同时分析了两类环境规制政策对于制造业企业经济总量和经济质量的影响，探寻了环境与经济协调发展的环境治理路径。本研究对于促进地方政府治理环境，剖析中国环境治理机制的内核具有启示意义。

第2章　绿色与发展融合的机制分析

2.1　绿色发展的内涵与外延

2.1.1　绿色发展的内涵界定

经济发展的本质就是追求一定经济质态条件下的更高质量目标。发展质量的内容所表现出的多维性和丰富性，要求发展战略的模式选择具有高度创新性、系统性的创造发展优势，走符合实际和富有特色的道路。以各种有效和可持续方式满足人民不断增长的多方面需要是高质量发展的本质性特征（金碚，2018)。党的十九大报告指出，我国经济已由高速增长阶段转向高质量发展阶段，正处在转变发展方式、优化经济结构、转换增长动力的攻关期，建设现代化经济体系是跨越关口的迫切要求和我国发展的战略目标。

所谓绿色发展，就是能够更好满足人民日益增长的美好生活需要的发展，是要将人民对美好生活的期盼变成现实的发展。相对于高速度增长而言，当前不平衡不充分发展的实质就是发展质量不高。新时代破解发展难题，必须用新的发展理念引领发展方向。高质量发展就是“创新、协调、绿色、开放、共享”五大发展理念引领下的发展（迟福林，2018)。

在关于绿色发展的内涵上，国内学术界目前的基本共识包括六个转变：一是在发展方式上，由强调速度、规模向强调质量、效益转变；二是在经济结构上，由资源密集型、劳动密集型产业向技术密集型、资本密集型产业转变；三是在资源效率上，由高投入、低产出向低投入、高产出转变；四是在发展动能上，由传统产业、资源环境消耗向新业态、低碳绿色动能转变；五是在生态环境上，由高排放、低循环向低排放、高循环转变；六是在目标导向上，由满足人民群众物质生活需要向满足美好生活需要转变（林兆木，2018；王夏晖和何军，2018）。

由此可见，高质量发展是更充分更均衡的发展，并需在更高水平上实现供给和需求的动态平衡。具体而言，可以从以下四个层面理解高质量发展的深刻内涵。

（1）基于新矛盾、新理念角度的界定

从中国社会主要矛盾变化和新发展理念的角度来看，高质量发展就是能够很好满足人民在经济、政治、文化、社会、生态等方面日益增长的美好生活需要的发展，包括人与人、人与自然、人与社区、国民经济管理以及政治生活等社会经济生活全过程协调的发展，更好推动人的全面发展、社会全面进步的发展，体现在人民获得感、幸福感、安全感、价值感的诸多方面。高质量发展是全面体现“创新、协调、绿色、开放、共享”新发展理念的发展，也就是创新成为第一动力、协调成为内生特点、绿色成为普遍形态、开放成为必由之路、共享成为根本目的的发展，是坚持和深化改革开放的发展。

（2）基于微、中、宏观角度的界定

在微观层面，高质量发展主要是指提高产品和服务的质量；在中观层面，高质量发展主要指产业和区域发展质量的提高，体现为形成实体经济、科技创新、现代金融、人力资源相互促进、协同发展的产业体系，体现为区域经济发展的协同性、整体性、包容性和开放性；在宏观层面，高质量发展主要指国民经济整体质量和效率的提升，通常可以用全要素生产率来衡量，体现为产业结构的高端化、技术结构的升级化、资源能耗使用的递减性和劳动力结构的适应性。

（3）基于供求和需求角度的界定

高质量发展，意味着高质量的供给、高质量的需求、高质量的配置、高质量的投入产出、高质量的收入分配和高质量的经济循环。新时代中国经济转向高质量发展，必然要求实现高质量的供给，提高产品和服务的供给质量，体现为不断适应需求端消费升级趋势，提升供给端的产业素质、企业活力、产品与服务的质量和水平。实现高质量的需求，要以消费升级带动供给体系升级；实现高质量的配置，要打破资源由低效部门向高效部门配置的障碍，提高资源配置效率；实现高质量的投入产出，要用有限的资源创造更多的财富，投入少、产出多、效益好，包括资本的效率、劳动的效率、资源的效率、能源的效率、环境的效率以及生产要素的效率；实现高质量的收入分配，要加快形成更为合理的初次分配和更为公平的再分配；实现高质量的经济循环，要着力缓解经济运行当中存在的突出矛盾，确保经济平稳健康可持续运行。

（4）基于经济、社会视角的界定

高质量发展可以通过识别经济社会发展中突出的不平衡、不充分问题来界定。比如，城乡区域发展和收入分配差距较大、风险过度积聚、环境污染严重、创新能力不足都不是高质量发展，反之，促进共同富裕、防范化解风险、创新驱动人与自然和谐共生的发展就是高质量发展。

2.1.2 绿色发展的评价体系

绿色发展的概念一经提出，就在学界引起广泛讨论，人们开始探索绿色发展指标体系的构建。主要观点有：潘建成（2018）认为，推动高质量发展，必须树立正确的政绩观，扭转过去唯 GDP 论的衡量标准，可以着重从四个维度来评判经济发展的质量：一是创新及经济增长新动能，比如新兴经济增加值占 GDP 比重等；二是效率，比如全要素生产率等；三是产品质量，比如中高端产品占比等；四是社会资源的充分利用，比如单位 GDP 的能源消耗、产能利用率等。程虹（2018）认为，高质量发展的第一个衡量标准就是劳动生产率；第二个衡量标准，就是一个地区的经济发展在动能上是靠要素和投资驱动，还是靠创新驱动，而衡量创新最好的标准就是全要素生产率；第三个衡量标准，是需要实现经济与社会的均衡发展，就是将经济增长目标扩展为不单纯是 GDP 的增长，还包括社会福利、教育、医疗等方面的同步发展；第四个衡量标准，是高质量发展应建立在人与自然和谐发展的基础上，也就是追求更好的生态。

2.1.3 绿色发展的实现路径

随着我国进入发展新时代，发展的环境、总量、结构都发生了明显变化，为了更好迎合新时代人们日益增长的对美好生活的需要，转向绿色发展阶段首先要从要素驱动转向创新驱动，使创新成为引领发展的第一动力；同时由投资拉动转向消费拉动，发挥消费在增长中的推动性作用；此外还要注意由不均衡发展转向均衡发展，关注经济增长对带动就业、促进创业、推动民生事业发展、保护生态环境等各方面的推动作用（迟福林，2018）。具体来讲，主要措施包括：加快实现要素的市场化配置、加大产权保护力度、更好发挥政府作用、深化社会保障制度改革、构建有利于创新的体制机制以及加快扩大开放等（安淑新，2018）。

2.2 中国环境保护发展现状与未来趋势

2.2.1 中国环保事业发展历程：以环保大会为主线

以1973年第一届全国环保大会为起点，中国环保事业已经走过50年历程，党和政府对环保的认识已由基本国策升华为“生态文明，千年大计”。1973年8月，第一届全国环境保护会议在北京召开，揭开了中国环境保护事业的序幕，会议通过《关于保护和改善环境的若干规定》（试行草案），自此之后，每隔6至7年的时间，国务院都会召开一次环保大会，阐述国家下一阶段重要的环保政策、方针、思想，极大地推动了中国环保事业的发展。经历50年发展，党和政府对环境保护的认识不断深化，环保已经从基本国策上升为综合、系统的生态文明建设。2018年5月，第八次全国环保大会召开，习近平总书记在会上强调，要自觉地把经济社会发展同生态文明建设统筹起来，充分利用改革开放40年来积累的坚实物质基础，加大力度推进生态文明建设、解决生态环境问题，坚决打好污染防治攻坚战，推动我国生态文明建设迈上新台阶。历届全国环保大会主要内容见表2.1。

表2.1 历届全国环保大会主要内容

会议	举办时间	主要内容
第一届	1973.8.5—1973.8.20	①确定了环境保护的32字工作方针，即全面规划、合理布局、综合利用、化害为利、依靠群众、大家动手、保护环境、造福人民。 ②通过了《关于保护和改善环境的若干规定》。

续表

会议	举办时间	主要内容
第二届	1983.12.31—1984.1.7	①将保护环境确立为基本国策。 ②制定了中国环境保护的总方针、总政策，即经济建设、城乡建设、环境建设，同步规划、同步实施、同步发展，实现经济效益、社会效益和环境效益相统一。
第三届	1989.4.28—1989.5.1	①通过了《1989－1992年环境保护目标和任务》和《全国2000年环境保护规划纲要》。 ②制定了“三大环境政策”，即环境管理要坚持预防为主、谁污染谁治理、强化环境管理。 ③总结了建设项目环境影响评价、“三同时”（同时设计、同时施工、同时投入运行）、排污收费三项环境管理的成功经验。
第四届	1996.7.15—1996.7.17	①提出了保护环境的实质就是保护生产力，要坚持污染防治和生态保护并举，全面推进环保工作。
第五届	2002.1.8	①提出了环境保护是政府的一项重要职能。
第六届	2006.4.17—2006.4.18	①提出了推动经济社会全面协调可持续发展的方向。 ②强调了新形势下的环保工作要加快实现三个转变，即从重经济增长轻环境保护转变为保护环境与经济增长并重，从环境保护滞后于经济发展转变为环境保护和经济发展同步，从主要用行政办法保护环境转变为综合运用法律、经济、技术和必要的行政办法解决环境问题。
第七届	2011.12.20—2011.12.21	①提出了要坚持在发展中保护、在保护中发展，积极探索环保新道路，全面开创环境保护工作新局面。 ②环境保护部与各省（区、市）、新疆生产建设兵团和部分中央企业签订“十二五”污染减排目标责任书。
第八届	2018.5.18—2018.5.19	①强调坚决打好污染防治攻坚战，推动生态文明建设迈上新台阶。 ②对新时代推进生态文明建设，提出6个原则：坚持人与自然和谐共生、绿水青山就是金山银山、良好生态环境是最普惠的民生福祉、山水林田湖草是生命共同体、用最严格制度最严密法制保护生态环境、共谋全球生态文明建设。 ③提出两个阶段性目标：到2035年，生态环境质量实现根本好转，美丽中国目标基本实现；到21世纪中叶，建成美丽中国。

资料来源：中华人民共和国生态环境部官网。

2.2.2 中国环保监管发展历程

环保规划、标准的完善以及有效执行是环保工作的两个重要环节，缺一不可。长期以来，中国环保相关标准一直处于不断完善的过程中，但是各项环保标准颁布后，如何有效切实地执行成为难点。近年来，中央环保督察成为确保环保规划与标准落实的重要手段，通过中央环保督察小组，中央将环保标准执行压力有效向下传导。2015 年 7 月，中央全面深化改革领导小组通过了《环境保护督察方案》（试行），明确建立环保督察机制，此方案属于生态文明体制改革系列文件之一。中央环保督察工作以中央环境保护督察组的形式，对省（区、市）党委和政府及其有关部门开展督察，并下沉至部分地市级党委政府部门。环保督察强调“党政同责”“一岗双责”，意味着地方党委与政府一道接受监督，督察结果作为领导干部考核评价任免的重要依据。地方政府主要负责人工作考核与环保挂钩加强，有力传导环保执行压力。

2.2.3 以“排污许可制＋环保税”为主的制度安排

排污许可制是指环境保护主管部门根据排污单位的申请和承诺，通过发放排污许可证法律文件形式，依法依规规范和限制排污行为，明确环境管理要求，依据排污许可证对排污单位实施监管执法的环境管理制度。排污许可制是规范企事业单位排污行为的基础性管理制度，排污许可证在整个排污许可制中起到重要作用。《排污许可证管理暂行办法》（征求意见稿）规定，排污许可证需载明的内容有：排污企事业单位的基本信息、记载事项、许可事项、管理要求等，其中重点有：排放污染物种类、许可排放浓度、许可排放量。排污许可制是规范企事业单位排污行为的基础性环境管理制度，是中国固定污染源环境管理的核心。

排污许可制衔接环境影响评价管理制度，融合总量控制制度，为征收环保税、环境统计、排污权交易等工作提供统一的污染物排放数据，采取“一证式”监管的框架。2016 年 11 月，国务院办公厅发布《控制污染物排放许可制实施方案》，明确排污许可制实施路径，成为中国实施排污许可制的纲领性文件。《实施方案》提出，到 2020 年，完成覆盖所有固定污染源的排污许可证核发工作，全国排污许可证管理信息平台有效运转，各项环境管理制度精简合理、有机衔接，企事业单位环保主体责任得到落实，基本建立法规体系完善、技术体系科学、管理体系高效的排污许可制，对固定污染源实施全过程管理和多污染物协同控制，实现系统化、科学化、法治化、精细化、信息化的“一证式”管理。

排污许可制与其他制度有效衔接，未来有望进一步推动排污权交易，提升企业内在环保守法动力。排污许可证是排污权的确认凭证和排污权交易的管理载体。排污权交易是指企事业单位在履行法定义务的基础上，通过淘汰落后和过剩产能、清洁生产、污染治理、技术升级改造等产生的污染物排放削减量，可按规定在市场交易出售。建立排污权交易体系之后，企事业单位进行节能减排可以获得实实在在的切身实惠，因此有望激励企事业单位做好环保守法（见图 2.1）。

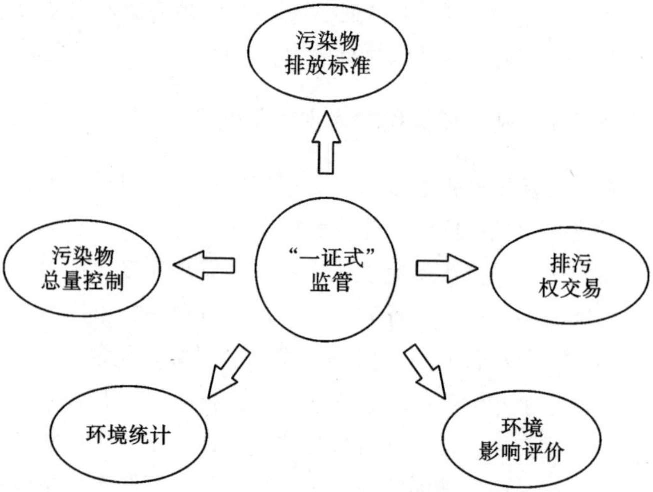

图 2.1　排污许可制重要事项

2007 年发布的《节能减排综合性工作方案》首次提出研究并开征环保税。经过数年的研究起草，环保税法草案于 2014 年底首次编制完成，并上报国务院。2015 年 6 月，环保税法进入征求意见阶段。2016 年 12 月 25 日，第十二届全国人大常委会第二十五次会议审议通过《中华人民共和国环境保护税法》，确定将于 2018 年 1 月 1 日起征收环保税。《中华人民共和国环境保护税法》是中国首部推进生态文明建设的单行税法。环保税将按照“税负平移”原则，取代原有排污费，成为中国新开征的独立绿色税种。《中华人民共和国环境保护税法》规定的应税污染物包括大气污染物、水污染物、固体废物和噪声 4 类。环保税以应税污染物为征税对象，以直接排放应税污染物的企事业单位和其他生产经营者为纳税人，由各省（区、市）自行确定大气和水污染物税额。环保税采取“企业申报、税务征收，环保协作、信息共享”的征管模式，由企事业单位向税务部门主动申报排污量，由税务部门核定征收，由环保部门负责对存疑事项进行复核。

环保税立法完成后，已征收 37 年的排污费便退出历史舞台。相比排污费，环保税具有以下特点：一是环保税执法规范性与刚性更强。排污费的征收存在较大的随意性，在某些地区存在比较严重的任意减免等现象，一些重点排污企业因“政策性免征”而获得少缴或不缴的权利。征收环保税后，税务机关成为环保税的征收管理单位，环保部门主要负责监测核定职责。这一举措使得企事业单位除了遵循环保税法，还要遵守税收征管法，增加了执法的规范性和刚性。二是在征收标准方面，环保税标准更高。以往，排污收费的征收标准偏低，特别是部分地区由于其低于污染治理成本，使得排污企业宁愿缴纳排污费，也不愿投入资金进行生产工艺改进或开展污染治理。

环保税采取多排多缴、少排少缴的征收标准，并规定了大气污染物和水污染物的税额幅度，大气污染物为每污染当量征收 1.2～12 元，水染物为每污染当量征收 1.4～14 元，具体征收标准和额度由地方决定，大气、水污染物每污染当量征收标准最高可以达到原来排污费标准的 10 倍。同时，为防止排污企业交税后就肆意排放，环保税法明确规定，纳税主体除按规定缴纳环境保护税外，应当对所造成的损害依法承担责任。在地方留成方面，考虑到地方政府承担主要污染治理责任，《关于环境保护税收入归属问题的通知》明确提出，环境保护税全部作为地方收入，纳入一般公共预算。和排污费相比，中央不再参与相关税费的分成，这有利于提升地方政府进行环保税征收和治污的积极性。在税费减免方面，与排污费相比，环保税新增一档减排税收减免，即纳税人排放应税大气污染物或者水污染物的浓度值低于规定标准 30％的，减按 75％征税。这一规定降低了企业获得税收减免的门槛，有利于激励更多企业采取环保减排措施。

2.3 绿色与发展融合的理论逻辑

2.3.1 环境保护对绿色发展的影响

绿色发展是构建高质量现代化经济体系的必然要求，是解决污染问题的根本之策。重点是调整经济结构和能源结构，优化国土空间开发布局，调整区域流域产业布局，培育壮大节能环保产业、清洁生产产业、清洁能源产业，推进资源全面节约和循环利用，实现生产系统和生活系统循环链接，倡导简约适度、绿色低碳的生活方式，反对奢侈浪费和不合理消费。在 2018 年政府工作报告关于高质量发展的工作部署中，生态环境保护的作用主要体现在以下两个方面。

其一，生态环境保护是绿色发展的重要前提和判断标准。报告在对过去五年工作经验的总结中强调，经济运行在合理区间，就业增加、收入增长、环境改善，就集中精力促改革、调结构、添动力。将环境改善与就业增加、收入增长一起视为衡量经济转型发展的重要前提，集中体现了稳中求进的工作总基调，在兼顾当前的条件下力求长远，体现了向高质量发展过渡阶段的目标和要求。在这个过程中，环境质量改善既是实现高质量发展的标准之一，也是经济迈向高质量发展的重要前提。在区域协调发展战略中，政府工作报告提出以生态优先、绿色发展为引领，推进长江经济带发展，绿色发展共识成为长江经济带发展的基调和根本方向，也凸显了生态环境保护在区域经济发展中的明确定位。

其二，生态环境保护是绿色发展的重要手段和推动力。政府工作报告强调，要坚持以供给侧结构性改革为主线，统筹推进稳增长、促改革、调结构、惠民生、防风险各项工作。过去五年，在淘汰水泥、平板玻璃等落后产能的基础上，中国退出钢铁产能 1.7 亿吨以上，煤炭产能 8 亿吨，环境保护在其中发挥着不可替代的作用。2018 年，深入推进供给侧结构性改革是提升经济发展质量的核心手段。相关政府工作报告提出，继续破除无效供给。坚持用市场化法制化手段，严格执行环保、质量、安全等法规标准，化解过剩产能、淘汰落后产能。可以预见，生态环保仍将是推动供给侧结构性改革“升级版”的重要手段。

2.3.2 绿色发展对环境保护的影响

高质量发展是中国走向社会主义现代化的重要路径，应当为社会主义现代化的所有目标提供基础保障，而不仅仅是经济一个维度的增长。生态环境保护是人民美好生活的重要内容，本身就应该是高质量发展的重要目标之一。同时，转变经济发展方式是实现绿色发展的重要前提。转变经济发展方式重点是以调整资源利用方式为核心，以转变经济发展结构为推手，其目的是加快形成支撑中国生态文明建设的新型经济发展方式。经济发展方式转变推进了绿色发展理念的贯彻实施，绿色发展理念有助于实现经济发展方式的彻底转变，从而促进环境保护，改善生态环境。

2.4 绿色与发展融合的现实困境

2.4.1 绿色对经济的短期压力

从宏观来看，环保的直接影响是压缩供给，短期推升通胀、不利经济增长。环保可能“强制”企业增加资本投入，而这些新增资本不会直接带来额外产出，导致供给收缩，甚至推升通胀。美国 1970 年至 1980 年的经验显示，环保政策分别推升 CPI、PPI 0.3～0.4 个百分点，提高地方政府债券利率 0.4 个百分点，边际缩减实际 GDP 增速 0.03 个百分点。

在我国，以唐山市为例，在中央的统一部署下，2017 年上半年京津冀地区“2＋26”城市因环保整治共关停企业近 8000 家，而唐山市早在 2015 年就因环保等因素关停取缔 2380 多家企业。钢铁、水泥、焦化行业关停影响现价产值占行业总产值的比例分别为 6.4％、2.5％和 9.5％。行政措施关停厂家的结果是，产量会在短期内突然下降，在需求未显著变化的情况下，价格会大幅上升，也就是量缩价升。与此同时，如果是直接关停污染企业，而非提高环保标准并强制要求相关污染企业升级、增配环保设备，则不会令环保设备生产商直接从中受益，其利润也难以改善。

2.4.2 发展不平衡导致污染不平衡

在环保意识欠缺的情况下，发达国家的工业化往往在经济发达区域发生。

这些国家早期的污染也往往集中在经济条件相对较好的地区，比如美国的洛杉矶、多诺拉、圣路易斯，英国的伦敦，日本的四日等。当环保意识觉醒后，这些富裕的城市有财力和能力主动采取措施，降低污染。这也是为什么西方发达国家在推出环保法案后，环境污染问题都得到了一定程度的改善。但中国的污染问题暴发不是因为环保知识储备不足，恰恰相反，某种程度上正是对污染的担忧，导致经济发达地区的污染行业向经济基础较弱地区转移。

经历了发达国家几十年环保意识的洗礼，中国民众或多或少对污染的危害都有所认识，对环保的知识储备也远高于 20 世纪五六十年代。中国经济发达的区域，国际交流越频繁，平均教育水平越高，居民对污染行业的危害认识越深，环保法律执行力度也相对较高。因此污染行业被从经济发达区域排挤出去，涌向相对落后地区，可以说地域发展的不平等造就了环保的不平等，污染行业从北京向唐山转移就是一个例子，这造成污染行业在相对落后地区聚集。由于相对落后地区在污染行业进驻前，属于工业发展的处女地，行业发展的集聚效应体现得更为明显。第一家污染行业的进驻，降低了生产成本，从而吸引更多同行业或其上下游行业进驻。这不仅导致污染行业单一化，也强化了污染行业对落后地区 GDP 的贡献。所以，中国污染行业聚集的地方，污染行业往往成为当地经济的主力支柱。

2.4.3 绿色环保对就业的负向影响

早在 20 世纪 70 年代，很多发达国家就已经开始针对不同的污染问题实施严格的环境规制，由此也引发了一系列的问题。例如，人们担心环境规制增加了企业的生产成本，削弱了企业的竞争优势和生产规模，并减少了企业吸纳工人的数量，进而产生了一国范围内的失业问题。其中的一个焦点就集中在：环境规制可能产生潜在的就业负效应。例如，美国商业协会在 1990 年发表的一项研究表明，清洁空气法案（Clean Air Act Amendments）导致了 100 万到 200 万个工作岗位的缺失。考虑到就业损失带来的后果，法案的实施者将 500 万美元的基金用于对失业工人进行补贴（Goodstein，1996）。Morgenstern 等人（2002）在研究报告中也提到，在 1990 年的民意调查中，1/3 的被调查者反映他们的工作受到了环境规制的威胁。直观来看，环保投资会对企业生产性投资形成一定的挤出，结果导致“由治污活动带来的就业”和“由生产活动带来的就业”之间出现替代关系。事实上，环保投资除了挤出生产性投资外，还有两个作用是不容忽视的。

第一，部分环保投资被用于环保产业化，这部分投资同样是“生产性”的，与普通投资对就业的带动效应并无差别。因此，作用于环保产业化的环保投资会带动就业数量的增加。例如，有些环保投资被应用于末端治理，如建造污水处理厂或购买污染处理设备，这会促进环保产业的发展，推动环保产业化，此时，环保投资会带动相应的就业。

第二，部分环保投资被用于产业环保化，旨在提升非环保产业的生产清洁程度。例如，有些环保投资被应用于过程控制或源头防治，如改进生产技术以降低污染排放强度，此时，环保投资会提高技术水平，对技术进步产生溢出效应，相应地，这部分环保投资与就业的关系就变为技术进步与就业的关系。而技术进步与就业的关系错综复杂，一些研究认为，技术进步在短期内会促进就业，而在长期内则会减少就业；另外一些研究则认为，技术进步会挤出就业。

2.5 绿色与发展融合的国际经验

近些年，环保产业得到了快速的发展。据世界银行统计资料显示，全球环保产业的市场规模已经从1992年的2500亿美元增加到2011年的6000亿美元，年平均增长率达到8%，远远超过了全球的经济增长率，成为各个国家十分重视的朝阳产业，美国、日本、欧盟的环保产业成为世界环保市场的主要力量。国外对于环保产业发展问题的研究主要集中于发达国家环保产业发展状况，各发达国家环保产业发展的方向和重点以及促进环保产业发展的重要因素等领域。

在发达国家环保产业状况研究领域，美国学者伯克威茨（Berkweizi，1998）提出美国环保产业在20世纪90年代已经进入成熟期，认为环保产业进入成熟期的标志是：增长速度减缓，市场趋于饱和，环保产品和服务正在成为普通商品，买方权利增加，企业间的兼并速度加快，企业之间的财务差距拉大。2008年国际能源署发布的《美国能效市场容量：展示节能的完整前景》报告称，到2030年，美国节能产业市场将达到7万亿美元的规模。德国的环保产业处于世界领先地位，节能环保产业已成为德国一大支柱产业。2012年1月31日，德国环境部发布的《德国环保产业报告》显示，德国环保产业年产值已达760亿欧元，占世界环保产业贸易额的15.4%，近80%的环保产业为研究和知识密集型的产业。

2.5.1 美国经验：产业结构与能源结构双双调整

20 世纪 40 年代到 60 年代，美国空气环境污染事件频发。二战结束后，美国大力发展制造业促进了经济的快速增长，但是随之而来的是环境污染情况的恶化，大量污染事件促使公民环保意识觉醒。面对日益严峻的环境问题，污染最严重的各州和地方政府开始采取治理污染的措施，例如 1947 年加州颁布了《空气污染控制法案》。而直到 1955 年，联邦政府才颁布了第一部联邦空气污染治理法案，全国范围内的大气污染治理工作才正式拉开序幕。1955 年开始，联邦政府颁布的环保法案涉及领域从大气污染开始，逐步拓展到生态环境保护的多个方面。由于 20 世纪 40 年代至 60 年代美国环境污染最为严重的是空气问题，因此早期颁布的多项法案主要涉及大气污染，例如 1963 年的清洁空气法、1967 年的空气质量法。1969 年联邦政府出台了国家环境政策法，标志着环境保护全面展开。随后，政府陆续出台了联邦水污染控制法，联邦灭虫剂、灭鼠剂法，海洋管理法，有毒物质运输法等（见表 2.2）。

表 2.2 美国 1955 年至 1977 年出台的环保政策

时间	出台的法律法规
1955 年	空气污染控制法
1963 年	清洁空气法
1967 年	空气质量法
1969 年	国家环境政策法
1970 年	环境质量改善法、美国环境教育法
1972 年	联邦水污染控制法，联邦灭虫剂、灭鼠剂法，水生哺乳动物保护法，噪声控制法，海洋管理法，海洋保护研究及禁渔区法
1973 年	濒危物种法
1974 年	安全饮用水法
1975 年	有毒物质运输法
1976 年	有毒物质控制法、资源保护和恢复法、联邦土地和管理法、国家森林法
1977 年	清洁空气和水法（修订案）

除了逐步完善环保立法以外，美国还利用行政化和市场化手段多拳出击。具体来说，美国对二氧化碳、二氧化硫、固态废物等多项污染物排放征税。针对移动污染排放源，美国基于机动车空气污染控制法对机动车安装行驶诊断系统，严格控制出厂车辆的污染源排放标准。针对工业企业试行排污许可证制度，建立排污权交易制度，同时利用减税手段鼓励企业安装环保设备。

经过全国层面的污染治理，美国环境问题得到明显改善。同时，美国的能源结构也进行了较大的调整。污染物的排放主要与化石燃料的使用直接相关，在限制污染物排放的同时，美国也降低了对化石类传统能源的使用。具体来看，美国化石燃料能耗占比从20世纪60年代末的96%下降到2015年的82%，相对应的可再生能源和废弃物能耗占比则从20世纪70年代初的2.1%上升到2018年的4.6%。

污染物排放下降和能源消耗变化的背后是美国整体产业结构的调整。20世纪40年代至60年代，环境污染事件的频发与工业高速发展密不可分，其中重工业的发展导致能源消耗的持续上升，而环保意识的薄弱导致相应的污染排放不达标。因此，在出台多项环保措施控制污染物排放的同时，美国也开启了产业结构的调整，旨在从根本上减少环境污染来源。具体来说，产业结构调整表现为制造业的萎缩和现代服务业的兴起。20世纪70年代之前美国制造业和以金融、商业服务、教育、医疗、娱乐为代表的现代服务业占比均在25%～30%之间。但是1970年以后，美国的制造业占比出现持续下滑而现代服务业占比持续快速上升，随后后者占比超过50%。

2.5.2 日本经验：从末端治理到循环经济

日本在20世纪50年代末到70年代，伴随着工业化进程加快和经济高速增长，也发生过严重的污染问题。世界上公认的“八大公害事件”，日本一国就独占四件，可谓吃尽了环境污染的苦头，其中四日市哮喘就主要和大气污染有关，而水俣病、痛痛病也主要由水污染引起。针对严峻的环境污染问题，日本的环境保护政策经历了从末端治理到循环经济的过程。在公害问题暴发初期，可以说日本并没有建立完善的环境治理体系，政府为积极应对，在颁布公害对策基本法之后，出台了一系列公害防治专项法，如1968年和1970年分别出台的大气污染防治法和水质污染防治法。

但末端治理仍偏重线性思维，属于“头痛医头，脚痛医脚”。受能源危机和废弃物大幅增长的困扰，日本政府在 20 世纪 90 年代开始转变观念，先后出台与修订废弃物处理法、关于资源有效利用的法律和推进循环性社会形成基本法，大力发展循环经济，探索出了环保治理的新模式。循环经济模式的核心在于“节约资源，变废为宝”，以企业为主体对资源进行减量化、再使用和再循环，抑制产品向废弃物转化，从而降低环境负荷（见图 2.2）。

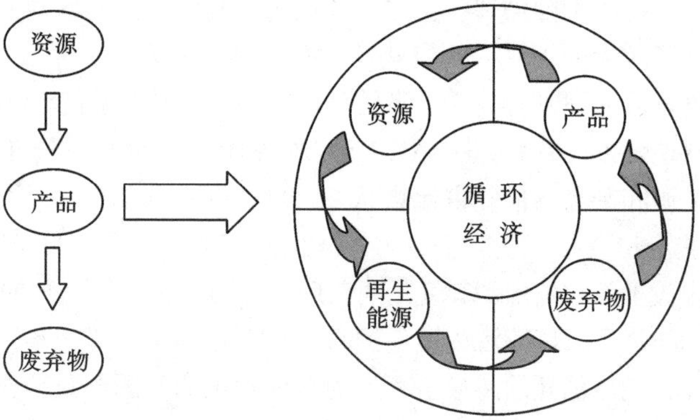

图 2.2 从末端治理到循环经济

日本从末端治理到循环经济的污染治理措施取得了良好的效果。日本统计局资料显示，空气质量上，日本的二氧化硫年平均浓度由 1970 年的 0.034 ppm 降至 2004 年的 0.004 ppm，下降了 88.2%，受光化学烟雾影响人数由 1971 年至 1975 年的年均 3 万人降至 2000 年至 2004 年的年均不足 1000 人。水体质量上，日本全国水质达标率由 1974 年的 55%升至 2004 年的 85%，增长了 54.5%。

2.5.3 国际经验的启示

总结美国和日本治理污染的成功经验，其共性如下：第一，重大公害事件普遍发生在工业化率接近顶峰时期；第二，公害事件暴发引发公民意识觉醒，政府惩治污染决心更加坚定，倒逼政策密集出台；第三，污染治理都经历了公害治理、环境保护、循环发展这三个阶段；第四，污染治理手段都经历了行政化（如制定污染排放标准）、法治化（如征收环保税）、市场化（如设立排污权交易制度）三个阶段；第五，污染治理有赖于经济结构调整，包括产业结构和能源结构的调整。

随着新时代社会主要矛盾的历史性变化，中国经济已由高速增长阶段转向高质量发展阶段，发展的质量和效益正在受到越来越多的关注。以绿水青山为重点的生态环境需求日益增强，但高污染、高排放的经济增长方式尚未得到实质性转变，环境治理与经济增长的不平衡问题依然存在。因此，根据本研究结果，结合中国绿色与发展融合现状，我们可获得以下启示。

首先，要及时发现并修正现有政策不足之处。中国属于典型的“压力型”政治体制，目前已经实施了大量的环境经济政策，其中包括行政手段、市场手段与动员公众参与等。围绕这些主要的环境污染治理途径，中央政府采取了诸如“两控区”、排污收费制度、中央环保督察、环境保护税等多种类型的具体政策和措施。对这些政策进行科学评估和研究，及时发现和修正现有问题，是保证环境政策效果和进行环境政策创新的必要前提。

其次，环境政策须符合国家情势。政策不可能在真空中起作用，而是对整体的政策环境有很强的依赖性，其中包括政治制度、经济竞争程度、政府机构的权威性、政策所需资金等重要的外部因素。中国的环境政策制定必须依赖于中国独有的政治-经济-社会土壤，只有符合国情的环境政策才能有效解决问题。

最后，要构建环境与经济融合发展的政策保障体系。政策工具通常被简单地划分为命令-控制式工具和市场化工具，没有考虑到市场经济中的价格因素和数量因素，而环境政策需要得到经济支持。经济理论表明，定量工具，如标准、排放目标、阶段化特征、许可证等在很多情况下能够达到帕累托最优。因此，需要从经济效益出发，构建一套完整的政策保障体系，环境政策体系中的各类工具皆可用于自然资源管理和污染控制，从而促进绿色发展。

第3章　绿色与发展融合程度的测度

3.1　引言

改革开放40余年来，中国工业创造了举世瞩目的增长奇迹。然而，中国的工业增长具有明显的“三高”特点——高耗能、高污染与高增长，是一种粗放增长模式（吴敬琏，2005；Pan et al.，2011）。这种模式导致严重的环境污染问题，严重制约经济的可持续发展（Xing et al.，2017；陈诗一和陈登科，2018；李卫兵和张凯霞，2019）。《2021中国生态环境状况公报》显示，2021年中国环境空气质量超标城市占比35.7%，若不扣除沙尘影响，超标城市占比43.1%，出现酸雨的城市比例达30.8%。耶鲁大学等研究单位联合发布的《2020年全球环境绩效指数（EPI）报告》显示，中国以37.3分在参评的180个国家和地区中位居第120位，排名靠后。传统工业难以实现经济可持续发展，世界各国开始探索一种不以牺牲环境为代价的新发展方式，生态文明思想应运而生。生态文明是发展和环境的整合与协调，实现生态文明目标可以用两个维度来衡量，一是高人类发展，二是低生态足迹（诸大建，2019）。

中国作为发展中国家，既不能一味追求经济增长而无限度牺牲环境，也不能只重视环境保护而忽视经济发展，推动实现经济增长与环境保护相协调的绿色发展才是新时代中国工业发展的必然选择（史丹，2018；林伯强和谭睿鹏，2019）。因此，在国内环境问题日益严重、经济亟须转向经济与环境相协调的绿色发展的当下，科学测度和评价中国工业的绿色发展绩效，识别和探究绿色增长的动力来源，对于新时代推动中国生态文明建设和绿色发展具有重要的学术意义和现实意义。

如何测度绿色发展绩效？效率与生产率分析被国内外学者广泛用于测度经济绩效、探究经济增长的内在动力，效率和生产率指标是衡量一个国家或地区经济发展质量的重要指标。传统的效率和生产率测量没有考虑资源环境因素（Färe et al.，1994；Zheng et al.，2003；郑京海和胡鞍钢，2005），这可能扭曲对经济绩效和社会福利变化的评价，从而对政策制定造成误导（Hailu et al.，2000）。这是因为经济增长常以资源的消耗为代价，且环境污染增加实则降低了生产效率。因此，将资源环境因素纳入效率和生产率的分析框架，给效率和生产率赋予“绿色”内涵十分必要。在传统效率和生产率的基础上，将资源、环境因素纳入分析框架而得到的绿色发展效率和绿色生产率增长可以很好地衡量经济的绿色发展状况，可用来测度绿色发展绩效。

进一步地，如何将资源、环境因素纳入效率和生产率分析框架，从而进行绿色发展绩效（绿色发展效率与绿色生产率增长）测算呢？方向性距离函数（Directional Distance Function，DDF）为污染排放（坏产出）和经济产出（好产出）之间的关系提供了合理的分析框架，体现了好产出增加同时坏产出减少的绿色发展思想，成为此类问题研究广受欢迎的方法。Boyd 等（2002）、涂正革（2008）、王兵等（2008）、陈诗一（2011）等都曾采用传统 DDF 方法进行研究。随着研究的不断深入，学者们逐渐认识到传统 DDF 有其局限性，即外生选择方向向量的做法主观性强，很可能由于方向向量的设定不同导致结果不一致（Chambers et al.，2013；Peyrache & Daraio，2012；Färe et al.，2010；Vardanyan & Noh，2006；邓忠奇，2016）。因此一种新的方向向量选择——内生方向向量（Endogenous Direction Vectors）受到越来越多学者的关注（Färe et al.，2013b；Lee，2014；Hampf & Krüger，2015；Färe et al.，2017）。Färe 等（2017）指出，当事先未知方向向量时，最好使用内生方向向量，以避免潜在的误导性结果。因此，为了避免传统方法的局限，本研究引入内生方向性距离函数来测度中国工业绿色发展绩效。

本章立足于中国工业绿色发展绩效测度这一主题，聚焦工业绿色发展的效率与生产率分析，引入内生方向性距离函数模型进行绿色发展效率的测度，再利用 Luenberger 生产率指标进行绿色生产率增长的测度，并对绿色生产率变化进行新的分解，从而构造一个评价绿色发展新的科学框架。在此框架下，使用中国经验数据对中国工业绿色发展绩效进行全面实证测度和分析。本章的研究拓宽内生方向性距离函数模型的应用，为中国绿色发展绩效提供一个新的科学测算模型，这对于科学考察中国工业绿色转型与可持续发展具有重要的理论和实践意义，也能为加快推进绿色发展提供重要参考经验，为经济环境政策制定提供重要启示。

本章基于环境效率和生产率的理论，引入内生方向性距离函数模型构建一个新的绿色发展分析框架，依托绿色发展效率（静态指标）和绿色全要素生产率变化（动态指标），针对宏观层面和城市中观层面的工业经济环境数据，借助内生方向性距离函数、Luenberger 生产率指标从静态、动态两个角度测度和评估中国工业绿色发展绩效的真实状况、地区差异等，并从效率改进的角度探究推动地区工业绿色发展的路径选择。本章的技术路线如图 3.1 所示。

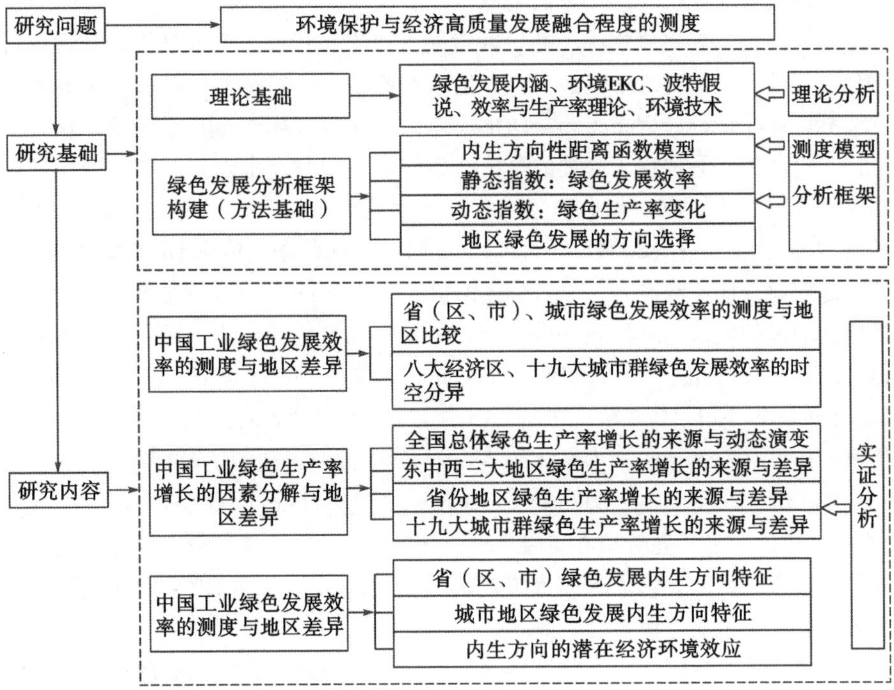

图 3.1　本章的分析框架图

3.2 文献梳理

3.2.1 绿色发展绩效的测度方法研究

绿色发展是综合考虑经济增长和环境保护的发展（胡鞍钢等，2008；许宪春，2010；涂正革和王秋皓，2018；林伯强和谭睿鹏，2019）。绿色发展绩效的测度与评价应该是一个对经济增长和环境保护的综合测度与评价。效率与生产率分析框架被大量用于经济绩效的测度与评价，原因在于效率与生产率将投入约束（如资本、劳动）纳入经济绩效的框架中，效率的测量可衡量一个经济体（地区、企业等）在特定时间内的经济绩效。生产率变化的测量则可衡量某一经济体随时间变化而发生的经济绩效的变化（Coelli et al.，2009）。效率和生产率变化分别从静态和动态角度反映了研究对象的效率问题（李平，2017）。效率是市场经济运行的主要目标，它衡量一个经济体在特定时间给定投入下达到最大产出的潜力，或者在给定产出下达到最小投入的潜力（王兵等，2014）。全要素生产率包含了技术效率变化和技术进步等重要内容（Lau & Yotopoulos，2012；Barro，1999），是经济长期持续增长的主要动力源泉，经常被作为衡量一个国家或地区经济增长质量的重要指标（蔡昉，2009；许宪春等，2020）。

在传统效率和生产率测算的研究中，研究者们仅仅考虑将劳动、资本等作为投入要素，将经济产出作为产出要素，而并没有考虑环境坏产出（如污染排放）（Jefferson et al.，2000；Zheng et al.，2003；颜鹏飞和王兵，2004；郑京海和胡鞍钢，2005；Zheng & Hu，2006）。随着经济增长过程中环境污染问题日益严重，人们逐渐意识到忽略环境因素对生产效率的影响，可能扭曲对真实经济绩效的评价，从而误导政策（Hailu et al.，2000）。

于是，近年来一些学者尝试将环境因素纳入效率与生产率分析的框架中。考虑环境因素得到的效率与生产率测度能够对绿色发展绩效实现较准确的评价（孙传旺等，2010），逐渐成为经济绿色发展绩效的重要测度指标（高赢，2019；余泳泽等，2019）。学术界对考虑环境因素的效率与生产率的称谓尚不统一，往往加入“绿色”或“环境”来进行称谓，如“绿色发展效率”（王兵等，2014）、“绿色经济效率”（林伯强和谭睿鹏，2019）、“环境技术效率”（涂正革，2008）、“环境效率”（王兵等，2010）、“绿色生产率”（陈诗一，2010）、“绿色全要素生产率”（蔺鹏和孟娜娜，2021）、“环境全要素生产率”（涂正革和肖耿，2009；陈诗一，2012）等。本研究中，笔者分别主要使用绿色发展效率和绿色全要素生产率（简称绿色生产率）的表述。

国内外学者进行环境效率测算广泛应用的一个重要方法是方向性距离函数模型（Boyd et al.，2002；Färe et al.，2005；Färe et al，2007；涂正革，2008；胡鞍钢等，2008；王兵等，2008；Zhou et al.，2010；Färe et al，2012；陈诗一，2011）。陈诗一（2010）曾将环境污染变量纳入经济发展分析，认为直到使用方向性距离函数模型才基本解决了处置环境污染变量的技术难题。方向性距离函数（Chung et al.，1997）把环境污染因素作为坏产出纳入生产过程中，坏产出有两大特点：一是零结合性（Nulljoint），即生产过程中坏产出不可避免；二是联合弱可处置性（Jointly Weak Disposability），即减少坏产出需要付出成本，这符合污染因素的特征（Färe et al.，2005；Färe et al.，2007；涂正革，2008；王兵等；2008）。

方向性距离函数模型主要包括参数型和非参数型两种（Färe et al.，2007；陈诗一，2010）。参数型需要对函数形式进行设定，这是一大难题，如果设定有误将可能导致估计结果出现偏差。非参数型以数据包络分析（Data Envelopment Analysis，DEA）为代表，具有不需要对函数形式进行设定、避免模型设定出现偏误的优点，所以在相关研究中应用广泛。但其也有局限，如不能像参数型那样计算要素间的替代弹性（杨振兵等，2016）。但如果我们不需要计算要素间的替代弹性，而是需要进行效率测算，DEA 无疑是一个绝佳选择。DEA 模型还有一个重要优势——能够获知无效率决策单元的改善空间在哪，即无效率决策单元通过减少多少投入、增加多少好产出或减少多少坏产出可达到有效率，从而可为管理者制订改善方案提供决策参考。Chambers 等（1996）提出的 Luenberger 生产率指标和 Chung 等（1997）在 Färe 等（1994）基础上拓展的 Malmquist-Luenberger 生产率指数，被广泛用于绿色全要素生产率变化的测度，这两个指标都可以把绿色全要素生产率变化分解为技术变化和效率变化。Luenberger 生产率指标具有相加结构，是 Malmquist-Luenberger 指数的一般化（Boussemart et al.，2003）。

3.2.2 方向性距离函数模型的最新进展

20 世纪 90 年代，Chambers 等（1996，1998）基于 Luenberger 短缺函数

(Luenberger，1992）引入了方向性距离函数，Chung 等（1997）对 DDF 的基本性质尤其是包含坏产出（如污染排放）的情形进行了探讨，提出了环境技术效率的概念。环境方向性距离函数测度好产出扩张和坏产出缩减比例，来计算经济个体的环境技术效率水平（Färe et al.，2005；Färe et al.，2007；涂正革，2008)，这恰好反映了经济体的绿色发展效率。方向性距离函数已成为模拟环境生产技术进而计算环境效率越来越流行的工具。与 Shephard（1970）提出的产出距离函数不同，方向性距离函数把产出分为好产出和坏产出，从而区别对待，能同时考虑好产出扩张而坏产出缩减的可能性。

方向性距离函数模型中，如何选择合适的方向向量成为近年来的一个研究重点。现有研究已指出方向向量的选择可能对效率、生产率变化等的估计造成显著影响（Vardanyan & Noh，2006；Agee et al.，2012；Leleu，2013）。Vardanyan & Noh（2006）指出，方向向量的选择对技术效率、生产率变化的计算结果有重要影响。Agee 等（2012）指出，在参数估计框架下，技术效率、生产率变化、技术变化、效率变化的估计取决于方向性距离函数中方向向量的选择。Leleu（2013）强调方向向量的选择显著影响非期望产出影子价格的估计。可见，方向向量的选择至关重要。从现有研究来看，方向向量的选择方式主要分为两种：外生选择和内生选择。外生选择方向向量是由研究者在模型外事先给定，最初提出的方向性距离函数采用这种方式（Chung et al.，1997），后来大量的研究也沿用此方式（涂正革，2008）。

这种方式往往直接选用决策单元（如地区、行业）的产出数据（经济产出与污染排放）作为方向向量，即认为所有决策单元进行效率改进的好产出扩张比例和坏产出缩减比例相同（好产出扩张一个百分比则坏产出缩减一个百分比）。Zhou 等（2012）建立的非径向 DDF 虽然放松了 DDF 中好产出扩张和坏产出缩减同比例的限制，可以赋予各产出不同的权重比例，但其赋权方式仍然为主观的外生给定（林伯强和刘泓汛，2015；李江龙和徐斌，2018）。外生选择方向向量的传统做法有其局限性，可能存在主观性强、与实际有偏差等问题，更有学者指出方向向量设定不同时将得出不一致的结果（Peyrache & Daraio，2012；Chambers et al.，2013；邓忠奇，2016）。为了解决上述问题，近年来学术界探索了一种新的方向向量选择——内生选择方向向量（Färe et al.，2013b；Lee，2014；Hampf & Krüger，2015；Färe et al.，2017）。与传统的外生选择方向向量不同，内生选择方向向量不是事先设定的，而是由模型内生决定的，每个决策单元可能得到独特的、专属于自己的方向向量。Färe 等（2017）更是指出，若无法先验确定方向，应该优先选择内生方向向量，以避免潜在的误导性结果。为区分方便起见，本研究把传统的外生选择方向向量的方向性距离函数称为“传统方向性距离函数”，把内生选择方向向量的方向性距离函数称为“内生方向性距离函数”。根据已有研究，内生方向性距离函数模型同样包括参数型和非参数型两种，参数型的代表研究文献有 Atkinson & Tsionas（2016）、Atkinson & Tsionas（2017）、Färe 等（2017）；非参数型的代表研究文献有 Zofio 等（2013）、Lee（2014）、Hampf & Krüger（2015）。

鉴于以上提到的非参数 DEA 方法具有能够避免参数化方法可能导致模型设定误差的问题、可以模拟多投入多产出的生产过程、可以获知无效率决策单元的效率改善空间等的独特优势，本研究使用非参数型的内生方向性距离函数。在以上非参数型的代表研究文献中，Zofio 等（2013）、Lee（2014）所构建的函数以利润最大化作为目标，这就需要投入产出变量的价格信息，但是现实中，环境污染变量的价格信息缺乏，故而很难应用于包含环境污染因素的研究实践中。因此在包含环境污染坏产出因素的应用研究中，学者们更多采用的是从投入产出大小（而非价格）视角来度量，一般构建产出型的距离函数，认为在投入一定情况下好产出越多、坏产出越少则效率越高。Hampf & Krüger（2015）构建的就是产出型的距离函数。本研究引入这种基于非参数 DEA 方法的内生方向性产出距离函数来进行环境效率测算。国内研究文献关于内生方向性距离函数的研究还较为鲜见。就笔者所知，目前仅有包括 Wang 等（2016）、邓忠奇（2016）和 Wang 等（2019）在内的相关研究。

3.2.3 中国绿色发展绩效测度的经验研究

（1）绿色发展绩效的指数测度

近年来，众多学者将资源环境因素纳入经济生产过程中，对中国的绿色发展绩效（绿色发展效率和绿色生产率变化）展开了丰富的研究。关于绿色发展效率，Watanabe & Tanaka（2007）使用方向性距离函数估计了 1994 年至 2002 年中国工业考虑坏产出的环境效率。涂正革（2008）利用方向性距离函数模型测度了 1998 年至 2005 年中国 30 个省（区、市）工业的环境技术效率，发现区域间效率极不平衡，呈现“东高西低”的特征。胡鞍钢等（2008）利用方向性距离函数对 1999 年至 2005 年考虑环境因素的省级环境技术效率进行了重新排名。王兵等（2010）运用 SBM 模型测度了考虑资源环境因素约束下 1998 年至 2007 年中国 30 个省（区、市）的环境效率，发现能源的过高消耗以及二氧化硫和化学需氧量的过度排放是环境无效率的主要来源。李涛（2013）运用 RAM 模型测算了 1998 年至 2010 年中国 29 个省（区、市）的绿色发展效率，发现高能耗与过度投资是无效率的主要来源。

王兵等（2014）测算了 2005 年至 2010 年中国 112 个环保重点城市的绿色发展效率。李小胜和张焕明（2016）基于 Russell 方向性距离函数测算了中国 2011 年至 2015 年各省（区、市）考虑能源环境因素的无效率大小及其来源。林伯强和刘泓汛（2015）运用非径向方向距离函数测算了中国工业两位数行业的能源环境效率。李占风和张建（2018）构建环境污染综合指数代表环境污染坏产出，运用 SBM 模型测算了资源环境约束下 2001 年至 2015 年我国 30 个省（区、市）的工业环境技术效率，发现环境技术效率在空间上呈现“东高西低”非均衡的分布格局。

关于绿色生产率变化，涂正革和肖耿（2009）使用 30 个省（区、市）工业数据，发现 1998 年至 2005 年中国绿色生产率加速增长，成为工业增长和污染减排的核心动力。陈诗一（2010）基于 38 个两位数工业行业数据，运用方向性距离函数和 ML 指数估算了中国工业环境全要素生产率，发现 1980 年至 2008 年中国绿色生产率呈先加速增长后减速增长态势。杨俊和邵汉华（2009）运用方向性距离函数和 Malmquist-Luenberger 生产率指数测度了 1998 年至 2007 年各省（区、市）工业考虑环境因素的全要素生产率增长及其分解。孙传旺等（2010）使用方向性距离函数和 Malmquist-Luenberger 生产率指数测度了碳排放约束下 2000 年至 2007 年中国的环境全要素生产率。

叶祥松和彭良燕（2011）运用方向性距离函数和 Malmquist-Luenberger 生产率指数测算了 1999 年至 2008 年中国各省（区、市）环境效率与全要素生产率及其分解。董敏杰等（2012）运用 SBM 模型和 Luenberger 生产率指数测度了 2001 年至 2008 年中国工业环境全要素生产率。刘瑞翔和安同良（2012）使用 SBM 模型和 Luenberger 生产率指数测度了 1995 年至 2010 年经济环境绩效。原毅军和谢荣辉（2015）运用 SBM 模型和 Luenberger 生产率指数测算了考虑能源环境情况下 2000 年至 2012 年中国 30 个省（区、市）的工业绿色全要素生产率，发现年均增长 3.04%。

王兵和刘光天（2015）使用 Luenberger 生产率指数，发现 1999 年至 2012 年中国绿色全要素生产率呈增长态势。李玲和陶锋（2012）将中国制造业部门分为重度污染、中度污染和轻度污染三大类，采用 Luenberger 生产率指数测算了 1999 年至 2009 年三大类部门的绿色全要素生产率。李斌等（2013）基于 2001 年至 2010 年中国 36 个工业行业数据，采用 SBM 模型及 ML 指数测算了各行业的绿色全要素生产率。陈超凡（2016）运用方向性距离函数和 ML 指数测算了资源环境约束下中国工业行业绿色全要素生产率，发现 2004 年至 2013 年绿色生产率有所下降。余泳泽等（2019）测算了 2003 年至 2016 年 230 个城市的绿色全要素生产率。匡远凤和彭代彦（2012）、谌莹和张捷（2016）等使用了随机前沿分析方法进行了绿色生产率的测算。

关于绿色生产率变化的分解，学者们大多将绿色生产率增长分解为技术进步和效率变化，普遍认为技术进步是中国绿色生产率增长的主要原因（杨俊和邵汉华，2009；孙传旺等，2010；王兵等，2010；原毅军和谢荣辉，2015；王兵和刘光天，2015；李小胜和张焕明，2016）。

（2）绿色发展区域差异测评研究

归纳起来，现有文献中关于绿色发展区域差异分析的方法主要有几种：一是指标直观比较法。这种方法在文献中应用广泛，基于测得的地区的绿色发展绩效指标值进行直观的对比分析（胡鞍钢等，2008；田银华等，2011；齐亚伟和陶长琪，2012；匡远凤和彭代彦，2012；肖攀等，2013；龙亮军等，2017），仅揭示差异存在及其大小，而不能揭示差异来源。二是变异系数法。如吴传清和董旭（2015）使用了变异系数分析法。该方法仅得到了区域差异，也未对差异作来源分解。三是 Theil 指数法。如周亮等（2019）使用 Theil 指数法进行区域差异测度。Theil 指数可作差异分解，但只考虑子组的差异而不考虑子组的具体分布情况，忽略了组间交叉重叠现象，不能准确识别组间差异对总体差异的贡献（Dagum，1997；杨万平和李冬，2020），且该指数使用平均值，这会导致组间差异被平均化，从而降低结果的准确性（刘华军和杨骞，2014）。四是 Dagum 基尼系数法。

Dagum 基尼系数法（Dagum，1997）能克服传统基尼系数法与 Theil 指数法的局限（刘华军和赵浩，2012），较好解决样本数据间的交叉重叠问题，更有效地测度和识别区域差异性及其具体来源。因此 Dagum 基尼系数法被广泛应用于测度区域差异大小及其来源，如碳强度区域差异、居民收入分配区域差异、经济发展区域差异（刘志杰，2011；刘华军和赵浩，2012；仲伟周等，2013；聂荣等，2015；陈明华等，2016；陈景华等，2020）。Dagum 基尼系数法近年来在绿色发展区域差异的研究中也得到应用（李占风和张建，2018；高赢，2019；滕泽伟，2020；李金铠等，2020；蔺鹏和孟娜娜，2021；于伟等，2021），但相关研究还较为缺乏。李占风和张建（2018）、滕泽伟（2020）从东中西部地区的空间划分角度探究了绿色发展区域差异。高赢（2019）、李金铠等（2020）从八大综合经济区的空间划分角度探究了绿色发展的区域差异。于伟等（2021）、蔺鹏和孟娜娜（2021）分别从八大城市群、六大城市群角度探究了绿色发展区域差异。

综上所述，中国工业绿色发展研究具备了一定的理论与方法基础，研究者认为绿色发展效率和绿色全要素生产率增长可以作为衡量绿色发展绩效的重要指标，众多学者也展开了丰富的实证研究，但仍存在可拓展之处：一是在方向性距离函数的应用中，已有文献大多采用传统外生给定方向的做法，而外生给定方向存在较大主观性问题，可能导致误导性结果（Färe et al.，2017）。因此国外学者已经开始研究内生方向性距离函数并取得了一定成果，而国内学者相关研究较少，特别是尚未见应用内生方向性距离函数进行中国工业绿色发展效率和绿色全要素生产率增长的测度研究。二是大多数文献对绿色发展绩效（绿色发展效率及绿色全要素生产率增长）的研究集中在省（区、市）层面，而城市层面的研究较少。以省（区、市）作为决策单元（研究个体）的特点是比较宏观，仅能捕捉到省级宏观层面的信息，而无法捕捉到更加微观层面的信息。而对中国而言，城市之间的经济发展也存在较严重的不均衡性，仅采用省级层面数据进行研究不能准确地反映中国工业发展过程的区域问题。三是现有文献鲜有对党的十八大以来，特别是最近年份的工业绿色发展绩效展开持续研究。

党的十八大以来中国高度重视生态文明建设，习近平总书记提出中国经济要推动形成绿色发展新模式，工业绿色发展达到前所未有的重视高度。因此有必要把样本时期延伸到最近年份。四是对绿色生产率增长的来源的分解较为单一，大多是分解为技术进步和效率变化，鲜有文献对技术进步的来源进行进一步分解，如分解为生产性技术进步（投入一定时经济产出的增长）和绿色技术进步（投入一定时污染排放的减少）。五是对于绿色发展区域差异，学者们多采用直观比较法进行描述，该方法存在明显不足。而应用 Dagum 基尼系数这一有效测度区域差异的方法来进行中国绿色发展区域差异测度的研究还较为缺乏。

3.3 理论与模型

3.3.1 绿色发展的内涵

工业化进程带来了丰富的物质财富，同时也带来了环境污染、能源危机等问题，威胁人类的生存。1962 年美国人卡逊发表《寂静的春天》，反思了传统工业文明对环境造成的破坏（卡逊，1997）。1972 年，罗马俱乐部发表《增长的极限》，质疑了西方工业化国家高消耗、高污染的增长模式的可持续性（Meadows et al.，1972），从此引发对环境的广泛关注。1989 年，英国经济学家皮尔斯等人在《绿色经济蓝图》中首次提出“绿色经济”的概念（皮尔斯，1996），主张经济发展与环境保护不是对立的，经济发展应当与自然环境相协调，不能盲目追求经济的绝对增长而导致生态环境危机，强调实现经济发展与环境保护的统一，从而实现可持续发展。2008 年，联合国环境规划署提出了“发展绿色经济”的倡议，将绿色经济定义为提高人类福祉与社会平等，降低环境风险与生态稀缺的经济发展模式。2011 年，联合国环境规划署发布了《绿色经济报告》，指出绿色经济是全球经济增长的新引擎。2012 年，联合国开发计划署明确提出了绿色发展的概念。

改革开放以来，中国经济获得了高速增长，但在粗放增长的方式下，生态环境开始恶化，中国亟待扭转以牺牲生态环境为代价的经济增长方式。绿色发展是中国发展的必然选择和突破发展瓶颈的重要路径，也是满足人民对美好生活需要的必然要求（许宪春等，2019）。对于什么是绿色发展，国内学术界的界定莫衷一是，但都突出了“经济与环境相协调”的特征。著名学者胡鞍钢认为，所谓绿色发展，就是强调经济发展与保护环境的统一和协调（胡鞍钢等，2008）。刘思华（2001）认为，本质上绿色经济是以生态经济协调发展为核心的可持续发展经济。邹进泰和熊维明（2003）指出，绿色经济发展是从单一的物质文明目标向物质文明、精神文明和生态文明多元目标的转变。经济绿色发展，尤其要避免追求高消耗、高消费、高生态影响的物质文明，而造就高效率、低消耗、高活力的生态文明。世界银行和国务院发展研究中心联合课题组（2012）的研究成果表明，绿色发展是指经济增长摆脱对资源使用、碳排放和环境破坏的过度依赖，通过创新的绿色产品市场、绿色技术、绿色投资以及改变消费和环保行为来促进增长。

王玲玲和张艳国（2012）认为，绿色发展是在生态环境容量和资源承载能力的制约下，通过保护生态环境实现可持续发展的新型发展模式。胡鞍钢和周绍杰（2014）则认为，绿色发展是可持续发展的延伸，以低消耗、低排放、生态资本增加为主要特征。林伯强和谭睿鹏（2019）指出，绿色发展是综合考虑经济增长、资源节约和环境保护的增长方式。许宪春等（2019）指出，绿色发展强调的是人与自然的和谐相处，实质上是把握好金山银山与绿水青山之间的平衡关系，以效率、协调、可持续为目标，使经济社会发展与资源节约、污染减排及环境改善之间形成相互促进关系。

综上所述，绿色发展是综合考虑经济发展与环境保护的新发展模式。它不同于传统的以高消耗、高污染为代价的增长模式，而是强调经济发展与环境保护的统一与协调，两者相互依存，而非简单对立。传统经济以环境恶化为代价，是一种损耗式经济，重视“金山银山”而忽视“绿水青山”，而绿色发展则是一种平衡式经济，既要“金山银山”又要“绿水青山”。

绿色发展包含两方面的含义，一是发展（经济发展）。发展是绿色的基础，没有经济发展，环境保护将难以为继。绿色发展并不是停止或限制经济增长，相反经济增长有助于解决贫困和不发达问题，是摆脱贫困、改善环境、增进福利的最直接手段。二是绿色（环境保护）。没有充分的环境保护，经济发展将遭到破坏，难以持续。经济的增长并不必然导致环境的恶化，实施正确的经济环境政策，推动绿色技术创新，提高资源利用效率，使经济增长向低消耗、低能耗的方向转变，以“绿色”的方式来获得经济增长，有助于减轻经济增长的环境压力。

绿色发展具有“既要发展又要绿色”的两个核心目标，两者是一个整体，不仅强调生态环境的改善，即环境绩效，还要统筹经济绩效，也就是在有限的资源承载力和环境容量的约束下，依托技术进步、模式转变等实现经济与环境的双赢，包括经济持续健康增长、资源高效利用、环境友好等可持续效益。

3.3.2 绿色发展的相关理论

（1）经济发展的环境保护效应：环境库兹涅茨曲线

环境库兹涅茨曲线（Environmental Kuznets Curve，EKC）揭示了经济发展

水平与环境质量之间的一种U形关系，即环境质量随经济发展水平的提高先恶化后改善。在经济发展处于低水平时，环境质量会随着经济发展水平的提高而恶化，当经济发展到一定程度后，环境质量会随着经济发展水平的提高而改善。关于EKC的最早研究来自Grossman & Krueger（1991），该研究考察人均GDP与二氧化硫、烟尘、化学需氧量等环境质量的衡量指标之间的关系，发现环境质量与经济发展水平之间符合倒U形曲线的关系。Panayotou（1993）将经济发展水平与环境质量之间的这种关系称为环境库兹涅茨曲线 。

对于EKC的形成原因，学者们主要从以下几个角度进行了探讨：一是经济结构的转变。随着经济发展到一定程度，经济结构有向轻污染方向转变的趋势，污染密集型产业向技术密集型产业转移，从而带来环境质量改善。二是环保投资的加大。随着经济增长，社会有更大的投资能力可以用于环境保护的投资，同时增长过程中污染加重使得环保投资增加，从而促进环境质量改善。三是需求偏好的变化。环境是一种奢侈型商品，在高收入经济体中，随着收入的上升，人们对食物有关商品的收入需求弹性变低且不断下降，而对环境质量的收入需求弹性变高且不断上升，而低收入经济体则相反。也就是说，经济发展到一定程度，人们对环境质量的需求会急剧上升，从而改变环境保护与经济增长之间的矛盾关系。四是国际贸易的影响，高收入国家通过国际贸易和外商直接投资将污染转移到低收入国家，从而使得高收入国家的环境质量好转，但低收入国家环境质量恶化。五是环境政策的推行，在经济发展初期，政府对环境需求的反应少，这是因为政策往往是对利益集团压力的反应，发展初期环境利益集团的组织化程度低，只有当经济增长到一定水平，环境利益集团被较好地组织起来，政府才会对环境需求作出积极反应，出台一系列环境政策等，积极推动环境质量改善。

（2）环境保护的经济发展效应：波特假说

新古典经济学认为环境管制能有效促进环境改善，不过无法避免增加企业生产成本，导致对经济发展带来不利影响。波特假说不这么认为（Porter，1991；Porter & Van der Linde，1995；Ambec & Barla，2002）。波特假说认为环境管制可以激励企业进行清洁产品或清洁生产的创新，从而提高产品质量或生产工艺、提高生产率、提升企业竞争力，创新补偿甚至可以超过由环境保护带来的额外成本，因此可能对经济发展产生正面影响。波特假说意味着通过环境保护可以实现环境和经济的双赢。

对于波特假说成立的支撑，Porter & Van der Linde（1995）提出了五个主要原因：一是环境管制使企业意识到自身资源利用的效率缺陷，并为企业潜在的技术改进空间指明方向；二是环境管制的压力刺激企业创新与发展；三是环境管制改变传统的竞争环境；四是环境管制降低环境投资的不确定性；五是环境管制可使企业增强环保意识。Jaffe & Palmer（1997）将波特假说分为三种类型：弱的（weak version）、强的（strong version）和狭义的（narrow version）。弱波特假说认为环境管制能刺激企业的环境创新；强波特假说认为环境管制不仅能促进企业创新，而且能以此提升企业效益和企业竞争力；狭义波特假说认为灵活的环境管制措施（如经济手段）更能刺激企业创新。Boyd & McClelland（1999）和 Boyd & Pang（2000）为波特假说提供了实证支持，他们通过对造纸厂和玻璃厂的实证研究发现，政府环境管制在没有降低企业生产率的情况下使污染排放减少了 2%～8%，支持了波特假说。Murty & Kumar（2003）对印度水污染企业进行实证研究，发现更严格的环境管制致使企业产品质量更高，而宽松的环境管制导致企业生产技术无效率，这就为波特假说提供了实证支持。金碚（2009）从理论上指出有效的环境管制方式既要实现环境保护，又要保证产业竞争力的长期提升。

陈诗一（2010a）通过预测 2009 年至 2049 年中国节能减排的损失和收益，找到了环境治理可导致环境与经济双赢发展的环境波特假说的支持证据。陈诗一（2010b）通过估算改革开放以来中国工业环境全要素生产率，发现中国的节能减排政策有效地推动了工业绿色生产率的持续改善，环境政策的绿色效应显现。李树和陈刚（2013）以 APPCL 2000 的修订为例，研究结果表明严格且适宜的环境管制可能会使中国经济获得环境质量提高和生产率增长的双赢结果。Jefferson 等（2013）、韩超和桑瑞聪（2018）对中国的“两控区”政策进行了研究，发现其引致了双赢发展，提高了企业在利润、成本、就业、产品转换率等方面的表现。陈诗一和陈登科（2018）发现政府雾霾治理政策有助于改善大气环境和提升经济发展质量。相关的研究还有 Eliste & Fredriksson（2002）、洪大用（2012）、徐敏燕和左和平（2013）、林伯强和邹楚沅（2014）、Greenstone & Hanna（2014）和 Shapiro & Walker（2018）等。

3.3.3 测度绿色发展绩效的指数

自绿色发展概念被提出以来，我国的绿色发展取得了一定进展，那么绿色发展绩效究竟如何，怎样测度？对绿色发展绩效进行测度成为一个重要研究课题。根据绿色发展的内涵，工业绿色发展是综合考虑经济增长和环境保护的发展，经济与环境的共赢是绿色发展的突出表现。习近平总书记指出，我们要建设的现代化是人与自然和谐共生的现代化，既要创造更多的物质财富和精神财富以满足人民日益增长的美好生活需要，也要提供更多优质生态产品以满足人民日益增长的优美生态环境需要，这很大程度上即指满足人民对经济绿色发展的需要。因此，绿色发展强调既要绿色又要发展，故而衡量绿色发展绩效的测度指数应遵循绿色与发展相结合的原则。只讲绿色不讲发展是缘木求鱼；只讲发展不讲绿色，是竭泽而渔。绿色发展的核心是“既要绿色，又要发展”，实现绿色与发展的和谐共进（李晓西等，2014）。

绿色发展被提出的背景是经济增长与资源环境之间的矛盾，但这并不是要否定经济增长，而是要寻求一种新的经济增长方式。绿色发展首先是一个发展问题，发展是绿色的基础，发展在未来相当长时间仍是世界的主旋律；绿色是发展的升华，绿色是在发展的主旋律上谱以绿色的音符。持续健康的经济发展和资源环境的可持续性都是绿色发展所追求的。

关于衡量绿色发展绩效的指数，也有不少研究。一方面，不少学者从不同层面选取不同子指标并通过无量纲化处理和加权平均的方式构建绿色发展评价指数。如国际方面，就有 2012 年 UNEP 的绿色经济指标，2011 年 OECD 的绿色增长指标，2012 年 EEA 的绿色经济指标，2014 年全球绿色经济指数(GGEI)、环境绩效指数（EPI）等；国内方面，2010 年北京师范大学、西南财经大学和国家统计局中国经济景气检测中心（2010）测算了 30 个省（区、市）的绿色发展指数，2014 年李晓西等构建了人类绿色发展指数（HGDI）等。但这些指数都存在缺陷。陈诗一（2012）认为这些统计指数缺乏精确的经济内涵和经济学生成机制，有为指数而指数的意味，且多为比较静态的分析，没有体现动态性，难以反映绿色转型发展的进程。另外，子指标选取没有形成统一认识，不同的指标体系得到不一样的结果，且出现指标多而繁杂，统计口径不一样等问题，导致测算结果的一致性和可比性较弱，无法获得学界的一致认同，推广起来较困难。

另一方面，众多学者通过效率和生产率分析来研究经济的绿色发展绩效。效率分析是经济学研究的核心，经济学的第一课就讲如何用最少的资源获得最大的产出，即解决资源最有效配置问题。效率是指在给定投入和技术条件下，最有效地使用资源以满足设定的期望和需要的评价方式。Farrell (1957) 最早提出技术效率的概念，描述在既定技术条件和要素价格下，投入要素或产出要素数量可优化空间的大小。一般地，技术效率可以通过投入或产出导向来表述：在投入导向上，技术效率为既定产出下最优投入与实际投入之比；在产出导向上，技术效率为既定投入下实际产出与最优产出之比。全要素生产率是指各种要素投入既定条件下所达到的额外生产效率，从计算方法看，是经济增长中不能够被资本、劳动等要素投入所解释的部分，可以看作要素配置效率提高、技术进步等难以衡量的因素带来的效率提升，进而带来额外经济增长。

根据索洛 (1957) 的增长方程，经济增长的来源可分为两个部分：要素禀赋增长部分和全要素生产率增长部分。经济生产活动中的两个重要生产要素是资本和劳动，要素的积累构成了经济增长的一个组成部分，但由于边际报酬递减，要素积累难以成为推动现代经济增长的主导性因素。另外，扣除资本和劳动等生产要素贡献的部分之后，有一个残余部分，被称为索洛余值，这个余值就是全要素生产率增长的部分，它被认为是推动经济长期增长的主导因素，成为现代经济学广为关注的一个指标。自索洛的开创性工作 (Solow，1957) ——使全要素生产率成为一个可测的显性指标以来，再经 Denison (1962)、Jorgenson & Griliches (1967)、Aigner & Cain (1977)、Charnes 等 (1978)、Caves 等 (1982)、Färe 等 (1994) 的研究和发展，全要素生产率已经成为评估经济可持续发展的重要标准，探索经济长期增长源泉的重要工具，新古典经济学判断经济转型的核心指标 (陈诗一，2011a)，政府制定经济政策的重要依据 (我国已把全要素生产率纳入政府工作报告和党的十九大文件中)。

在早期的效率和生产率的估算文献中，很少涉及能源环境因素。随着资源环境约束日益凸显，学者们逐渐意识到加入能源环境因素的重要性。后来得益于理论与技术的发展，如环境技术与方向性距离函数，可以很好地将能源环境因素纳入经济发展分析中。环境技术将能源作为投入要素处置 (这已成为学界共识)，将环境污染作为与经济产出 (好产出) 区别开来的非期望产出 (坏产出)，由此能够很好测量包含经济好产出和环境污染坏产出的效率和生产率，常被称为环境效率 (也称绿色发展效率) 和环境全要素生产率 (也称绿色全要素生产率)。环境效率成为经济与环境协调性的重要表征，效率高表示协调程度(绿色发展程度）高，效率低表示协调程度（绿色发展程度）低（涂正革，2008)。环境全要素生产率变化成为反映经济增长与环境改善进程的重要指标，从动态视角突出经济绿色发展的进程、转型性质及其原因。Färe 等（1994）将全要素生产率变化分解为技术变化和效率变化。经济绿色转型从本质上来讲是采用更绿色的技术，提高绿色全要素生产率。

鉴于此，众多学者在经济绿色发展的理论上，围绕环境效率和环境全要素生产率变化指数展开研究，将两者作为评估绿色发展绩效的指数，其中一个是状态指数，一个是速度指数，分别从静态视角和动态视角测度研究对象的绿色发展绩效。

3.3.4 环境技术与方向性距离函数

(1) 环境技术

在经济生产活动中，将环境因素考虑进来，则除了会产生人们期望的经济产出（好产出）外，往往还会产生非期望的污染排放（坏产出），如二氧化硫、氮氧化物等环境污染物。把环境坏产出考虑进来而形成的产出与投入的技术结构关系为环境技术。假定投入向量为 $x = (x_1, \cdots, x_N)$，好产出（期望产出）向量为 $y = (y_1, \cdots, y_M)$，坏产出（非期望产出，如二氧化硫等环境污染物）向量为 $b = (b_1, \cdots, b_J)$，N、M、J 分别代表投入、好产出、坏产出的种类数。于是，可以构造代表环境技术的产出集 $P(x)$（Färe et al.，2005)：

$$P(x) = \{(y, b): x \text{ 可以生产}(y, b)\}, \ x \in \mathbf{R}_+^N \tag{3.1}$$

表示环境技术的 $P(x)$ 满足以下几条公理（Axioms)[①]：

① $\forall\, x \in \mathbf{R}_+^N$，$\{0\} \in P(x)$。

② $P(x)$ 是一个有界闭集。

③如果 $x' \geqslant x$，那么 $P(x') \supseteq P(x)$。

④如果 $(y, b) \in P(x)$ 且 $y' \leqslant y$，那么 $(y', b) \in P(x)$。

⑤如果 $(y, b) \in P(x)$ 且 $b = 0$，那么 $y = 0$。

⑥如果 $(y, b) \in P(x)$ 且 $0 \leqslant \theta \leqslant 1$，那么 $(\theta y, \theta b) \in P(x)$。

---

① 涂正革（2008）对环境技术的性质进行了详细介绍。

公理①表明没有产出是可能的，$P(x)$ 非空。公理②表明有限投入只能生产有限产出。公理③表明投入自由可处置（Freely Disposable）。公理④表明好产出自由可处置。公理⑤和⑥统称为环境公理，将环境因素的特殊性纳入进来。公理⑤是零结合性（Null Jointness），它表明坏产出 b 是好产出 y 的副产品（Byproduct），生产好产出伴随有坏产出产生，这符合当前工业生产过程中环境污染物难以完全避免的特性。公理⑥是好产出与坏产出联合弱可处置（Jointly Weak Disposability），它表明产出水平 (y, b) 同比例缩减也属于产出集，它包含的经济学含义是减少坏产出需要付出代价。

（2）环境方向性距离函数

环境方向性距离函数是环境技术的一种函数表示，运用数学规划测度好产出扩张和坏产出缩减比例，由此来计算经济个体的环境技术效率水平，这恰好反映了经济体的绿色发展效率。参见 Färe 等（2005），环境方向性产出距离函数被定义为：

$$\vec{D}(x, y, b; g) = \sup[\beta: (y + \beta g_y, b - \beta g_b) \in P(x)] \tag{3.2}$$

该函数寻求的是投入给定的情况下好产出扩张、坏产出缩减的最大可能性。式中 $P(x)$ 表示生产者在给定投入 x 下的生产可行集，包括好产出 y 和坏产出 b。计算所得的 β 为距离函数具体值，它反映了决策单元与生产前沿的差距，实质上衡量了决策单元的无效率大小（inefficiency）。β 的取值范围为 $[0, +\infty)$，如果 β 为 0 表示位于前沿，β 越大表示效率越低。$g = (g_y, -g_b)$ 是方向向量，它表示非前沿决策单元以前沿为目标，扩张好产出的方向为 g_y，同时缩减坏产出的方向为 g_b。环境方向性产出距离函数如图 3.2 所示。

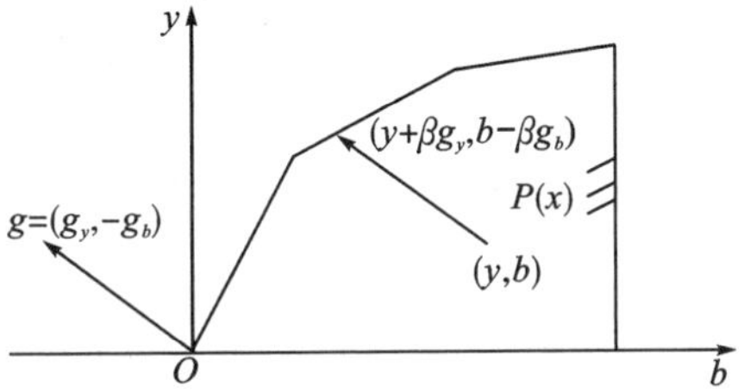

图 3.2　环境方向性产出距离函数

3.3.5　内生环境方向性距离函数模型

如何构建方向性距离函数模型，估计出决策单元（DMU）的方向性距离函数值？环境方向性距离函数的一个重要特性是可以自由选择方向向量，不同方向向量反映了决策单元进行效率改善的行为决策——对经济增长和污染减排的权衡。现有文献中常见的做法是构建基于传统方向向量的方向性距离函数模型，直接选择 Chung 等（1997）给出的外生方向向量（y，$-b$）[①] 作为对经济产出和污染排放潜在改进方向的模拟，该方向向量的含义是决策单元靠近前沿边界 P（x）进行效率改进的方向均是好坏产出同比例增减的假定，即假定各个决策单元好产出增加与坏产出减少被赋予相同的权重，如图 3.3 中 $\overrightarrow{AD}$ 所示。

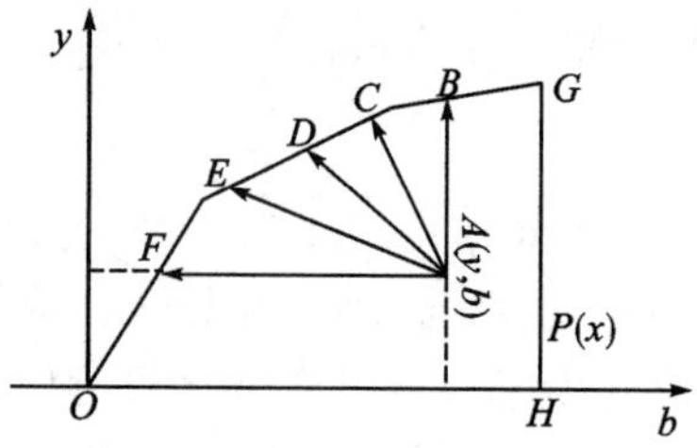

图 3.3　不同方向向量

好产出增加与坏产出减少被赋予相同的权重，显然与现实约束不符。对于经济较发达地区，收入水平和生活水平较高，相比于经济增长，环境质量更受关注，减排或许应被赋予更大的权重。相反，对于经济欠发达地区，经济增长关乎生存与温饱，更加受到重视，增长或许应被赋予更大的权重。为了达到绿色发展（基于现实约束的最优增长模式），在资源和技术既定前提下，经济体不可能在增长与减排两方面同比例施力，两者之间必有权衡取舍。

由此可见，在方向性距离函数的应用中，外生选择方向向量的传统做法有其局限性，可能存在主观“一刀切”、与实际有偏差的问题，更有学者指出方向向量设定不同时将得出不一致的结果（Peyrache & Daraio，2012；Chambers et

---

① 诚然，除（y，$-b$）外还可以选择无数种外生方向向量。无论选择哪种方向向量，从本质上来讲是一样的，均为研究者外生选择。考虑到论述的简洁性，本研究正文部分只选取（y，$-b$）这一最常见的方向向量作为外生方向向量代表进行讨论。

al.，2013；邓忠奇，2016)，因此一种新的方向向量选择——内生选择方向向量受到越来越多学者的关注（Färe et al.，2013b；Lee，2014；Hampf & Krüger，2015；Färe et al.，2017)。与传统的外生方向向量不同，内生选择方向向量不是事先设定的，而是由模型内生决定的，每个决策单元将得到独特的、专属于自己的方向向量。比如，如果按照传统方向性距离函数的公式[①]和内生方向性距离函数的式（3.3）求解出的β都为0.5，那么效率损失为0.5。根据传统DDF，结论是该决策单元好坏产出都有50%的增减空间。但是内生DDF不仅估计出β，还估计出好坏产出改进的方向（假设$\alpha=0$，$\delta=1$)，这表明该决策单元好产出已经达到了技术前沿，好产出没有改进的空间，而坏产出有50%的减缩空间。因此，决策单元进行效率改进的好坏产出增减比例不一定相同，有可能出现坏产出潜在缩减比例大于好产出潜在扩张比例的情形，如图3.3中$\overrightarrow{AE}$所示，反之也有可能出现好产出潜在扩张比例大于坏产出潜在缩减比例的情形，如图3.3中$\overrightarrow{AC}$所示。

因此，与现有大多数研究不同，本研究采用新的内生选择方向向量的方法来计算方向性距离函数。原因在于传统事先设定的方向可能不是决策单元进行效率改进的最优方向（朱宁等，2018)。参考Hampf和Krüger的研究（Hampf & Krüger，2015)，构建如下的基于内生选择方向向量的环境方向性产出距离函数模型：

$$
\begin{aligned}
&\vec{D}(x_{k'},\ y_{k'},\ b_{k'};\ g_y,\ -g_b)=\max\beta \\
&s.\ t.\ \sum_{k=1}^{K} z_k y_{k,m} \geqslant (1+\beta\alpha_{k',m})\, y_{k',m},\ m=1,\cdots,M, \\
&\qquad \sum_{k=1}^{K} z_k b_{k,j} = (1-\beta\delta_{k',j})\, b_{k',j},\ j=1,\cdots,J, \\
&\qquad \sum_{k=1}^{K} z_k x_{k,n} \leqslant x_{k',n},\ n=1,\cdots,N, \\
&\qquad \sum_{m=1}^{M} \alpha_{k',m} + \sum_{j=1}^{J} \delta_{k',j} = 1, \\
&\qquad z_k \geqslant 0,\ k=1,\cdots,K,\ \alpha_{k',m} \geqslant 0,\ m=1,\cdots,M,\ \delta_{k',j} \geqslant 0,\ j=1,\cdots,J
\end{aligned}
\tag{3.3}
$$

① 传统方向性距离函数模型未在正文中展示，详见附录一。

其中，下标 $m=1,\cdots,M$ 表示好产出个数，下标 $j=1,\cdots,J$ 表示坏产出个数，下标 $n=1,\cdots,N$ 表示坏产出个数，z_k 表示第 k 个观测值的权重，$y_{k,m}$ 表示第 k 个观测值的第 m 个好产出，$y_{k',m}$ 表示第 k' 个观测值的第 m 个好产出，$\alpha_{k',m}$ 表示第 k' 个观测值的第 m 个好产出缩减的差异化权重，$b_{k,j}$ 表示第 k 个观测值的第 j 个坏产出，$b_{k',j}$ 表示第 k' 个观测值的第 j 个坏产出，$\delta_{k',j}$ 表示第 k' 个观测值的第 j 个坏产出缩减的差异化权重，$x_{k,n}$ 表示第 k 个观测值的第 n 个投入，$x_{k',n}$ 表示第 k' 个观测值的第 n 个投入。我们可以看出，式（3.3）是通过数据包络分析（DEA）内生选择方向向量（α 和 δ），从而最大化距离函数（β 衡量了决策单元与最佳生产者的差距）。在传统方向性距离函数模型中，方向向量大多由可观察到的好坏产出数量给出，即设定方向向量（g_y，$-g_b$）=（y，$-b$），好产出增加与坏产出缩减被视为同等重要的目标，即扩张好产出与缩减坏产出来进行效率改进被赋予相同的权重。与事先设定方向向量的传统方向性距离函数不同，模型（3.3）中加入了内生变量 α 和 δ，α 和 δ 分别代表好产出扩张和坏产出缩减的差异化权重，α 和 δ 可以不相等，也就是说决策单元靠近前沿边界 P（x）的方向可以是不同比例扩张好产出和缩减坏产出。同时，对 α 和 δ 分别施加非负性约束与标准化约束，前者体现绿色发展的基本标准，即产出增长、排放减少，因此对图 3.3 中的生产者 A［用 A（y，b）表示］而言，其前沿参照点位于折线 BF 上；后者由第四个约束条件给出，以允许 α 和 δ 在标准化限制下取值不同。

此外，模型（3.3）中的第二个约束是对坏产出的等式约束，意味着坏产出是联合弱可处置（Jointly Weak Disposability）的。模型（3.3）中的方向向量为（αy，$-\delta b$），由于 α 和 δ 由系统投入产出关系内生决定，故称该方向向量为内生方向向量。该方向向量指向前沿上最远的可行点（而不受事先指定方向向量约束），能识别当前环境技术下最大的效率改善空间。对于最优效率（前沿）决策单元，方向性距离函数 β 为 0，此时内生最优方向向量可以是任意方向向量（Färe et al.，2013b；Hampf & Krüger，2015）。整体来看，模型（3.3）是一个非线性规划问题，可转换为线性规划问题来求解①。

① 具体转换过程略。

3.3.6 绿色发展绩效指数与绿色发展方向选择

（1）静态指数：绿色发展效率

在模型（3.3）中，未引入时间变量计算所得的方向性距离函数是一个静态方向性距离函数。静态方向性距离函数值反映了绿色发展效率大小。绿色发展效率是一个测度绿色发展绩效的静态指数。

静态方向性距离函数值 β 衡量了同一时点决策单元与前沿生产者的差距，实质上反映了决策单元绿色发展的总体效率损失（无效率水平），可用于测度效率。如果 $\beta=0$，即无效率为 0，表明决策单元有效率、位于生产前沿。如果 $\beta>0$，表明决策单元存在效率损失，且 β 越小，即效率损失越小，表示效率越高，反之 β 越大，即效率损失越大，表示效率越低。

对特定决策单元，记（经济层面）好产出扩张的效率损失（经济产出的不足，本研究定义为发展效率损失，或称发展无效率）为 β_y，记（环境层面）坏产出缩减的效率损失（污染物的过高排放，本研究定义为绿色效率损失，或称绿色无效率）为 β_b：

$$\beta_{y,m}=\beta\alpha_m,\ m=1,\cdots,M \tag{3.4}$$

其中，$\beta_{y,m}$ 表示既定投入下第 m 个好产出与前沿好产出的差距，α_m 表示第 m 个好产出扩张的差异化权重，

$$\beta_{b,j}=\beta\delta_j,\ j=1,\cdots,J \tag{3.5}$$

其中，$\beta_{b,j}$ 表示既定投入下第 j 个坏产出与前沿坏产出的差距，δ_j 表示第 j 个坏产出缩减的差异化权重。

发展效率损失（发展无效率）β_y 反映了决策单元在既定投入下好产出与前沿好产出的差距，绿色效率损失（绿色无效率）β_b 则反映了坏产出与前沿坏产出的差距。基于式（3.3）的第四个约束条件，绿色发展效率总损失 β 等于发展效率损失与绿色效率损失之和：

$$\beta=\beta_y+\beta_b=\sum_{m=1}^{M}\beta_{y,m}+\sum_{j=1}^{J}\beta_{b,j} \tag{3.6}$$

若决策单元没有效率损失，则 $\beta_y=0$，$\beta_b=0$，$\beta=0$，绿色、发展都有效率；若决策单元存在效率损失，则 β_y 和 β_b 至少有一个大于 0，$\beta>0$，绿色或发展存在效率损失。特别地，$\beta_y>0$，$\beta_b=0$，表明绿色有效率，效率损失完全来自发展效率损失；$\beta_y=0$，$\beta_b>0$，表明发展有效率，效率损失完全来自绿色效

率损失。存在效率损失的决策单元的潜在好产出 $\tilde{y}$ 和潜在坏产出 $\tilde{b}$ 在既定技术条件和投入下可能达到的最优产出水平分别为：

$$\tilde{y}=(1+\beta\alpha)y\ ,\ \tilde{b}=(1-\beta\delta)b \tag{3.7}$$

因此，相比于外生方向的传统方向性距离函数模型，基于内生方向性距离函数模型不仅可以得到决策单元的绿色发展效率绝对水平，还可以得到无效率的来源。

(2) **动态指数：绿色生产率变化**

在模型 (3.3) 中，引入时间变量可以得到跨期方向性距离函数值，基于此可以构造绿色生产率变化指标。绿色生产率变化是一个测度绿色发展绩效的动态指数。利用距离函数来计算全要素生产率变化由来已久。早期 Caves 等 (1982) 和 Färe 等 (1994) 使用传统距离函数定义了 Malmquist 生产率指数。此后，Chung 等 (1997) 和 Chambers 等 (1996) 在方向性距离函数的基础上，分别定义了考虑环境因素的 Malmquist-Luenberger 生产率指数和 Luenberger 生产率指数。设样本时期为 t ($t=1,\cdots,T$)，借鉴 Pastor & Lovell (2005) 的全局思想，定义从 t 期到 $t+1$ 期的考虑坏产出（环境因素）的全局 Luenberger 生产率指数 (Wang et al., 2016)，记为 GL：

$$GL(x^t,\ y^t,\ b^t,\ x^{t+1},\ y^{t+1},\ b^{t+1})=\beta^{G,\ t}-\beta^{G,\ t+1} \tag{3.8}$$

其中 x^t、y^t、b^t 分别表示第 t 期的投入、好产出及坏产出，x^{t+1}、y^{t+1}、b^{t+1} 分别表示第 $t+1$ 期的投入、好产出及坏产出。GL 衡量了绿色生产率变化。GL 大于（小于）0，表明从第 t 期到第 $t+1$ 期绿色生产率增长（下降）。在式 (3.8) 中，$\beta^{G,t}$ 表示 t ($t=1,\cdots,T$) 期的投入产出在全局参考技术（参考技术由所有时期的投入产出集决定）下计算的方向性距离函数值，$\beta^{G,\ t+1}$ 表示第 $t+1$ 期的投入产出在全局参考技术下计算的方向性距离函数值。使用全局参考技术的优势有两点：其一，不同时期计算的 β 值具有可比性，因为都是使用全局前沿；其二，可以很好解决在计算跨期距离函数时出现不可行解的问题。与经典的全要素生产率分解方法一样，绿色生产率变化指标 GL 可以被分解为效率变化（各个决策单元与生产前沿之间差距的变化）和技术变化（生产前沿的移动）两个因素，效率变化记为 EC，技术变化记为 TC，如下式：

$$GL=(\beta^t-\beta^{t+1})+[(\beta^{G,\ t}-\beta^t)-(\beta^{G,\ t+1}-\beta^{t+1})]=EC+TC \tag{3.9}$$

在式 (3.9) 中，β^t 表示第 t ($t=1,\cdots,T$) 期的投入产出在第 t 期参考技

术（参考技术由当期的投入产出集决定）下计算的方向性距离函数值。β^{t+1} 表示第 $t+1$（$t=1,\cdots,T-1$）期的投入产出在第 $t+1$ 期参考技术下计算的方向性距离函数值。EC 是跨期效率变化，其值大于（小于）0 表明从第 t 期到第 $t+1$ 期效率改善（恶化）；TC 衡量了从第 t 期到第 $t+1$ 期技术的变化（第 t 期相对全局 G 的技术变化与第 $t+1$ 期相对全局 G 的技术变化的差距，从而衡量第 t 期与第 $t+1$ 期之间的技术变化，类似差中之差），它表示两期技术前沿的差距，其值大于（小于）0 表明从第 t 期到第 $t+1$ 期技术进步（退步）。

模型（3.3）中，$\beta=\beta\sum\alpha_m+\beta\sum\delta_j$，于是效率变化可进一步分解为两个层面的变化：一是发展效率变化（经济增长层面），记为 DEC，二是绿色效率变化（环境减排层面），记为 GEC。同样，技术变化也可进一步分解为发展技术变化和绿色技术变化，分别记为 DTC 和 GTC。因此，GL 可以进一步分解为四大因素，如下式（将 $\sum\alpha_m$、$\sum\delta_j$ 记为 α、δ）：

$$\begin{aligned} GL &= (\beta^t\alpha^t-\beta^{t+1}\alpha^{t+1})+[(\beta^{G,t}\alpha^{G,t}-\beta^t\alpha^t)-(\beta^{G,t+1}\alpha^{G,t+1}-\beta^{t+1}\alpha^{t+1})] \\ &\quad +(\beta^t\delta^t-\beta^{t+1}\delta^{t+1})+[(\beta^{G,t}\delta^{G,t}-\beta^t\delta^t)-(\beta^{G,t+1}\delta^{G,t+1}-\beta^{t+1}\delta^{t+1})] \\ &= DEC+DTC+GEC+GTC \end{aligned} \tag{3.10}$$

其中，$\alpha^{G,t+1}$ 表示第 $t+1$ 期好产出在全局参考技术下扩张的差异化权重，$\delta^{G,t+1}$ 表示第 $t+1$ 期坏产出在全局参考技术下缩减的差异化权重，α^t 表示第 t 期好产出的差异化权重，α^{t+1} 表示第 $t+1$ 期好产出的差异化权重，δ^t 表示第 t 期坏产出的差异化权重，δ^{t+1} 表示第 $t+1$ 期坏产出的差异化权重。基于此，就可以识别绿色生产率增长的动能：是来自发展效率改善、发展技术进步，还是绿色效率改善、绿色技术进步？前两者合计代表传统的发展动能（经济绩效），记为 DC，后两者合计代表新的绿色动能（环境绩效），记为 GC。GL 测度了兼顾好产出（经济产出 y）和坏产出（环境污染排放 b）的绿色生产率变化。在投入要素（资本、劳动、能源）不变的情况下，一方面好产出 y 的增加会带来总体效率的提升，另一方面坏产出 b 的减少也会带来总体效率的提升。到底绿色生产率增长是归功于好产出 y 的增加还是坏产出 b 的减少？把其中好产出 y 的增加的原因称为发展动能，即经济绩效的提升带来的生产率增长。发展动能包括与传统经济增长相关的不考虑环境影响的技术进步和效率改善的动力因素。把其中坏产出 b 的减少的原因称为绿色动能，即环境绩效的提升带来的生产率增长。绿色动能包括与环保减排相关的绿色技术进步和效率改善的动力因素。

相比于外生方向的传统方向性距离函数模型，基于内生方向性距离函数模型构造的绿色生产率变化不仅能分解为效率变化和技术变化，还可进一步分解为发展效率变化、绿色效率变化、发展技术变化和绿色技术变化。这样的分解能厘清绿色生产率增长更多是来自发展动能还是绿色动能，从而能识别绿色动能是否成为绿色生产率增长的主要源泉。

（3）**方向指数：绿色发展方向的 γ 值测度**

本研究以地区作为决策单元。通过分析地区内生效率损失构成，可以弄清地区差距在哪里，这样可以取得最佳效果。有的地区可能发展效率损失（$\beta\alpha$）大于绿色效率损失（$\beta\delta$），有的地区可能绿色效率损失（$\beta\delta$）大于发展效率损失（$\beta\alpha$），这就意味着有的地区的绿色发展效率低更多是因为发展不充分（经济产出的不足），而有的地区的绿色发展效率低更多是因为环境保护不力（污染物的过高排放）。发展效率损失更大意味着经济潜力（好产出增长空间）更大，绿色效率损失更大意味着环境潜力（坏产出减排空间）更大①。

这就表明，要达到最优效率（无效率损失），对于发展效率损失占比更高（发展不充分）的地区，就应当选择“经济发展（产出增长）”的绿色发展方向；对于绿色效率损失占比更高（环境保护不力）的地区，就应当选择“环境绿色（污染减排）”的绿色发展方向。我们将这两种方向分别定义为发展倾向、绿色倾向的绿色发展方向。另外，对于介于两者之间的发展效率损失与绿色效率损失相等（不同为 0）② 的地区，就应当选择既不倾向发展也不倾向绿色的绿色发展方向，称之为中性方向。该方向通过分析内生效率损失构成而确定，因此称该方向为内生方向。

为便于分析，定义绿色效率损失（$\beta\delta$）与发展效率损失（$\beta\alpha$）之比为 γ：

$$\gamma = \frac{\beta\delta}{\beta\alpha} \tag{3.11}$$

γ 的具体含义如表 3.1 所示。

---

① 根据 Färe 等（2014）的研究，经济潜力（产出增长空间）可以被定义为潜在经济产出比实际经济产出增加的比例，即潜在经济产出的增长率（$\tilde{y}-y$）/y，其值等于绿色效率损失 $\beta\delta$；环境潜力（减排空间）可以被定义为潜在环境污染排放比实际排放减少的比例，即潜在减排率（$b-\tilde{b}$）/b，其值等于绿色效率损失 $\beta\delta$。

② 对于无效率损失（前沿）决策单元，绿色发展方向不能确定，因为这里是根据效率损失的大小来确定绿色发展方向。

表 3.1　绿色发展方向

情形	效率损失构成	经济与环境潜力	绿色发展方向	γ
情形一	发展效率损失＞绿色效率损失	经济潜力＞环境潜力	发展倾向	$0\leqslant\gamma<1$
情形二	发展效率损失＝绿色效率损失	经济潜力＝环境潜力	中性方向	$\gamma=1$
情形三	发展效率损失＜绿色效率损失	经济潜力＜环境潜力	绿色倾向	$\gamma>1$

γ 与效率损失构成一一对应，即可作为内生方向的测度。显然，γ 的取值范围为 $[0, +\infty)$[①]。对于无效率损失（前沿）地区，γ 不存在；对于存在效率损失的地区，γ 取决于发展效率损失与绿色效率损失的相对大小，同时也是经济潜力（产出增长空间）与环境潜力（减排空间）的相对大小[②]。发展效率损失（经济潜力）相对绿色效率损失（环境潜力）越大时 γ 越小，反之 γ 越大。具体地，$0\leqslant\gamma<1$ 时，表示地区发展效率损失（经济潜力）大于绿色效率损失（环境潜力），即在增长方向上的改进空间大于在减排方向上的改进空间，绿色发展方向为发展倾向，如图 3.4（a）所示；$\gamma=1$ 时，表示地区发展效率损失（经济潜力）与绿色效率损失（环境潜力）相等，即在增长和减排上的改进空间相当，绿色发展方向为中性方向，如图 3.4（b）所示；$\gamma>1$ 时，表示地区绿色效率损失（环境潜力）大于发展效率损失（经济潜力），即在减排方向上的改进空间更大，绿色发展方向为绿色倾向，如图 3.4（c）所示。此外，γ 越接近于极值 0，表示绿色发展方向越倾向发展；γ 越接近于极值 $+\infty$，表示绿色发展方向越倾向绿色。

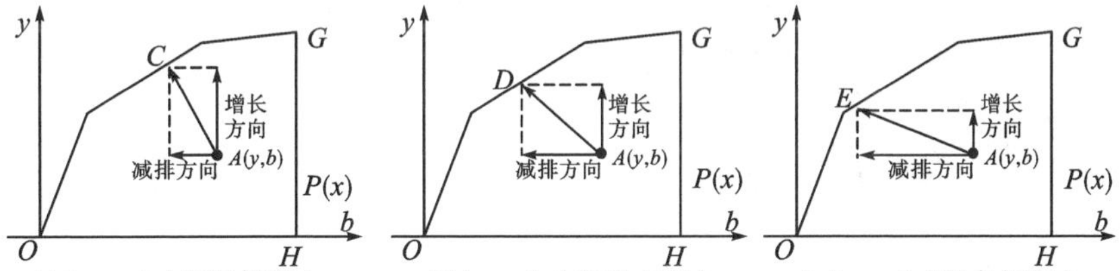

(a)0≤γ<1（发展倾向）　（b）γ=1（中性方向）　（c）γ>1（绿色倾向）

图 3.4　绿色发展方向：发展倾向、中性方向与绿色倾向

---

① γ 取值的两个极值：(1) $\gamma=0$，此时绿色效率损失为 0，效率损失完全来自发展效率损失，在环境保护方面是标杆，但仍有产出增长空间；(2) $\gamma=+\infty$（γ 趋向于无穷大），此时发展效率损失为 0，效率损失完全来自绿色效率损失，在经济发展方面是标杆，但仍有减排空间。

② 参考 Färe 等（2013a），笔者定义潜在工业污染排放比实际排放减少的比例，即潜在减排率 $(b-\tilde{b})/b$，为环境潜力（减排空间），定义潜在工业总产值比实际产值增加的比例，即潜在经济产出的增长率 $(\tilde{y}-y)/y$，为经济潜力（产出增长空间）。

理论上，为什么不同地区可能会出现发展倾向、绿色倾向这样截然不同的方向？以下分别从静态特征与动态 EKC 两个角度进行解释。

①绿色发展方向的静态特征解读

发展是绿色的基础，绿色是发展的升华，绿色与发展是辩证统一关系。绿色倾向意味着城市在经济达到或接近发达水平时，应该更重视“环境绿色”——倾向污染减排。无疑，绿色倾向是经济发达地区的选择，只有经济发达地区才具有绿色创新的动力与实力（蔡昉等，2008），即通过开发清洁工艺、改进绿色技术来实现绿色发展。发展倾向意味着城市在经济处于欠发达水平时，应该更重视“经济发展”——倾向产出增长。发展倾向型方向可能是经济欠发达地区的选择，因为欠发达地区往往需要学习现有技术来提高经济水平。

②绿色发展方向的动态 EKC 解读

环境库兹涅茨曲线描述了环境质量与经济水平之间存在的一种动态 U 形关系——经济发展的初期，环境质量随经济水平的提高而降低，一旦经济发展水平到达拐点后，环境质量随经济水平的提高而提升（Grossman & Krueger，1991）。图 3.5 以污染排放代表环境质量、以经济产出代表经济水平反映了倒 U 形的 EKC。对于生产者 A（y，b），理想的绿色发展方向为 $A \to Q$（Q 为理想状态，产出最大而污染零排放），此时 $\gamma = [(b-\tilde{b})/b]/[(\tilde{y}-y)/y] = (\Delta b/b)/(\Delta y/y) = y/\Delta y$。若 A 处于第Ⅰ阶段（未越过拐点），则 $\gamma < 1$（因为 $y < \Delta y$），绿色发展方向为发展倾向；若 A 处于第Ⅱ阶段（越过拐点），则 $\gamma > 1$（因为 $y > \Delta y$），绿色发展方向为绿色倾向。且一般而言，A 越靠近 Q，绿色发展内生方向测度 γ 越大。基于以上分析，类似于 EKC“先爬坡后下坡”的两阶段特征，绿色发展内生方向可能经历一个“先发展倾向后绿色倾向”的两阶段变化过程。

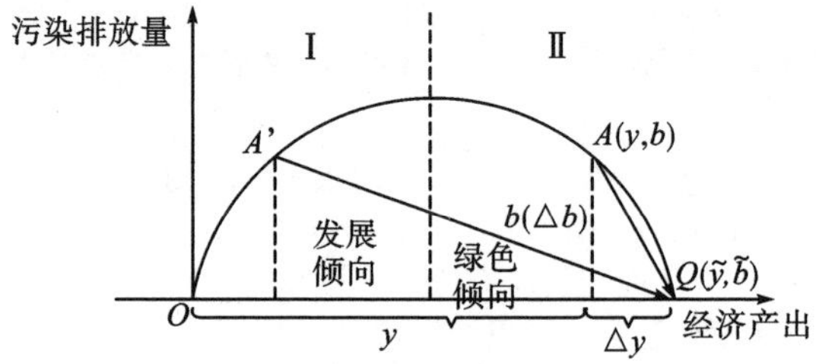

图 3.5 内生方向的 EKC 解读

3.3.7 本节小结

本节构建了本研究的绿色发展分析框架，为后面的研究奠定了基础。环境技术是把环境坏产出（如污染物）考虑进来而形成的产出与投入的技术结构关系。以环境技术为理论基础，引入最新发展的内生方向性距离函数模型，从而构建一个可以同时衡量经济绩效和环境绩效（绿色发展绩效）的分析框架。基于方向性距离函数值可以测度决策单元的绿色发展效率，再利用 Luenberger 生产率指数可以测度绿色全要素生产率变化。绿色发展效率和绿色全要素生产率变化可以分别反映决策单元的静态效率和动态效率。

本研究从静态、动态两个角度测度绿色发展绩效。同时对动态指数 Luenberger 生产率指数进行新的分解来识别绿色全要素生产率增长（或降低）的原因，在传统分解为效率变化和技术变化的基础上，进一步分解为发展效率变化、发展技术变化、绿色效率变化和绿色技术变化，这样的分解能厘清绿色生产率增长主要归功于与传统经济增长相关的不考虑环境影响的技术进步和效率改善的动力因素（发展动能），还是归功于与环保减排相关的绿色技术进步和效率改善的动力因素（绿色动能），也能识别绿色动能是否成为工业生产率增长的主要动力源泉。

此外，使用内生方向性距离函数进行效率测度，除了得到效率外，还得到无效率的来源：无效率由发展无效率和绿色无效率构成。为此，通过考察绿色发展无效率及其构成——“发展效率损失（发展不充分、经济产出的不足）”还是“绿色效率损失（环境保护不力、污染物的过高排放）”可以确定决策单元的绿色发展方向选择：是应该更重视“经济发展（产出增长）”还是更重视“环境绿色（污染减排）”。至此，本研究构建起一个包含“静态效率、动态生产率变化、方向选择（由无效率来源而确定）”三个维度的绿色发展分析框架：以静态效率、动态生产率变化来测度绿色发展绩效，以方向选择来探索绿色发展的路径选择。

3.4 中国工业绿色发展效率的测度与分析

3.4.1 绿色发展效率的测度

绿色发展效率是一个静态指数，从静态角度反映研究对象的效率问题。绿色发展效率衡量了各决策单元的绿色发展水平。基于此，本部分选取国内省

（区、市）和城市两个层面的工业经济环境数据，分别以省（区、市）和城市作为决策单元，测度了 30 个省（区、市）和 282 个城市的工业绿色发展效率。

此外，Dagum 基尼系数及其分解是进行区域差异测度的有效方法，本部分运用 Dagum 基尼系数及其分解揭示中国工业绿色发展效率的区域差异大小及其来源，包括总体差异、地区内差异和地区间差异。首先在省级层面，国务院发展研究中心发布了八大综合经济区（东北地区、北部沿海、东部沿海、南部沿海、黄河中游、长江中游、西南地区和西北地区）的区域协同发展战略，是新时期总体发展战略的重要支撑，已有学者以八大综合经济区作为研究对象进行了区域差异探究（高赢，2019；李金铠等，2020），本部分同样将 30 个省（区、市）分为八大综合经济区，从而探究省级工业绿色发展效率的区域差异。其次在城市层面，“十四五”规划明确提出包括十九大城市群（京津冀、长三角、珠三角、成渝、长江中游、山东半岛、粤闽浙沿海、中原、关中平原、北部湾、哈长、辽中南、山西中部、黔中、滇中、呼包鄂榆、兰州-西宁、宁夏沿黄和天山北坡）的推动城市群一体化协调发展的城镇化战略格局，成为优化我国经济社会发展空间格局的重要举措，有学者从两大城市群、六大城市群、八大城市群探究了城市区域差异（李平，2017；蔺鹏和孟娜娜，2021；于伟等，2021），但尚未有学者从十九大城市群进行探究，本部分将从十九大城市群来探究城市工业绿色发展效率的区域差异。

如 3.3.3 内容所述，绿色发展效率可由未加入时间变量计算得到的方向性距离函数值 β 进行测度。β 测度的是同一时点决策单元与前沿面的差距，无效率大小。和王兵等（2010）等的研究一样，本研究使用无效率来测度效率，不同决策单元与前沿面的差距不同（无效率大小不同），反映出不同决策单元绿色发展效率的高低，差距越小（无效率越小），则效率越高，反之差距越大（无效率越大），则效率越低。由此可以得到各时点各决策单元的绿色发展效率。

此外，模型（3.3）求得的内生方向性距离函数值 β 等于 $\beta\alpha$ 和 $\beta\delta$ 之和，$\beta\alpha$ 测度了决策单元与前沿面的好产出差距，即发展无效率大小，$\beta\delta$ 测度了决策单元与前沿面的坏产出差距，即绿色无效率的大小。由此我们得到各决策单元无效率的两个来源：发展无效率和绿色无效率，发展无效率反映发展不充分，绿色无效率反映减排不力。

因此，基于内生方向性距离函数值 β，我们可以得到决策单元的绿色发展效率的测度，同时再基于 $\beta\alpha$ 和 $\beta\delta$，我们可以得到绿色发展无效率来源的测度。

3.4.2 省（区、市）工业绿色发展效率的测度与区域差异

（1）变量与数据

本研究选取的是1998年至2019年中国30个省（区、市）（不包括西藏和港澳台地区）的规模以上工业企业经济环境数据，数据主要来源于1999年至2020年《中国统计年鉴》《中国工业统计年鉴》《中国能源统计年鉴》《中国环境统计年鉴》《新中国60周年统计资料汇编》和各省（区、市）统计年鉴。

对于投入变量，选取工业固定资产净值年平均余额作为资本投入①；工业全部从业人员年平均人数作为劳动投入；工业终端能源消费量作为能源投入。对于产出变量，选取工业增加值作为好产出（期望产出）；工业二氧化硫排放量作为坏产出（非期望产出）②。其中，工业固定资产净值年平均余额、工业增加值均采用1998年不变价格，价格指数分别为各地区固定资产投资价格指数、工业生产者出厂价格指数平减，价格指数来源于《中国统计年鉴》。若某一省（区、市）某一年份没有工业增加值直接公开数据，通过《国民经济和社会发展统计公报》公布的工业增加值增速进行估算得到工业增加值。通过以上处理，各变量的简单统计描述如表3.2所示。

表3.2 省（区、市）投入与产出变量的统计描述

变量类型	变量	观察数	平均值	标准差	最小值	最大值
投入	工业固定资产净值（亿元）	660	4542.8	4353.9	181.4	26901.5
	工业从业人员数（万人）	660	261.5	283.7	10.0	1568.0
	工业能源消费量（万吨标准煤）	660	5035.4	4165.4	84.2	22707.7
好产出	工业增加值（亿元）	660	4535.3	6411.0	48.7	39918.1
坏产出	工业二氧化硫排放量（万吨）	660	52.7	38.6	0.1	176.0

① 选取固定资产净值作为资本投入的做法参考涂正革和谌仁俊（2015）。

② 对于如何全面、科学地表达一国或地区的环境污染的整体水平，国内外现有研究尚未给出答案，但是普遍采用具体污染指标，特别是以二氧化硫排放量来反映环境污染水平。这是因为二氧化硫作为一种主要环境污染物，大多是在工业生产过程中排放，生活排放量相对较小，且自20世纪70年代以来就受到各国的严密监测。因此，与其他污染物相比，二氧化硫既与工业生产过程密切相关，又具有统计连续性。

(2) 省（区、市）绿色发展效率的测度

①省（区、市）效率

如前所述，通过计算方向性距离函数得到无效率大小，和王兵等（2010）的研究一样，使用无效率（效率损失）来测度效率，无效率越小表示效率越高，反之效率越低。无效率为0表示有效率。表3.3显示了1998年至2019年中国30个省（区、市）绿色发展效率的测度结果。绿色发展效率反映出绿色发展水平。可以看到，30个省（区、市）的绿色发展效率差距十分明显。具体来看，首先，效率最高的3个省（市）包括广东、北京和上海，它们的无效率低于0.1，几乎有效率（其中广东的无效率为0，表明完全有效率，处于前沿）。

所以从省（市）维度看，广东、北京和上海构成中国工业绿色发展的技术前沿。其次，效率较高的5个省（市）包括天津、福建、江苏、山东和浙江，它们的无效率处于0.140～0.686之间，平均无效率为0.409构成中国工业绿色发展的第一梯队。效率较低的11个省（区、市）是海南、安徽、湖北、四川、吉林、湖南、河南、重庆、内蒙古、云南和江西，它们的无效率处于0.828～1.382之间，平均无效率为1.090，构成第二梯队。效率最低的11个省（区）包括青海、辽宁、河北、陕西、广西、贵州、黑龙江、宁夏、山西、新疆和甘肃，它们的无效率处于1.397～2.694之间，平均无效率为2.006，构成第三梯队。

东、中、西部省（区、市）[①] 比较显示，东部省（市）的总无效率（0.536）最小（效率最高），其次是中部省（区、市）（1.399），西部省（区、市）的总无效率（1.738）最大（效率最低），因此中国省（区、市）绿色发展效率呈现“东高西低”的整体空间格局。

---

① 参照国家统计局的划分，这里东部省（市）包括北京、天津、河北、辽宁、上海、江苏、浙江、福建、山东、广东和海南；中部省份包括山西、吉林、黑龙江、安徽、江西、河南、湖北、湖南；西部省（区、市）包括四川、重庆、贵州、云南、陕西、甘肃、青海、宁夏、新疆、广西、内蒙古。

表 3.3 各省市绿色发展效率及排名

省（区、市）	无效率	发展无效率	绿色无效率	发展无效率贡献率（%）	绿色无效率贡献率（%）	效率排名
广东	0.000	0.000	0.000	—	—	1
北京	0.039	0.021	0.018	54.0	46.0	2
上海	0.060	0.013	0.047	21.8	78.2	3
前沿省（市）	0.033	0.011	0.022	34.5	65.5	
天津	0.140	0.064	0.076	45.6	54.4	4
福建	0.324	0.042	0.282	13.0	87.0	5
江苏	0.359	0.046	0.313	12.8	87.2	6
山东	0.537	0.089	0.448	16.6	83.4	7
浙江	0.686	0.306	0.381	44.5	55.5	8
第一梯队	0.409	0.109	0.300	26.7	73.3	
海南	0.828	0.336	0.492	40.5	59.5	9
安徽	0.955	0.354	0.601	37.1	62.9	10
湖北	0.999	0.479	0.520	48.0	52.0	11
四川	1.036	0.341	0.695	32.9	67.1	12
吉林	1.038	0.544	0.495	52.4	47.6	13
湖南	1.066	0.351	0.715	33.0	67.0	14
河南	1.110	0.465	0.645	41.9	58.1	15
重庆	1.140	0.387	0.753	34.0	66.0	16
内蒙古	1.200	0.346	0.854	28.8	71.2	17
云南	1.235	0.592	0.643	47.9	52.1	18
江西	1.382	0.663	0.719	48.0	52.0	19
第二梯队	1.090	0.442	0.648	40.5	59.5	
青海	1.397	0.762	0.635	54.6	45.4	20
辽宁	1.406	0.812	0.595	57.7	42.3	21
河北	1.517	0.814	0.703	53.7	46.3	22

续表

省（区、市）	无效率	发展无效率	绿色无效率	发展无效率贡献率（%）	绿色无效率贡献率（%）	效率排名
陕西	1.536	0.776	0.760	50.5	49.5	23
广西	1.709	0.932	0.777	54.6	45.4	24
贵州	2.066	1.200	0.865	58.1	41.9	25
黑龙江	2.146	1.673	0.472	78.0	22.0	26
宁夏	2.424	1.557	0.866	64.2	35.8	27
山西	2.496	1.730	0.766	69.3	30.7	28
新疆	2.680	1.880	0.800	70.1	29.9	29
甘肃	2.694	1.914	0.780	71.0	29.0	30
第三梯队	2.006	1.277	0.729	63.7	36.3	
东部	0.536	0.231	0.305	43.1	56.9	
中部	1.399	0.782	0.617	55.9	44.1	
西部	1.738	0.972	0.766	55.9	44.1	

资料来源：笔者根据模型计算结果整理得到。发展无效率和绿色无效率的贡献率之和为100%，所以绿色（发展）无效率贡献率大于50%表明无效率更多来自绿色（发展）无效率，小于50%表明无效率更多来自发展（绿色）无效率。

效率最高的三大前沿者均位于东部沿海，分别是环渤海地区的北京、长三角地区的上海和珠三角地区的广东。效率较高的第一梯队省（市）也均位于东部沿海，沿海岸线由北往南依次是天津、山东、江苏、浙江、福建。效率较低的第二梯队省（区、市）主要位于长江经济带沿线地区。效率最低的第三梯队省（区）主要位于西北、华北、东北一线和西南地区。

如表3.3所示，绿色发展无效率由发展无效率和绿色无效率构成。广东、北京和上海无论是发展无效率还是绿色无效率均较小，小于0.05，接近于0。天津、福建、江苏、山东、浙江的发展无效率位于0.042～0.306之间，绿色无效率位于0.076～0.448之间，所有省（市）绿色无效率均大于发展无效率（无效率更多来自绿色无效率）。从贡献率看，绿色无效率对总无效率的贡献率在54.4%～87.2%之间。此5省（市）平均而言，绿色无效率是发展无效率的2.7倍，绿色无效率对总无效率的贡献率达73.3%。

海南、安徽、湖北、四川、吉林、湖南、河南、重庆、内蒙古、云南、江西的发展无效率位于0.336～0.663之间，绿色无效率位于0.492～0.854之间，除吉林外（吉林绿色无效率略小于发展无效率）所有省（区）绿色无效率均大于发展无效率（无效率更多来自绿色无效率）。从贡献率看，绿色无效率对总无效率的贡献率在52.0%～71.2%之间。此11省（区）平均而言，绿色无效率是发展无效率的1.5倍，绿色无效率对总无效率的贡献率达59.5%。

青海、辽宁、河北、陕西、广西、贵州、黑龙江、宁夏、山西、新疆、甘肃的发展无效率位于0.762～1.914之间，绿色无效率位于0.472～0.866之间，所有省（区）发展无效率均大于绿色无效率（无效率更多来自发展无效率）。从贡献率看，绿色无效率对总无效率的贡献率在22.0%～49.5%之间（低于50%）。此11省（区）平均而言，绿色无效率约为发展无效率的二分之一，绿色无效率对总无效率的贡献率为36.3%（发展无效率贡献率为63.7%）。

跨梯队比较发现，从前沿省（市）到第一梯队，总无效率增加0.376，其中发展无效率增加0.098（占比26.0%），绿色无效率增加0.278（占比74.0%），绿色无效率增加显著大于发展无效率增加，这说明前沿省（市）到第一梯队效率降低主要是因为绿色无效率增加。从第一梯队到第二梯队，总无效率增加0.681，其中发展无效率增加0.332（占比48.8%），绿色无效率增加0.348（占比51.2%），绿色无效率增加与发展无效率增加相差不大，这说明第一梯队到第二梯队效率降低既因为发展无效率增加也因为绿色无效率增加。特别地，第二梯队的省（区、市）相比第一梯队省（市），发展无效率、绿色无效率均增加。从第二梯队到第三梯队，总无效率增加0.916，其中发展无效率增加0.836（占比91.2%），绿色无效率增加0.081（占比8.8%），发展无效率增加显著大于绿色无效率增加，这说明从第二梯队到第三梯队效率降低主要是因为发展无效率增加。特别地，第三梯队的一些省（区）相比第二梯队省（区、市）发展无效率明显增加，而绿色无效率没有增加，如黑龙江。

通过对各省（区、市）无效率构成的分析，我们可以发现：天津、福建、江苏、山东、浙江，绿色发展无效率主要来自绿色无效率，这意味着这些省（市）提升效率［追赶前沿省（市）］的关键是要降低绿色效率损失（提升绿色技术效率）。海南、安徽、湖北、四川、湖南、河南、重庆、内蒙古、云南、江西，发展无效率与绿色无效率均较大，其中绿色无效率更大，这意味着这些省（区）提升效率既要降低发展效率损失，也要降低绿色效率损失，且要更重视降低绿色效率损失。吉林、青海、辽宁、河北、陕西、广西、贵州、黑龙江、宁夏、山西、新疆、甘肃，发展无效率与绿色无效率均较大，其中发展无效率更大，这意味着这些省（区）提升效率既要降低发展效率损失，也要降低绿色效率损失，且要更重视降低发展效率损失（提升发展技术效率）。通过对无效率构成的分析，我们不仅可以了解省（区、市）之间绿色发展效率水平的绝对差异，还可以了解无效率来源的相对差异。

此外，我们可以发现，效率越高的省（区、市）[不含前沿省（市）]，往往无效率越多来自绿色无效率（绿色无效率贡献率越高而发展无效率贡献率越低），反之效率越低的省（区、市），往往无效率越多来自发展无效率（绿色无效率贡献率越低而发展无效率贡献率越高）。以效率得分[①]为横轴、绿色无效率贡献率为纵轴得到散点图（见图 3.6），我们可以明显看到绿色无效率贡献率与效率水平之间存在正向关联。

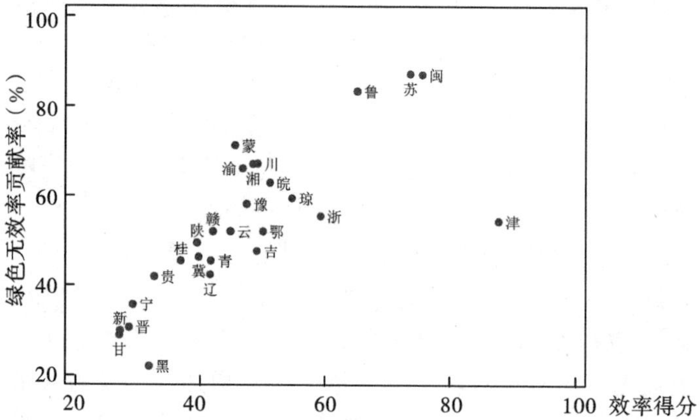

图 3.6　绿色无效率贡献率与效率得分的散点图

资料来源：笔者根据相关资料绘制。

东、中、西部省（区、市）比较显示，东部省（市）的发展无效率与绿色无效率均最小，其中绿色无效率更大（占比 56.9%），这意味着东部省（市）

① 根据涂正革（2008），由方向性距离函数值 β（无效率值）可获得效率值 $1/(1+\beta)$，效率得分由效率值乘以 100 得到，之所以使用效率得分是出于图形显示的考虑。

无效率更倾向于绿色无效率。中部地区的发展无效率与绿色无效率均居中，其中发展无效率更大（占比 55.9%），这意味着中部地区无效率更倾向于发展无效率。西部省（区、市）的发展无效率与绿色无效率均最大，其中发展无效率更大（占比 55.9%），这意味着西部省（区、市）无效率更倾向于发展无效率。总之，从无效率构成看，东部省（市）表现出更倾向于绿色无效率而中西部省（区、市）表现出更倾向于发展无效率。

②前沿省（市）分析

表 3.4 列出了历年工业绿色发展前沿省（市），前沿省（市）的工业绿色发展水平决定了中国工业绿色发展的整体水平，前沿省（市）是带动其他省（区、市）工业绿色发展的榜样。沿海的一省三市——广东、上海、北京、天津是主要前沿省（市）。其中广东全部 22 年均位于前沿；上海 17 年位于前沿；北京、天津自 2004 年起连续 16 年位于前沿。福建、江苏、云南、山东、重庆、黑龙江偶尔位于前沿。其中福建 7 年位于前沿；江苏 6 年位于前沿；云南 1998 年至 2001 年位于前沿，但自 2002 年后不再位于前沿；山东、重庆、黑龙江极个别年份位于前沿。

表 3.4 历年工业绿色发展前沿省（市）

年份	前沿省（市）	年份	前沿省（市）
1998	广东、上海、云南、福建	2009	广东、上海、北京、天津、重庆
1999	广东、上海、云南、江苏、黑龙江	2010	广东、上海、北京、天津、福建
2000	广东、上海、云南、江苏	2011	广东、上海、北京、天津、福建
2001	广东、上海、云南、山东、江苏	2012	广东、北京、天津、福建
2002	广东、上海、北京、江苏、福建	2013	广东、上海、北京、天津、福建
2003	广东、上海、江苏	2014	广东、上海、北京、天津、福建
2004	广东、上海、北京、天津、江苏	2015	广东、上海、北京、天津
2005	广东、上海、北京、天津、山东	2016	广东、北京、天津
2006	广东、上海、北京、天津	2017	广东、北京、天津
2007	广东、上海、北京、天津	2018	广东、北京、天津
2008	广东、北京、天津	2019	广东、上海、北京、天津、山东

数据来源：笔者根据模型计算结果整理得到。

③效率排名变化

笔者将样本时期分为1998年至2008年、2009年至2019年两个时期进行考察，计算两个时期30个省（区、市）的绿色发展效率及排名，绘制效率排名的雷达图（见图3.7）。我们可以发现，效率排名发生较大变化的有天津、内蒙古、江西、湖北、广西、重庆、四川、陕西、宁夏、河北、吉林、黑龙江、河南、海南、云南和新疆等16个省（区、市），它们的排名发生了3位以上变化，其中天津、内蒙古、江西、湖北、广西、重庆、四川、陕西、宁夏等9个省（区、市）的效率排名上升显著。具体而言，天津从第6位上升到前3位，内蒙古从第24位上升到第8位，四川、湖北、重庆、江西分别从第17、15、21、22位上升到第10、11、12、18位，陕西、广西、宁夏分别从第25、26、30位上升到第21、22、26位。河北、吉林、黑龙江、河南、海南、云南、新疆等7个省（区）的效率排名下降显著，具体而言，新疆、黑龙江、河北、云南分别从第23、12、18、10下降到第30、28、24、23位，河南、吉林、海南分别从第14、13、9下降到第17、16、15位。除此之外的其他16个省（区、市）的效率排名变化不大，如广东、北京一直处于前3位，山西、甘肃一直处于后4位。

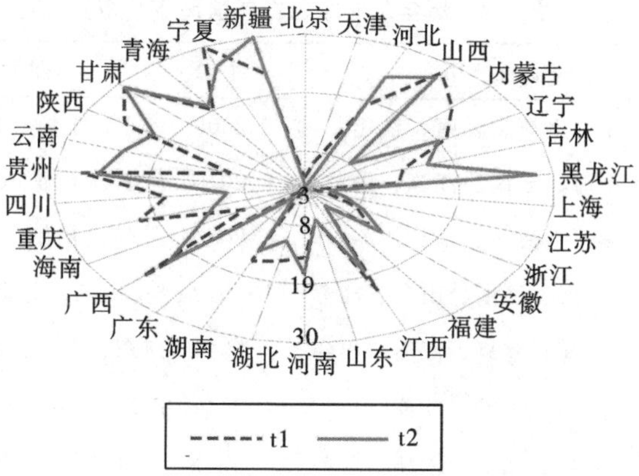

图3.7　省（区、市）绿色发展效率排名变化

资料来源：笔者绘制。t1表示1998年至2008年，t2表示2009年至2019年。

(3) 省（区、市）绿色发展效率的区域差异研究

前面基于具体效率值我们看到了中国省（区、市）之间绿色发展效率存在明显的差距。那么这个效率差距有多大，主要来源是什么？为此，将30个省

（区、市）划分为八大综合经济区①（高赢，2019；李金铠等，2020），运用 Dagum 基尼系数来揭示效率的省际区域差异大小及其来源。

①Dagum 基尼系数及其分解

Dagum 基尼系数（Dagum，1997）能有效测度区域差异性，它不仅能克服传统基尼系数的局限，还能有效解决样本数据间的交叉重叠问题，而且能通过分解得到区域差异来源。根据 Dagum（1997），总体基尼系数 G 被定义为：

$$G=\frac{\sum_{j=1}^{k}\sum_{h=1}^{k}\sum_{i=1}^{n_j}\sum_{r=1}^{n_h}|y_{ji}-y_{hr}|}{2n^2\bar{y}} \tag{3.12}$$

式（3.12）中，n 为省（区、市）个数，k 为地区个数。j 和 h 代表地区，i 和 r 代表地区内省（区、市）。n_j（n_h）为 j（h）地区内省（区、市）个数。y_{ji}（y_{hr}）为j（h）地区内 i（r）省（区、市）的绿色发展无效率。$\bar{y}$ 为所有省（区、市）无效率均值。总体基尼系数揭示了所有省（区、市）绿色发展效率的相对差异。基尼系数越小表示区域差异性越小，则区域协同性越强；反之，基尼系数越大表示区域差异性越大，则区域协同性越弱。

按照 Dagum（1997）的分解方法，总体基尼系数 G 被分解为三部分：地区内差异贡献 G_w、地区间差异贡献 G_{nb} 和超变密度贡献 G_t，如式（3.13）所示。具体计算过程见式（3.14）至式（3.22）。

$$G=G_w+G_{nb}+G_t \tag{3.13}$$

$$G_{jj}=\frac{\sum_{i=1}^{n_j}\sum_{r=1}^{n_j}|y_{ji}-y_{jr}|}{2n_j^2\bar{y}_j} \tag{3.14}$$

$$G_{jh}=\frac{\sum_{i=1}^{n_j}\sum_{r=1}^{n_h}|y_{ji}-y_{hr}|}{n_jn_h(\bar{y}_j+\bar{y}_h)} \tag{3.15}$$

---

① 根据国务院发展研究中心发展战略与区划经济研究部提出的建议，八大综合经济区分别为东北地区（辽宁、吉林、黑龙江）、北部沿海地区（北京、天津、河北、山东）、东部沿海地区（上海、江苏、浙江）、南部沿海地区（福建、广东、海南）、黄河中游地区（山西、内蒙古、河南、陕西）、长江中游地区（安徽、江西、湖北、湖南）、西南地区（广西、重庆、四川、贵州、云南）和西北地区（甘肃、青海、宁夏、新疆）。西藏由于数据可得性问题，不在本研究范围内。

$$G_w = \sum_{j=1}^{k} G_{jj} p_j s_j \tag{3.16}$$

$$G_{nb} = \sum_{j=2}^{k} \sum_{h=1}^{j-1} G_{jh} (p_j s_h + p_h s_j) D_{jh} \tag{3.17}$$

$$G_t = \sum_{j=2}^{k} \sum_{h=1}^{j-1} G_{jh} (p_j s_h + p_h s_j) (1 - D_{jh}) \tag{3.18}$$

$$D_{jh} = \frac{d_{jh} - p_{jh}}{d_{jh} + p_{jh}} \tag{3.19}$$

$$d_{jh} = \int_0^{\infty} dF_j(y) \int_0^{y} (y - x) dF_h(x) \tag{3.20}$$

$$p_{jh} = \int_0^{\infty} dF_h(y) \int_0^{y} (y - x) dF_j(y) \tag{3.21}$$

$$p_j = \frac{n_j}{n},\ s_j = \frac{n_j \bar{y}_j}{n \bar{y}},\ j = 1,\ 2, \cdots, k \tag{3.22}$$

式（3.14）、式（3.15）分别表示j地区的基尼系数G_{jj}、j地区与h地区之间的基尼系数G_{jh}。式（3.16）、式（3.17）、式（3.18）分别表示地区内差异贡献G_w、地区间差异贡献G_{nb}和超变密度贡献G_t。其中，D_{jh}为j地区和h地区之间效率的相对影响，如式（3.19）；d_{jh}为j、h地区中所有$y_{ji} - y_{hr} > 0$的样本值加总的数学期望，如式（3.20）；p_{jh}为j、h地区中所有$y_{hr} - y_{ji} > 0$的样本值加总的数学期望，如式（3.21）；F_j（F_h）为j（h）地区的累积密度分布函数。

②总体差异

总体基尼系数反映了所有30个省（区、市）绿色发展效率的总体差异。如表3.5所示，30个省（区、市）绿色发展效率总体基尼系数介于0.326～0.435之间，均值为0.387，表明中国工业绿色发展效率水平省际差异较大。从时间演变看，总体基尼系数呈现波动变化趋势，先下降、上升再下降、上升，其中2003年达到最小值0.326，2019年达到最大值0.435（见图3.8）。分两个时间段来看，1998年至2003年总体基尼系数呈波动下降趋势，减少了13.3%，年均降幅2.8%；2003年至2019年总体基尼系数呈波动上升趋势，增加了33.3%，年均增幅1.8%。从整个时间段来看，1998年至2019年总体基尼系数增加了15.7%，年均增幅0.7%。由此可见，样本期内总体基尼系数没有表现出明显的递减趋势，而是略有增加。这表明，近20年来30个省（区、市）绿色发展效率总体差异没有明显缩小，而是稍有扩大，总体绿色发展协同性没有明显增强。

表 3.5　省（区、市）总体基尼系数及其分解

年份	总体基尼系数	地区内差异		地区间差异		超变密度	
		来源	贡献率（%）	来源	贡献率（%）	来源	贡献率（%）
1998	0.376	0.030	8.0	0.259	68.8	0.087	23.2
1999	0.397	0.030	7.7	0.283	71.4	0.083	20.9
2000	0.407	0.029	7.2	0.304	74.8	0.073	18.0
2001	0.390	0.027	6.9	0.300	76.9	0.063	16.2
2002	0.382	0.024	6.4	0.311	81.4	0.047	12.2
2003	0.326	0.019	5.8	0.281	86.1	0.026	8.1
2004	0.334	0.019	5.7	0.288	86.3	0.027	8.1
2005	0.347	0.020	5.9	0.290	83.3	0.038	10.8
2006	0.355	0.022	6.3	0.294	82.7	0.039	11.0
2007	0.376	0.024	6.4	0.306	81.5	0.046	12.1
2008	0.361	0.025	6.9	0.277	76.8	0.059	16.2
2009	0.409	0.031	7.5	0.306	74.9	0.072	17.7
2010	0.431	0.029	6.6	0.350	81.3	0.052	12.1
2011	0.410	0.030	7.3	0.318	77.5	0.062	15.2
2012	0.415	0.030	7.2	0.321	77.3	0.064	15.4
2013	0.416	0.030	7.2	0.321	77.1	0.066	15.8
2014	0.423	0.030	7.0	0.328	77.5	0.065	15.4
2015	0.411	0.029	7.1	0.327	79.5	0.055	13.4
2016	0.332	0.026	7.8	0.248	74.7	0.058	17.6
2017	0.391	0.030	7.7	0.295	75.5	0.066	16.8
2018	0.383	0.031	8.1	0.273	71.2	0.079	20.7
2019	0.435	0.033	7.6	0.331	76.0	0.071	16.4
均值	0.387	0.027	7.0	0.300	77.7	0.059	15.3

资料来源：笔者根据计算结果整理得到。

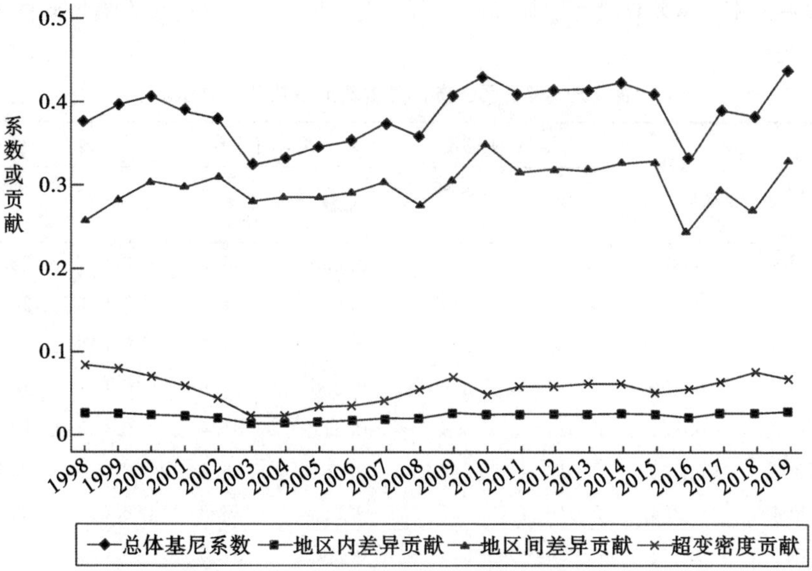

图 3.8　总体基尼系数及其分解的演变趋势

③总体差异来源

为了揭示效率差异的来源，笔者将 30 个省（区、市）划分为八大综合经济区，根据 Dagum 基尼系数分解方法，绿色发展效率总体差异被分解为三部分：地区内差异贡献、地区间差异贡献和超变密度贡献，如表 3.5、图 3.8、图 3.9 所示。可以看到，地区间差异贡献最大，其均值为 0.300，显著大于地区内差异和超变密度贡献，其时间变化趋势与总体差异几乎一致，地区间差异对总体差异的贡献率最高，平均为 77.7%，最高达 86.3%。地区内差异贡献较小，介于 0.019～0.033 之间，均值为 0.027，对总体差异的平均贡献率为 7.0%。超变密度贡献（超变密度反映了八大经济区间交叉重叠对总体差距的影响）较小，介于 0.026～0.087 之间，均值为 0.059，对总体差异的平均贡献率为 15.3%。由此可见，地区间差异是总体差异的主要来源，而地区内差异贡献较小。这说明八大经济区之间绿色发展效率的差异较大，是造成总体效率差异的主要因素，因此推动中国各省（区、市）总体协同绿色发展的关键在于缩小八大经济区之间的差距。

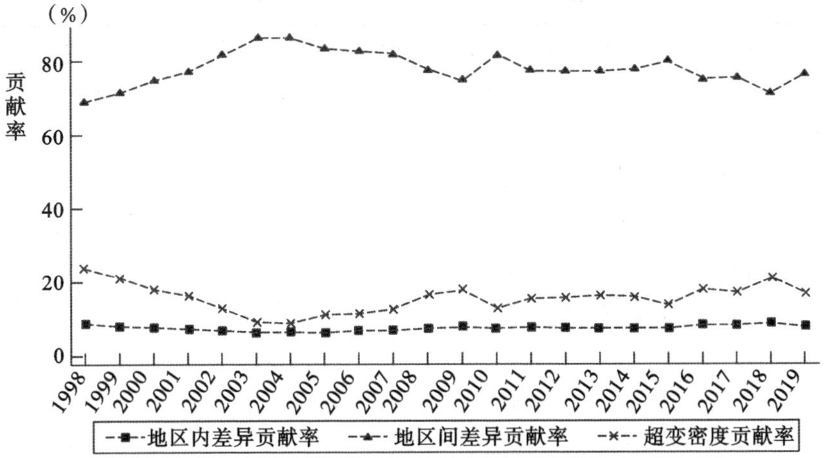

图 3.9　总体基尼系数各分解因素贡献率的演变趋势

资料来源：笔者根据计算结果绘制。

④地区内差异

各地区内基尼系数反映了各地区内所包含省（区、市）绿色发展效率的差异大小，如表 3.6、图 3.10 所示。总的来看，八大经济区的地区内差异处于不同水平，并呈差异化的演变趋势。1998 年至 2019 年北部沿海地区（北京、天津、河北、山东）的地区内差异最大，为 0.554；其次为南部沿海地区（福建、广东、海南）和东部沿海地区（上海、江苏、浙江），地区内差异分别为 0.512 和 0.473；接着是东北地区（辽宁、吉林、黑龙江）、西南地区（广西、重庆、四川、贵州、云南）、黄河中游地区（山西、内蒙古、河南、陕西）、西北地区（甘肃、青海、宁夏、新疆），地区内差异分别为 0.215、0.196、0.187 和 0.145；长江中游地区（安徽、江西、湖北、湖南）的地区内差异最小，为 0.102。

可见，北部沿海地区 4 省（市）之间的绿色发展效率的差异最大，而长江中游地区 4 省份之间的绿色发展效率的差异最小。此外，从变化趋势看，北部沿海地区、黄河中游地区的地区内差异呈上升趋势，年均分别上升 6.3%、3.0%；东部沿海地区、南部沿海地区、长江中游地区、西南地区的地区内差异呈下降趋势，其中长江中游地区和西南地区年均分别下降 2.7%和 2.1%；东北地区、西北地区的地区内差异呈先下降后上升的 U 形趋势。

表 3.6　八大经济区的地区内基尼系数

年份	东北	北部沿海	东部沿海	南部沿海	黄河中游	长江中游	西南	西北
1998	0.319	0.207	0.339	0.667	0.171	0.158	0.236	0.247
1999	0.391	0.238	0.667	0.527	0.156	0.144	0.269	0.176
2000	0.310	0.372	0.667	0.508	0.151	0.163	0.226	0.168
2001	0.232	0.502	0.667	0.476	0.125	0.101	0.263	0.102
2002	0.229	0.433	0.667	0.667	0.110	0.094	0.169	0.169
2003	0.115	0.370	0.667	0.419	0.098	0.081	0.132	0.104
2004	0.060	0.596	0.667	0.496	0.073	0.091	0.134	0.085
2005	0.039	0.750	0.421	0.393	0.122	0.093	0.153	0.104
2006	0.070	0.610	0.418	0.373	0.157	0.086	0.161	0.124
2007	0.151	0.622	0.420	0.365	0.160	0.074	0.206	0.101
2008	0.138	0.609	0.399	0.392	0.183	0.094	0.213	0.095
2009	0.221	0.611	0.428	0.407	0.203	0.081	0.359	0.089
2010	0.224	0.623	0.482	0.667	0.187	0.131	0.256	0.094
2011	0.207	0.611	0.472	0.667	0.195	0.154	0.240	0.132
2012	0.262	0.619	0.471	0.667	0.198	0.101	0.226	0.136
2013	0.276	0.629	0.503	0.667	0.202	0.085	0.203	0.142
2014	0.286	0.632	0.500	0.667	0.227	0.079	0.180	0.138
2015	0.247	0.614	0.450	0.520	0.230	0.069	0.156	0.176
2016	0.219	0.582	0.052	0.399	0.232	0.090	0.098	0.186
2017	0.227	0.600	0.334	0.436	0.282	0.098	0.144	0.194
2018	0.238	0.598	0.325	0.432	0.337	0.091	0.133	0.202
2019	0.274	0.750	0.400	0.456	0.322	0.088	0.152	0.220
均值	0.215	0.554	0.473	0.512	0.187	0.102	0.196	0.145

资料来源：笔者根据计算结果整理得到。

综上所述，长江中游地区 4 省份的地区内差异最小且呈下降趋势，表明该经济区内部区域协同绿色发展表现最强且在进一步增强。北部沿海地区 4 省（市）的地区内差异最大且呈上升趋势，表明该经济区内部区域协同绿色发展表现较弱。东部沿海地区 3 省（市）、南部沿海地区 3 省份虽然地区内差异较大但呈下降趋势，表明这两个经济区内部区域协同绿色发展表现在增强。西南地区 5 省（市）区域协同绿色发展表现有增强趋势。黄河中游地区 4 省（区）区域协同绿色发展表现在减弱。东北地区 3 省份、西北地区 4 省（区）域协同绿色发展表现先有增强趋势后又呈减弱趋势。

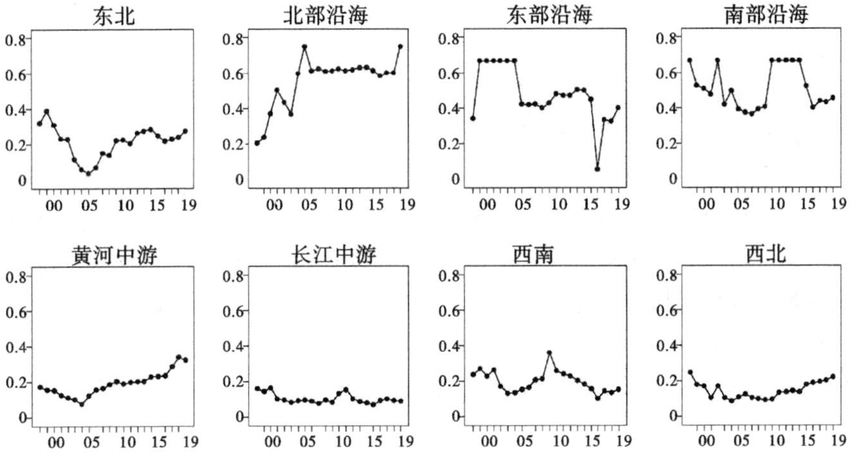

图 3.10　八大经济区的地区内基尼系数的演变趋势

资料来源：笔者根据计算结果绘制。横轴表示年份，如“00”表示 2000 年，纵轴表示基尼系数。

⑤地区间差异

地区间基尼系数反映了地区间绿色发展效率的差异大小，如表 3.7、图 3.11 所示。八大经济区的地区间差异各有不同，也呈现出差异化的演变趋势。具体而言，1998 年至 2019 年地区间差异从大到小依次为：处于 0.6～0.8 之间的东部沿海-西北、南部沿海-西北、东部沿海-黄河中游、东北-东部沿海、南部沿海-黄河中游、北部沿海-东部沿海、东部沿海-西南、南部沿海-西南、东北-南部沿海、北部沿海-南部沿海、北部沿海-西北；处于 0.4～0.6 之间的东部沿海-南部沿海、东部沿海-长江中游、南部沿海-长江中游、北部沿海-黄河中游、北部沿海-西南、东北-北部沿海、北部沿海-长江中游；处于 0.2～0.4 之间的长江中游-西北、东北-西北、西南-西北、东北-西南、东北-黄河中游、黄河中游-西北、东北-长江中游、黄河中游-长江中游、长江中游-西南、黄河中游-西南。

我们可以看出东部沿海与西北之间的效率差异最大；长江中游、黄河中游与西南之间的效率差异最小。计算各个经济区与其他7个经济区之间的差异的均值，发现东部沿海、南部沿海、北部沿海与其他地区之间的差异排前三；其次是西北、东北、黄河中游、西南；长江中游与其他地区之间的差异最小。这表明沿海三大经济区（东部沿海、南部沿海、北部沿海）与其他地区之间绿色发展区域协同性相对较弱，长江中游与其他地区之间绿色发展区域协同性相对较强。

将各个地区与其他7个地区之间的差异进行排序，长江中游与其他地区之间的差异从小到大（绿色发展区域协同性由强到弱）依次为：西南、黄河中游、东北、西北、北部沿海、南部沿海、东部沿海。西南与其他地区之间的差异从小到大（绿色发展区域协同性由强到弱）依次为：黄河中游、长江中游、东北、西北、北部沿海、南部沿海、东部沿海。黄河中游与其他地区之间的差异从小到大（绿色发展区域协同性由强到弱）依次为：西南、长江中游、西北、东北、北部沿海、南部沿海、东部沿海。东北与其他地区之间的差异从小到大（绿色发展区域协同性由强到弱）依次为：长江中游、黄河中游、西南、西北、北部沿海、南部沿海、东部沿海。

西北与其他地区之间的差异从小到大（绿色发展区域协同性由强到弱）依次为：黄河中游、西南、东北、长江中游、北部沿海、南部沿海、东部沿海。北部沿海与其他地区之间的差异从小到大（绿色发展区域协同性由强到弱）依次为：长江中游、东北、西南、黄河中游、西北、南部沿海、东部沿海。南部沿海与其他地区之间的差异从小到大（绿色发展区域协同性由强到弱）依次为：长江中游、东部沿海、北部沿海、东北、西南、黄河中游、西北。东部沿海与其他地区之间的差异从小到大（绿色发展区域协同性由强到弱）依次为：长江中游、南部沿海、西南、北部沿海、东北、黄河中游、西北。

表3.7 八大经济区的地区间基尼系数①

地区	G_{jh}	地区	G_{jh}	地区	G_{jh}	地区	G_{jh}
东北-北部沿海	0.53	北部沿海-东部沿海	0.65	东部沿海-黄河中游	0.67	南部沿海-西北	0.73

① 本书图表中的数据均来源于计算机原始记录，未按常规统一保留小数点位数。

续表

地区	G_{jh}	地区	G_{jh}	地区	G_{jh}	地区	G_{jh}
东北-东部沿海	0.67	北部沿海-南部沿海	0.63	东部沿海-长江中游	0.55	黄河中游-长江中游	0.22
东北-南部沿海	0.64	北部沿海-黄河中游	0.54	东部沿海-西南	0.65	黄河中游-西南	0.22
东北-黄河中游	0.25	北部沿海-长江中游	0.47	东部沿海-西北	0.75	黄河中游-西北	0.24
东北-长江中游	0.24	北部沿海-西南	0.53	南部沿海-黄河中游	0.66	长江中游-西南	0.22
东北-西南	0.26	北部沿海-西北	0.60	南部沿海-长江中游	0.55	长江中游-西北	0.34
东北-西北	0.27	东部沿海-南部沿海	0.57	南部沿海-西南	0.64	西南-西北	0.266

资料来源：笔者根据计算结果整理得到。

此外，从变化趋势看，地区间差异呈上升趋势的包括东北-北部沿海、北部沿海-黄河中游、北部沿海-长江中游、北部沿海-西南、北部沿海-西北、黄河中游-长江中游、黄河中游-西南、黄河中游-西北、长江中游-西北、西南-西北。呈下降趋势的包括东北-东部沿海、东北-南部沿海、东部沿海-南部沿海、东部沿海-黄河中游、东部沿海-长江中游、东部沿海-西南、东部沿海-西北、南部沿海-黄河中游、南部沿海-长江中游、南部沿海-西南、南部沿海-西北、长江中游-西南。其中下降最快的是南部沿海-西南、南部沿海-长江中游，这表明南部沿海与西南、长江中游的区域间绿色发展协同性快速增强。

呈 U 形趋势的包括东北-黄河中游、东北-长江中游、东北-西南；趋势不明显的包括东北-西北、北部沿海-东部沿海、北部沿海-南部沿海。可见，北部沿海与其他地区的地区间差异主要为上升趋势，黄河中游主要为上升趋势，东部沿海主要为下降趋势，南部沿海主要为下降趋势，长江中游主要为下降趋势，东北主要为 U 形趋势，西北为一半上升一半下降，西南为一半上升一半下降。

综上所述，长江中游与其他地区之间的差异相对较小。其中，长江中游与西南的差异最小且趋于缩小，表明长江中游与西南的绿色发展区域协同性表现在进一步增强。长江中游与东部沿海、南部沿海、北部沿海的差异较大，其中与东部沿海、南部沿海的差异趋于缩小，与北部沿海趋于扩大，表明长江中游与东部沿海、南部沿海的绿色发展区域协同性虽总体较弱但在增强，而与北部沿海总体较弱且在减弱。沿海三大经济区（东部沿海、南部沿海、北部沿海）与其他地区之间的差异相对较大。其中，东部沿海与西北之间的差异最大。另外四个地区与其他地区的平均差异位于中间。其中西南与黄河中游的差异最小；黄河中游与西南的差异最小；东北与长江中游的差异最小；西北与黄河中游的差异最小。

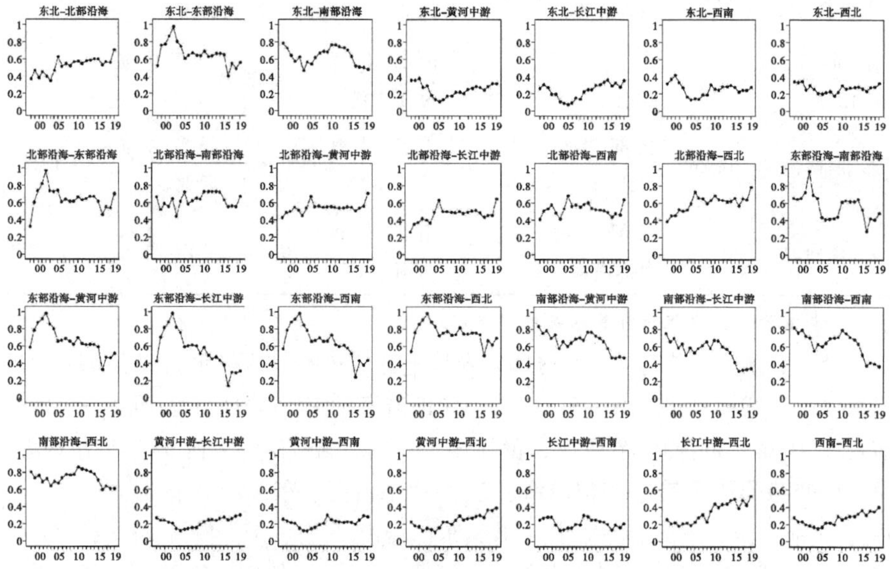

图 3.11　八大经济区的地区间基尼系数的演变趋势

资料来源：笔者根据计算结果绘制。横轴表示年份，如“00”表示 2000 年，纵轴表示基尼系数。

3.4.3　城市工业绿色发展效率的测度与区域差异

（1）变量与数据

本研究选取 2003 年至 2016 年[①]中国地级及以上城市工业经济环境数据，除

---

① 受限于数据可得性（关键变量工业总产值 2017 年以后缺失量大），研究选取的样本最新到 2016 年。

去西藏和港澳台地区，以及数据缺失量较大的地区，最终保留 282 个地级及以上城市，14 年共计 3948 个观测值。数据主要来源于 2004 年至 2017 年《中国城市统计年鉴》《中国能源统计年鉴》和各省（区、市）统计年鉴，少量缺失值使用插值法填补。

对于投入变量，选用工业固定资产净值作为资本投入；工业从业人员数作为劳动投入；工业终端能源消费量作为能源投入。省级层面的工业终端能源消费数据可从《中国能源统计年鉴》中获得，而地级市层面的工业能源消费数据存在较大的可得性问题。为此，借鉴吴健生等（2014）、史丹和李少林（2020）利用卫星夜间灯光数据反演推算能源消费的方法，以省级层面的能源消费数据为基础，通过 DMSP/OLS 与 NPP/VIIRS 夜间灯光数据公布的城市夜间灯光亮度将省级能源消费量分解到地级市，从而得到各地级市的能源消费量。夜间灯光数据来源于中国研究数据服务平台（CNRDS）。对于产出变量，选用工业总产值作为好产出；工业二氧化硫排放量作为坏产出。其中，工业固定资产净值、工业总产值分别使用各地区固定资产投资价格指数、工业生产者出厂价格指数平减，采用 2003 年不变价格，价格指数来源于《中国统计年鉴》。通过以上处理，各变量的简单统计描述如表 3.8 所示。

表 3.8　城市投入与产出变量的统计描述

变量类型	变量	观察数	平均值	标准差	最小值	最大值
投入	工业固定资产净值（亿元）	3948	552.7199	775.2104	1.7867	7200.108
	工业从业人员数（万人）	3948	28.9925	40.8905	0.3700	352.5600
	工业能源消费量(万吨标准煤)	3948	555.2204	570.6817	11.4604	4692.269
好产出	工业总产值（万亿元）	3948	0.1863	0.3287	0.0003	3.1676
坏产出	工业二氧化硫排放量(万吨)	3948	5.8894	5.8142	0.0002	68.3162

数据来源：笔者根据各类统计年鉴中的原始数据整理得到。

（2）城市绿色发展效率的测度

表 3.9 显示了 2003 年至 2016 年城市绿色发展效率的平均测度结果。受限于篇幅，表 3.9 仅显示了绿色发展效率排名前 10、后 10 和中 10 的 30 个城市，所有 282 个城市的绿色发展效率参见附录二。可以看到，城市之间的绿色发展

效率差距明显。深圳市的绿色发展效率最高，无效率为 0，意味着深圳始终处于前沿。七台河市的绿色发展效率最低，无效率高达 6.371。除深圳外，效率最高的 10 个城市还包括广州、东营、茂名、北京、海口、中山、泰州、佛山和杭州，这 10 个城市的无效率处于 0～0.365 之间，平均无效率为 0.216。

从空间分布格局看，效率最高的 10 个城市位于东部沿海地区。除七台河外，效率最低的 10 个城市还包括普洱、大同、伊春、双鸭山、阳泉、鸡西、鹤岗、平凉和黑河，这 10 个城市的无效率处于 4.955～6.371 之间，平均无效率为 5.588。从空间分布格局看，效率最低的 10 个城市主要位于中西部地区的黑龙江、山西、甘肃等地。效率排名居中的 10 个城市包括邯郸、南阳、郴州、内江、巴中、泸州、枣庄、赣州、咸宁和衢州，这 10 个城市的无效率处于 1.543～1.605 之间，平均无效率为 1.571。从空间分布格局看，效率居中的 10 个城市主要位于中西部地区。

东、中、西部城市①比较显示，东部城市的总无效率（1.147）最小（效率最高），其次是中部城市（2.183），西部城市的总无效率（2.224）最大（效率最低），因此中国城市绿色发展效率存在“东高西低”的整体空间格局。

如表 3.9 所示，深圳的发展无效率与绿色无效率均为 0。广州、东营、茂名、北京、海口、中山、泰州、佛山、杭州的发展无效率位于 0～0.047 之间，绿色无效率位于 0.086～0.332 之间，所有城市的发展无效率均较小，绿色无效率均远远大于发展无效率（无效率更多来自绿色无效率），从贡献率来看，绿色无效率对总无效率的贡献率在 82.6%以上（82.7%～100%）。效率最高的 10 个城市平均而言，绿色无效率是发展无效率的 10.8 倍，绿色无效率对总无效率的贡献率达 91.5%。

邯郸、南阳、郴州、内江、巴中、泸州、枣庄、赣州、咸宁、衢州的发展无效率位于 0.702～0.961 之间，绿色无效率位于 0.639～0.859 之间，几乎所有城市的绿色无效率与发展无效率均相差不大（无效率构成没有明显侧重），从贡献率来看，绿色无效率对总无效率的贡献率在 39.9%～55%之间。效率居中

---

① 参照国家统计局的划分，这里东部城市指北京、天津、河北、辽宁、上海、江苏、浙江、福建、山东、广东和海南等 11 个省（市）所包括的城市，共 101 个；中部城市指山西、吉林、黑龙江、安徽、江西、河南、湖北、湖南等 8 个省所包括的城市，共 99 个；西部城市指四川、重庆、贵州、云南、陕西、甘肃、青海、宁夏、新疆、广西、内蒙古等 11 个省（区、市）所包括的城市，共 82 个。

的10个城市平均而言，绿色无效率与发展无效率几乎相等，对总无效率的贡献率均接近50%。

表3.9　城市绿色发展效率及排名①

城市	无效率	发展无效率	绿色无效率	发展无效率贡献率（%）	绿色无效率贡献率（%）	效率排名
深圳	0.000	0.000	0.000	—	—	1
广州	0.093	0.007	0.086	7.8	92.2	2
东营	0.112	0.000	0.112	0.0	100.0	3
茂名	0.115	0.000	0.114	0.4	99.6	4
北京	0.243	0.028	0.216	11.4	88.6	5
海口	0.270	0.047	0.224	17.3	82.7	6
中山	0.281	0.020	0.261	7.1	92.9	7
泰州	0.320	0.016	0.304	5.1	94.9	8
佛山	0.360	0.029	0.332	7.9	92.1	9
杭州	0.365	0.037	0.328	10.0	90.0	10
均值	0.216	0.018	0.198	8.5	91.5	
邯郸	1.543	0.728	0.814	47.2	52.8	137
南阳	1.552	0.794	0.758	51.2	48.8	138
郴州	1.552	0.791	0.761	51.0	49.0	139
内江	1.558	0.752	0.806	48.3	51.7	140
巴中	1.561	0.702	0.859	45.0	55.0	141

资料来源：笔者根据模型计算结果整理得到。发展无效率和绿色无效率的贡献率之和为100%，所以绿色（发展）无效率贡献率大于50%表明无效率更多来自绿色（发展）无效率，小于50%表明无效率更多来自发展（绿色）无效率。

---

① 受限于篇幅，本表仅列出了绿色发展效率最高、最低、居中的10个城市，所有282个城市的绿色发展效率参见附录二。特别一提的是，东营、茂名的效率排名较高，可能的解释是：东营有其特殊性，它是一个沿海资源型城市，拥有中国第二大石油工业基地胜利油田，与其他大多数城市工业不同，得益于石油资源优势，东营市形成了石油勘探、开采、炼制加工等功能齐全的石油工业体系，是一个富裕城市（人均GDP一度超过深圳）。同样，茂名也是一个沿海资源型城市，工业主要为石油化工。

普洱、大同、伊春、双鸭山、阳泉、鸡西、鹤岗、平凉、黑河、七台河的发展无效率位于4.358～5.804之间，绿色无效率位于0.414～0.715之间，所有城市的发展无效率均远远大于绿色无效率（无效率更多来自发展无效率），从贡献率来看，绿色无效率对总无效率的贡献率在13.2%以下（8.0%～13.1%），而发展无效率贡献率在86.8%以上（86.9%～92%）。效率最低的10个城市平均而言，发展无效率是绿色无效率的8.7倍，绿色无效率对总无效率的贡献率为10.3%（发展无效率贡献率为89.7%）。

将所有城市的无效率构成及其贡献率按效率从高到低的顺序分别绘制图3.12、图3.13。图3.12显示，从效率高的城市到效率低的城市，效率降低开始主要是因为绿色无效率增加，后面主要是因为发展无效率增加。所以对效率较高的城市（大约为效率排名前1/2的城市），绿色发展无效率主要来自绿色无效率，这意味着这些城市提升效率（追赶前沿城市）要更侧重降低绿色效率损失（提升绿色技术效率）。对效率较低的城市（大约为效率排名后1/2的城市），绿色发展无效率主要来自发展无效率，这意味着这些城市提升效率（追赶前沿）要更侧重降低发展效率损失（提升发展技术效率）。图3.13显示，从贡献率来看，效率越高的城市，绿色无效率贡献率越高而发展无效率贡献率越低；反之，效率越低的城市，发展无效率贡献率越高而绿色无效率贡献率越低。这表明绿色无效率贡献率与效率之间存在一定的正相关，而发展无效率贡献率与效率之间存在一定的负相关。由此我们可以发现，效率越高的城市（不含前沿城市），往往无效率越多来自绿色无效率，反之效率越低的城市，往往无效率越多来自发展无效率。

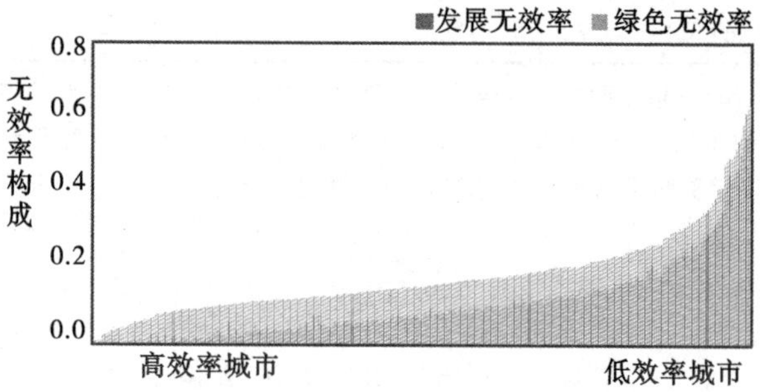

图3.12　城市绿色发展无效率构成

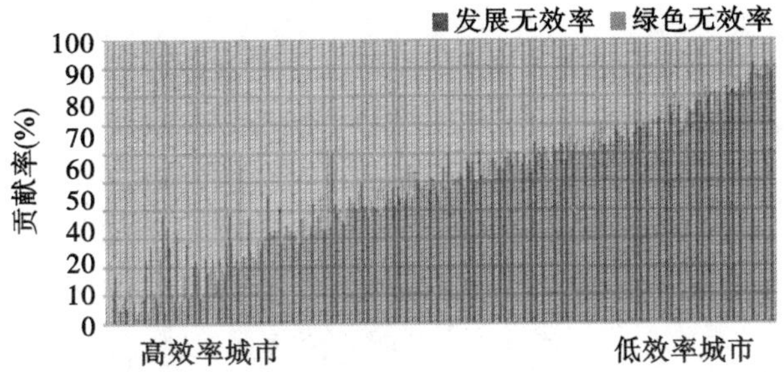

图 3.13　城市绿色发展无效率构成的贡献率

东、中、西部城市比较显示，东部城市的发展无效率与绿色无效率均最小，其中绿色无效率更大（占比 59.8%），这意味着东部城市无效率更倾向于绿色无效率。中部城市的发展无效率与绿色无效率均居中，其中发展无效率更大（占比 66.8%），这意味着中部城市无效率更倾向于发展无效率。西部城市的发展无效率与绿色无效率均最大，其中发展无效率更大（占比 66.5%），这意味着西部城市无效率更倾向于发展无效率。总之，从无效率构成看，东部城市表现出更倾向绿色无效率而中西部城市表现出更倾向发展无效率。

（3）城市绿色发展效率的区域差异研究

2021 年，《中华人民共和国国民经济和社会发展第十四个五年规划和 2035 年远景目标纲要》提出以城市群为抓手推动构建完善城镇化空间格局，重点包括十九大城市群：京津冀、长三角、珠三角、成渝、长江中游、山东半岛、粤闽浙沿海、中原、关中平原、北部湾、哈长、辽中南、山西中部、黔中、滇中、呼包鄂榆、兰州-西宁（本研究以下简称“兰西”）、宁夏沿黄和天山北坡（见图 3.14）。本研究基于这十九大城市群运用 Dagum 基尼系数（Dagum 基尼系数的定义、公式及具体计算过程见 3.4 节）来探究城市之间绿色发展效率的区域差异大小及其来源。本研究中，十九大城市群的空间界定如表 3.10 所示，共计 211 个城市。

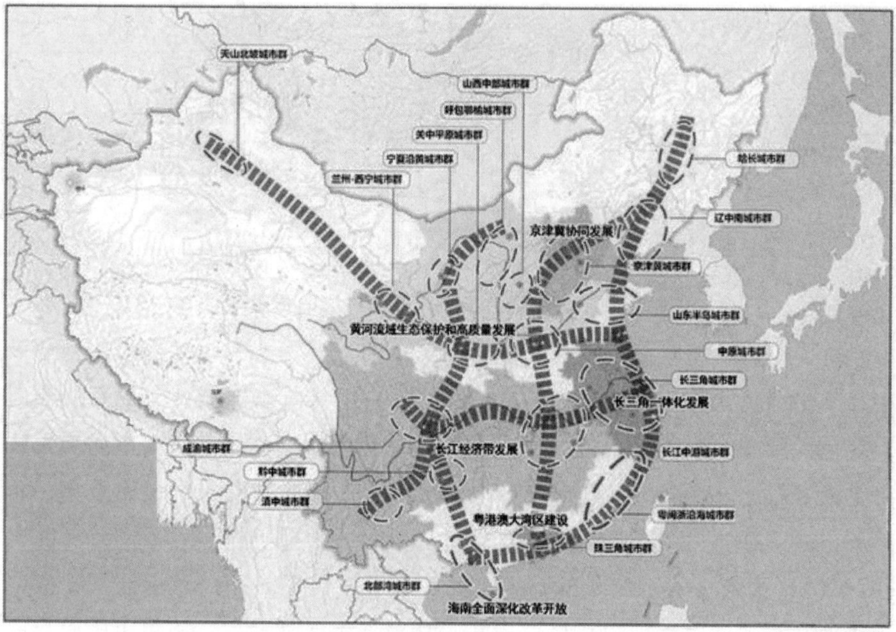

图 3.14　城镇化空间布局示意图

资料来源：《中华人民共和国国民经济和社会发展第十四个五年规划和 2035 年远景目标纲要》。

表 3.10　城市群空间界定及依据

城市群名称及代码	空间界定	相关依据
京津冀（1）	北京、天津、石家庄、保定、唐山、廊坊、秦皇岛、邯郸、邢台、张家口、承德、沧州、衡水	《京津冀协同发展规划纲要（2015）》
长三角（2）	上海、南京、无锡、常州、苏州、南通、盐城、扬州、镇江、泰州、杭州、宁波、嘉兴、湖州、绍兴、金华、舟山、台州、合肥、芜湖、马鞍山、铜陵、安庆、滁州、池州、宣城	《长江三角洲城市群发展规划（2016）》
珠三角（3）	广州、深圳、佛山、东莞、惠州、江门、肇庆、中山、珠海	《粤港澳大湾区发展规划纲要 2019》

续表

城市群名称及代码	空间界定	相关依据
成渝（4）	重庆、成都、自贡、泸州、德阳、绵阳、遂宁、内江、乐山、南充、眉山、宜宾、广安、达州、雅安、资阳	《成渝城市群发展规划（2016）》
长江中游（5）	武汉、黄石、鄂州、黄冈、孝感、咸宁、襄阳、宜昌、荆州、荆门、长沙、株洲、湘潭、岳阳、益阳、常德、衡阳、娄底、南昌、九江、景德镇、鹰潭、新余、宜春、萍乡、上饶、抚州、吉安	《长江中游城市群发展规划（2015）》
山东半岛（6）	济南、青岛、淄博、东营、烟台、潍坊、济宁、泰安、威海、日照、莱芜、滨州、德州、聊城、临沂、枣庄、菏泽	《山东半岛城市群发展规划（2016—2030年）》
粤闽浙沿海（7）	福州、厦门、泉州、莆田、漳州、三明、南平、宁德、龙岩，温州、丽水、衢州，汕头、潮州、揭阳、梅州	《海峡西岸经济区发展规划（2011）》
中原（8）	郑州、开封、洛阳、平顶山、新乡、焦作、许昌、漯河、鹤壁、商丘、周口、安阳、三门峡、南阳、信阳、驻马店、晋城、长治、亳州、宿州、阜阳、淮北、蚌埠	《中原城市群发展规划（2016）》
关中平原（9）	西安、宝鸡、咸阳、铜川、渭南、商洛、运城、临汾、天水、平凉、庆阳	《关中平原城市群发展规划（2018）》
北部湾（10）	南宁、北海、钦州、防城港、玉林、崇左、湛江、茂名、阳江、海口	《北部湾城市群发展规划（2017）》
哈长（11）	哈尔滨、大庆、齐齐哈尔、绥化、牡丹江、长春、吉林、四平、辽源、松原	《哈长城市群发展规划（2016）》
辽中南（12）	沈阳、大连、鞍山、抚顺、本溪、营口、辽阳、铁岭、盘锦	《辽中南城市群发展规划（2017—2030年）》
山西中部（13）	太原、晋中、吕梁、忻州	《山西中部盆地城市群一体化发展规划纲要（2019—2030年）》

续表

城市群名称及代码	空间界定	相关依据
黔中（14）	贵阳、遵义、安顺	《黔中城市群发展规划（2017）》
滇中（15）	昆明、曲靖、玉溪	《滇中城市群发展规划（2020）》
呼包鄂榆（16）	呼和浩特、包头、鄂尔多斯、榆林	《呼包鄂榆城市群发展规划（2018）》
兰西（17）	兰州、白银、定西、西宁	《兰州-西宁城市群发展规划（2018）》
宁夏沿黄（18）	银川、石嘴山、吴忠	《宁夏沿黄城市带发展规划（2009）》
天山北坡（19）	乌鲁木齐、克拉玛依	《天山北坡城市群发展规划（2017—2030年）》

资料来源：各大城市群发展规划，具体见表中的相关依据。由于粤闽浙沿海城市群尚不能找到公开发布的发展规划，笔者根据早先发布的《海峡西岸经济区发展规划（2011）》确定其空间界定（不含江西省所辖城市）。

①总体差异

总体基尼系数反映了十九大城市群的绿色发展效率的总体差异。如表3.11所示，考察期内十九大城市群绿色发展效率总体基尼系数介于值0.281～0.356之间，均值为0.312。从时间演变看，考察期内总体基尼系数以2005年为拐点表现出“先稍下降后持续上升”的趋势，2005年达到最小值0.281，2016年达到最大值0.356，如图3.15所示。分两个时间段来看，2003年至2005年总体基尼系数减少了9.4%，年均降幅4.8%；2005年至2016年总体基尼系数增加了27.1%，年均增幅2.2%。从整个时间段来看，2003年至2016年总体基尼系数增加了15.1%，年均增幅1.1%。由此可见，考察期内总体基尼系数表现出较为明显的增加态势。这表明，2003年至2016年十九大城市群绿色发展效率总体差异扩大，意味着十九大城市群绿色发展总体协同性减弱。

②总体差异来源

首先从均值来看，考察期内地区间差异贡献均值为0.216，地区内差异贡献均值为0.016，超变密度贡献均值为0.080。地区间差异贡献最大，其次是超变密度贡献，地区内差异贡献最小。从贡献率看，地区间差异对总体差异的平均贡献率为69.3%，地区内差异和超变密度贡献分别为5.2%和25.5%。其次从历年来看，地区间差异贡献介于0.183～0.264之间，地区内差异贡献介于0.014～0.018之间，超变密度贡献介于0.072～0.092之间，历年地区间差异贡献均显著最大。从贡献率看，历年地区间差异对总体差异的贡献率介于64.8%～74.2%之间，每年均显著高于地区内差异贡献率、超变密度贡献率，两者分别介于4.7%～5.7%、20.9%～29.7%之间。由此可见，地区间差异始终是总体差异的主要来源。这说明十九大城市群之间绿色发展效率差异是造成总体效率差异的主要因素，而城市群内部差异明显小于城市群之间差异。

表 3.11　十九大城市群总体基尼系数及其分解

年份	总体基尼系数	地区内差异		地区间差异		超变密度	
		来源	贡献率（%）	来源	贡献率（%）	来源	贡献率（%）
2003	0.310	0.017	5.4	0.201	64.9	0.092	29.7
2004	0.302	0.016	5.2	0.200	66.3	0.086	28.4
2005	0.281	0.015	5.3	0.191	68.0	0.075	26.7
2006	0.291	0.015	5.2	0.192	66.1	0.083	28.7
2007	0.283	0.016	5.7	0.183	64.8	0.083	29.5
2008	0.303	0.017	5.5	0.200	65.8	0.087	28.6
2009	0.303	0.015	5.1	0.210	69.3	0.078	25.6
2010	0.303	0.014	4.7	0.217	71.6	0.072	23.7
2011	0.328	0.015	4.7	0.240	73.2	0.073	22.1
2012	0.322	0.016	5.0	0.226	70.1	0.080	24.9
2013	0.324	0.017	5.3	0.230	70.8	0.078	23.9
2014	0.331	0.017	5.1	0.238	71.8	0.076	23.1
2015	0.334	0.017	5.1	0.240	71.8	0.077	23.1
2016	0.356	0.018	4.9	0.264	74.2	0.075	20.9
均值	0.312	0.016	5.2	0.216	69.3	0.080	25.5

资料来源：笔者根据计算结果整理得到。

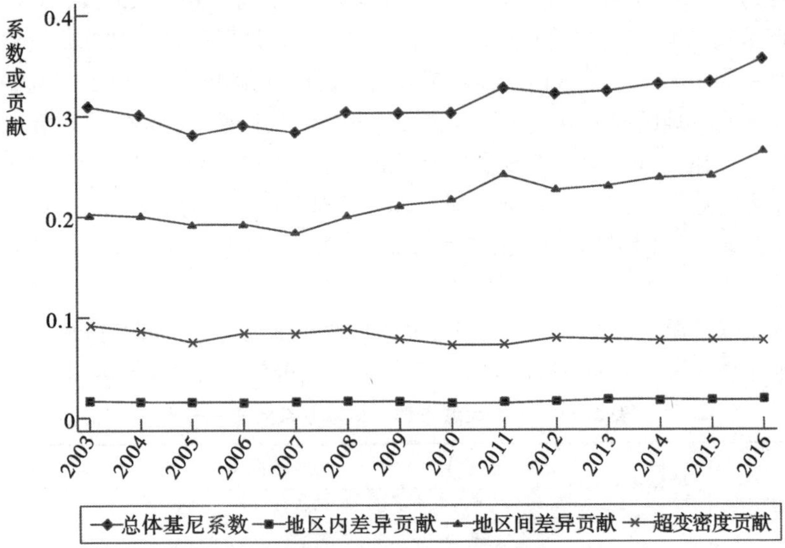

图 3.15　城市群总体基尼系数及其分解的演变趋势

最后从变化趋势看，考察期内地区间差异贡献呈扩大趋势，从期初的 0.201 扩大到期末的 0.264，增加了 31.6%[①]，其对总体差异的贡献率呈上升趋势，如图 3.16 所示，从期初的 64.9%上升到期末的 74.2%，增加了近 10 个百分点。地区内差异贡献变化不大，其贡献率保持平稳，始终在 5%左右。超变密度贡献略有下降，从期初的 0.092 下降到期末的 0.075，减少了 18.9%，其贡献率呈下降趋势，从期初的 29.7%下降到期末的 20.9%，下降了近 9 个百分点。由此可见，总体差异扩大主要是因为地区间差异扩大，这意味着城市群绿色发展总体区域协同性减弱主要是因为城市群之间区域协同性减弱。因此，缩小十九大城市群之间的差距是推动中国各城市群总体绿色协同发展的关键。

---

① 本书中推算出的数据全部基于原始数据，但原始数据在展示过程中保留了小数，因此两者不完全一致。

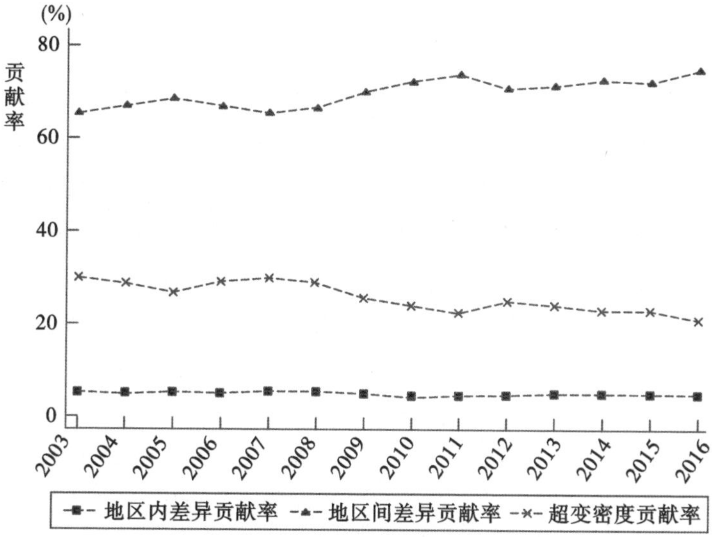

图 3.16　城市群总体基尼系数各分解因素贡献率的演变趋势

资料来源：笔者根据计算结果绘制。

③地区内差异

城市群内部基尼系数反映了各城市群内部绿色发展效率的差异大小，如表 3.12、图 3.17 所示。总的来看，十九大城市群内部绿色发展效率差异处于不同水平，并呈差异化的演变趋势。从均值看，后九大城市群除哈长外基尼系数均相对较小，分别是滇中 0.194、辽中南 0.166、兰西 0.165、呼包鄂榆 0.127、宁夏沿黄 0.113、黔中 0.111、山西中部 0.111、天山北坡 0.064，基本都小于前十大城市群（仅滇中大于长江中游），在十九大城市群中分别排第 11、13、14、15、16、17、18、19 位，这表明这几个城市群内部绿色发展效率差异相对较小。这源于以下几个方面：一是这几个城市群尚处于培育阶段，城市群较小，所涵盖的城市数量较少，除辽中南外城市数量均不超过 4 个（见表 3.10）；二是城市群所涵盖城市的绿色发展效率普遍较低（城市效率见附录二），如山西中部 4 个城市的效率排名分别为太原 242、吕梁 251、晋中 265、忻州 269。此外，哈长城市群基尼系数相对较大，为 0.292，在十九大城市群中排第 3 位，这表明哈长城市群内部绿色发展效率差异相对较大，这源于长春市在整个城市群内部的优势地位。长春市绿色发展无效率为 0.487，效率排名为 16，而齐齐哈尔、牡丹江等城市的效率很低，二者无效率分别为 2.859、3.271，效率排名分别是 245、257。

前十大城市群与后九大城市群相比更为成熟，处于优化提升和发展壮大阶段，所涵盖的城市数量基本都在 10 个以上（见表 3.10）。前十大城市群中，珠三角和北部湾城市群基尼系数最大，分别达到 0.511 和 0.358，城市群内部绿色发展效率差异最大，不均衡明显，珠三角差异大源于城市群内的深圳市、广州市的效率最高，二者的无效率分别为 0、0.093，效率排名分别是 1、2，而一些城市的效率不高，如江门市、东莞市的无效率分别为 0.928、1.284，效率排名分别是 40、96。北部湾差异大源于城市群内广西的大多数城市效率较低，如南宁、钦州、崇左和玉林 4 市的无效率分别为 1.803、1.881、1.947 和 2.330，效率排名分别是 173、182、189 和 222；而广东的茂名市、海南的海口市效率较高，二者的无效率分别为 0.115、0.270，效率排名分别是 4、6；其次是长三角、关中平原、山东半岛、京津冀、中原和粤闽浙沿海城市群，基尼系数依次递减，分别为 0.250、0.248、0.247、0.233、0.226、0.212，这几个城市群内部绿色发展效率差异亦较大；长江中游和成渝城市群基尼系数最小，分别为 0.168 和 0.198，绿色发展效率内部差异最小。

从变化趋势看，京津冀城市群基尼系数呈上升趋势，年均增幅 4.5%，京津对周边城市绿色发展效率改善的带动作用有待增强；受长三角一体化战略深入实施影响，长三角城市群基尼系数存在些微下降，年均降幅 0.4%；珠三角城市群基尼系数呈“降—升—降”的波动变化特征，以 2007 年、2013 年为两个转折点，2003 年至 2007 年明显下降（年均降幅 6.3%），2007 年至 2013 年明显上升（年均增幅 12.5%），2013 年至 2016 年明显下降（年均降幅 7.4%）。成渝、长江中游、中原、关中平原和黔中城市群基尼系数呈上升或波动上升趋势，年均增幅分别为 2.5%、1.7%、2.5%、1.7%和 3.6%；北部湾、哈长、山西中部、滇中、兰西、宁夏沿黄和天山北坡城市群基尼系数呈下降或波动下降趋势，年均降幅分别为 5.2%、3.1%、4.4%、3.0%、3.0%、4.8%和 5.7%；山东半岛城市群基尼系数变化幅度较小；粤闽浙沿海和辽中南城市群基尼系数呈先降后升的 U 形趋势；呼包鄂榆城市群基尼系数呈先上升后下降的波动变化特征。

表 3.12　十九大城市群的地区内基尼系数

前十大城市群										
年份	京津冀	长三角	珠三角	成渝	长江中游	山东半岛	粤闽浙沿海	中原	关中平原	北部湾
2003	0.154	0.241	0.438	0.156	0.165	0.231	0.287	0.231	0.263	0.487
2004	0.131	0.237	0.465	0.152	0.159	0.200	0.227	0.222	0.203	0.479
2005	0.140	0.239	0.416	0.170	0.153	0.252	0.157	0.183	0.240	0.421
2006	0.209	0.235	0.347	0.211	0.151	0.258	0.118	0.200	0.255	0.415
2007	0.217	0.288	0.338	0.249	0.158	0.229	0.112	0.205	0.253	0.440
2008	0.281	0.320	0.494	0.173	0.182	0.276	0.131	0.193	0.243	0.405
2009	0.261	0.327	0.512	0.241	0.131	0.272	0.119	0.181	0.228	0.397
2010	0.226	0.218	0.554	0.179	0.139	0.219	0.159	0.210	0.234	0.340
2011	0.274	0.254	0.578	0.170	0.168	0.225	0.238	0.206	0.271	0.293
2012	0.271	0.243	0.566	0.214	0.176	0.265	0.305	0.199	0.223	0.280
2013	0.270	0.237	0.685	0.210	0.193	0.281	0.266	0.255	0.203	0.316
2014	0.275	0.233	0.651	0.217	0.185	0.261	0.296	0.271	0.239	0.327
2015	0.277	0.204	0.564	0.222	0.186	0.240	0.279	0.285	0.295	0.167
2016	0.273	0.229	0.544	0.214	0.205	0.244	0.281	0.318	0.326	0.244
均值	0.233	0.250	0.511	0.198	0.168	0.247	0.212	0.226	0.248	0.358
后九大城市群										
年份	哈长	辽中南	山西中部	黔中	滇中	呼包鄂榆	兰西	宁夏沿黄	天山北坡	
2003	0.357	0.205	0.123	0.100	0.153	0.087	0.152	0.179	0.146	
2004	0.354	0.171	0.195	0.088	0.163	0.088	0.221	0.159	0.120	
2005	0.272	0.163	0.175	0.095	0.164	0.053	0.212	0.134	0.155	
2006	0.262	0.158	0.164	0.070	0.415	0.086	0.222	0.175	0.097	
2007	0.278	0.150	0.136	0.065	0.138	0.115	0.157	0.115	0.084	
2008	0.300	0.120	0.139	0.162	0.210	0.307	0.214	0.107	0.037	
2009	0.248	0.119	0.119	0.064	0.203	0.295	0.192	0.135	0.031	
2010	0.272	0.107	0.126	0.175	0.244	0.142	0.209	0.092	0.039	
2011	0.295	0.124	0.087	0.157	0.250	0.148	0.174	0.084	0.025	
2012	0.348	0.153	0.052	0.100	0.200	0.119	0.119	0.085	0.019	
2013	0.336	0.120	0.054	0.077	0.145	0.061	0.119	0.110	0.002	
2014	0.246	0.233	0.050	0.097	0.148	0.068	0.125	0.052	0.002	
2015	0.283	0.294	0.065	0.151	0.175	0.129	0.097	0.067	0.071	
2016	0.237	0.207	0.068	0.159	0.103	0.083	0.102	0.094	0.068	
均值	0.292	0.166	0.111	0.111	0.194	0.127	0.165	0.113	0.064	

资料来源：笔者根据计算结果整理得到。

综上所述，在前十大城市群中，长江中游和成渝城市群的地区内差异最小，表明这两个城市群内部城市之间协同绿色发展表现相对较强。珠三角和北部湾城市群的地区内差异最大但最近年份呈下降趋势，表明这两个城市群内部城市之间协同绿色发展表现较弱但最近年份在增强。长三角城市群的地区内差异有下降趋势，表明长三角城市群内部城市之间协同绿色发展表现在增强。京津冀、山东半岛、粤闽浙沿海、中原和关中城市群的地区内差异较大且无下降趋势，表明这几个城市群内部城市之间协同绿色发展表现较弱。

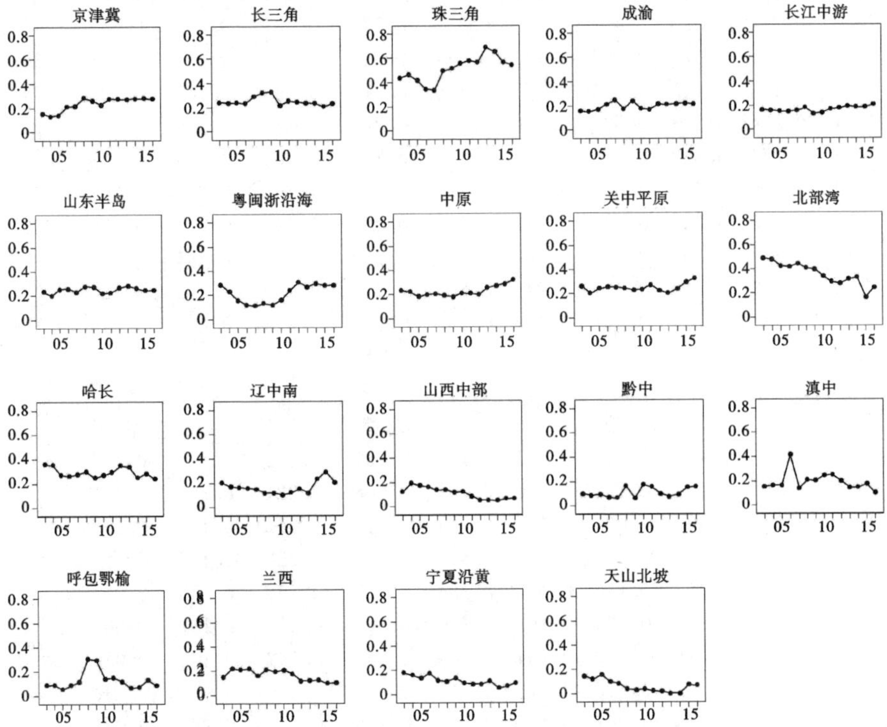

图 3.17　十九大城市群的地区内基尼系数的演变趋势

资料来源：笔者根据计算结果绘制。横轴表示年份，如“05”表示 2005 年，纵轴表示基尼系数。

④地区间差异

城市群之间基尼系数反映了城市群之间绿色发展效率的差异大小。如表 3.13、图 3.18 所示，前十大城市群中，珠三角与关中平原城市群之间的效率差异最大，考察期内基尼系数均值达到0.668；其次是珠三角与中原、北部湾、成渝、长江中游、京津冀城市群，基尼系数依次为0.569、0.545、0.523、0.519、0.509；接着是关中平原与长三角、山东半岛城市群，珠三角与山东半岛、粤闽浙沿海、长三角城市群，关中平原与北部湾、粤闽浙沿海城市群，基尼系数依次递减，处于0.4～0.5之间；然后是长三角与中原、长三角与北部湾、京津冀与关中平原、山东半岛与北部湾、中原与北部湾、京津冀与北部湾、山东半岛与中原、粤闽浙沿海与北部湾、成渝与北部湾、成渝与关中平原、长三角与成渝、京津冀与长三角城市群之间基尼系数依次递减，处于0.3～0.4之间；长江中游与关中平原、长江中游与北部湾、粤闽浙沿海与中原、长三角与长江中游、成渝与山东半岛、中原与关中平原、京津冀与山东半岛、长江中游与山东半岛、长三角与山东半岛、京津冀与中原、成渝与粤闽浙沿海、京津冀与粤闽浙沿海、长三角与粤闽浙沿海、山东半岛与粤闽浙沿海、长江中游与粤闽浙沿海的城市群之间基尼系数依次递减，处于0.24～0.3之间；成渝、长江中游与京津冀、中原城市群之间的效率差异相对较小，基尼系数处于0.2～0.24之间；城市群之间效率差异最小的是成渝与长江中游城市群，基尼系数为0.189。

表3.13　前十大城市群的地区间基尼系数

地区	G_{jh}	地区	G_{jh}	地区	G_{jh}
京津冀-长三角	0.302	长三角-关中平原	0.481	长江中游-山东半岛	0.276
京津冀-珠三角	0.509	长三角-北部湾	0.358	长江中游-粤闽浙沿海	0.243
京津冀-成渝	0.232	珠三角-成渝	0.523	长江中游-中原	0.214
京津冀-长江中游	0.220	珠三角-长江中游	0.519	长江中游-关中平原	0.298
京津冀-山东半岛	0.281	珠三角-山东半岛	0.454	长江中游-北部湾	0.298
京津冀-粤闽浙沿海	0.255	珠三角-粤闽浙沿海	0.448	山东半岛-粤闽浙沿海	0.246
京津冀-中原	0.256	珠三角-中原	0.569	山东半岛-中原	0.337
京津冀-关中平原	0.357	珠三角-关中平原	0.668	山东半岛-关中平原	0.462
京津冀-北部湾	0.342	珠三角-北部湾	0.545	山东半岛-北部湾	0.354
长三角-珠三角	0.443	成渝-长江中游	0.189	粤闽浙沿海-中原	0.297
长三角-成渝	0.305	成渝-山东半岛	0.284	粤闽浙沿海-关中平原	0.421

续表

地区	G_{jh}	地区	G_{jh}	地区	G_{jh}
长三角-长江中游	0.295	成渝-粤闽浙沿海	0.255	粤闽浙沿海-北部湾	0.334
长三角-山东半岛	0.257	成渝-中原	0.229	中原-关中平原	0.284
长三角-粤闽浙沿海	0.251	成渝-关中平原	0.314	中原-北部湾	0.351
长三角-中原	0.359	成渝-北部湾	0.315	关中平原-北部湾	0.428

资料来源：笔者根据计算结果整理得到。

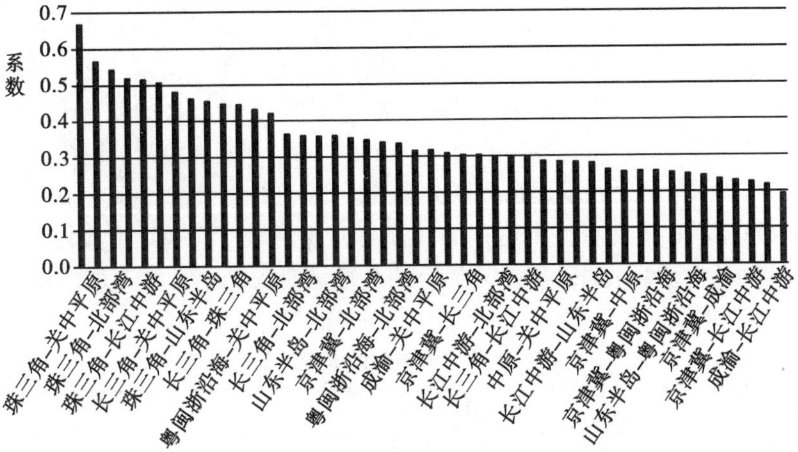

图 3.18 前十大城市群的地区间基尼系数排序

将各个城市群与其他 9 个城市群之间的差异进行排序，京津冀城市群与其他城市群之间的差异从小到大（绿色发展区域协同性由强到弱）依次为：长江中游、成渝、粤闽浙沿海、中原、山东半岛、长三角、北部湾、关中平原、珠三角。

长三角城市群与其他城市群之间的差异从小到大（绿色发展区域协同性由强到弱）依次为：粤闽浙沿海、山东半岛、长江中游、京津冀、成渝、北部湾、中原、珠三角、关中平原。珠三角城市群与其他城市群之间的差异从小到大（绿色发展区域协同性由强到弱）依次为：长三角、粤闽浙沿海、山东半岛、京津冀、长江中游、成渝、北部湾、中原、关中平原。成渝城市群与其他城市群之间的差异从小到大（绿色发展区域协同性由强到弱）依次为：长江中游、中原、京津冀、粤闽浙沿海、山东半岛、长三角、关中平原、北部湾、珠三角。长江中游城市群与其他城市群之间的差异从小到大（绿色发展区域协同性由强到弱）依次为：成渝、中原、京津冀、粤闽浙沿海、山东半岛、长三角、北部湾、关中平原、珠三角。山东半岛城市群与其他城市群之间的差异从小到大（绿色发展区域协同性由强到弱）依次为：粤闽浙沿海、长三角、长江中游、京津冀、成渝、中原、北部湾、珠三角、关中平原。粤闽浙沿海城市群与其他城市群之间的差异从小到大（绿色发展区域协同性由强到弱）依次为：长江中游、山东半岛、长三角、京津冀、成渝、中原、北部湾、关中平原、珠三角。中原城市群与其他城市群之间的差异从小到大（绿色发展区域协同性由强到弱）依次为：长江中游、成渝、京津冀、关中平原、粤闽浙沿海、山东半岛、北部湾、长三角、珠三角。关中平原城市群与其他城市群之间的差异从小到大（绿色发展区域协同性由强到弱）依次为：中原、长江中游、成渝、京津冀、粤闽浙沿海、北部湾、山东半岛、长三角、珠三角。北部湾城市群与其他城市群之间的差异从小到大（绿色发展区域协同性由强到弱）依次为：长江中游、成渝、粤闽浙沿海、京津冀、中原、山东半岛、长三角、关中平原、珠三角。

从变化趋势看，如图 3.19 所示，考察期内城市群之间差异呈上升趋势的有：京津冀-长三角、京津冀-成渝、京津冀-长江中游、京津冀-山东半岛、京津冀-中原、京津冀-关中平原、长三角-中原、成渝-长江中游、成渝-中原、成渝-关中平原、长江中游-中原、长江中游-关中平原、山东半岛-中原、中原-关中平原，年均增长率分别为 2.3%、2.5%、2.3%、3.1%、3.0%、1.1%、1.0%、2.3%、3.1%、2.7%、2.7%、2.2%、1.6%、1.6%。呈下降趋势的有：京津冀-北部湾、长三角-成渝、长三角-长江中游、长三角-北部湾、珠三角-北部湾、成渝-北部湾、长江中游-北部湾、山东半岛-北部湾、粤闽浙沿海-北部湾，年均增长率分别为 −1.7%、−1.6%、−1.3%、−5.5%、−2.7%、−2.5%、−2.7%、−4.5%、−4.9%；京津冀-粤闽浙沿海、成渝-粤闽浙沿海、长江中游-粤闽浙沿海、粤闽浙沿海-中原、粤闽浙沿海-关中平原大致呈先降后升的 U 形趋势。

其中京津冀-粤闽浙沿海期末较期初有所上升，年均增加 1.4%，成渝-粤闽浙沿海期末较期初有所下降，年均减少 1.9%，长江中游-粤闽浙沿海期末较期初有所下降，年均减少 1.7%；长三角-珠三角、京津冀-珠三角、珠三角-成渝、珠三角-长江中游、珠三角-山东半岛、珠三角-粤闽浙沿海、珠三角-中原、珠三角-关中平原大致呈倒 N 形的变动趋势；长三角-山东半岛、长三角-粤闽浙沿海、长三角-关中平原、成渝-山东半岛、长江中游-山东半岛、山东半岛-粤闽浙沿海、山东半岛-关中平原、中原-北部湾、关中平原-北部湾的变动趋势较为平稳。

综上所述，前十大城市群中，成渝与长江中游之间的差异最小，表明这两个城市群之间协同绿色发展表现相对较强。珠三角与关中平原之间的差异最大且无明显缩小，表明这两个城市群之间协同绿色发展表现相对较弱。北部湾与其他城市群之间的差异下降最为明显，除与中原、关中平原之间的差异无明显变化外，与其他7个城市群（京津冀、长三角、珠三角、成渝、长江中游、山东半岛、粤闽浙沿海）之间的差异均明显缩小，表明北部湾与这7个城市群之间协同绿色发展表现增强。

其次是长三角与成渝、长江中游之间的差异缩小，表明长三角与成渝、长江中游之间协同绿色发展增强。对于各个城市群与其他城市群之间的绿色发展效率差异，京津冀与长江中游之间的差异最小，与关中平原之间的差异最大；长三角与粤闽浙沿海之间的差异最小，与关中平原之间的差异最大；成渝与长江中游之间的差异最小，与珠三角之间的差异最大；长江中游与成渝之间的差异最小，与珠三角之间的差异最大；山东半岛与粤闽浙沿海之间的差异最小，与关中平原之间的差异最大；粤闽浙沿海与长江中游之间的差异最小，与珠三角之间的差异最大；中原与长江中游之间的差异最小，与珠三角之间的差异最大；关中平原与中原之间的差异最小，与珠三角之间的差异最大；北部湾与长江中游之间的差异最小，与珠三角之间的差异最大。

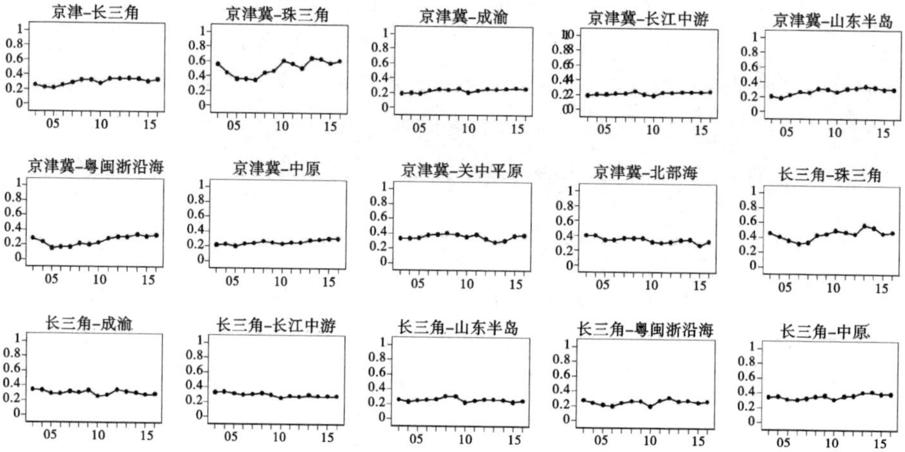

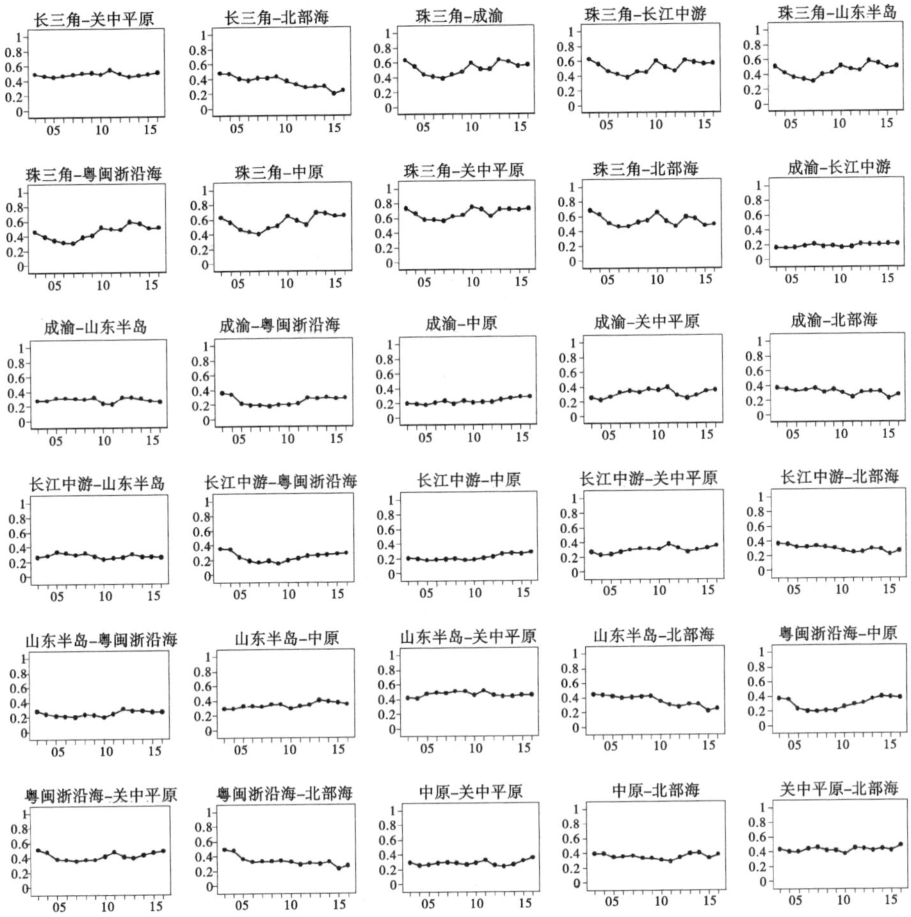

图 3.19 前十大城市群的地区间基尼系数的演变趋势

资料来源：笔者根据计算结果绘制。横轴表示年份，如“05”表示 2005 年，纵轴表示基尼系数。

十九大城市群中，考察期内珠三角-山西中部城市群之间效率差异最大①，基尼系数均值达到 0.720；其次是珠三角-兰西，基尼系数达到 0.685；珠三角

① 考虑到篇幅，十九大城市群之间（绿色发展效率）基尼系数及其动态演变未在正文中报告，详见附录二和附录三。

与黔中、宁夏沿黄、哈长、天山北坡、滇中、辽中南、呼包鄂榆之间的差异也较大，基尼系数分别为0.651、0.640、0.596、0.568、0.522、0.507、0.484。黔中-宁夏沿黄之间的差异最小，基尼系数为0.141；其次是黔中-兰西、兰西-宁夏沿黄、山西中部-兰西、山西中部-黔中、山西中部-宁夏沿黄，基尼系数分别为0.169、0.172、0.172、0.174、0.185。从变化趋势看（见附录二和附录三），城市群之间效率差异下降最为明显的有：山西中部-天山北坡、滇中-宁夏沿黄、兰西-天山北坡、辽中南-山西中部、滇中-兰西、黔中-滇中，年均降速分别达到13.9%、7.9%、7.4%、6.3%、6.0%、5.4%；城市群之间效率差异上升最为明显的有：长三角-天山北坡、辽中南-呼包鄂榆、京津冀-辽中南、山东半岛-辽中南、山东半岛-天山北坡、长三角-辽中南、粤闽浙沿海-天山北坡、呼包鄂榆-天山北坡、粤闽浙沿海-辽中南、京津冀-天山北坡、长江中游-辽中南、成渝-辽中南，年均增速分别达到9.1%、8.5%、8.3%、8.2%、8.0%、7.8%、7.6%、7.1%、6.5%、6.4%、6.3%、6.0%（大于前十大城市群之间的最大增速3.1%）。

3.4.4 本节小结

本节基于3.3节使用内生方向性距离函数模型所构建的效率分析框架，使用省（区、市）和城市工业经济环境数据分别测度和分析了中国30个省（区、市）和282个城市的工业绿色发展效率及其无效率的来源，并利用Dagum基尼系数在省（区、市）层面探究了八大综合经济区的绿色发展效率的区域差异特征，在城市层面探究了十九大重点城市群的绿色发展效率的区域差异特征。研究主要发现如下：

（1）从省（区、市）维度看，1998年至2019年30个省（区、市）绿色发展效率较不平衡

广东、北京和上海效率最高，无效率几乎为0，是中国省级工业绿色发展的前沿；其次是天津、福建、江苏、山东和浙江等5省（市），绿色发展效率较高，无效率处于0.140～0.686之间；接着是海南、安徽、湖北、四川、吉林、湖南、河南、重庆、内蒙古、云南和江西等11省（区、市），绿色发展效率较低，无效率处于0.828～1.382之间；青海、辽宁、河北、陕西、广西、贵州、黑龙江、宁夏、山西、新疆和甘肃等11省（区）的绿色发展效率最低，无效率处于 1.397～2.694 之间。

无效率构成的结果显示：天津、福建、江苏、山东和浙江等 5 省（市）的无效率主要来自绿色无效率（污染物的过多排放）；海南、安徽、湖北、四川、湖南、河南、重庆、内蒙古、云南、江西等 10 省（区、市）的发展无效率（经济产出的不足）与绿色无效率均较大，其中绿色无效率更大；吉林、青海、辽宁、河北、陕西、广西、贵州、黑龙江、宁夏、山西、新疆、甘肃等 12 省（区）发展无效率与绿色无效率均较大，其中发展无效率更大。效率越高的省（区、市）[不含前沿省（市）]，往往无效率越多来自绿色无效率，反之效率越低的省（区、市），往往无效率越多来自发展无效率。通过分析无效率构成，我们不仅可以了解省（区、市）之间效率水平的绝对差异，还可以了解省（区、市）个体无效率来源的相对差异。

（2）从城市维度看，2003 年至 2016 年 282 个城市绿色发展效率较不平衡

深圳效率最高，无效率为 0，是中国城市工业绿色发展的前沿；其次是广州、东营、茂名、北京、海口、中山、泰州、佛山和杭州，无效率处于 0.093～0.365 之间；普洱、大同、伊春、双鸭山、阳泉、鸡西、鹤岗、平凉、黑河和七台河 10 个城市的效率最低，无效率处于 4.955～6.371 之间。无效率构成结果显示：广州、东营、茂名、北京、海口、中山、泰州、佛山和杭州的无效率主要来自绿色无效率（污染物的过多排放），贡献率在 82.7%以上；而普洱、大同、伊春、双鸭山、阳泉、鸡西、鹤岗、平凉、黑河和七台河的无效率更多来自发展无效率（经济产出的不足），贡献率在 86.9%以上。通过所有城市无效率构成的比较，我们可以发现，效率越高的城市（不含前沿市），往往无效率越多来自绿色无效率，反之效率越低的城市，往往无效率越多来自发展无效率。

（3）根据八大综合经济区的 Dagum 基尼系数及其分解结果发现，中国工业绿色发展效率省际差异显著

从总体差异看，样本期内八大综合经济区[包含 30 个省（区、市）]的总体差异较大，总体基尼系数介于 0.326～0.435 之间，趋势上波动变化，近 20 年来总体基尼系数没有明显缩小，而是稍有扩大，意味着省际绿色发展总体协同性没有明显增强。八大经济区之间的地区间差异是总体差异的主要来源，贡献率达到 77.7%，因此推动中国各省（区、市）绿色协同发展的关键在于缩小八大经济区之间的差距。

从地区内差异看，八大综合经济区内部绿色发展效率差异处于不同水平，并呈差异化的演变趋势。长江中游（安徽、江西、湖北、湖南）的地区内差异最小且呈下降趋势，表明长江中游内部省份之间协同绿色发展表现最强且在进一步增强。北部沿海（北京、天津、河北、山东）的地区内差异最大且呈上升趋势，表明北部沿海内部省（市）之间协同绿色发展表现较弱。东部沿海（上海、江苏、浙江）、南部沿海（福建、广东、海南）、西南（广西、重庆、四川、贵州、云南）表现出下降趋势，表明这三个经济区内部省（区、市）之间协同绿色发展表现在增强。而黄河中游呈上升趋势，东北、西北趋势不明显。

从地区间差异看，八大经济区之间存在不同程度的组间差异。沿海三大经济区（东部沿海、南部沿海、北部沿海）与其他地区之间的组间差异相对较大，其中东部沿海与西北之间的差异最大。长江中游与其他地区之间的组间差异相对较小，其中长江中游与西南之间的差异最小，且趋于缩小，表明长江中游与西南的绿色发展区域协同性较强且呈增强趋势。西北、东北、黄河中游、西南四大经济区之间的差异较小，不过与沿海三大经济区之间的差异均较大。此外，趋势上地区间差异下降最快的是南部沿海与西南、南部沿海与长江中游，表明南部沿海与西南、长江中游的区域间绿色发展协同性快速增强。

（4）根据十九大城市群的 Dagum 基尼系数及其分解结果发现，中国工业绿色发展效率城际差异显著

从总体差异看，样本期内十九大城市群（包含 211 个城市）的总体差异较大，总体基尼系数介于 0.281～0.356 之间，变化趋势为先下降后上升，年均上升了 1.1%，意味着十九大城市群总体差异扩大，绿色发展总体区域协同性减弱。十九大城市群的地区间差异是总体差异的主要来源，贡献率达到 69.3%，因此推动中国城市之间绿色协同发展的重中之重在于缩小十九大城市群之间的差距。

从地区内差异看，十九大城市群内部绿色发展效率差异处于不同水平，并呈差异化的演变趋势。前十大重点城市群（京津冀、长三角、珠三角、成渝、长江中游、山东半岛、粤闽浙沿海、中原、关中平原、北部湾）中，长江中游、成渝的地区内差异最小，表明这两个城市群内部城市之间协同绿色发展表现相对较强；珠三角、北部湾的地区内差异最大，趋势上最近年份有所下降，表明这两个城市群内部城市之间协同绿色发展表现相对较弱但最近年份有增强；长三角的地区内差异有下降趋势，表明长三角城市群内部城市之间协同绿色发展表现在增强；其他几个城市群的地区内差异较大且无下降趋势。后九大城市群（哈长、辽中南、山西中部、黔中、滇中、呼包鄂榆、兰西、宁夏沿黄、天山北坡）除哈长外的地区内差异都相对较小，原因在于这几个城市群尚处于培育阶段，不很成熟，所涵盖的城市数量较少，且城市效率普遍偏低。

从地区间差异看，各大城市群之间存在不同程度的组间差异。前十大城市群中，珠三角与其他城市群之间的组间差异相对较大，其中珠三角与关中平原之间的差异最大，且趋势上无明显下降，表明珠三角与关中平原之间协同绿色发展表现相对较弱。成渝与长江中游之间的差异最小，表明成渝与长江中游之间协同绿色发展表现相对较强。趋势上北部湾与其他城市群之间的差异下降最为明显，其中下降最快的是长三角与北部湾。十九大城市群中，珠三角与山西中部之间的效率差异最大，黔中与宁夏沿黄之间的效率差异最小。

3.5 中国工业绿色生产率的测度与分析

相比于外生方向的传统方向性距离函数模型，基于内生方向性距离函数模型构造的绿色生产率变化不仅能分解为效率变化和技术变化，还可进一步分解为发展效率变化、绿色效率变化、发展技术变化和绿色技术变化。这样的分解能厘清绿色生产率增长更多是来自发展动能还是绿色动能，从而能识别绿色动能是否成为中国绿色生产率增长的主要源泉。

3.5.1 绿色生产率变化的测度

如 3.3 节所述，绿色生产率变化可通过全局 Luenberger 生产率指标（记为 GL）进行测度，同时可以进行如下因素分解：

$$\begin{aligned} GL &= EC + TC(\text{经典两因素分解}) \\ &= DEC + DTC + GEC + GTC(\text{新的四因素分解}) \\ &= DC + GC(\text{发展动能与绿色动能}) \end{aligned} \tag{3.23}$$

上式中，GL 为绿色生产率变化的测度，第一个等式为经典两因素分解，即效率变化（EC）和技术变化（TC）；第二个等式为新的四因素分解，即发展效率变化（DEC）、绿色效率变化（GEC）、发展技术变化（DTC）和绿色技术变化（GTC）；第三个等式为发展动能（DC）和绿色动能（GC），发展动能是发展技术变化和发展效率变化之和，绿色动能是绿色效率变化和绿色技术变化之和。通过这样的因素分解，不仅可以揭示生产率增长是因为技术进步还是效率改善，还可以进一步揭示生产率增长是因为绿色技术进步、发展技术进步、绿色效率改善还是发展效率改善，而且还能厘清绿色生产率增长更多是来自发展动能（与传统经济增长相关的不考虑环境影响的技术进步和效率改善的动力因素）还是绿色动能（与环保减排相关的绿色技术进步和效率改善的动力因素）。

3.5.2 工业绿色全要素生产率增长：省（区、市）维度

（1）工业整体绿色生产率变化及其分解

①总体分析表 3.14 显示了工业整体绿色生产率变化及其分解[①]

总体来看，1998 年至 2019 年工业整体绿色生产率呈现增长态势。对于绿色生产率增长的来源，从经典两因素分解（技术变化与效率变化）看，1999 年至 2019 年技术变化平均为技术进步，效率变化平均为效率恶化，两者对绿色生产率增长的贡献率分别为 112.5%和－12.5%。由此说明，技术进步是中国工业整体绿色生产率增长的核心动力，而效率恶化阻碍了生产率增长。从新的四因素分解（绿色技术变化、发展技术变化、绿色效率变化、发展效率变化）看，发展技术进步对生产率增长的贡献最大，其贡献率高达 88.9%；其次是绿色技术进步，其贡献率为 23.7%；绿色效率变化和发展效率变化均为效率恶化，对生产率增长均为抑制作用，其贡献率分别为－5.3%和－7.2%。所以，作为绿色生产率增长核心动力的技术进步，既源于发展技术进步也源于绿色技术进步；阻碍绿色生产率增长的效率恶化，既来自发展效率恶化也来自绿色效率恶化。

表 3.14 省级工业整体绿色生产率变化及其分解

年份	*GL*	*EC*	*TC*	*DEC*	*GEC*	*DTC*	*GTC*	*DC*	*GC*
1999	0.2864	0.0822	0.2042	0.0092	0.0730	0.2738	－0.0696	0.2830	0.0034
		(28.70)	(71.30)	(3.21)	(25.48)	(95.59)	(－24.29)	(98.81)	(1.19)
2002	0.4712	－0.0315	0.5027	－0.0131	－0.0184	0.4830	0.0197	0.4700	0.0013
		(－6.68)	(106.68)	(－2.77)	(－3.91)	(102.50)	(4.18)	(99.73)	(0.27)

① 工业整体绿色生产率变化通过对所有 30 个省（区、市）求加权平均得到，权重为各省（区、市）的工业增加值份额。

续表

年份	*GL*	*EC*	*TC*	*DEC*	*GEC*	*DTC*	*GTC*	*DC*	*GC*
2005	0.3446	0.0122	0.3324	0.0073	0.0049	0.3386	−0.0061	0.3458	−0.0012
		(3.54)	(96.46)	(2.11)	(1.43)	(98.23)	(−1.77)	(100.35)	(−0.35)
2008	−0.0170	−0.0657	0.0487	−0.1041	0.0384	0.0801	−0.0314	−0.0240	0.0070
		(385.86)	(−285.86)	(611.19)	(−225.33)	(−470.25)	(184.40)	(140.93)	(−40.93)
2009	−0.1085	0.0374	−0.1459	0.1056	−0.0682	−0.2239	0.0780	−0.1183	0.0098
		(−34.46)	(134.46)	(−97.28)	(62.82)	(206.31)	(−71.85)	(109.03)	(−9.03)
2012	0.0288	0.0083	0.0205	−0.0050	0.0133	0.0294	−0.0089	0.0244	0.0044
		(28.77)	(71.23)	(−17.39)	(46.17)	(102.14)	(−30.91)	(84.74)	(15.26)
2015	0.1111	−0.0814	0.1925	−0.0070	−0.0744	0.1106	0.0819	0.1036	0.0075
		(−73.32)	(173.32)	(−6.30)	(−67.02)	(99.59)	(73.73)	(93.29)	(6.71)
2018	0.2850	−0.0292	0.3142	−0.0130	−0.0162	0.2316	0.0826	0.2185	0.0664
		(−10.24)	(110.24)	(−4.57)	(−5.67)	(81.26)	(28.98)	(76.69)	(23.31)
2019	0.1756	0.2926	−0.1170	0.2020	0.0906	−0.1244	0.0075	0.0776	0.0981
		(166.60)	(−66.60)	(115.01)	(51.59)	(−70.84)	(4.24)	(44.17)	(55.83)
党的十八大前	0.2188	−0.0095	0.2283	−0.0106	0.0011	0.2268	0.0016	0.2162	0.0027
		(−4.32)	(104.32)	(−4.84)	(0.50)	(103.64)	(0.73)	(98.78)	(1.22)
党的十八大后	0.1657	−0.0298	0.1954	−0.0145	−0.0152	0.1311	0.0643	0.1165	0.0491
		(−17.96)	(117.96)	(−8.75)	(−9.18)	(79.14)	(38.82)	(70.35)	(29.65)
所有年份（1999—2019年）	0.1834	−0.0230	0.2064	−0.0132	−0.0098	0.1630	0.0434	0.1498	0.0336
		(−12.53)	(112.53)	(−7.20)	(−5.34)	(88.86)	(23.66)	(81.68)	(18.32)

注：表中每个年份的值均代表与上年相比的变化。括号内数据表示各因素对生产率增长（或下降）的贡献率（%）。省级工业整体绿色生产率变化及其分解通过对30个省（区、市）求平均得到。考虑到美观性，表中未显示所有年份，感兴趣的读者可向笔者索取。

从绿色生产率增长的来源——发展动能与绿色动能来看，发展动能对生产率增长的贡献率达到81.7%（主要原因在于发展技术进步），绿色动能的贡献率为 18.3%（主要原因在于绿色技术进步）。所以，从二者比较看，1999 年至 2019 年平均而言，工业整体绿色生产率增长更多来自发展动能。

通过总体分析，我们可以发现，1998 年至 2019 年中国省级工业整体绿色生产率显著增长。对省级工业整体绿色生产率增长而言，技术进步是强劲动力，而地区之间效率差异加剧（表现为平均效率下降）是整体工业绿色生产率提高的障碍，这与以往研究结论基本一致。与以往不同的是，本研究发现：技术进步的动力作用主要源于发展技术进步，绿色技术进步的贡献约为发展技术进步的 1/4。这说明，我国工业绿色技术创新还不够，由绿色创新而带来的绿色增长动力尚未强劲显现，在碳达峰、碳中和背景下，未来绿色创新空间较大。此外，平均效率下降（地区之间效率差距增加所致）的阻力作用既来自发展效率恶化也来自绿色效率恶化。这表明，我国工业要增长与减排齐上阵，积极推动产业绿色升级，缩小地区之间效率差异，化“效率障碍”为“效率动力”。从发展动能与绿色动能来看，我国工业整体绿色生产率增长的动力更多来自发展动能（发展技术的进步）。

②动态演变

绿色生产率变化：呈现“升—降—升”的三阶段动态变化特征。图 3.20 展示了 1999 年至 2019 年工业整体绿色生产率变化及其分解的动态变化，其中图 3.20（a）为经典两因素分解，图 3.20（b）为新的四因素分解。我们可以看到，除 2008 年、2009 年以外，其他年份的工业整体绿色生产率增长明显。2008 年和 2009 年工业整体绿色生产率下降可能是全球金融危机所致（余泳泽等，2019）。

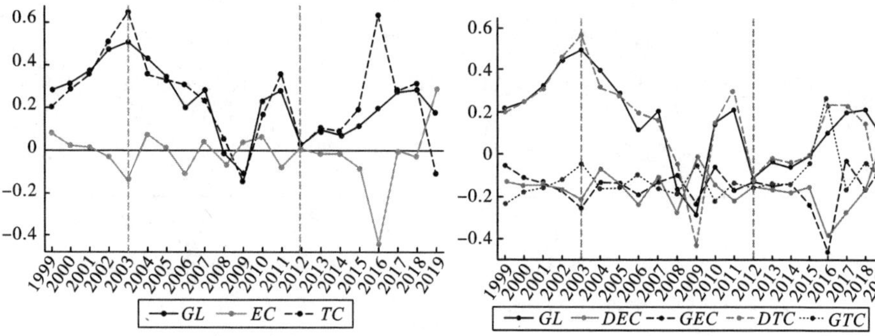

（a）经典两因素分解　　（b）新的四因素分解

图 3.20　省级工业整体绿色生产率变化及分解的动态趋势（1999—2019 年）

注：纵坐标表示生产率变化。图中每个年份的值均代表与上年相比的变化，下同。

从动态趋势上看（见图 3.20），1999 年至 2019 年工业整体绿色生产率变化的动态趋势可大概分为三个阶段：第一阶段（1999—2003 年），绿色生产率增长呈上升趋势；第二阶段（2003－2012 年），绿色生产率增长呈下降趋势；第三阶段（2012－2019 年），绿色生产率增长呈上升趋势。第一阶段绿色生产率增长持续上升可能是因为可持续发展战略的实施，主要表现有 20 世纪 90 年代中后期对国有企业“抓大放小”，对高耗能、高污染的小企业“关停并转”，推出“两控区”政策等。第二阶段绿色生产率增长下降的原因可能是以高耗能、高污染为特征的重化工业现象的再次膨胀影响了生产率增长。此外，全球金融危机的发生也存在一定影响。第三阶段绿色生产率增长再次上升可能得益于我国提出的包含生态文明建设的“五位一体”（经济建设、政治建设、文化建设、社会建设、生态文明建设）布局、包含绿色发展的新发展理念以及密集出台的多措并举的环境政策。

绿色生产率增长两因素分解：技术进步为绝对主力、效率差距成为阻碍。通常，绿色生产率变化可以被分解为技术变化和效率变化两个因素。从两个因素的比较看，技术进步几乎始终是各时期绿色生产率增长的主要原因。由图 3.20（a）可知，1999 年至 2019 年绿色生产率增长的年份（除 2008 年、2009 年外的所有年份），技术变化均为正（技术进步），且技术进步都大于效率改善。而效率变化在多数时期为负（效率恶化），抑制生产率增长；在少数时期即使为正（效率改善），但几乎都与技术进步存在不小的差距，对生产率增长的贡献明显低于技术进步。2008 年绿色生产率仅微弱下降，2009 年下降显著，说明全球金融危机对 2009 年绿色生产率的影响比较大，这主要是因为技术退步（－0.1459）明显，这说明全球金融危机对前沿省（市）（如上海、广东）的冲击大，从而代表创新能力的技术变化显著为负。从总体趋势上看，工业整体绿色生产率变化由技术变化主导，而对效率变化的敏感程度较弱。

绿色生产率变化四因素分解：绿色技术变化、发展技术变化、绿色效率变化和发展效率变化。进一步地，绿色生产率变化可以被分解为绿色技术变化、发展技术变化、绿色效率变化、发展效率变化四个因素。从四个因素的比较看，发展技术进步是绿色生产率增长的主要原因。我们可以看到，除极个别年份以外，发展技术进步均大于绿色技术进步、绿色效率改善和发展效率改善，尤其是 2012 年以前发展技术进步远大于其他三项，是绿色生产率增长的绝对主要动力。在 2009 年，发展技术变化显著为负，是该年绿色生产率显著下降的主要原因。

再看绿色技术进步。2012 年以前（1999—2011 年）绿色技术进步对生产率增长的促进作用不明显，贡献率仅为 0.7%（见表 3.14）；2012 年以来绿色技术进步出现波动上升趋势，2012 年至 2019 年贡献率达到 38.8%（见表 3.14）。我们由此可以看出，2012 年以来绿色技术进步展现出成为绿色生产率增长的新的主要动力的潜质，这说明 2012 年以来绿色技术创新不断发展进步。通过分析中国专利数据我们可以发现，2012 年以来中国绿色专利授权数的同比增速持续快于除绿色专利外的所有专利授权数[①]。此外，在 2009 年，尽管发展技术变化显著为负，但绿色技术变化为正，抑制了绿色生产率减少。这说明金融危机对发展技术创新的冲击更大，而对绿色技术创新的冲击更小。根据中国专利数据我们可以发现，2009 年绿色发明专利授权数的同比增速加快，而除绿色发明专利外的所有发明专利授权数的同比增速减慢[②]。

接着对比两个效率变化。一是发展效率变化，大多数时期为负（效率恶化），几个时期即使为正（效率改善），但几乎都不大，所以发展效率改善较少，对生产率增长多为抑制作用。二是绿色效率变化，约一半时期为负（效率恶化），一半时期为正（效率改善），所以绿色效率变化对生产率增长有时为抑制作用有时为促进作用，其中促进作用较大（效率改善较大）的年份有 2012 年、2017 年和 2019 年。

绿色生产率增长的来源：发展动能还是绿色动能？图 3.21 显示了 1999 年至 2019 年工业整体绿色生产率增长分为发展动能与绿色动能的动态变化，其中图 3.21（a）为发展动能与绿色动能的历年变化，图 3.21（b）为历年贡献率[③]。我们可以看到，1999 年至 2011 年（除 2008 年和 2009 年），绿色生产率增长基本来源于发展动能（主要原因在于发展技术进步），发展动能的动态曲线与绿色生产率变化几乎重合，发展动能对绿色生产率增长的贡献率在 100%附近（最

① 笔者根据国家知识产权局和中国研究数据服务平台（CNRDS）绿色专利研究数据库，算出 2012 年至 2019 年国内绿色发明专利授权数的同比增速平均为 18.35%，除绿色发明外的所有发明专利为 17.68%；绿色实用新型专利授权数的同比增速平均为 21.71%，除绿色实用新型外的所有实用新型专利为 19.99%。

② 笔者根据国家知识产权局和中国研究数据服务平台（CNRDS）绿色专利研究数据库，算出 2009 年绿色发明专利授权数的同比增速为 47.34%，而 2008 年为 36.53%；2009 年除绿色发明外的所有发明专利授权数的同比增速为 43.63%，而 2008 年为 45.13%。

③ 发展动能与绿色动能的贡献率之和为 100%。

小不低于 96.8%），而绿色动能的贡献率在 0%附近（最大不高于 3.3%）。自 2012 年起这个局面发生转变。2012 年以来绿色动能不断上升（主要原因在于绿色技术进步，部分原因来自绿色效率改善），与发展动能的差距缩小，到 2019 年绿色动能超越发展动能。2012 年以来绿色动能对生产率增长的贡献率不断上升，发展动能的贡献率不断下降，到 2019 年绿色动能的贡献率超过发展动能，达到 50%以上（55.8%），发展动能的贡献率下降到 44.2%。这说明绿色动能自 2012 年以来逐渐成为中国工业整体绿色生产率增长的主要动力源泉。在 2008 年和 2009 年，绿色生产率下降的主要原因在于发展动能为负，而绿色动能略微为正，对绿色生产率下降起到一点抑制作用。

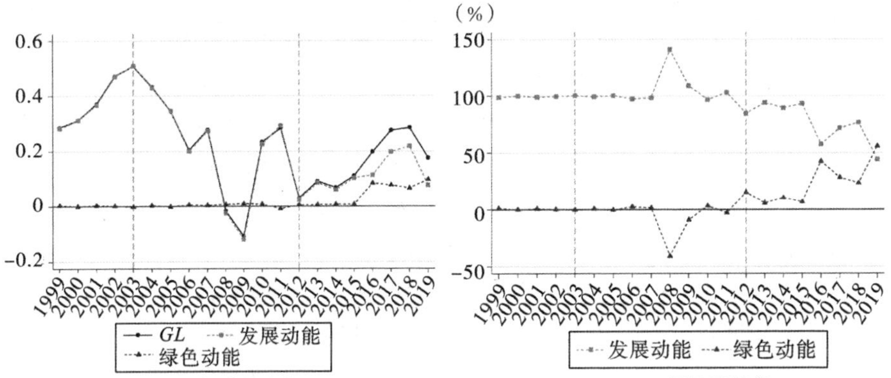

(a)历年动能变化　　(b)历年贡献率

图 3.21　省级工业整体绿色生产率增长的来源

通过动态演变分析，我们可以发现，1999 年至 2019 年工业整体绿色生产率除 2008 年和 2009 年外均增长。从两因素分解看，各时期生产率增长的主要动力源泉是技术进步。从四因素分解看，发展技术进步在 2012 年以前是绝对主要动力，这个局面以 2012 年为转折点发生转变，2012 年以来绿色技术进步上升，逐渐成为新的动力源泉。这说明 2012 年是中国绿色技术创新迅速发展（绿色创新驱动发展）的一个转折点，这也能从中国绿色专利数的增长变化看出来。发生转变的可能原因是：党的十八大以来，生态文明建设和新发展理念的提出极大地拓展了中国经济发展的内涵，中国经济进入向高质量发展转变的新阶段，要素驱动、投资驱动向创新驱动转变。效率变化对生产率增长多数时期为阻力，少数时期为动力。从发展动能与绿色动能看，二者对生产率增长的作用以 2012 年为一个转折点发生了重要转变。总体而言，2012 年以前，各时期生产率增长的来源基本是发展动能（主要原因在于发展技术进步），2012年以后，绿色动能上升（主要原因在于绿色技术进步），逐渐成为生产率增长的新的主要来源。这说明2012年是绿色动能对生产率增长广泛发挥作用的转折点，也表明党的十八大以来我国积极开展的生态文明建设卓有成效。

（2）东、中、西部三大地区的工业绿色生产率增长及其分解

表3.15反映了东、中、西部①三大地区的工业绿色生产率变化及其分解。我们可以看到，样本期内三大地区的绿色生产率均显著增长，其中西部增长最快，中部次之，东部最慢，呈现“西中东”阶梯特征。对于生产率增长的源泉，三大地区均表现为技术进步和效率恶化的驱动模式，进一步为绿色技术进步、发展技术进步、绿色效率恶化和发展效率恶化的驱动模式。具体而言，东、中、西部三大地区绿色生产率增长的因素存在较大差异。首先，东部地区绿色技术进步最大，对生产率增长的贡献最大（达到28.3%），中部地区次之，西部地区最小，其中，东部地区的绿色技术进步是中部地区和西部地区的1.2倍和2.0倍，贡献率是中部地区和西部地区的1.4倍和2.4倍。

其次，西部地区发展技术进步最大，对生产率增长贡献最大，中部地区次之，东部地区最小，这是生产率增长呈现“西中东”阶梯特征的主要原因。最后，从效率角度看，无论是绿色效率恶化还是发展效率恶化，东部均最小，这可能是因为一方面东部的一些省（市）位于中国工业的技术前沿，如广东在样本期内的每一年均位于前沿，效率变化为0，不发生效率恶化；另一方面东部的其他大多数省（市）工业走在中西部的前面，与前沿地区的差距小于中西部。所以，从发展动能与绿色动能对绿色生产率增长的作用来看，三大地区之间存在明显差异。东部的绿色动能最大（主要原因在于绿色技术进步最大），是中部和西部的2.1倍和3.7倍，绿色动能的贡献率达到25%，而发展动能的贡献率为75%。西部的发展动能最大（主要原因在于发展技术进步最大），绿色动能最小，发展动能的贡献率为94%，而绿色动能的贡献率仅6%。中部处于东部和西部中间，绿色动能和发展动能的贡献率分别为11%和89%。

---

① 东部地区包括北京、天津、河北、辽宁、上海、江苏、浙江、福建、山东、广东、海南等11个省（市）；中部地区包括山西、吉林、黑龙江、安徽、江西、河南、湖北、湖南等8个省份；西部地区包括四川、重庆、贵州、云南、陕西、甘肃、青海、宁夏、新疆、广西、内蒙古等11个省（区、市）。

由上面对东、中、西部三大地区绿色生产率增长及其分解的分析，我们发现，三大地区绿色生产率增长的来源存在较大差异性，主要体现在以下两点。

①西部的发展技术进步最大

技术进步一般而言有自主创新和技术引进两大途径。中国西部地区发展技术较为落后，自主创新不多，有很大的技术引进空间，可从东部引进技术，引进成本低，且不存在国际贸易壁垒，因此技术进步快。东部地区技术处于国内领先地位，若要实现技术进步，一方面可从国外引进先进技术，另一方面也可自主创新。从国家知识产权局公布的数据看，东部专利授权在数量上和增速上均远远高于中西部。东部的两个途径一是成本很高，二是见效较慢，三是可能遇到国外技术封锁问题，因此技术进步速度小于西部。蔡昉（2009）的研究指出，在中国经济增长过程中，地区之间相互竞争所形成的经济追赶造成地区之间技术进步存在差异。经济相对落后的地区通过技术转移、扩散等获得创新动力，实现更快的技术进步速度。相反，经济领先地区由于过去投资已形成的产业结构，因调整成本约束或受“创造性毁灭”的打击，有可能被暂时性地或永久性地锁定在某个技术水平上，因此技术进步速度更慢。

②东部的绿色技术进步最大

一是经济水平效应。东部是中国经济最发达的地区，也是改革开放以来最先富裕起来的地区。根据相关研究（董直庆和王辉，2021），财富具有绿色技术选择偏好，财富水平提高会显著促进绿色技术创新，推动技术向绿色方向转型。因此，由于东部经济水平更高，财富水平更高，所以绿色技术创新更活跃，技术创新更向绿色技术倾斜，从而导致东部的绿色技术进步更大。二是工业结构效应。参考陈诗一（2012）的方法，我们把30个省（区、市）分成低能耗、低排放的“低低”地区和高能耗、高排放的“高高”地区两个组别①，“低低”地区包括北京、上海、天津、福建、浙江、广东、江苏、海南、吉林、山东、湖北、辽宁、安徽、河南、江西等15个省（市），相对以轻工业为主；“高高”地区包括湖南、河北、四川、黑龙江、云南、重庆、青海、陕西、甘肃、内蒙古、广西、山西、宁夏、贵州、新疆等15个省（区、市），相对以重工业为主。“低

① 分组方法参见陈诗一（2012）。首先选取2000年和2010年各省（区、市）的能源强度、二氧化硫排放强度作为两个子指标，然后对所有子指标进行标准化［除以所有省（区、市）的平均值］以消除不同单位的影响，之后对所有子指标加总，最后分别赋予2000年和2010年0.4和0.6的权重求加权平均得到最终的分组指标。

低”地区和“高高”地区的绿色生产率增长表现如表3.15所示。“低低”地区包括东部除河北外的10省（市）和中部5省，“高高”地区包括西部所有的11省（区、市）、中部3省和东部的河北省。换言之，东部主要为“低低”地区，而西部主要为“高高”地区。从表3.15可以看出，“低低”地区的绿色技术进步大于“高高”地区。因此，东部的绿色技术进步更大的一部分原因可能是工业更轻型化。三是环境规制效应。波特假说认为，环境规制可以促进企业进行绿色创新（Porter & Linde，1995）。按照“十一五”规划以来几个五年规划对于污染减排的规划约束目标，东部明显强于中、西部。有学者通过综合不同环境规制工具进行测算，也得出东部的环境规制强于中、西部的结论（林婷和谌仁俊，2021），因此东部绿色技术进步更大的一部分原因可能是环境规制的作用。

表3.15　东、中、西部地区的工业绿色生产率变化及其分解

地区	*GL*	*EC*	*TC*	*DEC*	*GEC*	*DTC*	*GTC*	*DC*	*GC*
东部	0.1742	−0.0142	0.1884	−0.0082	−0.0060	0.1391	0.0493	0.1309	0.0433
		(−8.15)	(108.15)	(−4.71)	(−3.44)	(79.85)	(28.30)	(75.14)	(24.86)
中部	0.1945	−0.0321	0.2266	−0.0132	−0.0189	0.1866	0.0399	0.1734	0.0211
		(−16.50)	(116.50)	(−6.79)	(−9.72)	(95.94)	(20.51)	(89.15)	(10.85)
西部	0.2052	−0.0459	0.2511	−0.0330	−0.0129	0.2264	0.0247	0.1934	0.0118
		(−22.37)	(122.37)	(−16.08)	(−6.29)	(110.33)	(12.04)	(94.25)	(5.75)
“低低”	0.1826	−0.0114	0.1940	−0.0029	−0.0085	0.1452	0.0488	0.1423	0.0403
		(−6.24)	(106.24)	(−1.59)	(−4.65)	(79.52)	(26.73)	(77.93)	(22.07)
“高高”	0.1859	−0.0576	0.2434	−0.044	−0.0136	0.2162	0.0272	0.1722	0.0137
		(−30.98)	(130.93)	(−23.67)	(−7.32)	(116.30)	(14.63)	(92.63)	(7.37)

注：“低低”表示低能耗、低排放地区，“高高”表示高能耗、高排放地区。括号内数据表示各因素对生产率增长的贡献率（%）。

（3）省（区、市）的工业绿色生产率增长及其分解

①绿色生产率变化：各省（区、市）均增长显著

表 3.16 和图 3.22 展示了样本期内 30 个省（区、市）的工业绿色生产率变化及其分解，其中图 3.22（a）为经典两因素分解，图 3.22（b）为新的四因素分解。我们可以看到，样本期内 30 个省（区、市）的绿色生产率都呈显著增长。其中青海绿色生产率增长最大，黑龙江最小。

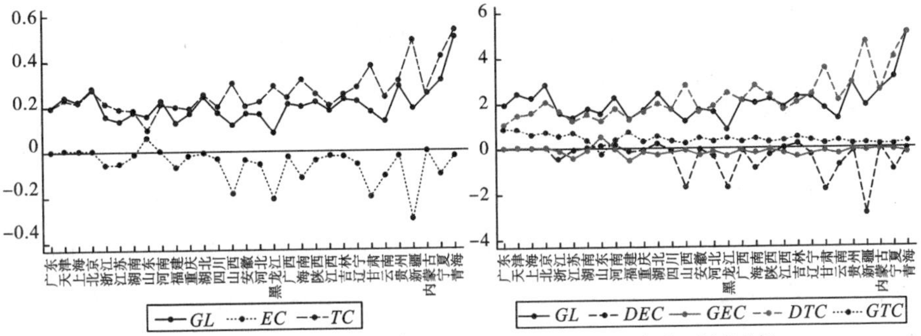

(a)经典两因素分解　　(b)新的四因素分解

图 3.22　省（区、市）的工业绿色生产率变化及其分解

注：纵坐标表示生产率变化。

②绿色生产率增长两因素分解：技术进步为主要动力、效率变化存在 3 种不同表现

从两因素分解看，对 30 个省（区、市）而言，样本期内绿色生产率增长的主要原因（动力、因素）都是技术进步。由表 3.16 和图 3.22（a）可知，各省（区、市）技术变化均显著为正（技术进步），且技术进步都大于效率变化。结合两因素分解（技术进步和效率变化），各省（区、市）绿色生产率增长存在 3 种不同驱动模式（见表 3.17）。

表 3.16　省（区、市）的工业绿色生产率变化及其分解

省（区、市）	*GL*	*EC*	*TC*	*DEC*	*GEC*	*DTC*	*GTC*	*DC*	*GC*
广东	0.1939	0.0000	0.1939	0.0000	0.0000	0.1057	0.0882	0.1057	0.0882
		(0.00)	(100.00)	(0.00)	(0.00)	(54.50)	(45.50)	(54.50)	(45.50)
天津	0.2414	0.0080	0.2334	0.0041	0.0039	0.1466	0.0868	0.1507	0.0907
		(3.32)	(96.68)	(1.70)	(1.62)	(60.73)	(35.95)	(62.43)	(37.57)
上海	0.2237	0.0044	0.2194	0.0012	0.0032	0.1570	0.0623	0.1582	0.0655
		(1.96)	(98.04)	(0.54)	(1.42)	(70.18)	(27.86)	(70.72)	(29.28)

续表

省（区、市）	*GL*	*EC*	*TC*	*DEC*	*GEC*	*DTC*	*GTC*	*DC*	*GC*
北京	0.2814	0.0055	0.2759	0.0022	0.0033	0.2059	0.0700	0.2081	0.0733
		(1.96)	(98.04)	(0.78)	(1.18)	(73.16)	(24.88)	(73.94)	(26.06)
浙江	0.1543	−0.0591	0.2134	−0.0465	−0.0126	0.1620	0.0514	0.1155	0.0388
		(−38.30)	(138.30)	(−30.13)	(−8.17)	(104.98)	(33.32)	(74.85)	(25.15)
江苏	0.1373	−0.0509	0.1883	−0.0074	−0.0436	0.1217	0.0666	0.1143	0.0230
		(−37.09)	(137.09)	(−5.36)	(−31.73)	(88.58)	(48.51)	(83.22)	(16.78)
湖南	0.1760	−0.0073	0.1834	0.0003	−0.0077	0.1490	0.0344	0.1493	0.0267
		(−4.16)	(104.16)	(0.20)	(−4.35)	(84.63)	(19.53)	(84.83)	(15.17)
山东	0.1569	0.0628	0.0941	0.0112	0.0516	0.1220	−0.0278	0.1332	0.0237
		(40.03)	(59.97)	(7.16)	(32.87)	(77.71)	(−17.74)	(84.88)	(15.12)
河南	0.2234	0.0119	0.2115	0.0138	−0.0019	0.1761	0.0354	0.1899	0.0335
		(5.32)	(94.68)	(6.16)	(−0.84)	(78.83)	(15.85)	(84.99)	(15.01)
福建	0.1272	−0.0709	0.1982	−0.0150	−0.0559	0.1239	0.0742	0.1089	0.0183
		(−55.76)	(155.76)	(−11.80)	(−43.96)	(97.41)	(58.35)	(85.61)	(14.39)
重庆	0.1674	−0.0246	0.1921	−0.0150	−0.0096	0.1631	0.0290	0.1480	0.0194
		(−14.72)	(114.72)	(−8.99)	(−5.73)	(97.39)	(17.33)	(88.40)	(11.60)
湖北	0.2439	−0.0070	0.2509	0.0207	−0.0277	0.1986	0.0523	0.2193	0.0246
		(−2.87)	(102.87)	(8.49)	(−11.36)	(81.41)	(21.46)	(89.91)	(10.09)
四川	0.1716	−0.0282	0.1998	−0.0144	−0.0138	0.1691	0.0308	0.1547	0.0169
		(−16.45)	(116.45)	(−8.38)	(−8.06)	(98.52)	(17.92)	(90.14)	(9.86)
山西	0.1182	−0.1826	0.3008	−0.1728	−0.0098	0.2796	0.0212	0.1068	0.0114
		(−154.42)	(254.42)	(−146.16)	(−8.26)	(236.52)	(17.89)	(90.37)	(9.63)

续表

省（区、市）	GL	EC	TC	DEC	GEC	DTC	GTC	DC	GC
安徽	0.1686	−0.0333	0.2020	−0.0042	−0.0291	0.1577	0.0443	0.1535	0.0152
		(−19.77)	(119.77)	(−2.49)	(−17.28)	(93.50)	(26.27)	(91.01)	(8.99)
河北	0.1657	−0.0528	0.2185	−0.0366	−0.0163	0.1875	0.0311	0.1509	0.0148
		(−31.88)	(131.88)	(−22.08)	(−9.81)	(113.13)	(18.75)	(91.05)	(8.95)
黑龙江	0.0814	−0.2078	0.2892	−0.1712	−0.0366	0.2457	0.0435	0.0745	0.0069
		(−255.27)	(355.27)	(−210.31)	(−44.96)	(301.88)	(53.40)	(91.56)	(8.44)
广西	0.2114	−0.0258	0.2372	−0.0144	−0.0114	0.2095	0.0278	0.1951	0.0163
		(−12.22)	(112.22)	(−6.82)	(−5.41)	(99.09)	(13.14)	(92.27)	(7.73)
海南	0.1992	−0.1168	0.3160	−0.0911	−0.0258	0.2753	0.0407	0.1843	0.0149
		(−58.66)	(158.66)	(−45.71)	(−12.95)	(138.21)	(20.44)	(92.50)	(7.50)
陕西	0.2172	−0.0390	0.2562	−0.0291	−0.0099	0.2321	0.0241	0.2030	0.0142
		(−17.95)	(117.95)	(−13.39)	(−4.55)	(106.85)	(11.10)	(93.46)	(6.54)
江西	0.1802	−0.0219	0.2021	0.0012	−0.0231	0.1702	0.0319	0.1713	0.0089
		(−12.15)	(112.15)	(0.64)	(−12.79)	(94.43)	(17.72)	(95.07)	(4.93)
吉林	0.2293	−0.0212	0.2504	0.0171	−0.0382	0.2015	0.0489	0.2186	0.0106
		(−9.23)	(109.23)	(7.44)	(−16.67)	(87.91)	(21.32)	(95.35)	(4.65)
辽宁	0.2252	−0.0567	0.2819	−0.0301	−0.0266	0.2475	0.0344	0.2174	0.0078
		(−25.17)	(125.17)	(−13.36)	(−11.81)	(109.89)	(15.28)	(96.52)	(3.48)
甘肃	0.1748	−0.2000	0.3748	−0.1870	−0.0130	0.3563	0.0185	0.1693	0.0055
		(−114.45)	(214.45)	(−107.01)	(−7.44)	(203.88)	(10.57)	(96.87)	(3.13)
云南	0.1312	−0.1070	0.2382	−0.0784	−0.0286	0.2055	0.0327	0.1271	0.0041
		(−81.54)	(181.54)	(−59.74)	(−21.79)	(156.65)	(24.89)	(96.90)	(3.10)
贵州	0.2863	−0.0225	0.3089	−0.0139	−0.0086	0.2934	0.0155	0.2795	0.0068
		(−7.87)	(107.87)	(−4.85)	(−3.02)	(102.47)	(5.41)	(97.61)	(2.39)

续表

省（区、市）	GL	EC	TC	DEC	GEC	DTC	GTC	DC	GC
新疆	0.1870	−0.3033	0.4903	−0.2876	−0.0157	0.4715	0.0188	0.1839	0.0031
		(−162.23)	(262.23)	(−153.85)	(−8.39)	(252.21)	(10.03)	(98.36)	(1.64)
内蒙古	0.2524	−0.0027	0.2551	0.0065	−0.0092	0.2426	0.0126	0.2490	0.0034
		(−1.07)	(101.07)	(2.56)	(−3.63)	(96.09)	(4.98)	(98.65)	(1.35)
宁夏	0.3113	−0.1046	0.4159	−0.0950	−0.0096	0.4036	0.0123	0.3086	0.0027
		(−33.58)	(133.58)	(−30.51)	(−3.07)	(129.63)	(3.95)	(99.12)	(0.88)
青海	0.5016	−0.0280	0.5296	−0.0057	−0.0223	0.5041	0.0255	0.4984	0.0032
		(−5.58)	(105.58)	(−1.14)	(−4.44)	(100.50)	(5.09)	(99.36)	(0.64)

注：括号内数据表示各因素对生产率增长的贡献率（%）。表中省（区、市）按绿色动能贡献率从大到小排序。

其一，技术进步和效率变化为0。该模式仅包含广东。广东效率变化为0，生产率增长完全由技术进步驱动，贡献率为100.0%。

其二，技术进步和效率改善（效率变化为正）。该模式包含北京、天津、上海、山东和河南。其中，北京、天津、上海、河南效率改善较小，技术进步远大于效率改善，二者的贡献率分别为94.6%以上和不超过5.4%，也就是说生产率增长基本由技术进步驱动，效率改善的作用较小。山东效率改善较为明显（与前沿地区之间的效率差距缩小明显），与技术进步的差距最小，效率改善的贡献率达到40.0%，技术进步的贡献率为60.0%，这表明生产率增长主要由技术进步驱动，同时效率改善也是明显动力。

其三，技术进步和效率恶化（效率变化为负）。该模式包含大多数省（区、市），共24个省（区、市），它们是湖南、湖北、江西、吉林、内蒙古、浙江、江苏、福建、重庆、四川、山西、安徽、河北、黑龙江、广西、海南、陕西、辽宁、甘肃、云南、贵州、新疆、宁夏和青海。这些地区生产率增长是因为技术进步（技术进步的贡献率都在100%以上），而效率恶化（与前沿地区的效率差距拉大）成为生产率增长的障碍。就技术进步而言，各省（区、市）都存在明显的技术进步，其中青海技术进步在所有省（区、市）中最大。就效率恶化而言，其中内蒙古、湖北、湖南等省（区）效率恶化较小（与前沿地区之间的效率差距较为平稳)，对生产率增长的障碍较小，贡献率不低于－5%；新疆、黑龙江、甘肃、山西等省（区）效率恶化较为严重（与前沿地区之间的效率差距拉开较大)，贡献率达到－100%以下，成为生产率增长的较大障碍；其他省(区、市）存在不同程度的效率恶化，对生产率增长造成不同程度的障碍。

因此，青海由于技术进步最大，效率恶化又不大，所以生产率增长最大；而黑龙江虽然技术进步明显，但效率恶化严重，导致生产率增长最小。

表 3.17　省（区、市）工业绿色生产率增长的不同驱动模式

驱动模式	地区表现
技术进步和效率不变	绿色技术（＋)、发展技术（＋)：广东
技术进步和效率改善	绿色技术（＋)、发展技术（＋)、绿色效率（＋)、发展效率（＋)：北京、天津、上海 绿色技术（－)、发展技术（＋)、绿色效率（＋)、发展效率（＋)：山东 绿色技术（＋)、发展技术（＋)、绿色效率（－)、发展效率（＋)：河南
技术进步和效率恶化	绿色技术（＋)、发展技术（＋)、绿色效率（－)、发展效率（＋)：湖南、湖北、江西、吉林、内蒙古 绿色技术（＋)、发展技术（＋)、绿色效率（－)、发展效率（－)：浙江、江苏、福建、重庆、四川、山西、安徽、河北、黑龙江、广西、海南、陕西、辽宁、甘肃、云南、贵州、新疆、宁夏、青海

注：符号“＋”表示技术进步或效率改善，符号“－”表示技术退步或效率恶化。

③绿色生产率增长四因素分解：绿色技术变化、发展技术变化、绿色效率变化和发展效率变化

从四因素分解看，对 30 个省（区、市）而言，样本期内绿色生产率增长的主要（第一）动力（来源、因素）都是发展技术进步。表 3.16 和图 3.22 (b) 显示，各省（区、市）发展技术变化均显著为正（技术进步），且发展技术进步都大于绿色技术变化、绿色效率变化、发展效率变化。其次，除山东外，各省(区、市）绿色技术进步都大于绿色效率变化、发展效率变化，仅次于发展技术进步，因此绿色技术进步几乎是所有省（区、市）(除山东）绿色生产率增长的第二动力（来源、因素)。具体来看，结合四因素分解（发展技术变化、绿色技术变化、绿色效率变化和发展效率变化)，各省（区、市）绿色生产率增长存在以下 5 种不同驱动模式（见表 3.17)。

其一，绿色技术变化、发展技术变化、绿色效率变化为0和发展效率变化为0。该模式仅包含广东。它的绿色效率变化和发展效率变化都为0，生产率增长由绿色技术进步和发展技术进步驱动，其中发展技术进步略大于绿色技术进步，二者的贡献率分别为54.5%和45.5%。广东的绿色技术进步在所有省（区、市）中最大。

其二，绿色技术进步、发展技术进步、绿色效率改善和发展效率改善。该模式包含北京、天津和上海，它们的生产率增长由四个因素同时驱动，首先是发展技术进步，对生产率增长的贡献最大，贡献率在60.0%～74.0%之间，是生产率增长的主要动力，其次是绿色技术进步，贡献率在24.0%～36.0%之间，明显是生产率增长的第二动力，最后是绿色效率改善和发展效率改善，贡献率仅1%左右，对生产率增长的促进作用较小。

其三，绿色技术退步、发展技术进步、绿色效率改善和发展效率改善。该模式包含山东。首先是发展技术进步，贡献率为77.7%，是生产率增长的主要动力，其次是绿色效率改善，贡献率达到32.9%，发展效率改善也较为明显，贡献率达到7.2%，两个效率改善是生产率增长的明显动力，最后是绿色技术变化（略为负），不能促进生产率增长。

其四，绿色技术进步、发展技术进步、绿色效率恶化和发展效率改善。该模式包含河南、湖南、湖北、江西、吉林和内蒙古。对于这6个省（区），首先是发展技术进步，贡献率在78.0%～97.0%之间，是生产率增长的最主要动力，其次是绿色技术进步，贡献率在5%～22%之间，是生产率增长的第二动力，再次是发展效率改善，贡献率在0.2%～9.0%之间，是生产率增长的微小动力，最后是绿色效率变化为负（效率恶化），阻碍生产率增长。

其五，绿色技术进步、发展技术进步、绿色效率恶化和发展效率恶化。该模式包含浙江、江苏、福建、重庆、四川、山西、安徽、河北、黑龙江、广西、海南、陕西、辽宁、甘肃、云南、贵州、新疆、宁夏和青海等19个省（区、市）。对于这19个省（区、市），首先是发展技术进步，贡献率在88.0%～302.0%之间，是生产率增长的主要动力，其次是绿色技术进步，贡献率在3.0%～59.0%之间，是生产率增长的第二动力，最后是发展效率变化和绿色效率变化都为负（效率恶化），都阻碍生产率增长。两个效率恶化相比较，江苏、福建、安徽、青海等省绿色效率恶化更严重，对生产率增长的阻碍更大，浙江、重庆、四川、山西、河北、黑龙江、广西、海南、陕西、辽宁、甘肃、云南、贵州、新疆、宁夏等省（区、市）发展效率恶化更严重，对生产率增长的阻碍更大。特别是新疆、甘肃、山西、黑龙江等省（区）的发展效率恶化在所有省（区、市）中最严重，贡献率达到－100％以下，对生产率增长造成较大阻碍。青海发展技术进步在所有省（区、市）中最大。

因此，青海生产率增长最大主要是因为发展技术进步最显著［而绿色技术进步较小，仅为发展技术进步的5％，在所有省（区、市）中排第22位］，两个效率恶化均不大；而黑龙江生产率增长最小是因为发展效率恶化严重，对生产率增长造成较大阻碍。

④绿色生产率增长的来源：发展动能还是绿色动能

表3.16和图3.23展示了样本期内30个省（区、市）的工业绿色生产率增长的来源中，发展动能与绿色动能的表现，其中图3.23（a）为绿色动能与发展动能的大小，图3.23（b）为绿色动能与发展动能对生产率增长的贡献率。从发展动能与绿色动能看，各省（区、市）绿色生产率增长的来源（驱动因素）存在显著差异。图3.23显示，从广东到青海，绿色动能的贡献率从45.5％逐渐减少到0.6％，发展动能的贡献率从54.5％逐渐增加到99.4％。绿色技术进步是各省（区、市）绿色动能的主要构成部分，除山东外各省（区、市）绿色技术进步占绿色动能的比例都在95％以上；发展技术进步是各省（区、市）发展动能的主要构成部分，各省（区、市）发展技术进步占发展动能的比例都在90％以上。

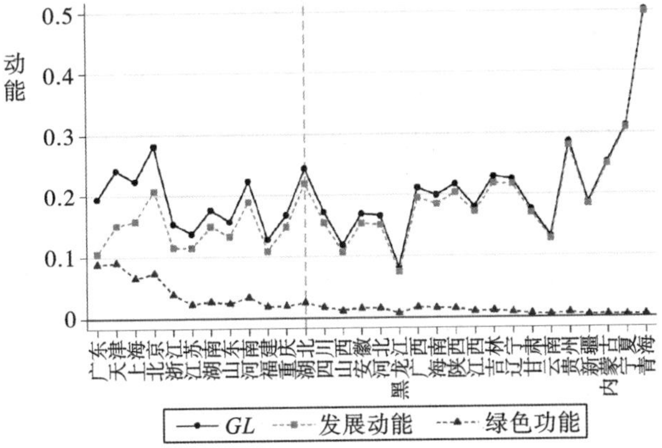

(a)发展动能与绿色动能的大小

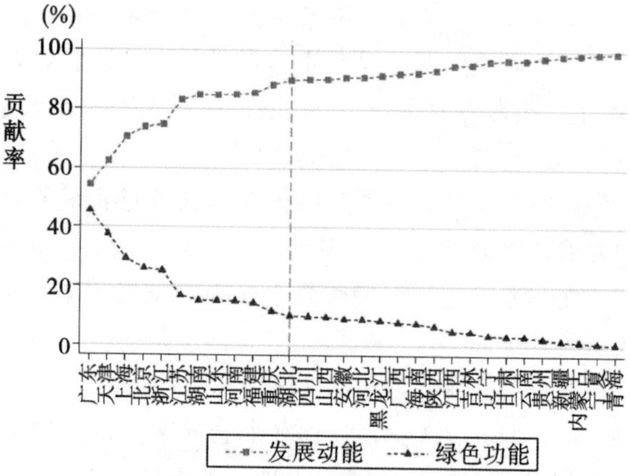

(b)贡献率

图 3.23　省（区、市）的工业绿色生产率增长的来源

对于四川、山西、安徽、河北、黑龙江、广西、海南、陕西、江西、吉林、辽宁、甘肃、云南、贵州、新疆、内蒙古、宁夏和青海，绿色生产率增长基本来源于发展动能（主要原因在于发展技术进步），绿色动能不太明显，发展动能与生产率指标几乎重合，发展动能对绿色生产率增长的贡献率在 90%以上，而绿色动能的贡献率在 10%以下。这表明这些地区工业绿色生产率增长主要依赖传统的技术进步和效率改善（主要是技术进步）。

对于广东、天津、上海、北京、浙江、江苏、湖南、山东、河南、福建、重庆和湖北，绿色动能的贡献率在 10%以上（主要原因在于绿色技术进步），绿色动能对生产率增长的作用凸显。尤其是广东绿色动能的贡献率达到 45.5%，天津、上海、北京、浙江绿色动能的贡献率达到 25%以上，绿色动能显著。这表明与环保减排相关的绿色动能（主要是绿色技术进步）已成为这些地区工业生产率增长的重要源泉，特别是广东、天津、上海、北京、浙江等地，绿色动能已成为核心动力来源，是我国绿色技术创新高地。

综上所述，样本期内（1998—2019 年）各省（区、市）工业绿色生产率都呈显著增长，其中青海增长最大，黑龙江增长最小。从两因素分解看，各省（区、市）生产率增长的主要动力源泉都是技术进步。具体地，各省（区、市）展现出 3 种两因素驱动模式。其中青海增长最大，主要是因为技术进步最大，而黑龙江增长最小，是因为效率恶化较严重。从四因素分解看，发展技术进步是各省（区、市）生产率增长的第一动力，绿色技术进步几乎是除山东以外所有省（区、市）的生产率增长的第二动力。具体地，各省（区、市）展现出5种四因素驱动模式。其中青海增长最大，主要是因为发展技术进步最大，而黑龙江增长最小，是因为发展效率恶化较严重。从发展动能与绿色动能看，各省（区、市）工业绿色生产率增长的来源差异明显。青海、宁夏、内蒙古等地基本来源于发展动能，广东、天津、上海、北京、浙江等地的绿色动能已成为核心动力来源（主要原因在于绿色技术进步），是全国绿色技术创新高地。

3.5.3 工业绿色全要素生产率增长：城市维度

(1) 工业整体绿色生产率变化及其分解

①总体分析

表3.18反映了城市工业整体绿色生产率变化及其分解[①]。总体来看，2003年至2016年城市工业整体绿色生产率呈现增长态势（年均增长0.1866）。对于绿色生产率增长的驱动因素，从经典两因素分解看，2004年至2016年技术变化平均为技术进步（0.1812），效率变化平均为效率改善（0.0054），两者对生产率增长的贡献率分别为97.1%和2.9%。这说明，技术进步是城市工业整体绿色生产率增长的核心动力，效率改善对生产率增长的促进作用较小。从新的四因素分解看，发展技术进步最大（0.1575），对生产率增长的贡献最大，其贡献率高达84.4%；其次是绿色技术进步，其贡献率为12.7%；绿色效率变化为正（效率改善），对生产率增长有较小促进作用，其贡献率为4.3%；发展效率变化为负（效率恶化），对生产率增长有较小抑制作用，其贡献率为－1.4%。所以，作为绿色生产率增长核心动力的技术进步，既源于发展技术进步也源于绿色技术进步；对生产率增长促进较小的效率改善来自绿色效率改善，而发展效率恶化阻碍生产率增长。

从绿色生产率增长的来源——发展动能与绿色动能看，发展动能对生产率增长的贡献率达到83.0%（主要原因在于发展技术进步，发展技术进步占发展动能的比重在100%以上），绿色动能的贡献率为17.0%（主要原因在于绿色技术进步，绿色技术进步占绿色动能的比重达75%）。所以，从两者比较看，2003年至2016年总体而言，城市工业整体绿色生产率增长更多来自发展动能。

① 城市工业整体绿色生产率变化通过对282个城市求加权平均得到，权重为各城市的工业总产值份额。

表 3.18　城市工业整体绿色生产率变化及其分解

年份	*GL*	*EC*	*TC*	*DEC*	*GEC*	*DTC*	*GTC*	*DC*	*GC*
2004	0.6296	0.1574	0.4722	0.1712	−0.0137	0.4758	−0.0036	0.6470	−0.0174
		(25.00)	(75.00)	(27.19)	(−2.18)	(75.57)	(−0.58)	(102.76)	(−2.76)
2005	0.2853	0.0570	0.2283	0.0779	−0.0209	0.2038	0.0245	0.2817	0.0036
		(19.98)	(80.02)	(27.30)	(−7.32)	(71.44)	(8.58)	(98.74)	(1.26)
2006	0.2286	0.0344	0.1941	0.0242	0.0102	0.1840	0.0101	0.2082	0.0203
		(15.07)	(84.93)	(10.59)	(4.48)	(80.51)	(4.42)	(91.10)	(8.90)
2007	0.3081	0.0955	0.2126	0.0661	0.0294	0.2263	−0.0138	0.2925	0.0156
		(31.01)	(68.99)	(21.47)	(9.54)	(73.45)	(−4.47)	(94.92)	(5.08)
2008	0.1860	0.1675	0.0184	0.0571	0.1104	0.1121	−0.0937	0.1692	0.0167
		(90.09)	(9.91)	(30.71)	(59.38)	(60.29)	(−50.38)	(90.99)	(9.01)
2009	−0.1261	0.0054	−0.1315	0.0030	0.0024	−0.1829	0.0514	−0.1800	0.0539
		(−4.29)	(104.29)	(−2.37)	(−1.92)	(145.08)	(−40.79)	(142.71)	(−42.71)
2010	0.2675	−0.0305	0.2980	0.0264	−0.0569	0.2306	0.0674	0.2570	0.0105
		(−11.40)	(111.40)	(9.86)	(−21.27)	(86.22)	(25.19)	(96.08)	(3.92)
2011	0.2741	0.0497	0.2244	−0.0599	0.1096	0.3404	−0.1160	0.2804	−0.0064
		(18.14)	(81.86)	(−21.86)	(40.00)	(124.18)	(−42.32)	(102.32)	(−2.32)
2012	0.1120	0.0295	0.0825	0.0354	−0.0059	0.0856	−0.0031	0.1209	−0.0090
		(26.32)	(73.68)	(31.59)	(−5.26)	(76.43)	(−2.75)	(108.02)	(−8.02)
2013	0.1337	−0.0426	0.1763	−0.0453	0.0027	0.1684	0.0078	0.1232	0.0105
		(−31.87)	(131.87)	(−33.85)	(1.98)	(126.00)	(5.87)	(92.15)	(7.85)
2014	0.1044	−0.0332	0.1376	−0.0120	−0.0212	0.0978	0.0398	0.0858	0.0186
		(−31.83)	(131.83)	(−11.49)	(−20.34)	(93.69)	(38.14)	(82.20)	(17.80)
2015	0.1131	−0.0961	0.2092	−0.0744	−0.0217	0.1442	0.0650	0.0699	0.0433
		(−84.94)	(184.94)	(−65.74)	(−19.20)	(127.50)	(57.43)	(61.76)	(38.24)
2016	0.3133	0.0046	0.3086	−0.0071	0.0117	0.1864	0.1222	0.1794	0.1339
		(1.48)	(98.52)	(−2.26)	(3.74)	(59.52)	(39.01)	(57.26)	(42.74)

续表

年份	GL	EC	TC	DEC	GEC	DTC	GTC	DC	GC
党的十八大前	0.2222	0.0544	0.1679	0.0256	0.0287	0.1828	−0.0150	0.2085	0.0137
		(24.47)	(75.53)	(11.54)	(12.93)	(82.28)	(−6.75)	(93.82)	(6.18)
党的十八大后	0.1610	−0.0297	0.1907	−0.0229	−0.0068	0.1394	0.0513	0.1165	0.0445
		(−18.44)	(118.44)	(−14.21)	(−4.24)	(86.59)	(31.86)	(72.38)	(27.62)
所有年份	0.1866	0.0054	0.1812	−0.0026	0.0080	0.1575	0.0236	0.1549	0.0316
(2004—2016年)		(2.90)	(97.10)	(−1.40)	(4.30)	(84.44)	(12.66)	(83.04)	(16.96)

注：表中每个年份的值均代表与上年相比的变化。括号内数据表示各因素对生产率增长（或下降）的贡献率（%）。城市工业整体绿色生产率变化及其分解通过对282个城市地区求平均得到。

通过总体分析，我们可以发现，2003年至2016年城市工业整体绿色生产率总体显著增长。对城市工业整体绿色生产率增长而言，技术进步是核心动力；效率改善不明显，对整体工业绿色生产率提升的作用较小（贡献率不到3%）。此外本研究还发现，技术进步主要源于发展技术进步，绿色技术进步约为发展技术进步的1/7，这说明我国工业绿色技术创新尚不足，由绿色创新而带来的绿色增长动力尚未强劲显现，在碳达峰、碳中和背景下，未来绿色创新空间较大。效率改善不明显是因为绿色效率改善不明显而发展效率恶化，这表明总体而言，我国城市地区之间工业技术差距没有明显缩小，未来需要进一步缩小城市之间技术效率差异，从而显现出效率的动力作用。从发展动能与绿色动能来看，城市工业整体绿色生产率增长的动力更多来自发展动能，绿色动能约为发展动能的1/5。

②动态演变

绿色生产率变化：呈现V形动态演变轨迹。表3.18和图3.24展示了2004年至2016年城市工业整体绿色生产率变化及其分解的动态演变，其中图3.24(a)为经典两因素分解，图3.24(b)为新的四因素分解。我们可以看到，除2009年以外，其他年份城市工业整体绿色生产率增长明显。2009年工业整体绿色生产率显著下降，可能是全球金融危机所致。从动态趋势上看，2004年至2016年工业整体绿色生产率变化的动态趋势可大概分为两个阶段：第一阶段（2004—2012年），绿色生产率增长呈下降趋势；第二阶段（2012—2016年），绿色生产率增长呈上升趋势。第一阶段绿色生产率增长下降的原因可能是以高耗能、高污染为特征的重化工业现象的又一次膨胀影响了生产率增长。此外，全球金融危机的发生导致生产率下降明显。第二阶段绿色生产率增长上升可能得益于我国提出的包含生态文明建设的“五位一体”布局、包含绿色发展的新发展理念以及积极开展的多措并举的环境政策。

绿色生产率增长两因素分解：技术进步为核心动力、效率差距时为阻碍。从两因素分解看，技术进步几乎始终是各时期城市工业整体绿色生产率增长的主要原因。由表3.18和图3.24（a）可知，对于绿色生产率增长的年份（除2009年外的所有年份），技术变化均为正（技术进步），且除2008年外技术进步都大于效率变化，对生产率增长的贡献率都在69.0%以上。而效率变化，在2010年、2013年、2014年、2015年为负（效率恶化，地区之间效率差距扩大），成为生产率增长的阻碍；在其他年份为正（效率改善），但除2008年外都与技术进步存在不小的差距，对生产率增长的贡献在31.0%以下，明显低于技术进步。

2008年较为特殊，2008年效率改善大于技术进步，效率改善是该年生产率增长的主要原因。可能的原因是：受全球金融危机的影响，一部分城市（多数东部沿海城市）最先受到冲击，技术进步乏力，而一部分城市（大多数中西部城市）冲击滞后，从而使得地区之间效率差异（技术差距）缩小，表现为全国总体效率改善。对于绿色生产率下降的2009年，技术变化为负（技术退步），技术退步是该年生产率下降的主要原因，贡献率达到104.3%，而效率变化的影响较小。可能的原因是：受全球金融危机的持续影响，全国总体技术下降。从总体趋势上看，城市工业整体绿色生产率变化的动态演变由技术变化主导，而对效率变化的敏感程度较弱。

绿色生产率变化四因素分解：绿色技术变化、发展技术变化、绿色效率变化和发展效率变化。从四因素分解看，各时期城市工业整体绿色生产率增长的主要原因都是发展技术进步。表3.18和图3.24（b）显示，在除2009年外的所有年份（绿色生产率增长的年份），发展技术变化均为正（技术进步），且发展技术进步均大于绿色技术进步、绿色效率改善、发展效率改善，对生产率增长的贡献率在 59.5%以上。尤其是 2012 年以前发展技术进步除 2008 年外远大于其他三个因素，是绿色生产率增长的绝对主要动力。

再看绿色技术变化。2012 年以前（2004—2011 年）绿色技术变化对生产率增长的促进作用不明显，时为促进时为阻碍，平均而言为阻碍，平均贡献率为 −6.8%（见表 3.18）；2012 年以来绿色技术进步不断上升，对生产率增长的贡献显著增加，2012 年至 2016 年平均贡献率达到 31.9%（见表 3.18）。由此我们可以看出，2012 年以前绿色技术进步未对生产率增长产生明显动力，2012 年以来绿色技术进步上升为生产率增长新的主要动力，这表明 2012 年以来绿色技术创新不断发展进步。

接着看绿色效率变化。一半时期（2004 年、2005 年、2010 年、2012 年、2014 年、2015 年）为负（效率恶化），阻碍生产率的增长；一半时期（2006 年、2007 年、2008 年、2011 年、2013 年、2016 年）为正（效率改善），促进生产率的增长，其中效率改善较为明显的年份有 2008 年和 2011 年。

最后看发展效率变化，约一半时期（2011 年、2013 年、2014 年、2015 年、2016 年）为负（效率恶化），阻碍生产率的增长；约一半时期（2004 年、2005 年、2006 年、2007 年、2008 年、2010 年、2012 年）为正（效率改善），促进生产率的增长，其中效率改善较为明显的有 2004 年、2005 年、2007 年和 2008 年。

此外，在 2009 年，发展技术变化显著为负，是该年绿色生产率下降的主要原因，贡献率达到 145.1%；而绿色技术变化为正，抑制了绿色生产率下降；两个效率变化几乎可忽略。这说明受全球金融危机冲击更大的是生产性技术进步，而绿色技术创新受的冲击较小，其原因之一或许是当时绿色技术创新较少。

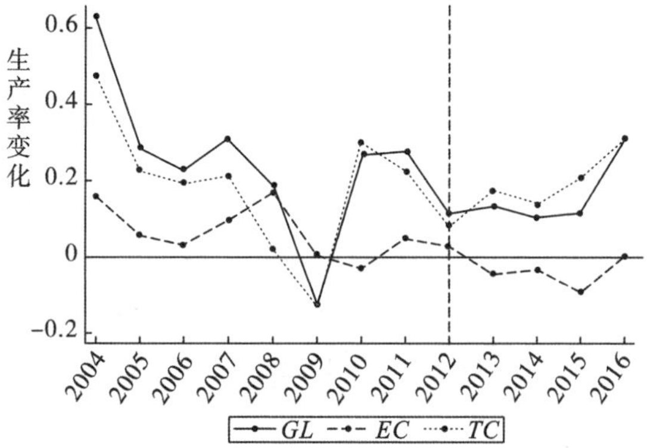

(a)经典两因素分解

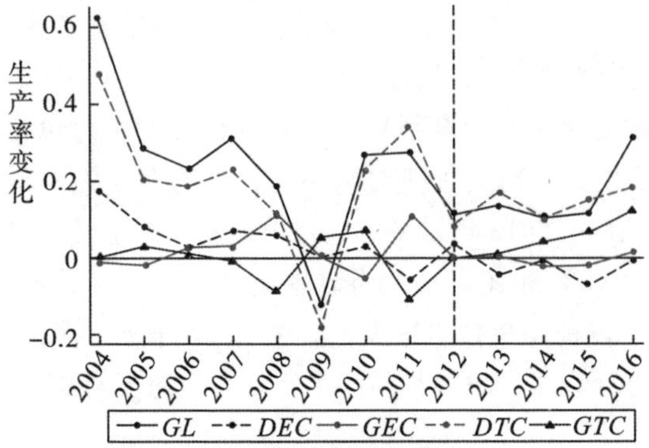

(b)新的四因素分解

图 3.24 城市工业整体绿色生产率变化及分解的动态演变（2004—2016 年）

注：图中每个年份的值均代表与上年相比的变化，图 3.25（a）同。

绿色生产率增长的来源：发展动能还是绿色动能？表 3.18 和图 3.25 展示了 2004 年至 2016 年城市工业整体绿色生产率增长的来源中，发展动能与绿色动能的动态演变，其中图 3.25（a）为发展动能与绿色动能的历年变化，图 3.25（b）为历年发展动能与绿色动能对生产率变化的贡献率①。我们可以看到，2004 年至 2011 年（除 2009 年），绿色生产率增长基本来源于发展动能（主要原因在于发展技术进步，发展技术进步占发展动能的比重达 87.7%）。发展动能的动态曲线与绿色生产率变化几乎重合，发展动能对绿色生产率增长的贡献率最小不低于 91.0%，而绿色动能的贡献率最大不高于 9.0%。

自 2012 年起这个局面发生转变。图 3.25（a）显示，2012 年以来绿色动能不断上升（主要原因在于绿色技术进步，绿色技术进步占绿色动能的比重在 100%以上），与发展动能的差距缩小，到 2016 年两者极为接近（仅相差 0.0455）。图 3.25（b）显示，2012 年以来绿色动能对生产率增长的贡献率不断上升，发展动能的贡献率不断下降，到 2016 年绿色动能的贡献率上升到 42.7%，而发展动能的贡献率下降到 57.3%。由此我们可以发现，绿色动能自 2012 年以来不断增加，逐渐成为城市工业整体绿色生产率增长的主要动力源泉。在 2009 年，发展动能为负（动能减少），是该年绿色生产率下降的主要原因，而绿色动能为正，对绿色生产率下降起到一点抑制作用。

① 发展动能与绿色动能的贡献率之和为 100%。

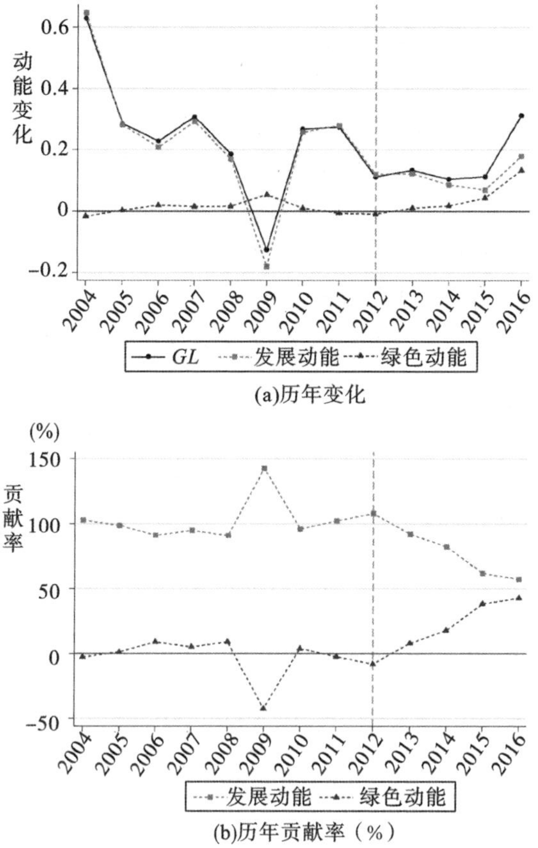

图 3.25　城市工业整体绿色生产率增长的来源

通过动态演变分析，我们可以发现，2004 年至 2016 年城市工业整体绿色生产率除 2009 外均显著增长，2009 年绿色生产率显著下降。从两因素分解看，各时期绿色生产率增长的主要动力源泉是技术进步。2009 年生产率下降的主要原因是技术倒退。从四因素分解看，发展技术进步是各时期绿色生产率增长的主要动力；绿色技术进步在 2012 年以前对绿色生产率增长无明显动力，2012 年以来绿色技术进步不断上升，逐渐成为新的动力源泉；两个效率变化对生产率增长有时为阻力，有时为动力，动力较为明显的主要有 2008 年。

2009 年生产率下降的主要原因是发展技术倒退。从发展动能与绿色动能看，二者对生产率增长的动力作用以 2012 年为一个转折点发生了重要转变。总体而言，2012年以前，各时期生产率增长的来源基本是发展动能（主要原因在于发展技术进步），2012年以后，绿色动能不断上升（主要原因在于绿色技术进步），逐渐成为生产率增长的新的主要动力。这说明2012年是绿色动能对生产率增长广泛发挥作用的转折点，也表明党的十八大以来我国积极开展的生态文明建设卓有成效。2009年生产率下降的主要原因是发展动能为负（主要原因在于发展技术倒退）。

（2）十九大城市群①的工业绿色生产率增长及其分解

①绿色生产率变化：十九大城市群均增长显著

表3.19和图3.26展示了样本期内十九大城市群的工业绿色生产率变化及其分解，其中图3.26（a）为经典两因素分解，图3.26（b）为新的四因素分解。我们可以看到，样本期内十九大城市群的绿色生产率都呈显著增长。其中黔中城市群绿色生产率增长最大，辽中南城市群最小。具体而言，十九大城市群绿色生产率增长从大到小依次为黔中（0.3895）、山西中部（0.3820）、宁夏沿黄（0.3757）、兰西（0.3407）、关中平原（0.3252）、京津冀（0.2339）、长江中游（0.2314）、中原（0.2286）、哈长（0.2202）、滇中（0.2186）、成渝（0.2173）、呼包鄂榆（0.2158）、北部湾（0.2150）、粤闽浙沿海（0.1823）、珠三角（0.1642）、山东半岛（0.1553）、天山北坡（0.1513）、长三角（0.1421）、辽中南（0.0691）。

表3.19 十九大城市群的工业绿色生产率变化及其分解

城市群	*GL*	*EC*	*TC*	*DEC*	*GEC*	*DTC*	*GTC*	*DC*	*GC*
京津冀	0.2339	0.0383	0.1956	0.0031	0.0351	0.1689	0.0268	0.1720	0.0619
		(16.36)	(83.64)	(1.33)	(15.03)	(72.19)	(11.45)	(73.53)	(26.47)
长三角	0.1421	−0.0088	0.1509	−0.0112	0.0024	0.1304	0.0205	0.1192	0.0229
		(−6.20)	(106.20)	(−7.87)	(1.67)	(91.75)	(14.44)	(83.89)	(16.11)
珠三角	0.1642	0.0207	0.1435	0.0084	0.0122	0.0875	0.0560	0.0959	0.0682
		(12.58)	(87.42)	(5.14)	(7.44)	(53.29)	(34.13)	(58.44)	(41.56)
成渝	0.2173	0.0308	0.1864	0.0238	0.0070	0.1705	0.0160	0.1943	0.0230
		(14.20)	(85.80)	(10.97)	(3.22)	(78.45)	(7.35)	(89.42)	(10.58)

① 十九大城市群的划分及其所包含城市见表3.10。

续表

城市群	*GL*	*EC*	*TC*	*DEC*	*GEC*	*DTC*	*GTC*	*DC*	*GC*
长江中游	0.2314	0.0303	0.2012	0.0200	0.0103	0.1883	0.0129	0.2082	0.0232
		(13.09)	(86.91)	(8.63)	(4.46)	(81.34)	(5.57)	(89.97)	(10.03)
山东半岛	0.1553	0.0007	0.1546	−0.0023	0.0030	0.1250	0.0297	0.1227	0.0326
		(0.44)	(99.56)	(−1.47)	(1.91)	(80.47)	(19.09)	(78.99)	(21.01)
粤闽浙沿海	0.1823	0.0221	0.1601	0.0126	0.0096	0.1461	0.0140	0.1587	0.0236
		(12.15)	(87.85)	(6.89)	(5.26)	(80.17)	(7.68)	(87.06)	(12.94)
中原	0.2286	0.0238	0.2047	0.0178	0.0060	0.1863	0.0185	0.2040	0.0245
		(10.42)	(89.58)	(7.78)	(2.64)	(81.50)	(8.09)	(89.28)	(10.72)
关中平原	0.3252	0.0383	0.2869	0.0264	0.0120	0.2686	0.0183	0.2949	0.0303
		(11.79)	(88.21)	(8.11)	(3.68)	(82.58)	(5.63)	(90.69)	(9.31)
北部湾	0.2150	0.0141	0.2009	0.0255	−0.0114	0.1586	0.0423	0.1841	0.0309
		(6.56)	(93.44)	(11.86)	(−5.30)	(73.77)	(19.68)	(85.63)	(14.37)
哈长	0.2202	−0.0275	0.2478	0.0034	−0.0310	0.2228	0.0250	0.2262	−0.0060
		(−12.51)	(112.51)	(1.56)	(−14.06)	(101.17)	(11.34)	(102.73)	(−2.73)
辽中南	0.0691	−0.1324	0.2015	−0.1546	0.0222	0.2137	−0.0121	0.0591	0.0101
		(−191.53)	(291.53)	(−223.63)	(32.11)	(309.07)	(−17.54)	(85.44)	(14.56)
山西中部	0.3820	−0.0170	0.3990	−0.0216	0.0046	0.3732	0.0258	0.3515	0.0304
		(−4.45)	(104.45)	(−5.66)	(1.22)	(97.69)	(6.75)	(92.03)	(7.97)
黔中	0.3895	0.0885	0.3011	0.0762	0.0123	0.2913	0.0097	0.3675	0.0220
		(22.71)	(77.29)	(19.56)	(3.15)	(74.79)	(2.50)	(94.35)	(5.65)
滇中	0.2186	−0.0416	0.2602	−0.0470	0.0054	0.2640	−0.0038	0.2170	0.0016
		(−19.04)	(119.04)	(−21.49)	(2.45)	(120.77)	(−1.73)	(99.28)	(0.72)
呼包鄂榆	0.2158	−0.0322	0.2481	−0.0285	−0.0038	0.2396	0.0085	0.2111	0.0047
		(−14.93)	(114.93)	(−13.19)	(−1.74)	(111.00)	(3.93)	(97.81)	(2.19)

续表

城市群	*GL*	*EC*	*TC*	*DEC*	*GEC*	*DTC*	*GTC*	*DC*	*GC*
兰西	0.3407	0.0138	0.3268	0.0111	0.0028	0.3192	0.0076	0.3302	0.0104
		(4.06)	(95.94)	(3.24)	(0.82)	(93.69)	(2.24)	(96.94)	(3.06)
宁夏沿黄	0.3757	0.0512	0.3245	0.0590	−0.0078	0.3264	−0.0019	0.3854	−0.0097
		(13.63)	(86.37)	(15.70)	(−2.08)	(86.89)	(−0.52)	(102.59)	(−2.59)
天山北坡	0.1513	−0.1779	0.3292	−0.2069	0.0290	0.3379	−0.0087	0.1310	0.0203
		(−117.62)	(217.62)	(−136.77)	(19.15)	(223.36)	(−5.74)	(86.59)	(13.41)

注：括号内数据表示各因素对生产率增长的贡献率（%）。各城市群的工业绿色生产率变化及其分解通过对各城市群所包含城市求平均得到。

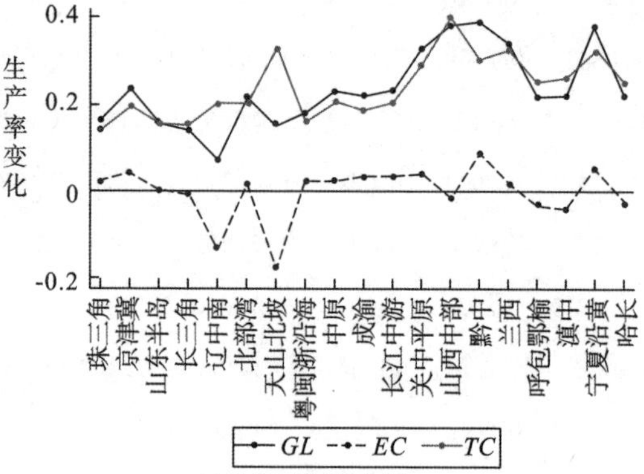

(a)经典两因素分解

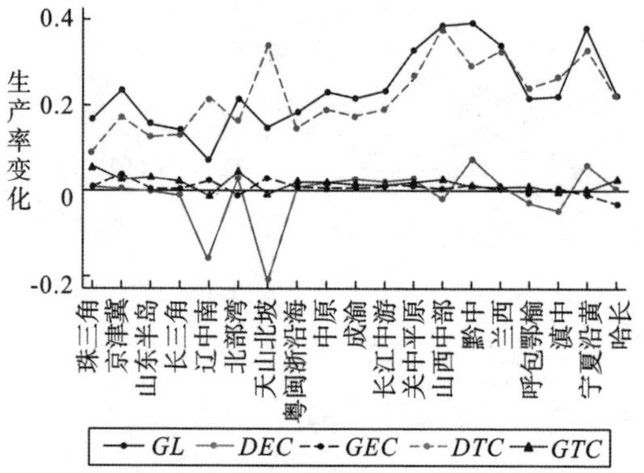

(b)新的四因素分解

图 3.26　十九大城市群的工业绿色生产率变化及其分解

②绿色生产率增长两因素分解

技术进步为主要动力，黔中效率改善成为明显动力，辽中南、天山北坡效率恶化成为较大阻碍

图3.26（a）展示了样本期内十九大城市群的工业绿色生产率变化及其两因素分解。从两因素分解看，对十九大城市群而言，样本期内绿色生产率增长的主要原因都是技术进步。表3.20和图3.26（a）显示，各大城市群技术变化均显著为正（技术进步），且技术进步都远大于效率变化，技术进步对生产率增长的贡献率最小不低于77.3%，而效率变化的贡献率最大不超过22.7%。结合两因素分解（技术进步和效率变化），各大城市群绿色生产率增长存在以下两种不同驱动模式（见表3.20）。

其一，技术进步和效率改善。该模式包含12个城市群，它们是黔中、宁夏沿黄、兰西、关中平原、京津冀、长江中游、中原、成渝、北部湾、粤闽浙沿海、珠三角和山东半岛。对于这12个城市群，绿色生产率增长由技术进步和效率改善共同驱动，其中技术进步均大于效率改善，技术进步的贡献率位于77.3%～99.6%之间，而效率改善的贡献率位于0.4%～22.7%之间，因此技术进步是主要驱动力。具体而言，各城市群绿色生产率增长的两因素——技术进步和效率改善存在差异。

首先，从技术进步看，在这12个城市群中，兰西、宁夏沿黄、黔中、关中平原技术进步较大（0.3268、0.3245、0.3011、0.2869），分别在十九大城市群中排名第3、4、5、6，对生产率增长的贡献率分别为95.9%、86.4%、77.3%、88.2%；珠三角、山东半岛、粤闽浙沿海技术进步较小（0.1435、0.1546、0.1601），分别在十九大城市群中排名第19、17、16，对生产率增长的贡献率分别为87.4%、99.6%、87.8%，其中进步最大的兰西的技术进步是进步最小的珠三角的2.3倍；其他5个城市群（成渝、京津冀、北部湾、长江中游、中原）的技术进步介于较大和较小之间（0.1864～0.2047），贡献率位于83.6%～93.4%之间。

其次，从效率改善看，黔中效率改善最为明显（0.0885），效率改善对生产率增长的贡献率最大，达到22.7%；宁夏沿黄、关中平原效率改善较为明显（0.0512、0.0383），效率改善对生产率增长的贡献率分别达到13.6%、11.8%；山东半岛、兰西效率改善较不明显（0.0007、0.0138），效率改善对生产率增长的贡献率分别仅为0.4%、4.1%；其他7个城市群存在不同程度的效率改善，

对生产率增长具有不同程度的贡献。

表 3.20　十九大城市群工业绿色生产率增长的不同驱动模式

驱动模式	城市群表现
技术进步和效率改善	绿色技术（+）、发展技术（+）、绿色效率（+）、发展效率（+）：京津冀、珠三角、成渝、长江中游、粤闽浙沿海、中原、关中平原、黔中、兰西
	绿色技术（+）、发展技术（+）、绿色效率（+）、发展效率（−）：山东半岛
	绿色技术（+）、发展技术（+）、绿色效率（−）、发展效率（+）：北部湾
	绿色技术（−）、发展技术（+）、绿色效率（−）、发展效率（+）：宁夏沿黄
技术进步和效率恶化	绿色技术（+）、发展技术（+）、绿色效率（+）、发展效率（−）：长三角、山西中部
	绿色技术（+）、发展技术（+）、绿色效率（−）、发展效率（+）：哈长
	绿色技术（+）、发展技术（+）、绿色效率（−）、发展效率（−）：呼包鄂榆
	绿色技术（−）、发展技术（+）、绿色效率（+）、发展效率（−）：辽中南、滇中、天山北坡

注：符号“+”表示技术进步或效率改善，符号“−”表示技术退步或效率恶化。下画直线表示绿色生产率增长在十九大城市群中较大（最大），波浪线表示较小（最小）。

其二，技术进步和效率恶化。该模式包含 7 个城市群，它们是山西中部、哈长、滇中、呼包鄂榆、天山北坡、长三角和辽中南。对于这 7 个城市群，绿色生产率增长是因为技术进步（技术进步的贡献率都在 100%以上），而效率恶化（与前沿地区的效率差距拉大）成为生产率增长的阻碍。具体而言，各城市群绿色生产率增长的两因素——技术进步和效率恶化存在差异。

首先，看技术进步。各城市群都存在明显的技术进步，其中山西中部、天山北坡技术进步在所有城市群中最大（0.3990、0.3292），排名分别为第 1、2；长三角技术进步在所有城市群中较小（0.1509），仅大于珠三角，排名为第 18，进步最大的山西中部的技术进步是长三角的 2.6 倍；其他 4 个城市群（哈长、滇中、呼包鄂榆、辽中南）的技术进步介于长三角和天山北坡之间（0.2015～

0.2602)。

其次，看效率恶化。长三角、山西中部效率恶化较小（－0.0088、－0.0170)，对生产率增长的阻碍较小，贡献率不低于－6.2%；天山北坡、辽中南效率恶化最为严重（－0.1779、－0.1324)，贡献率达到－100%以下，成为生产率增长的较大阻碍；其他3个城市群（哈长、滇中、呼包鄂榆）存在不同程度的效率恶化，对生产率增长造成不同程度的阻碍（－12.5%、－19.0%、－14.9%)。

因此，黔中城市群生产率增长最大的原因在于技术进步较大（在所有城市群中排名第5)，同时效率改善最明显；而辽中南虽然技术进步明显（在所有城市群中排名第11)，但效率恶化严重，导致生产率增长最小。此外，山西中部由于技术进步最大（在所有城市群中排名第1)，效率恶化较小，所以生产率增长较大；宁夏沿黄由于技术进步较大（在所有城市群中排名第4)，同时效率改善明显，所以生产率增长较大；兰西生产率增长较大的原因主要来自技术进步（在所有城市群中排名第3)，效率改善的作用较小。长三角、山东半岛、珠三角生产率增长较小的原因主要在于技术进步较小。而天山北坡，虽然技术进步较大（在所有城市群中排名第2)，但效率恶化最严重，导致生产率增长较小。

综上所述，从两因素分解看，技术进步是各大城市群绿色生产率增长的主要动力。从效率变化看，效率改善成为黔中、宁夏沿黄的明显动力，效率恶化成为天山北坡、辽中南生产率增长的较大阻碍。

③绿色生产率增长四因素分解：绿色技术变化、发展技术变化、绿色效率变化和发展效率变化

图3.26（b）展示了样本期内十九大城市群的工业绿色生产率变化及其四因素分解。从四因素分解看，对十九大城市群而言，样本期内绿色生产率增长的主要动力都是发展技术进步。表3.20和图3.26（b）显示，各大城市群发展技术变化均显著为正（技术进步)，且发展技术进步都大于绿色技术变化、绿色效率变化、发展效率变化。结合四因素分解（发展技术进步、绿色技术变化、绿色效率变化和发展效率变化)，各大城市群绿色生产率增长存在以下6种不同驱动模式（见表3.20)。

其一，绿色技术进步、发展技术进步、绿色效率改善和发展效率改善。该模式包含京津冀、珠三角、成渝、长江中游、粤闽浙沿海、中原、关中平原、黔中和兰西等9个城市群。对于这9个城市群，绿色生产率增长由四个因素共

同驱动。具体而言，9个城市群绿色生产率增长的四个因素存在差异。

对于黔中，发展技术进步较大（在所有城市群中排名第5），发展技术进步的贡献率为74.8%，是生产率增长的第一动力；发展效率改善明显（在所有城市群中最为明显），发展效率改善的贡献率在所有城市群中最大，达到19.6%，发展效率改善成为生产率增长的第二动力；绿色技术进步和绿色效率改善较小，对生产率增长的贡献低于3.3%。

对于兰西，发展技术进步较大（在所有城市群中排名第4），发展技术进步的贡献率达到93.7%，是生产率增长的绝对主要动力；绿色技术进步和两个效率改善均较小，对生产率增长的贡献均在3.3%以下。

对于京津冀，发展技术进步的贡献率为72.2%，是生产率增长的第一动力；绿色效率改善明显（在所有城市群中最为明显），对生产率增长的贡献达到15.0%；绿色技术进步较大（在十九大城市群中排名第4），对生产率增长的贡献达到11.4%，是生产率增长的明显动力；发展效率改善不明显，对生产率增长的贡献仅1.4%。

对于珠三角，发展技术进步在所有城市群中最小，发展技术进步的贡献率仅为53.3%（在所有城市群中最小）；绿色技术进步较大（在所有城市群中最大），绿色技术进步的贡献率在所有城市群中最大，达到34.1%，绿色技术进步成为生产率增长的明显主要动力；绿色效率和发展效率存在一定改善，对生产率增长的贡献率依次为7.4%和5.1%。

此外，对于关中平原、长江中游、中原、成渝、粤闽浙沿海，发展技术进步的贡献率在80.0%左右（82.6%、81.3%、81.5%、78.4%、80.2%），是生产率增长的主要动力；绿色技术进步和发展效率改善是较明显动力，贡献率分别位于5.6%～8.1%之间和6.9%～11.0%之间；绿色效率改善的贡献较小，在5.3%以下（2.6%～5.3%之间）。

其二，绿色技术进步、发展技术进步、绿色效率改善和发展效率恶化。该模式包含山东半岛、长三角、山西中部。对于山东半岛，发展技术进步在所有城市群中较小（在所有城市群中排名第18），发展技术进步的贡献率为80.5 %，是生产率增长的主要动力；绿色技术进步较大（在十九大城市群中排名第3），对生产率增长的贡献达到19.1%，是生产率增长的明显动力；绿色效率改善不太明显，对生产率增长的贡献仅1.9%；发展效率恶化不太明显（贡献率为-1.5%），对生产率增长的影响较小。

对于长三角，发展技术进步在所有城市群中较小（在所有城市群中排名第17），发展技术进步的贡献率为91.7 %，是生产率增长的主要动力；绿色技术进步较大，对生产率增长的贡献达到14.4%，是生产率增长的明显动力；绿色效率改善不太明显，对生产率增长的贡献仅1.7%；发展效率存在较明显恶化（贡献率为－7.9%）。

对于山西中部，发展技术进步在所有城市群中最大，发展技术进步的贡献率达到97.7%，是生产率增长的绝对主要动力；绿色技术进步较明显，对生产率增长的贡献达到6.7%，是生产率增长的较明显动力；绿色效率改善不太明显，对生产率增长的贡献仅1.2%；发展效率存在较明显恶化（贡献率为－5.7%）。

其三，绿色技术进步、发展技术进步、绿色效率恶化和发展效率改善。该模式包含北部湾、哈长。对于北部湾，发展技术进步的贡献率为73.8%，是生产率增长的第一动力；绿色技术进步较大（在十九大城市群中排名第2），对生产率增长的贡献达到19.7%，是生产率增长的第二动力；发展效率改善明显，对生产率增长的贡献达到11.9%；绿色效率存在较明显恶化（贡献率为－5.30%）。

对于哈长，发展技术进步的贡献率为101.2%，是生产率增长的主要动力；绿色技术进步较大，对生产率增长的贡献达到11.3%，是生产率增长的第二动力；发展效率改善不太明显，对生产率增长的贡献仅1.6%；绿色效率存在明显恶化（贡献率为－14.1%），是生产率增长的明显阻力。

其四，绿色技术退步、发展技术进步、绿色效率恶化和发展效率改善。该模式仅包含宁夏沿黄。对于宁夏沿黄，发展技术进步较大（在所有城市群中排名第3），发展技术进步的贡献率为86.9%，是生产率增长的主要动力；发展效率改善明显（在所有城市群中排名第2），对生产率增长的贡献达到15.7%，是生产率增长的第二动力；绿色技术退步、绿色效率恶化均不明显（贡献率分别为－0.5%、－2.1%），对生产率增长的影响较小。

其五，绿色技术进步、发展技术进步、绿色效率恶化和发展效率恶化。该模式仅包含呼包鄂榆。对于呼包鄂榆，发展技术进步的贡献率为111.0%，是生产率增长的主要动力；绿色技术进步较小，对生产率增长的贡献较小（贡献率为3.9%）；绿色效率恶化不明显（贡献率为－1.7%），对生产率增长的影响较小；发展效率存在明显恶化（贡献率为－13.3%），是生产率增长的明显阻力。

其六，绿色技术退步、发展技术进步、绿色效率改善和发展效率恶化。该模式包含辽中南、滇中、天山北坡。对于辽中南、天山北坡，发展技术进步是生产率增长的主要动力；发展效率恶化严重（贡献率在－100%以下），在所有城市群中此二城市群发展效率恶化最为严重，成为生产率增长的较大阻碍；绿色效率明显改善，对生产率增长有明显促进；绿色技术稍有退步，对生产率增长稍有阻碍。

对于滇中，发展技术进步是生产率增长的主要动力；绿色效率改善不明显，对生产率增长的贡献较小（贡献率为2.4%）；绿色技术退步不明显（贡献率为－1.7%），对生产率增长的影响较小；发展效率存在明显恶化（贡献率为－21.5%），是生产率增长的明显阻力。

因此，黔中城市群生产率增长最大是因为发展技术进步较大（在所有城市群中排名第5），同时发展效率改善最明显；而辽中南生产率增长最小主要是因为发展效率恶化严重，对生产率增长造成较大阻碍。此外，山西中部、宁夏沿黄、兰西生产率增长较大的原因主要来自发展技术进步较大，其中宁夏沿黄还来自发展效率改善明显。长三角、山东半岛、珠三角生产率增长较小的原因主要在于发展技术进步较小。而天山北坡同辽中南一样，主要是因为发展效率恶化严重，导致生产率增长较小。

综上所述，从四因素分解看，发展技术进步是各大城市群绿色生产率增长的主要动力。对于其他3个因素，绿色技术进步成为珠三角、京津冀、长三角、山东半岛、北部湾、哈长等城市群生产率增长的明显动力（贡献率在10%以上），特别是珠三角，绿色技术进步的贡献率达到34.0%以上。绿色效率改善是辽中南、天山北坡、京津冀的明显动力。发展效率改善是黔中、宁夏沿黄的明显动力。发展效率恶化是呼包鄂榆、滇中、辽中南、天山北坡生产率增长的明显阻力，特别是辽中南、天山北坡，发展效率恶化成为较大阻碍。

④绿色生产率增长的来源：发展动能还是绿色动能

表3.20和图3.27展示了样本期内十九大城市群的工业绿色生产率增长的来源中，发展动能与绿色动能的表现，其中图3.27（a）展示了绿色动能与发展动能的大小，图3.27（b）展示了绿色动能与发展动能对生产率增长的贡献率。从发展动能与绿色动能看，各大城市群绿色生产率增长的驱动因素存在显著差异。图3.27（b）显示，从珠三角到哈长，绿色动能的贡献率从41.6%逐渐减少到－2.7%，发展动能的贡献率从58.4%逐渐增加到102.7%。

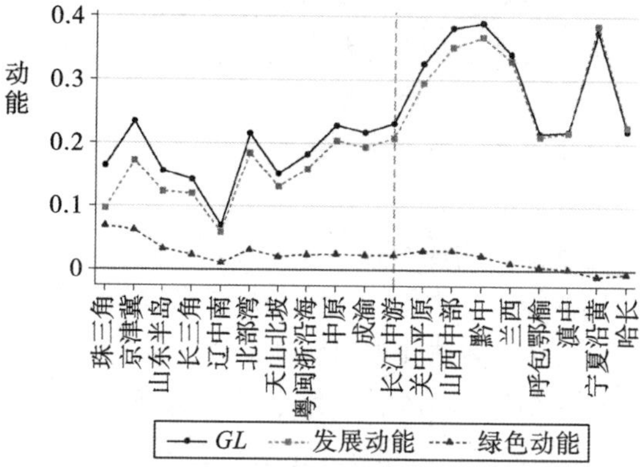

(a)发展动能与绿色动能的大小

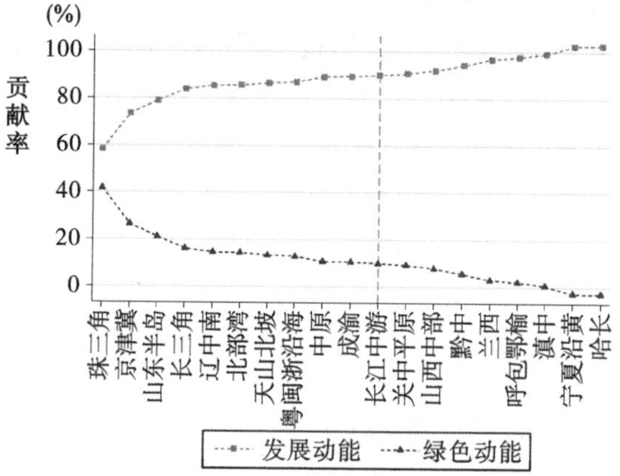

(b)贡献率

图 3.27 十九大城市群的工业绿色生产率增长来源

对于关中平原、山西中部、黔中、兰西、呼包鄂榆、滇中、宁夏沿黄和哈长，生产率增长基本来源于发展动能，绿色动能不太明显，发展动能对生产率增长的贡献率在 90%以上，而绿色动能的贡献率在 10%以下。发展技术进步是这些城市群发展动能的主要构成部分，这几个城市群发展技术进步占发展动能的比例在 79%以上。这表明这些地区工业绿色生产率增长主要依赖传统的技术进步和效率改善，且主要是技术进步。

对于珠三角、京津冀、山东半岛、长三角、辽中南、北部湾、天山北坡、粤闽浙沿海、中原、成渝和长江中游，绿色动能的贡献率在 10%以上，绿色动能对生产率增长的作用凸显。尤其是珠三角、京津冀、山东半岛和长三角，绿色动能的贡献率在16%以上，绿色动能显著。这表明与环保减排相关的绿色新动能（包括绿色技术进步和绿色效率改善）已成为这些城市群工业生产率增长的重要源泉，特别是珠三角、京津冀、山东半岛和长三角，绿色动能已成为核心动力源泉之一。

这些城市群绿色动能的构成存在明显差异。其中，珠三角、山东半岛、长三角、北部湾、粤闽浙沿海、中原、成渝和长江中游，绿色技术进步是绿色动能的主要构成部分，绿色技术进步占绿色动能的比例超过50%；辽中南和天山北坡，绿色动能来自绿色效率改善，绿色效率改善占绿色动能的比例超过100%，而绿色技术没有进步；京津冀绿色效率改善稍大于绿色技术进步，二者占绿色动能的比例分别为56.8%和43.3%。

这表明珠三角、山东半岛、长三角、北部湾、粤闽浙沿海、中原、成渝和长江中游这几个城市群，工业生产率增长的绿色动能源泉主要来自绿色技术进步。而辽中南和天山北坡绿色动能源泉是绿色效率改善。京津冀绿色动能源泉既来自绿色效率改善也来自绿色技术进步。由于珠三角、京津冀、山东半岛和长三角绿色动能的显著性以及绿色技术进步的占比较高，这四个城市群是我国绿色技术创新高地。

综上所述，样本期内（2003—2016年）十九大城市群工业绿色生产率都呈显著增长。其中黔中增长最大，辽中南增长最小。从两因素分解看，十九大城市群展现出两种两因素驱动模式："技术进步+效率改善"和"技术进步+效率恶化"。各大城市群生产率增长的主要动力源泉都是技术进步；此外，黔中和宁夏沿黄效率改善成为生产率增长的明显动力；辽中南和天山北坡效率恶化成为生产率增长的较大阻碍。其中黔中增长最大是因为技术进步较大，且效率改善最明显，而辽中南增长最小，根本原因是效率恶化严重。

从四因素分解看，十九大城市群展现出6种四因素驱动模式。各大城市群生产率增长的第一动力都是发展技术进步。此外，珠三角、京津冀、长三角、山东半岛、北部湾和哈长绿色技术进步成为生产率增长的明显动力，特别是珠三角绿色技术进步成为显著动力；辽中南、天山北坡和京津冀绿色效率改善成为明显动力；黔中和宁夏沿黄发展效率改善成为明显动力；呼包鄂榆、滇中、辽中南和天山北坡发展效率恶化是明显阻力，特别是辽中南和天山北坡发展效率恶化成为较大阻碍。其中黔中增长最大是因为发展技术进步较大，且发展效率改善最明显，而辽中南增长最小，根本原因是发展效率恶化严重。

从发展动能与绿色动能看，各大城市群工业绿色生产率增长的来源差异明显。关中平原、山西中部、黔中、兰西、呼包鄂榆、滇中、宁夏沿黄和哈长等城市群基本来源于发展动能；珠三角、京津冀、山东半岛、长三角、辽中南、北部湾、天山北坡、粤闽浙沿海、中原、成渝和长江中游等城市群绿色动能凸显，特别是珠三角、京津冀、山东半岛和长三角四个城市群绿色动能成为核心动力来源，是全国绿色技术创新高地。

3.5.4 本节小结

本节基于3.1节所构建的分析框架，使用省（区、市）和城市两组经验数据测度了中国工业绿色全要素生产率变化，同时对绿色生产率变化进行新的因素分解，进而从新的因素分解视角探究绿色生产率增长的动力来源，揭示了中国工业绿色生产率增长的新态势。主要研究发现如下：

（1）省（区、市）样本实证结果

从总体来看，1998年至2019年省（区、市）工业整体绿色生产率总体呈显著增长。发展技术进步是生产率增长的核心动力，其贡献率达88.9%；绿色技术进步为明显动力，其贡献率为23.7%；绿色效率恶化和发展效率恶化阻碍了生产率增长。从发展动能和绿色动能看，发展动能是绿色生产率增长的主要源泉，其贡献率为81.7%，绿色动能的贡献率为18.3%。

从时间维度看，2012年是绿色生产率变化的重要转折点。2012年以前发展技术进步是绿色生产率增长的主要动力源泉，而绿色技术进步的贡献率仅为0.7%，2012年以后绿色技术进步成为新的动力源泉，贡献率达到38.8%。因此2012年是中国绿色技术创新迅速发展的一个转折点。从发展动能和绿色动能看，2012年以前发展动能是绿色生产率增长的主要原因，其贡献率达98%，而绿色动能的贡献率不足2%，2012年以后绿色动能逐渐成为生产率增长新的主要动力，到2019年其贡献率上升到55.8%。因此2012年是绿色动能对绿色生产率增长广泛发挥作用的一个转折点。这表明党的十八大以来主要由绿色技术创新带来的新的绿色增长动力正在显现。

从区域维度看，不同地区的绿色生产率增长驱动因素差异明显。东部的绿色动能最大（贡献率达到25%），主要原因在于东部地区的绿色技术进步最大。

分省（区、市）看，广东、天津、上海、北京、浙江等地绿色动能已成为核心动力来源（主要原因在于绿色技术进步），贡献率均达到25%以上，特别是广东绿色动能的贡献率达到45.5%，是全国绿色技术创新高地；而青海、宁夏、内蒙古等地绿色生产率增长基本来源于发展动能，绿色动能几乎可忽略。

（2）城市样本实证结果

从总体来看，2003年至2016年城市工业整体绿色生产率呈显著增长。发展技术进步是生产率增长的核心动力，其贡献率达84.4%；绿色技术进步为明显动力，其贡献率为12.7%；效率变化的影响较小。从发展动能和绿色动能看，发展动能是生产率增长的主要源泉，其贡献率达83.0%，绿色动能的贡献率为17.0%。

从时间维度看，2012年是绿色生产率变化的重要转折点。2012年以前发展技术进步是绿色生产率增长的主要动力，而绿色技术变化为负，2012年以后绿色技术进步成为新的动力源泉，贡献率达到31.9%。因此2012年是中国绿色技术创新迅速发展的一个转折点。从发展动能和绿色动能看，2012年以前发展动能是绿色生产率增长的主要原因，其贡献率达93%，而绿色动能的贡献率不足7%，2012年以后绿色动能逐渐成为生产率增长新的主要动力，到2016年其贡献率上升到42.7%。因此2012年是绿色动能对绿色生产率增长广泛发挥作用的一个转折点。这表明党的十八大以来主要由绿色技术创新带来的新的绿色增长动力正在显现。

从区域维度看，各大城市群绿色生产率增长的驱动因素差异明显。珠三角、京津冀、山东半岛、长三角、辽中南、北部湾、天山北坡、粤闽浙沿海、中原、成渝和长江中游等城市群绿色动能凸显，贡献率均在10%以上，尤其是珠三角、京津冀、山东半岛和长三角四个城市群绿色动能成为核心动力来源，贡献率均在16%以上。而关中平原、山西中部、黔中、兰西、呼包鄂榆、滇中、宁夏沿黄和哈长等城市群绿色生产率增长基本来源于发展动能，发展动能的贡献率在90%以上。

3.6 统筹经济增长与污染减排下的绿色发展方向测度

工业绿色发展是经济增长与环境保护相协调的一种新的经济增长模式。中国作为发展中国家，既要关注经济增长也要重视环境保护，绿色发展是新时代中国工业发展的必然选择。中国区域经济高度不平衡，不同地区、不同发展阶段应选择怎样的绿色发展路径？本书3.3节构造了一个从效率改进的视角内生选择绿色发展方向——更侧重经济产出增长（发展倾向）还是更侧重环境污染减排（绿色倾向）——的分析框架，其实质是技术的内生选择——选择“绿色”含量或低或高的生产技术。基于这个分析框架，本部分实证测度了中国各地区工业绿色发展的内生差异化方向，并评估了内生方向的潜在经济和环境效应。

3.6.1 绿色发展方向特征：省（区、市）维度

（1）地区绿色发展内生方向

绿色发展内生方向的区域差异明显，整体表现出东部偏绿色、西部偏发展。由式（3.11）我们可以计算出省（区、市）历年工业绿色发展的内生方向的测度 γ。通过求几何平均值[①]可以获得各省（区、市）在样本期间 γ 的平均大小（见表3.21）[②]，由此可以比较各省（区、市）绿色发展内生方向的差异。结果显示，各省（区、市）工业绿色发展内生方向存在显著差异。江苏、福建、山东、内蒙古、浙江的 γ 较大，排前5位，它们的 γ 远大于1，表示其工业绿色发展的内生方向为绿色倾向；新疆、青海、山西、甘肃、黑龙江的 γ 较小，排后5位，它们的 γ 明显小于1，表示其工业绿色发展的内生方向为发展倾向；江西、河北、陕西、吉林的 γ 在1附近，表示其工业绿色发展的内生方向接近于中性方向。

表3.21　工业绿色发展内生方向的省际差异

分区	省（区、市）	方向 γ
前沿区	广东	—
	上海	—
	北京	—

① 为避免极端值对求几何平均值的影响，笔者对各省（区、市）所有年份的 γ 进行缩尾处理，小于0.02的值取0.02，大于50的值取50。

② 广东、上海、北京位于前沿，γ 缺失。

续表

分区	省（区、市）	方向 γ
绿色倾向区	江苏	20.85
	福建	20.00
	山东	11.73
	内蒙古	5.39
	浙江	4.47
	海南	3.01
	重庆	2.67
	四川	2.50
	湖南	2.18
	安徽	1.81
	云南	1.65
	河南	1.58
	湖北	1.33
	天津	1.27
中性方向区	江西	1.12
	河北	1.06
	陕西	1.03
	吉林	0.91
	广西	0.85
发展倾向区	贵州	0.76
	辽宁	0.73
	宁夏	0.59
	新疆	0.58
	青海	0.50
	山西	0.49
	甘肃	0.46
	黑龙江	0.30

为了更直观地反映工业绿色发展内生方向的区域差异，以 γ 的大小为分类标准进行分区，将所有省（区、市）分为前沿区（无 γ）、绿色倾向区（$\gamma>1.2$）、中性方向区（$0.8<\gamma\leqslant1.2$）和发展倾向区（$\gamma\leqslant0.8$）。结果显示，广东、上海、北京3省（市）位于绿色发展的前沿区，江苏、福建、山东、内蒙古、浙江、海南、重庆、四川、湖南、安徽、云南、河南、湖北、天津等14省（区、市）位于绿色倾向区；江西、河北、陕西、吉林、广西等5省（区）位于中性方向区；贵州、辽宁、宁夏、新疆、青海、山西、甘肃、黑龙江等8省（区）位于发展倾向区。从东中西的区域差异来看，东部省（市）主要位于绿色倾向区，西部省（区、市）更多位于发展倾向区，中部省份更多为绿色倾向（见图3.28）。

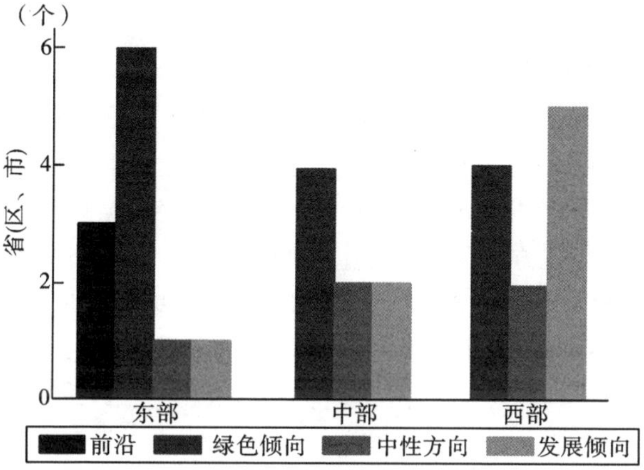

图 3.28　工业绿色发展内生方向的东、中、西部地区差异

具体而言，东部有3个省（市）位于前沿区［前沿区的3个省（市）全在东部］，6个省（市）位于绿色倾向区，1个省份位于发展倾向区，1个省份位于中性方向区；西部有5个省（区）位于发展倾向区，4个省（区、市）位于绿色倾向区，两个省（区）位于中性方向区；中部有4个省份位于绿色倾向区，两个省份位于发展倾向区，两个省份位于中性方向区。因此，省（区、市）工业绿色发展内生方向整体表现出东部偏绿色、西部偏发展。为什么绿色发展内生方向整体表现出东部为绿色倾向而西部为发展倾向的区域差异？结合前面对绿色发展方向的解读——发达地区可能选择绿色倾向，欠发达地区可能选择发展倾向，笔者推测这与地区之间经济发展水平的不平衡——东部沿海地区较发达而西部地区欠发达相关。

通过对 30 个省（区、市）工业绿色发展内生方向的分析，我们不难发现中国各省（区、市）之间工业绿色发展的内生方向并不相同，而是存在显著差异，且表现出东部地区多为绿色倾向，西部地区多为发展倾向。这意味着从中国实际出发，污染减排比例与经济产出增长比例不应简单均等对待，不同地域需有不同标准。因此在中国工业通往绿色发展之路上，不应该对所有地区“一刀切”，而应该尊重区域差异、因地制宜，东部地区应更侧重“绿色”(污染减排)，发展绿色技术，推行清洁生产，加快实现产业结构绿色化；而西部地区应更侧重“发展”（经济增长），适当承接部分转移产业，加大工业发展步伐。

（2）内生方向的经济环境潜能

内生方向是决策单元进行效率改进的方向。那么，在当前的技术条件和既定投入下，如果各省（区、市）实施内生方向，能达到的最优潜在产出（潜在经济产出与潜在环境产出）是多少呢？换句话说，经济与环境潜能如何？与其他方向（“一刀切”式方向、国家规划方向）相比如何呢？这是本节想要回答的问题。同 Färe 等（2013a、2014）、涂正革和谌仁俊（2015）、张宁和张维洁(2019) 等的研究一样，本研究首先通过式（3.3）求得内生方向的最优潜在好产出（工业增加值）和潜在坏产出（工业二氧化硫排放量），进而求得经济潜力和环境潜力（见表 3.22）。1998 年至 2019 年，内生方向下全国工业增加值潜在值年平均为 18.9 万亿元[①]，可比实际值提高 39.2%（经济潜力达 39.2%）；逐年来看，经济增长潜力每年都在 18.3%以上。1998 年至 2019 年，内生方向下全国工业二氧化硫潜在排放年平均为 665.8 万吨，可比实际排放降低 57.9%(环境潜力达 57.9%)；逐年来看，环境潜力每年都在 46.8%以上。由此可知，内生方向能够发掘较大的工业增长和污染减排潜力。然后，本研究将内生方向的经济环境潜力与其他方向进行比较。

①内生方向与“一刀切”式方向的比较

内生方向是内生于地区投入产出关系、地区差异化的方向，与之相对的是

① 全国工业增加值、工业二氧化硫排放量通过对 30 省（区、市）加总得到。

不考虑地区差异、对于所有地区都相同的“一刀切”式方向。使用基于传统外生方向向量（y，$-b$）的 DDF 来模拟“一刀切”式方向[①]，可以求得“一刀切”式方向下的潜在产出（见表 3.22）。

经济潜力比较。从 1998 年至 2019 年总体来看，内生方向下的经济潜力比“一刀切”式方向高 10.5 个百分点，实施内生方向比“一刀切”式方向平均每年可额外获得 1.4 万亿元的工业增加值。因此，相比于“一刀切”式方向，内生方向总体存在潜在经济红利[②]。分时期来看，在“九五”计划中后期、“十五”计划期、“十一五”规划期、“十二五”规划期和“十三五”规划前期，内生方向下的经济潜力均高于“一刀切”式方向。最后，为了判断内生方向相比“一刀切”式方向的潜在经济红利是否统计显著，使用 Wilcoxon 符号秩检验法对两组潜在产值进行配对检验（见表 3.22），结果显示，在 1%的显著性水平下拒绝原假设。这表明内生方向相比“一刀切”式方向具有显著的潜在经济红利。

环境潜力比较。从 1998 年至 2019 年总体来看，内生方向下的环境潜力比“一刀切”式方向高 18.1 个百分点，实施内生方向比实施“一刀切”式方向平均每年可额外减少 285.7 万吨的工业二氧化硫排放量，这大约相当于 2019 年全国工业二氧化硫排放量的 72.3%。因此，相比于“一刀切”式方向，内生方向总体存在潜在环境红利。分时期来看，在“九五”计划中后期、“十五”计划期、“十一五”规划期、“十二五”规划期和“十三五”规划前期，内生方向下的环境潜力均明显高于“一刀切”式方向。同样使用 Wilcoxon 符号秩检验法对两组潜在排放进行配对检验，结果显示，在 1%的显著性水平下拒绝原假设，这表明内生方向相比“一刀切”式方向具有显著的潜在环境红利。反过来也说明若使用“一刀切”式方向将造成较大的潜在环境损失。

从上面的经济增长潜力与环境减排潜力看，相较于传统的方向性距离函数方法（“一刀切”式方向），内生方向性距离函数方法（内生方向）能释放出更大的增长潜力和减排潜力，也就是说相较于“一刀切”式方向，内生方向可能显著促进经济增长和污染减排。这也从某种程度上印证了从中国实际出发，内

---

① 如前文所述，传统外生方向向量（y，$-b$）的 DDF 假定每个决策单元进行效率改进的方向均是好坏产出同比例增减而不考虑决策单元的差异性，这与“一刀切”式方向的含义一致，所以本研究选用传统外生方向向量（y，$-b$）的 DDF 模拟“一刀切”式方向。

② 根据涂正革和谌仁俊（2015），本节定义潜在经济红利为内生方向下潜在工业总产值相比于其他方向的增加量，定义潜在环境红利为内生方向下潜在工业二氧化硫排放相比于其他方向的减少量。

生方向性距离函数方法优于传统方向性距离函数方法。

表 3.22　内生方向与“一刀切”式方向下的经济环境潜力（1998—2019 年）

年份	产值（万亿）	排放量（万吨）	内生方向潜在产值（万亿）	内生方向潜在排放量（万吨）	“一刀切”式潜在产值（万亿）	“一刀切”式潜在排放量（万吨）	内生方向经济潜力（%）	内生方向环境潜力（%）	“一刀切”式经济潜力（%）	“一刀切”式环境潜力（%）
1998	1.9	1592.9	2.4	730.9	2.3	1056.2	22.3	54.1	20.8	33.7
1999	2.2	1460.2	2.7	699.2	2.6	954.1	20.9	52.1	18.9	34.7
2000	2.5	1586.0	3.0	828.5	3.0	1015.8	20.8	47.8	18.9	36.0
“九五”	2.2	1546.4	2.7	752.9	2.6	1008.7	21.3	51.3	19.4	34.8
2001	2.8	1503.4	3.4	799.9	3.4	959.0	20.3	46.8	20.0	36.2
2002	3.4	1511.9	4.1	743.4	4.0	961.7	21.1	50.8	19.0	36.4
2003	4.2	1791.5	5.2	755.0	5.1	1094.6	25.7	57.9	22.7	38.9
2004	5.3	1891.5	6.3	792.5	6.2	1340.3	19.3	58.1	17.1	29.1
2005	6.5	2168.2	7.7	934.8	7.7	1481.2	18.3	56.9	18.3	31.7
“十五”	4.4	1773.3	5.3	805.1	5.3	1167.4	20.6	54.6	19.2	34.2
2006	8.0	2232.8	10.0	913.7	9.6	1466.5	25.5	59.1	19.7	34.3
2007	9.8	2139.9	12.0	900.8	11.7	1391.1	23.1	57.9	19.5	35.0
2008	10.9	1991.3	14.5	891.4	13.5	1204.2	33.7	55.2	24.4	39.5
2009	12.3	1865.8	15.2	737.8	14.8	1183.3	23.7	60.5	20.6	36.6
2010	14.6	1864.3	18.1	835.1	17.7	1130.3	23.5	55.2	21.3	39.4
“十一五”	11.1	2018.8	14.0	855.8	13.5	1275.1	25.8	57.6	21.2	36.8
2011	16.9	2017.1	22.0	831.9	21.3	1070.9	30.1	58.8	26.1	46.9
2012	18.4	1911.6	24.2	791.8	23.2	1039.9	31.6	58.6	26.1	45.6
2013	20.7	1835.1	27.4	767.5	26.1	991.7	32.7	58.2	26.4	46.0
2014	22.6	1740.2	30.4	736.2	28.5	948.6	34.9	57.7	26.2	45.5
2015	24.1	1556.6	32.6	578.8	30.9	816.7	35.0	62.8	27.9	47.5
“十二五”	20.5	1812.1	27.3	741.3	26.0	973.6	33.1	59.1	26.6	46.3

续表

年份	产值（万亿）	排放量（万吨）	内生方向潜在产值（万亿）	内生方向潜在排放量（万吨）	“一刀切”式潜在产值（万亿）	“一刀切”式潜在排放量（万吨）	内生方向经济潜力（%）	内生方向环境潜力（%）	“一刀切”式经济潜力（%）	“一刀切”式环境潜力（%）
2016	25.6	770.3	39.3	105.0	35.5	303.3	53.2	86.4	38.5	60.6
2017	27.2	529.7	44.4	103.9	38.3	182.7	63.0	80.4	40.7	65.5
2018	28.8	446.5	47.4	81.4	41.4	145.0	64.4	81.8	43.7	67.5
2019	30.6	395.1	44.2	88.6	38.3	197.6	44.4	77.6	25.1	50.0
“十三五”	28.1	535.4	43.8	94.7	38.4	207.2	56.1	82.3	36.7	61.3
平均	13.6	1581.9	18.9	665.8	17.5	951.6	39.2	57.9	28.7	39.8

数据来源：笔者根据模型计算结果整理得来。“九五”“十五”“十一五”“十二五”“十三五”分别代表“九五”计划中后期（1998—2000年）、“十五”计划期（2001—2005年）、“十一五”规划期（2006—2010年）、“十二五”规划期（2011—2015年）、“十三五”规划前期（2016—2019年）。产值的单位是万亿元，排放的单位是万吨。内生方向经济潜力=（内生方向潜在产值－实际产值）/实际产值×100；内生方向环境潜力=（实际排放－内生方向潜在排放）/实际排放×100；“一刀切”式方向经济潜力=（“一刀切”式方向潜在产值－实际产值）/实际产值×100；“一刀切”式方向环境潜力=（实际排放－“一刀切”式方向潜在排放）/实际排放×100。

②内生方向与国家规划方向的比较

内生方向与国家行政规划方向比较也是值得特别关注的。中国国民经济和社会发展五年规划是中国国家治理体系的重要组成部分，其中对增长和减排目标的规定构成一种规划方向。面对日益突出、不容忽视的环境污染问题，自“十一五”规划起，除了包含经济增长目标，五年规划也开始包含污染减排目标。如《中华人民共和国国民经济和社会发展第十一个五年规划纲要》规定，国内生产总值年均增长7.50%，主要污染物排放总量减少10.00%，即年均减排2.09%[①]。同样地，各省（区、市）制订的五年规划也确定了增长目标和减排目标，如北京“十一五”规划期的年均工业增长目标为8.00%，年均二氧化

① $2.09\%=1-(1-10\%)^{1/5}$。

硫减排目标为4.46%（见附录二）。将内生方向下的潜在结果与规划方向进行比较尤为有意义。

一方面，规划方向下的潜在结果可以作为评估内生方向的经济与环境潜力的参照；另一方面，自“十一五”规划纳入污染物减排目标以来，学术界广泛关注五年规划目标的经济与环境效应（程时雄等，2016；Shi & Xu，2018；Fan et al.，2019），将内生方向的经济与环境潜力与规划方向比较也将丰富学术界对规划目标的认识。为此，笔者搜集中国各省（区、市）的五年规划增长目标和减排目标，由二者之比可获得规划方向（见附录二），将规划方向对应的方向向量（α，δ）代入式（3.1），求得规划方向下的潜在经济产出和潜在排放，进而得到经济潜力和环境潜力（表见3.23）。

表3.23 规划方向下中国工业的经济潜力与环境潜力（2006—2019年）①

时期	潜在产值（万亿）	潜在排放（万吨）	经济潜力（%）	环境潜力（%）
2006	9.7	2132.3	21.5	4.5
2007	11.8	2040.4	20.9	4.6
2008	14.0	1868.5	28.3	6.2
2009	15.2	1750.4	23.7	6.2
2010	18.0	1744.7	23.2	6.4
“十一五”时期（2006—2010年）	13.7	1907.3	23.7	5.5
2011	21.3	1896.6	26.2	6.0
2012	23.4	1796.6	26.9	6.0
2013	26.3	1724.5	27.4	6.0
2014	29.3	1624.7	29.6	6.6
2015	31.2	1456.5	29.4	6.4
“十二五”时期（2011—2015年）	26.3	1699.8	28.1	6.2

① 由于对二氧化硫排放总量的减排目标约束始于“十一五”规划，所以本表的起始年份为2006年。

续表

时期	潜在产值（万亿）	潜在排放（万吨）	经济潜力（%）	环境潜力（%）
2016	34.6	540.2	35.1	29.9
2017	38.9	344.9	42.8	34.9
2018	41.9	287.0	45.5	35.7
2019	39.1	286.1	27.9	27.6
“十三五”前期（2016—2019 年）	38.3	364.6	37.7	31.9
平均（2006—2019 年）	25.3 (27.3)	1392.4 (597.4)	31.1 (41.1)	8.5 (60.7)

数据来源：笔者根据模型计算结果整理得来。全国值通过对 30 个省（区、市）加总得到。最后一行括号内的数值为内生方向下的结果。产值的单位是万亿元，排放的单位是万吨。规划方向经济潜力＝（规划方向潜在产值－实际产值）/实际产值×100；规划方向环境潜力＝（实际排放－规划方向潜在排放）/实际排放×100。

经济潜力比较。从“十一五”至“十三五”期间（2006—2019 年）的总体来看，内生方向下的经济潜力比规划方向高 10.0 个百分点（潜在工业增加值年均多 1.9 万亿元）。分时期来看，在“十一五”“十二五”时期和“十三五”前期，内生方向下的经济潜力也高于规划方向。因此，内生方向相比于规划方向存在潜在经济红利。同样使用 Wilcoxon 符号秩检验法进行配对检验（见表 3.24），容易判断内生方向相比于规划方向的潜在经济红利显著。

环境潜力比较。从“十一五”至“十三五”期间（2006—2019 年）的总体来看，内生方向下的二氧化硫减排潜力比规划方向高 52.3 个百分点（潜在排放年均少 795 万吨）。分时期来看，在“十一五”“十二五”时期和“十三五”前期，内生方向下的二氧化硫减排潜力也远高于规划方向。因此，内生方向相比于规划方向还存在潜在环境红利。同样使用 Wilcoxon 符号秩检验法进行配对检验（见表 3.24），容易判断内生方向相比于规划方向的潜在环境红利显著。

与行政指令的规划方向相比，本研究构建的工业绿色发展的内生方向，能激发出显著更大的经济增长潜力与污染减排潜力。这其实意味着合理权衡省（区、市）工业发展与绿色的关系（合理选择遵从地区自身工业发展状况的绿色发展方向)，能挖掘出更多的“绿色”价值（经济环境潜能），中国推行“绿水青山就是金山银山”的经济转型具备强大的内在源动力。因此，根据地区工业发展的阶段性，科学地制定出各地区工业绿色发展的目标意义重大。

表 3.24 Wilcoxon 符号秩检验

H0：内生方向 ＝“一刀切”式方向			H0：内生方向 ＝ 规划方向		
	潜在产值	潜在排放		潜在产值	潜在排放
检验统计量 Z 值	4.1070	－4.1070	检验统计量 Z 值	3.2960	－3.2960
（p 值）	(0.0000)	(0.0000)	（p 值）	(0.0010)	(0.0010)

3.6.2 绿色发展方向特征：城市维度

（1）地区绿色发展内生方向

绿色发展内生方向的区域差异明显，整体表现出东部偏绿色、西部偏发展。由式（3.11）可以计算出 282 个城市历年工业绿色发展的内生方向的测度 γ。通过求几何平均值[①]可以获得 282 个城市在样本期间（2003—2016 年）γ 的平均大小（见表 3.25)，由此可以比较各城市绿色发展内生方向的差异。结果显示：城市之间工业绿色发展内生方向存在显著差异。深圳等 6 个城市位于前沿，γ 缺失[②]。从大到小看，γ 排名前 10 位的城市有上海、南京、长春、天津、烟台、常州、湛江、无锡、泰州和南通，它们的 γ 值远大于 1（20 以上)，这表明这些城市工业绿色发展的内生方向为绿色倾向。

γ 排名后 10 位的城市有晋城、黑河、大同、伊春、平凉、双鸭山、七台河、鹤岗、普洱和鸡西，它们的 γ 值远小于 1（0.20 以下)，这表明这些城市工业绿色发展的内生方向为发展倾向；绵阳、郴州、白山、常德、三门峡、黄石、秦皇岛、六安、南阳、上饶等 10 个城市排在中间，它们的 γ 值在 1 附近，这表明这些城市工业绿色发展的内生方向接近为中性方向。值得注意的是，γ 在同一省（区）的不同城市之间也存在较大差异。如广东省大部分城市为绿色倾向，但汕尾市和梅州市为发展倾向；云南省大部分城市为发展倾向，但玉溪市和昆明市为绿色倾向。

---

① 为避免极端值对求几何平均值的影响，笔者对各城市所有年份的 γ 进行缩尾处理，小于 0.02 的值取 0.02，大于 50 的值取 50。

② 深圳、北京、东营、茂名、广州和海口等 6 个城市 γ 缺失，是因为这几个城市样本期间一半以上年份位于前沿，所以笔者认为样本期间这些城市平均位于前沿，γ 缺失。

表 3.25　工业绿色发展内生方向的城市差异

	城市个数	代表城市	内生方向 γ
前沿区	6	深圳	—
绿色倾向区	128	上海	47.3755
		南京	38.1156
		长春	36.1959
		天津	32.5003
		烟台	31.9292
		常州	31.5469
		湛江	31.0913
		无锡	30.0110
		泰州	29.4814
		南通	27.7486
中性方向区	38	绵阳	1.0992
		郴州	1.0982
		白山	1.0966
		常德	1.0831
		三门峡	1.0126
		黄石	1.0118
		秦皇岛	0.9916
		六安	0.9845
		南阳	0.9813
		上饶	0.9653
发展倾向区	110	晋城	0.1424
		黑河	0.1401
		大同	0.1338
		伊春	0.1300
		平凉	0.1200
		双鸭山	0.1194
		七台河	0.0979
		鹤岗	0.0889
		普洱	0.0826
		鸡西	0.0782

数据来源：笔者根据计算结果整理得到（本表未显示所有城市）。

为了更全面地反映工业绿色发展内生方向的区域差异，以 γ 的大小为分类标准进行分区，将所有城市分为前沿区（无 γ）、绿色倾向区（$\gamma > 1.2$）、中性方向区（$0.8 < \gamma \leqslant 1.2$）和发展倾向区（$\gamma \leqslant 0.8$）。可以发现，6 个城市位于前沿区，128 个城市位于绿色倾向区，38 个城市位于中性方向区，110 个城市位于发展倾向区。进一步从东、中、西部的区域差异来看（见图 3.29），东部城市主要位于绿色倾向区，西部城市主要位于发展倾向区，中部城市更多位于发展倾向区，且是中性方向的主要地区。具体而言，东部有 6 个城市位于前沿区（前沿区的 6 个城市全在东部），74 个城市位于绿色倾向区，11 个城市位于发展倾向区，10 个城市位于中性方向区；西部有 50 个城市位于发展倾向区，21 个城市位于绿色倾向区，11 个城市位于中性方向区；中部有 49 个城市位于发展倾向区，33 个城市位于绿色倾向区，17 个城市位于中性方向区。

因此，城市工业绿色发展内生方向整体表现出东部偏绿色、西部偏发展。为什么绿色发展内生方向整体表现出东部为绿色倾向而西部为发展倾向的区域差异？结合本书 3.1 节对绿色发展方向的解读——发达地区可能选择绿色倾向，欠发达地区可能选择发展倾向，本研究推测这与地区之间经济发展水平的不平衡——东部沿海地区较发达而西部地区欠发达相关。

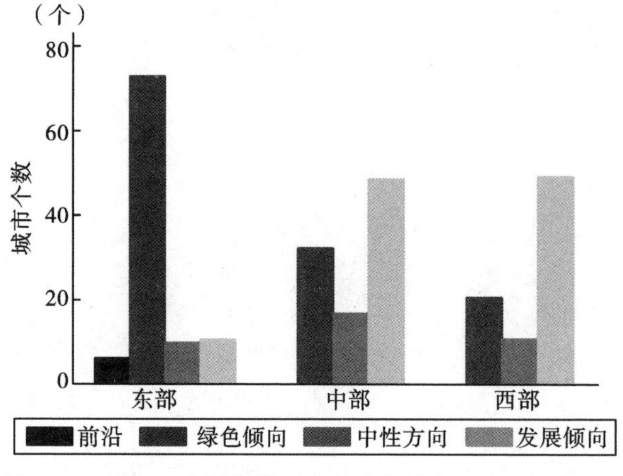

图 3.29　城市工业绿色发展内生方向的东、中、西部差异

通过对 282 个城市工业绿色发展内生方向的静态分析，我们不难发现中国各城市之间工业绿色发展的内生方向并不相同，存在显著差异，且表现出东部地区多为绿色倾向，西部地区多为发展倾向。这意味着从中国实际出发，污染减排比例与经济产出增长比例不应简单均等对待，不同地域需有不同标准。因此在中国工业通往绿色发展之路上，不应该对所有地区“一刀切”，而应该尊重区域差异、因地制宜，东部地区应更侧重“绿色”(污染减排)，发展绿色技术，推行清洁生产，加快实现产业结构绿色化；而西部地区应更侧重“发展”(经济增长)，适当承接部分转移产业，加大工业发展步伐。

(2) 内生方向的经济环境潜能

如表3.26、表3.27所示，2003年至2016年，内生方向下全国工业潜在总产值年平均为72.11万亿元①，比实际产值提高37.22%（经济潜力达37.22%）；逐年来看经济增长潜力每年都在26.99%以上。2003年至2016年，内生方向下全国工业二氧化硫潜在排放年平均为430万吨，比实际排放降低74.14%（环境潜力达74.14%）；逐年来看环境潜力每年都在61.13%以上。由此可知，内生方向能够发掘较大的工业增长和污染减排潜力。然后，本研究将内生方向的经济环境潜力与其他方向进行比较。

①内生方向与“一刀切”式方向的比较

内生方向是内生于地区投入产出关系、地区差异化的方向，与之相对的是不考虑地区差异、对于所有地区都相同的“一刀切”式方向。使用基于传统外生方向向量（y，$-b$）的DDF来模拟“一刀切”式方向，可以求得“一刀切”式方向下的潜在产出（见表3.26、表3.27）。

经济潜力比较。从2003年至2016年总体来看，内生方向下的经济潜力比“一刀切”式方向高0.96个百分点，实施内生方向比“一刀切”式方向平均每年可额外获得0.50万亿元的工业总产值，这大约相当于上海市2016年工业总产值的六分之一。因此，相比于“一刀切”式方向，内生方向总体存在潜在经济红利②。分时期来看，在“十五”计划中后期、“十二五”规划期和“十三五”规划前期，内生方向下的经济潜力均高于“一刀切”式方向，但在“十一五”规划期内生方向下的经济潜力稍低于“一刀切”式方向。最后，为了判断内生方向相比“一刀切”式方向的潜在经济红利是否统计显著，使用Wilcoxon符号秩检验法对两组潜在产值进行配对检验，结果显示统计上无显著性差异。

---

① 全国工业总产值、工业二氧化硫排放量通过对282个城市加总得到。

② 根据涂正革和谌仁俊（2015），本节定义潜在经济红利为内生方向下潜在工业总产值相比于其他方向的增加量，定义潜在环境红利为内生方向下潜在工业二氧化硫排放相比于其他方向的减少量。

这表明内生方向相比“一刀切”式方向的潜在经济红利统计上不显著。反过来也说明若使用“一刀切”式方向不会造成太大的潜在经济损失。

表 3.26 内生方向与“一刀切”式方向下的经济潜力（2003—2016 年）

时期	实际产值（百万亿元）	潜在产值		经济潜力	
		内生方向	“一刀切”式方向	内生方向	“一刀切”式方向
2003	0.1393	0.2299	0.2044	0.6510	0.4681
2004	0.1739	0.2588	0.2459	0.4885	0.4142
2005	0.2227	0.3142	0.3114	0.4109	0.3986
“十五”	0.1786	0.2676	0.2539	0.4982	0.4213
2006	0.2740	0.3802	0.3771	0.3876	0.3762
2007	0.3379	0.4495	0.4538	0.3302	0.3432
2008	0.3917	0.5017	0.5174	0.2809	0.3211
2009	0.4536	0.5842	0.6017	0.2879	0.3265
2010	0.5443	0.6913	0.7241	0.2699	0.3303
“十一五”	0.4003	0.5214	0.5348	0.3025	0.3360
2011	0.6158	0.8285	0.8219	0.3455	0.3347
2012	0.6863	0.9027	0.9095	0.3154	0.3254
2013	0.7808	1.0641	1.0574	0.3629	0.3543
2014	0.8557	1.1754	1.1676	0.3737	0.3646
2015	0.9140	1.3197	1.2801	0.4440	0.4006
“十二五”	0.7705	1.0581	1.0473	0.3732	0.3592
2016 “十三五”	0.9666	1.3947	1.3522	0.4428	0.3989
所有平均	0.5255	0.7211	0.7160	0.3722	0.3627

数据来源：笔者根据模型计算结果整理得到。全国工业总产值通过对 282 个城市加总得到。“十五”“十一五”“十二五”“十三五”分别代表“十五”计划中后期（2003—2005 年）、“十一五”规划期（2006—2010 年）、“十二五”规划期（2011—2015 年）、“十三五”规划前期（2016 年）。产值的单位是百万亿元。内生方向经济潜力＝（内生方向潜在产值－实际产值）/实际产值；“一刀切”式方向经济潜力＝（“一刀切”式方向潜在产值－实际产值）/实际产值。

环境潜力比较。从2003年至2016年总体来看，内生方向下的环境潜力比“一刀切”式方向高9.56个百分点，实施内生方向比实施“一刀切”式方向平均每年可额外减少158.71万吨的工业二氧化硫排放量，这大约相当于2016年全国工业二氧化硫排放量的21.13%。因此，相比于“一刀切”式方向，内生方向总体存在潜在环境红利。分时期来看，在“十五”计划中后期、“十一五”规划期、“十二五”规划期、“十三五”规划前期，内生方向下的环境潜力均明显高于“一刀切”式方向。同样使用Wilcoxon符号秩检验法对两组潜在排放进行配对检验，结果显示在1%的显著性水平下拒绝原假设。这表明内生方向相比“一刀切”式方向具有显著的潜在环境红利，反过来也说明若使用“一刀切”式方向将造成较大的潜在环境损失。

从上面的经济增长潜力与环境减排潜力看，相较于传统的方向性距离函数方法（“一刀切”式方向），内生方向性距离函数方法（内生方向）能释放出显著更大的减排潜力（内生方向比“一刀切”式方向污染排放多减排约10个百分点），同时能释放出更大的增长潜力（内生方向比“一刀切”式方向工业总产值多增加约1个百分点），也就是说相较于“一刀切”式方向，内生方向可能显著促进污染减排，同时不会对经济增长造成负面影响，反而对经济增长有一定的正向促进作用。这也从某种程度上印证了从中国实际出发，内生方向性距离函数方法优于传统方向性距离函数。

表3.27　内生方向与“一刀切”式方向下的环境潜力（2003—2016年）

时期	实际排放量（亿吨）	潜在排放		环境潜力	
		内生方向	“一刀切”式方向	内生方向	“一刀切”式方向
2003	0.1528	0.0344	0.0342	0.7752	0.7765
2004	0.1740	0.0347	0.0496	0.8008	0.7151
2005	0.1977	0.0391	0.0601	0.8024	0.6959
“十五”	0.1748	0.0361	0.0480	0.7937	0.7256
2006	0.1968	0.0406	0.0652	0.7938	0.6688
2007	0.1948	0.0376	0.0716	0.8068	0.6322
2008	0.1816	0.0501	0.0724	0.7239	0.6011
2009	0.1711	0.0433	0.0686	0.7468	0.5993
2010	0.1669	0.0379	0.0668	0.7729	0.5997
“十一五”	0.1822	0.0419	0.0689	0.7701	0.6218

续表

时期	实际排放量（亿吨）	潜在排放		环境潜力	
		内生方向	“一刀切”式方向	内生方向	“一刀切”式方向
2011	0.1822	0.0708	0.0719	0.6113	0.6054
2012	0.1723	0.0547	0.0712	0.6825	0.5870
2013	0.1642	0.0501	0.0618	0.6946	0.6234
2014	0.1563	0.0470	0.0578	0.6994	0.6304
2015	0.1395	0.0393	0.0474	0.7182	0.6601
“十二五”	0.1629	0.0524	0.0620	0.6785	0.6193
2016 “十三五”	0.0751	0.0218	0.0250	0.7096	0.6673
所有平均	0.1661	0.0430	0.0588	0.7414	0.6458

数据来源：笔者根据模型计算结果整理得到。全国工业排放通过对 282 个城市加总得到。“十五”“十一五”“十二五”“十三五”分别代表“十五”计划中后期（2003—2005 年）、“十一五”规划期（2006—2010 年）、“十二五”规划期（2011—2015 年）、“十三五”规划前期（2016 年）。二氧化硫排放量的单位是亿吨。内生方向环境潜力＝（实际排放－内生方向潜在排放）/实际排放；“一刀切”式方向环境潜力＝（实际排放－“一刀切”式方向潜在排放）/实际排放。

②内生方向与国家规划方向的比较

中国国民经济和社会发展五年规划是中国国家治理体系的重要组成部分，其中对增长和减排目标的规定构成一种规划方向。面对日益突出、不容忽视的环境污染问题，自“十一五”规划起，各个五年规划除了包含经济增长目标，也开始包含污染减排目标。如《中华人民共和国国民经济和社会发展第十一个五年规划纲要》规定，国内生产总值年均增长 7.5%，主要污染物排放总量减少 10.0%，即年均减排 2.1%。同样地，增长和减排目标也存在于各省（区、市）的五年规划中，如北京“十一五”规划期的年均工业增长目标为 8.0%，年均二氧化硫减排目标为 4.5%。

将内生方向下的潜在结果与规划方向进行比较尤为有意义；一方面，规划方向下的潜在结果可以作为评估内生方向的经济与环境潜力的参照；另一方面，自“十一五”规划纳入污染物减排目标以来，学术界广泛关注五年规划目标的经济与环境效应（程时雄等，2016；Chen et al.，2018；Shi&Xu，2018；Fan et al.，2019），将内生方向的经济与环境潜力与规划方向比较也将丰富学术界对规划目标的认识。为此，笔者搜集中国各省（区、市）的五年规划增长目标和减排目标，由二者之比可获得规划方向。将规划方向对应的方向向量代入式（3.3），可以求得规划方向下的潜在经济产出和潜在排放，进而得到经济潜力和环境潜力（见表 3.28）。

表 3.28 规划方向下的经济潜力与环境潜力（2006—2016 年）①

时期	产值（百万亿元）	排放量（亿吨）	内生方向潜在产值（百万亿元）	内生方向潜在排放量（亿吨）	规划方向潜在产值（百万亿元）	规划方向潜在排放量（亿吨）	内生方向经济潜力	内生方向环境潜力	规划方向经济潜力	规划方向环境潜力
2006	0.274	0.197	0.380	0.0406	0.404	0.164	0.388	0.794	0.476	0.168
2007	0.338	0.195	0.450	0.0376	0.479	0.166	0.330	0.807	0.418	0.149
2008	0.392	0.182	0.502	0.0501	0.553	0.155	0.281	0.724	0.413	0.145
2009	0.454	0.171	0.584	0.0433	0.641	0.147	0.288	0.747	0.414	0.140
2010	0.544	0.167	0.691	0.0379	0.778	0.141	0.270	0.773	0.429	0.156
“十一五”	0.400	0.182	0.521	0.0419	0.571	0.155	0.303	0.770	0.427	0.152
2011	0.616	0.182	0.829	0.0708	0.913	0.156	0.346	0.611	0.482	0.144
2012	0.686	0.172	0.903	0.0547	0.981	0.150	0.315	0.683	0.429	0.129
2013	0.781	0.164	1.064	0.0501	1.143	0.142	0.363	0.695	0.465	0.134
2014	0.856	0.156	1.175	0.0470	1.272	0.134	0.374	0.699	0.486	0.140
2015	0.914	0.140	1.320	0.0393	1.414	0.115	0.444	0.718	0.547	0.173
“十二五”	0.771	0.163	1.058	0.0524	1.145	0.140	0.373	0.679	0.485	0.143
2016 “十三五”	0.967	0.0751	1.395	0.0218	1.423	0.0434	0.443	0.710	0.472	0.422
平均	0.620	0.164	0.845	0.0448	0.909	0.138	0.362	0.726	0.466	0.159

数据来源：笔者根据模型计算结果整理得来。全国工业总产值、工业二氧化硫排放量通过对 282 个城市加总得到。“十一五”“十二五”“十三五”分别代表“十一五”规

① 由于对二氧化硫排放总量的减排目标约束始于“十一五”规划，所以本表的起始年份为 2006 年。

划期（2006—2010 年）、“十二五”规划期（2011—2015 年）、“十三五”规划前期（2016 年）。产值的单位是百万亿元，二氧化硫排放量的单位是亿吨。内生方向经济潜力＝（内生方向潜在产值－实际产值）/实际产值；内生方向环境潜力＝（实际排放－内生方向潜在排放）/实际排放；规划方向经济潜力＝（规划方向潜在产值－实际产值）/实际产值；规划方向环境潜力＝（实际排放－规划方向潜在排放）/实际排放。

比较经济潜力，整体来看，内生方向的经济潜力比规划方向平均低 10.4 个百分点，潜在产值年均少 6.5 万亿元。分时期来看，在“十一五”“十二五”规划期和“十三五”规划前期，内生方向的经济潜力也稍低于规划方向。比较环境潜力，整体来看，内生方向的环境潜力比规划方向平均高 56.7 个百分点，潜在二氧化硫排放量年均少 928.1 万吨。分时期来看，在“十一五”“十二五”规划期和“十三五”规划前期，内生方向下的环境潜力也远高于规划方向。由此可见，相比于规划方向，内生方向的经济增长潜力偏小，但污染减排潜力要大很多。反过来说，相比于内生方向，国家规划方向放弃了更大的污染减排，获得了更多的经济增长，这是发展中国家适应经济增长需要的保增长选择，该策略也出现在我国自 2009 年实施的以保证经济增长为前提的碳强度降低政策中(林伯强和孙传旺，2011)。

与国家提出的规划方向相比，本书测度的工业绿色发展内生方向，尽管经济增长潜力要小，但能激发出更大的污染减排潜力，且对于反映社会福利的总体效率改进潜力更大。整体而言，内生方向的总体效率改进潜力为 1.088 (0.362＋0.726)，明显大于规划方向的 0.625 (0.466＋0.159)。这其实意味着合理统筹城市工业经济增长与污染减排的关系，能挖掘出更多的“绿色”价值，中国推行“绿水青山就是金山银山”的经济转型具备强大的内在源动力。反观国家提出的规划目标方向，虽然对各地区提出了异质性的绿色发展方向，但是并未完全按照各地区的具体情况提出在理论上更适宜的绿色发展方向，造成了一定的社会福利损失。

进一步比较 2006 年至 2016 年各城市平均每年能释放的潜在经济与环境红利，我们可以发现：相比于国家规划方向，内生方向下不存在潜在经济红利与潜在环境红利均为负数的城市；绝大部分城市存在更大的潜在环境红利，仅大同、晋城、普洱、阳泉等 4 个城市不存在潜在环境红利，但它们都具有更大的潜在经济红利；虽然仅有 84 个城市存在更大的潜在经济红利，但是存在潜在经济损失的城市均能获得一定程度的潜在环境红利，比如潜在经济损失最大的苏州，相比于国家规划方向，内生方向下潜在产值年均少 0.5 万亿元，但潜在二氧化硫排放量年均少 11.8 万吨。

相比于国家规划方向，在内生方向下有 80 个城市同时存在潜在经济与环境红利，且主要分布在发展倾向区和中性方向区，这意味着可以适当提高这些地区的经济增长目标和污染减排目标，比如适当提高张家口、阜新、太原、长治、朔州等 59 个发展倾向区城市的经济增长目标，加速其经济转型，适当提高鞍山、本溪、丹东、铁岭、朝阳等 16 个中性方向区城市的经济增长目标和污染减排目标。对于其他仅存在潜在经济红利或潜在环境红利的地区，可以根据国家对经济增长与污染减排的整体需求，适当调整其经济增长目标或污染减排目标。

3.6.3 本节小结

工业绿色发展是经济增长与环境保护相协调的一种新的经济增长模式。中国作为发展中国家，既要关注经济增长也要重视环境保护，绿色发展是新时代中国工业发展的必然选择。中国区域经济高度不平衡，不同地区、不同发展阶段应选择怎样的绿色发展路径（技术）？本书 3.3 节从无效率来源的视角内生选择绿色发展方向——更侧重经济产出增长（发展倾向）还是更侧重环境污染减排（绿色倾向）的分析框架，其实质是技术的选择——选择“绿色”含量或低或高的生产技术。基于这个分析框架，本节实证得到了中国各地区工业绿色发展的内生差异化方向，并评估了内生方向的潜在经济和环境效应。主要研究发现包括如下几个方面。

其一，从区域维度看，中国各地区工业绿色发展内生方向差异较大，东偏“绿色”西偏“发展”。这表明从中国实际出发，各地区应因地制宜地选择适合自己的绿色发展方向，东部应更注重工业绿色，西部应更注重工业发展。出现这种地区差异的原因可能在于地区经济发展阶段的不同。

其二，从省（区、市）维度看，省（区、市）之间工业绿色发展内生方向存在显著差异。江苏、福建、山东等东部沿海省份的绿色发展内生方向为绿色倾向；新疆、青海、山西、甘肃、黑龙江等省（区）为发展倾向；江西、河北、陕西、吉林等省份接近中性方向。

其三，从城市维度看，城市之间工业绿色发展内生方向存在显著差异。上海、南京、长春、天津、烟台、常州、湛江、无锡、泰州、南通等城市的绿色发展内生方向为绿色倾向；晋城、黑河、大同、伊春、平凉、双鸭山、七台河、鹤岗、普洱、鸡西等城市的绿色发展内生方向为发展倾向；绵阳、郴州、白山、常德、三门峡、黄石、秦皇岛、六安、南阳、上饶等城市的绿色发展内生方向接近中性方向。

其四，内生方向能激发出更大的“绿色”潜能。省（区、市）数据实证结果显示，与“一刀切”式方向比较，内生方向的经济潜力高约10.00个百分点，环境潜力高约18.00个百分点；与政府规划方向比较，内生方向的经济潜力高10.00个百分点，环境潜力高约52.00个百分点，因此内生方向可能带来工业增长和污染减排的潜在双重红利。城市数据实证结果显示，与“一刀切”式方向比较，内生方向的经济潜力高约1.00个百分点，环境潜力高约10.00个百分点，因此内生方向可能带来工业增长和污染减排的潜在双重红利，特别是显著的环境红利；此外与政府规划方向比较，内生方向的环境潜力远高于规划方向(尽管经济潜力略低)，达到50.00个百分点，表明内生方向可能激发出更大的环境潜能。

3.7 本章小节

工业绿色发展是生态文明建设与建设美丽中国的重中之重。围绕工业绿色发展这一主题，本研究以静态效率与动态生产率变化为切入点，使用最新省(区、市）和城市地区工业数据，引入最新发展的内生方向性距离函数测度了中国工业绿色发展效率及其无效率的来源，并使用Dagum基尼系数进行了区域差异测评；运用Luenberger生产率指标测度了绿色全要素生产率增长，同时对生产率变化进行了新的分解，进而从新的分解视角探究了中国工业绿色生产率增长的动力来源，从而揭示中国工业绿色发展状况的新态势。此外，通过对绿色发展无效率的来源的分析，我们可以得到地区推动工业绿色发展（提高绿色发展效率）的一种路径选择及其经济环境潜能。本研究主要研究结论如下。

(1）1998年至2019年30个省（区、市）绿色发展效率差异显著

广东、北京和上海位于效率前沿，无效率接近为0；天津、福建、江苏、山东和浙江紧随其后，与前沿地区的效率差异处于0.140～0.686之间；接着是海南、安徽、湖北、四川、吉林、湖南、河南、重庆等；黑龙江、宁夏、山西、新疆和甘肃效率最低，与前沿地区的效率差异处于2.146～2.694之间。各省

（区、市）无效率来源差异明显，天津、福建、江苏、山东和浙江等与前沿地区的差异主要来源于绿色无效率（污染的过多排放）；而黑龙江、宁夏、山西、新疆、甘肃等与前沿地区的差异更多来源于发展无效率（经济产出的不足）。

Dagum 基尼系数的区域差异测评显示，省际效率总体差异较大，样本期间总体基尼系数平均为 0.387，趋势上没有明显缩小，总体差异主要来源于八大经济区的地区间差异。八大经济区中，长江中游地区内差异最小且呈缩小趋势，北部沿海地区内差异最大且呈上升趋势。沿海三大经济区（东部沿海、南部沿海、北部沿海）与其他地区之间的组间差异相对较大，其中东部沿海与西北之间的差异最大，长江中游与其他地区之间的组间差异相对较小，其中长江中游与西南之间的差异最小。

（2）2003 年至 2016 年 282 个城市绿色发展效率差异显著

深圳位于效率前沿，无效率为 0；广州、东营、茂名、北京、海口、中山、泰州、佛山和杭州紧随其后，与前沿地区的效率差异处于 0.093～0.365 之间；普洱、大同、伊春、双鸭山、阳泉、鸡西、鹤岗、平凉、黑河和七台河效率较低，与前沿地区的效率差异处于 4.955～6.371 之间。各城市无效率来源差异明显，广州、东营、茂名、北京、海口、中山、泰州、佛山和杭州与前沿地区的差异主要来源于绿色无效率（污染的过多排放）；而普洱、大同、伊春、双鸭山、阳泉、鸡西、鹤岗、平凉、黑河和七台河与前沿地区的差异主要来源于发展无效率（经济产出的不足）。

Dagum 基尼系数的区域差异测评显示，城际效率总体差异较大，趋势上稍有扩大，总体差异主要来源于十九大城市群的地区间差异。前十大重点城市群中，长江中游、成渝的地区内差异最小；珠三角、北部湾的地区内差异最大不过最近年份有所缩小。成渝与长江中游之间的差异最小；珠三角与其他城市群之间的组间差异相对较大，其中珠三角与关中平原之间的差异最大。

（3）从总体来看，工业整体绿色全要素生产率显著增长

1998 年至 2019 年中国省（区、市）工业整体绿色全要素生产率呈显著增长；2003 年至 2016 年中国城市工业整体绿色全要素生产率呈显著增长。发展技术进步是生产率增长的核心动力，贡献率在 80%以上；绿色技术进步为明显动力，贡献率在 10%以上。从发展动能和绿色动能看，发展动能是生产率增长的主要源泉，发展动能的贡献占到 80%左右，绿色动能的贡献占到 20%左右。

从时间维度看，2012 年是绿色生产率变化的重要转折点。2012 年以前发展技术进步是绿色生产率增长的主要动力，而绿色技术的贡献较小，2012 年以后绿色技术进步成为新的动力源泉，贡献率达到 30%以上。因此 2012 年是中国绿色技术创新迅速发展的一个转折点。从发展动能和绿色动能看，2012 年以前发展动能是绿色生产率增长的主要原因，其贡献率达 93%以上，而绿色动能的贡献率不足 7%，2012 年以后绿色动能逐渐成为生产率增长新的主要原因，到 2019 年其贡献率上升到 55.8%。因此 2012 年是绿色动能对绿色生产率增长广泛发挥作用的一个转折点。这表明党的十八大以来主要由绿色技术创新带来的新的绿色增长动力正在显现。

从区域维度看，不同地区的绿色生产率增长驱动因素差异明显。从东、中、西部地区看，东部地区的绿色动能最显著（主要原因在于东部地区的绿色技术进步最大）。从各省（区、市）看，广东、天津、上海、北京、浙江等地绿色动能已成为核心来源，贡献率均达到 25%以上，特别是广东绿色动能的贡献率达到 45.5%；而青海、宁夏、内蒙古等地基本来源于发展动能，绿色动能几乎可忽略。从各大城市群看，珠三角、京津冀、山东半岛、长三角、辽中南、北部湾、天山北坡、粤闽浙沿海、中原、成渝和长江中游等城市群绿色动能凸显，贡献率均在 10%以上，尤其是珠三角、京津冀、山东半岛和长三角四个城市群绿色动能成为主要来源，贡献率均在 16%以上。而关中平原、山西中部、黔中、兰西、呼包鄂榆、滇中、宁夏沿黄和哈长等城市群基本来源于发展动能。

（4）中国各地区工业绿色发展的内生方向差异较大，东偏“绿色”西偏“发展”

这表明从中国实际出发，各地区应因地制宜地选择适合自己的绿色发展方向，东部应更注重工业绿色，西部应更注重工业发展。分省（区、市）来看，江苏、福建、山东等东部沿海省份为绿色倾向；新疆、青海、山西等省（区）为发展倾向。分城市来看，上海、南京、长春、天津、烟台、常州、湛江、无锡、泰州、南通等城市为绿色倾向；晋城、黑河、大同、伊春、平凉、双鸭山、七台河、鹤岗、普洱、鸡西等城市为发展倾向。内生方向能够发掘较大的经济增长和环境减排潜力。与“一刀切”式方向比，内生方向的经济增长与环境减排潜力均更高；与规划方向比，内生方向的环境减排潜力显著更高（经济增长潜力可能略低）。

第 4 章　节能减排目标治污成效与绿色发展分析

4.1　引言

本章使用中国经验数据对中国工业绿色发展绩效进行全面的实证测度后，基于节能减排目标的视角对绿色与发展进行融合分析。中国在《中美气候变化联合声明》中提出到 2030 年左右实现碳排放达峰并争取提前达峰后，2015 年又在巴黎世界气候大会上承诺，到 2030 年单位 GDP 碳排放量相较 2005 年下降 60%～65%，继而进一步作出努力，争取 2060 年前实现碳中和的减排与发展承诺。碳强度下降和碳排放达峰的减排“双控”目标约束既是对未来经济快速发展的挑战，亦是转变发展思维、实现绿色转型的机遇和杠杆，而碳中和目标则将节能减排与经济增长置于绿色发展的统一框架内，因此我国围绕环境治理和绿色发展路径展开了一系列探索。

“十一五”规划对污染物排放总量控制作出重大改革，聚焦二氧化硫和化学耗氧量（COD）两种污染物的约束性目标，将减排目标的完成情况纳入地方官员晋升的重要考核中，并首次将降低单位 GDP 能源消耗作为具有法律效力的约束性目标，这无疑是一次重大突破。自此，低碳发展被纳入宏观经济目标治理，节能减排也被推向一个全新的认识高度（厉以宁等，2017）。降低能耗与减少污染物排放不再简单是应对气候变化和解决环境问题的关键抓手，更是中国在新发展阶段实现“绿水青山就是金山银山”和绿色发展的重要推力。在上述现实问题中，无论是早期“十一五”规划，还是如今“双碳”政策，都反映了中国努力实现环境保护与经济增长双赢发展的决心。那么，此类节能减排目标政策是否真的实现了双赢发展？为回答以上问题，本章将分别评估“十一五”规划中节能减排目标政策和如今更为严格的总量减排目标政策的降污减排效果，并进一步分析其对经济增长的影响。

“十一五”规划中的节能目标，理应具备引导和配置资源的功能（鄢一龙等，2014），因此实施差异化的地区节能目标，便意味着在给定全国节能目标的情况下，对能源消耗进行地区之间的要素分配。本章聚焦节能减排这一目标，分别从对企业绿色转型与对区域发展影响两方面入手，探究其与绿色发展的联系。同时以“十一五”期间首次约束性污染物排放总量控制为例，基于双重差分模型，分别从源头治理与末端治理、环保投资与环保监管两大维度分析环保目标治理如何促进污染减排，识别这种目标治理下中国式减排的特征与源泉。中国往往对能源效率较低、节能潜力较高的中、西部经济欠发达地区实施较低的节能目标，而对能源效率较高、节能潜力较低的东部经济发达地区实施较高的节能目标，该分配情况呈现出明显的“西低东高”特征。因此借助双重差分方法对这种“鞭打快牛”、照顾经济欠发达地区的节能目标分配政策（Kostka & Goron，2021）能否带动节能目标较低地区经济增长，进而促进区域协调发展进行相关分析研究。

最后，对于如今“双碳”政策下更为严格的总量减排目标约束，本章拓展构建减排目标政策下基于方向性距离函数的行为分析模型，试图回答总量减排目标政策对工业增长的潜在影响，并由此探寻保绿色增长下的最优减排目标。在碳排放权交易机制下，东部地区能额外多排放二氧化碳而大幅提升产出，进而适应更高的减排要求，而中西部地区在适度的总量减排目标下，可以通过向东部地区引进先进生产技术，实现工业增长。因此，加强地区之间的技术分享与交流，建立有效的全国碳排放交易市场，是中国工业实现更高减排目标的重要保障。本章的研究将为科学考察节能减排和绿色发展融合提供重要的理论支撑与参考价值，为节能减排目标的制定提供重要启示。本章的分析框架图如图 4.1 所示。

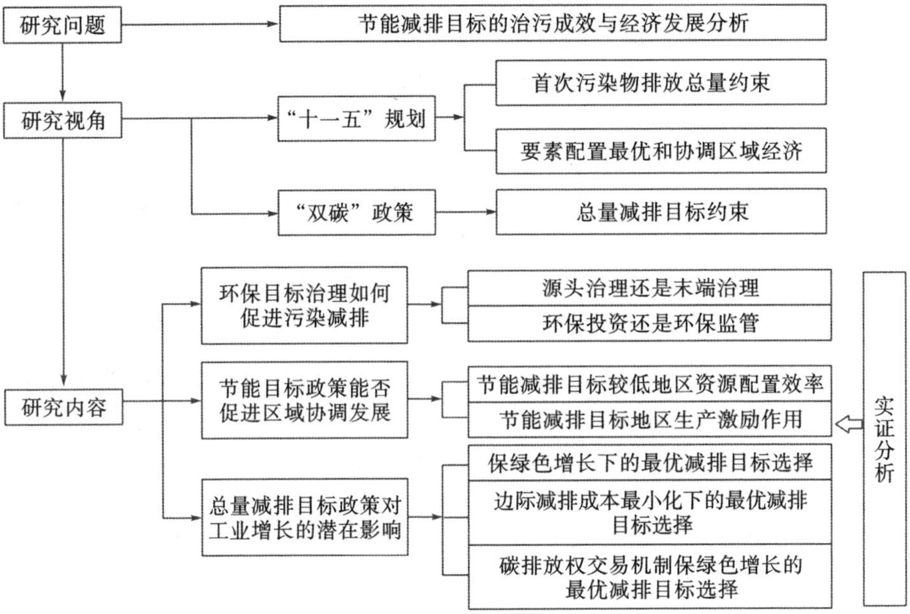

图 4.1 本章的分析框架图

4.2 减排目标政策对地区绿色发展的影响

4.2.1 政策背景

(1) 政策梳理

回顾历次五年计划 (规划), 中国对污染物排放提出总量控制要求, 始于“九五”计划, 此时纳入控制范围的污染物较多, 包括烟尘、工业粉尘、二氧化硫、COD、工业固体废物等 12 种。从图 4.2 不难发现, 工业烟 (粉) 尘排放量与工业 COD 排放量均在此阶段达到峰值, 并在 1998 年跨过环境库兹涅茨曲线拐点, 进入持续下降区间, 不过二氧化硫排放量在该阶段持续攀升, 工业固体废物排放量增加 42.1%。随后, 中国在“十五”计划中将污染物控制范围缩小到二氧化硫、烟尘、工业粉尘、COD、氨氮 (NH_3-N)、工业固体废物等 6 种, 并首次明确具体减排目标, 但此时氨氮排放量和二氧化硫排放量反而进入快速增长区间。

根据表 4.2，工业氨氮排放量和工业二氧化硫排放量先后在 2005 年和 2006 年达到峰值。为缓解日益严峻的生态环境压力，“十一五”规划对污染物排放总量控制作出重大改革，聚焦二氧化硫和 COD 两种污染物减排实施约束性目标，将减排目标的完成情况纳入地方官员晋升的重要考核中，由此成功扭转“十五”计划的减排失效，本研究将此定义为“十一五”规划环保目标治理下的中国式减排。工业二氧化硫排放量和工业氨氮排放量均在此阶段跨过环境库兹涅茨曲线拐点，进入持续下降区间，同时工业 COD 排放量和工业烟（粉）尘排放量也迎来新一轮加速减排，根据表 4.1 可知，所有行业的主要污染物也得到明显减排。“十二五”规划和“十三五”规划延续“十一五”规划对污染物排放总量控制的硬约束，减排目标污染物新增氨氮、氮氧化物（NOx）和挥发性有机物(VOCs)。根据图 4.2，工业 NOx 排放量在“十二五”期间跨过环境库兹涅茨曲线拐点，进入持续下降区间，但工业烟（粉）尘排放量出现反弹，增排 17.2%，同时 COD、氨氮分别增排 79.6%、91.1%，非工业部门的水污染问题凸显。

表 4.1　历次五年计划（规划）污染排放总量控制的实施情况

实施阶段	“九五”计划以前	“九五”时期	“十五”时期	“十一五”时期	“十二五”时期	“十三五”时期
是否执行总量控制	否	是	是	是	是	是
是否执行目标责任制	否	是，但不强硬	是，但不强硬	是，且一票否决	是，且一票否决	是，且一票否决
是否明确控制目标	否	否	是	是	是	是
是否执行约束性目标	否	否	否	是	是	是
污染物控制数量	—	12	6	2	4	4
减排目标	少数地方性法规涉及总量控制	污染物排放控制在 1995 年水平或有所减少	主要污染物排放总量比 2000 年减少 10%	SO_2 和 COD 比 2005 年减少 10%	SO_2 和 COD 减少 8%，NOx 和 NH_3-N 减少 10%	SO_2 和 NOx 减少 15%，COD、NH_3-N 和 VOCs 减少 10%

续表

实施阶段	“九五”计划以前	“九五”时期	“十五”时期	“十一五”时期	“十二五”时期	“十三五”时期
政策实施情况	—	基本实现	未能实现	完全实现	基本实现	—
控制污染物减排情况	—	SO_2 增加5.5%，工业 SO_2 增加15.0%；工业COD减少8.2%；工业烟(粉)尘增加38.5%；工业固体废物增加42.1%	SO_2 增加27.8%，工业 SO_2 增加22.6%；COD减少2.1%，工业COD减少21.3%；烟尘增加1.5%，工业烟(粉)尘减少17.7%；工业固体废物减少48.1%	SO_2 减少14.3%，工业 SO_2 减少5.9%；COD减少12.5%，工业COD减少21.6%	SO_2 减少14.9%，工业 SO_2 减少16.5%；COD增加79.6%，工业COD减少32.5%；NH_3-N增加91.1%，工业 NH_3-N减少20.3%	—
非控制污染物减排情况	—	—	—	烟尘减少37.5%，工业烟(粉)尘减少29.9%；NH_3-N减少19.7%，工业 NH_3-N减少48.1%；工业固体废物减少69.9%	工业烟(粉)尘增加17.2%	—

注：笔者根据各时期国民经济和社会发展五年计划（规划）纲要及节能减排综合性工作方案所得，主要污染物减排数据根据《中国统计年鉴》《中国环境年鉴》《中国环境统计年鉴》各年数据计算得到。

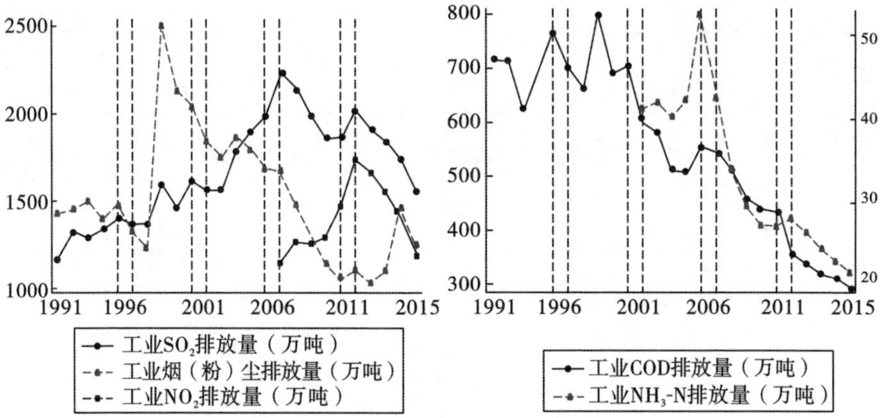

图 4.2　主要污染物工业排放总量变化趋势（1991—2015 年）①

注：数据来源于 1992 年至 2016 年《中国统计年鉴》、1992 年至 2016 年《中国环境年鉴》、2005 年至 2016 年《中国环境统计年鉴》。

由此不难得出，“十一五”规划首次实施约束性污染物排放总量控制，是中国生态环境保护的重要里程碑，其减排成效是历次五年计划（规划）中表现最好的。具体而言，“十一五”约束性减排目标计划设定二氧化硫和 COD 两种污染物全国排放总量减少 10%的减排目标，国家环境保护总局（现为生态环境部）与 31 个省（区、市）、5 个国家计划单列市②政府和新疆生产建设兵团签订《“十一五”主要污染物总量削减目标责任书》，设定各地区排放总量控制目标，各省（区、市）③ 二氧化硫减排目标如图 4.3 所示。随后《国务院关于印发节能减排综合性工作方案的通知》（国发〔2007〕15 号）、《“十一五”主要污染物总量减排核查办法（试行）》（环发〔2007〕124 号）、《国务院批转节能减排统计监测及考核实施方案和办法的通知》（国发〔2007〕36 号）相继出台，标志着中国主要污染物减排进入目标治理新阶段。

---

① 所有行业口径的排放总量数据在较长时间窗口中有缺失值，所以仅给出工业口径排放数据的变化趋势。

② 包括辽宁省大连市、浙江省宁波市、福建省厦门市、山东省青岛市和广东省深圳市。

③ 考虑到样本的可比性与数据的可获得性，本研究仅分析省级层面，这样相当于把 5 个国家计划单列市和新疆生产建设兵团纳入所属省份作为一个整体对待。事实上，中央在设定这 6 个地区所属省份的减排目标时，先将其作为一个整体设定一个减排目标，然后再对这 6 个地区单独设定一个减排目标，这相当于所属省份对这 6 个地区的自下分解权移交给中央。

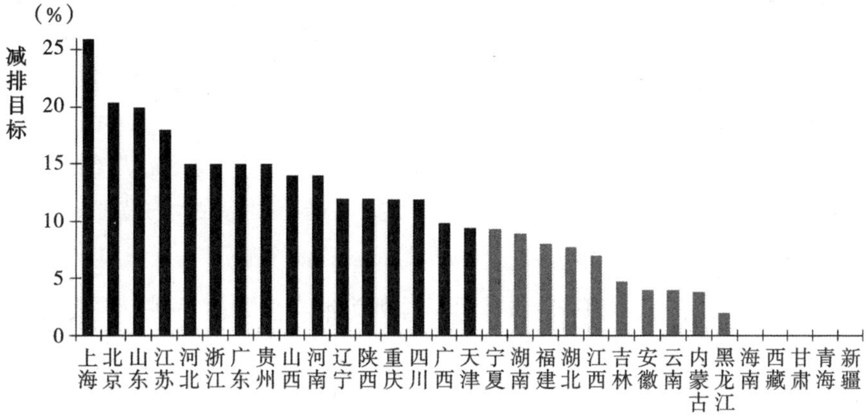

图 4.3　各省（区、市）二氧化硫减排目标

注：资料来源于《国务院关于"十一五"期间全国主要污染物排放总量控制计划的批复》（国函〔2006〕70 号）。

"十一五"时期污染物减排目标的最终确定大致经过"国家意见—地方制定—国家批复"三个环节。首先，国务院颁布《国务院关于加强国民经济和社会发展规划编制工作的若干意见》（国发〔2005〕33 号），确定以地方政府为主导的、自下而上的指标编制过程。接着，各省（区）、国家计划单列市和新疆生产建设兵团结合"十五"期间全国排放总量降低 10%的总量控制要求与本地区的减排实际情况，编制本地区"十一五"规划的减排目标。然后，国家发布"十一五"规划全国的减排目标，并于 2006 年 8 月颁布《国务院关于"十一五"期间全国主要污染物排放总量控制计划的批复》（国函〔2006〕70 号），将全国总体控制目标分解至各省（区、市）、国家计划单列市和新疆生产建设兵团。最后，各地区将约束性减排目标纳入本地区经济社会发展"十一五"规划并制订年度计划，分解到市（地）、县，落实到具体的排污单位。

在地方设定减排目标阶段，共有 58.1%的省（区、市）明确设定减排目标，这其中有 55.6%的省（区、市）被中央调高减排目标，所以整个编制过程实际仍以中央政府为核心（宋雅琴等，2007）。为进一步保障污染物排放总量控制的顺利实施，"十一五"规划特别引入严格的环保考核。《国务院关于落实科学发展观加强环境保护的决定》（国发〔2005〕39 号），首次提出要把环境保护纳入领导班子和领导干部考核的重要内容，并将考核情况作为干部选拔任用和奖惩的依据之一。《国务院批转节能减排统计监测及考核实施方案和办法的通知》(国发〔2007〕36 号) 和《主要污染物总量减排考核办法》明确指出，主要污染物总量减排考核要依照《体现科学发展观要求的地方党政领导班子和领导干部综合考核评价试行办法》的规定，作为对各省、自治区、直辖市人民政府领导班子和领导干部综合考核，实施严格的问责制与“一票否决”制。这一系列做法，意味着从“十一五”规划开始，地方政府将面临巨大的减排压力。

(2) 理论分析与典型事实

本研究以“十一五”约束性减排目标计划为准自然实验识别中国式减排，具有时间和空间上的合理性。首先，在时间上，如表 4.1 和图 4.2 所示，“十一五”约束性减排目标计划是历次五年计划（规划）中减排效果最好的、最能反映中国式减排的环保目标治理政策，这得益于在目标考核制度与减排实施途径等方面做出的空前变革。其次，在空间上，现有关于环境政策的研究多集中于“两控区”及排污权交易机制等试点政策，这些试点政策的实施地区比较有限，而“十一五”约束性减排目标计划是一项面向全国各地区的政策，评估其减排效果可以对全国性环境政策的研究提供参考。

不仅如此，“十一五”约束性减排目标计划综合考虑各地区的主要污染物排放水平、环境容量与经济发展水平，设定差异化的减排目标，如图 4.3 和表 4.2 所示，二氧化硫减排目标最高的上海高达 25.9%，最低的海南、西藏、甘肃、青海、新疆等五个省（区）仅为控制排放总量不变。不同地区在面临差异化的环境规制强度时必然会作出不同反应，“十一五”期间二氧化硫减排率最高的北京达到 39.8%，其中工业实际减排率高达 45.7%，海南、西藏、青海、新疆不但没能控制总量不变，还增加了二氧化硫排放量。于是，通过考察不同地区的应对措施，我们可以进一步分析环保目标治理下分地区设计约束性目标的规范性，这有利于制定生态平衡下区域发展的宏观战略。总体而言，以“十一五”约束性减排目标计划为例，考察中国式减排的特征与源泉，不失为理想的选择。

①约束性目标下的污染减排

环保目标治理以目标责任制为最根本的依托。目标责任制常被应用在一些重要任务上，它的主要结构特征是：下级党委和政府为主要责任人，上级党委、政府是考核主体。将责任人的工作表现与其福利、待遇等挂钩，能够激发责任人的工作积极性，给予责任人强烈的任务完成动机。考核指标一般能用数字进行量化和评估，具有明确、精准、可比的特征。在污染物减排指标设定中便是如此：各项指标依照权责等级逐级细致分解，下一层级的责任主体与上一层级的考核主体（各级党委的书记和政府的行政一把手）之间通过签订目标责任书，作为在考核期末对下一级党委的书记和政府的行政一把手进行考评和奖惩的主要依据。在以往的、单一以 GDP 增长为主的绩效考核体系中，地方政府为了追求经济增长而牺牲环境的做法层出不穷。相比其他环保政策，基于目标责任制的“十一五”污染总量控制计划在评优活动中具有“一票否决”的“权利”，这能够有效地改善地区环境质量、减少污染行为。这是因为官员在其职业生涯中执政的根本动机是其政治晋升的机会，这种来自晋升的激励在现实生活中往往更为直接。尽管他们依旧关心地方的经济建设，但却不得不抽出相当的精力来应对环境保护这一硬性指标。因此，将环境保护绩效融入政治激励中，能影响官员晋升，从而激励官员重视环保问题。

表 4.2 各省（区、市）SO_2 减排的央地目标设定与完成情况（%）

省（区、市）	是否自设减排目标	地方设定减排目标	中央设定减排目标	央地减排目标差异	加码水平	实际减排率	目标完成水平	工业实际减排率
北京	否	—	20.4	—	—	39.8	19.4	45.7
天津	是	9.4	9.4	0.0	0.0	11.3	1.9	9.5
河北	是	15.0	15.0	0.0	0.0	17.5	2.5	22.4
山西	否	—	14.0	—	—	17.6	3.6	4.4
内蒙古	否	—	3.8	—	—	4.3	0.5	7.9
辽宁	是	5.0	12.0	7.0	140.0	14.6	2.6	10.6
吉林	是	16.5	4.7	−11.8	−71.5	6.8	2.1	2.3
黑龙江	是	10.0	2.0	−8.0	−80.0	3.5	1.5	3.2
上海	是	35.0	25.9	−9.1	−26.0	30.2	4.3	41.1
江苏	是	5.0	18.0	13.0	260.0	23.5	5.5	23.6
浙江	是	13.0	15.0	2.0	15.4	21.2	6.2	21.3
安徽	否	—	4.0	—	—	6.8	2.8	6.0
福建	否	—	8.0	—	—	11.3	3.3	10.9
江西	否	—	7.0	—	—	9.1	2.1	15.1
山东	是	10.0	20.0	10.0	100.0	23.2	3.2	19.4

续表

省（区、市）	是否自设减排目标	地方设定减排目标	中央设定减排目标	央地减排目标差异	加码水平	实际减排率	目标完成水平	工业实际减排率
河南	是	10.0	14.0	4.0	40.0	17.6	3.6	20.9
湖北	否	—	7.8	—	—	11.7	3.9	17.6
湖南	是	10.0	9.0	−1.0	−10.0	12.8	3.8	17.0
广东	是	10.0	15.0	5.0	50.0	18.8	3.8	22.4
广西	否	—	9.9	—	—	11.6	1.7	13.0
海南	是	5.0	0.0	−5.0	−100.0	−31.8	−31.8	−27.3
重庆	否	—	11.9	—	—	14.1	2.2	16.1
四川	是	2.9	11.9	9.0	310.3	12.9	1.0	17.8
贵州	否	—	15.0	—	—	15.4	0.4	3.2
云南	是	−1.0	4.0	5.0	—*	4.0	0.0	−2.6
西藏	否	—	0.0	—	—	−100.0	−100.0	0.0
陕西	是	5.0	12.0	7.0	140.0	15.5	3.5	11.6
甘肃	是	9.5	0.0	−9.5	−100.0	2.0	2.0	12.6
青海	否	—	0.0	—	—	−15.3	−15.3	−15.7
宁夏	是	5.0	9.3	4.3	86.0	9.3	0.0	7.3
新疆	否	—	0.0	—	—	−13.3	−13.3	−48.9

注：笔者根据《国务院关于“十一五”期间全国主要污染物排放总量控制计划的批复》（国函〔2006〕70号）与2006年、2011年《中国环境年鉴》整理得到。央地减排目标差异＝中央设定减排目标－地方设定减排目标；加码水平＝央地目标差异/地方设定减排目标×100%，由于云南自设减排目标为增排，故加码水平标记为缺失值，在后续回归中也将不予考虑，特用*标注；实际减排率＝（2005年地区SO_2排放量－2010年地区SO_2排放量）/2005年地区SO_2排放总量×100%；目标完成水平＝实际减排率－中央设定减排目标；工业实际减排率＝（2005年工业SO_2排放量－2010年工业SO_2排放量）/2005年工业SO_2排放总量×100%；工业超额减排水平＝工业实际减排率－中央设定减排目标。

典型事实方面，从图4.3和表4.2我们可以看出，“十一五”规划在不同地区实施着差异化的二氧化硫减排目标，这也最终导致差异更大的减排效果。31

个省（区、市）减排目标的标准差为6.8%，实际减排率的标准差高达23.9%，直逼“十一五”规划设定的省（区、市）最高减排目标（上海25.9%），工业实际减排率的标准差达到17.6%，仅低于上海（25.9%）、北京（20.4%）、山东（20.0%）和江苏（18.0%）4个省（市）的减排目标。因此，在不同约束性减排目标下，各地区会呈现出不同的减排特征。更进一步地，笔者以全国约束性减排目标10%[①]对29个省（区、市）（西藏、青海除外）进行分组，绘制不同地区二氧化硫排放量的变化趋势（见图4.4）。我们不难发现，无论是全行业二

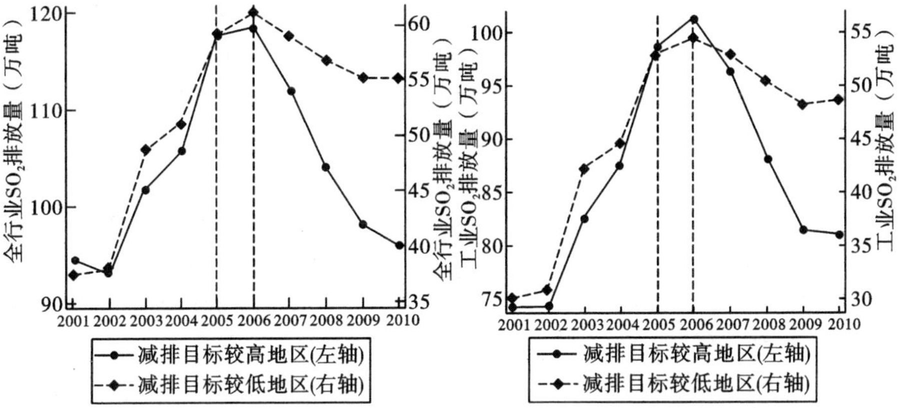

图4.4　不同约束性目标地区 SO_2 排放量的变化趋势（2001—2010年）

注：数据来源于2002年至2011年《中国环境年鉴》，为与后续回归统一，未包含西藏和青海。

氧化硫排放量，还是工业二氧化硫排放量，两类地区在“十五”期间均逐年增加，且变化趋势基本保持一致；进入“十一五”时期后，两类地区均开始逐年减少，但相比于减排目标较低的地区，减排目标较高的地区下降更快。进一步考察“十一五”期间约束性目标与全行业实际减排率、工业实际减排率的关系（见附录五），我们可以得出加强约束性目标与减排效果呈正相关的结论。因此，减排目标较高的地区面临更大的环境规制强度，相比之下被问责或“一票否决”的风险也越高，因此更有动力做好减排工作。

① 使用全国约束性减排目标10%进行分类笔者有两方面考虑：其一，在数值上接近中位数，剔除西藏、青海后，29个省（区、市）约束性目标的中位数为广西的9.9%；其二，根据图4.3，约束性目标从广西到四川存在一个明显上升“阶梯”，将广西纳入减排地区较低地区更为合理。

基于上述理论分析以及典型事实依据，本研究提出假设 4.1：

假设 4.1：差异化的约束性减排目标会导致差异更大的减排效果，约束性目标越高，“十一五”约束性减排目标计划的减排效果越明显。

②减排中的中央“加码”压力

在地方经济增长目标设定中存在一种典型的、地方自发的“层层加码”现象(周黎安等，2015；余泳泽等，2019)，与之相反，在地方约束性减排目标设定中存在一种自上向下的、地方“被迫加码”的现象。在目标责任制中，目标的设定和分解采用自上而下、集中化的方式，上级机关确立总目标，并分解和细化为具体的指标，各项指标依照等级自上而下分解，并在层级责任主体之间签订目标责任书。具体而言，各地区倾向于先设定一个较低的减排目标，然后中央在批复阶段会有意进行调整。在 18 个设定明确减排目标的省（区、市）中，有一半省（区、市）设定低于全国 10%的减排目标，其中云南设定 1%的增排目标。最终经中央批复调整后，有 55.6%的省（区、市）被中央调高减排目标，11.1%的省（区、市）维持不变，33.3%的省（区、市）被中央调低减排目标，约束性减排目标平均水平从 9.7%调高到 11.0%。因此，中央和地方在设定减排目标上存在显著差异，而这一差异可能使得地方表现出不同的减排特征。

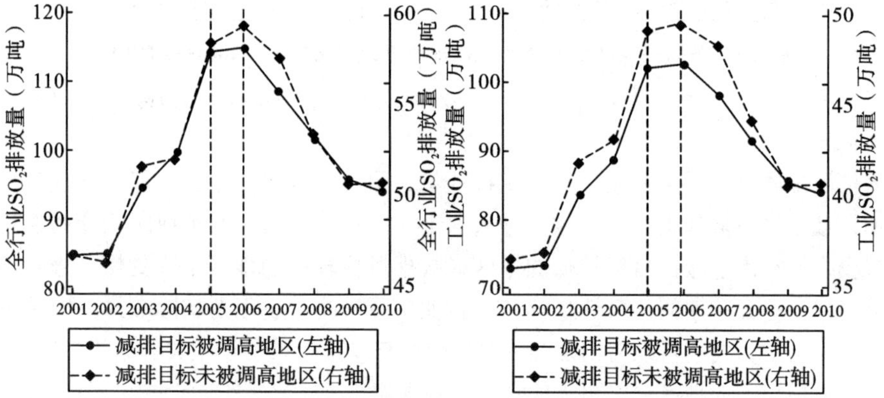

图 4.5 中央是否调高地方减排目标与二氧化硫排放量的变化趋势（2001—2010 年）

注：数据来源于 2002 年至 2011 年《中国环境年鉴》。

典型事实方面，根据表 4.2，江苏被中央调高 2.6 倍，“加码压力”使其实现仅次于北京的减排效果，实际减排率达到 23.5%，工业二氧化硫实际减排率也达到23.6%；海南被中央调低为控制排放总量不变，但是其二氧化硫排放量却增排31.8%，工业二氧化硫也增排27.3%。整体而言，被中央调高减排目标的地区无论是在目标完成，还是减排效果方面，均要明显优于被中央调低的地区。相比于中央设定目标，被中央调高减排目标的地区平均多减排2.9%，被中央调低减排目标的地区平均还有3.0%的减排任务未完成。被中央调高减排目标地区的实际减排率是被中央调低减排目标地区的4.1倍，工业二氧化硫实际减排率是1.9倍。更进一步地，本研究以是否调高约束性减排目标进行分组，绘制不同地区二氧化硫排放量的变化趋势（见图4.5）。我们可以发现，无论是全行业二氧化硫排放量，还是工业二氧化硫排放量，两类地区在“十五”期间均逐年增加，且变化趋势基本保持一致；进入“十一五”时期后，两类地区均开始逐年减少，但相比于未被中央调高减排目标的地区，被中央调高减排目标的地区下降速度更快，而从2009年开始，两类地区下降速度趋同。

同时，本研究以是否明确设定约束性减排目标进行分组，比较这两类地区的减排差异。相比于中央设定目标，明确设定减排目标的地区平均多减排0.9%，未明确设定减排目标的地区平均还有6.8%的减排任务未完成。明确设定减排目标地区的实际减排率是未明确设定减排目标地区的11.8倍，工业实际减排率是2.2倍。更进一步，本研究绘制这两类地区二氧化硫排放量的变化趋势（见图4.6）。我们可以发现，无论是全行业二氧化硫排放量，还是工业二氧化

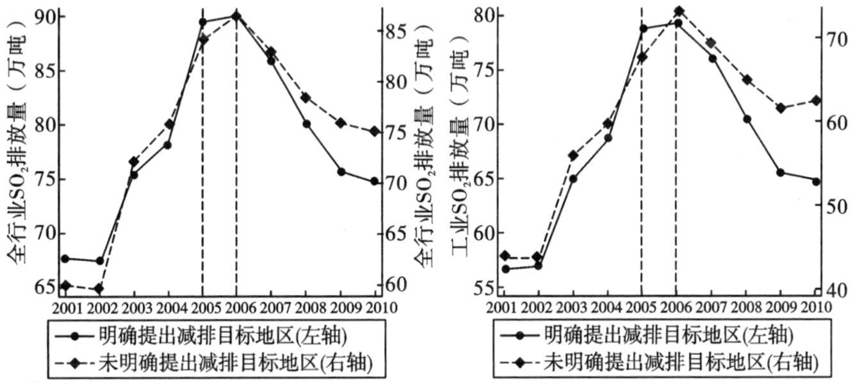

图4.6　地方是否明确减排目标与二氧化硫排放量的变化趋势（2001—2010年）

注：数据来源于2002年至2011年《中国环境年鉴》，为与后续回归统一，未包含西藏和青海。

化硫排放量，两类地区在“十五”期间均逐年增加，且变化趋势基本保持一致；进入“十一五”时期后，两类地区均开始逐年减少，但相比于未明确设定减排目标的地区，明确设定减排目标的地区下降速度更快。此外，将未明确设定减排目标地区的央地目标差异设为0，进一步考察“十一五”期间央地目标差异与全行业实际减排率、工业实际减排率的相关关系（见附录五），我们可以得出加强央地减排目标差异与减排效果呈正相关的结论。因此，被中央调高减排目标的省（区、市）面临较高的“加码压力”，其受到的环境规制强度将更大，因此更有动力做好减排工作。

基于上述理论分析以及典型事实依据，本研究提出假设 4.2：

假设 4.2：相比于未明确提出减排目标的省（区、市），明确提出减排目标的省（区、市）二氧化硫减排效果更明显，而在明确提出减排目标的省（区、市）中，中央“加码压力”越大，减排效果越明显。

③污染减排中的超额完成意愿

对于地方官员而言，政治晋升之路就如同一个逐级淘汰的政治锦标赛，为了晋级下一轮的竞争，必须保证本轮的胜利。晋升的机会是有限的、择优的，地方官员面临一批竞争对手，为了成功晋升，他们必须在相应的考核标准下比其他竞争者交出更好的“成绩单”。因而长久以来，在以 GDP 为核心的目标考核制度下，在地方经济增长目标实现中，各级地方官员为了获得更高的晋升和连任概率，都会力争完成甚至超额完成“自上而下”“层层加码”的经济绩效目标（周黎安等，2015；余泳泽等，2019）。环保目标责任制也是如此，环境治理表现与官员的政治利益和经济利益密切相关，为各级官员提供了努力完成环保减排任务的动机。从激励的角度来说，各个省（区、市）的指标完成表现存在同级别、同时期的差距，这就为中央在对省级党委、政府的选拔与考核中的相对绩效评估提供了依据，并进而形成了一套完善、有效、具备竞争性的“晋升锦标赛”激励机制。

从表 4.2 我们可以看出，在地方约束性减排目标方面，也存在一定的超额完成情况。具体来看，仅海南、西藏、青海和新疆四个省（区）未完成目标，云南和宁夏刚好完成目标，其余 25 个省（区、市）均超额完成目标。进一步分析我们可以发现，超额完成目标地区，有着较强的目标完成意愿，减排效果要明显优于未超额完成目标地区。未超额完成目标地区的减排目标均为控制排放总量不变，其减排效果也均为二氧化硫增排。同时，目标完成意愿越高地区的减排效果也越好，北京超额完成 19.4%的减排，达到全国最高的实际减排率 39.8%。

典型事实方面，本研究以是否超额完成目标进行分组，绘制不同地区二氧化硫排放量的变化趋势（见图 4.7）。我们可以发现，无论是全行业二氧化硫排放量，还是工业二氧化硫排放量，两类地区在“十五”期间均逐年增加，其中全行业二氧化硫排放量的变化趋势基本保持一致；进入“十一五”时期后，未超额完成目标地区仍保持逐年上升趋势，而超额完成目标地区开始逐年减少。进一步考察“十一五”期间目标完成意愿与全行业实际减排率、工业实际减排率的关系（见附录五），我们可以得出加强目标完成意愿与减排效果呈正相关的结论。

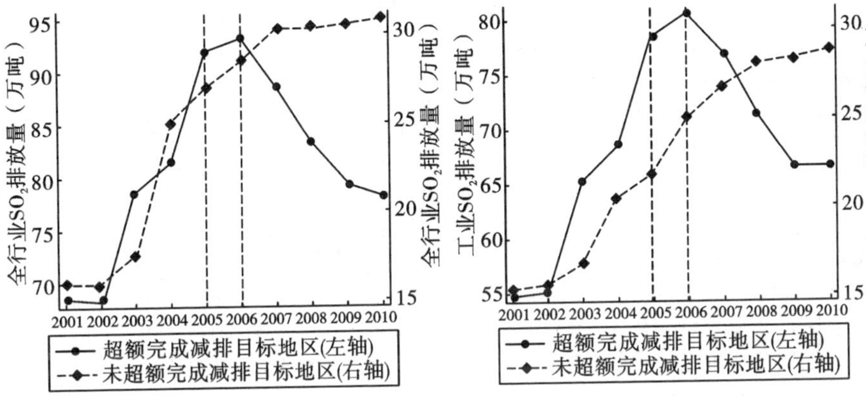

图 4.7　不同目标完成意愿地区二氧化硫排放量的变化趋势（2001—2010 年）

注：数据来源于 2002 年至 2011 年《中国环境年鉴》，为与后续回归统一，未包含西藏和青海。

基于上述理论分析以及典型事实依据，本研究提出假设 4.3：

假设 4.3：目标完成意愿越强，“十一五”约束性减排目标计划的减排效果越明显。

④不同约束性目标下的源头与末端减排特征

“十一五”约束性减排目标计划强调污染减排的环节，尤其是源头治理的重要性，比如《国务院关于“十一五”期间全国主要污染物排放总量控制计划的批复》（国函〔2006〕70 号）明确提出“从源头上减少污染”。为探讨不同约束性目标下源头与末端的减排特征，本研究以工业为例[①]，用工业二氧化硫产生量反映源头治理的结果，用工业二氧化硫去除率反映末端治理的效果。使用全国约束性减排目标10%进行分组，绘制不同约束性减排目标下工业二氧化硫产生量与工业二氧化硫去除率的变化趋势（见图4.8）。我们可以发现，无论是工业二氧化硫产生量，还是工业二氧化硫去除率，两类地区在“十五”期间均逐年增加，且变化趋势基本保持一致；进入“十一五”时期后，两类地区仍逐年增加，但相比于减排目标较低的地区，减排目标较高的地区工业二氧化硫产生量与工业二氧化硫去除率增速更快，尤其是工业二氧化硫去除率还反超减排目标较低地区的水平。考虑到污染物排放量由产生量与去除率共同决定，结合典型事实，我们可以得出减排目标较高地区的减排效果主要仍来自末端治理，即提升去除率。

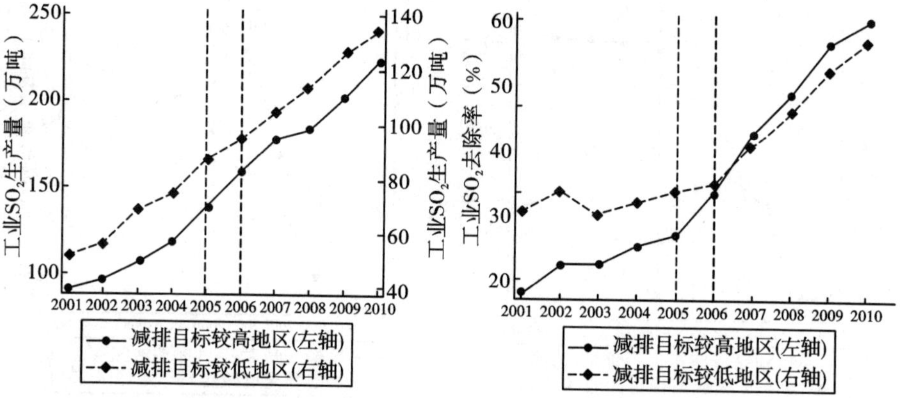

图4.8　不同约束性目标地区工业二氧化硫产生量与工业二氧化硫去除率的变化趋势

注：数据来源于2002年至2011年《中国环境年鉴》，去除率由笔者计算所得，因数据缺失，未包含西藏和青海。

基于上述理论分析以及典型事实依据，本研究提出假设4.4：

假设4.4：“十一五”期间的二氧化硫减排成效主要得益于末端治理。

4.2.2　研究设计与数据选取

（1）研究设计与计量模型

从前面的典型事实我们可以看出，“十一五”约束性减排目标计划使二氧化

① 受数据可获性的限制，仅能得到各地区工业口径的相关数据。

硫排放在时间和空间上均发生显著变异，时间上首次实施约束性减排目标使二氧化硫绝对减排，空间上实施地区差异化的约束性减排目标而使各地区呈现差别迥异的减排特征。同时，各地区约束性减排目标的设定主要由中央政府决定(宋雅琴等，2007)，受地区决策的影响较小，因此具备一定的随机性，可以说是一次良好的准自然实验。目前，有越来越多的文献利用这一点，使用倍差法对“十一五”约束性减排目标计划展开各类评估（Chen et al.，2018)。不同于之前的文献，本研究不仅想识别“十一五”约束性减排目标计划的减排效应，还想捕捉在中央“加码压力”或目标完成意愿的影响下，“十一五”约束性减排目标计划的减排特征，以探寻“十一五”规划环保目标治理究竟如何促进污染减排。于是，本研究根据典型事实，构建了三组与环保目标治理有关的基准回归模型：

$$\ln y_{it} = \beta_0 + \beta_1 reg_i \times post_t + \lambda \ln X_{it} + \delta_i + \eta_t + \mu_{it} \tag{4.1}$$

$$\ln y_{it} = \beta_0 + \beta_1 diff_i \times post_t + \lambda \ln X_{it} + \delta_i + \eta_t + \mu_{it} \tag{4.2}$$

$$\ln y_{it} = \beta_0 + \beta_1 beyond_i \times post_t + \lambda \ln X_{it} + \delta_i + \eta_t + \mu_{it} \tag{4.3}$$

其中，下标 i 表示 29 个省（区、市），t 表示年份，μ_{it} 表示随机扰动项。被解释变量 y_{it} 表示各省（区、市）全行业二氧化硫排放量和工业二氧化硫排放量，同时为确保被解释变量选取的稳健性，本研究还将使用人均全行业二氧化硫排放量和人均工业二氧化硫排放量。在核心解释变量中，$post_t$ 为虚拟变量，当年份处于“十一五”期间（2006—2010 年）时为 1，处于“十五”期间(2001—2005 年）时为 0；在模型（4.1）中，reg_i 表示各省（区、市）“十一五”规划二氧化硫的减排目标，用中央设定减排目标度量，与 $post_t$ 进行交互，其回归系数表示“十一五”规划在不同约束性目标下二氧化硫减排效应的差异；在模型（4.2）中，$diff_i$ 表示各省（区、市）“十一五”规划二氧化硫减排的央地目标差异，用中央设定减排目标与地方设定减排目标的差值除以地方设定减排目标度量①，与 $post_t$ 进行交互，其回归系数表示“十一五”规划在不同央地目标差异下二氧化硫减排效应的差异；在模型（4.3）中，$beyond_i$ 表示各省（区、市）“十一五”规划二氧化硫的目标完成意愿，用实际减排率与中央设定

① 需要说明的是，对于未明确设定减排目标的省（区、市），本研究认为其没有受到来自中央的“加码压力”，具体理由见典型事实，因此将其 $diff_i$ 设为 0。此外，云南设定减排目标为二氧化硫增加量不超过 10%，很难准确定义其“加码压力”，因此在该组回归中将不予考虑。

减排目标的差值度量，与 $post_t$ 进行交互，其回归系数表示“十一五”规划在不同目标完成意愿下二氧化硫减排效应的差异。

同时，为剔除其他因素可能对识别“十一五”约束性减排目标计划减排效应的干扰，本研究引入省级层面控制变量 X_{it}，具体包括地区生产总值、人均生产总值、重工业比重。此外，还将控制省（区、市）固定效应（δ_i）和年份固定效应（η_t），为防止共线性，不再单独引入是否为“十一五”期间的时间虚拟变量 $post$ 以及约束性目标 reg_i、央地目标差异 $diff_i$、目标完成意愿 $beyond_i$ 等省份固定变量。

（2）变量设定与数据来源

本研究选取 2001 年至 2010 年 29 个省（区、市）的平衡面板数据，由于西藏、青海缺失数据较多，这里不予考虑。各类数据来自 2001 年至 2010 年《中国统计年鉴》《中国工业统计年鉴》《中国环境年鉴》和《中国工业企业数据库》。根据以上模型设定的介绍，本研究对被解释变量、核心解释变量、控制变量，以及随后的机制分析所需变量的设定，如表 4.3 所示。

表 4.3　变量解释

变量分类	变量名	变量符号[①]	变量解释
被解释变量	SO_2 排放量	SO_2	报告期内 SO_2 排放总量或工业企业 SO_2 排放量
	人均 SO_2 排放量	SO_2p	SO_2 排放量÷地区常住总人口
核心解释变量	反映政策的交互项	$reg \times post$	约束性目标×是否属于“十一五”期间
		$diff \times post$	（中央设定减排目标÷地方设定减排目标－1）×是否属于“十一五”期间
		$beyond \times post$	（实际减排率－中央设定减排目标）×是否属于“十一五”期间

① 本书中变量符号的含义仅在同章的同一节相同，含义可见对应章节中变量的中文释义。不同章的不同节中，相同的变量符号代表的含义可能有所不同。

续表

变量分类	变量名	变量符号	变量解释
控制变量	不变价 GDP	*gdp*	地区不变价 GDP（以 2001 年为基期）
	不变价人均 GDP	*gdpp*	地区不变价 GDP÷地区常住总人口
	重工业比重	*heavy_rate*	重工业产值÷工业总产值
减排特征分析	工业 SO_2 产生量	*prod*	工业 SO_2 排放量＋工业 SO_2 去除量
	工业 SO_2 排放率	*emi_rate*	工业 SO_2 排放量÷工业 SO_2 产生量
	工业 SO_2 去除率	*eli_rate*	工业 SO_2 去除量÷工业 SO_2 产生量
减排源泉分析	环境污染治理投资	*env_inv*	建设项目“三同时”环保投资＋工业污染源治理投资
	建设项目“三同时”环保投资	*thr_inv*	实际执行“三同时”建设项目的环保设施投资额
	工业污染源治理投资	*poll_inv*	报告期内企业实用于环境治理项目的资金额
	环境污染治理投资效率	*envinv_eff*	工业 SO_2 排放量÷环境污染治理投资
	建设项目“三同时”环保投资效率	*thrinv_eff*	工业 SO_2 产生量÷建设项目“三同时”环保投资
	工业污染源治理投资效率	*pollinv_eff*	工业 SO_2 去除量÷工业污染源治理投资
	地方环保法规累计颁布数	*law*	2001 年开始累计的地方环保法规颁布数
	地方环保行政规章累计颁布数	*rule*	2001 年开始累计的地方环保行政规章颁布数
	单位 GDP 环境行政处罚案件数	*publish*	地区环境行政处罚案件数÷地区不变价 GDP
	单位被征企业排污费	*poll_fee*	地区排污费÷缴纳排污费企业数

笔者对所用各类变量进行以下数据处理。其一，价格平减。使用 2001 年 GDP 与 2002 年至 2010 年 GDP 指数，得到以 2001 年为基期的不变价 GDP；使用 2001 年至 2010 年固定资产投资指数，对建设项目“三同时”环保投资、工业污染源治理投资、环境污染治理投资、固定资产投资进行价格平减，以得到以 2001 年为基期的不变价变量。其二，部分变量的计算。由于《中国环境年

鉴》未对2001年至2010年工业二氧化硫产生量数据进行统计，使用公式“污染产生量=污染排放量+污染去除量”进行计算；环境污染治理投资包括城市环境基础设施建设投资、工业污染源治理投资与建设项目“三同时”环保投资三大部分，但考虑到城市环境基础设施建设投资主要用于燃气、集中供热、排水、园林绿化与市容环境卫生等公共服务，因此可以不纳入本研究探讨的环保投资中（赵连阁等，2014），为此本研究加总工业污染源治理投资与建设项目“三同时”环保投资得到环境污染治理投资；累计环境规章数和行政法规数由本研究根据各年新增数据累计计算得到。其三，缺失值填补。本研究使用线性插值法对于极少量缺失值进行填补。通过以上这些数据处理，我们可以得到各类变量的描述性统计（见表4.4）。

表4.4　各类变量的统计描述

变量	观察数	平均值	标准差	最小值	最大值
全行业 SO_2 排放量（万吨）	290	77.24	44.83	2.00	200.30
工业 SO_2 排放量（万吨）	290	65.07	38.92	1.93	171.50
工业 SO_2 产生量（万吨）	290	119.71	80.17	2.32	453.60
工业 SO_2 排放率（%）	290	61.33	0.21	17.32	96.19
工业生产工艺阶段 SO_2 排放量（万吨）	290	9.94	7.27	0.09	28.50
工业生产工艺阶段 SO_2 产生量（万吨）	290	36.09	33.74	0.30	176.80
工业生产工艺阶段 SO_2 排放率（%）	290	41.82	0.24	3.35	93.62
工业燃料燃烧阶段 SO_2 排放量（万吨）	290	55.05	34.36	1.70	156.60
工业燃料燃烧阶段 SO_2 产生量（万吨）	290	83.55	64.47	1.84	372.40
工业燃料燃烧阶段 SO_2 排放率（%）	290	73.22	19.38	0.21	99.66
地区不变价生产总值（亿元）	290	6636.64	5805.88	298.38	31723.63
地区人均不变价生产总值（万元）	290	1.56	1.06	0.29	6.24
重工业比重（%）	290	72.20	10.81	39.82	95.43
环境治理投资额（亿元）	290	31.51	33.87	0.56	323.52
建设项目“三同时”投资额（亿元）	290	20.40	28.46	0.10	311.96
工业污染治理项目投资额（亿元）	290	11.11	10.35	0.10	64.41
地区累计颁布的环境法规（件）	290	5.00	5.56	0.00	33.00
地区累计颁布的环境行政规章（件）	290	9.49	10.82	0.00	51.00

续表

变量	观察数	平均值	标准差	最小值	最大值
单位 GDP 行政处罚案件数（件/亿元）	290	0.51	0.58	0.01	5.02
单位被征企业排污费（万元/个）	290	2.63	2.69	0.27	18.21
工业烟（粉）尘排放量（万吨）	290	51.27	36.01	1.40	155.00
工业烟（粉）尘产生量（万吨）	290	1099.58	825.08	48.37	4411.20
工业烟（粉）尘排放率（%）	290	5.68	0.04	0.72	21.84
工业烟尘排放量（万吨）	290	25.98	18.94	0.70	87.80
工业烟尘产生量（万吨）	290	822.20	671.90	30.03	3625.10
工业烟尘排放率（%）	290	3.93	0.03	0.61	21.13
工业粉尘排放量（万吨）	290	25.29	19.28	0.70	76.90
工业粉尘产生量（万吨）	290	277.37	233.76	4.90	2589.80
工业粉尘排放率（%）	290	11.42	0.08	0.49	45.52
全行业 COD 排放量（万吨）	290	45.99	26.92	6.60	111.90
工业 COD 排放量（万吨）	290	17.36	13.43	0.50	69.30
工业 COD 产生量（万吨）	290	57.25	52.64	3.58	261.34
工业 COD 排放率（%）	290	36.30	0.17	7.80	92.56
生活 COD 排放量（万吨）	290	28.63	16.81	1.90	88.90

注：笔者根据各类统计年鉴中的数据整理得来。

4.2.3 实证结果与分析

(1) 环保目标治理促进污染减排的整体分析

①基准回归

本研究根据模型（4.1）、（4.2）、（4.3）所示的倍差法，首先给出“十一五”约束性减排目标计划对全行业二氧化硫排放量和工业二氧化硫排放量的整体效应结果（见表 4.5）。随着约束性目标的提高，“十一五”约束性减排目标计划对全行业二氧化硫排放量和工业二氧化硫排放量的减排效应均会得到显著提高。随着中央“加码压力”的提高，“十一五”约束性减排目标计划对全行业二氧化硫排放量和工业二氧化硫排放量的减排效应均会得到显著提高。随着目标完成意愿的提高，“十一五”约束性减排目标计划对全行业二氧化硫排放量和工业二氧化硫排放量的减排效应均会得到显著提高。典型事实均得到实际验证。

表 4.5　基准回归结果

Panel A	ln（全行业 SO_2 排放量）	ln（全行业 SO_2 排放量）	ln（全行业 SO_2 排放量）	ln（全行业 SO_2 排放量）	ln（全行业 SO_2 排放量）	ln（全行业 SO_2 排放量）
$reg \times post$	−0.019***	−0.019***				
	(0.004)	(0.004)				
$diff \times post$			−0.039*	−0.052***		
			(0.0219)	(0.018)		
$beyond \times post$					−0.008	−0.013***
					(0.007)	(0.005)
控制变量	NO	YES	NO	YES	NO	YES
年份固定效应	YES	YES	YES	YES	YES	YES
省（区、市）固定效应	YES	YES	YES	YES	YES	YES
样本量	290	290	280	280	290	290
R^2	0.631	0.680	0.492	0.584	0.530	0.636
Panel B	**ln(工业 SO_2 排放量)**	**ln(工业 SO_2 排放量)**	**ln(工业 SO_2 排放量)**	**ln(工业 SO_2 排放量)**	**ln(工业 SO_2 排放量)**	**ln(工业 SO_2 排放量)**
$reg \times post$	−0.022***	−0.021***				
	(0.007)	(0.006)				
$diff \times post$			−0.039	−0.055**		
			(0.031)	(0.025)		
$beyond \times post$					−0.012	−0.019**
					(0.011)	(0.008)
控制变量	NO	YES	NO	YES	NO	YES
年份固定效应	YES	YES	YES	YES	YES	YES
省（区、市）固定效应	YES	YES	YES	YES	YES	YES
样本量	290	290	280	280	290	290
R^2	0.597	0.654	0.468	0.569	0.525	0.654

注：括号内为聚类到省级层面的稳健标准误，*、** 和 *** 分别表示显著性水平为10%、5%和1%。

②事件分析

一方面为检验基准回归是否满足共同趋势检验，另一方面为识别“十一五”约束性减排目标计划的时间效应，本研究进一步将约束性目标 reg_i、央地目标差异 $diff_i$、目标完成意愿 $beyond_i$ 等省（区、市）固定变量分别与各事件时间点的虚拟变量进行交互，开展事件分析。本研究选取的时间范围是 2001 年至 2010 年，所以“十一五”约束性减排目标计划的事件时间 τ 取值范围为［−5，4］，构建模型如下：

$$\ln y_{it} = \beta_0 + \sum_{\tau} \alpha_{\tau} reg_i \times year_{\tau} + \lambda \ln X_{it} + \delta_i + \eta_t + \mu_{it} \tag{4.4}$$

$$\ln y_{it} = \beta_0 + \sum_{\tau} \alpha_{\tau} diff_i \times year_{\tau} + \lambda \ln X_{it} + \delta_i + \eta_t + \mu_{it} \tag{4.5}$$

$$\ln y_{it} = \beta_0 + \sum_{\tau} \alpha_{\tau} beyond_i \times year_{\tau} + \lambda \ln X_{it} + \delta_i + \eta_t + \mu_{it} \tag{4.6}$$

其中，$year_{\tau}$ 是虚拟变量，依次与约束性目标、央地目标差异、目标完成意愿进行交互。本研究以政策开始前一年 2005 年为基期，因此 τ 不等于−1，回归系数 α_{τ} 表示与 2005 年相比，τ 时间地区排放差异是否发生显著变化。因此，如果 τ 为［−5，−2］时，回归系数 α_{τ} 不显著，则满足共同趋势假设，反之，不满足。

图 4.9 所示为“十一五”约束性减排目标计划的事件分析。我们不难发现，在区分中央“加码压力”和目标完成意愿的回归中，政策前的地区排放差异不随时间发生显著变化，满足倍差法的共同趋势假设①；在区分约束性目标的回归中，结果并非完美，2001 年至 2002 年未能通过共同趋势检验，这有可能导致前面基准回归的减排效应被高估，为此本研究采用工具变量法回归，也在稳健性部分剔除这两年的数据重新回归。观察政策实施后的减排效应，我们可以发现，随着约束性目标、中央“加码压力”和目标完成意愿的提高，“十一五”约束性减排目标计划对全行业二氧化硫排放量和工业二氧化硫排放量的减排效应均逐年增强，尤其是在区分约束性目标与目标完成意愿的回归中，减排效应基本是逐年显著加强。

① 在区分中央“加码压力”的回归中，2001 年的回归系数同样是显著的，这是由于图 4.9 显示的是置信区间为 95%的结果，实际上该回归系数在显著性水平为 10%时是不显著的。

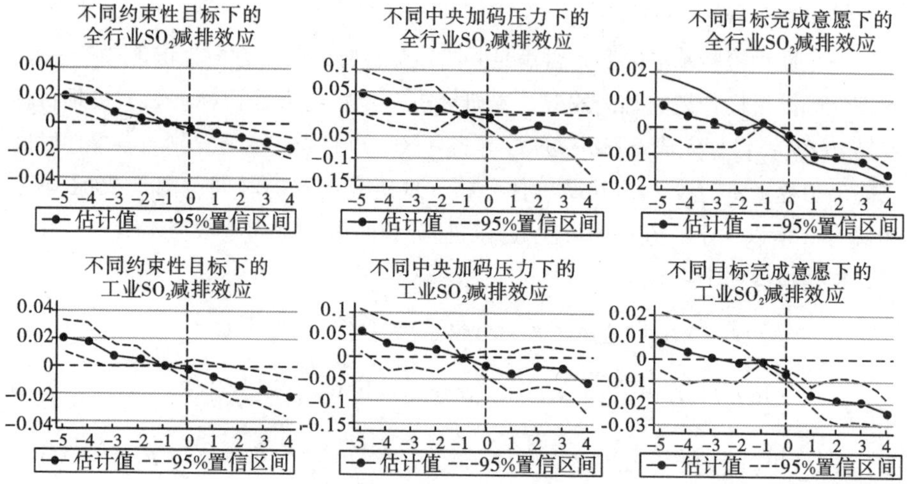

图 4.9 事件分析结果

注：笔者通过提取式（4.4）、（4.5）、（4.6）所示事件分析回归中的估计系数与 95% 的置信区间绘制上述图形。在回归中，以“十一五”规划前一年 2005 年为基期，所以在图形上实施时间－1 的估计系数为 0。为控制时间和省（区、市）的固定效应，回归采取固定效应法，在模型中加入上述模型介绍中阐述的控制变量，并使用稳健标准误。

③内生性问题

各个地区所面临的约束性减排目标最终由中央批复，各省（区、市）自主设定的目标值与中央批复的有较大差异，因此环保目标治理具备一定的随机性。尽管如此，目标编制过程中各个地区也参与了本省（区、市）约束性减排目标的制定，只是中央批复的目标受地区决策的影响较小。这依然说明了减排目标的设立可能具有一定的自选择性。本研究参考余泳泽等（2020）的做法，采用各省（区、市）的河流密度（取自然对数）与 $post_t$ 交互（$\ln River\_density * post$）作为约束性目标、中央加码压力以及超额完成意愿的工具变量。河流密度数据来自曹卫斌等（2015）的测算结果，用各地区河流和渠道的总长度与行政区面积和水域面积之差的比值表示。选用河流密度作为工具变量具有一定的现实依据：在相关性方面，企业在河流密度大的地区享有更低的交通运输成本，因此河流密度越大的地区越能够吸引企业入驻，从而具有数量和规模更为庞大的生产活动与污染行为，也同样更有可能被中央施行更为严格的环境治理手段。而地区的河流密度是一个自然地理指标，不会通过影响其他变量而影响到当地的生产活动与污染行为，满足工具变量的外生性假设条件（余泳泽等，2020；陈旭等，2019）。

从表4.6的估计结果来看，河流密度工具变量在不同约束性目标、不同中央“加码压力”和不同目标完成意愿模型下的第一阶段 Kleibergen-Paaprk Wald F 统计量（KP-Wald F 统计量）分别为66.83、16.51、31.68，均明显大于10%偏误水平下的临界值16.39，说明不存在弱工具变量问题。同时，第二阶段回归结果显示估计系数均通过了5%的显著性检验。

表4.6 工具变量回归结果

第一阶段回归变量	$reg \times post$		$diff \times post$		$beyond \times post$	
$\ln River\_density \times post$	6.037***		0.506***		4.390***	
	(0.739)		(0.124)		(0.780)	
控制变量	YES		YES		YES	
年份固定效应	YES		YES		YES	
省（区、市）固定效应	YES		YES		YES	
KP-Wald F 值	66.83		16.51		31.68	
第二阶段回归变量	ln（全行业 SO_2 排放量）	ln（工业 SO_2 排放量）	ln（全行业 SO_2 排放量）	ln（工业 SO_2 排放量）	ln（全行业 SO_2 排放量）	ln（工业 SO_2 排放量）
$reg \times post$	−0.014***	−0.023***				
	(0.004)	(0.006)				
$diff \times post$			−0.158**	−0.261***		
			(0.065)	(0.094)		
$beyond \times post$					−0.020***	−0.031***
					(0.006)	(0.006)
控制变量	YES	YES	YES	YES	YES	YES
年份固定效应	YES	YES	YES	YES	YES	YES
省（区、市）固定效应	YES	YES	YES	YES	YES	YES
样本量	290	290	280	280	290	290
R^2	0.988	0.982	0.982	0.968	0.986	0.980

注：括号内为聚类到省级层面的稳健标准误，*、** 和 *** 分别表示显著性水平为10%、5%和1%。

④稳健性检验

结合表 4.5 基准回归和图 4.9 事件分析的结果，我们可以看出“十一五”约束性减排目标计划存在显著的减排效应。为确保回归结果的稳健性，本研究分别进行以下三类稳健性检验，具体结果如表 4.7、表 4.8、表 4.9 所示。

其一，替换被解释变量为人均排放量。中国各省（区、市）之间体量相差较大，在本研究考虑的 29 个省（区、市）中，2010 年常住人口最多的广东是宁夏的 16.6 倍。因此，使用全行业二氧化硫排放量和工业二氧化硫排放量的绝对量作为被解释变量，有可能会影响对“十一五”约束性减排目标计划减排效应的精准估计。为此，本研究使用人均二氧化硫排放总量和人均工业二氧化硫排放量进行回归，结果发现，随着约束性目标、中央“加码压力”和目标完成意愿的提高，“十一五”约束性减排目标计划的减排效应均会显著增强，与基准回归结果保持一致。这说明本研究得出“十一五”约束性减排目标计划存在显著的减排效应，并不依赖于被解释变量的选择。

其二，剔除并行政策影响。2001 年 12 月份中国加入 WTO、2002 年二氧化硫排放权交易试点等政策开始实施，这些均有可能直接或间接影响到二氧化硫排放，并干扰对“十一五”约束性减排目标计划减排效应的识别。正如前面的事件分析显示，在区分约束性目标的回归中，2001 年至 2002 年没有通过共同趋势检验。为此，本研究将样本时间缩短为 2003 年至 2010 年进行回归，结果发现，除对工业二氧化硫排放量的区分中央“加码压力”的回归不显著外，其他结果均与基准回归结果保持一致，整体上支持环保目标治理存在显著的减排效应。

其三，剔除未明确设定减排目标的省（区、市）。在基准回归中，本研究认为未明确设定减排目标省（区、市）没有受到来自中央的“加码压力”，并将其央地目标差异 $diff_i$ 设为 0，这是否会影响到回归结果？为此，本研究剔除未明确设定减排目标的省（区、市）进行回归，结果发现，三组回归均对全行业二氧化硫排放量和工业二氧化硫排放量呈现显著负向影响，与基准回归结果保持一致，支持环保目标治理存在显著的减排效应。

表 4.7 稳健性检验：替换被解释变量为人均排放量

变量	ln（人均 SO_2 排放总量）			ln（人均工业 SO_2 排放总量）		
reg×*post*	−0.019***			−0.021***		
	(0.004)			(0.006)		
diff×*post*		−0.052***			−0.055**	
		(0.018)			(0.025)	
beyond×*post*			−0.013***			−0.019**
			(0.005)			(0.008)
控制变量	YES	YES	YES	YES	YES	YES
年份固定效应	YES	YES	YES	YES	YES	YES
省（区、市）固定效应	YES	YES	YES	YES	YES	YES
样本量	290	280	290	290	280	290
R^2	0.699	0.612	0.657	0.671	0.592	0.671

注：括号内为聚类到省级层面的稳健标准误，*、** 和 *** 分别表示显著性水平为10%、5%和1%。

表 4.8 稳健性检验：剔除并行政策影响

变量	ln（全行业 SO_2 排放总量）			ln（工业 SO_2 排放总量）		
reg×*post*	−0.014***			−0.016***		
	(0.003)			(0.005)		
diff×*post*		−0.038**			−0.037	
		(0.015)			(0.024)	
beyond×*post*			−0.011***			−0.015**
			(0.004)			(0.007)
控制变量	YES	YES	YES	YES	YES	YES
年份固定效应	YES	YES	YES	YES	YES	YES
省（区、市）固定效应	YES	YES	YES	YES	YES	YES
样本量	232	224	232	232	224	232
R^2	0.626	0.507	0.596	0.519	0.421	0.546

注：括号内为聚类到省级层面的稳健标准误，*、** 和 *** 分别表示显著性水平为10%、5%和1%。

表 4.9 稳健性检验：剔除未明确设定减排目标的省（区、市）

变量	ln（全行业 SO_2 排放总量）			ln（工业 SO_2 排放总量）		
reg×*post*	−0.011***			−0.012***		
	(0.003)			(0.004)		
diff×*post*		−0.040*			−0.048*	
		(0.020)			(0.027)	
beyond×*post*			−0.005**			−0.007**
			(0.002)			(0.003)
控制变量	YES	YES	YES	YES	YES	YES
年份固定效应	YES	YES	YES	YES	YES	YES
省（区、市）固定效应	YES	YES	YES	YES	YES	YES
样本量	180	170	180	180	170	180
R^2	0.709	0.675	0.670	0.716	0.701	0.682

注：括号内为聚类到省级层面的稳健标准误，*、** 和 *** 分别表示显著性水平为 10%、5%和 1%。

（2）环保目标治理下中国式减排的典型特征：末端治理还是源头治理

通过以上的整体分析，我们可以发现“十一五”约束性减排目标计划存在显著的减排效应，即约束性目标越高、中央“加码压力”越大、目标完成意愿越强，越有助于减排。那么，这种中国式减排的典型特征是什么？是否能扭转传统的末端治理模式，加强预防性的源头治理？事实上，“十一五”约束性减排目标计划尤其强调污染减排的环节，特别是源头治理的重要性，比如《国务院关于“十一五”期间全国主要污染物排放总量控制计划的批复》（国函〔2006〕70 号）明确提出“从源头上减少污染”。为此，本研究从末端治理与源头治理两个角度，揭示“十一五”规划目标治理下中国式减排的典型特征。需要说明的是，由于年鉴中仅公布了工业层面的二氧化硫排放量和二氧化硫去除量，因此该部分分析只能面向工业。工业是二氧化硫排放的主要部门，对其进行分析具有很强的代表性，不影响本研究对目标治理下中国式减排特征的剖析。同时，年鉴中还公布出工业燃料燃烧与工业生产工艺两个阶段①的相关数据，有利于深入探讨“十一五”规划目标治理下中国式减排的源头治理与末端治理表现。

①环保目标治理下中国式减排源头治理与末端治理的贡献分解

污染物排放水平主要由产生量和处理量共同决定。比如二氧化硫排放量度量企业从厂区排放到外部的全部污染量，二氧化硫产生量反映企业在生产过程中经环保技术等源头治理方式所产生的污染量，二氧化硫处理量则反映企业针对二氧化硫产生量利用脱硫设施等末端治理方式处理的污染量。于是，可以将二氧化硫排放量记为二氧化硫产生量与二氧化硫处理量的差值。然而，这一等式并不利于分解源头治理与末端治理的贡献。为此，可以进一步将二氧化硫排放量记为二氧化硫产生量与二氧化硫排放率的乘积，具体如下：

$$SO_2 = prod \times (1 - eli\_rate) = prod \times emi\_rate \tag{4.7}$$

如果对式（4.7）取自然对数，并对时间求导数，便可得出二氧化硫排放变化量等于二氧化硫产生变化量与二氧化硫排放率变化量之和，即完成对二氧化硫减排的源头与末端贡献分解，具体如式（4.8）所示。

$$\frac{\mathrm{d}(SO_2)}{SO_2} = \frac{\mathrm{d}(prod)}{prod} + \frac{\mathrm{d}(emi\_rate)}{emi\_rate} \tag{4.8}$$

二氧化硫减排取决于降低二氧化硫产生量的源头治理与降低二氧化硫排放率（等价于提高二氧化硫去除率）的末端治理。于是，为识别“十一五”约束性减排目标计划减排的典型特征，本研究只需将被解释变量分别替换为二氧化硫产生量与二氧化硫排放率，然后进一步计算源头治理与末端治理对中国式减排的贡献大小。其实，这种做法也是作政策评估时对被解释变量进行分解的直接机制分析。

②源头治理与末端治理在环保目标治理下中国式减排中的贡献

表 4.10 给出了以工业二氧化硫产生量与工业二氧化硫排放率为被解释变量的回归结果。根据表 4.10，比较不同约束性目标下源头治理与末端治理的减排贡献。在其他条件不变的情况下，约束性目标每提高 1%，工业二氧化硫显著减排 2.1%，其中工业二氧化硫产生量显著降低 0.9%，工业二氧化硫排放率显

---

① 工业燃料燃烧阶段是工业二氧化硫排放的主要环节，2010 年全国工业燃料燃烧阶段二氧化硫排放量占比高达 84.2%。

著降低1.2%。进一步可以计算出，不同约束性目标下“十一五”约束性减排目标计划对工业二氧化硫减排效应，有57.0%（−0.0122/−0.0214）来源于末端治理，43.5%（−0.0093/−0.0214）来源于源头治理。同时，可以得出工业燃料燃烧阶段以源头治理为主，源头治理贡献达到56.6%（−0.0124/−0.0219）；工业生产工艺阶段以末端治理为主，末端治理贡献高达91.9%（−0.0194/−0.0211）。

比较不同中央“加码压力”下源头治理与末端治理的减排贡献。在其他条件不变的情况下，中央“加码压力”每提高一个单位，工业二氧化硫显著减排5.5%，其中工业二氧化硫产生量降低4.2%，工业二氧化硫排放率降低1.3%，但不显著。进一步可以计算出，不同中央“加码压力”下“十一五”约束性减排目标计划对工业二氧化硫的减排效应，有76.7%（−0.0419/−0.0546）来自源头治理，23.3%（−0.0127/−0.0546）来自源头治理。同时，可以得出工业燃料燃烧阶段和工业生产工艺阶段均以源头治理为主，贡献分别达到78.9%（−0.0516/−0.0654）、85.6%（−0.0303/−0.0354）。

比较不同目标完成意愿下源头治理与末端治理的减排贡献。在其他条件不变的情况下，目标完成意愿每提高1%，工业二氧化硫显著减排1.9%，其中工业二氧化硫产生量显著降低0.8%，工业二氧化硫排放率显著降低1.0%。进一步可以计算出，不同目标完成意愿下“十一五”约束性减排目标计划对工业二氧化硫减排效应，有45.0%（−0.00837/−0.0186）来自源头治理，58.6%（−0.0102/−0.0174）来自末端治理。同时，可以得出工业燃料燃烧阶段以源头治理为主，源头治理贡献达到66.7%（−0.0116/−0.0174）；工业生产工艺阶段以末端治理为主，其源头治理甚至没有出现减排效应。

表4.10　环保目标治理下源头治理与末端治理的减排贡献

变量	工业所有阶段 SO_2			工业燃料燃烧阶段 SO_2			工业生产工艺阶段 SO_2		
	排放量	产生量	排放率	排放量	产生量	排放率	排放量	产生量	排放率
$reg \times post$	−0.021***	−0.009**	−0.012**	−0.022***	−0.012***	−0.010*	−0.021*	−0.002	−0.019*
	(0.006)	(0.004)	(0.006)	(0.005)	(0.004)	(0.005)	(0.010)	(0.007)	(0.010)
控制变量	YES	YES	YES	YES	YES	YES	YES	YES	YES

续表

变量	工业所有阶段 SO_2			工业燃料燃烧阶段 SO_2			工业生产工艺阶段 SO_2		
	排放量	产生量	排放率	排放量	产生量	排放率	排放量	产生量	排放率
年份固定效应	YES	YES	YES	YES	YES	YES	YES	YES	YES
省(区、市)固定效应	YES	YES	YES	YES	YES	YES	YES	YES	YES
样本量	290	290	290	290	290	290	290	290	290
R^2	0.654	0.863	0.840	0.677	0.873	0.872	0.365	0.508	0.224
$diff \times post$	−0.055**	−0.042	−0.013	−0.065***	−0.052*	−0.014	−0.035	−0.030	−0.005
	(0.025)	(0.027)	(0.027)	(0.021)	(0.026)	(0.020)	(0.048)	(0.062)	(0.055)
控制变量	YES	YES	YES	YES	YES	YES	YES	YES	YES
年份固定效应	YES	YES	YES	YES	YES	YES	YES	YES	YES
省(区、市)固定效应	YES	YES	YES	YES	YES	YES	YES	YES	YES
样本量	280	280	280	280	280	280	280	280	280
R^2	0.569	0.856	0.819	0.592	0.862	0.861	0.324	0.497	0.185
$beyond \times post$	−0.019**	−0.008**	−0.010*	−0.017**	−0.012***	−0.006	−0.021*	0.004	−0.025**
	(0.008)	(0.003)	(0.005)	(0.007)	(0.002)	(0.005)	(0.011)	(0.003)	(0.010)
控制变量	YES	YES	YES	YES	YES	YES	YES	YES	YES
年份固定效应	YES	YES	YES	YES	YES	YES	YES	YES	YES
省(区、市)固定效应	YES	YES	YES	YES	YES	YES	YES	YES	YES
样本量	290	290	290	290	290	290	290	290	290
R^2	0.654	0.864	0.839	0.658	0.875	0.867	0.378	0.509	0.260

注：括号内为聚类到省级层面的稳健标准误，*、**、*** 分别表示显著性水平为 10%、5%和 1%。

（3）环保目标治理下中国式减排的动力源泉：投资驱动还是监管约束

前面通过对工业二氧化硫排放量进行分解，借助政策评估的直接机制分析手段，揭示“十一五”规划目标治理下中国式减排仍主要通过末端治理实现，但是当一个省（区、市）受中央所设定目标的压力加大，或有着较强目标完成意愿时，会努力强化源头治理，并以其为主导。那么，支撑这一结论的背后间接机制是什么，即“十一五”规划目标治理下中国式减排的动力源泉是什么，是环保投资驱动，还是环保监管约束？事实上，“十一五”约束性减排目标计划在强调治理投资的同时，特别强调监管约束的重要性，比如《国务院关于“十一五”期间全国主要污染物排放总量控制计划的批复》（国函〔2006〕70号）明确提出要制订实施方案，落实工程措施和资金，严格实行排污许可证管理，加强执法监督，加大对各种违法排污行为的监督查处力度。为此，本研究从环保投资与环保监管两个角度，采取间接机制分析手段，剖析“十一五”规划目标治理下中国式减排的动力源泉。

①投资驱动在环保目标治理下中国式减排中的贡献：“拉之有效”

环保投资驱动是一种传统有效的改善环境污染方式（赵连阁等，2014；郑思齐等2013；黎文靖等，2016），类似于投资对经济的影响，环保投资会拉动污染物减排，并且不同环保投资会对污染物减排形成不同拉力。作为源头治理的主要投资，建设项目环保投资具有典型的事前治理特征，要求污染防治设施与主体工程同时设计、同时施工、同时投产使用，本研究以此作为预防性投入反映源头治理的环保投资。作为末端治理的主要投资，工业污染源治理投资具有典型的事后治理特征，用于工业大气污染、水污染、固体废弃物等污染物治理投资，本研究以此作为补偿性投入反映末端治理的环保投资。

同时，在环保投资规模有限的情况下，提高环保投资效率是环保投资驱动减排的一项重要内容，反映环保投资驱动的质量。因此，为捕捉环保投资驱动在“十一五”约束性减排目标计划中的减排贡献，需要从环保投资规模与环保投资效率两个角度，在量和质上进行全面评估。为此，本研究分别用环境治理投资额、建设项目“三同时”环保投资、工业污染源治理投资反映环保投资规模，用单位环境治理投资额排放量、单位建设项目“三同时”环保投资产生量、单位工业污染源治理投资去除量反映环保投资效率，依次对其进行回归，结果如表4.11所示。

根据表 4.11，随着约束性目标的提高，“十一五”约束性减排目标计划没有显著影响到环保投资的量，但会通过末端治理投资的质提升环保投资的质，即显著提高单位工业污染源治理投资去除量，进而显著降低单位环境治理投资额排放量；随着中央“加码压力”的提高，“十一五”约束性减排目标计划通过末端治理投资的量和质降低环保投资的量，即显著降低工业污染源治理投资并提高单位工业污染源治理投资去除量，进而显著降低环境治理投资额；随着目标完成意愿的提高，“十一五”约束性减排目标计划会通过末端治理投资的量和质提升环保投资的质，即显著提高单位工业污染源治理投资去除量并降低工业污染源治理投资，进而显著降低单位环境治理投资额排放量。

表 4.11　环保目标治理下投资驱动的减排贡献

变量	ln *env* _ *inv*	ln *envinv* _ *eff*	ln *thr* _ *inv*	ln *thrinv* _ *eff*	ln *poll* _ *inv*	ln *pollinv* _ *eff*
reg × *post*	−0.001	−0.020**	0.0003	−0.010	−0.012	0.050**
	(0.009)	(0.010)	(0.010)	(0.011)	(0.012)	(0.019)
控制变量	YES	YES	YES	YES	YES	YES
年份固定效应	YES	YES	YES	YES	YES	YES
省(区、市)固定效应	YES	YES	YES	YES	YES	YES
样本量	290	290	290	290	290	290
R^2	0.772	0.697	0.699	0.426	0.529	0.411
diff × *post*	−0.098**	0.043	−0.046	0.004	−0.142***	0.233***
	(0.041)	(0.053)	(0.058)	(0.055)	(0.048)	(0.061)
控制变量	YES	YES	YES	YES	YES	YES
年份固定效应	YES	YES	YES	YES	YES	YES
省（区、市）固定效应	YES	YES	YES	YES	YES	YES
样本量	280	280	280	280	280	280
R^2	0.773	0.685	0.694	0.421	0.536	0.381

续表

变量	ln *env _ inv*	ln *envinv _ eff*	ln *thr _ inv*	ln *thrinv _ eff*	ln *poll _ inv*	ln *pollinv _ eff*
beyond × *post*	−0.003	−0.016*	−0.001	−0.007	−0.014*	0.036*
	(0.003)	(0.008)	(0.005)	(0.005)	(0.007)	(0.021)
控制变量	YES	YES	YES	YES	YES	YES
年份固定效应	YES	YES	YES	YES	YES	YES
省（区、市）固定效应	YES	YES	YES	YES	YES	YES
样本量	290	290	290	290	290	290
R^2	0.772	0.695	0.699	0.426	0.533	0.388

注：括号内为聚类到省级层面的稳健标准误，*、**、*** 分别表示显著性水平为 10%、5%和 1%。

而对于建设项目“三同时”环保投资的量和质，无论是在更高的约束性目标、更高的中央“加码”压力还是更高的目标完成意愿下，均不发生显著变化。结合上文对于工业污染源治理投资的分析，本研究发现源头治理并未能得到激活，环保目标治理未能引致地方政府从源头上减少污染。环保目标治理对二氧化硫减排仍以末端治理为主的特点与中国偏向末端的环保投资结构有关，目标治理促进了末端治理投资的质的提升进而促进了污染减排，尤其当提高中央“加码压力”或目标完成意愿时，甚至能做到成本低、效率高的投资双赢。

②监管约束在环保目标治理下中国式减排中的贡献：“管之有道”

改革开放以来，中国陆续出台一系列中央与地方的生态环境保护法律法规，逐渐形成具有中国特色的生态环境保护法律体系，这也成为实施环境政策的重要保障（包群等，2016；李树等，2013）。因此，为识别环保监管约束在环保目标治理下中国式减排中的贡献，本研究分别从地方环保立法与地方环保执法两个方面进行全面评估。参考包群等（2013）的做法，地方环保立法分别使用地方环保法规累计颁布数和地方环保行政规章累计颁布数表示，前者由地方人民代表大会制定，后者由地方人民政府制定，两者所具有的法律效力有所差异，环保行政规章因立法执法的灵活性更受地方青睐，两者相结合能很好反映地方对约束性减排的法律法规力度；地方环保执法分别使用单位 GDP 环境行政处罚案件数和单位被征收企业排污费表示。对其依次进行回归，结果如表 4.12 所示。

根据表 4.12，除在中央“加码压力”的回归中，地方环保行政规章累计颁布数和单位 GDP 环境行政处罚案件数会得到显著增加外，其他结果均显示“十一五”约束性减排目标计划对地方环保立法和地方环保执法没有显著的改善效果。因此，“十一五”约束性减排目标计划未能使中国根治环保法律法规不完备、执法低效的问题，只有当中央实施“加码压力”时才会起到作用，相比于环保投资驱动而言，环保监督约束还不是“十一五”约束性减排目标计划的主要减排渠道。

表 4.12 环保目标治理下监管约束的减排贡献

变量	ln（*law*+1）	ln（*rule*+1）	ln *publish*	ln *poll_fee*
reg×*post*	−0.008	−0.001	0.013	−0.013
	(0.008)	(0.011)	(0.015)	(0.012)
控制变量	YES	YES	YES	YES
年份固定效应	YES	YES	YES	YES
省（区、市）固定效应	YES	YES	YES	YES
样本量	290	290	290	290
R^2	0.773	0.684	0.421	0.763
diff×*post*	0.052	0.090*	0.147**	0.089
	(0.043)	(0.049)	(0.062)	(0.073)
控制变量	YES	YES	YES	YES
年份固定效应	YES	YES	YES	YES
省（区、市）固定效应	YES	YES	YES	YES
样本量	280	280	280	280
R^2	0.765	0.686	0.435	0.765
beyond×*post*	−0.004	−0.002	0.005	−0.026**
	(0.009)	(0.009)	(0.010)	(0.011)
控制变量	YES	YES	YES	YES

续表

变量	ln（*law*+1）	ln（*rule*+1）	ln *publish*	ln *poll _ fee*
年份固定效应	YES	YES	YES	YES
省（区、市）固定效应	YES	YES	YES	YES
样本量	290	290	290	290
R^2	0.772	0.684	0.418	0.778

注：括号内为聚类到省级层面的稳健标准误，*、** 和 *** 分别表示显著性水平为10%、5%和1%。

③环保目标治理下中国式减排的动力源泉：微观机制

本研究不仅从宏观层面剖析环保目标治理下中国式减排的动力源泉，还从市场规模和企业经济绩效的视角提供更为细致的微观层面证据。在市场规模方面，本研究使用新增工业企业单位数量和新增重污染工业企业数量表征市场规模的变动。具体来说，依据中国工业企业数据库中企业开业年份来确定该企业是否为新增企业。对于重污染企业的认定，首先依据环境保护部（现生态环境部）、国家统计局、农业部于2010年共同发布的《第一次全国污染源普查公报》确定的六个二氧化硫排放重污染两位数行业，再依据企业的成立年份以及所属行业确认是否为新增重污染企业，最后分省（区、市）加总计数得到各省（区、市）新增重污染企业数量数据。在基准回归模型的基础上，将被解释变量替换为新增企业数量和新增重污染企业数量，用以分析环保目标治理对市场规模的影响。

对于企业经济绩效的评估，将是否为重污染行业虚拟变量与三组环保目标治理核心交互项交互，再纳入政策的二元交互项，构造了饱和的三重差分模型（Difference-in-difference-in-difference model），分析环保目标治理是否对重污染企业与非重污染企业的经济绩效造成差异性影响。需要注意的是，由于模型纳入了行业与年份的交互固定效应，吸收了行业与年份的二重交互项，纳入了企业固定效应，吸收了目标治理一元变量、企业重污染行业虚拟变量以及两者的交互项，故在模型中将这些变量删去，最终模型构建如下。

$$\ln y_{ijpt}=\beta_1 reg_p \times post_t \times highpol_j+\beta_2 reg_p \times post_t+\alpha \ln X_{pt-1}+\lambda \ln Z_{ijpt}+\eta_{jt}+\delta_i+\mu_{ijpt} \tag{4.9}$$

$$\ln y_{ijpt}=\beta_1 diff_p \times post_t \times highpol_j+\beta_2 diff_p \times post_t+\alpha \ln X_{pt-1}+\lambda \ln Z_{ijpt}+\eta_{jt}+\delta_i+\mu_{ijpt} \tag{4.10}$$

$$\ln y_{ijpt}=\beta_1 beyond_p \times post_t \times highpol_j+\beta_2 beyond_p \times post_t+\alpha \ln X_{pt-1}+\lambda \ln Z_{ijpt}+\eta_{jt}+\delta_i+\mu_{ijpt} \tag{4.11}$$

其中，y_{ijpt} 表示新增企业数量和新增重污染企业数量，reg_p、$diff_p$、$beyond_j$ 与前文 reg_i、$diff_i$、$beyond_i$ 意义相同，X_{pt-1} 表示 p 省（区、市）$t-1$ 年的省级层面控制变量，具体控制变量信息与 X_{it} 相同，$highpol_j$ 表示是否为重污染行业，Z_{ijpt} 表示企业层面控制变量，包括企业年龄、企业年龄的平方项、固定资产净值、企业从业人数、主营业务成本、管理费用。表 4.13 中 *firmnum* 表示新增企业数量，*highpol _ firmnum* 表示新增重污染企业数量，*output* 表示总产值。其回归结果表明，除了中央“加码压力”的提高对工业企业数量有显著负向作用，其他两类环保目标治理并未对工业企业市场规模造成显著影响。在重污染行业方面，随着约束性目标的提高、中央“加码压力”的提高以及目标完成意愿的提高，“十一五”约束性减排目标计划均会显著降低各省（区、市）新增重污染企业的数量，这说明针对二氧化硫的环保目标治理影响了相关污染行业的市场规模。进一步采用三重差分法估计环保目标治理对于企业经济绩效的影响发现，在更高的约束性目标和更高的目标完成意愿下，企业的经济绩效在经济显著性和统计显著性上均不显著。而更高的中央“加码压力”会导致重污染企业的总产值降低，经济绩效受到负面影响。这说明，只要中央“加码压力”适度，环保目标治理在促进地方减排的同时并不会对企业的经济绩效带来太大的不良影响。

表 4.13 环保目标治理下中国式减排的动力源泉

变量	ln（*firmnum*+1）	ln（*highpol _ firmnum*+1）	ln *output*
reg×*post*	−0.017	−0.027**	−0.002
	(0.013)	(0.012)	(0.002)
reg×*post*×*highpol*			−0.0005
			(0.0006)
控制变量	YES	YES	YES
年份固定效应	YES	YES	NO
省（区、市）固定效应	YES	YES	NO
企业固定效应	NO	NO	YES
四位数行业×年份固定效应	NO	NO	YES

续表

变量	ln（*firmnum*+1）	ln（*highpol* _ *firmnum*+1）	ln *output*
样本量	290	290	332041
R^2	0.816	0.770	0.999
diff×*post*	−0.169**	−0.208***	−0.008
	(0.075)	(0.071)	(0.006)
diff×*post*×*highpol*			−0.006***
			(0.002)
控制变量	YES	YES	YES
年份固定效应	YES	YES	NO
省（区、市）固定效应	YES	YES	NO
企业固定效应	NO	NO	YES
四位数行业×年份固定效应	NO	NO	YES
样本量	280	280	329110
R^2	0.823	0.775	0.999
beyond×*post*	−0.007	−0.016**	−0.002
	(0.007)	(0.007)	(0.002)
beyond×*post*×*highpol*			−0.001
			(0.001)
控制变量	YES	YES	YES
年份固定效应	YES	YES	NO
省（区、市）固定效应	YES	YES	NO
企业固定效应	NO	NO	YES
四位数行业×年份固定效应	NO	NO	YES
样本量	290	290	332041
R^2	0.815	0.769	0.999

注：括号内为聚类到省级层面的稳健标准误，*、** 和 *** 分别表示显著性水平为10%、5%和1%。

4.2.4 进一步分析

（1）绿色增长目标下中国式减排：减排目标 vs 增长目标

以五年规划为代表的目标治理是中国推动经济转型的制度创新，“十一五”规划引入约束性减排目标后，减排目标已成为五年规划目标治理的重要组成部分（鄢一龙等，2014；吕捷等，2018）。然而，若要兼得“绿水青山”与“金山银山”，需在五年规划目标设定中充分协调减排与增长的关系，使其相互融合并推动绿色发展。为反映目标设定中减排与增长的关系，本研究使用减排目标与增长目标的比值构造各省（区、市）2006 年至 2010 年的绿色增长目标 *green_reg*。当绿色增长目标大于 1 时，规划目标倾向于减排；当绿色增长目标等于 1 时，规划目标是减排与增长等比例变化；当绿色增长目标小于 1 时，规划目标倾向于增长。从表 4.14 给出的绿色增长目标统计来看，2006 年至 2010 年 29 个省（区、市）均值为 1.1，这说明“十一五”时期在规划目标上倾向于二氧化硫减排。

表 4.14 各类规划目标的统计

变量	观测数	平均值	标准差	最小值	最大值
减排目标（%）	29	10.3	6.4	0.0	25.9
增长目标（%）	290	9.9	1.3	7.0	15.0
绿色增长目标（%）	290	1.1	0.7	0.0	3.2

注：减排目标数据来自《国务院关于“十一五”期间全国主要污染物排放总量控制计划的批复》（国函〔2006〕70 号），增长目标数据来自中山大学岭南学院产业与区域经济研究中心徐现祥教授团队公开数据。绿色增长目标=减排目标数据/增长目标数据。

前面的回归说明“十一五”规划环保目标治理如何促进污染减排。接下来本研究使用绿色增长目标 *green_reg* 替换约束性目标 *reg*，使用模型（4.1）来识别绿色增长目标下的中国式减排，回归结果见表 4.15。在其他条件不变的情况下，绿色增长目标每提高 1%，工业二氧化硫显著减排 20.2%，其中有 61.9%（−0.125/−0.202）来自末端治理，37.6%（−0.076/−0.202）来自源头治理。同样，工业燃料燃烧阶段与工业生产工艺阶段均以末端治理为主，贡献分别为 87.2%（−0.171/−0.196）、50.7%（−0.104/−0.205）。结果再次说明“十一五”约束性减排目标计划存在显著的以末端治理为主的减排效应。

表 4.15 绿色增长目标下的减排绩效

变量	工业所有阶段 SO_2			工业燃料燃烧阶段 SO_2			工业生产工艺阶段 SO_2		
	排放量	产生量	排放率	排放量	产生量	排放率	排放量	产生量	排放率
green_reg × *post*	−0.202***	−0.0764*	−0.125**	−0.196*	−0.0254	−0.171*	−0.205***	−0.102**	−0.104*
	(0.056)	(0.040)	(0.055)	(0.097)	(0.061)	(0.096)	(0.045)	(0.044)	(0.052)
控制变量	YES	YES	YES	YES	YES	YES	YES	YES	YES
年份固定效应	YES	YES	YES	YES	YES	YES	YES	YES	YES
省（区、市）固定效应	YES	YES	YES	YES	YES	YES	YES	YES	YES
样本量	290	290	290	290	290	290	290	290	290
R^2	0.659	0.861	0.845	0.366	0.508	0.222	0.681	0.871	0.876

注：括号内为聚类到省级层面的稳健标准误，*、** 和 *** 分别表示显著性水平为10%、5%和1%。

（2）城市层面的减排绩效

前面所有的分析都是基于省级层面的数据，那么在城市层面能否得到“十一五”约束性减排目标计划对二氧化硫存在显著减排效应？为此，本研究通过2004年至2011年《中国城市统计年鉴》整理得到2003年至2010年282个城市工业二氧化硫排放量的平衡面板数据①，对城市层面工业二氧化硫排放量的减排绩效进行识别，回归结果如表4.16所示。其中，考虑到无法直接获取城市层面的约束性目标，参考王欢欢等（2021）、Chen等（2018）的做法，本研究通过2005年城市工业二氧化硫排放量与所在省（区、市）工业二氧化硫排放量的比值，分解得到各城市的约束性目标②。

从表4.16我们可以看出，随着约束性目标的提高，“十一五”约束性减排目标计划对城市工业二氧化硫排放量与排放率均呈现出显著的负向影响，但对

① 《中国城市统计年鉴》在1997年至2001年仅公布每平方公里二氧化硫排放量，但从2003年开始仅公布工业二氧化硫排放量，因此为保证数据口径的一致性，选择2003年至2010年的工业二氧化硫排放量数据进行检验。同时，由于西藏所辖城市缺失数据较多，这里不予考虑。

② 需要指出的是，“十一五”约束性减排目标计划对大连市、宁波市、厦门市、青岛市和深圳市5个国家计划单列市也明确提出了约束性目标，因此本研究未对其进行目标分解。

产生量的负向影响不显著。进一步计算表明，在城市层面，不同约束性目标下“十一五”约束性减排目标计划对工业的二氧化硫减排效应，有78.9%(－0.0821/－0.104)来自末端治理，21.3%(－0.0221/－0.104)来自源头治理。由此我们可以发现，城市层面的工业二氧化硫减排也主要依靠末端治理实现，末端治理的贡献(78.9%)甚至还大于省级层面的贡献(57.0%)。

表4.16 环保目标治理下城市层面工业 SO_2 的减排绩效

变量	排放量	排放量	产生量	产生量	排放率	排放率
reg×*post*	－0.120***	－0.104***	－0.030	－0.022	－0.090***	－0.082***
	(0.028)	(0.026)	(0.019)	(0.018)	(0.019)	(0.019)
控制变量	NO	YES	NO	YES	NO	YES
年份固定效应	YES	YES	YES	YES	YES	YES
省(区、市)固定效应	YES	YES	YES	YES	YES	YES
样本量	2256	2256	2256	2256	2256	2256
R^2	0.152	0.168	0.320	0.322	0.338	0.344

注：括号内为聚类到省级层面的稳健标准误，*、**和***分别表示显著性水平为10%、5%和1%。

(3) 对二氧化硫实施约束性目标的协同减排效应

从图4.10我们可以看出，工业烟(粉)尘排放量在“十一五”期间进入一个快速下降的区间，这是否与同为大气污染物的二氧化硫排放被实施约束性目标有关？换而言之，对二氧化硫排放实施约束性目标是否存在对其他污染物的协同减排效应？根据环境保护部(现生态环境部)、国家统计局、农业部(现为农业农村部)于2010年共同发布的《第一次全国污染源普查公报》，电力热力的生产和供应业、非金属矿物制品业、黑色金属冶炼及压延加工业、化学原料及化学制品制造业等四个两位数行业是工业二氧化硫排放量与工业烟尘排放量的共同大户，四个行业的二氧化硫排放量与工业烟尘排放量分别占总排放量的79.7%、77.7%，非金属矿物制品业、黑色金属冶炼及压延加工业、石油加工炼焦及核燃料加工业是工业粉尘排放的共同大户，占工业粉尘排放量的62.2%。因此，从污染源角度来看，对二氧化硫排放实施约束性目标有可能对工业烟(粉)尘排放产生协同减排效应。

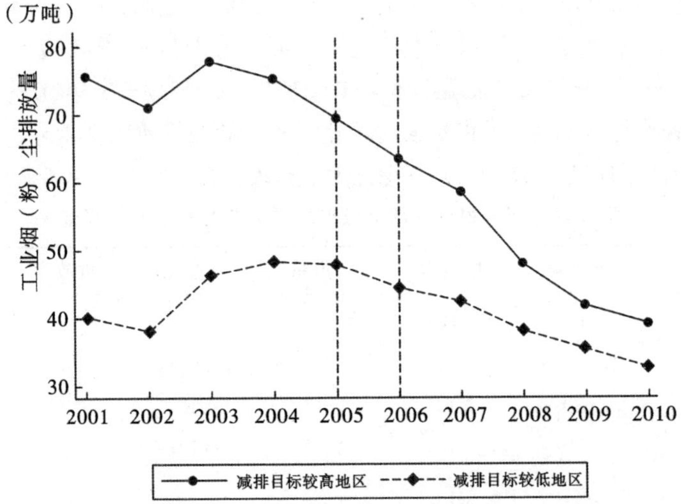

图 4.10　不同约束性目标地区工业烟（粉）尘排放量的变化趋势

注：数据来源于 2002 年至 2011 年《中国环境年鉴》。

表 4.17　对 SO_2 实施约束性目标下工业烟（粉）尘排放量的协同减排效应

变量	工业烟（粉）尘排放量			工业烟尘排放量			工业粉尘排放量		
	排放量	产生量	排放率	排放量	产生量	排放率	排放量	产生量	排放率
reg×*post*	−0.026***	−0.009	−0.017*	−0.023***	−0.006	−0.017**	−0.028***	−0.013	−0.015
	(0.007)	(0.006)	(0.009)	(0.007)	(0.006)	(0.007)	(0.007)	(0.013)	(0.015)
控制变量	YES	YES	YES	YES	YES	YES	YES	YES	YES
年份固定效应	YES	YES	YES	YES	YES	YES	YES	YES	YES
省(区、市)固定效应	YES	YES	YES	YES	YES	YES	YES	YES	YES
样本量	290	290	290	290	290	290	290	290	290
R^2	0.609	0.690	0.804	0.409	0.740	0.795	0.644	0.292	0.609

注：括号内为聚类到省级层面的稳健标准误，*、** 和 *** 分别表示显著性水平为 10%、5%和 1%。

图 4.10 反映了以全国约束性减排目标 10%为标准分组，不同类型地区工业

烟（粉）尘排放的变化趋势。从图中我们可以看出两类地区在“十五”期间均先降后升再降，变化趋势基本一致。进入“十一五”时期后，两类地区均开始逐年减少，但相比于减排目标较低的地区，减排目标较高的地区下降更快。进一步地，表 4.17 显示了对工业烟（粉）尘排放量的协同减排检验。我们不难发现，随着约束性目标的提高，“十一五”期间，约束性减排目标计划对工业烟（粉）尘排放量、工业烟尘排放量和工业粉尘排放量的减排效应均会得到显著提高。因此，“十一五”期间，约束性减排目标计划面向二氧化硫实施约束性目标，会对工业烟（粉）尘排放量产生出显著的协同减排效应。同样地，这种协同减排也以末端治理为主，末端治理的贡献在工业烟（粉）尘、工业烟尘、工业粉尘中分别达到 66.8%（−0.0173/−0.0259）、75.7%（−0.0174/−0.0230）与 53.0%（−0.0149/−0.0281）。

（4）对 COD 的减排绩效

前面的分析重点在讨论“十一五”约束性减排目标计划对二氧化硫的约束性减排效果，那么同为约束性减排污染物的 COD 的减排绩效如何？为此，本研究通过 2001 年至 2010 年《中国统计年鉴》和《中国环境年鉴》整理得到 2001 年至 2010 年 29 个省（区、市）COD 排放量的平衡面板数据[①]，对省级层面 COD 排放量的减排绩效进行识别，回归结果如表 4.18 所示。

从表 4.18 我们可以看出，随着约束性目标的提高，“十一五”约束性减排目标计划对全行业 COD 排放量和生活 COD 排放量均呈现出显著的负向影响，但对工业 COD 排放量的负向影响不显著。同时，随着约束性目标的提高，“十一五”约束性减排目标计划对工业 COD 的产生量和排放率的负向影响均不显著，在不考虑显著性的情况下，工业 COD 减排约 72.1%（−0.00938/−0.0130）源自源头治理，约 27.9%（−0.00362/−0.0130）源自末端治理。因此，“十一五”约束性减排目标计划主要通过影响生活 COD 排放量实现对 COD 的减排，对工业 COD 不存在显著的减排效应。

那么，为何同为约束性减排污染物的 COD 在工业行业没有产生出显著的减排效应？本研究认为原因可能有两个方面：其一，工业 COD 已经在“十五”时期取得了良好的减排效果，从图 4.2 我们可以看出，工业 COD 排放量在 1998

① 由于西藏和青海缺失数据较多，这里不予考虑。

年出现从上升到逐年下降的拐点，“十五”时期COD排放总量和工业COD排放量分别减少2.1%、21.3%；其二，“十一五”规划对工业COD约束性减排衍生出严重的跨界污染问题，从现有文献的研究来看，“十一五”约束性减排目标计划会强化跨界污染问题（龙文滨和胡珺，2018），一方面将新建污染企业设在远离跨界监测站的地方，另一方面使污染产业从约束性目标较高的下游转移到约束性目标较低的上游（Chen et al.，2018），将污染企业建立在约束性目标较低的西部地区。

表4.18 环保目标治理下COD的减排绩效

变量	全行业COD排放量	工业COD排放量	工业COD产生量	工业COD排放率	生活COD排放量
reg×post	−0.014***	−0.013	−0.009	−0.004	−0.010*
	(0.004)	(0.009)	(0.010)	(0.009)	(0.005)
控制变量	YES	YES	YES	YES	YES
年份固定效应	YES	YES	YES	YES	YES
省（区、市）固定效应	YES	YES	YES	YES	YES
样本量	290	290	290	290	290
R^2	0.254	0.363	0.192	0.452	0.256

注：括号内为聚类到省级层面的稳健标准误，*、**和***分别表示显著性水平为10%、5%和1%。

（5）环保目标治理下中国式减排的空间效应：溢出分析

污染在地理空间上存在一定的集聚现象，污染产业趋向于向环境规制较弱的地区集聚。各地区环境规制标准和执行的差异性给污染企业提供了通过跨地转移回避环境治理压力的空间，本地的高规制将造成周边地区污染加剧。聚焦COD排放的文献我们便会发现，“十一五”约束性减排目标计划虽然能显著降低当地的污染水平（Fan et al.，2019），但却会加剧地区之间的跨界污染（龙文滨和胡珺，2018）。一方面为降低目标污染物COD排放的跨界污染，新建污染企业会设在远离跨界监测站的地方；另一方面为逃避更严厉的规制，污染产业会从约束性目标较高的下游地区转移到约束性目标较低的上游地区（Chen et al.，2018），进而在整体上呈现出向西新建企业（指大气污染与水污染密集型企业）的转移污染现象（Wu et al.，2017）。

作为一种以目标责任制为基础的环保目标治理，不仅会对各地实行强力的目标考核，还会促使地方政府形成同级竞争。一方面，本地较好的环境表现会对邻近的城市形成标杆激励，产生示范效应，强化邻近地区的治污努力；另一方面，本地较强的目标治理政策可能也会有政策上的溢出，导致邻近地区的低污染排放。为了识别环保目标治理下污染的溢出效应，本研究运用空间双重差分的方法估计环保目标治理对周边省（区、市）的空间溢出效应。具体地，基于省（区、市）间的邻接关系设置了 0-1 空间权重矩阵 W，即假设环保目标治理不仅会影响本地区的污染治理，而且还会对邻近省（区、市）产生空间溢出效应。通过在基准回归模型中加入环保目标治理和其他控制变量的滞后项，笔者建立如下空间杜宾模型（Spatial Dubin Model，SDM）。此处以不同约束性目标下的模型为例：

$$\ln y_{it} = \beta_0 + \beta_2 W \times reg_i \times post_t + \lambda_2 W \times \ln X_{it} + \beta_1 reg_i \times post_t + \lambda_1 \ln X_{it} + \delta_i + \eta_t + \mu_{it} \quad (4.12)$$

$W \times reg_i \times post_t$ 表示不同约束性目标的空间溢出效应，其回归系数显著为负，这说明约束性目标治理不仅对本地区的二氧化硫排放具有规制效果，其空间溢出效应还对邻地工业二氧化硫排放具有负向作用，即相邻省（区、市）的约束性目标增加会使得本地区的二氧化硫排放量有所下降，起到示范和模仿的作用。而在不同的约束性目标下，*Spatial rho* 空间自回归系数并不显著，说明在不同约束性目标下周围地区的二氧化硫排放量并未影响本地区的二氧化硫排放量。

$W \times diff_i \times post_t$ 表示不同中央“加码压力”的空间溢出效应，其回归系数显著为负，这说明中央“加码压力”不仅对本地区的二氧化硫排放具有规制效果，其空间溢出效应还对邻地工业二氧化硫排放具有负向作用，即相邻省（区、市）的中央“加码压力”增加会使得本地区的二氧化硫排放量有所下降，起到良好的示范和模仿作用。*Spatial rho* 空间自回归系数显著为正，说明在不同中央“加码压力”下周围地区的二氧化硫排放量会影响本地区的二氧化硫排放量，呈现明显的空间集聚现象。

$W \times beyond_i \times post_t$ 表示不同目标完成意愿的空间溢出效应，其回归系数并不显著，这说明目标完成意愿仅对本地区的二氧化硫排放具有规制效果，不具有空间溢出效应。*Spatial rho* 空间自回归系数并不显著，说明在不同目标完成意愿下周围地区二氧化硫排放量并未影响到本地区的二氧化硫排放量（见表 4.19）。

表 4.19　环保目标治理下中国式减排的空间效应：溢出分析

变量	ln（工业 SO_2 排放量）	ln（工业 SO_2 排放量）	ln（工业 SO_2 排放量）
reg×*post*	−0.010*		
	(0.005)		
diff×*post*		−0.042*	
		(0.026)	
beyond×*post*			−0.015***
			(0.005)
W×*reg*×*post*	−0.014**		
	(0.007)		
W×*diff*×*post*		−0.134**	
		(0.066)	
W×*beyond*×*post*			−0.0002
			(0.007)
Spatial rho	0.057	0.177**	0.083
	(0.098)	(0.081)	(0.091)
Variance sigma$_{2\_e}$	0.011***	0.012***	0.010***
	(0.002)	(0.002)	(0.002)
控制变量	YES	YES	YES
年份固定效应	YES	YES	YES
省(区、市)固定效应	YES	YES	YES
样本量	290	280	290
R^2	0.015	0.103	0.007

注：括号内为聚类到省级层面的稳健标准误，*、** 和 *** 分别表示显著性水平为10%、5%和 1%。

4.2.5　本节小结

以五年规划为代表的目标治理是中国推动经济转型的制度创新，尤其是“十一五”规划首次实施约束性污染物排放总量控制，取得历次五年计划（规划）中最好的减排效果，是中国生态环境保护的重要里程碑。因此，“十一五”约束性减排目标计划是识别环保目标治理下中国式减排的最佳选择。为此，本研究使用2001年至2010年全国29个省（区、市）的平衡面板数据，采用倍差法识别“十一五”规划环保目标治理下中国式减排的典型特征与动力源泉。笔者发现，整体而言，随着约束性目标、中央“加码压力”和目标完成意愿的提高，“十一五”约束性减排目标计划对全行业二氧化硫排放量和工业二氧化硫排放量均呈现出显著的减排效应，尤其在受到中央“加码压力”时，减排效应会更为明显，该结果得到一系列稳健性检验的支持。

减排特征方面，笔者从末端治理与源头治理两个角度进行揭示，发现“十一五”约束性减排目标计划的减排主要以末端治理为主，唯有中央对地方实施“加码压力”才会使减排向源头治理倾斜。具体而言，随着约束性目标和目标完成意愿的提高，“十一五”约束性减排目标计划对工业二氧化硫减排与工业生产工艺阶段二氧化硫减排以末端治理为主，对工业燃料燃烧阶段二氧化硫减排以源头治理为主。但随着中央“加码压力”的提高，对工业二氧化硫减排、工业生产工艺阶段二氧化硫减排、工业燃料燃烧阶段二氧化硫减排均会以源头治理为主，所有环节完成从偏向末端治理向重视源头治理的转变，由此取得更大的减排成效。减排源泉方面，笔者从环保投资与环保监管两个角度进行剖析，发现“十一五”约束性减排目标计划的减排主要依靠环保投资效率的改善，唯有中央对地方实施“加码压力”才会提高环保监管的约束力。

具体而言，随着约束性目标、目标完成意愿的提高，“十一五”约束性减排目标计划会通过改善末端治理投资的质提升整个环保投资的效率，而随着中央“加码压力”的提高，“十一五”约束性减排目标计划会显著改善地方环保立法与地方环保执法，分别增加地方环保行政规章累计颁布数和单位GDP环境行政处罚案件数。拓展分析方面，本研究构建绿色增长目标，仍然发现“十一五”约束性减排目标计划存在以末端治理为主的减排效应；对二氧化硫排放量的目标治理还会使工业烟（粉）尘产生出以末端治理为主的协同减排效应，同为环保目标治理规制污染物的COD主要通过降低生活排放来实现减排，对工业COD不存在显著的减排效应。

“十一五”规划凭借在污染物目标考核制度与减排实施途径等方面作出的空前变革，取得了显著的减排效果。然而，这一约束性减排目标计划仍然是一种自上向下的命令-控制机制，在制度设计与激励机制上仍存在较大的提升空间。实证分析显示，要想使环保目标治理产生更大减排效应，新时代可以继续实施差异化的约束性目标减排，但至少需要从以下三方面进行改善：其一，进一步加强源头治理，创新“三同时”制度；其二，提高环保投资的治理效率，放大环保投资的减排效应；其三，激活环保监管约束，既要“拉”也要“管”，促成减排落到实处。

4.3 节能目标政策对区域协调发展的影响

4.3.1 文献综述和政策背景

（1）文献综述

命令-控制机制和市场化机制是中国降低能耗的两大政策取向，它们分别以约束性节能目标和用能权交易为典型代表（张宁和张维洁，2019）。与环境政策类似，中国早期实施命令-控制机制的节能政策，尤其从“十一五”规划开始实施约束性节能目标，主要的政策手段包括针对企业规模提出的限制大企业能源消耗、淘汰中小企业落后产能，以及为实现全国节能目标而“自上向下”分解的地区节能目标政策（陈钊和陈乔伊，2019）。就约束性节能目标的实施效果看，现有文献大多认为其有助于节能减排（Zhang，2019；韩超等，2020），但会对经济发展产生一定的负向影响（康志勇等，2018；Shao et al.，2019；韩超等，2020）。

具体来说，从政策的节能减排效应看，Zhang（2019）从宏观层面进行研究，发现地区节能目标政策能促进各省（区、市）风力发电发展，有助于中国调整能源结构；韩超等（2020）则从微观层面进行研究，发现2006年开始的《千家企业节能行动实施方案》会降低企业煤炭消费量，对二氧化硫排放产生显著的协同减排效应。从政策的经济效应看，Shao等（2019）利用两位数行业数据进行研究，发现节能目标政策显著抑制了受规制行业的能源效率增长；韩超等（2020）也证实《千家企业节能行动实施方案》在实现节能减排效应的同时，会降低企业总产值；康志勇等（2018）以《万家企业节能低碳行动实施方案》为例，发现该政策强度与制造业企业出口规模呈倒U形关系，适度的政策强度会导致创新促进效应超过成本增加效应，进而促进企业出口规模扩张。

那么，究竟是什么原因导致约束性节能目标未能激发“绿水青山就是金山银山”的双赢发展？陈钊和陈乔伊（2019）从企业能源效率异质性角度给出了一个有说服力的解释：无论是针对企业规模提出的节能政策，还是向地区分解的节能目标，均忽视了企业和地区在节能潜力方面的异质性（Price et al.，

2010；Zhao & Wu，2016)，能源效率较低企业和地区的节能潜力较高，但对其施加较低的节能目标约束，不但很难实现对其经济发展的照顾，还有可能纵容其对能源的浪费，导致整个行业能源效率下降。Chen 等（2021）从集团企业视角的研究进一步加强了这种解释。他们发现受《千家企业节能行动实施方案》规制的企业，不但不努力提升能源效率，还利用集团关系将生产活动转移到未受规制的同集体企业，继而通过减产的方式满足节能要求。就地区约束性节能目标政策而言，Li 等（2014）从统计关系方面进行研究，指出它会导致“十一五”与“十二五”时期 GDP 区域分布调整，不利于全国节能目标的实现。该观点还需要通过进一步的因果识别加以验证。

即使是分析命令-控制机制的政策效果，一旦该政策的实施不是“一刀切”的，就需要同时考虑能源要素配置（鄢一龙等，2014)，这也是中国为何在 2016 年 7 月 28 日出台《用能权有偿使用和交易制度试点方案》的原因。这种通过市场配置能源要素使用的方式，虽然起步较晚，历史经验数据积累不足，暂时没有被经验分析检验，但已经得到基于 DEA 的反事实模拟证实：与命令-控制机制相比，用能权交易机制能激发更大的经济潜力和节能潜力（张宁和张维洁，2019)。基于此，本研究从能源要素配置视角，使用中国制造业企业能源经济数据，从微观层面采用倍差法识别“十一五”规划地区节能目标的政策效果。本研究一方面用因果识别框架证实陈钊和陈乔伊（2019）的典型事实发现，弥补现有文献对地区节能目标政策研究的不足，另一方面用经验分析回答近年来能源错配为何成为中国资源错配的首要贡献者（陈诗一和陈登科，2017)，补充现有文献对节能政策引致能源错配的经验证据。

（2）政策背景

在中国经济高速增长的同时，其粗放型经济增长模式造成了日益严峻的生态环境问题。作为全球最大的能源消耗和二氧化碳排放国，中国应对气候变化和推进绿色发展面临巨大挑战。在能源需求增长快且具有刚性以及能源结构以煤为主的情况下，中国长期选择了以节能为主、发展清洁能源为辅的能源政策(林伯强和刘希颖，2010；林伯强和孙传旺，2011)，并将其作为转变经济增长方式的重要抓手。“十一五”时期降低能源消耗强度成为具有法律效力的约束性指标，这标志着中国节能减排工作步入新阶段，向各地区分解的节能目标更意味着能源要素在地区间的分配（鄢一龙等，2014)。

2006年中央人民政府颁布了《中华人民共和国国民经济和社会发展第十一个五年规划纲要》，提出全国能源强度从2005年的1.22吨标准煤/万元下降到2010年的0.98吨标准煤/万元，该约束性目标约为20%，然后通过“国家意见—地方制定—国家批复”三个环节完成地方目标分解。首先，国务院颁布《国务院关于加强国民经济和社会发展规划编制工作的若干意见》(国发〔2005〕33号)，确定以国家总体规划为总依据、下级政府规划服从上级政府规划的编制原则。其次，各省（区、市）按中央精神制订节能目标，经国家发展和改革委员会将《关于报请审批下达〈“十一五”期间各地区单位生产总值能源消耗降低指标计划〉的请示》(发改规划〔2006〕1816号）报至国务院。31个省（区、市）平均目标为能源强度下降17.4%，稍低于国家目标（鄢一龙等，2014)。

再次，国务院批复各省（区、市）制订的节能目标，颁布《国务院关于“十一五”期间各地区单位生产总值能源消耗降低指标计划的批复》（国函〔2006〕94号)。该文件一方面对明确提出节能目标20%以上的地区予以确认，另一方面对节能目标低于20%或没有提出该项指标的地区，在确保实现全国总目标的前提下，综合考虑其发展水平、产业结构、单位生产总值能耗情况、能源消费总量、人均能源消费量、能源自给水平等因素，调整其节能目标。

最后，各地区将约束性节能目标纳入本地区经济社会发展“十一五”规划和年度计划，并分解落实到各市（地)、县及有关行业和重点企业。

在节能目标成为具有法律效力的约束性指标后，节能工作取得了立竿见影的效果。作为“十一五”规划最难完成的约束性指标之一，全国能源强度在“十一五”期间下降19.1%，基本实现下降20%的节能目标。除新疆外，其他各省（区、市）均顺利甚至超额完成国家下达的节能目标（鄢一龙等，2014)。这在很大程度上得益于各省（区、市）将节能降耗与经济发展相联，把工作着力点放到转变经济增长方式，调整和优化产业结构上。那么，约束性节能目标如何影响各地区的经济发展？从表4.20我们可知，在考虑各地区节能潜力后，“十一五”时期调整后的节能目标呈西低东高的偏向性特点，且进入“十二五”“十三五”时期后，节能目标照顾经济欠发达地区的偏向更明显。

如果节能目标较低地区能利用好政策优势，大力发展本地经济，这固然符合政策协调区域经济发展的初衷。但若如陈钊和陈乔伊（2019）的担忧，节能目标较低地区仍走粗放型经济增长模式的老路子，那么不仅很难提升本地经济的高质量发展，而且会影响全国节能目标的实现，使整个行业的能源效率难以大幅提升。正是出于这样的目的，本研究利用中国制造业企业能源经济数据，识别地区节能目标政策对微观企业的影响。

表 4.20 “十一五”时期中国各省（区、市）节能目标

地区	省（区、市）	节能目标原始值	节能目标调整值	地区	省（区、市）	节能目标原始值	节能目标调整值
东部	北京	20	24.94	西部	内蒙古	25	10.08
	天津	20	18.10		广西	15	12.56
	河北	20	10.18		重庆	20	12.42
	上海	20	22.26		四川	20	12.50
	江苏	20	21.33		贵州	20	7.02
	浙江	20	22.34		云南	17	9.80
	福建	16	17.11		西藏	12	—
	山东	22	16.86		陕西	20	13.20
	广东	16	19.97		甘肃	20	8.86
	海南	12	13.06		青海	17	5.53
	东部平均	18.60	18.62		宁夏	20	4.78
中部	山西	25	8.20		新疆	20	9.46
	安徽	20	16.52		西部平均	18.83	9.66
	江西	20	18.93	东北	辽宁	20	11.77
	河南	20	14.48		吉林	30	20.43
	湖北	20	12.93		黑龙江	20	13.69
	湖南	20	13.41		东北平均	23.33	15.30
	中部平均	20.83	14.08				

注：资料来源于《国务院关于“十一五”期间各地区单位生产总值能源消耗降低指标计划的批复》（国函〔2006〕94 号）。调整后的节能目标=节能目标/2005 年该省（区、市）能源强度。其中，能源强度根据 2006 年《中国能源统计年鉴》各省（区、市）能源消费总量和 2006 年《中国统计年鉴》各省（区、市）GDP 计算得到。由于西藏缺少能源消费总量数据，无法确定其调整节能目标，故为缺失值，用“—”表示，在后文分析中未考虑西藏。原始值的单位为%，调整值为原始值除以 2005 年该省（区、市）能源强度，其单位没有经济含义，须省去。

4.3.2 研究设计与数据选取

(1) 指标构建与计量模型

①节能目标地区偏向程度的衡量[①]

全国节能目标分解实施的地区差异化节能目标，意味着在给定全国能源消耗水平的情况下，在地区间进行能源消耗的要素分配。理论上，为实现经济增长与降低能耗的双赢发展，需要对能源效率较高（节能潜力较低）地区实施更低的节能目标，对能源效率较低（节能潜力较高）地区实施更高的节能目标。然而，表 4.20 显示中国地区节能目标采取的是忽视节能潜力而向经济欠发达地区配置更多能源要素的偏向性分配方式（陈钊和陈乔伊，2019），即对节能潜力较高的经济欠发达地区实施更低的节能目标，而对节能潜力较低的经济发达地区实施更高的节能目标。

笔者以“十一五”规划的节能目标为例，研究地区节能目标政策对制造业企业的影响。为尽可能反映节能目标的地区偏向程度，我们遵照节能目标要与节能潜力相适配的公平分配原则，将各省（区、市）节能目标（tar_p）除以 2005 年该省（区、市）能源强度（ei_{p2005}）构造调整后的节能目标（$tara_p$），然后再用全国的节能目标调整值（$tara_c$）减去各省（区、市）的调整值（$tara_p$），得到“十一五”时期各省（区、市）节能目标的地区偏向程度（$bias_p$），具体计算公式如下：

$$tara_k = tar_k / ei_{k2005} \tag{4.13}$$

$$bias_p = tara_c - tara_p \tag{4.14}$$

其中，k 表示地区，包含全国（c）和省（区、市）（p）；$tara_k$ 表示各地区节能目标调整值，tar_k 表示各地区节能目标，节能目标来自 2006 年国务院颁布的《国务院关于“十一五”期间各地区单位生产总值能源消耗降低指标计划的批复》(国函〔2006〕94 号)；2005 年各省（区、市）能源强度（ei_{p2005}）使用 2005 年各省（区、市）能源消费总量除以各省（区、市）GDP 得到，基础数据分别来自 2006 年《中国能源统计年鉴》和《中国统计年鉴》；全国能源强度通

---

① 本研究将节能目标地区偏向程度构造到省级层面，主要考虑各省（区、市）没有公开分解到地级、县级等更细层面的节能目标。为避免人为干预指标的可能，我们没有进一步将其分解到地级、县级等更细层面。

过先加总各省（区、市）能源消耗量和GDP再计算两者比值得到。

经过式（4.13）和式（4.14）调整后的节能目标可更好地反映节能目标在地区层面的偏向程度。其一，调整后的节能目标能解决节能目标无法完全反映地区节能规制力度的问题：完成相同的节能目标，节能潜力较高地区由于技术水平相对较低，降低能源强度可借助国内先进的节能技术，实现难度和成本较低；而节能潜力较低地区由于技术水平相对较高，降低能源强度意味着需要进行节能技术革新或引进国外先进技术，实现难度和成本较高。其二，节能目标地区偏向程度（$bias_p$）能反映在节能潜力相同的情况下，节能目标的相对大小：当地区调整后的节能目标小于全国调整后的节能目标时，意味着对该地区实施较低的节能目标，此时 $bias_p$ 大于0，取值越大表明节能目标越低，该地区分配的能源要素越多；而当地区调整后的节能目标大于或等于全国调整后的节能目标时，意味着对该地区实施较高的节能目标，此时 $bias_p$ 小于或等于0，绝对值越大表明“鞭打快牛”的现象越严重，该地区分配的能源要素越少。

当然，本研究构建的节能目标地区偏向程度并不能完全反映节能目标政策的地区偏向性[①]，只能衡量在节能潜力相同的情况下，地区节能目标的相对大小。庆幸的是，本研究表示节能潜力的能源强度是评价一个地区能源综合利用效率的常用指标之一，受产业结构、能源结构、生产技术、技术效率、资本能源替代、劳动能源替代等因素的直接影响（Wang，2007；Wang，2011；孙广生等，2012；林伯强和杜克锐，2013、2014），而这些因素恰恰又是制订节能目标时要重点考虑的。因此，在保持相同的能源强度后，剩下的目标差异将更多体现在政策偏向性上。

我们根据式（4.13）和式（4.14）得到“十一五”时期30个省（区、市）的节能目标偏向程度（见图4.11）。整体而言，节能目标下的能源分配呈现向中部、西部及东北等经济欠发达地区偏向的特征。共有19个省（区、市）调整后的节能目标大于全国调整后的节能目标，其中节能目标较低的地区为宁夏、青海、贵州、山西、甘肃，东部地区仅河北和海南的节能目标较低。宁夏、青海、山西、甘肃是能源强度最高的地区，因此低节能目标对其约束力度明显不足。节能目标实施力度排名前4的地区均来自东部，依次是北京、浙江、上海、江苏，这足以说明经济发达地区承受着更大的节能压力。经济欠发达地区仅吉

① 节能目标政策地区偏向性的本质含义是对完全相同的省（区、市）制订不同的节能目标。

林、江西、安徽 3 个省份处于目标较高地区。值得注意的是，吉林节能目标的原始值高达 30%，位列所有地区的首位，但从国家发展和改革委员会与国家统计局 2011 年 6 月公布的《“十一五”各地区节能目标完成情况》(2011 年第 9 号公告）看，吉林 2010 年的能源强度比 2005 年降低 22.04%，低于北京能源强度在“十一五”时期 26.59%的降幅。在随后的“十二五”和“十三五”时期，吉林的节能目标就设定在较低的水平上①。

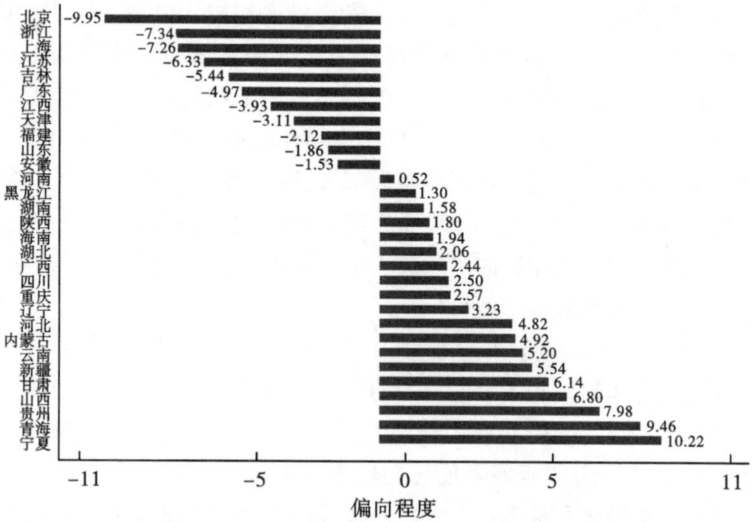

图 4.11 “十一五”时期节能目标地区偏向程度

图 4.11 结果再次印证了中国实施的地区节能目标存在照顾经济欠发达地区的偏向，采取的是偏向性分配方式（陈钊和陈乔伊，2019)。这种支持区域经济协调的做法能否实现区域经济收敛的政策目的？基于中国工业企业污染排放数据库和中国工业企业数据库的匹配数据，我们绘制了 2001 年至 2009 年节能目标较低与较高地区制造业产出均值的变化趋势②（见图 4.12)。从中可知，在“十一五”规划前，两类地区大体满足共同趋势变化条件，而在“十一五”时期后，节能目标较低地区并未充分抓住政策利好，实现向发达地区的经济收敛，

① 吉林在“十二五”和“十三五”时期被设定的节能目标分别为 16%和 15%，与全国节能目标持平。

② 我们将节能目标地区偏向程度大于 0 的省（区、市）设定为节能目标较低地区，小于或等于 0 的省（区、市）设定为节能目标较高地区。

反而存在一定程度的分化趋势。当然，这种适得其反的政策效果是否具备统计意义上的显著性，尤其是经济显著性多大，还有待因果识别上的经验检验。

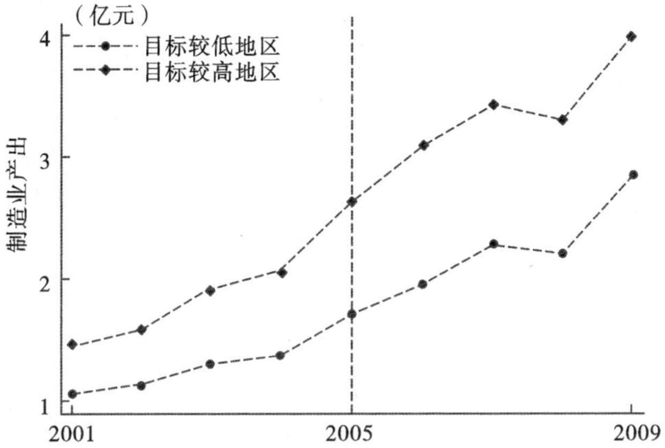

图 4.12　不同地区制造业产出的变化趋势

②计量模型

从图 4.11 我们可以看出，2006 年开始实施的节能目标存在较大的地区差异性。同时，该节能目标最终由中央确定，对各地区具有一定的外生性，对各地区的企业更是一次相对外生的准自然实验冲击。因此，笔者借鉴 Shao 等（2019）的方法，采取倍差法识别“十一五”时期地区节能目标政策对制造业企业的影响，分析地区节能目标政策能否促进区域协调发展。具体地，基准回归模型如下：

$$\ln y_{ijpt} = \beta bias_p \times post_{2006} + X'\gamma + \eta_{jt} + \delta_i + \mu_{ijpt} \tag{4.15}$$

其中，i 表示制造业企业；j 表示企业所在的两位数行业；p 表示企业所在省（区、市）；t 表示年份；被解释变量 $\ln y_{ijpt}$ 表示制造业企业 t 年产出，用企业总产值表示，并使用企业增加值（$\ln avalue$）进行稳健性分析；核心解释变量（$bias_p \times post_{2006}$）由节能目标地区偏向程度（$bias_p$）与虚拟变量（$post_{2006}$）交互构成，其中 $post_{2006}$ 在 2006 年及之后取值为 1，其他年份为 0。

X 表示控制向量，包括前定变量、省级与企业层面的控制变量。具体而言，由于节能目标的制定会综合考虑能源消耗水平，我们引入前定变量 2005 年各省（区、市）人均能源消费量（$\ln eilp_{2005}$）与 $post_{2006}$ 的交互项；为剔除其他因素对识别地区节能目标政策效应的干扰，引入各省（区、市）滞后 1 期不变价

GDP（$\ln gdp$）和滞后 1 期人均 GDP（$\ln gdpp$）；为提高回归系数估计有效性，引入企业年龄（$\ln age$）及其平方项［（$\ln age$）^{2}］。此外，为控制两位数行业政策或因素以及企业层面不受时间变化因素的干扰，本研究还分别控制了两位数行业与年份的交互固定效应项（η_{jt}）和企业固定效应（δ_i）。

μ_{ijpt} 为误差项，由于核心解释变量属于省级层面的政策变量，本研究将标准误聚类到省级层面，即允许误差项在同一省（区、市）内相关。同时，由于省（区、市）数量仅 30 个，不满足聚类标准误对聚类组数大于 50（Mackinnon & Webb，2017）或至少大于 42（Angrist & Pischke，2008）的基本要求，本研究在基准回归部分还分别使用聚类到地级市的稳健标准误和异方差-稳健标准误，以确保结果的可靠性。

本研究重点关注核心解释变量 $bias_p \times post_{2006}$ 的回归系数 β。虽然 $bias_p$ 是连续型变量，但回归模型本质上仍是倍差法模型。当 β 显著为正时，说明地区节能目标政策能促进目标较低地区制造业企业产出增长，有助于区域经济协调发展；否则，地区节能目标政策未能促进区域经济协调发展。特别地，如果 β 显著为负，则说明地区节能目标政策反而会抑制目标较低地区制造业企业产出增长，加剧区域经济失衡。

（2）数据来源与处理

本研究研究样本为 2001 年至 2009 年中国 30 个省（区、市）制造业企业能源经济的非平衡面板数据，数据来源于中国工业企业污染排放数据库和中国工业企业数据库的匹配数据。其中，中国工业企业污染排放数据库提供能源消耗数据，由国家统计局收集、工业企业自行上报得到，拥有占中国主要污染排放总量 85%以上的工业企业信息，是目前最全面的企业层面能源环境微观数据库；中国工业企业数据库为本研究提供企业总产值、企业增加值、固定资产合计、全部从业人员年平均人数、所有制特征等信息。需要说明的是，本研究选择 2001 年至 2009 年作为时间窗口的主要原因是地区节能目标政策属于五年规划节能政策，为保证时间窗口的可比性，需要将研究样本限定在“十五”和“十一五”时期。此外，中国工业企业数据库的 2010 年数据存在质量问题，因此未包含该年数据。由于从“十一五”时期开始单独统计火力发电行业企业的能源环境数据（陈钊和陈乔伊，2019），因此出于数据一致性和连续性的考虑，主要分析制造业企业。

在企业数据方面，本研究在基准回归中主要用到企业总产值、企业年龄等变量，在稳健性和机制分析中用到企业增加值、能源消费总量、固定资产合计、全部从业人员年平均人数等变量。为此，我们先参照 Brandt 等（2012）和聂辉华等（2012）的做法，分别处理中国工业企业污染排放数据库和中国工业企业数据库的数据，然后利用企业法人代码、企业名称、所在地行政代码等企业基本信息进行跨库匹配。在具体数据处理上，笔者主要依次做了以下工作：

一是数据填补。参照聂辉华等（2012）与陈诗一和陈登科（2017）的做法，使用会计等式“工业增加值＝工业总产值－中间投入＋增值税”填补 2004 年企业增加值。二是价格平减。使用各省（区、市）以 2001 年为基期的工业生产者出厂价格指数分别对企业总产值和企业增加值进行价格平减；使用各省（区、市）以 2001 年为基期的固定资产投资价格指数对企业固定资产合计进行价格平减。三是将各种能源单位换算为标准煤。考虑在中国工业企业污染排放数据库中企业各类能源消费数据的完整性，本研究使用的企业能源消费总量是燃料煤、原料煤、重油、柴油和洁净燃气 5 种能源消费量的加总，在加总前依据《综合能耗计算通则》(GB/T 2589—2008) 提供的折标准煤系数分别折算成标准煤消费量。5 种能源的折标准煤系数依次为 0.7143 千克标准煤/千克、0.7143 千克标准煤/千克、1.4286 千克标准煤/千克、1.4571 千克标准煤/千克、1.2143 千克标准煤/立方米。四是剔除异常值。依次剔除企业总产值缺失或为 0 的样本，企业煤炭消费量、燃料油消费量及洁净燃气消费量任一缺失或加总得到能源消费总量为 0 的样本，固定资产合计、工业增加值、工业中间投入缺失或为负的样本，总资产小于固定资产净值、工业销售产值小于出口交货值等不符合会计准则的样本，全部从业人员年平均人数小于 8 的样本，非国有企业销售产值未达到 500 万的样本，企业开业成立时间在 1949 年前，以及在样本期仅出现一次的企业。五是缩尾处理。为更好地缓解异常值干扰，对企业层面各类变量进行左右各 1%分位水平的极端值缩尾处理。

在宏观数据方面，本研究在基准回归中主要用到各省（区、市）GDP、人均 GDP、2005 年人均能源消费量等变量，在进一步分析部分用到各省（区、市）采矿业从业人口比重。各类数据主要来源于 2000 年至 2010 年《中国统计年鉴》《中国能源统计年鉴》以及各省（区、市）统计年鉴。其中，各省（区、市）GDP 通过各省（区、市）2000 年 GDP 和不变价格的国内生产总值指数（以 2000 年为基期）推算得到。由于企业匹配数据库中缺少 2007 年新疆企业的数据，因此在各省（区、市）GDP 和人均 GDP 中将不包含 2007 年新疆的数据。通过以上数据处理，本研究得到主要变量的基本描述性统计（见表 4.21）。

表 4.21　主要变量的基本描述性统计

变量	样本量	平均值	标准差	最小值	最大值
企业层面微观数据					
企业总产值(万元)	222974	16641.00	40560.08	386.96	299314.80
企业年龄(年)	222974	12.93	12.53	0	52
企业增加值(万元)	169097	4108.57	10168.70	44.29	78166.73
企业能源消费总量(吨标准煤)	222974	13288.89	51130.29	14.29	484531.80
企业能源效率(万元/吨标准煤)	222974	22.95	72.02	0.04	570.86
企业固定资产合计（万元）	222974	6475.02	18785.80	18.25	153880.30
企业全部从业人员年平均人数	222974	487.75	810.65	23	5680
省级层面宏观数据					
各省(区、市)节能目标(%)	30	19.83	3.17	12.00	30.00
各省(区、市)调整后的节能目标(%)	30	14.09	5.26	4.78	24.94
各省(区、市)节能目标的偏向程度	30	0.91	5.26	−9.95	10.22
各省(区、市)GDP(亿元)	269	6001.30	5326.64	292.39	28957.11
各省(区、市)人均 GDP(万元/人)	269	1.45	1.00	0.28	6.05
2005 年各省(区、市)人均能源消费量(吨标准煤/人)	30	2.32	1.07	0.99	4.63
各省(区、市)采矿业从业人口比重(%)	270	3.91	3.63	0.00	19.45

注：笔者根据中国工业企业污染排放数据库、中国工业企业数据库、《中国统计年鉴》《中国能源统计年鉴》以及各省（区、市）统计年鉴整理得来。

4.3.3　实证结果与分析

（1）基准回归

基于基准回归模型（4.13），本研究首先检验“十一五”期间地区节能目标政策对制造业企业总产值的平均效应，结果见表 4.22。所有回归都控制了企业固定效应以及不同层级行业与年份的交互固定效应。其中，第 1 列至第 3 列排除两位数行业层面政策或因素干扰，控制两位数行业与年份交互固定效应，并逐步增加前定变量和企业层面控制变量，回归结果均显示，随着偏向程度的提高，节能目标较低地区的制造业企业产出显著降低。从第 3 列结果我们可以看出，在其他条件不变的情况下，节能目标地区偏向程度每增加 1 单位，会使制造业企业平均总产值显著降低约 1.1% {[exp (−0.011) −1] ×100%}。在所有省（区、市）中，节能目标地区偏向程度最低的是北京，达到−9.95，最高的是宁夏，为 10.22。以这两个地区作比较，1.1%的下降幅度意味着，地区节能目标政策使宁夏制造业企业平均总产值比北京制造业企业少增长约 22.2% { [10.22− (−9.95)] ×1.1%}。

表 4.22 第 4 列和第 5 列将两位数行业与年份的交互固定效应替换为更细分的三位和四位数行业与年份的交互固定效应，回归结果在统计和经济意义上均与第 3 列一致。同时，由于本研究采用的省级层面标准误聚类方式不满足聚类组数大于 50（Mackinnon & Webb，2017）或至少大于 42（Angrist & Pischke，2008）的基本要求，我们分别换为聚类到地级市的稳健标准误、异方差-稳健标准误进行回归，结果见第 6 列和第 7 列，仍在统计意义上显著。此外，本研究还分别使用匹配数据库中工业全行业企业样本、制造业与采矿业企业样本进行回归。无论是统计还是经济显著性，均与基准回归结果一致，支持地区节能目标政策显著抑制节能目标较低地区企业平均总产值增长的结论①。由此，通过基准回归我们可以得出，地区节能目标政策未能促进节能目标较低地区企业平均总产值的增长，即该政策没能促进区域协调发展。

表 4.22 基准回归结果

变量	ln *y*	ln *y*	ln *y*	ln *y*	ln *y*	ln *y*	ln *y*
bias×*post*	−0.012**	−0.011**	−0.011***	−0.010**	−0.009**	−0.011***	−0.011***
	(0.004)	(0.004)	(0.004)	(0.004)	(0.004)	(0.003)	(0.001)
省级层面控制变量	YES	YES	YES	YES	YES	YES	YES
前定变量	NO	YES	YES	YES	YES	YES	YES

① 这些回归的具体结果和共同趋势检验，请见附录四和附录五。

续表

变量	ln y	ln y	ln y	ln y	ln y	ln y	ln y
企业层面控制变量	NO	NO	YES	YES	YES	YES	YES
企业固定效应	YES	YES	YES	YES	YES	YES	YES
两位数行业×年份固定效应	YES	YES	YES	NO	NO	YES	YES
三位数行业×年份固定效应	NO	NO	NO	YES	NO	NO	NO
四位数行业×年份固定效应	NO	NO	NO	NO	YES	NO	NO
样本量	222974	222974	222974	222952	222656	222974	222974
调整后的 R^2	0.904	0.904	0.906	0.907	0.909	0.906	0.906

注：第1列至第5列括号内的值为聚类到省级的稳健标准误，第6列括号内的值为聚类到地级市的稳健标准误，第7列括号内的值为异方差-稳健标准误。*、**和***分别表示10%、5%和1%的显著性水平，下表同。

（2）政策效应的事件分析

一方面为检验基准回归是否满足倍差法重要前提假设之一的共同趋势检验，另一方面为识别地区节能目标政策的时间效应，本研究借鉴 Jacobson 等（1993）的事件分析法，构建如下模型：

$$\ln y_{ijpt}=\sum_{\tau=-5}^{3}\beta_{\tau}bias_{p}\times year_{\tau}+X'\gamma+\eta_{jt}+\delta_{i}+\mu_{ijpt} \tag{4.16}$$

其中，τ 表示实施地区节能目标政策的事件时间，取值范围为［−5，3］，其中2006年取值为0；$year_{\tau}$ 表示年份虚拟变量，在（τ+2006）年时取值为1，否则为0。本研究以政策前1年2005年，即 τ 取值为−1时为基期。于是，这里重点关注的回归系数 β_{τ} 表示与2005年相比，在（τ+2006）年不同地区制造业企业产出的平均差异。

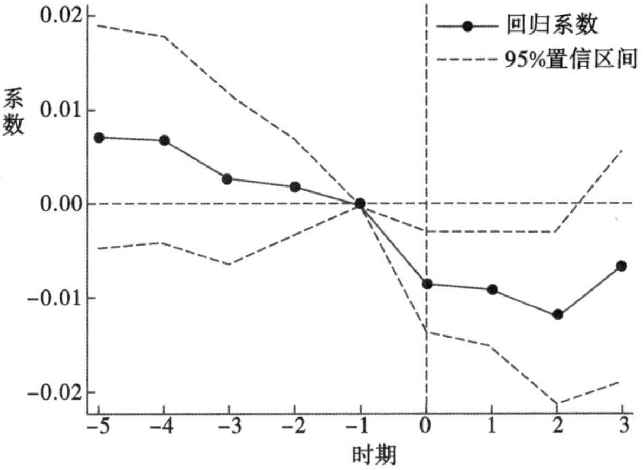

图 4.13　事件分析

注：笔者通过提取基于事件分析模型（4.16）得到的回归系数与 95％置信区间的结果绘制而成，其中置信区间基于聚类到省级层面的稳健标准误计算得到。

图 4.13 展示了事件分析结果。在政策实施前，不同地区的制造业企业总产值均差异虽然在统计意义上不显著，而且其回归系数在［0，0.01］的较小范围内变化，但仍然呈现与事后保持一致、近似线性下降的事前趋势，因此基准回归结果可能被高估。在政策实施后，地区节能目标政策对制造业企业总产值的平均效应，在 2009 年前呈逐年增加且统计显著的负向影响，在 2008 年回归系数的绝对值达到最高点，超过基准回归的系数大小。尽管回归系数在 2009 年的绝对值有所减少，但仍然为负。

（3）处理内生性问题

为解决基准回归因事前趋势可能被高估的问题，笔者从控制事前趋势和工具变量法两个角度处理内生性问题。

①控制事前趋势

本研究参考 Moser & Voena（2012）的做法，引入 $bias \times t$ 变量，控制地区间事前的差异趋势。其中，t 取值范围为［1，9］，依次对应 2001 年至 2009 年。该做法能控制省级层面随时间线性变化的不可观测因素，缓解本研究无法良好控制省级因素带来的遗漏变量偏误问题。结果见表 4.23 第 1 列，相比基准回归，虽然回归系数绝对值略有减小，但无论是统计还是经济显著性，均与基准回归一致。

表 4.23　内生性问题、稳定个体干预值假设检验及安慰剂检验

变量	ln *y*	ln *y*	ln *y*	ln *y*	ln *y*	ln *y*	ln *y*
bias×*post*	−0.008**	−0.011**	−0.011**	−0.013**	−0.014**	−0.015**	−0.014**
	(0.003)	(0.005)	(0.004)	(0.005)	(0.006)	(0.006)	(0.006)
$bias\times pre_1$				−0.004			
				(0.004)			
$bias\times pre_2$					−0.004		
					(0.004)		
$bias\times pre_3$						−0.005	
						(0.003)	
$bias\times pre_4$							−0.003
							(0.003)
bias×*t*	控制	未控制	未控制	未控制	未控制	未控制	未控制
样本量	222974	222974	114855	222974	222974	222974	222974
调整后的 R^2	0.906	—	0.908	0.906	0.906	0.906	0.906
中心化的 R^2	—	0.026	—	—	—	—	—
KP-Wald *F* 统计量	—	50.327	—	—	—	—	—

注：括号内的值为聚类到省（区、市）的稳健标准误，所有回归均控制前定变量、省（区、市）与企业层面的控制变量以及企业、两位数行业×年份固定效应，表 4.24 和 4.25 同。

②工具变量法

由于控制事前趋势仅能缓解随时间线性变化的省级因素引起的遗漏变量偏误，因此还需要运用工具变量法解决内生性问题。本研究参考余泳泽等（2020）的做法，采用各省（区、市）河流密度作为 $bias_p$ 的工具变量。从相关性看，河流密度越大地区，交通运输成本较低，占据经济发展的“天时地利”，越容易吸引工业企业尤其是高能耗、高污染企业入驻（余泳泽等，2020），因此为完成全国的节能目标，中央更有可能对这类地区设定更高的节能目标，于是节能目标地区偏向程度与河流密度负相关①，满足工具变量的相关性假设。从外生性看，

① 工具变量相关性图请见附录五。

河流密度取决于自然条件且与当地经济活动无关，满足工具变量的外生性假设(黄玖立和冯志艳，2017；刘修岩等，2017；陈旭等，2019；余泳泽等，2020)。河流密度用各省（区、市）河流、渠道总长度除以行政区面积与水域面积之差表示，具体数据来自曹卫斌等（2015）的测算结果。在回归时，本研究进一步构造各省（区、市）河流密度与 $post_{2006}$ 的交互项，将其作为 $bias_p \times post_{2006}$ 的工具变量，结果见表 4.23 第 2 列。从弱工具变量检验看，Kleibergen-Paaprk Wald F 统计量（KP-Wald F 统计量）大于 Stock & Yogo（2005）给出的显著性水平为 10%的临界值 16.38，说明不存在弱工具变量问题。相比于基准回归，无论是统计还是经济显著性，第 2 列回归结果大致与基准回归一致。

（4）稳定个体干预值假设检验

除共同趋势假设外，稳定个体干预值假设（Stable Unit Treatment Value Assumption，SUTVA）是倍差法需要满足的另一个重要前提假设。该假设要求任意个体不受其他个体是否受事件或政策处理的影响。由于企业间存在广泛的社会网络关系，在各地区实施差异化的节能目标政策便有可能对其他地区的企业产生空间溢出效应。为缓解这方面的担忧，本研究利用中国工业企业数据库中的产业活动单位数，通过保留仅有 1 个产业活动单位的企业，尽可能切断企业间的直接联系，进而缓解省（区、市）间的空间溢出效应。估计结果见表 4.23 第 3 列，在缓解空间溢出效应后，回归结果与基准回归在统计和经济显著性上均保持一致。

（5）安慰剂检验

基准回归与事件分析的结果均显示，地区节能目标政策显著抑制了节能目标较低地区制造业企业总产值的扩张。为确保这一结论的可信度，笔者分别进行政策在实施时间与地区分配两个层面的安慰剂检验。

①政策实施时间层面的安慰剂检验

利用反事实思想，本研究依次假定政策提前 1 年、2 年、3 年、4 年实施，引入虚拟变量 pre_n 与 $bias_p$ 的交互项，以此进行政策实施时间层面的安慰剂检验。其中，n 取值 [1，4]，pre_n 在（2006$-n$）年到 2005 年取值为 1，其他年份取值为 0。如果各类交互项的回归系数不显著，则有理由相信不存在地区节能目标政策的提前反应或 2006 年前其他政策的干扰；否则，就有理由怀疑基准回归的结论。该安慰剂检验结果见表 4.23 第 4 列至第 7 列，各类虚拟政策交互项系数无论是在统计显著性上，还是在经济显著性上均不显著，符合安慰剂检验的预期。

②政策地区分配层面的安慰剂检验

利用反事实思想，本研究参考 Chetty 等（2009）的做法，将节能目标地区偏向程度随机分配到各个省（区、市），然后再与企业数据匹配，重新回归模型。如果随机分配回归 500 次得到的回归系数，在概率上与基准回归系数存在显著差异的话，则有理由相信基准回归结果不是其他并行的省级政策引起的；否则就有理由怀疑基准回归结果。图 4.14 是随机分配回归得到的 500 个系数的核密度图和对应 p 值的散点图，一方面大多数回归系数取值落在［−0.01，0.01］范围内，明显大于基准回归系数−0.011，另一方面回归系数大致服从均值近似为 0 的正态分布，对应 p 值绝大部分大于 0.1，因此无论是从经济意义，还是从统计意义上均符合安慰剂检验预期。

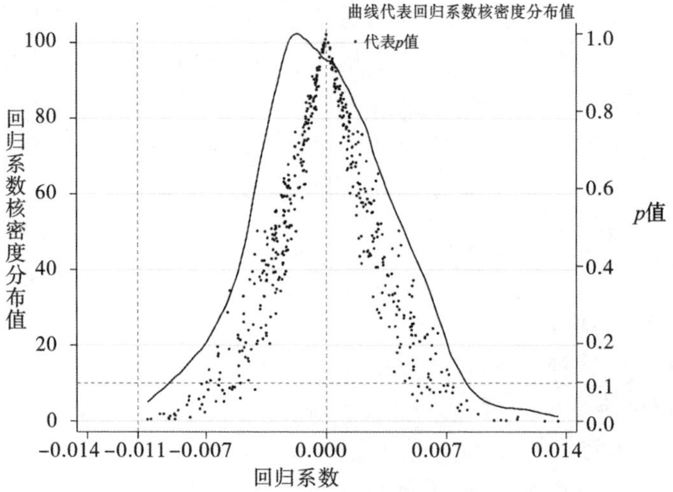

图 4.14　政策地区分配层面的安慰剂检验

（6）稳健性分析

①替换核心解释变量

为确保核心解释变量选取的代表性，本研究分别使用 3 种方式替换核心解释变量并重新回归：由于节能目标较低地区大部分为中部、西部与东北地区，因此使用是否为非东部地区虚拟变量（*noeast*）替换 $bias_p$ 进行回归；使用调整后的节能目标是否低于全国调整后的节能目标虚拟变量（*biasdu*）替换 $bias_p$ 进行回归；考虑本研究分析对象为制造业企业，使用 2005 年各省（区、市）工业能源强度替换全行业能源强度计算节能目标地区偏向程度（*biasin*），重新设定核心解释变量并进行回归。以上替换核心解释变量的回归结果见表 4.24 第 1 列至第 3 列，无论是统计显著性还是经济显著性，均与基准回归一致。

表 4.24　替换核心解释变量与被解释变量

变量	ln *y*	ln *y*	ln *y*	ln *avalue*
bias × *post*				−0.009**
				(0.004)
noeast × *post*	−0.107**			
	(0.051)			
biasdu × *post*		−0.105**		
		(0.045)		
biasin × *post*			−0.011***	
			(0.004)	
样本量	222974	222974	222974	162969
调整后的 R^2	0.906	0.906	0.906	0.846

②替换被解释变量

为确保被解释变量选取的代表性，本研究使用企业增加值 ln*avalue* 重新回归。由于中国工业企业数据库没有给出 2008 年至 2009 年工业增加值数据，以及相关能计算该指标的数据，因此在这部分回归中只采用 2001 年至 2007 年样本数据。替换被解释变量的回归结果见表 4.24 第 4 列，无论是统计还是经济显著性，均与基准回归一致。

③排除节能目标完成意愿影响

根据国家发展和改革委员会与国家统计局公布的《“十一五”各地区节能目标完成情况》(2011 年第 9 号公告)，新疆未能完成节能目标，可能是新疆执行了更宽松的政策。北京和湖北节能目标的超额完成水平明显高于其他省（区、市）(见图 4.15)，这说明北京和湖北实施了超过中央给定节能水平的措施，这种情况可能是能源要素投入不足或能源效率提升带来的。为保证节能目标完成意愿的一致性，本研究分别剔除新疆、北京和湖北重新估计模型。结果见表 4.25 第 1 列和第 2 列，无论是统计还是经济显著性，均与基准回归一致。

④排除其他政策干扰

本研究样本期可能存在“十一五”规划二氧化硫、COD减排目标政策、2001年12月中国加入WTO以及2008年全球金融危机等国际大事件对基准回归的识别干扰，其中减排目标政策也发生在“十一五”时期，也可能存在地区偏向性，而加入WTO和全球金融危机会对制造业企业造成区域层面的差异性影响。东部地区属于外向型经济，受到的冲击大于其他地区，这恰好与节能目标较高地区的分布特征重叠。为此，笔者分别依据《国务院关于“十一五”期间全国主要污染物排放总量控制计划的批复》（国函〔2006〕70号）给出的各省（区、市）减排目标控制二氧化硫和COD减排目标政策，参考Wang等(2018)的做法，控制企业出口交货值占销售产值的比重并剔除2008年至2009年样本重新回归，结果见表4.25的第3列至第5列。无论是统计还是经济显著性，均与基准回归一致。

表4.25　排除相关因素的可能干扰

变量	ln *y*	ln *y*	ln *y*	ln *y*	ln *y*
bias×*post*	−0.011***	−0.011***	−0.012**	−0.011***	−0.008**
	(0.004)	(0.004)	(0.005)	(0.004)	(0.003)
控制减排目标	未控制	未控制	控制	未控制	未控制
样本量	221422	213312	222266	222953	163072
调整后的R^2	0.906	0.905	0.906	0.906	0.918

4.3.4　机制分析

为探寻地区节能目标政策反而抑制节能目标较低地区制造业企业总产值增长背后的影响机制，笔者从能源要素使用出发，分析能源效率与能源投入这两个直接影响企业总产值的因素。我们将企业总产值分解为能源效率（*effi*）与能源消费总量（*energy*）的乘积，分别考察地区节能目标政策对能源效率和能源消费总量的影响，前者反映政策影响企业总产值的技术效应，后者反映政策影响企业总产值的规模效应，以此从资源配置效率和生产激励作用（包括企业要素投入与政府引进企业）两个视角深入挖掘机制原因。

如果企业能源效率回归结果显示地区节能目标政策没有显著提升节能目标较低地区企业能源效率，则我们有理由怀疑该政策造成能源要素在地区间的错配，这便是从资源配置效率角度识别能源要素在地区间的配置效应。如果能源消费总量回归结果显示地区节能目标政策没有显著促进节能目标较低地区企业加大能源投入，则我们有理由怀疑该政策未能成功激励节能目标较低地区企业的生产积极性，这便是从企业要素投入角度识别政策的生产激励作用。同时，笔者还利用新增企业信息，从政府引进企业视角进一步识别地区节能目标政策的生产激励作用。

资源配置效率的回归结果见表 4.26 第 1 列，地区节能目标政策不但没有显著提升节能目标较低地区企业的能源效率，反而显著抑制其增长，促使能源效率在地区间进一步分化。因此，地区节能目标政策这一原本想为经济欠发达地区配置更多能源要素的政策，却因为忽视各地区节能潜力（Price et al.，2010；Zhao & Wu，2016），助长了企业对能源的低效率使用，造成能源要素在地区间错配。该结论支持陈钊和陈乔伊（2019）的推测，照顾经济欠发达地区的节能目标政策难以实现平衡区域经济发展的目标，也为回答近年来能源错配为何成为中国资源错配的首要贡献者（陈诗一和陈登科，2017）提供了一个强有力的经验证据。

生产激励作用的回归结果见表 4.26 第 2 列，地区节能目标政策不仅没有显著促进节能目标较低地区制造业企业的能源投入，而且还对其能源投入产生负向影响，即该政策未能促进节能目标较低地区企业加大能源要素投入。为进一步验证企业要素投入角度的证据，本研究使用企业固定资产合计（ln *capital*）和全部从业人员年平均人数（ln *labor*），分别从资本和劳动力两大要素检验地区节能目标政策对节能目标较低地区的生产激励作用。结果见表 4.26 第 3 列和第 4 列，其仍支持地区节能目标政策对节能目标较低地区缺乏生产激励作用的结论。

此外，本研究从政府引进企业视角，利用企业开业成立时间识别每年新增企业，然后分年份加总到省级层面，分析地区节能目标政策对新增企业数量和新增高能耗行业企业①数量的影响。具体构建的回归模型如下：

$$\ln Y_{pt} = \alpha bias_p \times post_{2006} + Z'\pi + \eta_t + \delta_p + \mu_{pt} \tag{4.17}$$

① 参考陈钊和陈乔伊（2019）划分高能耗行业企业的做法，将处于以下七大行业的企业定义为高能耗行业企业：纺织业，造纸及纸制品业，石油加工、炼焦及核燃料加工业，化学原料及化学制品制造业，非金属矿物制品业，黑色金属冶炼及压延加工业，有色金属冶炼及压延加工业。

其中，被解释变量 $\ln Y_{pt}$ 表示各省（区、市）新增企业数量加 1 取对数值 [ln ($enter+1$)] 和新增高能耗企业数量加 1 取对数值 [ln ($enterh+1$)]；核心解释变量 $bias_p \times post_{2006}$ 同基准回归模型 (4.15)；Z 为与基准回归相同的前定变量和省级层面的控制变量；η_t 为年份固定效应项；δ_p 为省（区、市）固定效应；μ_{pt} 为误差项。

考察地区节能目标政策对新增高能耗行业企业数量的影响，主要考虑这类企业对节能政策更敏感，在选址时会更看重地方政府对能源要素的使用限制。然而，表 4.26 第 5 列和第 6 列回归结果显示，无论是所有行业的新增企业，还是高能耗行业的新增企业，都没有因为能源消费方面的优待，而选择节能目标较低地区。联合对企业能源、资本、劳动力三大要素投入的分析，我们可以看出，地区节能目标政策对节能目标较低地区的经济生产活动存在明显的激励不足：一方面，没有充分调动企业的生产积极性，促进企业加大能源、劳动力、资本等生产要素的投入；另一方面，没有有效激励地方政府大力发展经济，加大新企业引进力度。因此，无论是从资源配置效率角度，还是从生产激励角度，笔者均给出了地区节能目标政策为何抑制节能目标较低地区制造业企业总产值增长的原因。节能目标较低地区的企业技术水平不高，以及地方政府发展经济、企业扩大生产的意愿不强，是导致地区节能目标政策事与愿违的重要原因，这不仅造成了能源要素错配，更不利于中国实现经济增长与降低能耗的双赢发展，不利于推动形成优势互补高质量发展的区域经济布局。

表 4.26　机制分析

变量	ln $effi$	ln $energy$	ln $capital$	ln $labor$	ln ($enter+1$)	ln ($enterh+1$)
$bias \times post$	−0.009**	−0.002	−0.007	−0.003	−0.012	−0.006
	(0.004)	(0.003)	(0.007)	(0.002)	(0.013)	(0.014)
样本量	222974	222974	222974	222974	269	269
调整后的 R^2	0.872	0.892	0.897	0.918	0.717	0.697

注：第 1 列至第 4 列回归控制了前定变量、省级与企业层面的控制变量以及企业、两位数行业×年份固定效应，第 5 列和第 6 列回归控制了前定变量、省级层面控制变量以及年份、省（区、市）固定效应。

4.3.5　进一步分析

前文分析表明，地区节能目标政策对节能目标较低地区制造业企业总产值有显著负向影响，造成该影响的一个重要原因是制造业企业缺乏生产积极性，没有加大能源要素投入。这是否意味着节能目标较低地区没有充分使用中央分配的能源要素，继而超额完成了节能目标任务？为此，本研究利用国家发展和改革委员会与国家统计局公布的《“十一五”各地区节能目标完成情况表》(2011 年第 9 号公告)，计算各省（区、市）节能目标的超额完成水平（实际节能率与节能目标的差值），结果如图 4.15 所示。

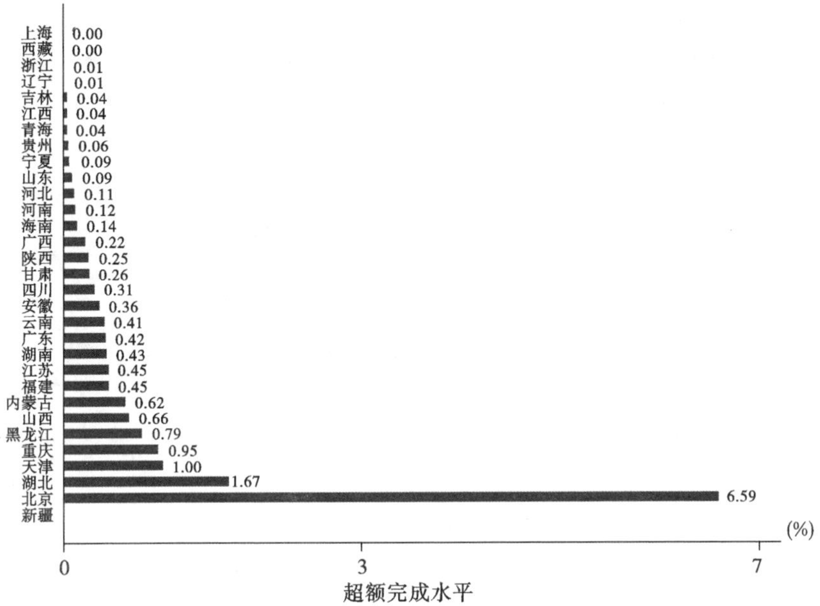

图 4.15　各省（区、市）“十一五”节能目标超额完成情况

整体而言，节能目标的超额完成水平不存在明显的地区差异，且没有与节能目标地区偏向程度表现出类似西低东高的地区特征。除新疆外，其他省（区、市）均完成了节能目标，超额完成水平基本在 1%以内，只有北京和湖北超出了这个水平，分别达到 6.6%和 1.7%。在剔除北京数据后，节能目标的超额完成水平和地区偏向程度的线性相关系数为 0.036，相关系数检验对应 p 值为 0.855，这表明无论是统计还是经济意义，二者均不存在显著的线性相关关系。因此，我们有理由相信，地区节能目标政策没有促进节能目标较低地区制造业企业加大能源要素的投入，并非由于该地区为超额完成节能目标而减少能源消耗。相反，更有可能是目标较低地区的制造业企业没有充分利用本地优惠政策。

那么哪个行业的企业会是节能目标较低地区政策优惠的受益者？本研究有两种猜测：其一，高能耗行业企业。理由是这类行业的企业对能源要素的需求更高，尽管前文机制分析显示，地区节能目标政策对节能目标较低地区新增高能耗行业企业数量的影响在经济和统计意义上不显著，但其回归系数为正，且影响针对新增企业，对在位企业的影响还有待深入验证。其二，采矿业企业。理由是经济欠发达地区一般拥有丰裕的自然资源，具备发展资源产业的资源禀赋。为此，我们以采矿业企业为研究对象，利用中国工业企业污染排放数据库和中国工业企业数据库的匹配数据，分析地区节能目标政策的实施效果。具体地，我们先分析地区节能目标政策对采矿业总产值的影响，如果发现该政策有助于节能目标较低地区采矿业发展，继而探讨是否存在阻碍整个工业发展的资源诅咒（Auty，1990）。

（1）地区节能目标政策对高能耗行业企业的影响

为验证节能目标较低地区高能耗行业企业是否得到更多的发展，本研究采用三重差分法进行识别，具体构建如下回归模型：

$$\ln Y_{ij4pt}=\varphi_1 bias_p\times post_{2006}\times eih_{j4}+\varphi_2 bias_p\times post_{2006}+X'\gamma+\eta_{j4t}+\varepsilon_{j4p}+\delta_i+\mu_{ij4pt} \quad (4.18)$$

其中，j_4 表示企业所在的四位数行业。被解释变量 $\ln Y_{ij4pt}$ 表示企业总产值、能源效率及能源消费总量。核心解释变量 $bias_p\times post_{2006}\times eih_{j4}$ 由节能目标地区偏向程度（$bias_p$）、是否在 2006 年及之后虚拟变量（$post_{2006}$）与企业是否属于高能耗行业虚拟变量（eih_{j4}）交互构成。本研究参考韩超等（2020）的做法，利用政策实施前 1 年，即 2005 年四位数行业能源强度（ei_{j4}）[①] 的中位数，划分高能耗行业。为保证结果的稳健性，本研究还直接使用 ei_{j4} 与 $bias_p\times post_{2006}$ 交互进行识别。于是式（4.18）的 φ_1 反映地区节能目标政策在高能耗行业与低能耗行业之间的异质性结果，可回答节能目标较低地区高能耗行业企业是否得到更多的发展。为建立饱和模型，本研究还引入 $bias_p\times post_{2006}$ 双重交互项、四位数行业与年份的交互固定效应（η_{j4t}）、四位数行业与省（区、市）的交互固定效应（ε_{j4p}）以及企业固定效应（δ_i）。同时，引入了与基准回归相

① 本研究利用 2005 年企业数据计算得到四位数行业能源强度，分别加总四位数行业的能源消费总量和企业总产值，再将两者相除得到四位数行业的能源强度。

同的前定变量、省级与企业层面的控制变量（X），μ_{ij4pt} 为误差项。

地区节能目标政策对高能耗行业企业的分析结果见表 4.27。无论是统计还是经济显著性，三重交互项结果均显示在地区节能目标政策下，节能目标较低地区倾向于将能源要素投入高能耗行业企业，这类企业的总产值也因此受到更小的负向影响。在企业能源效率方面，地区节能目标政策对两类企业的影响不存在显著差异。观察地区节能目标政策对各类企业的平均效应，无论是高能耗还是低能耗行业企业，节能目标较低地区企业平均总产值均会受到显著的负向影响，但原因有所不同，节能目标较低地区将能源要素分配给高能耗行业企业，低能耗行业企业的能源消费显著减少，而高能耗行业企业在能源要素的倾向下，能源效率不升反降，造成能源要素在行业间的错配。

表 4.27　地区节能目标政策对高能耗行业企业的影响

变量	ln y	ln $effi$	ln $energy$	ln y	ln $effi$	ln $energy$
$bias \times post \times eih$	0.007**	−0.005	0.011***			
	(0.002)	(0.004)	(0.004)			
$bias \times post$	−0.014***	−0.006	−0.007**	−0.011***	−0.009**	−0.002
	(0.004)	(0.006)	(0.003)	(0.003)	(0.004)	(0.003)
$bias \times post \times ei$				0.002***	−0.001	0.002**
				(0.001)	(0.001)	(0.001)
eih_eff	−0.007**	−0.012***	0.004	—	—	—
	(0.003)	(0.004)	(0.003)			
样本量	200 895	200 895	200 895	200 895	200 895	200 895
调整后的 R^2	0.913	0.871	0.894	0.913	0.871	0.894

注：eih_eff 表示高能耗行业企业受到的政策效应，为 $bias \times post \times eih$ 与 $bias \times post$ 两个变量回归系数之和。所有回归均控制了前定变量、省级与企业层面的控制变量以及企业、四位数行业×年份、四位数行业×省（区、市）固定效应。

当然，造成这种异质性结果的背后原因，也可能是高能耗行业的产业活动从节能目标较高地区转移到较低地区，进而促进节能目标较低地区高能耗行业企业的发展，比如在集团企业内部发生产能转移（Chen et al.，2021）。不管是哪一种原因，最后结果均是在制造业行业内部，节能目标较低地区的高能耗行业企业依靠扩大能源投入的粗放式增长得以壮大，企业能源效率没有得到提升，最终引发能源要素在行业间错配，影响整个制造业行业经济产出和能源效率的提升。

(2) 地区节能目标政策对采矿业企业的影响

为验证节能目标较低地区采矿业企业是否得到更多的发展，本研究采用类似于分析制造业企业的方式，识别地区节能目标政策对采矿业企业总产值的影响（见表 4.28）。从中我们可知，地区节能目标政策显著促进了节能目标较低地区采矿业企业总产值的平均增长。在其他条件不变的情况下，节能目标地区偏向程度每增加 1 单位，会使采矿业企业平均总产值显著增加 1.2%{[exp(0.012) −1] ×100%}。同样用北京与宁夏作比较，我们可以发现，1.2%的增长幅度意味着，地区节能目标政策使宁夏采矿业企业平均总产值比北京采矿业企业多增长 24.2% {[10.22− (−9.95)] ×1.2%}。该结果得到共同趋势检验的支持[①]。我们将企业总产值替换为企业增加值后，无论是统计还是经济显著性，均支持地区节能目标政策显著促进节能目标较低地区采矿业发展的结论。

表 4.28　地区节能目标政策对采矿业企业的影响和资源诅咒效应的验证

变量	ln*y*	ln*avalue*	*res*	ln*y*
bias×*post*	0.012** (0.005)	0.015** (0.006)	0.126** (0.055)	
reshat				−0.086*** (0.029)
样本量	8786	6327	270	222974
调整后的 R^2	0.904	0.891	0.869	0.906

注：第 1 列、第 2 列及第 4 列的回归控制了前定变量、省级与企业层面的控制变量以及企业、两位数行业×年份固定效应，第 3 列回归控制了前定变量、省级层面的控制变量以及年份、省（区、市）固定效应。

(3) 资源诅咒效应的验证

我们进一步检验采矿业发展对工业企业的反哺作用，以此回答是否存在阻碍整个工业发展的资源诅咒（Auty，1990）。本研究采用两阶段回归方法，利用制造业企业样本验证地区节能目标政策引致的资源诅咒效应，具体回归模型如下：

① 该回归的共同趋势检验请见附录五。

$$res_{pt} = \gamma bias_p \times post_{2006} + Z'\pi + \eta_t + \delta_p + \mu_{pt} \tag{4.19}$$

$$\ln y_{ijpt} = \theta reshat_{pt} + X'\gamma + \eta_{jt} + \delta_i + \mu_{ijpt} \tag{4.20}$$

其中，res_{pt} 表示各省（区、市）自然资源开发程度，参考 Alexeev & Conrad (2009) 与方颖等 (2011) 的做法，使用各省（区、市）采矿业从业人员数占总人口的比重衡量；$reshat$ 为第一阶段回归得到的 res_{pt} 拟合值，表示因地区节能目标政策引致的采矿业发展程度。模型 (4.19) 控制了与基准回归相同的前定变量和省级层面控制变量 (Z)，以及年份固定效应 (η_t) 和省（区、市）固定效应 (δ_p)，μ_{pt} 为误差项；模型 (4.20) 控制了与基准回归相同的前定变量、省级与企业层面的控制变量 (X)，以及两位数行业与年份交互固定效应 (η_{jt}) 和企业固定效应 (δ_i)，μ_{ijpt} 为误差项。

从表 4.28 第 3 列回归结果我们可知，地区节能目标政策显著提高了节能目标较低地区自然资源的开发程度，从宏观层面再次证明地区节能目标政策促进节能目标较低地区采矿业发展的结论。从第二阶段回归结果看，第 4 列显示因地区节能目标政策引致的采矿业发展并没有促进节能目标较低地区制造业企业总产值的平均增长，反而显著抑制了其增长。我们结合对工业全行业企业样本、制造业与采矿业企业样本的回归结果，即无论是统计还是经济显著性，地区节能目标政策均会显著抑制节能目标较低地区企业平均总产值增长。这表明地区节能目标政策带来了因支持节能目标较低地区采矿业发展而引致的资源诅咒效应。基于此，我们可以得出结论，尽管地区节能目标政策能促进节能目标较低地区采矿业企业的发展，但却会因此陷入资源诅咒困境，挤占制造业发展，呈“荷兰病”效应 (Corden & Neary, 1982; 邵帅和齐中英, 2008)，无法反哺当地制造业企业乃至工业全行业企业的发展。

4.3.6 本节小结

作为重要的节能政策，节能目标政策具有向经济欠发达地区配置更多能源要素的偏向性特征。本研究匹配中国工业企业污染排放数据库和中国工业企业数据库，使用 2001 年至 2009 年中国制造业企业能源经济数据，采用倍差法从微观层面检验地区节能目标政策能否带动节能目标较低地区经济增长，实现区域协调发展的目的。

整体而言，地区节能目标政策没能促进区域经济协调发展，反而显著抑制了节能目标较低地区企业总产值的平均增长。在其他条件不变的情况下，节能目标地区偏向程度每增加1单位，会使制造业企业平均总产值显著降低1.1%。这一下降幅度意味着地区节能目标政策使宁夏制造业企业平均总产值比北京制造业企业少增长21.2%。该结果通过了共同趋势检验、内生性问题处理、稳定个体干预值假设检验、政策实施时间与政策地区分配层面的安慰剂检验，以及替换核心解释变量、替换被解释变量、排除节能目标完成意愿影响及其他政策干扰的稳健性分析。

机制分析方面，从资源配置效率与生产激励作用两个视角进行研究，我们发现，地区节能目标政策一方面助长了节能目标较低地区企业低效率使用能源，显著抑制了企业提升能源效率，造成能源要素在地区间错配；另一方面节能目标较低地区没有充分利用政策优势扩大经济生产，既未能激励企业加大能源、资本、劳动力等生产要素的投入，又没能做好招商引资，吸引更多新增企业。

从异质性分析角度进行研究，我们发现，在制造业行业内部，节能目标较低地区高能耗行业企业依靠扩大能源投入的粗放式模式得以壮大，企业能源效率没有得到提升，最终造成能源要素在行业间错配，阻碍整个制造业行业经济产出与能源效率的提升。通过对采矿业样本的研究，我们发现，地区节能目标政策尽管能促进节能目标较低地区该类企业的发展，但却会陷入资源诅咒困境，挤占制造业发展，未能反哺当地制造业乃至工业全行业企业发展。

本研究从微观经验分析角度，总结出了能源错配成为中国资源错配首要贡献者（陈诗一和陈登科，2017）的政策原因。当前照顾经济欠发达地区的节能目标政策，反而会造成区域经济增长与降低能耗的双失衡，不利于全国节能目标的实现，更不利于推动形成优势互补、高质量发展的区域经济布局。

4.4 双碳目标对地区高质量发展的影响

4.4.1 文献综述和政策背景

（1）文献综述

虽然二氧化碳与二氧化硫等大气污染物在属性上存在较大差异，但是探讨减排政策与经济增长的关系，其实质还是文献中争执不休的环境规制与经济增长的关系问题。在这一场学术大讨论中，最引人关注的话题是经济增长与环境保护能否兼得，或者在什么条件下经济增长与环境保护有可能实现双赢。Porter（1991）、Porter & Van der Linde（1995）和 Ambec & Barla（2002）等学者提出波特假说，为这一关键问题给出了肯定答案，同时也为“既要金山银山，也要绿水青山”科学理念提供了强有力的理论依据。波特假说的核心思想在于创新补偿，即合理而严格的环境规制能倒逼企业进行创新活动，继而部分或全部弥补环境规制带来的合规成本，以实现经济增长与环境保护的双赢发展。然而，波特假说由于肯定政府在协调环境和经济关系中的作用，遭到新古典经济学（自由经济主义）市场有效性观点的质疑（Palmer et al.，1995；Jaffe et al.，1995）。

基于理论研究的针锋相对，学者们开始寻求各类经验证据。其中，合理而严格的环境规制是波特假说成立的一大必要条件（涂正革和谌仁俊，2015），立足该条件衍生出来的对具体环境政策的经验分析备受关注，由此得出的政策启示也极具现实意义。于是，依据减排政策类型，我们可以将分析二氧化碳减排政策与经济增长关系的文献大致分为两大类：一类是碳排放权交易机制、碳税这两种减排市场化手段对经济增长的影响；另一类是宏观减排目标政策这一减排命令-控制机制对经济增长的影响。

在中国，碳排放权交易机制是早于碳税开始实施的一种减排市场化手段，2013 年先后在深圳、上海、北京、广东、天津、湖北、重庆等 7 个地区试点，2017 年 12 月 19 日在发电行业启动全国交易市场。这种渐进推行的碳排放权交易市场，由于缺乏丰富的历史数据，因此相关研究主要以模拟仿真为主，方法多采用静态或动态的可计算一般均衡（Computable General Equilibrium，CGE）模型。比如汤维祺等（2016a）发现对经济产出的短期与长期影响取决于碳排放权的动态分配机制，静态排放权分配机制无法实现跨期经济优化，动态地依据生产者产出调整排放权分配，可以在短期提高经济产出。而从区域产业转移角度来看，碳排放权交易机制能有效缓解高耗能产业转移带来的“污染天堂”，提高中西部工业化转型地区的经济增长（汤维祺等，2016b）。同样，也有国际经验证据支持碳排放权交易机制能促进经济增长，比如 Färe et al.（2014）模拟发现组合二氧化碳、NO_x 和二氧化硫的排放权交易市场能长期激发美国燃煤发电厂的产出增长。不过，有一些使用历史数据进行的经验分析并未得出积极结果，比如欧盟碳排放交易体系未能显著影响德国企业收入和就业（Anger & Oberndorfer，2008）。

作为减排市场化手段的另一重要方式，碳税将是中国未来重要的减排政策，模拟其经济影响的文献非常丰富，研究方法同样以静态或动态的 CGE 模型为主，但在研究结论上尚未达成一致。有研究发现，碳税对 GDP 的负向影响在可承受范围内（贺菊煌等，2002；Lin & Jia，2018），对工业产出的短期负向冲击也很小（陈诗一，2011）。但有研究却发现其对 GDP 存在显著负向影响（王灿等，2005），不仅对高碳能源产品有影响，而且对非能源部门也存在一定的冲击(朱永彬等，2010)。令人感到安慰的是，也有研究表明虽然征收碳税短期会对中国经济造成较大的冲击，但该负向冲击会在长期被不断弱化（魏涛远和格罗姆斯洛德，2002)。

事实上，碳税对经济的负向冲击也有英国（Martin et al.，2014）等发达国家与南非（Arndt et al.，2016）等其他发展中国家的经验证据支持。然而，不论碳税是否会对经济产生负向冲击，利用税收特征合理设计碳税都是防患于未然的可行方案。一种方式是调整税率的大小。Guo 等（2014）发现适度税率下的碳税不仅会显著减少二氧化碳排放量和化石能源使用，而且对经济的负向影响也较小，而一旦征收较高的碳税对经济会产生较大的负向影响。基于该思路，为匹配中国保增长的需要，有学者开始研究最优碳税额，比如姚昕和刘希颖(2010）研究发现，开始征收较低的碳税可以使经济避免较大冲击，随着经济增长，最优碳税额可以逐渐提升。另一种方式是规定合理的纳税人。与向生产者征税相比，向消费者征收碳税，不仅可以大大减轻对西北、东北等欠发达地区的负向影响，还不会使东南沿海经济发达地区的额外负担上升过大（潘文卿，2015)。除此之外，积极的财政措施也是缓解碳税对经济冲击的重要方式(Allan et al.，2014；Arndt et al.，2016)。比如通过碳税的收入返还，使其投入合理用途，能够降低宏观经济受损程度，甚至实现福利改善（张晓娣和刘学悦，2015)；将碳税收入作为补贴返还给西部经济欠发达地区，能弥补征收碳税对其造成的福利损失（Dong et al.，2017)；在征收碳税的同时，降低企业所得税可以促进低碳部门的产出增长（陆旸，2011)；降低居民所得税税率并保持政府财政收入中性，可以在减少二氧化碳排放强度的同时提升社会福利水平（娄峰，2014)。

相比于碳排放权交易机制、碳税等减排市场化手段，中国更早将减排目标政策纳入实践中，于是便有了对历史减排目标政策检验的可能。如 Yang 等(2017）通过准 DID 方法发现，中国实施的“自上而下”的碳强度目标政策虽然能实现降低碳强度的预期效果，但却会通过其他生产要素替代对绿色生产效率产生逐年增强的负向冲击。当然，更多的文献还是集中在模拟方面，比如陈文颖等（2004）应用 MARKAL-MACRO 模型发现越早实施减排政策，GDP 的损失率就越大，这很可能与中国经济长期以来大量依靠二氧化碳排放驱动有关（袁富华，2010）。

更进一步，在一个含有环境要素的增长核算框架下，袁富华（2010）发现现有生产模式不足以吸收减排冲击，一旦考虑低碳经济约束与人口转型，2009 年至 2020 年中国潜在增长速度将逐步降至 8%以下，这也得到当前实际 GDP 增长率的证实。与此相反，魏楚等（2010）采用 DEA 模型研究发现，“十一五”规划的节能减排目标完全在经济增长可承受范围内，2006 年、2007 年的潜在产出损失分别仅占当年实际产出的 0.14%和 0.09%，对经济增长影响并不大。同时，王兵等（2008）利用 Malmquist-Luenberger 指数研究发现，由于技术进步的推动，17 个 APEC 国家和地区的全要素生产率在二氧化碳有减排规制下比没有减排规制时更高。除了回答减排目标是否会对经济产生冲击，在保增长下探索最优节能减排路径也是这类文献非常热衷的研究方向。由 Boyd 等（2002）、陈诗一（2010）发展起来的 DDF-AAM 模型是这类分析的重要研究方法。陈诗一（2010）用该方法探究 2009 年至 2049 年工业两位数行业实现双赢的最优节能减排路径；邓忠奇和徐佳宾（2015）也探究了全国最优增长路径，但在该路径下仅有 37%的地区可以实现经济增长与节能减排的双赢。

除了分析减排目标政策外，考虑到能源消耗与二氧化碳排放有着密切关系，也有学者尝试用综合节能目标进行分析。如李涛（2013）克服传统 DDF 模型将能源作为一种普通投入的不足，使用 RAM 模型综合考虑能源减排政策对经济的影响，发现自然减排型规制下的碳环境效率最大，技术进步型规制次之，反映能源结构调整的能源替代型规制最低，不过这三者的效率差异正在逐步缩小。

同样，也有学者使用静态或动态的 CGE 模型模拟并比较不同减排目标政策对宏观经济的影响（张友国，2013；张友国和郑玉歆，2014）。其中张友国（2013）发现，在资本和劳动投入不变的情况下，一旦不确定因素（如金融危机）冲击经济增长使其放缓，总量减排目标政策更像是一种弱的减排目标政策，相比于碳强度减排目标政策，碳强度反而与 GDP 一样更高，而边际减排成本也更低。然而，这一研究建立在静态分析基础上。莫建雷等（2018）发现，中国在《巴黎气候变化协定》的能源和气候政策目标中，碳达峰目标比碳强度目标更难实现，而非化石能源比例目标相对最难达成。值得一提的是，周县华、范庆泉（2016）模拟发现，碳排放权交易机制能减缓碳强度减排目标政策带来的经济冲击。

基于以上的文献梳理，我们不难发现，目前研究碳排放权交易机制、碳税等减排市场化手段对中国经济影响的文献，多采用静态或动态的 CGE 模型进行模拟分析，当然也有使用其他诸如 DDF 模型（陈诗一，2011）、VAR 模型（陆旸，2011）、投入产出模型（潘文卿，2015）等方法研究碳税问题。而关于宏观减排目标政策对中国经济影响的文献，多采用 DEA 模型进行探究，这是由于引入 DDF 后的 DEA 模型能较好地融入宏观减排目标。因此，本研究研究总量减排目标政策对中国工业潜在增长的影响，将拓展 Boyd 等（2002）、陈诗一（2010）的 DDF-AAM 模型。

相比于已有文献，本节的研究有以下两点特色与创新：研究方法的创新。本研究一方面在 DDF 模型中引入反映减排目标的参数，构建减排目标政策 DDF-AAM 模型，由此可以灵活调整减排规制行为，并测算各省（区、市）工业在实现国内最优生产技术下的期望产出（工业生产总值）和非期望产出（工业二氧化碳排放量）的潜在表现；另一方面将拓展的 DDF 模型与引入碳排放权交易的 DEA 模型（Färe et al.，2013，2014）相结合，构建碳排放权交易机制下的减排目标政策 DDF-AAM 模型，以分析碳排放权交易机制下的总量减排目标政策。研究内容的创新和实践价值。本研究识别总量减排目标政策下的经济冲击以及最优减排目标选择，并考虑碳排放权交易机制对实施减排目标政策的组合效应，一方面对相关文献多考虑正在实施的碳强度减排目标政策是一大补充，另一方面所得政策启示对新时代中国工业实现绿色发展和高质量发展有着重要的借鉴作用。

（2）政策背景

为应对二氧化碳高排放问题并积极参与全球气候变化治理，中国自 2009 年开始明确制定减排目标，提出 2020 年单位 GDP 二氧化碳排放量（碳强度）在 2005 年的基础上下降 40%～45%。随后每次的五年规划，都会详细制订控制温室气体排放的工作方案，明确碳强度减排的阶段目标①。如图 4.16 所示，自 2005 年中央政府将环境保护作为地方官员的重要考核指标，以及“十一五”规划

① 《“十二五”控制温室气体排放工作方案》提出，2015 年全国单位 GDP 二氧化碳排放量比 2010 年下降 17%；《“十三五”控制温室气体排放工作方案》提出，2020 年全国单位 GDP 二氧化碳排放量比 2015 年下降 18%。

初次提出单位 GDP 能源消耗的节能目标，单位 GDP 二氧化碳排放量开始逐年下降，“十一五”期间减少 18.4%～25.7%，而在 2009 年实行碳强度减排目标政策后，碳强度减排速度加快，“十二五”期间下降 21.5%～27.4%，超额完成“十二五”规划制定的减排目标 17%。从图 4.16 不难发现，在这段时期，二氧化碳排放总量得到有效控制，增速明显放缓，甚至可能提前达峰①。

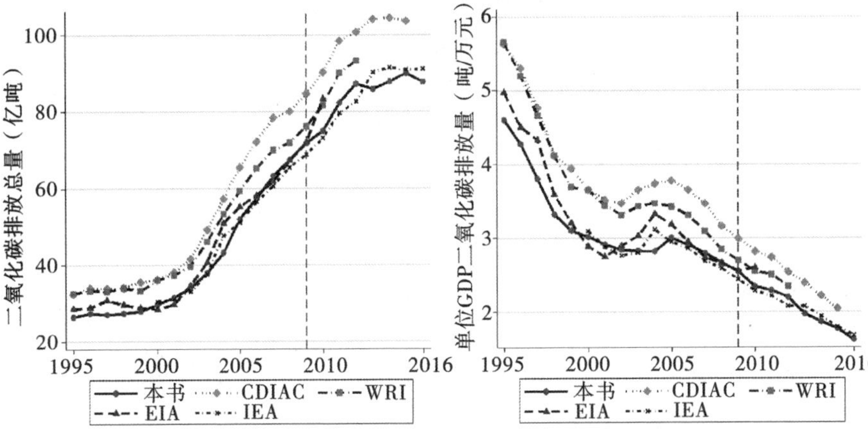

图 4.16　二氧化碳排放量及其排放强度的变化趋势（1995—2016 年）

注：“本书”表示采用涂正革（2012）的电（热）碳分摊办法计算二氧化碳排放量得到的数据，“CDIAC”“WRI”“EIA”“IEA”分别表示基于美国橡树岭国家实验室二氧化碳信息分析中心、世界资源研究所、美国能源信息署、国际能源署等四大国际权威机构发布的二氧化碳排放量得到的数据。不难发现，本研究计算的二氧化碳排放量的变化趋势与四所权威机构公布数据基本相符，尤其与 IEA 公布的数据最为相近，这说明本研究使用的计算方法是可靠的。

① 根据最新研究，中国二氧化碳排放量存在“疑似”提前达峰现象：Guan 等（2018）发现，受产业结构升级、能源效率提升与能源结构优化的影响，中国二氧化碳排放量在 2014 年至 2016 年一直处于下降趋势，可能在 2013 年提前达峰。如图 4.16 所示，从 CDIAC 和 IEA 公布的数据来看，中国二氧化碳排放量在 2015 年出现绝对减排，相比于 2014 年分别减少 0.7%和 0.5%，但在 2016 年出现反弹，相比于 2015 年增长 0.2%（依据 IEA 数据计算），因此 2015 年出现的峰值可能不稳定。同样，从本研究计算的二氧化碳排放量来看，二氧化碳排放量在 2013 年出现绝对减排，但之后又开始逐年攀升，而 2016 年又出现绝对减排，峰值不稳定。而工业二氧化碳排放量在 1995 年至 2016 年间先后出现过 3 次局部峰值，依次是 1996 年、2012 年、2014 年。然而，无论中国二氧化碳排放量是否迎来峰值，均不会影响本研究的分析价值，反而更凸显本研究研究内容的必要性与现实意义。

作为二氧化碳排放主要来源，工业在中国执行着更为严格的减排目标政策。如图 4.17 所示，从 2009 年开始工业二氧化碳排放比重随着工业化进程逐年大幅下降，2009 年至 2016 年每增加 1%的工业产值比重，工业二氧化碳排放比重减少 3.3%，由此工业单位产值二氧化碳排放量比单位 GDP 二氧化碳排放量多降低 9.1%。因此，相比于其他行业，工业在 2009 年实行碳强度减排目标政策后，极有可能出现经济增长与碳强度减排的双赢发展。

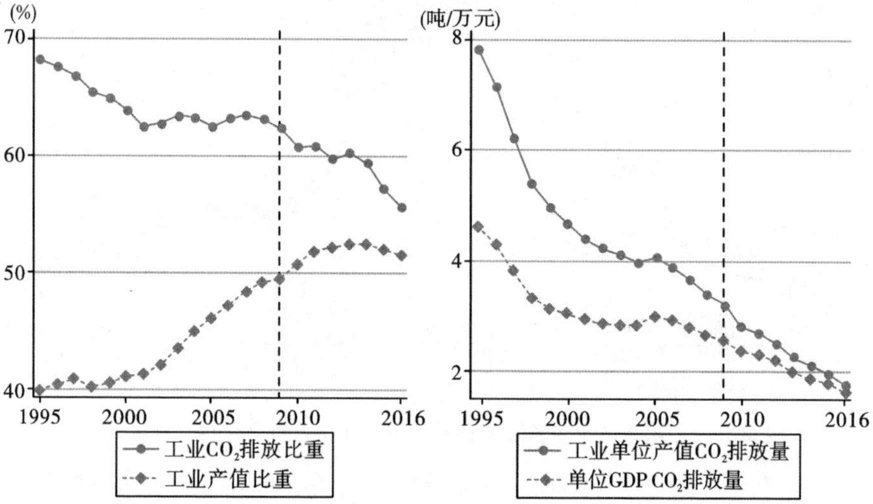

图 4.17　工业二氧化碳排放及其排放强度的变化趋势（1995—2016 年）

然而，碳强度减排是一种以保证经济增长为前提的减排目标政策（林伯强和孙传旺，2011)，是发展中国家适应经济增长需要提出的弱减排目标政策。事实上，中国正在作出更大的减排努力，承诺 2030 年左右达到二氧化碳排放峰值并争取尽早达峰，《“十三五”控制温室气体排放工作方案》提出有效控制二氧化碳排放总量的减排目标，并要求工业二氧化碳排放总量趋于稳定，钢铁、建材等重点行业二氧化碳排放总量得到有效控制。2016 年 9 月 3 日，中国加入《巴黎气候变化协定》，更是彰显新时代大国应对气候变化问题的决心。这一系列举措意味着中国即将实行更为严格的总量减排目标政策，由此势必对经济增长带来更大的影响。那么，实行总量减排目标政策，中国工业能否实现经济增长与二氧化碳总量减排的双赢发展？如果存在双赢发展模式，最优减排目标应该是多大？2013 年开始试点、2017 年分行业逐步向全国推广的碳排放权交易机制，能否助推总量减排目标政策下实现双赢发展？为此，本研究拓展基于方向性距离函数的行为分析模型（Activity Analysis Model，AAM），构建减排目标政策 DDF-AAM 模型以及碳排放权交易机制下的减排目标政策 DDF-AAM 模型，以测算各省（区、市）工业在实现国内最优生产技术下的潜在产出和潜在二氧化碳排放量，试图回答更为严格的总量减排目标政策对工业增长的潜在影响，并探寻绿色增长下的最优减排目标。

4.4.2 方法框架

(1) 减排目标政策 DDF-AAM 模型的构建与经济逻辑

①环境技术：考虑二氧化碳排放的投入产出结构关系

工业生产排放的二氧化碳和废气、废水等污染物，文献中常称这些不受欢迎的副产品为非期望产出（或坏产品），正常的产品称为期望产出（或好产品）。Färe 等（2007）将包括非期望产出在内的产出与要素资源投入之间的技术结构关系定义为环境技术（Environment Technology），涂正革（2008）、王兵等（2008）对此进行了详细介绍。环境技术与传统的投入产出技术结构不同，在投入一定的情况下，减少非期望产出需要投入净化设备，相应地会减少期望产出生产的投入，导致期望产出减产。用产出集合模拟环境技术，我们可以得出：

$$P(x)=\{(y,b): x \ \ can \ \ produce \ \ (y,b),\ x \in \mathrm{R}_{+}^{N}\} \tag{4.21}$$

其中，集合 $P(x)$ 指 N 种要素资源投入 x 所能生产的期望产出 y 与非期望产出 b 的所有组合。投入向量 $x=(x_1,\cdots,x_N)\in \mathrm{R}_{+}^{N}$；期望产出向量 $y=(y_1,\cdots,y_M)\in \mathrm{R}_{+}^{M}$；非期望产出向量 $b=(b_1,\cdots,b_J)\in \mathrm{R}_{+}^{J}$，在本研究中指生产过程中排放的二氧化碳。环境技术最大的特点是，减少非期望产出，必将减少期望产出。

②考虑减排目标政策的方向性环境距离函数

环境技术给出了环境产出的可能前沿（在给定投入条件下，最大产出、最小二氧化碳排放的集合），由此可以定义方向性环境距离函数，进而测度在给定方向、投入和环境技术结构下，产出扩大和污染减少的可能性大小。依据 Luenberger（1995）短缺函数（shortage function）的思想，设定方向向量 $g=(g_y,-g_b)$，构造方向性环境距离函数如下：

$$\vec{D}_o(y,x,b;g_y,-g_b)=\sup[\beta:(y+\beta g_y,b-\beta g_b)\in P(x)] \tag{4.22}$$

在方向性环境距离函数中，方向向量的具体选取可以用来反映对非期望产出 b 的减排手段（Boyd et al.，2002；陈诗一，2010）。本研究将方向向量设定为 $g=(y, -\lambda b)$，于是，式（4.22）可以记为：

$$\vec{D}_o(y, x, b; y, -\lambda b)=\sup[\beta: (y+\beta y, b-\beta\lambda b)\in P(x)] \quad (4.23)$$

其中，λ 表示减排目标，为期望产出 y 和非期望产出 b 的变动比例关系，取值范围为 $[-1, 1]$，用来反映对二氧化碳排放所采取的减排目标政策，具体如下：

第一，当 $\lambda=-1$ 时，表示给定投入 x，期望产出 y 和非期望产出 b 同方向同比例变化，二氧化碳排放强度 b/y 不变。于是，此时的减排目标为控制排放强度在既定水平，减排手段属于强度控制目标政策，如图 4.18 中 AB 所示。

第二，当 $\lambda\in(-1, 0]$ 时，表示给定投入 x，期望产出 y 和非期望产出 b 同方向不同比例变化，二氧化碳排放强度 b/y 将减小，即增加一倍的期望产出 y，只能增加 λ 倍（小于一倍）的非期望产出 b。于是，此时的减排目标为降低排放强度，规制手段属于强度减排目标政策，如图 4.18 中 AC 所示。这种减排方式便是中国当前约束碳强度所采取的减排目标政策。

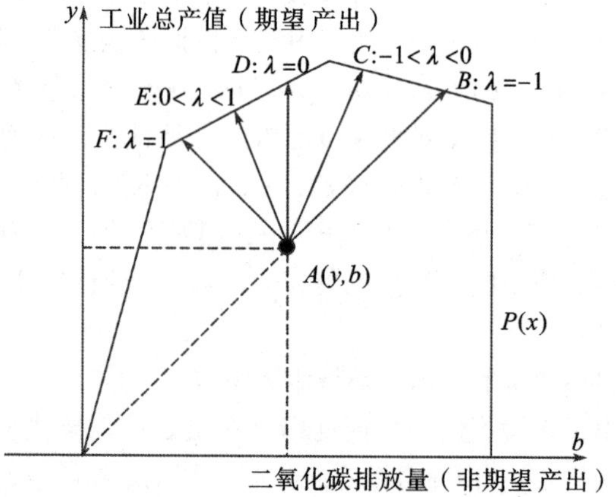

图 4.18　不同减排目标下方向性环境距离函数的示意图

注：AB 表示强度控制目标政策，AC 表示强度减排目标政策，AD 表示总量控制目标政策，AE 表示总量减排目标政策，AF 表示强总量减排目标政策。

第三，作为强度减排目标政策的特殊情景，当 $\lambda=0$ 时，表示给定投入 x，仅期望产出 y 变化，非期望产出 b 保持不变。因此，此时的减排目标可以看作控制排放在既定水平，也可以将减排手段称为总量控制目标政策，如图 4.18 中 AD 所示。

第四，当 $\lambda \in (0,\ 1]$ 时，表示给定投入 x，期望产出 y 和非期望产出 b 不同方向不同比例变化，即增加一倍的期望产出 y，需要减少 λ 倍（小于一倍）的非期望产出 b。于是，此时的减排目标为降低排放强度，减排手段属于总量减排目标政策，如图 4.18 中 AE 所示。这种减排方式便是中国承诺在 2030 年达到二氧化碳排放峰值并开始实施总量减排目标时需采取的低碳政策。

第五，作为总量减排目标政策的特殊情景，当 $\lambda=1$ 时，表示给定投入 x，期望产出 y 和非期望产出 b 不同方向同比例变化，即增加多少比例的期望产出 y，也需要减小同比例的非期望产出 b。于是，此时的减排目标最为严格，区别于一般的总量减排目标政策，可以将减排手段称为强总量减排目标政策，如图 4.18 中 AF 所示。

不难发现，本研究定义的强度控制目标政策（$\lambda=-1$）、总量控制目标政策（$\lambda=0$）和强总量减排目标政策（$\lambda=1$）便是文献中常见的处理非期望产出的几种方式，分别对应将非期望产出等同期望产出、控制非期望产出在既定水平和对非期望产出实施标准减排。其中，对非期望产出实施标准减排，意味着对非期望产出实施与期望产出同比例减排的约束，对中国而言是非常高的节能减排要求，而这也是目前文献处理非期望产出的标准做法，因此本研究将减排目标 λ 最高值设为 1。同时，将非期望产出等同期望产出，使其与期望产出同比例增长，这是一种无环境能源约束的增长方式，因此本研究将减排目标 λ 最低值设为 -1。在后面的实证分析中，为使问题简化但不失一般性，本研究将会以 0.1 为间隔模拟从 -1 到 1 的 21 种减排目标情景。

③考虑减排目标政策的行为分析模型与工业潜在产出

基于环境技术与考虑减排目标政策的方向性环境距离函数，可以评价在不同减排目标政策下，生产者环境技术效率的高低，及其潜在的最大产出和最优二氧化碳排放量。为此，笔者先通过求解以下数学规划，计算出方向性环境距离函数。将生产者 $k'(y_{k'}^t,\ x_{k'}^t,\ b_{k'}^t)$ 在参考技术 $P^t(x^t)$ 下的方向性环境距离函数记为：

$$\vec{D}_o^t(y_{k'}^t,\ x_{k'}^t,\ b_{k'}^t;\ y_{k'}^t,\ -\lambda b_{k'}^t)=\max\beta_\lambda$$

$$s.\ t.\quad \sum_{k=1}^{K} z_k y_{k,m}^t \geqslant (1+\beta_\lambda) y_{k',m}^t,\ m=1,\cdots,M,$$

$$\sum_{k=1}^{K} z_k b_{k,j}^{t} = (1-\beta_\lambda \lambda) b_{k',j}^{t},\ j=1,\cdots,J,$$

$$\sum_{k=1}^{K} z_k x_{k,n}^{t} \leqslant x_{k',n}^{t},\ n=1,\cdots,N,\ z_k \geqslant 0,\ k=1,\ \cdots,\ K \quad (4.24)$$

其中，β_λ 为减排目标下生产者距离前沿最远值，$y_{k,m}^{t}$ 表示第 t 期第 k 个观测值的第 m 个好产出，$y_{k',m}^{t}$ 表示第 t 期第 k' 个观测值的第 m 个好产出，$b_{k,j}^{t}$ 表示第 t 期第 k 个观测值的第 j 个坏产出，$b_{k',j}^{t}$ 表示第 t 期第 k' 个观测值的第 j 个坏产出，z_k 表示第 k 个观测值的权重。于是，通过求解模型（4.24），我们便能计算出生产者在减排目标 λ 下的工业潜在产出 $y_{k',\lambda}^{CC,t}$ 和潜在排放 $b_{k',\lambda}^{CC,t}$，分别为：

$$y_{k',\lambda}^{CC,t} = (1+\beta_\lambda) y_{k'}^{t},\ b_{k',\lambda}^{CC,t} = (1-\beta_\lambda \lambda) b_{k'}^{t} \quad (4.25)$$

其中，$y_{k'}^{t}$ 表示第 k 个观测值第 t 期好产出，b_{k}^{t} 表示第 k 个观测值第 t 期坏产出。需要特别指出的是，在减排目标政策 DDF-AAM 模型框架下进行政策模拟的潜在分析，无需过多依赖生产者自身的增长路径，而更强调生产者通过调整自身能源结构与经济结构、提高能源利用率来“追赶”实现最优生产技术，这符合经济增长与环境保护双赢发展的要求，也是当前新时代绿色发展的充分体现（涂正革和谌仁俊，2015）。

④减排目标政策 DDF-AAM 模型的经济逻辑与最优减排目标的选择

为全面解释减排目标政策 DDF-AAM 模型的经济逻辑，本研究基于图 4.18 拓展出两个极端例子，如图 4.19（a）、（b）所示。其中，在图 4.19（a）中，随着减排目标的提高，工业潜在产出受到持续的负向冲击，此时如果要实现波特假说中的经济增长，需要借助整体的技术革新或引进外界先进技术来突破现有的最优生产技术；在图 4.19（b）中，随着减排目标的提高，工业潜在产出反而得到稳定的提高，此时生产前沿面已跨过环境库兹涅茨曲线的拐点，出现波特假说中的双赢发展。当然，更为常见的情景应该类似于图 4.18 所示，此时生产者对应的最优生产技术便显得尤为重要。如果对应的最优生产技术落在 *DF* 之间，那么总量减排政策能促进该生产者工业的潜在增长，如果落在 *BD* 之间，那么总量减排政策会降低其工业的潜在增长，需要进行整体的技术革新。

基于以上对模型经济思想的分析，本研究便可以根据减排目标政策 DDF-AAM 模型，进行最优减排目标的选择。为此，本研究将按照减排目标政策 DDF-AAM 模型的经济逻辑，依次提出三个论证最优减排目标选择的研究命题。

如图 4.20 所示，当最优生产前沿面为实线部分时，此时生产者 A 的最大潜在产出在减排目标 AB_1 时出现。一旦推动最优生产者环境技术的进步，直至虚线所示的水平，生产者 A 的最大潜在产出将发生变化，而对应的减排目标将变为 AB_2。由此，当最优生产者提高环境技术时，生产者 A 可以适应更高的减排目标。于是，我们可以得出命题 4.1：

命题 4.1：推动最优生产者环境技术的进步，有利于生产者选择更高的减排目标，即提升保绿色增长下的最优减排目标。

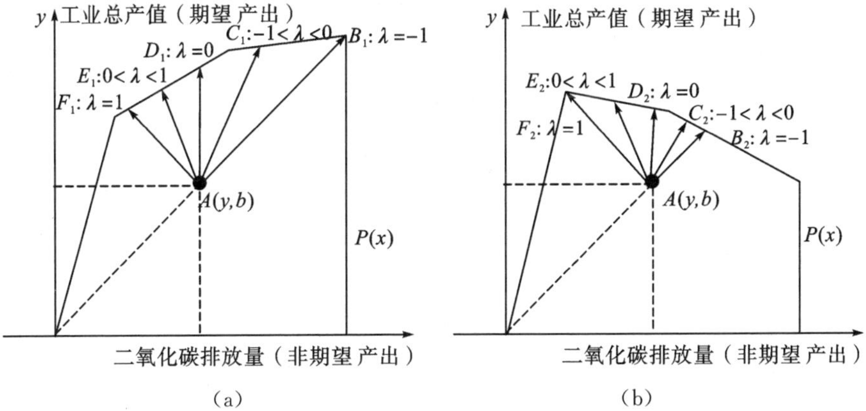

图 4.19　减排目标与工业潜在增长的关系图

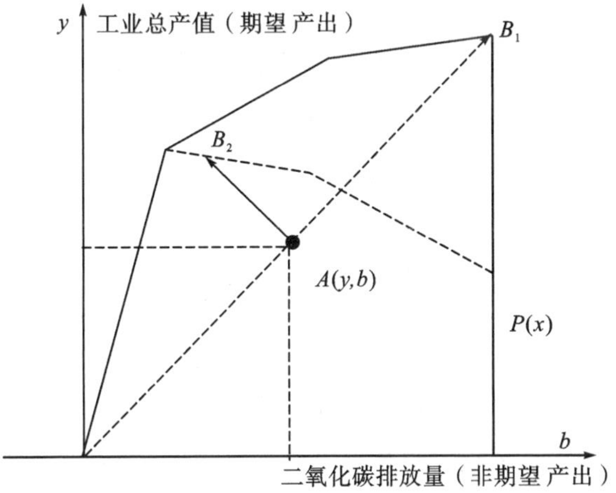

图 4.20　推动最优生产者环境技术进步的最优减排目标选择

如图 4.21 所示，生产者 A_1 和 A_2 处于相同工业产出而不同二氧化碳排放水平，此时他们可以实现同一最大潜在产出，但是对于二氧化碳排放水平较高的生产者 A_2 而言，执行的是总量减排目标政策，而对于二氧化碳排放水平较低的生产者 A_1，则是减排目标相对较弱的强度减排目标政策。若把生产者 A_1 和 A_2 看成同一生产者的不同发展时期，该结论还能拓展到同一生产者在不同排放水平下的最优减排目标比较。于是，我们可以得出命题 4.2：

命题 4.2：相比于二氧化碳排放量较低的地区，二氧化碳排放量较高的地区最优减排目标相对也较高；随着二氧化碳排放量的增长，生产者的最优减排目标将提升。

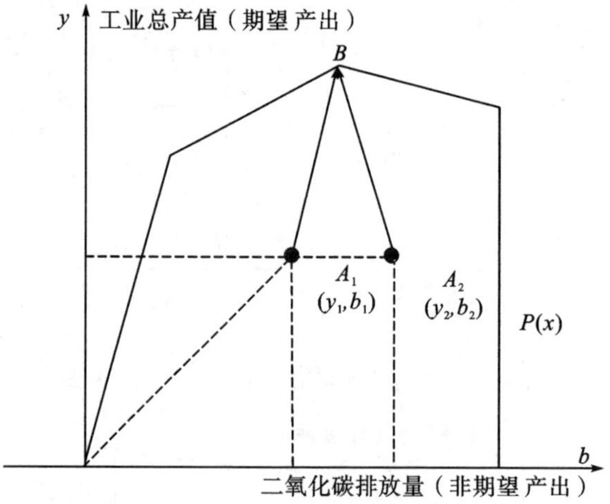

图 4.21　不同排放水平下的最优减排目标选择

如图 4.22 所示，生产者 A_1 和 A_2 处于相同二氧化碳排放量而不同工业产出水平，即环境技术水平不同，A_2 要高于 A_1。此时他们可以实现同一最大潜在产出，但是当他们对应的最优生产技术是如图 4.22（a）所示的非清洁水平时，相比于低效率生产者 A_1，高效率生产者 A_2 实行的最优减排目标更低；当他们对应的最优生产技术是如图 4.22（b）所示的清洁水平时，相比于低效率生产者 A_1，高效率生产者 A_2 实行的最优减排目标更高。若把生产者 A_1 和 A_2 看成同一生产者的不同发展时期，该结论还能拓展到同一生产者不同环境技术水平下的最优减排目标比较。于是，我们可以得出命题 4.3：

命题 4.3：当对应最优生产者属于清洁环境技术时，高效率生产者对应的最优减排目标更高（提高生产者环境技术水平，最优减排目标将上升）；当对应最优生产者环境技术不清洁时，高效率生产者对应的最优减排目标反而更低(提高生产者环境技术水平，最优减排目标反而会下降)。

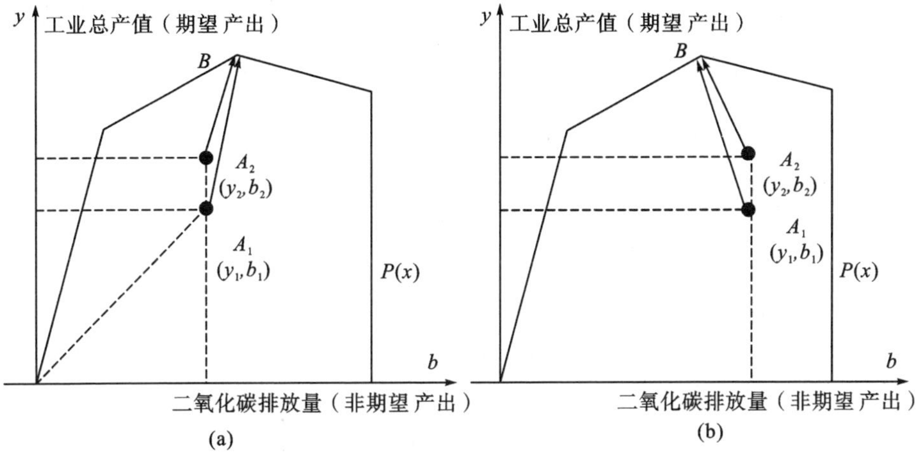

图 4.22 推动生产者环境技术进步的最优减排目标选择

(2) 碳排放权交易机制下减排目标政策 DDF-AAM 模型的构建与经济逻辑

①碳排放权交易机制下的行为分析模型

不难理解，前面拓展构建的减排目标政策 DDF-AAM 模型，在考虑总量减排目标时，其政策实施工具是命令-控制机制，这也是中国在环境治理中最为传统的政策工具（涂正革和谌仁俊，2015）。自 2013 年以来，中国已逐步推行碳排放权交易机制试点政策，如果仅仅考虑命令-控制机制下的总量减排目标政策，势必会造成识别经济冲击的偏误。庆幸的是，近期逐步发展起来的引入非期望产出排放权交易机制的 DEA 模型（Brännlund et al.，1998；Färe et al.，2013，2014；涂正革和谌仁俊，2015），为本研究剖析碳排放权交易机制下的总量减排目标政策提供了技术可能①。

于是，定义 $b_{k',j}^{t}$ 表示初始碳排放权，$\tilde{b}_{k',j}^{t}$ 表示最终碳排放量（初始碳排放权与碳交易额之和），构建碳排放权交易机制下的 DEA 模型（4.26）。在该模型

① 比较遗憾的是本研究没有考虑碳税。一方面是因为所选模型很难纳入碳税这一减排工具，另一方面考虑到碳排放权交易已经在中国逐步实施，相比于碳税，其更能确保中国减排目标的实现，而且对中国经济的冲击更大（石敏俊等，2013），具有更强的现实价值。

中，最为重要的是第二个和最后一个约束条件，它们联合起来可以反映减排目标政策下碳排放权交易机制的基本思想：一方面通过第二个约束条件允许在全国总产出最大化下碳排放权在各省（区、市）间进行自由交易，另一方面通过最后一个约束条件保证交易后的全国排放总量不大于减排目标 λ 制定的排放总量。

$$
\begin{aligned}
&\max\sum_{k'=1}^{K}\tilde{y}_{k',m}^{t}\\
s.\ t.\quad &\sum_{k=1}^{K}z_{kk'}y_{k,m}^{t}\geqslant\tilde{y}_{k',m}^{t},\ m=1,\cdots,M,\ k'=1,\cdots,K\\
&\sum_{k=1}^{K}z_{kk'}b_{k,j}^{t}=\tilde{b}_{k',j}^{t},\ j=1,\cdots,J,\ k'=1,\cdots,K\\
&\sum_{k=1}^{K}z_{kk'}x_{k,n}^{t}\leqslant x_{k',n}^{t},\ n=1,\cdots,N,\ k'=1,\cdots,K\\
&z_{kk'}\geqslant 0,\ k=1,\ \cdots,\ K,\ k'=1,\cdots,K\\
&\sum_{k'=1}^{K}\tilde{b}_{k',j}^{t}\leqslant\{1-\lambda[\sum_{k'=1}^{K}(\tilde{y}_{k',m}^{t}-y_{k',m}^{t})/\sum_{k'=1}^{K}y_{k',m}^{t}]\}\sum_{k'=1}^{K}b_{k',j}^{t},\\
&j=1,\cdots,J,\ k'=1,\cdots,K
\end{aligned}
\tag{4.26}
$$

其中，$\tilde{y}_{k',m}^{t}$ 表示碳排放权交易机制下的好产出，$z_{kk'}$ 表示碳排放权交易机制下的权重，$y_{k',m}^{t}$ 表示初始好产出。于是，通过求解模型（4.26），我们便可以分析碳排放权交易机制下的总量减排对工业增长的冲击，并将其与命令-控制机制进行对比，作出总量减排目标下减排工具的科学选择。此时，生产者在减排目标 λ 下的工业潜在产出 $y_{k',\lambda}^{TP,t}$ 和潜在排放 $b_{k',\lambda}^{TP,t}$，分别为：

$$
y_{k',\lambda}^{TP,t}=\tilde{y}_{k',\lambda}^{t},\ b_{k',\lambda}^{TP,t}=\tilde{b}_{k',\lambda}^{t}
\tag{4.27}
$$

②碳排放权交易机制下的最优减排目标选择

依据碳排放权交易机制的基本思想，高效率生产者通过交易能额外多排放二氧化碳，由此提高二氧化碳排放水平，根据命题 4.2，高效率生产者的最优减排目标将得到提升。同时，低效率生产者通过交易少排放二氧化碳，环境技术水平得以提高，此时根据命题 4.3，当对应最优生产者属于清洁环境技术时，最优减排目标将得到提升，当对应最优生产者环境技术不清洁时，最优减排目标反而会下降。于是，我们可以得出命题 4.4：

命题 4.4：引入碳排放权交易机制，有利于高效率生产者选择更高的减排目标，即提升保绿色增长下的最优减排目标；当低效率生产者对应的最优生产者环境技术为清洁时，最优减排目标也会得到提升，但一旦对应的最优生产者环境技术为不清洁时，最优减排目标反而会下降。

4.4.3 变量选取与数据处理

本研究的样本数据为 1998 年至 2016 年中国 30 个省（区、市）规模以上[①]工业企业数据，由于西藏缺失数据较多，这里不予考虑。各类数据主要来源于 1999 年至 2017 年《中国统计年鉴》、《新中国 60 年统计资料汇编》、2013 年至 2017 年《中国工业统计年鉴》、各省（区、市）2010 年至 2017 年统计年鉴、1997 年至 2017 年《中国能源统计年鉴》[②]。

变量选取方面，笔者分别选取工业固定资产净值（K）[③]、工业全部从业人员年平均人数（L）、工业终端能源消耗量（E）表示资本、劳动力与能源消费量，作为方向性环境距离函数中的投入指标，选取工业总产值（Y）为期望产出指标，工业二氧化碳排放量（CE）为非期望产出指标。在使用碳排放权交易机制下的减排目标政策 DDF-AAM 模型时，笔者将工业二氧化碳历史排放量作为其初始排放权。

数据选取与处理方面，经济数据以《中国统计年鉴》的数据为准，缺失数据通过《新中国 60 年统计资料汇编》《中国工业统计年鉴》和各省（区、市）统计年鉴上的数据或者采用线性插值法进行填补。其中，工业固定资产净值用各省（区、市）以 1998 年为基期的固定资产投资价格指数平减，工业总产值用各省（区、市）以 1998 年为基期的工业生产者出厂价格指数平减。能源环境数据方面，终端能源消耗量尚未公布规模以上工业企业的数据，考虑到规模以上工业企业占工业比重较大，使用所有工业企业口径的数据代替，具体通过加总

① 1998 年至 2006 年为全部国有及年主营业务收入在 500 万元以上的非国有工业企业，2007 年至 2010 年为年主营业务收入在 500 万元以上的工业企业，2011 年起为年主营业务收入在 2000 万元以上的工业企业。

② 1997 年至 1999 年、2000 年至 2002 年的年鉴分别编在一起，2003 年没有年鉴，2002 年的数据编在 2000 年至 2002 年的年鉴中。

③ 在 1999 年至 2010 年《中国统计年鉴》中，该指标叫做固定资产净值年平均余额。2011 年至 2016 年的固定资产净值通过固定资产原价减去累计折旧得到。

《中国能源统计年鉴》中20种终端能源消耗量[①]得到。各省（区、市）工业二氧化碳排放量数据同样尚未公布，为此采用涂正革（2012）的电（热）碳分摊办法计算，将工业二氧化碳排放量分为直接二氧化碳排放量和间接二氧化碳排放量两部分：前者通过18种直接排放二氧化碳的终端能源[②]乘以碳排放因子后加总得到；后者则通过各省（区、市）电力（热力）[③] 消费占全国的比重，分摊全国火力发电（供热）所产生的二氧化碳排放量得到。关于工业二氧化碳排放量和终端能源消耗量更为详细的处理过程，见涂正革和谌仁俊（2013）的相关研究。

于是，通过以上的处理，本研究所用变量的简单统计描述如表4.29所示。

表4.29　变量的简单统计描述

变量	观察数	平均值	标准差	最小值	最大值
工业总产值（亿元）	570	14183.32	22138.84	148.18	147444.20
工业生产者出厂价格指数（1998年为1）	570	1.24	0.36	0.84	3.30
工业固定资产净值（亿元）	570	4116.70	4172.26	181.37	26869.80
固定资产投资价格指数（1998年为1）	570	1.22	0.19	0.96	1.65
工业全部从业人员年平均人数（万人）	570	259.54	281.09	10.87	1568.00
工业终端能源消耗量（万吨标准煤）	570	4583.54	3764.25	88.83	19564.36
工业 CO_2 排放量（万吨）	570	12214.99	10085.83	263.42	48976.55

注：笔者根据各类统计年鉴中的数据整理得来。

① 20种终端能源包括原煤、洗精煤、其他洗煤、型煤、焦炭、焦炉煤气、其他煤气、原油、汽油、煤油、柴油、燃料油、液化石油气、炼厂干气、天然气、其他石油制品、其他焦化产品、其他能源（主要是生物质能）、热力和电力。

② 包括原煤、洗精煤、其他洗煤、型煤、焦炭、焦炉煤气、其他煤气、原油、汽油、煤油、柴油、燃料油、液化石油气、炼厂干气、天然气、其他石油制品、其他焦化产品、其他能源（主要是生物质能）。

③ 绝大部分热力和电力来自化石能源（主要是煤炭）的中间转化，并不直接排放二氧化碳（涂正革和谌仁俊，2013）。

4.4.4 实证结果与分析

（1）总量减排目标政策对工业潜在增长的影响

①整体分析

根据本研究拓展构建的减排目标政策DDF-AAM模型，本研究以0.1为间隔模拟从−1到1的21种减排目标情景，得到1998年至2016年全国提高减排目标对工业潜在增长的平均影响，结果见表4.30。

表4.30 提高减排目标对工业潜在增长的影响

减排目标政策类型	减排目标（λ）	潜在产出（亿元）	潜在经济红利（亿元）	经济增长潜力（%）	潜在排放（万吨）	潜在环境红利（万吨）	环境减排潜力（%）
强度控制目标政策	−1	449914.05			392050.83		
强度减排目标政策	−0.9	451812.53	1898.48	0.42	391478.46	572.37	0.13
	−0.8	454036.41	2223.88	0.50	390805.06	673.40	0.16
	−0.7	456669.79	2633.38	0.59	389986.97	818.09	0.19
	−0.6	459811.65	3141.86	0.70	388963.71	1023.27	0.25
	−0.5	463723.02	3911.37	0.87	387698.79	1264.92	0.31
	−0.4	468695.58	4972.55	1.10	386069.94	1628.85	0.40
	−0.3	475200.02	6504.44	1.43	383862.15	2207.78	0.55
	−0.2	484276.48	9076.47	1.94	380701.68	3160.48	0.81
	−0.1	497461.54	13185.05	2.73	375608.71	5092.97	1.33
总量控制目标政策	0	513088.85	15627.31	3.46	366449.80	9158.91	2.44
总量减排目标政策	0.1	525475.95	12387.10	2.66	351192.31	15257.49	4.16
	0.2	536603.46	11127.51	2.21	329079.69	22112.62	6.26
	0.3	538585.92	1982.46	0.50	309531.98	19547.71	6.06
	0.4	538292.34	−293.58	−0.18	292803.25	16728.73	5.56
	0.5	541224.92	2932.57	−0.21	275649.57	17153.68	5.71
	0.6	539919.62	−1305.29	−0.65	261620.28	14029.29	4.90
	0.7	536522.84	−3396.79	−0.75	250143.99	11476.29	4.26
	0.8	532539.45	−3983.39	−0.72	240103.95	10040.04	3.94
	0.9	528838.18	−3701.26	−0.67	229914.02	10189.93	4.04

续表

减排目标政策类型	减排目标（λ）	潜在产出（亿元）	潜在经济红利（亿元）	经济增长潜力（%）	潜在排放（万吨）	潜在环境红利（万吨）	环境减排潜力（%）
强总量减排目标政策	1	524440.27	－4397.91	－0.94	222813.85	7100.17	2.77
强度减排	（－1，0］	472477.59	6317.48	1.37	384162.53	2560.10	0.66
总量减排	（0，1］	534244.30	1135.14	0.12	276285.29	14363.59	4.77
平均水平	［－1，1］	503360.94	3726.31	0.75	330223.91	8461.85	2.71

注：笔者根据省级数据和模型计算结果整理得来。各项工业指标基于30个省（区、市）潜在产出和潜在排放的加总数据，通过计算各减排目标政策下1998年至2016年的简单平均值得到。潜在经济红利指减排目标每提高0.1，潜在产出的增长量；经济增长潜力指减排目标每提高0.1，潜在产出的增长率；潜在环境红利指减排目标每提高0.1，潜在排放的减少量；环境减排潜力指减排目标每提高0.1，潜在排放的减少率。

1998年至2016年全国工业总产值平均每年的水平是425499.7亿元，于是在不同减排目标政策下，工业总产值都存在不同程度的潜在提高。其中，实行强度减排目标政策，工业总产值平均每年可以潜在增加11.0%；实行总量减排目标政策，工业总产值平均每年可以潜在增加25.6%。不难发现，相对于强度减排目标政策，实行更为严格的总量减排目标政策，工业平均每年将多增长14.6%，反而能实现更大的潜在产出。具体比较不同减排目标政策下的潜在产出，当减排目标定为0.5时，潜在产出最大，工业总产值将在已有水平上增长27.2%。从提高减排目标的潜在经济红利和经济增长潜力角度，我们可以看出，其值大致呈现倒U形变化趋势，提高到总量控制目标时最大，而当减排目标大于0.5时，其值为负，这说明较高的总量减排目标将会对工业潜在增长带来一定的负向冲击。以强总量减排目标政策为例，相比于潜在产出最大的减排目标(0.5)，在该减排目标下工业将少增长3.1%，但仍可以在已有水平上实现23.3%的增长，甚至其潜在产出大于总量控制目标政策下的潜在产出。因此，从全国整体平均情况来看，相比于当前实行的强度减排目标政策，总量减排目标政策能促进工业实现更大的潜在增长。这其实也能说明国内现有最优的生产技术已跨过环境库兹涅茨曲线的拐点，能够支撑工业承受更高的减排目标约束，沿着国内现有最优的生产技术路径，能实现经济增长和二氧化碳减排的双赢发展。

1998 年至 2016 年全国工业二氧化碳排放量平均每年的水平是 366449.8 万吨，即为总量控制目标政策下的水平。于是，我们可以计算出实行强度减排目标政策，工业二氧化碳排放量平均每年将潜在增排 4.8%，联合工业总产值平均每年潜在增长 11.0%，工业单位产值的二氧化碳排放量平均每年下降 5.2%。如果碳强度在 2016 年的水平基础上按照每年 5.2%的速度下降，2020 年相比 2005 年将下降 56.5%，能超额完成 2009 年制定的减排目标，这便是中国仍采用强度减排目标政策的原因。实行总量减排目标政策，工业将迎来巨大的二氧化碳潜在减排红利，工业二氧化碳排放量平均每年将潜在减排 24.6%，强总量减排目标政策更是能在已有水平上实现 39.2%的减排。

如果以每年 24.6%的减排速度和 2016 年 IEA 公布的全球二氧化碳排放量，中国仅需 2.3 年便可以低于美国的排放水平，摘掉全球最大二氧化碳排放国的帽子。从提高减排目标的潜在环境红利和环境减排潜力可以看出，其值大致呈现倒 U 形变化趋势，提高到 0.2 的减排目标时最大。值得一提的是，在强度减排目标政策下，提高减排目标不能带来显著的潜在环境红利变化，其环境减排潜力在［－0.9，－0.2］减排目标区间内甚至不足 1.0%。这说明在强度减排目标政策下，提高减排目标并不能带来工业二氧化碳排放的显著改善。因此，要想大幅度降低工业二氧化碳排放量，必须实行总量减排目标政策。

进一步地，图 4.23 显示出不同时期全国提高减排目标的经济增长潜力和环境减排潜力。我们不难发现，经济增长潜力和环境减排潜力在每个时期随减排目标提高而表现出的变化特征，大致与前面的表 4.30 的分析结果相同。比较不同时期的差异，我们可以发现随着时间的推移，工业增长能承受更高的减排目标约束。“十二五”期间，经济增长潜力从正值转向负值的临界点出现在 0.6 的减排目标，而环境减排潜力最大值在 0.5 的减排目标，均大于前面三个五年时期，而且在面临较大的减排目标时经济受到的负向冲击相对较小，环境减排潜力则更大。此外，比较各时期经济增长潜力和环境减排潜力的最高值，我们可以发现随着时间的推移，经济增长的最大潜力在下降，而环境减排的最大潜力在上升，这与经济发展阶段有关。过去经济水平和二氧化碳排放量均较低，因此前者增长潜力大而后者潜力小；随着经济发展，尽管经济与环境的矛盾日益凸显，但是经济开始转型，经济增长更注重“质”而非“量”，经济增长潜力因此变小而二氧化碳减排潜力变大，这恰是新时代绿色发展中绿色增长的诠释。

附录五给出不同年份全国提高减排目标的经济增长潜力和环境减排潜力，其结论基本保持不变。

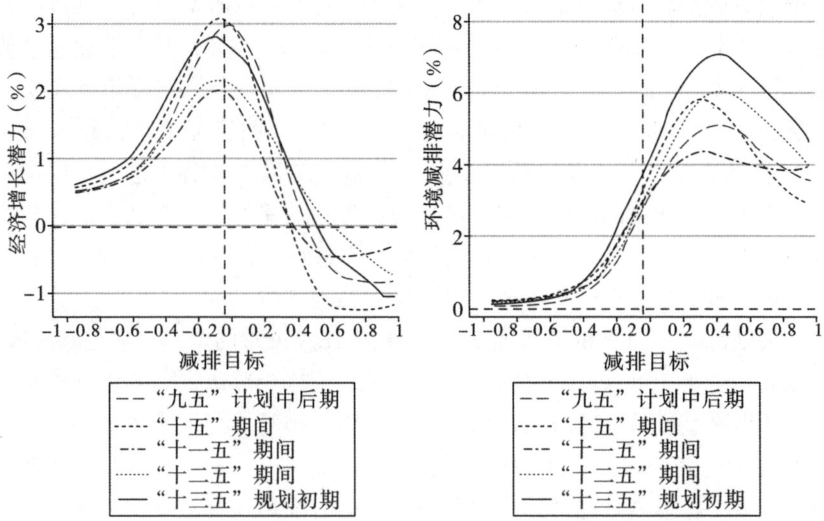

图 4.23　不同时期提高减排目标的经济增长潜力和环境减排潜力

注：本研究根据省级数据和模型计算结果整理得来。“九五”计划中后期、“十五”期间、“十一五”期间、“十二五”期间各项工业指标基于 30 个省（区、市）潜在产出和潜在排放的加总数据得到。经济增长潜力指减排目标每提高 0.1，潜在产出的增长率；环境减排潜力指减排目标每提高 0.1，潜在排放的减少率。

②地区分析

图 4.24 显示了 1998 年至 2016 年不同地区提高减排目标的平均经济增长潜力和环境减排潜力。东部地区工业增长能承受所有的减排目标约束，即随着减排目标的提升，经济增长潜力一直为正，而且环境减排潜力呈现出先上升后平稳增加的态势。相比于中部地区，西部地区能承受更高的减排目标约束，而且环境减排潜力出现拐点的减排目标更高，不过一旦面临大于 0.5 的减排目标，西部地区工业受到的负向冲击要比中部地区大，两个地区的环境减排潜力也逐渐趋同。此外，比较各地区经济增长潜力和环境减排潜力的最高值，呈现西部地区最高、东部地区最低的特征，这与各地区所处的经济发展阶段有关。附录五给出 30 个省（区、市）提高减排目标的经济增长潜力和环境减排潜力，其结论基本保持不变。

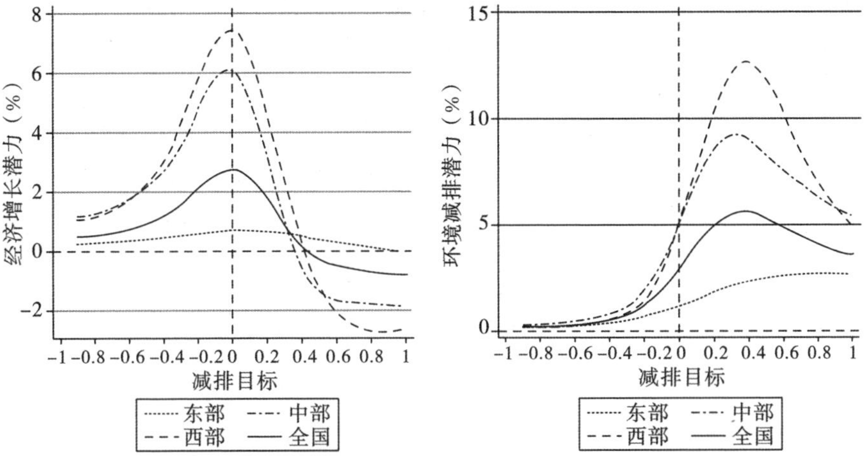

图 4.24　不同地区提高减排目标的经济增长潜力和环境减排潜力

注：本研究根据省级数据和模型计算结果整理得来。“九五”计划中后期、“十五”期间、“十一五”期间、“十二五”期间各项工业指标基于各地区潜在产出和潜在排放的加总数据得到。经济增长潜力指减排目标每提高 0.1，潜在产出的增长率；环境减排潜力指减排目标每提高 0.1，潜在排放的减少率。

综合前面的分析，我们不难得出结论：在国内现有最优的生产技术下，总量减排目标政策对中国工业的潜在冲击在可允许的范围内，适度减排目标下的总量减排目标政策还能激发经济与环境的双赢发展。更为重要的是，从时间维度来看，随着时间的推移，工业增长能承受更高的减排目标约束，而且在面临较高的减排目标时受到的负向冲击相对较小；而从地区维度来看，东部地区工业增长能承受更高的减排目标约束，且经济增长潜力一直为正。根据经济增长理论，时间可以看作技术水平的代理变量，而东部地区的技术水平均比中西部要高，因此这便能说明随着技术水平的提升，工业增长能承受更高的减排目标约束，甚至在较高的减排目标下实现经济与环境的双赢发展。

（2）保绿色增长下的最优减排目标选择

从前面的分析可以看出，适度减排目标下的总量减排能激发经济与环境的双赢发展。那么，这一适度减排目标应该是多大？为此，需要给出一些客观选择标准，然后依此去选择最优减排目标。本研究给出两种选择标准，一种是保绿色增长标准，即挑选潜在产出最大时的减排目标，这符合中国目前制定减排目标政策的前提，另一种是边际减排成本最小化标准，即挑选边际减排成本最小时的减排目标，这属于经济学中成本最小化的原则，用经济代价最小的方式实现二氧化碳减排。

表 4.31 列出了 1998 年至 2016 年保绿色增长下全国最优减排目标。不难发现，随着时间的推移，保绿色增长下的最优减排目标大致在提升，从 1998 年的 0.3 上升到 2016 年的 0.5，命题 4.1 得到验证。"十二五"期间，最优减排目标是 0.6，此时潜在经济增长率和潜在环境减排率较为可观，而且与最大潜在环境减排率相比，其减排损失也不大。更为重要的是，边际减排成本为负，此时经济与环境处于双赢发展阶段，即减少二氧化碳排放量，工业总产值反而增加，此阶段是进行产业结构调整的最佳时期（涂正革，2009），这正符合新时代中国绿色发展的需要。如果将 0.6 作为总量减排目标，按 2016 年 6.7%的 GDP 增速，二氧化碳将以每年 4.0%的速度实现总量减排，根据 2016 年 IEA 公布的全球二氧化碳排放量，中国摘掉全球最大二氧化碳排放国的帽子需要 15.6 年。

表 4.31　1998 年至 2016 年保绿色增长下全国最优减排目标

年份	最优减排目标	最大潜在经济增长率（%）	潜在环境减排率（%）	减排损失（%）	边际减排成本（万元/吨）
1998	0.3	29.78	14.20	22.60	−0.28
1999	0.4	29.03	19.03	17.39	−0.16
2000	0.4	32.27	21.14	16.61	−0.30
"九五"中后期（1998—2000 年）	0.4	30.36	18.12	18.87	−0.25
2001	0.2	34.32	11.81	26.44	−0.42
2002	0.2	38.27	13.39	26.41	−0.41
2003	0.3	35.02	19.11	21.25	−0.21
2004	0.5	28.71	25.81	13.66	−0.19
2005	0.3	24.80	13.23	19.18	−0.23
"十五"时期（2001—2005 年）	0.3	32.22	16.67	21.39	−0.29

续表

年份	最优减排目标	最大潜在经济增长率（%）	潜在环境减排率（%）	减排损失（%）	边际减排成本（万元/吨）
2006	0.4	24.43	19.12	12.50	−0.15
2007	0.2	22.55	9.38	21.67	−0.37
2008	0.2	24.42	9.75	27.49	−0.33
2009	0.3	22.41	13.71	23.35	−0.29
2010	1	21.33	39.45	0.00	−0.20
“十一五”时期（2006—2010年）	0.4	23.03	18.28	17.00	−0.27
2011	0.8	24.21	35.59	4.38	−0.23
2012	0.7	23.13	31.46	6.67	−0.35
2013	0.6	26.01	30.80	9.65	−0.50
2014	0.5	32.62	30.89	12.46	−0.55
2015	0.6	36.20	37.99	8.44	−0.50
“十二五”时期（2011—2015年）	0.6	28.44	33.34	8.32	−0.42
2016	0.5	35.19	34.03	14.27	−0.61
所有年份（1998—2016年）	0.4	28.67	22.63	16.02	−0.33

注：本研究根据省级数据和模型计算结果整理得来。各项指标基于30个省（区、市）潜在产出和潜在排放的加总数据得到。最优减排目标为潜在产出最大时的减排目标。最大潜在经济增长率=（最大潜在产出−实际产出）/实际产出×100%，潜在环境减排率=（潜在排放−实际排放）/实际排放×100%，减排损失=最大潜在环境减排率−潜在环境减排率，边际减排成本=（总量控制目标政策下的潜在产出−最大潜在产出）/（潜在排放−实际排放）。

表4.32列出了30个省（区、市）保绿色增长下的最优减排目标。分地区来看，中部的最优减排目标最高，达到0.5，东部和西部均为0.4。二氧化碳排放量和环境技术水平均最高的东部地区并未取得更高的最优减排目标，根据命题4.3，此时对应的最优生产技术可能为不清洁。尽管如此，比较中西部，二

氧化碳排放量和环境技术水平均相对较高的中部地区，获得更高的最优减排目标，恰能验证命题4.2和命题4.3。此外，比较潜在经济增长率、潜在环境减排率和减排损失，西部地区均最高，略大于中部地区，东部地区则最低。相反的是，比较边际减排成本，东部地区最低，中部地区最高，但都为负，处于经济与环境的双赢发展阶段。

具体到各个省（区、市），最优减排目标大小排名靠前的省（区、市）依次是山东（0.8）、重庆（0.8）、河北（0.7）、湖南（0.7）、内蒙古（0.6）、安徽（0.6）、上海（0.6），值得注意的是天津的最优减排目标为−0.2，浙江为0，这说明这些东部省（市）的最优减排方式并非总量减排目标政策。实行总量减排目标政策，黑龙江、新疆和山西等中西部省（区、市）的工业将实现翻两倍左右的潜在增长，宁夏、新疆、河北、青海、内蒙古和山西的二氧化碳将实现50%左右的潜在减排率。因此，在总量减排目标政策下，通过学习国内现有最优的生产技术（从表4.32不难看出广东一直拥有国内最优的生产技术）进行创新活动，中西部地区将实现巨大的潜在经济与环境红利。附录五列出了30个省（区、市）各年份保绿色增长下的最优减排目标分布，其结论基本保持不变。

表4.32　30个省（区、市）保绿色增长下的最优减排目标

省（区、市）	最优减排目标	最大潜在经济增长率（%）	潜在环境减排率（%）	减排损失（%）	边际减排成本（万元/吨）
北京	0.5	20.42	5.96	9.17	−0.21
天津	−0.2	17.66	−4.97	14.11	−0.18
河北	0.7	78.65	55.79	8.85	−0.66
山西	0.3	196.36	49.83	28.41	−0.60
内蒙古	0.6	102.42	51.96	13.39	−0.39
辽宁	0.5	87.22	39.95	16.64	−0.65
吉林	0.4	66.21	21.20	20.61	−0.48
黑龙江	0.2	243.81	30.48	42.59	−0.75
上海	0.6	14.65	9.33	3.51	−5.55
江苏	0.4	6.03	3.90	1.61	−0.21
浙江	0	13.05	2.10	7.71	−1.54
安徽	0.6	51.49	30.41	11.17	−0.33

续表

省（区、市）	最优减排目标	最大潜在经济增长率（%）	潜在环境减排率（%）	减排损失（%）	边际减排成本（万元/吨）
福建	0.1	22.92	1.29	12.02	−0.39
江西	0.4	72.78	25.44	20.40	−0.35
山东	0.8	16.66	12.69	2.70	−0.61
河南	0.4	63.45	24.89	19.21	−0.34
湖北	0.5	69.66	28.47	17.20	−0.38
湖南	0.7	67.64	38.81	10.70	−0.49
广东	—	—	—	—	—
广西	0.4	106.90	37.18	23.60	−0.51
海南	0.3	28.93	7.60	10.79	−0.41
重庆	0.8	52.07	36.57	6.37	−0.40
四川	0.4	72.72	22.08	22.34	−0.52
贵州	0.3	157.86	43.63	30.13	−0.60
云南	0.5	93.05	42.84	21.50	−0.44
陕西	0.1	135.48	7.28	48.24	−1.23
甘肃	0.2	158.44	38.04	33.89	−0.48
青海	0.4	145.11	55.33	24.83	−0.72
宁夏	0.4	150.75	59.58	21.42	−0.58
新疆	0.3	211.62	58.67	23.26	−0.60
东部	0.4	48.06	20.90	11.43	−0.71
中部	0.5	103.76	33.50	20.41	−0.45
西部	0.4	132.20	40.52	26.12	−0.59
全国	0.4	98.29	32.47	19.93	−0.56

注：本研究根据省级数据和模型计算结果整理得来。各项指标先基于潜在产出和潜在排放得到各年份数据，再通过计算其 1998 年至 2016 年的简单平均值得到。最优减排目标为潜在产出最大时的减排目标。最大潜在经济增长率＝（最大潜在产出－实际产出）/实际产出×100%，潜在环境减排率＝（潜在排放－实际排放）/实际排放×100%，减排损失＝最大潜在环境减排率－潜在环境减排率，边际减排成本＝（总量控制目标政策下的潜在产出－最大潜在产出）/（潜在排放－实际排放）。“—”表示缺省，这是由于广东一直处于生产前沿面，没有潜在产出和潜在排放数据。

(3) 边际减排成本最小化下的最优减排目标选择

前面的分析基于保绿色增长标准进行的最优减排目标选择，下面采用边际减排成本最小化标准重新对最优减排目标进行选择。用总量减排目标政策下的潜在产出与各减排目标下的潜在产出的差值除以各减排目标下的潜在排放与实际排放的差值，我们便可以计算得到30个省（区、市）和全国的边际减排成本(Boyd et al.，2002；陈诗一，2011)。需要指出的是，由于边际减排成本的经济含义，此后的最优减排目标只在总量减排目标政策里选择。于是我们可以得到1998年至2016年边际减排成本最小化下的全国最优减排目标（见表4.33)。不难发现，边际减排成本最小化下的最优减排目标并未随时间而发生显著变化，除2003年外均为0.1。以“十二五”期间为例，最优减排目标是0.1，相比于保绿色增长下的最优减排目标0.6，尽管边际减排成本将下降150.0%，但其潜在经济增长率和潜在环境减排率分别要低36.3%和87.8%，存在较大的经济和减排损失。因此，相比于保绿色增长标准，边际减排成本最小化标准可能并不太适合当前中国的最优减排目标选择。

表4.33　1998年至2016年边际减排成本最小化下的全国最优减排目标

年份	最优减排目标	边际减排成本（万元/吨）	潜在经济增长率（%）	经济损失（%）	潜在环境减排率（%）	减排损失（%）
1998	0.1	−0.38	22.31	7.47	3.20	33.60
1999	0.1	−0.31	24.31	4.72	3.49	32.93
2000	0.1	−0.87	26.36	5.91	4.26	33.49
“九五”计划中后期（1998—2000年）	0.1	−0.52	24.33	6.03	3.65	33.34
2001	0.1	−0.72	31.72	2.60	5.19	33.06
2002	0.1	−0.43	31.79	6.48	4.76	35.04
2003	0.2	−0.31	34.37	0.65	12.04	28.33
2004	0.1	−0.45	24.00	4.71	3.83	35.64
2005	0.1	−0.37	22.41	2.38	3.83	28.58
“十五”时期（2001—2005年）	0.1	−0.45	28.86	3.36	5.93	32.13

续表

年份	最优减排目标	边际减排成本（万元/吨）	潜在经济增长率（%）	经济损失（%）	潜在环境减排率（%）	减排损失（%）
2006	0.1	−0.39	23.02	1.41	4.27	27.34
2007	0.1	−0.52	21.07	1.48	4.22	26.83
2008	0.1	−0.41	22.85	1.57	4.19	33.06
2009	0.1	−0.63	21.18	1.23	4.35	32.72
2010	0.1	−0.81	17.07	4.26	3.40	36.05
“十一五”时期（2006—2010 年）	0.1	−0.55	21.04	1.99	4.08	31.20
2011	0.1	−0.98	21.27	2.94	4.37	35.60
2012	0.1	−0.71	16.63	6.50	3.11	35.01
2013	0.1	−1.20	18.68	7.33	3.22	37.22
2014	0.1	−1.02	25.25	7.37	4.22	39.13
2015	0.1	−1.33	30.21	5.99	5.86	40.57
“十二五”时期（2011—2015 年）	0.1	−1.05	22.41	6.03	4.16	37.51
2016	0.1	−1.65	28.88	6.31	4.70	43.60
所有年份（1998—2016 年）	0.1	−0.71	24.39	4.28	4.55	34.09

注：本研究根据省级数据和模型计算结果整理得来。各项指标基于 30 个省（区、市）潜在产出和潜在排放的加总数据得到。最优减排目标为边际减排成本最小时的减排目标。边际减排成本=（总量控制目标政策下的潜在产出−最大潜在产出）/（潜在排放−实际排放），潜在经济增长率=（潜在产出−实际产出）/实际产出×100%，经济损失=最大潜在经济增长率−潜在经济增长率，潜在环境减排率=（潜在排放−实际排放）/实际排放×100%，减排损失=最大潜在环境减排率−潜在环境减排率。

表 4.34 列出了 30 个省（区、市）边际减排成本最小化下的最优减排目标。分地区来看，相比于保绿色增长标准，东部、中部、西部三个地区的最优减排目标均有所降低，其中东部地区最大为 0.3，并且此时经济与环境均存在较大

的损失。具体到各个省（区、市），相比于保绿色增长标准，绝大多数的省（区、市）最优减排目标都有所降低，但海南、陕西维持不变，天津、浙江和福建则会提高最优减排目标，尤其是前两个省（市）将转变在保绿色增长下的非总量减排目标政策，支持总量减排目标政策的实施，当然这与边际减排成本最小化标准仅在总量减排目标政策中进行选择有关。值得注意的是，此时天津和福建的边际减排成本为正，均为0.26万元/吨，此时大幅减少二氧化碳排放量，工业总产值只会缓慢减小，此阶段是加大减排、以较小的经济代价换来二氧化碳大幅减排的最佳时期（涂正革，2009）。附录五列出了30个省（区、市）各年份边际减排成本最小化下的最优减排目标分布，其结论基本保持不变。

表4.34　30个省（区、市）边际减排成本最小化下的最优减排目标

省（区、市）	最优减排目标	边际减排成本（万元/吨）	潜在经济增长率（%）	经济损失（%）	潜在环境减排率（%）	减排损失（%）
北京	0.3	−0.14	19.49	0.93	3.70	11.42
天津	0.1	0.26	14.51	3.15	2.28	6.87
河北	0.6	−0.91	64.68	13.97	41.64	23.01
山西	0.1	−0.82	151.47	45.72	18.71	59.68
内蒙古	0.3	−0.79	68.14	32.35	19.09	46.56
辽宁	0.2	−1.50	56.83	30.39	9.61	46.98
吉林	0.2	−0.47	59.49	6.72	9.33	32.48
黑龙江	0.1	−0.82	240.02	3.79	25.70	47.37
上海	0.3	−11.00	11.44	3.21	2.94	9.90
江苏	0.3	−0.08	5.70	0.33	1.82	3.70
浙江	0.2	−0.93	10.85	2.21	1.52	8.29
安徽	0.3	−0.41	42.40	9.09	11.87	29.71
福建	0.3	0.26	17.44	5.49	4.43	8.88
江西	0.1	−0.50	65.19	7.58	7.83	38.01
山东	0.3	−0.86	13.24	3.42	3.50	11.89
河南	0.2	−0.45	55.50	7.95	8.32	35.78

续表

省（区、市）	最优减排目标	边际减排成本（万元/吨）	潜在经济增长率（%）	经济损失（%）	潜在环境减排率（%）	减排损失（%）
湖北	0.2	−0.61	58.73	10.92	9.35	36.32
湖南	0.2	−1.06	46.01	20.90	6.32	43.37
广东	—	—	—	—	—	—
广西	0.2	−0.63	89.82	16.82	15.34	45.35
海南	0.3	−0.09	24.97	7.13	7.16	14.04
重庆	0.2	−0.51	37.96	14.11	12.17	30.77
四川	0.2	−0.55	63.01	9.71	8.53	35.89
贵州	0.1	−0.76	120.52	37.34	14.96	58.80
云南	0.2	−0.68	65.84	26.83	14.04	50.27
陕西	0.1	−0.33	125.74	9.91	13.08	41.85
甘肃	0.1	−0.82	138.40	20.04	13.84	58.09
青海	0.3	−1.10	122.68	22.43	35.24	44.92
宁夏	0.3	−1.09	105.90	44.86	30.20	50.81
新疆	0.2	−0.86	180.34	31.28	39.02	42.91
东部	0.3	−0.80	38.69	10.58	10.72	22.24
中部	0.2	−0.66	87.35	16.50	13.01	41.21
西部	0.2	−0.75	107.79	24.17	20.18	46.30
全国	0.2	−0.73	80.73	17.52	14.89	37.62

注：本研究根据省级数据和模型计算结果整理得来。各项指标先基于潜在产出和潜在排放得到各年份数据，再通过计算其 1998 年至 2016 年的简单平均值得到。最优减排目标为边际减排成本最小时的减排目标。边际减排成本＝（总量控制目标政策下的潜在产出－最大潜在产出）/（潜在排放－实际排放），潜在经济增长率＝（潜在产出－实际产出）/实际产出×100%，经济损失＝最大潜在经济增长率－潜在经济增长率，潜在环境减排率＝（潜在排放－实际排放）/实际排放×100%，减排损失＝最大潜在环境减排率－潜在环境减排率。“—”表示缺省，这是由于广东一直处于生产前沿面，没有潜在产出和潜在排放数据。

综合保绿色增长和边际减排成本最小化两种标准下的最优减排目标选择结果，我们不难得出结论：相比于边际减排成本最小化，以保绿色增长为前提，能选择更高的减排目标约束，而且随着技术水平的提升，能承受的减排目标约束也更高，“十二五”期间的最优减排目标是 0.6。因此，对最优减排目标选择标准应为保绿色增长。同时，在总量减排目标政策下，中西部地区可以通过向东部地区学习先进生产技术进行创新活动，以实现经济与环境的双赢发展。

（4）碳排放权交易机制下保绿色增长的最优减排目标选择

通过前面的分析我们得出，相比于边际减排成本最小化标准，中国更适合使用保绿色增长标准进行最优减排目标选择，并由此在保绿色增长下为 30 个省（区、市）选择最优减排目标。尽管大部分省（区、市）均能在总量减排目标政策下找到最优的减排目标，但是天津和浙江的最优减排目标处于非总量减排目标政策区间，这说明总量减排目标政策仍会长期对工业增长产生出一定的减排成本。作为对宏观减排目标政策这一减排命令-控制机制的极大补充，2013 年开始试点、2017 年分行业逐步向全国推广的碳排放权交易机制，能否帮助宏观减排目标政策的实现，甚至助推总量减排目标政策实行经济与环境的双赢发展？为此，下面笔者将利用本研究拓展构建的碳排放权交易机制下的减排目标政策 DDF-AAM 模型，分析碳排放权交易机制下保绿色增长的最优减排目标选择。

表 4.35 列出了 1998 年至 2016 年碳排放权交易机制下保绿色增长的全国最优减排目标。与未引入碳排放权交易机制时类似，随着时间的推移，最优减排目标会提升。不同的是，此时的最优减排目标整体上得到了显著的提高，命题 4.4 得到验证。“十二五”期间，最优减排目标是 0.9，接近强总量减排目标政策的水平。相比于未引入碳排放权交易机制时的结果，潜在经济增长率将提升 24.4%，尽管潜在环境减排率会降低 2.5%，但与最大潜在环境减排率相比的减排损失将减少 72.0%。碳排放权交易机制能帮助中国工业适应更高的减排目标要求，如果将 0.9 作为减排目标，按 2016 年 6.7%的 GDP 增速，二氧化碳将以每年 6.0%的速度实现总量减排，根据 2016 年 IEA 公布的全球二氧化碳排放量，中国摘掉全球最大二氧化碳排放国的帽子需要 10.3 年，相比之前 0.6 的减排目标将提早 5.3 年。这与周县华和范庆泉（2016）模拟发现碳排放权交易机制下碳强度减排目标政策能减缓经济冲击的结论很类似。

表 4.35　1998 年至 2016 年碳排放权交易机制下保绿色增长的全国最优减排目标

年份	最优减排目标	最大潜在经济增长率（%）	潜在环境减排率（%）	减排损失（%）
1998	0.4	40.31	20.02	12.64
1999	0.4	40.48	19.32	12.99
2000	0.4	40.84	20.26	13.44
“九五”计划中后期（1998—2000）	0.4	40.54	19.87	13.02
2001	0.5	42.36	25.39	8.67
2002	0.6	42.10	26.21	7.44
2003	0.6	43.73	27.09	7.79
2004	0.8	39.51	32.81	2.23
2005	0.8	33.29	27.37	4.79
“十五”时期（2001—2005）	0.6	40.20	27.77	6.19
2006	0.8	35.26	28.55	3.70
2007	0.8	31.35	26.41	4.23
2008	0.7	34.13	24.52	5.96
2009	0.7	31.42	23.39	6.96
2010	1.0	31.14	33.93	0.00
“十一五”时期（2006—2010）	0.8	32.66	27.36	4.17
2011	1.0	31.50	33.45	0.00
2012	1.0	30.61	31.87	0.00
2013	1.0	31.79	33.15	0.00
2014	0.7	37.91	26.68	7.98
2015	0.8	45.06	37.28	3.66
“十二五”时期（2011—2015）	0.9	35.37	32.49	2.33

续表

年份	最优减排目标	最大潜在经济增长率（%）	潜在环境减排率（%）	减排损失（%）
2016	0.7	42.13	32.62	6.34
所有年份（1998—2016）	0.7	42.13	32.62	6.34

注：本研究根据省级数据和模型计算结果整理得来。各项指标基于 30 个省（区、市）潜在产出和潜在排放的加总数据得到。最优减排目标为碳排放权交易机制下潜在产出最大时的减排目标。最大潜在经济增长率=（最大潜在产出－实际产出）/实际产出×100%，潜在环境减排率=（潜在排放－实际排放）/实际排放×100%，减排损失=最大潜在环境减排率－潜在环境减排率。

表 4.36 列出了 30 个省（区、市）碳排放权交易机制下保绿色增长的最优减排目标。与未引入碳排放权交易机制时类似，分地区来看，东部、中部、西部三个地区的最优减排目标均相同，但得到了极大提升，达到 0.8。具体到各个省（区、市），最优减排目标将发生较大变化，所有省（区、市）均落在总量减排目标政策区间，大小排名也发生较大变化，但其差距大幅减小，标准差仅为 0.07，相比未引入碳排放权交易机制缩小 2.4 倍，这说明在碳排放权交易机制下各省（区、市）能适应统一的更高的减排要求。上海、江苏和浙江是最优减排目标最大的 3 个省（市），均达到 0.9。天津的最优减排目标也达到 0.8，这与未引入碳排放权交易机制时天津和浙江的最优减排目标处于非总量减排目标政策区间形成巨大的差异。

这与两类减排政策对高效率生产者的影响有关：实行宏观减排目标政策这一减排命令-控制机制，不同效率生产者的产出都会出现不同程度的下降，而且对高效率生产者的产出损失更大；实行碳排放权交易机制这一减排市场化手段由于可以解决强制减排的碳排放权配置无效率问题，高效率生产者可因此额外多排放二氧化碳而大幅提升产出，增长幅度甚至会远远高于低效率生产者减少二氧化碳排放量所额外减少的产出（涂正革和谌仁俊，2015）。很明显，相比于未引入碳排放权交易机制时的工业会遭受巨大冲击，在碳排放权交易机制下，天津和浙江这些生产效率较高的省（区、市）能额外排放更多的二氧化碳[①]而大幅度提升产出，进而适应更高的减排目标要求。此外，通过学习国内现有最优的生产技术（从表 4.36 不难看出广东拥有国内最优的生产技术）进行创新活动，中西部地区仍将实现更大的潜在经济发展并获得环境红利。黑龙江、新疆和山西的工业将实现翻两倍以上的潜在增长，宁夏、新疆、河北、青海和内蒙古的二氧化碳将实现 50%以上的潜在减排率。附录五列出了 30 个省（区、市）各年份碳排放权交易机制下保绿色增长的最优减排目标分布，其结论基本保持不变。

表 4.36　30 个省（区、市）碳排放权交易机制下保绿色增长的最优减排目标

省（区、市）	最优减排目标	最大潜在经济增长率（%）	潜在环境减排率（%）	减排损失（%）
北京	0.6	20.79	7.31	16.43
天津	0.6	17.74	−4.96	21.44
河北	0.8	88.45	55.41	2.82
山西	0.8	204.80	48.52	3.20
内蒙古	0.8	104.76	52.22	12.63
辽宁	0.8	89.65	38.93	6.68
吉林	0.8	67.17	21.26	7.54
黑龙江	0.8	252.23	29.22	7.80
上海	0.9	14.71	9.23	4.26
江苏	0.9	6.39	5.73	2.08
浙江	0.9	13.21	2.48	2.68
安徽	0.8	51.53	28.78	2.80
福建	0.7	23.09	1.19	4.80
江西	0.8	73.76	26.12	4.08
山东	0.8	19.29	21.04	3.55

① 根据表 4.36，天津和浙江的潜在环境减排率均较小，其中天津甚至为−4.96%。

续表

省（区、市）	最优减排目标	最大潜在经济增长率（%）	潜在环境减排率（%）	减排损失（%）
河南	0.8	64.37	26.01	3.23
湖北	0.8	70.72	28.31	6.99
湖南	0.8	68.91	38.40	3.28
广东	—	—	—	—
广西	0.8	108.72	37.07	6.07
海南	0.7	35.67	14.38	9.62
重庆	0.8	49.38	36.68	3.80
四川	0.8	73.34	22.03	6.09
贵州	0.8	162.06	43.64	5.10
云南	0.8	95.68	42.20	12.28
陕西	0.8	139.00	7.77	10.86
甘肃	0.8	162.41	40.36	8.92
青海	0.8	150.64	54.88	15.05
宁夏	0.8	159.27	59.57	8.73
新疆	0.8	220.42	58.12	12.96
东部	0.8	49.38	21.25	6.48
中部	0.8	107.12	33.26	5.76
西部	0.8	137.38	40.58	9.47
全国	0.8	102.08	32.58	7.28

注：本研究根据省级数据和模型计算结果整理得来。各项指标先基于潜在产出和潜在排放得到各年份数据，再通过计算其 1998 年至 2016 年的简单平均值得到。最优减排目标为碳排放权交易机制下潜在产出最大时的减排目标。最大潜在经济增长率＝（最大潜在产出－实际产出）/实际产出×100%，潜在环境减排率＝（潜在排放－实际排放）/实际排放×100%，减排损失＝最大潜在环境减排率－潜在环境减排率。“—”表示缺省，这是由于广东一直处于生产前沿面，没有潜在产出和潜在排放数据。

4.4.5 本节小结

为应对二氧化碳高排放问题并积极参与全球气候变化治理，中国自 2009 年开始制定以保证经济增长为前提的碳强度减排目标政策，然而随着二氧化碳排放总量达峰承诺时间的日益临近以及“十三五”规划对工业提出的总量排放控制要求，实施总量减排目标政策迫在眉睫。那么，实施总量减排目标政策，中国工业能否实现经济增长与二氧化碳总量减排的双赢发展？为此，本研究拓展构建减排目标政策 DDF-AAM 模型以及碳排放权交易机制下的减排目标政策 DDF-AAM 模型，以测算各省（区、市）工业在实现国内最优生产技术下的潜在产出和潜在二氧化碳排放量，试图回答更为严格的总量减排目标政策对工业增长的潜在影响，并探寻保绿色增长下的最优减排目标。

通过对这些问题的分析探讨，我们发现，适度的总量减排目标政策能实现经济与环境的双赢，而且随着技术水平的提升，工业增长能承受更高的减排目标约束。整体来看，在国内现有最优的生产技术下，总量减排目标政策对中国工业的潜在冲击在可允许的范围内，当减排目标定为 0.5，即二氧化碳减排率与经济增长率比值为 0.5 时，潜在产出最大，工业总产值将在已有水平上平均增长 27.2%。同时，随着技术水平的提升，工业增长甚至能在较高的减排目标下实现经济与环境的双赢发展。

相比于边际减排成本最小化，以保绿色增长为前提，能选择更高的减排目标，而且提升技术水平和引入碳排放权交易机制，能使中国工业适应更高的减排要求。以“十二五”规划为例，保绿色增长标准下的最优减排目标是 0.6，而边际减排成本最小化标准下仅为 0.1。随着技术水平的提升，保绿色增长下的最优减排目标从 1998 年的 0.3 上升到 2016 年的 0.5，而一旦引入碳排放权交易机制，最优减排目标将大幅提高，“十二五”期间最优减排目标为 0.9，这能帮助中国提早 5.3 年摘掉全球最大二氧化碳排放国的帽子。

分地区来看，东部地区工业增长能承受更高的减排目标约束，尤其在碳排放权交易机制下，由于能额外多排放二氧化碳而大幅提升产出，进而适应更高的减排要求，如天津和浙江在未引入碳排放权交易机制时的最优减排目标落在非总量减排目标政策区间，一旦引入碳排放权交易机制，其最优减排目标将处在全国的最高水平。而中西部地区在适度的减排目标下，可以通过向东部地区引进先进生产技术并进行创新活动，实现工业增长与总量减排的双赢发展，如黑龙江、新疆和山西的工业将实现翻两倍左右的潜在增长，宁夏、新疆、河北、青海和内蒙古的二氧化碳将实现50%以上的潜在减排率。

4.5 本章小结

自“3060目标”提出以来，从中央到地方，从产业布局、规划到科技创新等各领域，围绕“双碳”目标的工作正在积极推进，但社会各界对实现碳达峰、碳中和目标背景下经济形势的把握还存在不足，对“双碳”与绿色发展之间关系的认识还存在局限，对实现“双碳”目标路径的理解还存在偏差，有可能会影响“双碳”目标的最终实现。因此，分析中国实现碳中和、碳达峰目标背景下的形势与条件，剖析通过实现“双碳”目标助推绿色发展的路径，具有重要的理论和现实意义。

基于以上现实问题，本章分别从“十一五”规划节能减排目标政策和总量减排目标政策的角度，评估了上述政策的降污减排效果，并进一步探究了其对绿色发展的影响。研究发现，当本章从省级宏观层面考察时，“十一五”约束性减排目标计划对全行业和工业二氧化硫排放量均呈现显著的减排效应；当本章从企业微观层面考察时，各地方政府在工作报告中所反映的环保目标要求会显著降低企业污染物排放，促进其绿色低碳转型。但这种约束性目标却不一定能促进绿色发展，虽然在总量减排目标政策下，中国已具备应对其要求的生产技术，但是“西低东高”的节能目标政策会造成区域经济增长与降低能耗的双失衡，不利于全国节能目标的实现，更不利于推动形成优势互补高质量发展的区域经济布局。

因此，为实现碳达峰和碳中和目标，落实“绿水青山就是金山银山”的发展理念，节能减排政策亟待作出调整。对于节能政策，在平衡区域经济发展的同时，应更强调各地区的节能潜力，调动经济欠发达地区的生产积极性，更好地激发出绿水青山就是金山银山的双赢发展。而在总量减排目标政策下，如果地区之间能进行有效的技术分享与交流，工业能在长期实现经济增长与二氧化碳总量减排的双赢发展。同时，建立有效的全国碳排放交易市场，是推进天津和浙江等东部地区工业实现更高减排目标的重要抓手。

第5章　中央环保督察治污效果与绿色发展影响分析

5.1　引言

在新时代，为满足人民日益增长的美好生活需要，已不容许继续等待环境库兹涅茨曲线中未知拐点的出现，因此中国亟待破解生态环境保护与经济增长融合协调的重大难题，从根源上解决生态环境问题，转变经济增长方式，推动高质量发展。创新与绿色是新时代促进经济发展的两大重要引擎，两者合二为一便是基于绿色发展诠释的高质量发展，也是著名的波特假说的基本内涵。根据波特假说，合理而严格的环境规制，是保障创新驱动下经济增长与环境保护双赢发展的一个必要条件。高质量发展背景下如何治理环境污染、促进经济绿色转型，是中国未来发展面临的重大挑战。为实现可持续发展和高质量增长，党和政府已经将治理生态环境，尤其是治理空气污染提上重要日程。本章将紧接着上章节能减排目标政策这一问责制度，继续探讨与环境污染治理相关的另一重要问责制度——中央环保督察制度。

党的十五大、十六大均提出要坚持可持续发展战略。随着跨区域环境问题的出现，地方保护主义导致以“督企”为核心的环保督查执法与监督力量日益捉襟见肘。2003年，科学发展观的提出使得全面、协调、可持续发展成为该阶段环境治理的主要议题，环保督查在“督企”基础上更强调“督政”。2002年至2008年，华东、华南、西北、西南、东北、华北环保督查中心相继成立，代表着全国区域环保督查工作已铺开，这有利于加强环保监督执法力量，破解跨区域环境治理难题。2007 年，党的十七大报告提出要建设生态文明；2012 年，党的十八大报告将生态文明建设统筹纳入五位一体总体布局。环保督查开始重视如何推动经济与生态环境可持续发展，这蕴含着向更高级制度形态——生态环保督察演变的逻辑。

2013 年后，中央和地方出台大量法律法规，希望通过立法解决空气污染问题。国务院于 2015 年重新修订了环境保护法和大气污染防治法，2016 年通过的“十三五”规划（2016—2020 年）更是提出明确要求，地级及以上城市每年的重污染天数要减小 25%，到 2020 年全国空气质量优良天数比率要超过 80%。为此，国务院和生态环境部也实施了多项专项治理行动，包括中央环保督察（CSEP）、京津冀及周边地区大气污染防治专项计划、大气污染防治强化督查等。这表明，中央政府已经将环境治理作为政府工作的重中之重，不仅加强了生态文明建设的顶层设计，激活了地方政府官员这层环境保护的中坚力量，而且还激发了公众和媒体这层环境保护的大众力量，最终形成环境多方共治的有利态势。

作为生态文明建设的重大制度安排，2016 年年初启动的中央环保督察受到国内外广泛关注，成为中央推动地方政府改善环境质量的硬招和实招。2016 年 1 月，中央环保督察组进驻河北省展开环保督察，此次行动被称为试点督察。中央环保督察之所以选择河北省作为试点地区，有其独特含义：首先，河北省人口高度集中，钢铁和玻璃等重工业发达，火电等能源生产规模巨大，因而成为中国空气污染最严重的地区之一；其次，由于京津冀协同发展成为一项国家战略，治理河北省的雾霾问题，对保护首都北京和直辖市天津的空气质量意义重大；最后，河北省是中国空气质量较差的地方，即使河北省环保厅 2017 年 10 月在新闻发布会上称已经达到“大气十条”关于 $PM_{2.5}$ 年均浓度下降 25%的目标，但 2013 年至 2017 年间，石家庄、邯郸、邢台、唐山、保定和衡水六个城市在生态环境部城市空气质量月报中的排位靠后，中央政府加大力度治理大气污染，河北作为污染大省首当其冲。在督察期间，督察组对河北省内各地环境质量严重恶化、群众反映强烈和社会影响恶劣的突出问题进行了严格检查并严肃问责相关责任人。督察之后，河北省也根据要求，采取了化解过剩产能、加快能源结构调整、削减煤炭开采任务、处理违法违规建设项目、加大环境保护的资源投入等一系列措施。

在对河北省进行环保督察试点后，国务院和生态环境部于之后两年内分四批完成了对全国各地区的督察覆盖，每一批督察包含 7 至 8 个省（区、市），督察组进驻每个省（区、市）的时间前后相隔几天，对每个省（区、市）的督察时间均为 30 天。首轮 CSEP 用时两年，对全国 31 个省（区、市）进行了环境大督察，通过“盯住领导干部和突出问题”，解决了一大批环境顽疾。中央环保督察涉及面广，大气污染是重中之重。

中央环保督察通过安排督察组进驻各地级市进行环境督察，采取约谈与问责两项行政手段，构造“沟通-警告-处罚”机制，对地方政府形成震慑效应；通过环境罚款与拘留两项法律手段，构造“制裁-补偿-预防”机制，对排污企业具有“强制力”和“实现力”，形成惩罚效应；通过公众检举和媒体监督两项社会手段，构造“宣传-动员-互动”机制，从而实现督察成本最小化和效率最大化，形成动员效应。

作为具有中国特色的命令-控制机制的代表，如此严肃的环保督察势必会遏制大气污染物的排放，改善督察地区大气质量，提高居民的环境健康福利，而且，环保督察作为一项兼具政治意味的行动，也会震慑周边非督察地区，产生间接的溢出效应。但是通常来讲，环境规制，尤其是行政管制通常也会给受到规制的生产部门造成较大的经济成本，这种行政管制背后的行动逻辑以及带来的生态-经济-社会效益是我们的关注重点。因此，本章将先后从试点地区层面、全国层面和企业层面，探讨中央环保督察对河北省生态、经济、社会效益的影响，对全国地级以上城市空气质量的影响以及对企业绿色高质量发展的影响。

健全环境治理领导责任体系是推动生态环境根本好转的核心，这不仅需要有力的问责机制，更需要有效的激励机制。因此，下一章将对环境激励机制与绿色发展的融合进行探究和分析。

5.2 政策梳理

生态环保督察制度虽鼎盛于新时代，但其历史由来可追溯至改革开放初期。根据国家领导人重要论述、相关法律政策以及改革开放伟大实践，生态环保督察制度的历史演进可划分为四个阶段（见表 5.1），即奠定基础期、初步探索期、转型发展期与深化完善期。

表 5.1　生态环保督察制度的历史演进

阶段	起止时间	督察措施	督察重心	名称
奠定基础期	1978—2002 年	环境监理、环境监察	督企	环保督查
初步探索期	2003—2014 年	区域环保督查、环保综合督查	督企、督政	环保督查
转型发展期	2015—2017 年	中央环保督察	督企、督政、督党	环保督察
深化完善期	2018 年至今	生态环保督察	常态化、法治化、系统化	生态环保督察

在 1978 年至 2002 年这一历史时期，我国工业快速发展，所衍生的污染与治理不匹配是造成生态环境急剧恶化的重要原因。基于此，工业污染防治是该阶段环境治理的主要议题，环保督查也以“督企”作为核心理念，主要从三方面工作为后来的生态环保督察制度奠定了基础。

首先，1978 年，我国修订的宪法首次对环境保护作出了明确规定。1988 年，第七届全国人民代表大会第一次会议通过了国务院机构改革方案，将国家环境保护局独立出来，作为国务院直属机构统一监督管理全国环境保护工作，此举为专业地、独立地进行环境治理厘清了机构职能。其次，1989 年颁布的环境保护法规定，环境监督管理部门有权对管辖范围内的排污企业进行现场检查，重点监督企业是否遵守环境保护法律法规，并督促整改违法排污行为，这表明以“督企”为重心的环保督查正式展开。此外，该法以行政区划为依据，明确环境督查工作由各地环保主管部门负责。至此，以环境监理为主的环保督查局面形成。最后，党的十四大把环境保护列为我国 20 世纪 90 年代改革和建设的十大任务之一。1996 年，《关于环境保护若干问题的决定》要求实行环境质量行政领导负责制，地方政府对本辖区环境质量负责。2002 年，为体现环境管理部门的行政执法职能，环境监理机构更名为环境监察机构，形成省、市、县三级联动环境监察模式。

区域环保督查制度作为中央环保督察政策的前身，是在跨区域污染治理困境下应运而生的。为加强对华东、华南地区跨省界区域和流域重大环境问题的监督管理，延伸国家对地方环境保护工作的监督和管理，2002 年 6 月，原国家环保总局下发了《关于国家环境保护总局华东环境保护督查中心和华南环境保护督查中心挂牌有关事项的通知》，决定在南京、广州分别试点设立华东、华南环保督查中心。2006 年 7 月，原国家环保总局下发了《关于印发〈总局环境保护督查中心组建方案〉的通知》，西北、西南、东北环保督查中心成立的时间分别在 2006 年 10 月 25 日、2006 年 12 月 5 日和 2006 年 12 月 22 日，2008 年 12 月 17 日华北环保督查中心揭牌成立，至此实现了 31 省（区、市）的督查全覆盖。作为国家环保总局派出的执法监督机构，环保督查中心的职责内容主要分为四个类别：督查、查办、协调和应急，相应的工作机制主要包括发现机制、应急机制、信息机制以及协调机制。环保督查中心的重要职责之一是负责区域内跨省和跨流域重大环境事故的应急响应及重大环境污染和生态破坏案件的调查处理工作，以及区域内跨省和跨流域重大环境纠纷的协调工作。

2013 年，习近平总书记指出，如果生态环境指标很差，一个地方一个部门的表面成绩再好看也不行，不说一票否决，但这一票一定要占很大的权重。这凸显了政府对生态环境监管的重视程度。同年，全国首个环保综合督查行动在湖南株洲先行试点启动，将督查对象由企业扩展至地方政府。2014 年，原环境保护部发布《综合督查工作暂行办法》，明确指出环境监察要从督企转向督企、督政并重，注重督促地方政府切实履行环保职责，并要求全国开展以“督政”为核心的环保综合督查。2015 年，中共中央、国务院印发《关于加快推进生态文明建设的意见》，要求加快建立系统完整的生态文明制度体系。生态文明制度化和提高生态环境话语权是这一阶段环境治理的主要议题，生态环保督察制度进入全新发展阶段。

首先，从督查至督察的转变，赋予了生态环保督察更高权威。2015 年 1 月 1 日，新环境保护法正式实施；7 月，中央全面深化改革领导小组第十次会议审议通过《环境保护督察方案（试行）》，将“环保督查”升级为“环保督察”，明确建立环保督察制度，这是首次以专门文件规定该制度，意味着环保督察制度实现跨越式发展。随后中共中央办公厅、国务院办公厅印发《党政领导干部生态环境损害责任追究办法（试行）》，强调环保工作的“一岗双责”“党政同责”，将地方党委的环保责任纳入重点监督范围，由此生态环境规制体系走向“党政同责”。因此，从广义上看，中央环保督察是指自 2015 年 7 月开始至今的环保督察制度改革。不过，本章所讨论的中央环保督察是狭义上的概念，即环境保护部（现生态环境部）于 2016 年 1 月 4 日至 2017 年 9 月 15 日间组织的、对全国31个省（区、市）展开的第一轮共五批次环保专项督察行动，具体实施情况如表5.2所示。不难发现，第一轮中央环保督察行动在21个月内实现对全国31个省（区、市）的依次覆盖，每批次均会面向东中西三个地区的省（区、市）。

表5.2　五批次中央环保督察的实施情况

督察批次	时间	覆盖地区	群众举报案件数（件）	关停/整改企业数（家）	约谈人数（人）	问责人数（人）	拘留人数（人）	罚款总额（亿元）
试点	2016.1.4—2016.2.5	河北	2856	200	65	366	123	0.3
第一次	2016.7.12—2016.8.19	内蒙古、黑龙江、江苏、江西、河南、广西、云南、宁夏	15761	8160	2241	3788	407	1.98
第二次	2016.11.24—2016.12.30	北京、上海、湖北、广东、重庆、陕西、甘肃	15631	12184	4149	3121	265	2.4
第三次	2017.4.24—2017.5.28	山西、安徽、天津、湖南、福建、辽宁、贵州	31457	24299	6657	4660	405	3.6
第四次	2017.8.7—2017.9.15	吉林、浙江、山东、海南、四川、西藏、青海、新疆	40706	37088	4835	6461	423	4.6

注：笔者通过对生态环境部网站（http://www.mee.gov.cn/）发布的中央环保督察组向各省（区、市）反馈督察情况以及各省（区、市）关于贯彻落实中央环保督察反馈意见整改情况报告整理而得。

2018年8月，中央环保督察更名为中央生态环保督察，“生态环保督察”较之于“环保督察”不仅是“生态”二字的增添，更重要的是映射出日益强调生态领域的整体性、功能性和系统性。2019年6月，中共中央办公厅、国务院办公厅联合印发《中央生态环境保护督察工作规定》，这是首次以党和国家法规形式明确生态环保督察制度的框架结构、程序规范、权限责任等，体现出生态环保督察制度的政治性、纪律性与引领性，为维护其权威性提供了可靠的制度保障。2020 年 9 月，习近平总书记在第 75 届联合国大会上提出碳达峰、碳中和目标后，“达峰”行动被纳入生态环保督察；同年 12 月，生物多样性保护、气候变化以及长江禁渔等均被纳入生态环保督察。2021 年 10 月，我国发布首部《中国的生物多样性保护》白皮书，把“开展中央生态环保督察”列为我国十大生物多样性保护成效之一，并将其深化为生态文明建设领域的常态化制度。2021 年 5 月，《生态环境保护专项督察办法》出台，进一步丰富与完善了我国的生态环保督察制度。

作为一项极具中国特色的最新环境政策，中央环保督察的政策性质尚未定论，而准确界定中央环保督察的政策性质，对于确定其法律地位和改进方向具有重大意义，对于本章精准识别中央环保督察的经济效应也至关重要。从目前的文献来看，学术界常常认为中央环保督察属于运动型环境治理机制，理由主要为：中央环保督察从推进机制上不再通过传统的科层式政府机构开展工作，而是自上而下调动体制内的各种资源，并凭借中央权威强力推进环保督察工作(陈海嵩，2017)，属于党中央与中央政府在中国环境治理面临特殊矛盾时，为矫正当时常规型环境治理机制效力不强而采取的运动型环境治理机制（戚建刚和余海洋，2018)。与这些观点相反，笔者认为，中央环保督察兼具运动型和常规型环境治理机制的特点，属于介于两者之间的非常规型环境治理机制，理由如下：

其一，从持续时间来看，中央环保督察方兴未艾，具有常态化发展趋势，不符合运动型环境治理机制的时效特征。2017 年底，环境保护部华北、华东、华南、西北、西南、东北环境保护督查中心正式改名为环境保护部华北、华东、华南、西北、西南、东北督察局，这不仅表明督查中心在身份上发生重大转变，更表明其开始承担包括中央环保督察有关工作在内的诸多新增职能。与此同时，省级以下层面也开始着手建立健全环境监察网络，如 2017 年 12 月，江苏省的 4 个区域环境监察专员办公室正式挂牌，13 个设区市驻市监察室专员同时到位，这为环保督察进一步下沉地方做好了相应的、必要的组织准备。

其二，从推进机制来看，中央环保督察自上而下，没有常规的督察程序，也不属于常规型环境治理机制。中央环保督察以 2016 年 1 月对河北省进行突击试点督察工作为起点，之后又在较短时间内覆盖其他 30 个省（区、市)，可见其启动和生效都十分迅速，突破常规的督察程序。

其三，从执行手段来看，中央环保督察不仅发起政治动员，还保障其长期化。运动式治理最为显著的特征是开展广泛的政治动员，但这种政治动员往往具有时效性，即一旦“运动”结束，政治动员行为也就随之终止。中央环保督察广泛发动群众监督，但这种政治动员并不会因为历次督察行动的结束而终止，反而会消除制度障碍使群众监督长期化。

5.3 中央环保督察在河北试点的大气治理效果评价

5.3.1 相关文献进展

中国的空气污染日益严重，代价巨大，不仅危害了居民的身体健康、影响了政府形象和权威，还严重影响一个国家的经济增长和社会发展。

中央政府在2014年就将空气污染治理纳入了地方官员的政治晋升考核体系，促使他们着力改善辖区内的大气质量。这样做出于两种考虑：一是维护良好的政府形象。如2008年奥运会期间北京“尾号限行”政策（曹静等，2014）、2014年亚太经合组织（APEC）会议期间采取限产停产措施（Li et al.，2017）、每年“两会”期间的“政治性蓝天”以及官员更替期间空气质量（尤其是二氧化硫浓度）会出现显著下降（郭峰和石庆玲，2017）等。二是维护政治权威。左翔和李明（2016）后来的研究证实了这种改变的必要性，因为空气污染不仅降低了民众对政府权威的认可度，增强了对民主和司法的诉求，而且该政治效应还会随着经济发展水平的提高而逐步强化。

经济代价也是中国政府在环境政策制定中考虑的一个重要因素。目前学界对空气质量经济价值的探讨主要集中在房价、清洁空气支付意愿和直接的经济代价三个方面。城市经济研究者发现空气污染和房价呈显著的负相关关系（Bayer & Timmins，2009；陈永伟和陈立中，2012；Cuñado & Gracia，2013）西班牙的一项研究指出，人们愿意付出收入的1.4%去减少1%的空气污染。德国的一项研究表明，当地居民愿意花费家庭收入的2.3%来解决面临的空气污染问题（Rehdanz & Maddison，2008）。亚洲开发银行（2013）的研究表明，如果将降低死亡风险的支付意愿作为度量标准，空气污染造成的经济损失可占

GDP 比重的 3.8%。

空气污染的社会成本同样是一个重要的研究领域。学界目前主要集中在对幸福感、公众健康和“环境贫困”三方面的研究上：首先，空气污染会显著降低居民的幸福感和主观满意度（Rehdanz & Maddison，2008）。其次，空气污染对公众健康造成严重威胁并产生巨大的医疗负担（Nielsen & Ho，2007；Chen et al.，2013；陈硕和陈婷，2014）。以美国和德国为例，1970 年美国《清洁空气法案》的实施大大降低了胎儿死亡率和婴儿死亡率（Sanders & Stoecker，2015），德国电力行业推行的脱硫政策明显降低了婴儿死亡率（Luechinger，2014）。而导致中国人死亡的主要疾病（心脑血管病、呼吸系统疾病和肺癌）都与空气污染密切相关。Chen 等（2013）针对淮河以北居民的一项研究发现，长期暴露在污染严重的空气中会导致预期寿命缩短 5.5 年。最后，这些由空气污染导致的疾病可能还会让低收入群体陷入“环境健康贫困陷阱”之中（祁毓和卢洪友，2015）。但长期以来，空气污染造成的社会成本可能一直被低估，目前的研究只限于测算空气污染的生理健康成本，忽视了心理健康损失带来的成本。最近，Chew 等（2019）首次使用自然实验法研究了雾霾与个体决策之间的因果关系，通过股市收益、犯罪行为、消费行为、认知表现四个方面，反映了空气污染对人们心理和精神的损害。Zhang 等（2017）的一项最新研究也发现，空气污染会影响人们的情绪，降低他们的生活主观满意度，加重抑郁、狂躁等并发症。这两项最新研究都表明，空气污染正在对中国居民的心理健康产生不良影响。

综上所述，空气污染的治理工作更加迫在眉睫、刻不容缓，研究空气污染治理的文献，目前大致可以分为市场手段和命令-控制机制两类。

环境税是一项重要的市场化治理手段，但在中国还主要是以收费为主征税为辅，少量的税收措施零散地存在于资源税、消费税、增值税和车船税等税种之中，并不属于真正意义上的环境税。中国直至 2018 年年初才正式开征环保税，其环境治理效果并未显现。另一项重要的市场化手段是中国的排污交易权制度。李永友和沈坤荣（2008）发现，中国的排污交易权制度在减排方面的效果并不如排污收费制度，涂正革和谌仁俊（2015）认为这主要是由于中国低效运转的市场和较弱的环境规制导致了排污交易权机制效果不佳，但是张艳磊等（2015）同样发现排污收费制度的预期效果也不理想，未能根本改变中国企业以

"污染换增长"的局面。排污交易在中国逐渐会成为一项主流的环境政策，但具体过程和方案仍然需要不断优化。

1998 年开始实施的酸雨控制区和二氧化硫污染控制区政策（简称"两控区"），是目前中国力度最大的一项命令-控制机制，这项政策对经济发展和控制污染等都产生了很大影响（史贝贝等，2017）。除了这种长期控制机制的研究外，还有一类是研究短期空气质量保障行动产生的影响，如限行政策（Davis，2008；曹静等，2014）等，这类措施往往具有暂时性改善空气质量的特点。当然，城市雾霾并非单纯的局部环境问题，而在很大程度上会与大气环流、大气化学作用等自然因素以及产业转移、工业集聚和交通流动等经济机制紧密相关，所以雾霾治理问题不可能一蹴而就。对于环保督察，目前鲜有研究，仅石庆玲等（2017）探讨了环境保护部（现生态环境部）约谈对空气质量的短暂影响，谌仁俊等（2019）研究了环保督察对工业上市企业的绩效影响，目前尚未有文献从环境质量、经济成本和健康收益三个方面来分析中央环保督察的综合效益。

在研究政策或事件影响空气质量的方法选择上，断点回归设计已经成为国内外最主流的方法。国外如 Davis（2008）研究了 1986 年至 2005 年期间限行政策对墨西哥城空气质量的影响，Chen & Whalley（2012）研究了 1996 年以后轨道交通对台北市空气质量的影响等。在国内，也有大批学者使用该方法进行类似研究，如曹静等（2014）研究了 2008 年奥运会期间的限行政策对北京市空气质量的影响，梁若冰和席鹏辉（2016）研究了轨道交通对空气质量的影响。这些研究都采用断点回归设计的方法，提供了诸多翔实的资料。

5.3.2 研究方法和数据

（1）断点回归的一般方程

在督察期间，河北省政府迫于中央的行政问责，加大了对违法企业的监督处罚力度，竭力遏制高污染行业的违法排污，而这些行为能够显著提升河北的空气质量，但是这种临时性的行政手段是否会发生持久效果有待验证。笔者借鉴 Chen & Whalley（2012）的研究方法，使用断点回归设计进行研究。使用该方法具备两大优势：首先，驱动变量时间是一个连续变量且满足断点回归"分布函数条件连续"与"局域平滑"两大假设；其次，使用日度数据进行系数估计，满足断点回归大样本的基本条件。设定断点回归一般方程的模型如下：

$$AIR_{it} = \alpha_0 + \alpha_1 l(Policy) + \alpha_2 D(t)_\tau + \alpha_3 l(Policy) \cdot D(t)_\tau + \lambda X_{it} + \mu_i + \delta_t + \varepsilon_{it} \quad (5.1)$$

其中，i 代表城市个体，t 代表时间（年、月、日）。被解释变量 AIR_{it} 表示河北省的地级及以上城市 i 在时期 t 的空气质量综合指数（AQI）及其单项污染物（$PM_{2.5}$、PM_{10}、NO_2、SO_2、CO 和 O_3）的日均浓度，这些数据由生态环境部监测、处理并向社会公布；l（$Policy$）表示试点督察是否发生的虚拟变量，督察组进驻日前定义为 0，督察组进驻日后定义为 1；$D(t)_\tau$ 是时间趋势变量，包含了窗口期内时间变量的一次项和四次项，以更好地拟合督察前后河北省空气质量变化趋势；将督察虚拟变量 l（$Policy$）与时间趋势变量 $D(t)_\tau$ 进行交互，以反映空气质量在政策前后的不同变化趋势。τ 是督察时间在断点（督查组进驻日）的标识，在窗口期内，督察组进驻的第一天为 0，第二天为 1，依次类推，在督察组进驻前一天为 −1，前两天为 −2，依次类推。X_{it} 是影响空气质量的其他因素，具体包括气温、风速、是否有雨雪三类天气变量，以及双休日、法定假日和调休日三类日期变量；μ_i 为地区固定效应，δ_t 为时间固定效应，ε_{it} 为随机扰动项。

（2）数据描述与分析

所用节假日数据来自国务院办公厅发布的节假日放假通知。通过网络爬虫收集河北省 11 个地级及以上城市 2014 年至 2017 年空气质量和天气的日度数据，这两项数据均来自“天气后报”网站。经过比对，爬取的数据与生态环境部发布的官方数据完全吻合，样本可信度高。样本中 AQI 在 2014 年、2015 年、2016 年、2017 年的均值分别为 91.53、79.59、75.31、73.63，对应的 $PM_{2.5}$ 的值分别为 60.62、50.91、46.58、42.88，对应的 PM_{10} 的值分别为 102.98、86.33、80.90、77.57，综合指数 AQI 及雾霾的两项主要污染物指标都在逐年减少。其余各个变量的取值范围在样本期内并无异常（见表 5.3）。

表 5.3　主要变量的统计性描述

主要变量	单位	样本量	均值	标准差	最小值	最大值
AQI	指数	15500	113.4	71.46	17	500
$PM_{2.5}$	微克/立方米	15500	75.39	65.52	3	739

续表

主要变量	单位	样本量	均值	标准差	最小值	最大值
PM_{10}	微克/立方米	15500	134.8	95.02	7	1424
NO_2	微克/立方米	15500	46.00	23.65	0	197
SO_2	微克/立方米	15500	38.14	34.39	1	308
CO	毫克/立方米	15500	1.425	1.106	0.14	18.92
O_3	微克/立方米	15500	58.55	36.15	1	218
最高温	摄氏度	15500	19.02	11.11	−20	40
最低温	摄氏度	15500	8.331	11.00	−25	28
节假日	哑变量	15500	0.274	0.446	0	1
周末	哑变量	15500	0.0742	0.262	0	1
风速	哑变量	15500	3.483	0.650	1	6
是否有雨或雪	哑变量	15500	0.214	0.410	0	1

河北省试点督察前一年（2015）、督察当年（2016）、督察后一年（2017）的督察前一个月（12 月）、督察当月（1 月）、督察后一个月（2 月）的空气质量走势图，经过城市平均处理后的 AQI 的时间趋势图如图 5.1 所示。我们可以发现河北省的空气质量指数在 2016 年 1 月 4 日发生骤降，并在之后两个月中一直保持较低水平，而在 2015 年（督察前一年）和 2017 年（督察后一年）的同时期，无论是在督察组进驻当天，还是之后两个月内，河北省的空气质量并没有发生显著性变化。因此我们可以初步判定试点督察对河北省空气质量的处理效应十分显著。

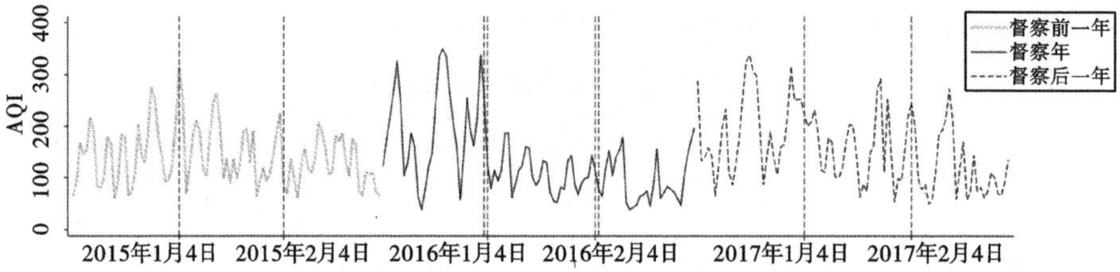

图 5.1　试点督察前后三年河北省督察期前后三个月的空气质量趋势

为证实该判断，进一步剔除了其他因素对空气质量产生的影响，将天气因素以及其他控制变量放入模型中，采用局部加权回归散点平滑法，把督察组进驻河北省前后 30 天 AQI 及其单项污染物的拟合趋势展示在图 5.2 中。在六种污染物中，只有臭氧没有在督察组进驻前后出现断点，其余五种均出现明显断点，可见图 5.1 中 AQI 骤降即这五种污染物浓度骤降所致。而臭氧属于二次生成的污染物，生成过程较复杂，并非由生产或者生活部门直接排放，故在督察组进驻前后并未发生断点。同时，所有图像显示，二次项能够很好地拟合这些图形，因此在后续的回归分析中报告模型的二次项结果。根据图 5.2，我们可以提出如下假设：生态环境部的试点督察显著改善了河北省的空气质量。

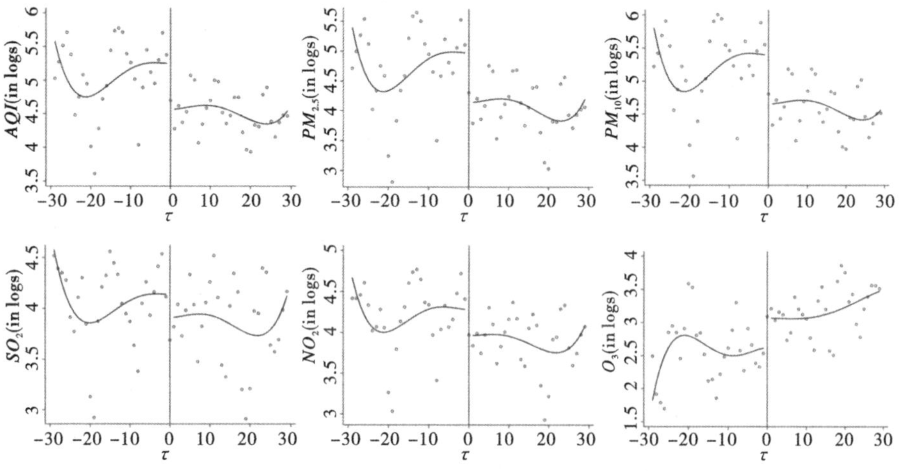

图 5.2　试点督察前后 30 天单项污染物的变化趋势

（3）断点回归的完全饱和方程

值得注意的是，传统的断点回归是利用局部回归的方式估计政策效应，但图 5.1 显示，每年的 1 月以后，AQI 都有明显的下降趋势，很显然，如果一般模型的窗口期选择太短，则无法将这种自然下降因素剔除，但如果窗口期太长又会影响到估计的精度，同时考虑到 AQI 的改善还可能与气候变量的跳跃有关，并非完全来自环保督察。为有效剔除这些因素的干扰，引入断点回归的完全饱和方程，通过年份间的差分消除自然下降因素带来的干扰，改进后的模型如下：

$$AIR_{it}=\alpha_0+\alpha_1 l(Policy)+\alpha_2 l(Year)+\alpha_3 D(t)_\tau+\alpha_4 l(Policy)\cdot l(Year)+\alpha_5 l(Policy)\cdot D(t)_\tau+\alpha_6 l(Year)\cdot D(t)_\tau+\alpha_7 l(Policy)\cdot l(Year)\cdot D(t)_\tau+\lambda X_{it}+\mu_i+\delta_t+\varepsilon_{it} \quad (5.2)$$

模型将督察前后年同时期的数据纳入回归样本中，并用 l（$Year$）作为年份虚拟变量来控制自然下降因素对空气质量的影响。l（$Year$）表示样本是否在督察年份的虚拟变量，样本在督察窗口内为1，不在督察窗口内为0；同样将政策虚拟变量 l（$Policy$）、年份虚拟变量 l（$Year$）与时间趋势变量 $D(t)_\tau$进行全套交互，控制时间变化趋势；其他变量同上。因此模型中 α_4 捕获的是断点前后，督察政策对河北省空气质量的平均处理效应，这种处理方法类似于倍差法思想。在实证分析部分，基准回归报告使用一般方程和完全饱和方程结果，其余部分均使用完全饱和方程进行系数估计，以尽可能地捕捉督察对河北省空气质量的净效应。

5.3.3 实证结果与分析

（1）基准结果

基准回归部分报告了一般方程和完全饱和方程两个模型的估计结果。一般模型在样本的带宽选择上会存在局限性，窗口期只能够将督察组进驻前后一段时间内的样本包含其中，无法剔除空气质量指数在督察当年自身随时间变化而变化的趋势。而完全饱和模型则同时也包含回归样本中督察前后各一年的数据，可以反映没有督察年份同时期空气质量的变化趋势，完全饱和模型中的年份虚拟变量与督察虚拟变量的交互项，捕捉的是试点督察对空气质量的偏效应。从理论上来讲，饱和方程将随年份变化的趋势从一般模型中剔除掉，所以其估计的结果要比一般方程的估计结果偏小，但更加科学。因为督察在河北省持续一个月，正好为衡量督察前后一个月空气质量的变化情况提供条件，因此选择30天作为基准回归的带宽，两种方程模型的回归结果如表5.4所示。

表 5.4 督察前后 30 天一般方程与完全饱和方程的回归结果

被解释变量	AQI	$PM_{2.5}$	PM_{10}	NO_2	SO_2	CO	O_3
试点督察（一般	−77.22***	−65.11***	−99.97***	−2.844	2.036	−0.977**	5.423***
方程）	(20.23)	(19.23)	(23.43)	(10.35)	(9.367)	(0.422)	(1.645)
N	671	671	671	671	671	671	671
R^2	0.352	0.325	0.343	0.379	0.311	0.313	0.529
城市数量	11	11	11	11	11	11	11
试点督察（完全饱	−55.66***	−42.82***	−85.31***	−18.35***	−17.82***	−1.207***	6.974***
和方程）	(10.91)	(9.015)	(14.58)	(3.108)	(3.835)	(0.256)	(1.803)
N	1989	1989	1989	1989	1989	1989	1989
R^2	0.241	0.219	0.248	0.327	0.248	0.247	0.449
城市数量	11	11	11	11	11	11	11

注：回归中包含年份、月份时间固定效应和地区固定效应，控制变量包括最高温、最低温、是否有雨或雪、风速、节假日和调休日、市辖区人口数量、第二产业占 GDP 比重、时间一次项至四次项及其与中央环保督察虚拟变量的全套交互项。二次项能够更好地拟合图像，所以表中报告的是控制时间二次项的结果。括号内是异方差稳健的标准误。***、** 和 * 分别表示在 1%、5%和 10%的水平上显著。

一般模型的估计结果显示，除了 NO_2、SO_2 和臭氧以外，其余的三个单项污染物以及空气质量指数均存在显著的处理效应，试点督察使得 AQI 降低了 77 个指数单位，$PM_{2.5}$ 降低了 65 微克每立方米，PM_{10} 降低了 100 微克每立方米；完全饱和模型的估计结果显示，试点督察使得 AQI 降低了 55 个指数单位，$PM_{2.5}$ 降低了 43 微克每立方米，PM_{10} 降低了 85 微克每立方米，这都比一般模型的估计结果要小，总体上符合对两个模型估计差异的预期。另外，主要由工业生产排放出来的 NO_2 和 SO_2，在一般方程中不显著，但在完全饱和模型中变得显著，这表明这两项污染物在试点督察发生前后的变化和差异不大，但是与试点督察前后年份相比，督察当年这两项指标确实受到试点督察这一事件的冲击，出现明显的下降。由于低空臭氧主要由汽车排放的氮氧化物等污染物在阳光照射后二次生成，而环保督察主要是对企业排放的污染物影响较大，所以对低空臭氧的影响较小，而臭氧回归系数的显著性很可能跟试点督察后整体气温的升高有关。

（2）稳健性检验

上面的基准回归中仍然可能会出现三种估计偏误。一种是带宽（窗口期）的选择偏误，如果刚好选到一个带宽，将试点督察前和试点督察后的空气质量的显著变化明显地反映出来，那么这种估计是有偏误的；另外，如果影响空气质量的其他因素（控制变量）在督察发生时间点发生结构性突变，比如说突然下大雨或者刮大风，这样同样会导致空气质量突然好转，从而干扰识别。除此之外，遗漏变量和其他政策的干扰是属于我们无法知晓的其他因素，比如地方性政策或者其他专项治理政策的实施，会对河北省样本期间的空气质量造成巨大影响，直接改善当地的空气质量。以上三种可能出现的估计偏误都需要进行稳健性分析。

①不同带宽的稳健性检验

为同时保证断点回归估计结果的精确性和无偏性，需要对不同带宽进行测试，调整带宽同样能够检验督察的处理效应的持续性。分别测试试点督察前后15天、45天、60天河北省空气质量的改善情况，检验结果如表5.5Panel A所示。表中结果进一步支持了基本回归的结果，同时也能从不同带宽中发现新的规律。我们可知，以15天和45天作为带宽时，试点督察的处理效应依旧十分显著；但是15天带宽中，二氧化硫下降得并不显著，直到将宽带拓宽至30天以及45天时，二氧化硫才出现显著下降，所以此项污染物应该存在着一定的滞后效应；随着时间往后推移，督察的处理效应逐渐减弱，大约在督察结束后一个月(60天的带宽中)，这种处理效应逐渐消失，但是仍对空气质量产生负向影响。

表5.5 断点回归完全饱和模型的稳健性检验

Panel A	不同带宽的稳健性检验结果						
被解释变量	AQI	$PM_{2.5}$	PM_{10}	NO_2	SO_2	CO	O_3
试点督察	-69.10^{***}	-54.39^{***}	-100.5^{***}	-15.49^{***}	-5.289	-1.347^{***}	2.637
（15天）	(16.54)	(13.82)	(22.97)	(4.684)	(4.421)	(0.358)	(2.236)

续表

Panel A	不同带宽的稳健性检验结果						
N	1000	1000	1000	1000	1000	1000	1000
R^2	0.329	0.308	0.329	0.373	0.288	0.303	0.369
城市数量	11	11	11	11	11	11	11
试点督察	-50.81^{***}	-40.09^{***}	-76.91^{***}	-15.38^{***}	-9.488^{**}	-1.005^{***}	2.892
（45 天）	(9.903)	(8.209)	(14.38)	(3.082)	(3.487)	(0.164)	(1.849)
N	2979	2979	2979	2979	2979	2979	2979
R^2	0.257	0.236	0.274	0.339	0.238	0.258	0.517
城市数量	11	11	11	11	11	11	11
试点督察	-14.59^{*}	-10.32	-28.55^{**}	-3.495	-0.139	-0.539^{***}	-0.263
（60 天）	(7.758)	(6.210)	(11.41)	(2.533)	(2.811)	(0.121)	(2.283)
N	3969	3969	3969	3969	3969	3969	3969
R^2	0.261	0.247	0.274	0.349	0.274	0.289	0.521
城市数量	11	11	11	11	11	11	11
Panel B	控制变量的连续性检验结果						
被解释变量	是否有雨或雪	最高温	最低温	风速			
试点督察	0.00547	-0.629	0.558^{***}	0.0819^{**}			
	(0.0290)	(0.408)	(0.0995)	(0.0269)			
N	1989	1989	1989	1989			
R^2	0.019	0.199	0.250	0.017			
Panel C	政策唯一性检验结果						
被解释变量	AQI	$PM_{2.5}$	PM_{10}	NO_2	SO_2	CO	O_3

续表

Panel C	政策唯一性检验结果						
试点督察（北京与天津）	−113.1	−92.11	−116.5	−42.84	−25.02	−2.291*	14.41
	(32.85)	(27.74)	(33.38)	(6.985)	(7.765)	(0.256)	(2.962)
N	362	362	362	362	362	362	362
R^2	0.409	0.411	0.375	0.544	0.473	0.354	0.565
城市数量	2	2	2	2	2	2	2

注：回归中包含年份、月份时间固定效应和地区固定效应，控制变量包括最高温、最低温、是否有雨或雪、风速、节假日和调休日、市辖区人口数量、第二产业占GDP比重、时间一次项至四次项及其与中央环保督察虚拟变量的全套交互项（限于篇幅未报告）。二次项能够更好地拟合图像，所以表中报告的是控制时间二次项的结果。括号内是异方差稳健的标准误。***、** 和 * 分别表示在1%、5%和10%的水平上显著。

②控制变量的连续性检验

这部分主要是检验在试点督察发生前后的窗口期内，影响河北省空气质量的其他控制变量是否发生了结构性突变，并导致当地的空气质量突然好转。只有保证这些变量是连续稳定的，才能够进一步确定是督察带来的处理效应。因此，笔者分别把这些控制变量作为被解释变量，然后使用政策变量作为主要解释变量对其进行回归，检验结果见表5.5Panel B：雨雪和最高温在试点督察前后的窗口期内基本稳定，都没有发生显著变化；最低温在督察后虽然明显上升，但气温上升会加速污染物的分解和传播，加重空气污染，而督察后的空气质量却明显好转，所以并不是因为最低温的升高而导致空气质量变化。从统计角度来看，河北省内城市的平均风速在督察后明显增加了约0.082级，然而事实是，无论督察前风速的基数是多少，督察后平均风速只比督察前增加0.082级，这样细微的差距显然不会导致当地空气质量出现如此巨大的好转。总的来说，所有控制变量基本上保持在稳定和连续的状态，并不能导致空气质量出现大幅好转，这进一步印证了空气质量的改善确实由试点督察引致。

③政策变量的唯一性检验

即使保证所有的控制变量都是连续稳定的，仍然还可能存在某些无法知晓的因素，会导致河北省的空气质量显著改善，为测试这种可能性，可以设计一个局部实验，收集河北省周边省（市）的空气质量数据并研究这些城市的空气质量是否在试点督察前后同样发生了大幅改善。因为京津冀关系紧密，环境政策往往会在这三个区域集中实施，所以选择紧挨河北省的北京市和天津市作为反事实地区，检验在试点督察前后这两个地方的空气质量是否明显改善。政策唯一性检验结果如表 5.5Panel C 所示。在试点督察前后，北京和天津的空气质量都没有出现显著的改善，除一氧化碳以外，其余污染物在断点处均不显著，证明并无其他政策同时影响河北省的空气质量。

通过以上三类稳健性检验，我们可以完全判定河北省空气质量的改善确实是由试点督察导致。值得注意的是，在试点督察时期，北京和天津的污染物都出现大幅下降趋势。这是因为在地理位置上，北京和天津被河北省包围，所以当河北的污染减少，这两个地方的污染也会随之下降。这在一定程度上说明试点督察可能存在着协同减排效应。当然，由于试点督察对北京和天津空气质量的影响并不显著，因此不会影响政策唯一性检验结果的有效性。

(3)“偷排”与协同减排分析

①基于小时数据的“偷排”分析

为进一步探讨督察期间河北省空气质量的详细变化，笔者通过全国城市空气质量实时发布平台，搜集到河北省 11 个地级及以上城市 2014 年 1 月至 2017 年 11 月空气质量的小时数据，通过小时数据来观察试点督察对空气质量的影响。为观察不同时段空气质量的变化情况，以督察前后 30 天为样本，笔者绘制出进行城市平均、天数平均后河北省 AQI 及单项污染物在 24 小时内的变化趋势图（见图 5.3）。从图中我们可以发现，督察后 30 天的 AQI、$PM_{2.5}$ 和 PM_{10} 三项污染物浓度的平均数据均大幅低于督察前 30 天。督察当月的 30 天中，在工作时段内（早上 9 点至下午 18 点），除 O_3 以外的各项污染物指标均呈现明显下降趋势，而非工作时段内污染物又显著上升，督察前 30 天的图形虽然也具有类似趋势，但其幅度要小于督察后。NO_2 和 SO_2 这两项污染物在督察前的 24 小时时段中表现得比较平稳，并无明显的随时间波动的迹象，但是督察当月 30 天中，在白天工作时间段内，这两项污染物与 AQI、$PM_{2.5}$ 和 PM_{10} 三项污染物呈现出了相同下降趋势，然后又在下午非工作时间内与其他污染物出现相同上升趋势。据此可以推测，在环保督察期间，河北省的冶炼、钢铁、玻璃等重工业行业可能存在夜间生产并排放污染物的可能。

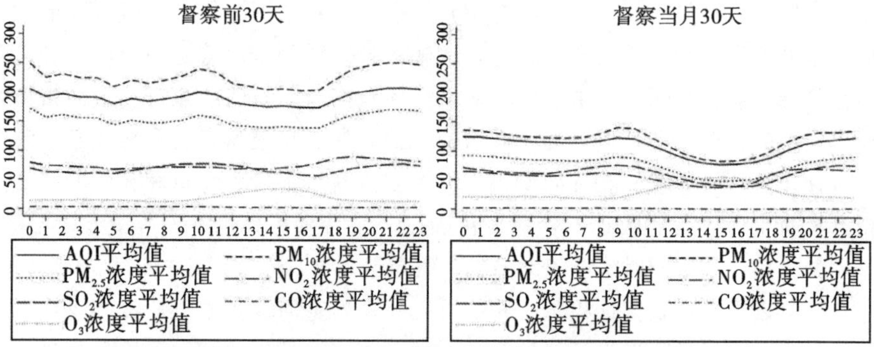

图 5.3　督察前后 30 天小时平均空气质量变化趋势图

为证实上述可能，将白天和夜间数据分开进行分样本回归。分别将白天的数据设置在早上 9 点至下午 6 点之间，夜间的数据设置在其他时间段内，以督察前后 30 天为窗口，在控制天气因素、节假日和人口经济因素以后，用完全饱和方程分别进行断点回归分析，结果如表 5.6Panel A 所示。夜间的各单项污染物的回归系数均低于白天，试点督察对夜间的空气质量的改善程度要明显弱于对白天空气质量的改善程度，说明环保督察对改善白天空气质量效果十分显著，到了夜间，督察组没有工作，空气污染物尤其是 NO_2 和 SO_2 的浓度又有恢复态势，因此进一步证明了河北省的工业生产部门为了规避督察，存在着夜间开工排放的情况。

表 5.6　“偷排”与协同减排回归结果

PanelA	小时数据“偷排”检验						
被解释变量	*AQI*	$PM_{2.5}$	PM_{10}	NO_2	SO_2	*CO*	O_3
试点督察	−72.63***	−57.56***	−99.80***	−27.46***	−25.22***	−1.618***	11.52**
（白天）	(5.565)	(5.367)	(7.019)	(1.793)	(2.802)	(0.105)	(1.111)
N	18548	18548	18548	18548	18548	18548	18548
R^2	0.323	0.303	0.323	0.333	0.208	0.230	0.309
试点督察	−41.10***	−31.77***	−67.13***	−13.21***	−5.367**	−1.138***	2.367***
（夜间）	(4.701)	(4.545)	(5.909)	(1.373)	(2.347)	(0.0891)	(0.691)
N	26053	26046	26038	26053	26053	26053	26049
R^2	0.319	0.288	0.326	0.324	0.223	0.235	0.342

续表

PanelB	协同减排检验						
被解释变量	AQI	$PM_{2.5}$	PM_{10}	NO_2	SO_2	CO	O_3
试点督察	−26.94	−20.28	−20.77	−19.02***	−26.36**	−0.855***	3.740
(周边城市)	(15.40)	(13.10)	(18.73)	(3.741)	(11.42)	(0.196)	(2.673)
N	2785	2785	2785	2785	2785	2785	2785
R^2	0.210	0.207	0.196	0.344	0.244	0.199	0.332
城市数量	16	16	16	16	16	16	16

注：回归中包含年份、月份时间固定效应和地区固定效应，控制变量包括最高温、最低温、是否有雨或雪、风速、节假日和调休日、市辖区人口数量、第二产业占GDP比重、时间一次项至四次项及其与中央环保督察虚拟变量的全套交互项（限于篇幅未报告）。二次项能够更好地拟合图像，所以表中报告的是控制时间二次项的结果。括号内是异方差稳健的标准误。***、** 和 * 分别表示在1%、5%和10%的水平上显著。

②基于周边城市的协同减排分析

在治理空气污染的过程中，与空气污染的传播、扩散性类似，治理政策的效果也可能具有扩散性，治理政策的实施可能导致周边城市加大环境规制力度、执法力度和惩罚力度，从而改善周边地区空气质量。由于地方政府受到来自中央政府的环保压力，地方政府很可能会考虑提前采取环境规制行动以改善环境质量，从而避免来自上级和生态环境部门的行政问责，所以这种行政威慑实际上对地方政府的环境治理绩效具有积极的促进作用。

在进行政策唯一性检验时我们发现，河北空气质量改善导致北京和天津空气质量同时得到改善，但是由于北京和天津都处于河北省行政区域，地理位置特殊，所以无法知晓这种改善的具体途径。根据实际情况，笔者推测有两种可能导致政策周边地区出现协同效应：一是由于当地空气污染得到缓解，因而扩散到周边地区的空气污染随之减少，周边地区的空气质量得到改善；二是政策在当地实施的同时，周边地区受到政策的威慑，从而加大环境规制力度，致使这些地区自身的污染物减少。要研究是哪种因素导致了协同效应，可以通过一个关键变量——风速进行识别。由于在稳健型分析中已经对变量风速进行讨论，发现在河北省试点督察后，平均风速的变化微小，不足以导致污染物的变化效应在督察前后出现大幅扩散。因此，笔者设计一个如下局部实验来进一步探讨协同效应的内在机制。首先，找出与河北省毗邻且与其接壤的地级及以上城市，这些城市包括山西的大同、忻州、阳泉、长治、安阳、鹤壁、濮阳、朔州、太原，山东的聊城、德州、济南、滨州，内蒙古的赤峰，以及北京和天津 16 个城市，收集这些城市 2014 年至 2017 年的空气质量数据，然后，将这些周边城市放入到完全饱和方程中进行回归，识别在试点督察期间这些城市的空气质量是否得到好转。回归结果如表 5.6Panel B 所示。

当对河北省进行试点督察时，在控制其他因素的影响下，其周边 16 个城市中的 AQI、$PM_{2.5}$ 和 PM_{10} 三项指标下降得并不十分显著，而 NO_2、SO_2 和 CO 三项指标却显著下降。京津冀地区 $PM_{2.5}$ 和 PM_{10} 两项指标的主要来源为燃煤排放和机动车尾气排放，整个督察期间处于冬季，正是北方供暖需求的高峰期，不可能因为督察而减少燃煤供暖，而且督察对机动车出行的影响较小，所以试点督察对 $PM_{2.5}$、PM_{10} 以及 AQI 三项指标的抑制效果并不显著。根据赵秀娟等（2012）对河北空气污染源的研究，他们发现河北的 NO_2、SO_2 和 CO 主要来自河北南部的火力发电厂、钢铁厂和金属冶炼厂等工业部门，因此试点督察周边城市这三种污染物在没有其他因素影响下仍然出现较为显著的大幅下降，则可认为是试点督察对周边地区的地方官员和生态环境部门产生了一定的震慑，促使他们加大对当地工业企业的环境规制力度，从而使得主要由工业生产排放的污染物显著下降。政策的唯一性检验也证明，没有一项行动刚好在试点督察发生时显著改善整个河北及其周边地区的空气质量，因此总体来看协同减排这个结论基本稳健。

（4）试点督察效果的持续性分析

试点督察之后，环境保护部于 2017 年 2 月在北京、天津和河北实施了京津冀及周边地区 2017 年大气污染防治专项督察，该项督察成为中央环保督察试点的重要补充和推进，目标是持续地改善河北省的大气质量。在基准回归、稳健性检验和协同减排分析中，所有样本仅限于窗口期内，然而在所有样本期间试点督察能否长期改善河北省的空气质量，即试点督查效果是否具有持续性，是非常值得关注的问题。如果试点督察导致空气质量的改善是短暂、临时的，这就可能是因为地方政府为了应对中央环保督察，对生产部门采取临时性和强制性措施来减少大气污染物的排放，存在着“一刀切”“表面化”等问题，同时也会给相关企业造成巨大的经济损失，那么也表明这种督察方式过于粗暴和行政化，作为环境规制手段不可取。如果试点督察能够长期有效地改善河北省的空气质量，并且不会给企业造成巨大经济负担，那么就证明这种形式的环保督察能够长期持久进行下去，并形成长效机制，改善中国的环境污染现状。

为了保证日度数据大样本的优势，借鉴 Chen & Whalley (2012) 的做法，笔者将日度数据以星期为单位进行平均处理，然后使用星期平均数据进行断点图的分析和回归。图 5.4 是我们将数据做图形分析和回归分析时，将 2014 年 1 月至 2017 年 12 月之间河北省的数据按星期进行平均后绘制得来，图中的散点代表以星期为单位的平均 AQI 真实值，实线代表使用局部加权平滑法控制其他变量进行预测得来的 AQI 拟合值，虚线代表在督察前后一年 AQI 的年平均值。可以看出，在督察发生时点，图形的断点十分明显；另外，督察后一年的平均值也明显低于督察前一年的平均值。为了保证样本量和窗口期足够长，对持续性检验采用一般模型进行回归分析，讨论试点督察前后半年、一年、一年半、两年四个时间段内空气质量的改善情况，结果如表 5.7 所示。

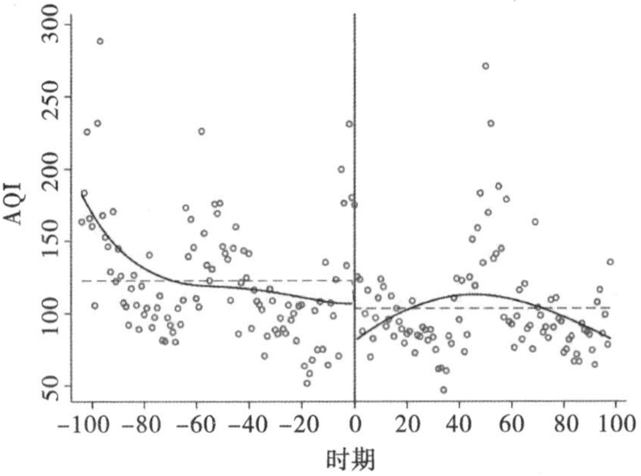

图 5.4　2014 年至 2017 年河北省 AQI 星期变化趋势图

从表 5.7 我们可以看出，在试点督察半年至两年的时间里，环保督察带来的空气质量改善效果依旧十分显著，除臭氧以外的其他污染物在经过试点督察以后明显下降。这里需要说明的是，使用一般模型以督察前后半年、一年半和两年为窗口期来分析督察效果的持续性实际上夸大了回归结果，因为每年 12 月份的时候空气质量最差，以半年为窗口期意味着把一年中空气质量最差的时段 (2015 年 12 月) 放进督察前的样本中去，而没有考虑到督察后空气质量本身较好的这个因素。同样地，在以两年为窗口期的时候，前两年包含了 2014 年至 2016 年三个年份的 12 月高峰期，后两年则只包含了 2017 年一个年份的 12 月高峰期，这种样本组成同样夸大了试点督察的效果，所以我们看到以两年为窗口期的回归系数要略大于一年半为窗口期的回归系数。但这种精度偏差并不影响回归结果的无偏性，回归系数同样是负向显著的，这依然能够解释督察效果在不同窗口期内是持续的。

从目前研究行政管制对改善空气质量的文献来看，试点督察要比已有文献中的其他行政管制效果更好。比如北京的限行政策对空气质量并没有明显的改善作用，生态环境部约谈后空气质量的改善时间不超过 20 天，所以试点督察对改善河北省空气质量的效果显著而持久。

表 5.7　督察处理效应的持续性回归结果

被解释变量	*AQI*	$PM_{2.5}$	PM_{10}	NO_2	SO_2	*CO*	O_3
试点督察	−96.42***	−86.06***	−123.5***	−23.22***	−13.36	−1.192***	9.800*
（半年）	(22.55)	(21.05)	(30.07)	(8.400)	(8.233)	(0.308)	(4.979)
N	53	53	53	53	53	53	53
R^2	0.716	0.760	0.681	0.821	0.882	0.886	0.925
试点督察	−55.20***	−50.49***	−76.96***	−25.47***	−10.85*	−0.801***	31.11***
（一年）	(16.33)	(14.63)	(22.01)	(5.903)	(5.557)	(0.237)	(6.359)
N	107	107	107	107	107	107	107
R^2	0.594	0.649	0.579	0.765	0.905	0.767	0.853
试点督察	−30.71**	−33.26**	−48.34**	−17.71***	−10.05*	−0.387*	33.16***
（一年半）	(14.89)	(12.79)	(19.61)	(4.420)	(5.625)	(0.204)	(6.486)
N	159	159	159	159	159	159	159
R^2	0.451	0.546	0.430	0.677	0.754	0.669	0.843
试点督察	−39.18***	−34.62***	−55.62***	−12.74***	−5.693	−0.463***	9.700**
（两年）	(11.57)	(10.06)	(15.64)	(3.546)	(4.316)	(0.159)	(4.861)
N	203	203	203	203	203	203	203
R^2	0.537	0.611	0.525	0.671	0.786	0.693	0.785

注：回归中包含年份、月份时间固定效应和地区固定效应，控制变量包括最高温、最低温、是否有雨或雪、风速、节假日和调休日、市辖区人口数量、第二产业占 GDP 比重、时间一次项至四次项及其与中央环保督察虚拟变量的全套交互项（限于篇幅未报告）。二次项能够更好地拟合图像，所以表中报告的是控制时间二次项的结果。括号内是异方差稳健的标准误。***、** 和 * 分别表示在 1%、5%和 10%的水平上显著。

(5) **成本收益分析**

在前面对环保督察改善空气质量的直接效应、间接效应以及短期效应、长期效应进行实证分析的基础上，本研究利用从河北省统计局收集到的工业企业数据，分别从成本角度和收益角度考察试点督察给河北省规模以上工业企业带来的经济成本和给河北省居民带来的环境健康收益。

①经济影响分析

针对空气污染或环境治理的每一项命令-控制机制背后，都有着严格的产业控制措施。这在“两控区”政策、2008 年奥运会、2016 年 APEC 召开以及每年两会召开期间都表现得十分明显。环保督察作为一项“生产性环境规制”行动，在试点督察期间，河北省同样实施了严格的产业控制政策，采取大量措施化解煤炭钢铁等过剩产能，强制完成煤炭削减任务，依法处理违法违规的高污染排放企业。这些措施会对河北省的重工业企业，尤其是高污染企业产生巨大影响，轻则罚款处罚，减少企业经济利润，重则关停取缔，直接减少相关企业的数量。

从河北省统计局网站收集到河北省 2014 年 1 月至 2017 年 12 月期间，42 个行业中的规模以上工业企业的主要经济指标，包括企业数量、亏损企业数量及其增长率、主营业务收入及其增长率、利润总额及其增长率、亏损企业的亏损总额及其增长率指标，这些指标均为月度统计数据。统计数据表明，所有行业的公司总数在样本期间呈波动上升趋势，2014 年约为 14000 家，到 2017 年年底增长为 15000 家左右，所有行业的亏损公司数量基本上呈波动下降趋势，从 2014 年的 2500 家左右变为 2017 年年底的 1500 家左右。主营业务收入和行业总利润都呈现出明显的季节性变化趋势，每年初是这两项指标最低的时候，到 12 月两项指标达到峰值。数据的统计特征无法识别环保督察是否给规模以上工业企业带来了明显的影响，所以在接下来的回归分析中对各项指标进行详细讨论。

为了探讨环保督察对企业的异质性影响，参考中国国民经济行业分类标准(GB/T 4754—2011)，将以下七大行业定义为重污染物行业：有色金属冶炼和压延加工业，有色金属矿采选业，煤炭开采和洗选业，电力、热力生产和供应业，石油加工、炼焦和核燃料加工业，造纸和纸制品业，黑色金属冶炼和压延加工业。以单个重污染行业的企业数量、亏损企业数量、主营业务收入、行业总利润、亏损企业亏损总额 5 项经济指标作为模型 (5.2) 的被解释变量，模型考虑 2、3、4 阶时间趋势多项式并控制月份哑变量，同时加入时间趋势多项式与试点督察政策哑变量的交叉项进行断点回归，分析环保督察对河北省企业经济效益的具体影响，这里所有被解释变量均取对数，报告拟合程度较高的三阶多项式的结果（见表5.8）。

表5.8　全行业与重污染行业的断点回归结果

被解释变量	企业数量	亏损企业数量	主营业务收入	行业总利润	亏损企业亏损总额
42个行业（全部）	−0.00851	−0.0194	−0.0824	−0.208	0.0256
	(0.0503)	(0.0698)	(0.0800)	(0.140)	(0.188)
有色金属冶炼和压延加工业	0.0652***	−0.193	−0.185***	−0.716**	−0.00415
	(0.0223)	(0.192)	(0.0535)	(0.264)	(0.335)
有色金属矿采选业	0.0524	−0.975*	−0.644*	−1.499***	0.911**
	(0.0486)	(0.566)	(0.359)	(0.214)	(0.416)
煤炭开采和洗选业	0.0586	0.261	−0.380**	−0.0550	1.065***
	(0.0355)	(0.209)	(0.159)	(0.0132)	(0.326)
电力、热力生产和供应业	−0.227***	−0.326**	−0.119***	0.284***	−0.0631
	(0.0170)	(0.157)	(0.0364)	(0.0967)	(0.322)
石油加工、炼焦和核燃料加工业	0.0379	−0.0877	−0.0607	−0.116***	−1.001**
	(0.0274)	(0.159)	(0.193)	(0.0116)	(0.380)
造纸和纸制品业	0.0451**	0.543***	0.129	0.0555	0.946**
	(0.0196)	(0.187)	(0.185)	(0.0880)	(0.391)
黑色金属冶炼和压延加工业	0.0884***	0.0610	−0.0858	0.326	−0.103
	(0.0258)	(0.0931)	(0.0639)	(0.824)	(0.809)

注：回归中包含年份、月份时间固定效应和地区固定效应，时间一次项至四次项及其与中央环保督察虚拟变量的全套交互项（限于篇幅未报告）。三次项能够更好地拟合断点图，所以表中报告的是控制时间三次项的结果。括号内是异方差稳健的标准误。***、**和*分别表示在1%、5%和10%的水平上显著。

如表5.8所示，试点督察对企业数量的影响主要集中在电力、热力生产和供应业这一行业，使得其数量减少了22.7%左右，对有色金属冶炼和压延加工业、造纸和纸制品业、黑色金属冶炼和压延加工业也存在着细微影响。另外，试点督察显著地使造纸和纸制品业这一行业的亏损企业数量增加了54%左右，同时也减少了部分行业的亏损企业数量。结果显示，试点督察并没有显著降低整个规模以上工业企业的主营业务收入和总利润，但是对重污染行业却存在显著影响，尤其是对重污染行业中有色金属行业的影响最大，对煤炭开采、热力供应和石油加工业都存在着显著负向影响。最后，试点督察还显著增加了部分重污染行业亏损企业的亏损总额。

需要说明的是，如果河北省的经济形势在整个样本期间内处于下滑趋势，那么断点回归设计无法将这种趋势从回归中剔除，由此可能会放大环保督察带来的经济成本。同时，对于众多的受到环保督察影响的小微企业的数据并没有包含在样本内，所以也有可能缩小环保督察带来的经济成本，二者需要综合考虑。总的来说，尽管因为数据可得性问题，我们无法精确度量试点督察的经济成本，但可以通过考察试点督察对河北省的重污染行业总利润的影响，来粗略地进行探讨。通过计算笔者发现，对行业总利润影响较大的有色金属加工和开采行业以及石油加工冶炼行业，它们的月总利润之和（约为98.1亿元）只占42个行业月总利润（3118.7亿元）的3%左右（以2017年12月份为例），所以从总量上占比很小，因此，试点督察实际上对整个规模以上工业企业的行业总利润造成的经济影响非常小。

从经济成本的分析中我们可以看出，试点督察并未对相关的企业造成太大经济损失，但却明显改善了督察当地的空气质量，它带来的环境-经济-社会效益是积极可观的，环保督察这种环境治理方式切实可行，督察效果的持续性表明现有督察并不是“一阵风”，对行业的经济趋势分析也表明现行督察并不存在严重的“一刀切”情况。总之，环保督察不是通过牺牲生产部门的经济利益而换取短暂的大气质量改善，而是在不明显冲击经济发展的前提下持续地改善环境质量，这样的治理逻辑和手段可以形成中国环境治理的长效机制。

②健康收益分析

关于城市大气污染造成的健康效应的研究由来已久，但是目前医学和流行病学无法将大气污染造成的健康效应全部归因于某一种污染物。本节参照魏一鸣和焦建玲（2013）的评估思路和方法，借鉴国际经验来评估大气质量改善带来的健康收益，在世界银行的研究基础上修正大气污染物浓度与各种疾病发病率之间的健康效应关系，即剂量-反应关系（Dose-response），其表达式如下：

$$HE_{xih}=\rho_{xh}\cdot C_{ix}\cdot P_{i} \tag{5.3}$$

其中，HE_{xih} 为 i 地区由于污染物 x（SO_2、PM_{10}）引致的 h 类型的健康效应；ρ_{xh} 表示污染物与健康效应之间的剂量-反应关系系数，C_{ix} 表示 i 地区污染物 x 的浓度，P_i 表示 i 地区的人口数量。这种健康效应同样可以通过经济福利进行反映，总的健康效应经济福利通过对每种类型污染物改善带来的健康经济福利加总得到，计算方式如下：

$$WHE_{xih}=\omega_{xh}\cdot HE_{xh}\text{ , }TWHE=\sum_{i}\sum_{x}\sum_{h}WHE_{xih} \tag{5.4}$$

其中，WHE_{xih} 为 i 地区由于污染物 x（SO_2、PM_{10}）引致的 h 类型的健康效应带来的经济福利，ω_{xh} 表示污染物 x 导致 h 类型环境健康效应的单位福利估值，$TWHE$ 则表示试点督察导致大气质量改善带来的总经济福利。

上述计算公式中的剂量-反应关系系数 ρ_{xh} 和污染物的单位福利估值 ω_{xh}，是根据魏一鸣和焦建玲（2013）通过价格指数修正后得到的，原始系数则由 Guo（2006）以及 Jorgenson & Ho（2007）在实地调研基础上通过支付意愿方法估计得来。暴露于污染物的人口数由 2016 年河北省 11 个地级市当年的城市常住人口数据加总得来，污染物浓度下降数量来自基准结果中 RDID 的估计。根据上述数据和公式，最后的测算结果如表 5.9 所示。

表 5.9　试点督察的健康效应经济总福利估算

变量	ρ（1μg/m³ 污染物浓度下，百万人发生数）	C（μg/m³）	P（百万）	ω（元）	WHE（元）
Panel A：PM_{10} 健康效应					
过早死亡人数	1.95	85.31	16.9892	413272	1168001671
呼吸道疾病入院次数	12			1956	34019111.56
急诊	235			159	54154912.38
受限活动天数	57500			16	1333400760
下呼吸道感染及儿童哮喘病例数	23			89	2966816.69
哮喘病例数	2608			2.8	10583723.6
慢性支气管炎病例数	61			53614	4740028096
呼吸道症状病例数	183000			4	1060923213

续表

变量	ρ（1μg/m³ 污染物浓度下，百万人发生数）	C（μg/m³）	P（百万）	ω（元）	WHE（元）
Panel B：SO_2 健康效应					
过早死亡人数	1.95			370000	1045705052
胸部不适病例数	10000	17.82	16.9892	6.2	89859616.42
下呼吸道感染及儿童哮喘病例数	5			6.2	44929.81
TWHE：9539687904（元）					

根据表 5.9 我们可以计算出，试点督察带来的空气质量改善能够避免 3416 人因 PM_{10} 和二氧化硫导致的过早死亡，减少因呼吸道疾病和急症所导致的医疗负担 8817.40 万元，降低因活动受限导致的人力资本损失 133340.08 万元，减少因哮喘、慢性支气管炎、下呼吸道感染等疾病导致的其他医疗负担 590440.64 万元。如果把人力资本损失同样折算成经济成本，那么试点督察导致的空气质量改善给河北省带来的健康效应经济总福利约为 95.4 亿元。

5.3.4 本节小结

中国的生态文明体系建设已经进入攻坚克难的关键时期，环境治理离不开严肃的环境管制，中央政府通过中央环保督察将环境治理的压力层层传导至各级地方政府，这种符合中国实际的环境治理模式必然会改善环境福利。

利用完全饱和方程模型的断点回归设计研究中央环保督察在河北省的试点对生态-经济-社会影响的实证结果显示，中央环保督察试点对河北省空气质量具有显著的、长期的正向影响，如果将这种改善效果折算成经济收益，根据剂量-反应关系，试点督察则可为河北民众带来 95.4 亿元的环境健康收益。同时，试点督察一定程度上冲击了河北省的重污染产业的发展，但对整个规模以上工业企业的经济效益并未造成太大影响，试点督察带来的经济冲击对促进淘汰低端产能、提升河北经济发展质量、加快绿色转型意义重大。

5.4 中央环保督察的大气治理效果评价

5.4.1 相关文献进展

高质量发展背景下如何治理环境污染、促进经济绿色转型，是中国未来发展面临的重大挑战。作为生态文明建设的重大制度安排，2016 年年初启动的中央环保督察受到国内外广泛关注，成为中央推动地方政府改善环境质量的硬招和实招。首轮 CSEP 用时两年对全国 31 个省（区、市）进行了环境大督察，通过“盯住领导干部和突出问题”，解决了一大批环境顽疾。中央环保督察涉及面广，大气污染督察是重中之重。本节要研究的问题是，从大气质量角度出发，CSEP 制度在实践中效果究竟怎样，CSEP 如何发挥环境治理的长效机制，中国如何走出一条符合国情的环境治理道路并为世界提供一个“中国样本”。

大气污染影响政治、经济和社会的方方面面。尽管北京、上海等几个特大城市近几年的空气质量逐步好转（Zheng & Kahn，2017），但产业结构、能源强度、技术创新等影响大气质量的根本因素并未发生明显的改变，中国的大气污染依然十分严重（沈坤荣等，2017）。严重的空气污染不仅会降低民众对政府权威的认可和信任，增强对民主和司法的诉求（左翔和李明，2016），还会降低城市的房价水平（Zheng et al.，2010），增加当地居民的环境支付成本（Rehdanz & Maddison，2008；Cuñado & Gracia，2013）。如果将死亡风险的支付意愿作为度量标准，2013 年中国由空气污染造成的经济损失可占 GDP 比重的 3.8%（Brauer et al.，2016）。另外，严重的雾霾还会通过阻碍城市化和损失人力资本两个渠道降低中国的经济发展质量（陈诗一和陈登科，2018）。空气污染的社会影响严峻，空气质量恶化会降低居民的幸福感和主观满意度（Luechinger & Raschky，2009；Levinson，2012），对公众健康造成威胁并产生巨大的医疗负担（Matus et al.，2012；Chen et al.，2013；陈硕和陈婷，2014；Ebensein et al.，2015），甚至让低收入群体陷入“环境健康贫困陷阱”（祁毓和卢洪友，2015）。最新研究还发现，雾霾对心理健康的危害远大于生理健康，会改变人们的情绪，影响个人认知和行为决策（Chew et al.，2017），严重时还会加剧抑郁、狂躁等心理疾病的发病率（Zhang et al.，2017）。所以，全国范围内的空气污染治理迫在眉睫。

在众多的环境治理路径中，政府的行政管制依然占据主导地位。西方主流经济学家认为环境恶化的根源是产权混乱和市场缺失，并寄希望于环境税、碳交易等市场化方案来解决（Nordhaus，1977；Goulder，1992；Newell & Paterson，2010），但也有学者认为环境恶化是以资本为主导的社会经济关系所引致，更加强调通过协调阶层利益和改善社会行为来治理环境（Blair，1994；Foster & Clark，2009）。从国外经验来看，尽管环境管制正在由行政化转向市场化、社会化，税收、内部审计等市场手段也有所成效，但这种成效更多来源于法律监管与行政威慑。大部分学者强调，污染监控和行政管制，是过去几十年西方发达国家环境质量改善的主要原因（Dearfield et al.，2005）。Shapiro & Walker（2015）研究发现，在解释1990年至2008年美国企业污染下降的因素中，行政管制占到45%的比重。Greenstone & Hanna（2014）在印度的研究表明，严格监测和执法依然是减少企业污染排放的首要驱动因素。

从中国实际来看，代表市场化手段的排污权交易机制和排污收费制度并未发挥其应有的积极效果（李永友和沈坤荣，2008；涂正革和谌仁俊，2015），但代表行政化手段的“两控区”政策实现了环境保护和经济发展的双赢（Jefferson et al.，2014）。虽然更高的行政管制可能带来更高的经济成本（Chen et al.，2018），但企业也会不断地通过技术创新等途径提升绩效以适应严格的管制（谌仁俊等，2019）。因此，多数学者认为政府的“有形之手”在治理环境污染中必不可少，行政管制仍然是大气质量的重要保障。

2013年后，中央和地方出台了大量法律法规，希望通过立法解决空气污染问题。但包群等（2013）认为单纯的立法并不能抑制污染，需要严厉的监管和执法才能保证法律发挥效果。鉴于此，国务院于2015年重新修订了环境保护法和大气污染防治法，在京津冀等雾霾重灾区，开展了数轮大气污染防治专项计划。在此基础上，国务院和生态环境部又于2016年1月在河北省展开了中央环保督察试点，并在之后两年内分四批完成了对全国各地区的督察覆盖。此次CSEP可以说是中国环境保护史上的一次重大变革，因此，评估CSEP的实际效果，分析CSEP如何解决“奥运蓝”（Chen et al.，2013）、“APEC蓝”（Li et al.，2017）等政治性蓝天的长效机制，挖掘中国式环境治理的独特经验意义重大。在宏观上，本节辩证探讨中国现阶段实施CSEP政策的现实背景与理论基础；在微观上，本节实证分析以“集中化、权威化、运动化”为特征的中国式环境执法的现实效果和路径机制。

5.4.2 研究方法和数据

（1）空气质量模型

影响空气污染的因素众多，既包括人口、经济、技术、结构、规制等社会经济因素，也包括雨雪、气温、季风、季节、地域等自然客观因素，与前面对试点地区河北省的研究类似，我们同样可以利用断点回归设计（RDD）来捕捉中央环保督察这项外生冲击对空气质量产生的影响。使用RDD的优点在于：一是把连续的时间当成驱动变量，满足断点回归“分布函数条件连续假设”与“局域平滑假设”两个重要假设条件。二是使用日度数据进行局部多项式回归，构成一个足够大的样本，满足断点回归方法的前提。基于此，笔者构建如下空气质量模型：

$$Air_{it}=\beta_0+\beta_1 Csep_{it}+\beta_2 P(t)_\tau^n+\beta_3 Csep_{it}\cdot P(t)_\tau^n+\lambda W_{it}+\mu_i+\delta_t+\varepsilon_{it} \tag{5.5}$$

其中，i 代表城市，t 代表时间（年、月、日）。Air_{it} 为城市个体 i 在 t 时期的空气质量，内容包括：空气质量综合指数（AQI），悬浮可吸入颗粒物（$PM_{2.5}$ 和 PM_{10}）、二氧化氮（NO_2）、二氧化硫（SO_2）、一氧化碳（CO）和臭氧（O_3）六种污染物的日均浓度；$Csep_{it}$ 表示中央环保督察的虚拟变量，督察前定义为0，督察发生后定义为1；在时间趋势变量 $P(t)_\tau^n$ 中加入一至三阶多项式，以更好拟合空气质量的变化趋势，同时加入中央环保督察与 $P(t)_\tau^n$ 的交互项，控制空气质量在督察前后时间趋势上的变化；τ 表示事件时间识别变量，在窗口期内，督察开始的第一天为0，第二天为1，依次类推，同样在督察前一天为−1，前两天为−2，依次类推，n 表示多项式的阶数，分别取1、2、3三个值；W_{it} 为对空气质量影响较大的天气因素，内容包括：日最高气温、日最低气温、风速以及有无持续风向、是否有雨雪（哑变量）；μ_i 是城市固定效应；δ_t 为时间哑变量，用来控制年份、月份、法定假日和调休日对空气质量的影响；ε_{it} 为随机扰动项。上式中 β_1 衡量了督察前后空气质量指数的平均差异。

（2）数据与变量

与之前一样，空气质量数据及天气数据均来自网站“天气后报”，节假日数据来自国务院办公厅发布的节假日放假通知，样本数据的时间跨度为2014年1月1日至2018年8月20日。笔者使用地级及以上城市督察前后各一年空气质量的日度面板数据，分批次探讨中央环保督察对大气质量的影响。主要变量的描述性统计见表 5.10。

表 5.10　主要变量的描述性统计

变量	单位	样本量	均值	标准差	最小值	最大值
AQI	指数	431000	78.33	46.36	9	500
$PM_{2.5}$	微克/立方米	431000	48.26	39.17	0	1033
PM_{10}	微克/立方米	431000	84.40	62.56	0	2713
NO_2	微克/立方米	431000	28.06	18.07	0	251
SO_2	微克/立方米	431000	24.66	24.12	0	478
CO	毫克/立方米	431000	1.042	0.580	0	18.92
O_3	微克/立方米	431000	59.62	29.89	0	284
最高温	摄氏度	431000	20.56	10.80	−39	42
最低温	摄氏度	431000	11.44	11.28	−41	32
双休日	哑变量	431000	0.273	0.445	0	1
节假日	哑变量	431000	0.0716	0.258	0	1
风向	哑变量	431000	0.670	0.470	0	1
风速	哑变量	421000	3.477	0.746	1	12
有雨或雪	哑变量	431000	0.362	0.480	0	1

5.4.3　实证结果与分析

我们想要通过实证分析探讨如下问题：是否存在“提前反应”，即中央环保督察的安排是否会提前泄露使各省（区、市）提前准备，导致 AQI 在断点处不显著；是否存在“滞后反应”，即中央环保督察的处理效应是否会存在时间上的滞后，导致 AQI 在断点处不显著；督察地区的大气质量是否会因为督察组的离开出现“报复性反弹”，中央环保督察的处理效应能够持续多久。

（1）短期效果评估

①中央环保督察的直接处理效应

中央环保督察在短期内显著改善了全国的空气质量。如表 5.11 所示，在控制天气、节假日和时间因素的影响下，督察组进驻各省（区、市）的前后 30 天内，全国 AQI 指数平均显著下降了 7.6 个单位，反映出中央环保督察的确在短期内发挥了治理作用。就单项污染物来看，除了 O_3 以外，中央环保督察对 $PM_{2.5}$、PM_{10}、NO_2、SO_2 以及 CO 五种传统污染物，都产生了显著的抑制作用。各控制变量的系数符号基本与理论一致，而且统计上基本显著。

表 5.11　30 天窗口期总效应回归结果

主要变量	AQI	$PM_{2.5}$	PM_{10}	NO_2	SO_2	CO	O_3
总效应	−7.607***	−5.411***	−7.507**	−1.180*	−1.462**	−0.0873***	−0.287
	(2.459)	(2.042)	(3.289)	(0.674)	(0.578)	(0.0297)	(1.201)
有雨或雪	−2.582***	0.496	−2.494**	0.796***	−0.160	0.0442***	−6.732***
	(0.676)	(0.506)	(0.979)	(0.224)	(0.196)	(0.00679)	(0.581)
最高温	1.308***	0.325**	1.771***	0.746***	0.472***	0.00411*	1.976***
	(0.193)	(0.158)	(0.254)	(0.0654)	(0.0547)	(0.00215)	(0.151)
最低温	1.154***	1.565***	0.734*	−0.00186	−0.0435	0.0213***	−0.302*
	(0.333)	(0.291)	(0.409)	(0.104)	(0.0815)	(0.00396)	(0.181)
风速	−1.422	−4.060***	1.578	−3.750***	−2.292***	−0.0775***	2.400***
	(1.391)	(0.896)	(2.089)	(0.341)	(0.426)	(0.0147)	(0.679)
双休日	1.114**	0.309	2.661***	0.521***	0.185	−0.0120*	−1.186***
	(0.554)	(0.402)	(0.798)	(0.191)	(0.147)	(0.00654)	(0.329)
节假日	15.85***	16.18***	20.44***	6.771***	5.532***	0.227***	5.093***
	(4.013)	(3.711)	(5.183)	(1.173)	(0.802)	(0.0561)	(1.769)
N	17139	17139	17139	17139	17139	17139	17139
R^2	0.141	0.160	0.109	0.207	0.111	0.130	0.206
城市数量	283	283	283	283	283	283	283

注：回归中包含年份、月份时间固定效应和城市固定效应，控制变量除表中列示外，还包括时间一次项至二次项及其与 CSEP 的全套交互项。括号内数是省级层面聚类后的稳健标准误。***、** 和 * 分别表示在 1%、5% 和 10% 的水平上显著。以下各表同。

对不同批次的中央环保督察对大气影响进行分别研究，估计结果如表 5.12 所示。经过分析，我们可以发现不同批次中央环保督察对空气质量的改善效果具有较大差异。同样在控制节假日、天气等变量情况下，在河北省进行的试点督察对 AQI 的改善效果最明显，尤其是 $PM_{2.5}$ 和 PM_{10} 大幅度降低。第二批督察没有改善空气质量，这和督察期间 11 月至 12 月正是取暖需求高峰期，会产生大量污染物的中国寒冬季节相关。第三批督察没有产生明确的趋势性影响，其原因可能包含督察力度不够、提前反应、滞后反应等其他因素。

表 5.12　30 天窗口期分批次回归结果

主要变量	AQI	$PM_{2.5}$	PM_{10}	NO_2	SO_2	CO	O_3
试点	−79.33***	−67.17***	−102.5***	−3.018	1.378	−0.999**	5.055***
	(20.15)	(19.22)	(23.29)	(10.47)	(9.599)	(0.428)	(1.499)
N	671	671	671	671	671	671	671
R^2	0.357	0.331	0.348	0.380	0.316	0.315	0.538
城市数量	11	11	11	11	11	11	11
第一批	−3.970**	−6.177***	−5.947**	−0.395	−0.445	0.00175	4.443*
	(1.972)	(1.626)	(2.387)	(0.510)	(0.877)	(0.0241)	(2.430)
N	5242	5242	5242	5242	5242	5242	5242
R^2	0.204	0.083	0.138	0.091	0.103	0.020	0.247
城市数量	86	86	86	86	86	86	86
第二批	4.936	3.846	8.803	4.314***	1.895	−0.056	11.81***
	(5.699)	(4.044)	(7.725)	(1.570)	(1.264)	(0.0418)	(1.308)
N	3534	3534	3534	3534	3534	3534	3534
R^2	0.207	0.260	0.179	0.352	0.114	0.202	0.155
城市数量	58	58	58	58	58	58	58
第三批	5.592*	5.176***	5.929	−0.318	−1.679**	0.083***	−2.293
	(3.235)	(1.925)	(5.297)	(1.099)	(0.760)	(0.0284)	(2.651)
N	3971	3971	3971	3971	3971	3971	3971
R^2	0.073	0.161	0.098	0.273	0.239	0.198	0.297
城市数量	67	67	67	67	67	67	67
第四批	−6.253***	−1.205	−2.768**	−2.956***	−1.104***	−0.098***	−10.43***
	(1.531)	(0.858)	(1.382)	(0.708)	(0.411)	(0.0176)	(2.652)
N	3721	3721	3721	3721	3721	3721	3721
R^2	0.349	0.179	0.213	0.127	0.131	0.056	0.333
城市数量	61	61	61	61	61	61	61

如前所述，“提前反应”和“滞后反应”可能使中央环保督察没有产生期望的影响，因此需要对“提前反应”和“滞后反应”进行检验。具体做法是，在进行断点回归时，将模型（5.5）中所有样本的断点分别提前和推迟5天、10天、15天、20天、25天和30天，回归结果如表5.13所示。通过对回归结果的分析，我们可以发现，将断点提前的所有回归检验结果中，只有两个批次是显著下降的，并不存在一个统一的提前断点使得所有批次的空气质量都显著改善，这说明整个中央环保督察的“提前反应”并不明显。

在以督察组进驻后25天为断点进行“滞后反应”检验的结果中，总效应、试点督察、第一批、第二批、第四批对空气质量的改善效果十分显著，第三批督察虽然在滞后25天时的效果稍差，但滞后15天时的效果却十分显著，每一批次督察的处理效应可能会存在前后一段时间的差异，中央环保督察的处理效应大致存在25天左右的滞后期。根据滞后30天（环保督察组离开的那天）的回归结果，在督察组离开当天以及前后，AQI及单项污染物并没有出现显著上升，督察地区的空气质量并没有因为督察组的离开出现“报复性反弹”，督察的改善效果保持良好。

表5.13　滞后反应的检验结果

主要变量	AQI	$PM_{2.5}$	PM_{10}	NO_2	SO_2	CO	O_3
总效应	-11.58^{***}	-9.136^{***}	-9.971^{***}	-4.360^{***}	-1.610^{***}	-0.123^{***}	-2.564^{**}
	(2.050)	(1.770)	(2.232)	(0.528)	(0.433)	(0.0191)	(0.999)
试点	-25.40^{**}	-19.56^{**}	-37.79^{***}	-16.48^{***}	-10.80^{**}	-0.642^{***}	3.286
	(8.743)	(7.522)	(8.888)	(2.970)	(3.937)	(0.120)	(1.837)
第一批	-5.684^{***}	-4.695^{***}	-5.360^{***}	-2.100^{***}	−0.933	-0.070^{***}	-4.750^{***}
	(1.356)	(0.908)	(1.679)	(0.538)	(0.693)	(0.0200)	(1.479)
第二批	-25.27^{***}	-19.37^{***}	-23.45^{***}	-6.736^{***}	−2.837	-0.163^{***}	9.788^{***}
	(7.150)	(6.078)	(7.327)	(1.347)	(1.824)	(0.0516)	(1.103)
第三批	−1.871	−0.573	3.599	−0.217	−0.0115	−0.0255	-11.03^{***}
(25)	(2.379)	(1.238)	(3.655)	(0.806)	(0.462)	(0.0202)	(1.983)
第三批	-13.99^{***}	-11.99^{***}	-24.99^{***}	-5.060^{***}	-1.486^{***}	-0.066^{***}	1.246
(15)	(3.987)	(2.389)	(5.958)	(1.031)	(0.504)	(0.0199)	(3.109)
第四批	-9.680^{***}	-4.034^{***}	-8.634^{***}	-2.983^{***}	-1.006^{***}	-0.056^{***}	-14.64^{***}
	(1.312)	(0.912)	(1.568)	(0.897)	(0.286)	(0.0210)	(2.417)

②中央环保督察的间接溢出效应

对一个省（区、市）进行环保督察时，周边省（区、市）与该省（区、市）接壤的城市的空气质量是否也会得到改善？如果是，究竟是因为督察使当地污染减少，从而导致当地扩散到邻近城市的污染物减少，还是因为督察的强大压力会对周边城市管理者形成震慑，迫使他们加快自身污染治理，从内部减少了这些邻近城市自身的大气污染物排放？

我们可以设计一个局部实验来观察中央环保督察的间接溢出效应是否存在。找出一个污染比较严重的中心省（区、市）作为处理组［污染严重保证了中央环保督察效果的显著性，中心省（区、市）保证了周边有足够多的邻近城市作为控制组］，并确保在选择中心省（区、市）的时候，周边相邻省（区、市）都没有受到中央环保督察的影响。符合上述条件的样本框有两个：第一个是将试点督察中的河北省作为处理组，将与河北接壤的山东、山西、内蒙古三省（区）中的 10 个邻近城市作为控制组；第二个是将第一批督察对象之一的河南省作为处理组，将与河南省接壤的山西、湖北、安徽、陕西四省中的 10 个城市作为控制组。同样使用督察断点滞后 25 天的数据进行回归，结果如表 5.14 所示。两组样本中，无论是试点督察中的河北省，还是第一批督察中的河南省，被督察时没有影响周边邻近城市的 AQI、$PM_{2.5}$、PM_{10}、CO 和 O_3，但是对 NO_2 和 SO_2 两种污染物具有明显的影响。可见，中央环保督察还是存在一定的溢出效应，能够促进周边区域部分来源于工厂生产的污染物（NO_2 和 SO_2）减少。

表 5.14　中央环保督察的溢出效应检验结果

主要变量	AQI	$PM_{2.5}$	PM_{10}	NO_2	SO_2	CO	O_3
河北省	−25.40**	−19.56**	−37.79***	−16.48***	−10.80**	−0.642***	3.286
	(8.743)	(7.522)	(8.888)	(2.970)	(3.937)	(0.120)	(1.837)
N	671	671	671	671	671	671	671
R^2	0.437	0.445	0.447	0.464	0.427	0.402	0.602
城市数量	11	11	11	11	11	11	11
河北省邻近城市	−14.17	−8.154	−21.83	−10.47**	−26.95*	−0.290*	1.888
	(10.73)	(9.648)	(13.62)	(4.424)	(12.13)	(0.157)	(3.253)
N	610	610	610	610	610	610	610
R^2	0.345	0.378	0.319	0.431	0.402	0.340	0.541
城市数量	10	10	10	10	10	10	10

续表

主要变量	AQI	$PM_{2.5}$	PM_{10}	NO_2	SO_2	CO	O_3
河南省	−2.469	0.0590	5.157*	−2.941***	−3.767***	−0.157***	−12.21***
	(1.674)	(1.547)	(2.480)	(0.717)	(1.095)	(0.0497)	(3.449)
N	1037	1037	1037	1037	1037	1037	1037
R^2	0.267	0.187	0.269	0.613	0.495	0.171	0.280
城市数量	17	17	17	17	17	17	17
河南省邻近城市	0.648	0.737	0.290	−4.370**	−6.502*	−0.0952	−0.176
	(2.259)	(1.939)	(3.272)	(1.630)	(2.994)	(0.0825)	(4.498)
N	610	610	610	610	610	610	610
R^2	0.408	0.287	0.420	0.525	0.262	0.114	0.281
城市数量	10	10	10	10	10	10	10

接下来我们分析间接溢出效应产生原因究竟是由于外部扩散减少还是由于内部排污减少。可以通过风速这个变量进行判别，即对无风的样本进行检验，如果在无风样本中，中央环保督察的处理效应依然显著，即可证明邻近城市确实是受到中央环保督察震慑，加紧内部的污染规制从而减少了污染物排放，而不是因为来自督察地区扩散的污染物减少。由于督察河北省的时间为1月，绝大部分样本都受到西风、北风和西北风的影响，且级数较大。而督察河南省的时间为7月，绝大部分样本无持续风向，且级数较小。因此笔者选择河南省作为处理组、河南省邻近城市作为控制组进行检验，回归结果如表5.15所示。在无风情况下，被督察省（区、市）邻近地区的 NO_2 和 SO_2 浓度依然显著下降，说明周边地区确实是因为受到中央环保督察的震慑，从而加强了对当地企业的监管力度，降低了主要由工业活动产生的两种污染物。

表5.15　间接溢出效应的回归结果

主要变量	NO_2	SO_2
河南省	−2.595***	−3.780***
	(0.729)	(1.251)
N	917	917
R^2	0.622	0.500
城市数量	17	17

续表

主要变量	NO_2	SO_2
河南省邻近城市（无风）	-3.961^{**}	-8.406^{**}
	(1.612)	(3.660)
N	509	509
R^2	0.557	0.272
城市数量	10	10

（2）稳健性检验

①改变窗口期

窗口期的选择存在着冲突：一方面，窗口期变大虽然会使得估计量方差变小，提高估计的有效性，但同时会使得控制变量的连续性减弱，降低估计的无偏性；反之，窗口期变小虽然会使控制变量的连续性增强，提高无偏性，但同时会使得估计量方差变大，降低有效性。因此，需要对不同窗口期进行检验，以保证估计的无偏性和有效性。在基准回归中，使用督察前后 30 天作为窗口期，此处进行稳健性检验则分别选取督察前后 15 天和 45 天作为窗口期，结果如表 5.16 所示。在 15 天窗口期中，每一批督察的六种污染物基本上呈现出明显下降的趋势，在 45 天窗口期中，除第四批督察以外，其余批次内系数较为显著，但与 15 天相比，中央环保督察的处理效应整体上明显减弱，部分污染物甚至变得不显著。可见，随着督察的窗口期变长，督察对空气质量的处理效应变弱，相比于 30 天窗口期，变化窗口期以后中央环保督察的影响方向基本一致。

表 5.16　不同窗口期检验结果

主要变量	AQI	$PM_{2.5}$	PM_{10}	NO_2	SO_2	CO	O_3
总效应 15 天	-19.40^{***}	-14.68^{***}	-20.35^{***}	-6.014^{***}	-4.435^{***}	-0.180^{***}	-5.083^{***}
	(2.367)	(2.084)	(2.655)	(0.662)	(0.859)	(0.0265)	(1.593)
总效应 45 天	-4.505^{**}	-2.149	-4.396^{**}	-0.415	-0.219	0.0102	-3.764^{***}
	(1.762)	(1.400)	(2.213)	(0.420)	(0.424)	(0.0191)	(1.015)

续表

主要变量	AQI	$PM_{2.5}$	PM_{10}	NO_2	SO_2	CO	O_3
试点	-36.17^{**}	-25.07	-49.69^{**}	-17.83^{**}	-27.98^{***}	-0.936^{**}	2.426
15天	(16.19)	(14.76)	(15.91)	(6.503)	(7.913)	(0.309)	(3.586)
试点	-3.008	2.689	-7.820	-11.52^{***}	-22.70^{***}	-0.344^{***}	6.048^{***}
45天	(5.403)	(4.866)	(6.612)	(1.853)	(3.140)	(0.0532)	(1.106)
第一批	-4.412^{***}	-3.626^{***}	-5.060^{***}	-0.419	-0.916	-0.113^{***}	-0.617
15天	(1.598)	(1.240)	(1.886)	(0.596)	(0.639)	(0.0299)	(1.876)
第一批	-4.747^{***}	-1.813^{*}	-0.413	-2.558^{***}	-1.465^{***}	-0.0414^{**}	-11.95^{***}
45天	(1.332)	(1.076)	(2.104)	(0.483)	(0.510)	(0.0169)	(1.613)
第二批	-40.49^{***}	-35.82^{***}	-43.49^{***}	-11.22^{***}	-7.738^{***}	-0.205^{**}	4.872^{***}
15天	(9.162)	(8.467)	(8.756)	(1.509)	(2.113)	(0.0812)	(1.621)
第二批	-22.76^{***}	-16.65^{***}	-27.63^{***}	-5.252^{***}	-3.485^{**}	-0.0719	6.113^{***}
45天	(5.275)	(4.319)	(6.047)	(0.931)	(1.634)	(0.0463)	(1.226)
第三批	-34.91^{***}	-20.98^{***}	-34.11^{***}	-3.324^{***}	-1.096	-0.121^{***}	-31.69^{***}
15天	(3.187)	(2.235)	(4.988)	(1.096)	(0.673)	(0.0299)	(3.050)
第三批	-5.077^{*}	-1.913	6.495	-0.410	0.0773	-0.050^{***}	-18.86^{***}
45天	(2.748)	(1.367)	(4.381)	(0.736)	(0.475)	(0.0172)	(2.016)
第四批	-5.012^{***}	-6.170^{***}	-4.293^{**}	-1.702^{*}	0.00129	-0.0314	-7.191^{**}
15天	(1.615)	(0.970)	(1.898)	(0.916)	(0.443)	(0.0266)	(2.950)
第四批	1.868	3.709^{***}	3.191^{**}	0.826	0.145	0.0368^{*}	-5.800^{***}
45天	(1.311)	(0.976)	(1.484)	(0.700)	(0.354)	(0.0211)	(2.100)

②检验控制变量的连续性

断点回归设计的一个重要假设是，影响被解释变量的其他控制变量在窗口期内保持连续状态，不会在断点附近发生重大变化，这样才可以确保被解释变量的断点效应确实是由实验变量导致。对控制变量的连续性检验结果如表5.17所示。仅第一批的“有雨或雪”和第三批的“最低温”干扰了中央环保督察的处理效应，但对总效应的检验结果表示，各个控制变量均是连续的。分批检验中的个别控制变量不连续，是由各地在地形地域上的差异所导致的，所以总体符合检验要求。

表 5.17　控制变量的连续性检验结果

主要变量	有雨或雪	最高温	最低温	风速
总效应	0.0823**	−0.0234	0.490***	0.123***
	(0.0386)	(0.172)	(0.150)	(0.0349)
试点	0.621***	−1.947***	1.036*	−0.205
	(0.150)	(0.383)	(0.479)	(0.172)
第一批	−0.270***	0.348	0.364**	0.0140
	(0.0599)	(0.262)	(0.157)	(0.0389)
第二批	0.114*	−0.967**	−0.244	0.186*
	(0.0654)	(0.378)	(0.279)	(0.101)
第三批	0.302***	−1.768***	−0.771**	0.317***
	(0.0782)	(0.305)	(0.379)	(0.0878)
第四批	0.467***	−0.392	0.859***	0.134***
	(0.0624)	(0.508)	(0.270)	(0.0492)

③控制时间趋势

大气质量可能由于地区产业结构的变化或者环境管制力度的加大，表现出年度间自然而然的下降趋势，由于 30 天的窗口期时间较短，无法剔除这种因素的干扰，故而会放大或者缩小中央环保督察的处理效应。我们可考虑通过加入同一批次城市的不同年份的数据，对年份进行差分来消除时间趋势的影响。具体策略是加入一个督察实施年份（*Year*）虚拟变量 l（Y），构造一个完全饱和方程，来区分处理组和控制组，通过增加与督察期间相近的两年同时期的样本，使没有督察的这两年中的 l（Y）等于 0，有督察的一年中的 l（Y）等于 1。在新加入的两年样本中，使督察发生日前样本中的环保督察虚拟变量中央环保督察等于 0，督察后中央环保督察等于 1，同时加入督察实施年份虚拟变量 l（Y）与环保督察虚拟变量中央环保督察、时间趋势变量 P（t）及其二项式的全套交互项。这样定义的差分，既可比较同一城市督察前和督察后的变化，还可比较同一城市在不同年份同一时期内的变化。检验结果如表 5.18 所示。对趋势性变化进行差分以后笔者发现，第三批督察的处理效应在滞后15天的基础上依然显著，其余批次依旧在滞后25天的基础上显著，与基准回归相比，系数变化幅度较小，结果十分稳健。

表5.18 控制时间趋势的检验结果

主要变量	AQI	$PM_{2.5}$	PM_{10}	NO_2	SO_2	CO	O_3
总效应	−15.51***	−13.25***	−16.99***	−4.361***	−2.074***	−0.135***	−3.98***
	(1.624)	(1.537)	(2.080)	(0.492)	(0.660)	(0.0259)	(1.114)
试点	−33.10**	−31.26**	−43.41**	−10.21**	−4.430	−0.302	5.676**
	(12.38)	(11.45)	(14.56)	(3.398)	(4.383)	(0.186)	(1.925)
第一批	−4.676***	−4.182***	−4.295**	−2.368***	−1.179*	−0.073***	−4.004***
	(1.350)	(0.879)	(1.713)	(0.566)	(0.659)	(0.0199)	(1.293)
第二批	−7.938	−7.395*	−3.586	−4.377***	−3.205**	−0.154**	12.97***
	(5.059)	(4.361)	(5.149)	(1.444)	(1.552)	(0.0752)	(1.474)
第三批	−24.50***	−19.35***	−45.62***	−5.096***	−2.267***	−0.098***	1.694
	(3.464)	(2.025)	(5.116)	(0.973)	(0.508)	(0.0185)	(2.142)
第四批	−9.680***	−4.034***	−8.634***	−2.983***	−1.006***	−0.056***	−14.64***
	(1.312)	(0.912)	(1.568)	(0.897)	(0.286)	(0.0210)	(2.417)

④运用PSM-DID方法

相比于时间差分而言，地区之间的差分面临的最大问题是找不到合适的控制组以控制城市个体之间的差异，因此可以借助基于倾向得分匹配的倍差法(PSM-DID) 来解决此问题。具体策略是，首先利用logit模型求出单个样本的倾向得分值，再用二次核匹配方法将样本匹配；其次将所有样本的时间，全部控制在被检验批次的时间范围内；然后加入中央环保督察实施地点（$Place$）的虚拟变量 l（P）区分处理组和控制组，将检验批次中的 l（P）设置为1，其余批次中的设置为0，构造一个与控制时间趋势一样的完全饱和方程。通过匹配以后，每一批样本量基本保持在16000左右，样本保存较为完好，所有变量的标准化偏差都小于10%，保证了估计结果的有效性。最后进行回归，结果如表5.19所示。由于对不同地区进行检验需要分割样本，所以无法衡量总效应，因此只报告不同批次的反事实结果。除第一批以外，其余批次的中央环保督察对

AQI 及大部分单项污染物的处理效应变得很显著，这进一步地证实确实是由中央环保督察引起的处理效应。

表 5.19　PSM-DID 方法的检验结果

主要变量	AQI	$PM_{2.5}$	PM_{10}	NO_2	SO_2	CO	O_3
试点	-63.47^{***}	-61.11^{***}	-87.30^{***}	-13.50^{***}	-3.461^{***}	-0.962^{***}	6.258^{***}
	(2.743)	(2.568)	(3.422)	(0.889)	(1.297)	(0.0419)	(0.495)
第一批	0.581	−0.263	-1.919^{*}	-0.525^{*}	−0.339	0.0392^{***}	2.154^{**}
	(0.738)	(0.554)	(1.100)	(0.297)	(0.281)	(0.0113)	(0.883)
第二批	-6.276^{***}	-4.877^{***}	-7.299^{***}	3.326^{***}	-7.266^{***}	−0.00673	-1.362^{**}
	(1.686)	(1.381)	(2.212)	(0.589)	(0.947)	(0.0184)	(0.622)
第三批	-3.332^{***}	-2.911^{***}	-8.605^{***}	-1.364^{***}	-4.182^{***}	−0.00634	1.365^{*}
	(1.251)	(0.797)	(2.250)	(0.410)	(0.345)	(0.0104)	(0.796)
第四批	-3.953^{***}	-1.989^{***}	-5.101^{***}	-1.121^{***}	-2.080^{***}	-0.031^{***}	-3.606^{***}
	(0.652)	(0.446)	(0.807)	(0.306)	(0.218)	(0.00952)	(0.865)

（3）异质性分析

城市人口数量、经济发展规模（人均 GDP）以及工业化程度（第二产业占 GDP 比重）是影响一个地区空气质量最主要的内生因素。空气污染来源于企业和居民生产生活所导致的负外部性，企业的生产规模又取决于居民对产品的需求，因此城市人口规模是影响空气质量的第一大因素。陈诗一和陈登科(2018) 发现只有当城市的经济发展压力较小的情况下，地方政府才会减少固定资产投资，增加污染治理投资，从而提升大气质量，所以城市经济规模是决定空气质量的另一个重要因素。工业部门的生产及其低效的能源利用是空气污染的主要来源，因此城市工业部门规模是决定污染水平的最直接因素。分别使用《中国城市统计年鉴》中的城市辖区人口数量（$Popu$）、城市人均 GDP（$Pgdp$）、第二产业占 GDP 比重（$Sgdp$）来衡量城市人口数量、经济发展规模和工业化程度，在滞后 25 天的基础上对全样本进行回归，结果如表 5.20 所示。

表 5.20　城市异质性分析回归结果

主要变量	AQI	$PM_{2.5}$	PM_{10}	NO_2	SO_2	CO	O_3
$Popu_1$	−8.118**	−6.534***	−7.948**	−3.757***	−1.152	−0.111***	1.298
	(3.167)	(2.290)	(3.845)	(0.953)	(1.277)	(0.0360)	(1.754)
$Popu_2$	−14.97***	−12.08***	−11.72**	−3.586***	−2.570***	−0.125***	−6.295***
	(4.489)	(3.973)	(5.158)	(0.950)	(0.772)	(0.0382)	(2.040)
$Popu_3$	−8.700**	−6.395**	−8.336**	−2.983***	−1.082*	−0.087***	−2.929
	(3.451)	(2.946)	(3.563)	(1.055)	(0.639)	(0.0279)	(2.187)
$Popu_4$	−13.86**	−10.91**	−10.31*	−7.340***	−1.572***	−0.166***	−3.003
	(5.306)	(4.770)	(5.358)	(1.261)	(0.538)	(0.0501)	(1.978)
$Pgdp_1$	−6.410**	−6.683***	−4.822	−3.471***	−1.300*	−0.116***	1.314
	(3.177)	(2.529)	(3.944)	(0.786)	(0.754)	(0.0286)	(1.837)
$Pgdp_2$	−9.171***	−7.489***	−7.952**	−3.945***	−2.407**	−0.118***	−2.060
	(3.117)	(2.516)	(3.911)	(1.008)	(1.006)	(0.0351)	(1.750)
$Pgdp_3$	−18.55***	−14.61***	−17.32***	−4.728***	−2.312***	−0.133***	−4.042*
	(5.592)	(5.279)	(5.438)	(1.060)	(0.672)	(0.0431)	(2.178)
$Pgdp_4$	−11.63***	−7.290**	−9.381**	−5.362***	−0.674	−0.132**	−4.615**
	(4.291)	(3.538)	(4.519)	(1.406)	(1.054)	(0.0535)	(2.241)
$Sgdp_1$	−9.752**	−8.394**	−8.524*	−3.535***	−1.638**	−0.143***	−1.848
	(3.831)	(3.262)	(4.848)	(1.008)	(0.776)	(0.0458)	(1.640)
$Sgdp_2$	−4.642	−3.899	0.480	−3.099***	−0.108	−0.0690**	−5.369***
	(3.070)	(2.630)	(3.800)	(1.027)	(0.913)	(0.0325)	(1.934)
$Sgdp_3$	−11.62***	−6.541**	−11.18***	−5.011***	−1.512**	−0.112***	−4.195*
	(3.191)	(2.526)	(3.352)	(0.957)	(0.571)	(0.0322)	(2.454)
$Sgdp_4$	−20.08***	−17.66***	−19.43***	−5.934***	−3.327***	−0.167***	1.001
	(5.600)	(4.988)	(5.188)	(1.104)	(1.055)	(0.0375)	(2.032)

首先，从城市人口规模来看，中央环保督察对中型城市（人口分位数处于25%～50%之间）和特大型城市（人口分位数处于75%～100%之间）的改善

效果最好，AQI 显著降低了近 15 个单位，对小型城市（人口分位数处于 0～25%之间）和大型城市（人口分位数处于 50%～75%之间）的改善效果其次，降低了近 8 个单位；其次，从城市人均 GDP 来看，中央环保督察对二线城市（人均 GDP 分位数处于 50%～75%之间）的改善效果最明显，将 AQI 显著降低了约 18 个单位，其次是一线城市（人均 GDP 分位数处于 75%～100%之间），降低了近 11 个单位，最后是三四线城市（人均 GDP 分位数处于 0～50%之间）。从第二产业占 GDP 比重来看，中央环保督察的改善效果与第二产业占 GDP 比重基本呈正相关。

（4）长效机制探讨

①长期效果分析

各地区受到首轮中央环保督察后，均主动或者被动地在省（区、市）内开展内部督查，由中央环保督察导致的“蝴蝶效应”在全国范围内掀起了一场规模巨大、持续较长的环保风暴，这在短期内改善了全国范围内的空气质量。那么，这种运动式的环境治理模式是否具有持续而长久的效果？这种长期效果又有何特征？

中央环保督察效果的长期性和持续性因城市特征而异。在改变窗口期的稳健性分析中，我们可以发现，中央环保督察的处理效应在第 45 天左右开始减弱，由此看来，中央环保督察的长期效果似乎不能维持。但异质性解析表明，中央环保督察对不同特征的城市的处理效应实际上具有较大差异：中央环保督察对自身空气质量较好的城市影响并不大，而对污染严重的城市则可能存在长期而持续的影响。第二产业占 GDP 比重是城市空气污染最主要的内生因素，因此可以选择 $Sgdp$ 作为长期效果的异质性分析基础，探讨中央环保督察的处理效应在不同污染程度的城市之间的持续情况。

首先分析全样本以及四个批次督察在整个样本期内的长期效果，然后再根据 $Sgdp$ 的四分位数划分进行回归，探讨不同污染程度城市的长期效果的差异，结果如表 5.21 所示。除第一批督察外，中央环保督察能够持续改善 AQI 及构成雾霾的主要污染物 $PM_{2.5}$ 和 PM_{10}，显著提升了全国的空气质量。在对空气污染内生因素异质性解析的长期分析中，我们发现，第二产业占 GDP 比重越大的地方，AQI 改善效果的持续性保持得越好，即中央环保督察对污染严重地区具有持续效果，但对空气质量本身较好地区的持续效果较差。

表 5.21　中央环保督察长期效果的回归结果

主要变量	AQI	$PM_{2.5}$	PM_{10}	NO_2	SO_2	CO	O_3
总效应	−4.628***	−4.124***	−5.611***	−1.918***	−3.524***	−0.0217	−0.135
	(0.966)	(0.868)	(1.303)	(0.550)	(0.816)	(0.0160)	(0.793)
试点	−24.36***	−21.92***	−29.97***	−9.675***	1.013	−0.274**	−4.740***
	(3.964)	(3.435)	(4.999)	(2.314)	(2.363)	(0.103)	(1.231)
第一批	3.315***	2.215**	2.856*	2.911***	−2.219**	0.0201	2.850***
	(1.143)	(1.099)	(1.482)	(0.584)	(0.855)	(0.0254)	(1.026)
第二批	−12.08***	−9.270***	−17.60***	3.441***	−11.31***	−0.0350	2.336***
	(2.025)	(1.638)	(2.958)	(0.847)	(0.953)	(0.0329)	(0.816)
第三批	−7.884***	−10.99***	−16.60***	−1.961*	1.760	0.0872***	6.449***
	(1.869)	(1.618)	(2.619)	(1.048)	(1.936)	(0.0260)	(2.379)
第四批	−13.51***	−9.509***	−12.62***	4.273***	−7.464***	−0.063***	−6.057***
	(1.841)	(1.435)	(2.323)	(0.726)	(0.628)	(0.0204)	(1.275)
$Sgdp_1$	−2.539	−3.701*	−3.352	−4.169***	−1.841*	−0.0715*	6.345**
	(2.473)	(2.056)	(2.914)	(1.445)	(1.000)	(0.0424)	(2.782)
$Sgdp_2$	0.186	−0.921	−0.584	0.0155	−0.401	0.0622**	2.252
	(1.840)	(1.544)	(2.168)	(0.846)	(0.914)	(0.0299)	(2.307)
$Sgdp_3$	−2.464	−1.796	−1.823	0.387	0.0491	0.0148	−4.941**
	(1.854)	(1.417)	(2.452)	(0.844)	(0.891)	(0.0360)	(2.152)
$Sgdp_4$	−5.900**	−3.607	−6.783**	−2.720**	0.364	−0.0628	−3.628
	(2.574)	(2.342)	(3.326)	(1.036)	(1.042)	(0.0472)	(2.225)

②机制分析

中央环保督察通过约谈与问责两项行政手段，对地方政府形成震慑效应；通过罚款与拘留两项法律手段，对排污企业形成惩罚效应；通过公众检举和媒体监督两项社会手段，对公众形成动员效应。前面的实证结果表明，中央环保督察在短期和长期都改善了空气质量，但哪一种机制发挥了最大的作用？是行政震慑、经济惩罚还是对公众媒体的动员？基于此，本节构建如下中央环保督察的作用机制检验模型：

$$A_{it} = \gamma_0 + \gamma_1 CEPS_\tau + \gamma_2 M_{it} + \gamma_3 CEPS_\tau \cdot M_{it} + \beta W_{it} + \mu_i + \delta_t + \varepsilon_{it} \tag{5.6}$$

其中，M_{it} 代表每个省（区、市）的三类不同机制变量（震慑效应、惩罚效应和动员效应）。本节使用环保督察过程中产生的约谈数（yt）和问责数（wz）来度量中央环保督察对地方官员的“震慑力度”，用罚款金额（fk）和拘留人数（jl，包括行政拘留和刑事拘留）来度量中央环保督察对企业的“惩罚强度”，用来电举报数（$ldjb$）和来信举报数（$lxjb$）度量中央环保督察对公众和媒体的“动员深度”。这些数据均来自生态环境部发布的官方督察结果报告。笔者采用一个中央环保督察与各机制变量的交互项模型，仍然在滞后 25 天的基础之上，来对上述三类作用机制进行检验。鉴于数据特征，对 AQI 及单项污染物以及各类机制变量分别取对数，模型中机制变量的 γ_3 系数衡量环保督察力度对空气质量额外改善的弹性。需要注意的是，上述数据都是在督察过程中产生的，因而不可避免地具有较大的内生性，即污染越重的地方，越容易受到督察，数据的数值也就越大，中央环保督察作用越明显。因此，不需要精确地估计三种机制对空气质量的影响程度大小，关注的重点应该是弹性系数的符号、显著性以及大小顺序的一致性。回归结果如表 5.22 所示。

表 5.22　中央环保督察三大作用机制效应的估计

主要变量	$\ln AQI$	$\ln PM_{2.5}$	$\ln PM_{10}$	$\ln NO_2$	$\ln SO_2$	$\ln CO$	$\ln O_3$
$\ln yt$	-0.019^{***}	-0.027^{***}	-0.028^{***}	-0.014^{***}	-0.022^{***}	-0.013^{***}	-0.018^{***}
	(0.00254)	(0.00385)	(0.00316)	(0.00385)	(0.00433)	(0.00280)	(0.00348)
$\ln wz$	-0.019^{***}	-0.023^{***}	-0.028^{***}	-0.012^{***}	-0.016^{***}	-0.012^{***}	-0.019^{***}
	(0.00271)	(0.00409)	(0.00351)	(0.00415)	(0.00504)	(0.00270)	(0.00389)
$\ln fk$	-0.012^{***}	-0.019^{***}	-0.021^{***}	-0.009^{***}	-0.015^{***}	-0.010^{***}	-0.009^{***}
	(0.00199)	(0.00318)	(0.00263)	(0.00317)	(0.00316)	(0.00245)	(0.00275)
$\ln jl$	-0.017^{***}	-0.034^{***}	-0.038^{***}	-0.022^{***}	-0.025^{***}	-0.018^{***}	-0.004
	(0.00467)	(0.00684)	(0.00517)	(0.00740)	(0.0104)	(0.00518)	(0.00668)
$\ln ldjb$	-0.015^{***}	-0.021^{***}	-0.023^{***}	-0.011^{***}	-0.017^{***}	-0.012^{***}	-0.013^{***}
	(0.00211)	(0.00320)	(0.00265)	(0.00307)	(0.00356)	(0.00231)	(0.00295)
$\ln lxjb$	-0.017^{***}	-0.021^{***}	-0.026^{***}	-0.007^{**}	-0.012^{***}	-0.010^{***}	-0.015^{***}
	(0.00203)	(0.00339)	(0.00282)	(0.00349)	(0.00380)	(0.00228)	(0.00290)

震慑效应对改善空气质量 AQI 效果明显。以前的约谈和问责仅限于企业人员和基层官员，而中央环保督察对大批的处级干部、厅级干部甚至省部级干部，都进行了约谈问责，并着重追究领导和管理责任。对出现严重环境失责行为的官员进行行政处分和处罚，这种处罚对官员的晋升十分不利，因此各级官员变得十分重视，积极行动，加紧环境治理和环境执法。

惩罚效应有效抑制了环境领域中“明知故犯”的“理性”违法者。过低的罚款会降低企业的合规成本、助长污染，过高的罚款也会抑制生产行为和社会生产效率，所以制定一个合理的罚款机制尤为重要。在连续四批的中央环保督察期间，督察组对违规排污企业一直采取“零容忍”的态度，总计罚款逾 10 亿元，对于每一起违法排污行为都进行了高额罚款，初步达到事前威慑和事后赔偿的效果。同时，中央环保督察中每一批拘留人数达上千人，严肃的拘留，突破了长期以来“环境违法成本低、守法成本高”的困境。

动员效应进一步强化了震慑效应和惩罚效应。在这次中央环保督察风暴中，公众、社团的参与起到了最为关键的作用，督察组收集污染信息的渠道，主要有听取汇报、调阅资料、现场抽查、调研座谈、受理举报五种方式，前三种由于信息不对称，地方政府很可能向督察组隐瞒污染信息，而后两种方式促使督察组与当地民众、媒体合力挖掘、曝光污染信息和线索，帮助督察组全面迅速掌握当地的环境污染情况，这极大提升了督察效率。

从综合指数 AQI 的弹性来看，约谈和问责代表的震慑效应的系数之和为－0.038，罚款和拘留代表的惩罚效应的系数之和为－0.027，来电举报和来信举报代表的动员效应的系数之和为－0.032，因此似乎震慑效应最显著。但是从单向污染指标的弹性来看，结果并非如此。横向统计这三种效应对六项污染物的弹性系数结果如下：$PM_{2.5}$（震慑－0.050，惩罚－0.053，动员－0.042）、PM_{10}（震慑－0.056，惩罚－0.059，动员－0.049）、NO_2（震慑－0.026，惩罚－0.031，动员－0.018）、SO_2（震慑－0.038，惩罚－0.040，动员－0.029）、CO（震慑－0.025，惩罚－0.028，动员－0.022）、O_3（震慑－0.037，惩罚－0.013，动员－0.028）。对于前五种污染物，三种效应的大小顺序依次为惩罚效应、震慑效应、动员效应，而且它们弹性的大小顺序始终保持一致。而 O_3 却有所不同，三种效应对于臭氧的作用大小与综合指数 AQI 一致，前面我们已经讨论了中央环保督察不会对低空臭氧的浓度造成很大影响，所以 AQI 的弹性大小实际上受到了臭氧弹性系数的干扰。三种机制真实的效用大小应该参考其余五项污染物浓度，即对企业的惩罚效应作用最明显，对地方官员的震慑效应其次，最后是对公众和媒体的动员效应。

5.4.4 本节小结

作为生态文明建设的重大制度安排，自2016年年初启动的中央环保督察受到国内外的广泛关注。首轮中央环保督察用时两年，对全国31个省（区、市）进行了环境大督察，督察涉及面广，大气污染更是督察的重中之重。

利用断点回归设计研究首轮中央环保督察对大气质量影响的实证结果显示，中央环保督察大规模的环境治理行动初见成效。中央环保督察在短期内动态且持续地改善了督察当地与周边毗邻城市的空气质量。整体上，地方政府并没有为了应对中央环保督察检查而大规模提前准备，空气质量没有因为督察组的离开立即出现报复性反弹，中央环保督察与以往“一阵风”“走过场”的运动式治理差异明显，其成效具有持久性，尤其是对工业发达、污染严重的城市和地区效果最显著。“回头看”政策进一步强化了督察的长期效果。实证分析验证了中央环保督察对地方政府和官员的震慑效应，对违法排污企业的惩罚效应和对公众、媒体的动员效应，它们是改善中国大气质量的主要路径。

5.5 中央环保督察对企业绿色高质量发展的影响

5.5.1 相关文献进展

中央环保督察是中国史无前例、最为严厉的环境政策。2015年7月，中央全面深化改革领导小组第十四次会议审议通过《环境保护督察方案（试行）》，随后中共中央办公厅、国务院办公厅印发《党政领导干部生态环境损害责任追究办法（试行）》（厅字〔2015〕21号），强调环保工作的“一岗双责”“党政同责”，将地方党委的环保责任纳入重点监督范围，由此生态环境规制体系走向“党政同责”。因此，从广义上说，中央环保督察是指自2015年7月开始至今的环保督察制度。不过，本次所讨论的中央环保督察是狭义上的概念，即环境保护部（现生态环境部）于2016年1月4日至2017年9月15日间组织的、对全国31个省（区、市）展开的第一轮共五批次环保专项督察行动。

纵观中国的环境政策，命令-控制机制占据着举足轻重的地位（张晓，

1999；涂正革和谌仁俊，2015）。虽然这种机制在一定程度上能助推中国经济的发展（陈诗一和陈登科，2018），但常常会因为地方官员的政绩诉求（周黎安，2007；Jia，2012；Wu et al.，2014）以及地方政府发展动机与企业行为激励的不相容（蔡昉等，2008），而产生出“政企合谋”（梁平汉和高楠，2014；龙硕和胡军，2014）、“一刀切”、“形式化”、空气质量数据造假（Ghanem & Zhang，2014）等问题，进而左右对企业绩效影响的方向（于文超和何勤英，2013）。比如，1998年实施的酸雨控制区和 SO_2 污染控制区政策（简称“两控区”），虽然被大多数文献论证对经济呈现积极效应（Jefferson et al.，2013；Tanaka et al.，2014），但其真正发挥减排效应是在2005年将环境保护目标纳入地方官员晋升的重要考核依据后（Chen et al.，2018）。由此重新审视其对经济的影响，结果效应为负（Chen et al.，2018；盛丹和张国峰，2019）。因此，一个很重要的事实是，探讨环境政策的经济效应需建立在环境政策本身执行有效的前提下（存在减排效果）。

自2013年习近平总书记提出“绿水青山就是金山银山”的“两山”理论以来，中国一直积极探索适宜的生态环境保护政策，尤其是应对“政府失灵”的困境，环境规制体系开始寻求变革，并取得了一定的成效。人事变更与官员更替即在一定程度上削弱了环境治理下的“政企合谋”（郭峰和石庆玲，2017）。作为更为深入的官员管理体制改革，中央环保督察制度将传统的“督企”与2014年开始的“督政”转为“党政同责”，在环境治理方面起到立竿见影的效果（邓辉等，2021）。

5.5.2 研究方法和数据

（1）研究设计与计量模型

对微观企业而言，中央环保督察可以看作一次外生冲击或突发事件，即是否接受督察不受企业个体选择的影响，因此中央环保督察具有较强的随机性，是一次良好的准自然实验。同时，由于中央环保督察组并非同时对全国31个省（区、市）进行全面督察，而是从2016年1月在河北试点后逐步向其他省（区、市）进行全覆盖的五批次督察，因此不同省（区、市）污染密集型行业上市工业企业接受督察的时间不同，不满足传统倍差法对政策实施相同时间点的要求。为精准识别中央环保督察对上市工业企业绩效的影响，本节将采取能应对处理组实施政策时间不同的多期倍差法，即赋予不同省（区、市）污染密集型行业上市工业企业不同的接受督察时间点。于是，笔者构建如下基准回归模型：

$$y_{it}=\beta_0+\beta_1 l(CEPS)_{jt}+\lambda X_{it}+\delta_i+\eta_t+\mu_{it} \tag{5.7}$$

其中，下标 i 表示上市工业企业，j 表示上市企业所属行业，t 表示季度，μ_{it} 表示随机扰动项。被解释变量 y_{it} 表示上市工业企业绩效，用企业单季利润总额（$profit$）来衡量，同时为保证被解释变量选取的稳健性，本节还将使用企业单季净资产收益率（roe）加以验证。核心解释变量 l（$CEPS$）$_{jt}$ 是表示上市工业企业是否接受中央环保督察的虚拟变量，当且仅当中央环保督察组开始对某省（区、市）展开督察时，该省（区、市）污染密集型行业的上市工业企业取值为1，其他取值为0。需要指出的是，中央环保督察组对每个省（区、市）进行为期1个月的督察，考虑到中央环保督察构建了长期的“党政同责”机制，尤其改善了公众参与环保的制度障碍，本节仍将结束督察后的省（区、市）所辖污染密集型行业上市工业企业视为处理组，即保留 l（$CEPS$）$_{jt}$ 为1的取值。这样处理，还将方便本节进一步考察中央环保督察对上市工业企业绩效影响的时间效应。同时，为剔除其他因素对识别中央环保督察效应的干扰，本节将引入企业层面的控制变量 X_{it}，具体包括企业单季资产负债率、企业单季总资产、企业年末员工人数、企业全年政府补助，此外，还将控制企业固定效应（δ_i）和时间固定效应（η_t），其中时间固定效应将同时考虑年度和季度效应。

在这里，需要认真研究的是核心解释变量 l（$CEPS$）$_{jt}$ 的回归系数 β_1。当 β_1 显著为正时，说明中央环保督察显著提升了上市工业企业的绩效，中央环保督察能倒逼上市工业企业进行绿色转型；当 β_1 显著为负时，说明中央环保督察显著抑制了上市工业企业的绩效，中央环保督察给上市工业企业带来了较大的合规成本；当 β_1 不显著时，说明中央环保督察未对上市工业企业绩效产生显著影响。

(2) 数据来源与处理

本节使用2014年第1季度至2017年第4季度全国沪深股市2459家上市工业企业非平衡面板数据，各类经济指标均来自Wind数据库。之所以没有使用年度数据，主要考虑中央环保督察实施时间为2016年1月至2017年9月，季度数据能为多期倍差法进行政策识别提供足够的样本。

数据处理方面，本节借鉴Feenstra等（2014）的做法，对上市工业企业进行异常值的处理。首先，剔除满足以下条件的观测值：企业半年研发费用、企业单季总资产、企业年末员工人数、企业全年政府补助、企业单季营业收入、企业单季营业总成本等变量为零或负值；企业遭受连续亏损（“ST”和“*ST”开头的企业)；企业单季利润总额、企业单季净资产收益率、企业半年研发费用、企业单季资产负债率、企业单季总资产、企业年末员工人数、企业全年政府补助、企业全年应交税费总额等关键变量存在缺失值。其次，本节对所选取的被解释变量和控制变量进行左右各1%分位水平上的极端值缩尾处理(Winsorization)。本节所使用的具体变量的描述性统计如表5.23所示。

表5.23 变量的描述性统计

变量	观察数	平均值	标准差	最小值	最大值
企业单季利润总额①（亿元）	24407	1.30	2.91	0.000019	21.00
企业单季净资产收益率②（%）	24407	6.16	6.10	−31.37	37.89
企业单季资产负债率③（%）	24407	37.07	18.73	5.19	93.61
企业单季总资产（亿元）	24407	89.60	201.00	2.66	1500.00
企业年末员工人数（人）	7050	4749	7983	151	53962
企业全年政府补助（亿元）	7050	0.35	0.79	0.0013	5.63
企业半年研发费用（亿元）	13402	0.34	0.71	0.00036	5.32
地区环境规制水平④（2015年）	31	0.031	0.010	0.017	0.058
企业全年应交税费总额（亿元）	7050	0.76	1.72	−0.28	12.10

注：笔者根据Wind数据库和2016年《中国统计年鉴》中的数据整理得来。

5.5.3 实证结果与分析

(1) 中央环保督察影响上市工业企业绩效的整体分析

①基准回归

本节根据模型(5.7)的多期倍差法，首先给出中央环保督察对上市工业企

---

① 企业单季利润总额=单季营业利润+单季营业外收入−单季营业外支出。

② 企业单季净资产收益率=单季净利润÷[(期初归属母公司股东权益+期末归属母公司股东权益)÷2]×100%。

③ 企业单季资产负债率=单季负债总额÷单季资产总额×100%。

④ 用各省（区、市）单位财政一般预算支出的环境治理投入表示。

业绩效的整体效应结果（见表 5.24）。为区分中央环保督察期间与结束后的效应，本节将虚拟变量 *l*（*CEPS*）分解为虚拟变量 *l*（*CEPS*）_*during* 和 *l*（*CEPS*）_*post*，前者表示是否正在接受中央环保督察，后者表示是否结束接受中央环保督察。第 2 列和第 5 列数据显示，中央环保督察存在对企业绩效的改善作用，且在督察结束后展现出更强的改善效果，如果认为中央环保督察属于运动型环境治理机制，则政策存在积极的滞后效应。事实上，这为肯定中央环保督察搭建长期“党政同责”机制、消除公众参与环保制度障碍提供了经验证据。同时第 5 列 *l*（*CEPS*）_*during* 与第 8 列 *l*（*CEPS*）的系数相差不大，因此，将中央环保督察认定为介于运动型和常规型之间的非常规型环境治理机制，存在一定合理性，基于此进行识别是可以接受的。无论采用何种方式，我们均可得出中央环保督察在整体上显著提升企业绩效的结论。

表 5.24 基准回归结果

变量	ln*profit*	ln*profit*	ln*profit*	ln*profit*	ln*profit*	ln*profit*	ln*profit*	ln*profit*	ln*profit*
l（*CEPS*）_*during*	0.0494	0.0624*	0.0332	0.0674*	0.103***	0.0744*			
	(0.0339)	(0.0340)	(0.0354)	(0.0377)	(0.0373)	(0.0389)			
l（*CEPS*）_*post*				0.0501	0.111***	0.110***			
				(0.0392)	(0.0373)	(0.0385)			
l（*CEPS*）							0.0558*	0.108***	0.0985***
							(0.0337)	(0.0322)	(0.0335)
控制变量	NO	YES	YES	NO	YES	YES	NO	YES	YES
企业固定效应	YES	YES	YES	YES	YES	YES	YES	YES	YES
年份固定效应	YES	YES	NO	YES	YES	NO	YES	YES	NO
季度固定效应	YES	YES	NO	YES	YES	NO	YES	YES	NO
年份与季度固定效应交互	NO	NO	YES	NO	NO	YES	NO	NO	YES
样本数	24407	24407	24407	24407	24407	24407	24407	24407	24407
R^2	0.074	0.125	0.127	0.074	0.126	0.128	0.074	0.126	0.128

注：小括号内为以省（区、市）和行业聚类的稳健标准误，*、** 和 *** 分别表示显著性水平为 10%、5%和 1%。

②政策的事件分析

一方面为检验基准回归是否满足共同趋势检验，另一方面为识别政策的时间效应，本节进一步将处理组虚拟变量与各事件时间点的虚拟变量进行交互，开展事件分析，构建模型如下：

$$y_{it}=\beta_0+\sum_{\tau}\beta_\tau l(CEPS)_{j\tau}+\beta_L l(CEPS)_{jL}+\beta_R l(CEPS)_{jR}+\lambda X_{it}+\delta_i+\eta_t+\mu_{it} \quad (5.8)$$

本节选取样本的时间范围是 2014 年第 1 季度至 2017 年第 4 季度，结合五批次中央环保督察的实施时间，可以得到各批次中央环保督察的事件时间 τ，取值范围分别为 [−8，7]、[−10，5]、[−11，4]、[−13，2]、[−14，1]。考虑到第一批督察仅在河北一省试点，为确保有足够的样本估计各事件时间 τ 的回归系数，并有足够的时期开展共同趋势检验和时间效应分析，本节参考 Greenstone & Hanna（2014）的做法，将 τ 的取值范围设为第二批中央环保督察的 [−10，5]，同时将小于 −10 的 τ 统一记为 L，大于 5 的 τ 统一记为 R，分别通过一个虚拟变量进行平均效应估计。

图 5.5 显示了中央环保督察影响上市工业企业绩效的事件分析结果。我们不难发现，除政策实施前的第 7 季度和第 8 季度外，污染密集型行业上市工业企业与其他上市工业企业相比，单季利润总额的差异在政策实施之前不随时间发生显著变化，大体上满足倍差法的共同趋势假设。而在政策实施后，中央环保督察对上市工业企业绩效展现出显著的正效应，且随实施时间的推进，正向效应疑似呈现出“倒 U 形”，即在政策实施后的第三季度迅速攀升至顶点，然后再马上出现回落，并最终趋于平稳波动。不过，本节进一步提取各事件时间的估计系数进行回归①，发现这一倒 U 形趋势在统计上不显著。

③安慰剂检验

结合表 5.24 和图 5.5 的结果，我们可以看出，整体而言，中央环保督察对上市工业企业绩效存在显著的正向效应。然而，为确保回归结果的稳健性，本节分别进行四类安慰剂检验。

---

① 该回归模型设定为 $\hat{\beta}_\tau=\alpha_0+\alpha_1\tau+\alpha_2 D+\alpha_3 D\times\tau+\alpha_4\tau^2+\alpha_5 D\times\tau^2+\upsilon_\tau$。其中，$D$ 表示是否接受中央环保督察，α_5 用来检验政策效应在时间上是否呈现“倒 U 形”。

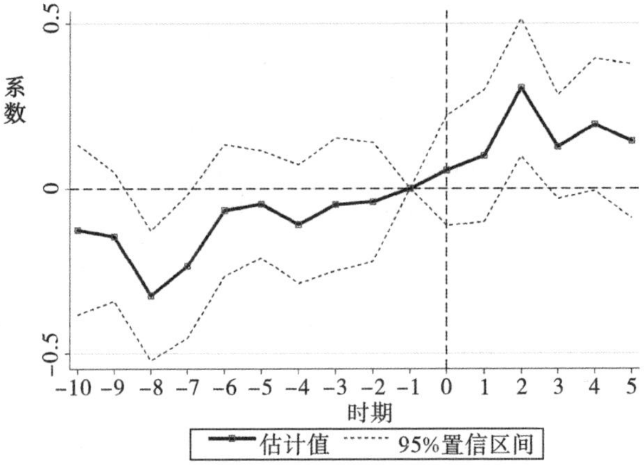

图 5.5　事件分析结果

注：本节通过提取式（5.8）所示事件分析回归中的估计系数与 95%的置信区间绘制上述图形。在回归中，以中央环保督察政策实施的前 1 季度为基期，所以在图形上实施时间－1 的估计系数为 0。为控制时间和企业的固定效应，回归采取固定效应法，并在模型中加入上述模型介绍中阐述的控制变量，以省（区、市）和行业聚类得到稳健标准误。

从表 5.25 我们可以总结出以下几点：其一，检验政策实施时间的随机性假设。将政策实施时间提前两年后进行回归，结果发现此时假定的中央环保督察对上市工业企业单季利润总额的正向影响不再显著，而且回归系数大幅减小，所以检验回归结果与基准回归结果不一致，支持政策实施时间的随机性假设。其二，检验被解释变量企业绩效指标选取是否会造成估计偏差。使用企业单季净资产收益率衡量企业绩效后进行回归，结果发现，中央环保督察仍然表现出对上市工业企业净资产收益率的显著正效应，与基准回归结果保持一致，这便说明本节得出中央环保督察对上市工业企业绩效存在显著的正向效应，并不依赖于被解释变量的选择。其三，检验是否存在企业逃离行为带来的估计偏差。由于中央环保督察可能会对企业施加前所未有的环境规制压力，剔除样本期内经营地址发生改变的企业①后进行回归，结果发现，无论是显著性水平还是回归系数大小，大体与基准回归结果保持一致，支持中央环保督察对上市工业企

① 通过对比 2015 年和 2017 年上市工业企业的经营地址，发现存在经营地址改变的共 7 家。

业绩效产生出显著的正向效应的结论。其四，检验是否存在其他重要环境政策带来的估计干扰。由于 2016 年和 2017 年的去产能政策可能对相关上市工业企业造成较大影响，因此剔除样本内属于去产能重点行业的企业[①]后进行回归，笔者发现中央环保督察仍对上市工业企业绩效存在显著的正向效应。

表 5.25　安慰剂检验结果

变量	基准回归结果 ln*profit*	提前政策时间 ln*profit*	替换被解释变量 *roe*	剔除企业逃离行为 ln*profit*	剔除并行政策影响 ln*profit*
l（*CEPS*）	0.108***	0.104***	0.832***	0.110***	0.0597*
	(0.0322)	(0.0313)	(0.177)	(0.0321)	(0.0307)
l（*CEPS*）_*preceding*		0.0432			
		(0.0326)			
控制变量	Yes	Yes	Yes	Yes	Yes
年份固定效应	Yes	Yes	Yes	Yes	Yes
季度固定效应	Yes	Yes	Yes	Yes	Yes
企业固定效应	Yes	Yes	Yes	Yes	Yes
样本量	24407	24407	24407	24358	23289
R^2	0.126	0.126	0.409	0.126	0.128

注：小括号内为以省（区、市）和行业聚类的稳健标准误，*、** 和 *** 分别表示显著性水平为 10%、5%和 1%。表 5.24 至表 5.29 回归结果中，均加入控制变量以及年份、季度和企业的固定效应。

（2）中央环保督察影响上市工业企业绩效的创新补偿机制分析

通过以上的整体分析，我们可以发现中央环保督察能够显著提升上市工业企业的绩效，那么这其中的机制是什么？考虑到环境政策的技术创新效应对提升企业绩效、实现绿色发展至关重要，本节主要检验中央环保督察的创新补偿

① 2016 年和 2017 年发布的去产能重点行业名单包括钢铁、煤炭、水泥、船舶、电解铝、玻璃 6 个行业，由于本节采用的是证监会行业分类标准，无法与上述 6 个行业完全对应，为此采取中信证券行业分类标准，剔除 CS 钢铁、CS 煤炭、CS 水泥Ⅱ、CS 船舶制造、CS 铝、CS 玻璃Ⅱ等 6 个行业中的企业（共 111 家）。

机制。这不仅是波特假说的基本内涵，也是从绿色发展角度诠释高质量发展的基本要求。需要指出的是，本节着重讨论创新补偿机制存在性，并不代表有且仅有这一条影响渠道，事实上至少还存在改变企业进退市场行为与生产投资偏好两条路径①，但受限于上市企业特点与季度数据的可获性，本节未能对这些机制进行一一检验。

为识别创新补偿机制，本节使用企业半年研发费用（$R\&D_{it}$）作为代理变量。此外，之所以没有采用更为理想的上市工业企业绿色专利数（齐绍洲等，2018），是考虑到研发费用这类创新投入，相比于专利数这类创新产出，对环境政策的反应时间相对更短，更符合本节基于上市工业企业季度数据进行识别的需求。于是，笔者构建以下回归模型：

$$R\&D_{it} = \beta_0 + \beta_2 l(CEPS)_{jt} + \lambda X_{it} + \delta_i + \eta_t + \mu_{it} \tag{5.9}$$

如果中央环保督察对研发费用存在显著正向影响，则说明中央环保督察对企业绩效的影响存在创新补偿机制；否则，不存在创新补偿机制。

具体检验结果如表 5.26 所示。不难发现，中央环保督察对企业研发费用呈现出显著的正向效应。因此，创新补偿机制是中央环保督察影响上市工业企业绩效的作用机制，中央环保督察能通过推进上市工业企业绿色发展来助力绿色发展。

表 5.26　创新补偿机制的检验结果

变量	$R\&D_{it}$
l（$CEPS$）	0.0587**
	(0.0239)
样本量	24407
R^2	0.314

注：小括号内为以省（区、市）和行业聚类的稳健标准误，*、** 和 *** 分别表示显著性水平为 10%、5%和 1%。

① 改变企业进退市场行为主要指在环境政策的规制下，企业在环境政策实施地区或行业进行“优胜劣汰”，支持（或增加）易适应环境政策的高效率（或大规模）企业，限制（或淘汰）不易适应环境政策的低效率（或小规模）企业，从而在整体上提升存活企业的绩效（Tanaka et al.，2014；龙小宁和万威，2017；盛丹和张国峰，2019；张慧玲和盛丹，2019）；改变企业生产投资偏好则主要指在环境政策的规制下，企业降低或关闭一些高污染生产性投资，转向或提高一些高回报、低门槛、无污染的房地产、影子银行等类金融业务投资（王书斌和徐盈之，2015）。

(3) 中央环保督察影响上市工业企业绩效的异质性分析

前面整体分析与机制分析显示，中央环保督察能通过创新驱动提升上市工业企业绩效。那么，不同行业或地区，甚至不同微观特征的上市工业企业，在中央环保督察下是否会展现出异质性表现？为此，本节接下来将从宏观和微观两大层面进行异质性分析。

①宏观层面的异质性分析

宏观层面的异质性分析，主要从企业所属行业的污染物密集类型、所在地区接受督察的批次与环境规制水平三大方面开展。

其一，考虑到像中国这样的发展中国家，政府和公众对大气污染的关注程度显著高于水污染（Greenstone & Hanna，2014），这便有可能造成中央环保督察对不同污染物密集型上市工业企业的差异性影响。本节依据《第一次全国污染源普查公报》区分大气污染和水污染密集型上市工业企业进行异质性回归，结果如表 5.27 所示。不难发现，中央环保督察对两类污染密集型上市工业企业均存在创新驱动的企业绩效改善。不过，这一效应对大气污染密集型行业影响相对较大，这可能与水污染密集型企业一直受到较弱规制有关，当“一视同仁”的规制来临时，其遭受的环保冲击会更大。

表 5.27 不同污染物密集型企业的异质性结果

变量	ln*profit*	$R\&D_{it}$	ln*profit*	$R\&D_{it}$
l（*CEPS*）×*l*（大气污染密集型）	0.286***	0.0812**		
	(0.0555)	(0.0352)		
l（*CEPS*）×*l*（水污染密集型）			0.0912***	0.0618**
			(0.0330)	(0.0250)
样本量	24407	24407	24407	24407
R^2	0.129	0.314	0.126	0.314

注：小括号内为以省（区、市）和行业聚类的稳健标准误，*、** 和 *** 分别表示显著性水平为 10%、5%和 1%。

其二，考虑到中央环保督察属于逐步扩大范围实施的环境政策，会使后面被政策覆盖的企业，因为累积学习效应（韩超和胡浩然，2015），更易承受相同的环境规制，本节区分五批次督察行动进行异质性分析，结果如表 5.28 所示。

不难发现，除试点和第二批次督察行动外，其他批次均呈现出对上市工业企业单季利润总额的显著正向影响，尤其是第四批次，支持中央环保督察通过促进创新来改善上市工业企业绩效的结论。

表 5.28　分批次的整体回归结果

变量	ln *profit*	$R\&D_{it}$
$l\,(CEPS)\times l\,(supervision_0)$	0.0702	−0.00641
	(0.144)	(0.0698)
$l\,(CEPS)\times l\,(supervision_1)$	0.176***	0.0654
	(0.0597)	(0.0585)
$l\,(CEPS)\times l\,(supervision_2)$	−0.0132	0.0317
	(0.0564)	(0.0351)
$l\,(CEPS)\times l\,(supervision_3)$	0.170**	0.0384
	(0.0752)	(0.0424)
$l\,(CEPS)\times l\,(supervision_4)$	0.103**	0.0804**
	(0.0516)	(0.0389)
样本量	24407	24407
R^2	0.127	0.314

注：小括号内为以省（区、市）和行业聚类的稳健标准误，*、** 和 *** 分别表示显著性水平为 10%、5%和 1%。

其三，考虑到中国各地区在中央环保督察前环境规制水平存在显著差异，而这种差异很可能会影响上市工业企业绩效，本节使用中央环保督察实施前一年，即 2015 年各省（区、市）环境规制水平的中位数进行划分，区分环境规制较强和较弱地区开展异质性回归，结果如表 5.29 所示。不难发现，中央环保督察在环境规制较强的地区，对其上市工业企业形成创新驱动的企业绩效改善，而在环境规制较弱的地区，虽然未能提升企业绩效，但显著促进了企业创新。这便从侧面说明中央环保督察“一视同仁”，环境规制较弱地区的上市工业企业在面临前所未有的规制下，能被倒逼创新，但可能由于合规成本较高在短时间未能提升企业绩效。

表 5.29　不同环境规制强度的地区企业的异质性结果

变量	ln *profit*	$R\&D_{it}$
l（*CEPS*）×*l*（*low regulation*）	0.0530	0.0632*
	(0.0560)	(0.0330)
l（*CEPS*）×*l*（*high regulation*）	0.136***	0.0566*
	(0.0362)	(0.0306)
样本量	24407	24407
R^2	0.127	0.314

注：小括号内为以省（区、市）和行业聚类的稳健标准误，*、** 和 *** 分别表示显著性水平为 10%、5%和 1%。

②微观层面的异质性分析

前面从宏观层面，对中央环保督察影响上市工业企业绩效进行了异质性分析。接下来，以企业税负水平、所有制类型与企业规模为视角，进行微观层面的异质性分析（Tanaka et al.，2014；龙小宁和万威，2017；盛丹和张国峰，2019），具体结果如表 5.30 所示。

其一，利用 2015 年企业全年应交税费总额的三分位数，区分高税负、中等税负和低税负企业进行异质性回归，结果如表 5.30Panel A 所示，中央环保督察对高税负上市工业企业形成创新驱动的企业绩效改善、提高中税负上市工业企业的研发费用效应，但其创新补偿还未改善企业绩效；其二，利用企业所有制，区分中央国企、地方国企、外资企业和其他企业进行异质性回归，结果如表 5.30Panel B 所示，中央环保督察对中央和地方国有上市工业企业均形成创新驱动的企业绩效改善；其三，利用 2015 年四个季度企业单季总资产均值的中位数，区分大规模和小规模企业进行异质性回归，结果如表 5.30Panel C 所示，中央环保督察对大规模上市工业企业形成创新驱动的企业绩效改善。

表 5.30　微观异质性回归结果

变量	ln *profit*	$R\&D_{it}$
Panel A：不同税负企业的异质性分析		
l（*CEPS*）×*l*（*low tax*）	0.0342	−0.0269
	(0.0512)	(0.0317)

续表

变量	ln *profit*	$R\&D_{it}$
l（*CEPS*）$\times l$（*medium tax*）	0.0590	0.111***
	(0.0612)	(0.0384)
l（*CEPS*）$\times l$（*high tax*）	0.179***	0.0796*
	(0.0576)	(0.0425)
样本量	24407	24407
R^2	0.126	0.314
Panel B：不同所有制形式企业的异质性分析		
l（*CEPS*）$\times l$（*central state-owned*）	0.274***	0.217***
	(0.0821)	(0.0670)
l（*CEPS*）$\times l$（*local state-owned*）	0.371***	0.100**
	(0.0670)	(0.0473)
l（*CEPS*）$\times l$（*foreign-funded*）	0.138	−0.166
	(0.146)	(0.146)
l（*CEPS*）$\times l$（*other ownership*）	−0.00196	0.0308
	(0.0371)	(0.0255)
样本量	24407	24407
R^2	0.130	0.315
Panel C：不同规模企业的异质性分析		
l（*CEPS*）$\times l$（*small scale*）	0.00815	0.0142
	(0.0455)	(0.0291)
l（*CEPS*）$\times l$（*large scale*）	0.175***	0.0882***
	(0.0434)	(0.0331)
样本量	24407	24407
R^2	0.127	0.314

注：小括号内为以省（区、市）和行业聚类的稳健标准误，*、** 和 *** 分别表示显著性水平为10%、5%和1%。

5.5.4 本节小结

前后持续 21 个月、极具中国环境治理特色的中央环保督察，能否改善企业绩效，亟待讨论。为此，本节基于中国 A 股 2459 家上市工业企业季度数据，采用多期倍差法，识别包括试点批次在内的五批次中央环保督察对上市工业企业绩效的影响，由此研究相较以往更为严格、“党政同责”的命令-控制机制对工业企业绩效的影响。通过研究，笔者发现，整体而言，中央环保督察能改善上市工业企业绩效，且在督察后仍保持显著正效应，这一结果也得到共同趋势检验和其他安慰剂检验的支持。在影响机制方面，中央环保督察改善上市工业企业绩效存在创新补偿机制，但不是唯一的作用机制。在异质性方面，中央环保督察对不同行业或地区，甚至不同微观特征的上市工业企业存在差异性影响。

具体而言，中央环保督察对两类污染密集型上市工业企业均存在创新驱动的企业绩效改善，但对大气污染密集型行业促进更大。第四批中央环保督察在整体上对上市工业企业存在创新驱动的企业绩效改善。相比于环境规制较弱地区，中央环保督察在环境规制较强的地区，对其上市工业企业存在创新驱动的企业绩效改善。中央环保督察对高税负上市工业企业存在创新驱动的企业绩效改善，对中税负上市工业企业存在创新补偿但未改善企业绩效。中央环保督察对中央和地方国有上市工业企业存在创新驱动的企业绩效改善。中央环保督察对大规模上市工业企业存在创新驱动的企业绩效改善。

因此，作为历史上最严格环境政策之一，中央环保督察在新时代能在一定程度改善上市工业企业绩效，尤其对于大气污染密集型企业。然而，具体到创新驱动的企业绩效改善，主要存在于第四批接受督察地区或环境规制较强地区，以及高税负、中央和地方国有、大规模等有雄厚基础的上市工业企业。由此，进一步完善中央环保督察制度，针对不同企业采取差别化措施，是全面激发企业绿色创新、改善企业绩效的关键。

5.6 本章小节

环境污染治理是一项长期且复杂的工程，不可能一蹴而就，也不能停滞不前。相比于周期较长、需要完善的市场环境的调节手段，严格的环境规制是一条直接高效的道路选择。严格的环境规制能够改善中国的空气污染，中央环保督察作为环境治理的一项重大制度安排，提升了中国的环境治理绩效。

基于上述现实问题，本章首先探讨了环保督查制度的环境治理效果。接着分别从试点地区层面、全国层面和企业层面，探讨了中央环保督察对河北省生态、经济、社会效益的影响、对全国地级以上城市空气质量的影响以及对企业绿色高质量发展的影响。研究发现，无论是环保督查制度还是中央环保督察政策，对空气质量具有显著的、长期的正向影响，空气质量没有因为督察组的离开而出现报复性反弹，与以往的运动式治理差异明显。除此之外，中央环保督察政策能通过创新补偿机制改善上市工业企业绩效，对不同行业或地区，甚至不同微观特征的上市工业企业存在差异性影响。

各省（区、市）应该坚持发挥中央环保督察的强制性和权威性，进一步加强完善中央环保督察制度建设，将督察中的约谈、问责、罚款等手段作为重要抓手，积极推动公众和媒体参与，通过建立起全方位的环境治理和环保督察体系，树立绿色发展的理念、营造绿色发展的氛围。新时代背景下，“五位一体”总体布局的融合推进需要保证生态文明建设的有效性，而有效的生态文明建设需要生态环保督察法治化来保障，应扎实推进《中央生态环境保护督察工作规定》《生态环境保护专项督察办法》等党内法规与国家法律的衔接和协调，让生态环保督察在良法善治的治理理念下长效运行。

过于严苛的环境规制必然会在短期内损害部分经济效益，但是从长期来看，环境规制还是能够起到淘汰落后产业、提升资源能源利用绩效、促进绿色发展和高质量发展的作用。后续的环保督察既应当避免“一刀切”“短期化”等不良现象，又应当以踏石留印、抓铁有痕的治理态度，坚决杜绝违法排污企业“偷排偷放”“假整改”等行为，切实保证治理效果，从而推进生态文明体制建设长远发展。

健全环境治理领导责任体系是推动生态环境根本好转的核心，这不仅需要有力的问责机制，更需要有效的激励机制。因此，下一章将对环境激励机制与绿色发展的融合进行探究和分析。

第6章　环境激励政策治污成效与绿色发展效应分析

6.1　引言

前文相继研究了节能减排目标与中央环保督察对绿色发展的影响，二者同属于问责机制。作为与问责机制相配合的另一环，激励机制在环境治理领域也尤为重要。因此，本章将着重进行环境激励政策与绿色发展的融合分析。本章框架如图6.1所示。为解决因发展方式落后、经济效率不高、要素资源错配等因素带来的一系列环境污染问题，中国陆续出台了各类环境政策，但仍未扭转环境绩效在全球持续偏后的排名①。究其原因，一个很重要的解释在于，中国的环境政策长期与地方政府发展动机、企业行为激励不相容，由此产生的"政企合谋""一刀切""形式化"和空气质量数据造假等现象大大限制了各类环境政策的执行，生态环境保护无法从制度上得到保障。

于是，中国开启了环境治理领导责任改革，陆续出台"一票否决"环保考核、环境保护体制垂直化管理、中央环保督察等问责机制，同时还引入环境监测技术实施中央对地方污染的实时监控。

诚然，这些以"督政""党政同责"为内容的问责机制能在一定程度上缓解

① 由耶鲁大学环境法律和政策中心（YCELP）和哥伦比亚大学国际地球科学信息中心网（CIESIN）联合发布的全球环境绩效指数（Environmental Performance Index）排名显示，2006年中国在133个参评国家和地区中排名第94位，处于70.7%的排名分位数上。2018年相对排名略有上升，但仍处于66.7%的排名分位数上，特别是空气质量指标在180个参评国家和地区中位列倒数第4。

中国的环境污染问题，但是太严厉的问责反而会使地方官员畏手畏脚、不敢担当作为。实施合理的激励机制能弥补问责机制的不足，调动地方环境治理的积极性，变被动治理为主动治理。因此，推动生态环境根本好转不仅需要有力的问责机制，更需要有效的激励机制。

改革开放以来的中国环境治理方式有以下几种：从最开始的“三同时”原则、排污收费制度等经济手段，到后来规划的以命令-控制型环境规制为主的污染物排放总量控制、“两控区”等政策，再到近期的市场化手段与命令-控制机制并存的环境政策体系。其中排污收费制度通过直接对排污主体收费来控制污染排放，历年来在促进环境经济协调发展中起着重要的调节作用。《中华人民共和国环境保护税法》更是实现了环境保护税费由排污费到环境保护税的变革。因此，理顺环境规制与企业绿色高质量发展之间的关系，摸清新时期环境税费制度对企业行为的作用机制，制定相关税费措施来促进绿色与发展之间的融合，已经成为亟待解决的重大问题。

此外，党的十九大报告提出了“努力实现更高质量发展”和“提高全要素生产率”的要求，提升企业的绿色全要素生产率是实现绿色发展的必由之路。这需要将治理端口前移，最大限度地控制资金和生产要素进入污染性产业，限制污染行为上游的融资支持，以绿色金融为企业绿色高质量发展提供绿色动力，充分利用金融服务绿色发展。

绿色信贷政策是绿色金融领域中起步最早、规模最大且体系最完整的政策工具。2007 年开始，原国家环境保护总局和中国银监会、中国人民银行等部门联合开展关于完善绿色信贷政策的协同磋商，并在 2007 年发布了一系列与绿色信贷相关的政策性文件。其中主要包括中国人民银行的《关于改进和加强节能环保领域金融服务工作的指导意见》，原银监会的《关于防范和控制高耗能高污染行业贷款风险的通知》和《节能减排授信工作指导意见》，以及原国家环境保护总局、中国银监会和中国人民银行的《关于落实环保政策法规防范信贷风险的意见》。这一系列的政策性文件在授信政策上体现出“三个支持”“三个不支持”。“三个支持”即银行业金融机构要对列为国家重点的节能减排项目给予支持，对得到财政、税收支持的节能减排项目给予支持，对节能减排显著地区的企业和项目在同等条件下给予支持。“三个不支持”即银行业金融机构对列入国家产业政策限制和淘汰类的新建项目不支持，对耗能、污染问题突出的企业和项目不支持，对列为落后产能的项目不支持。绿色信贷政策实质上是通过银行这一金融中介机构把调整和优化信贷结构与国家经济结构结合起来。

绿色债券作为将募集金专项用于绿色产业项目的债券工具，所承担的环保产业专项融资的功能得到更大的发挥空间，发行绿色债券是引导社会资金支持绿色发展的有力举措。国家发改委 2016 年发布的《绿色债券指引》强调要“鼓励上市公司及其子公司发行绿色债券”，因此上市公司发行绿色债券的参与度也逐渐提升。当前中国上市企业环境信息披露有限（沈洪涛等，2014；杨广青等，2020），上市公司发行绿色债券无疑向投资者传递了该公司不仅具备绿色投资行为偏好，且其环保项目已获得债权融资的双重利好信息。因此要着重研究发行绿色债券的上市公司是否会获得资本市场的认可，增强绿色信誉并提升市场价值；若资本市场确实存在绿色偏好，则发行绿色债券的上市企业除获得短期市场价值激励外，其长期的全要素生产率水平是否也相应提升等问题。针对以上问题的系统研究，可以检验资本市场的绿色有效性、推进绿色债券市场发展，以及制定精准实效的绿色金融支持政策。

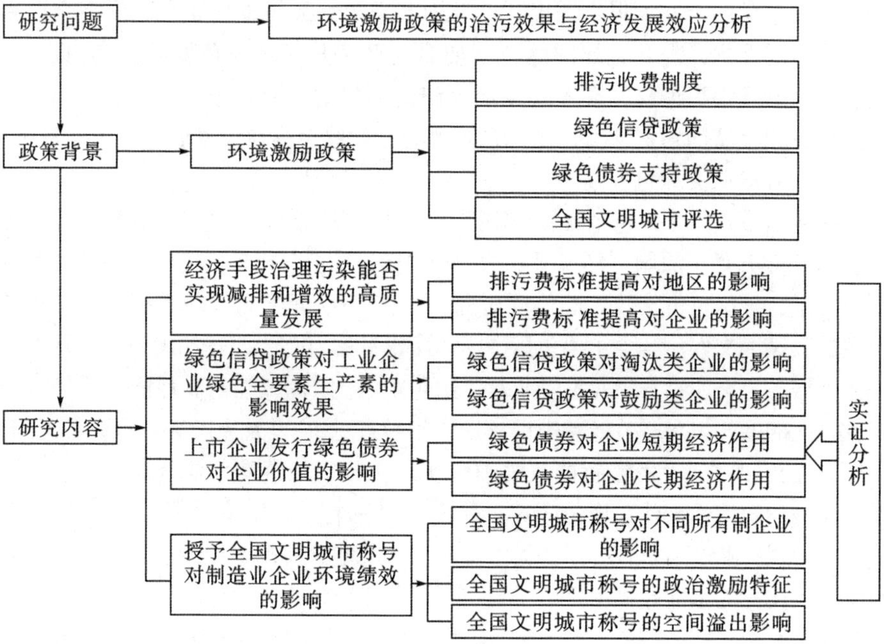

图 6.1　本章框架图

在其他有关环境治理的激励政策中，全国文明城市评选毫无疑问是最为典型的。该评选政策从 2003 年 8 月开始，2005 年 10 月授予第一批全国文明城市称号，到目前已开展六次，是中国“含金量最高、创建难度最大”的城市综合类评比政策。该评选政策将环境质量改善作为重要依据，将产生全国影响的重大环境污染事件作为评选的“一票否决”内容①，并且把环境治理改善程度作为主要的测评内容，这便使地方环境治理与全国文明城市创建联系到一起。然而，作为激励政策，人们的一大担忧在于该政策的激励作用在授予荣誉后是否仍然有效。为此，全国文明城市评选实施动态管理的复评机制，每年会对获得全国文明城市称号的地区进行复查，每一届评选还会专门对上一届当选城市进行复评，只有连续三届通过复查的城市才有机会被授予最后的“文明城市标兵”。这样的机制设计，理论上能最大程度激发获得全国文明城市称号的地区为守住“荣誉光环”而进行更大程度的环境治理。同时，地方官员必然不会仅仅满足于达到全国文明城市评选的各项指标规定，相反会针对城市薄弱环节，进一步做好公共服务，强化环境规制，推动经济的高质量发展。

6.2 排污收费标准调整对企业绿色高质量发展的影响

6.2.1 相关文献进展

环境规制与经济增长之间的关系一直都是经济学研究的热点问题，根据不同结论大致存在三种不同的观点。首先，新古典经济理论认为环境规制将企业排污导致的社会成本内部化（Baumol & Oates，1998），增加了企业运营成本，企业生产率下降，因此提高环境治理强度会增加企业治污成本进而使企业绩效降低。另一方面，以波特等为主流的学者则持相反观点（Porter，1991；Porter & Van der Linde，1995），他们认为严格而合理的环境规制能激发企业进行技术创新，获得产品的创新补偿，而且这种创新补偿所带来的效益的增加能够部分或全部抵消环境规制下企业所产生的治污成本，从而提升企业绩效。最后，除

① 全国文明城市评选“一票否决”内容主要包括以下 6 个方面：(1) 创建期间本级党委政府主要领导发生严重违纪、违法犯罪问题；(2) 发生影响全国的重大生产安全事故；(3) 发生影响全国的重大食品安全事故；(4) 发生危害国家安全和社会政治稳定的重大事件；(5) 发生影响全国的重大刑事案件；(6) 发生影响全国的重大环境污染事件。

了上述两种截然相反的观点之外，还有一种观点认为环境规制对企业绩效的影响效果是不确定的，即认为当环境规制所导致的企业成本的增加占企业经营成本很少的比例时，环境规制则不能对企业绩效产生明显的影响，只有合适且有效的环境规制才能刺激或倒逼企业选择创新发展，因此，环境规制对企业绩效的影响效果是不确定的。

事实上，环境规制的作用效果并不会与理论完全一致。环境规制强度与生产率之间的非线性关系、企业研发结果的不确定性、创新形式的不同以及企业之间的异质性等都会使环境规制偏离应有的路径（Zhou et al.，2017)，且不同的规制类型可能会产生不同的作用效果。部分研究认为，灵活的经济手段和市场化手段比命令-控制型政策工具对生产率的促进更为明显，而且会促使企业同时加强污染的末端治理和前端预防，后者有时甚至会对生产和创新产生阻碍作用(Majumdar & Marcus，2001；郭俊杰等，2019)。但是，由于经济手段和市场化政策受人为因素影响较大、缺乏污染治理动力和有效监管机制、制度基础薄弱等，中国在很长一段时间内污染控制还是以政府直接管制为主（邓辉等，2021)。自我国进入发展新阶段以来，生态文明建设和高质量发展的战略定位进一步促进了国内外学者对影响环境与经济双赢发展的各因素的探寻。在企业层面，目前对于环境规制与企业发展问题的研究主要分为以下几个方面：一是从企业经营角度入手，讨论环境规制对企业技术创新、产品转换与质量提升、企业就业创造与生产性投资以及资源配置效率的影响（Gray et al.，2014；韩超和桑瑞聪，2018；李蕾蕾和盛丹，2018)；二是从企业属性层面出发，分析环境规制与企业所处市场结构特征、产权性质、行业属性、资产规模等因素的相互关系（Gray & Shadbegian，2013；Lee，2008)。除此之外，外部的环境治理处罚也是影响环境规制与企业发展之间关系的重要因素，当企业治污成本高于环境处罚成本时，企业往往宁可选择罚款也不愿治污（李霁友，2017)。

由此可见，环境规制对企业层面的影响是多重因素共同作用的结果。已有研究发现，环境规制对企业绩效的影响主要通过成本和产品差异化这两个因素来传导（Ollivier，2016；康志勇等，2018)。在企业经营成本增加的同时，对其创新和投资会产生部分挤出效应（Jaffe et al.，1995)，企业增加额外环境治理成本会挤占企业在其他方面的投资和创新，最终会阻碍生产率的提高。创新和投资作为企业在环境规制下需要相机抉择的重大决策，其对企业绩效也有着重要影响。对于企业创新而言则主要是波特假说与新古典经济学之间的争论，而在企业投资层面，则是由企业投资成本增加（蒋伏心等，2013）、投资挤出效应（Jaffe et al.，1995）、新增投资的污染程度以及企业投资风险（Mcmullen & Shepherd，2006）共同作用的结果。因此研究环境规制对企业层面的影响，不应该仅研究其作用方向是抑制还是促进，而应从不同维度探讨其内在影响机制。本研究结合已有文献，一方面考虑了传统波特假说中的创新补偿，另一方面讨论了环境治理中企业投资挤出对企业绩效的影响[①]。

从公司属性来说，环境规制对不同规模企业和不同利益关联性企业具有异质性影响。环境规制的成本效应在企业间的分布差异可能产生非对称影响，一般认为趋严的环境规制下，小企业的合规成本远远大于大企业合规成本，进而加速小企业退出市场，改善市场竞争环境，促使企业绩效整体上升（Tombe & Winter，2015；龙小宁和万威，2017）。大量研究都表明，小企业经营不确定性大、资金渠道单一、运营风险高，而大企业有更多的库存，企业运营更趋平稳，能够更加及时地应对外部的冲击。另外，在官员晋升锦标赛模式中，环境规制政策的制定和实施往往受制于地方政府的现实需要。对于政治、利益关联性越强的企业而言，环境规制对企业生产的影响越小（周黎安，2007；Chen et al.，2018）。比如，大规模企业和高税负企业作为地方政府税收的主要来源企业，在趋严的环境规制下，地方政府更可能对这类企业实施"庇护作用"[②]，甚至帮助其逃避中央税赋和管制来发展本地经济（金太军和袁建军，2011）。正是中国环境规制政策在实施过程中存在的类似问题，使得环境规制对部分利益关联性强的企业影响大大降低。

而对于环境规制的制定、实施与政府关系的研究中，目前文献都将各层级政府视为一个整体，认为各级政府都会按照规定采取统一行动。但在实际过程

---

① 需要指出的是，本研究着重讨论了投资挤出机制和波特假说中的创新补偿机制，并不代表有且仅有这两条渠道，事实上至少还存在增加企业合规成本与改变企业进出市场这两条渠道，但受限于上市企业数据的可获得性，无法获得因排污收费提高政策产生的成本变动数据，本研究未能对这些机制一一验证。

② 以中国工业企业数据库中 2004 年不同资产规模企业单位营业收入所缴纳的排污费为例，大规模企业所缴纳的单位排污费明显低于小规模企业：小规模企业 0.00112，中等规模企业 0.00082，大规模企业 0.00071，其中重污染型行业所对应的小规模企业 0.00141，中等规模企业 0.00079，大规模企业 0.00076。以不同税负规模企业单位营业收入所缴纳的排污费为例，高税负企业缴纳的单位排污费明显低于低税负企业：高税负企业 0.00058，低税负企业 0.00114，其中重污染型行业所对应的高税负企业 0.00059，低税负企业 0.00144。

中，不同层级的政府对企业施加的影响是不同的（Chang & Wu，2014；Luo et al.，2017）。一般而言，中央和基层政府控制的企业在环境绩效表现方面，明显低于中间层级政府控制的企业[①]，并呈现倒U形的曲线关系（Wang et al.，2018）。具体而言，监管企业的政府层级越低，企业将面临更多层级政府的监管，则企业所受监管压力越大；同时，离中央政府的距离越远，地方政府掌握的自由性也将越大，企业的自主性也就越强，这将放松对企业的环保管制，进而产生抵消作用。中央政府监管的企业虽然只受一级政府的监管，监管压力不大，但是企业没有足够的自主性，与此同时，基层政府监管的企业虽然受到较大的监管压力，但是却有较强的企业自主性。因此，相比于中央政府和底层政府监管的企业，由中间层级政府监管的企业在环境绩效表现方面实际上面临着更大的压力[②]。

综上所述，本研究提出假设6.1：不同资产规模企业、不同税负规模企业、不同政府层级监管的企业所受环境规制的影响具有异质性，其中，对中间层级政府监管的国有企业影响最大，并且对利益关联性较强的大企业[③]和高税负企业具有“包庇效应”[④]。

对比现有的文献，本节的创新点在于：一是国内基于排污收费这一视角所研究的问题均是讨论其在污染减排层面的影响，目前并未发现排污收费在企业绩效层面影响的相关研究，本节对这一类文献进行了相应补充。二是在研究内容上，进一步讨论了环境规制影响企业绩效的可能性机制路径，以及环境规制对利益关联性企业和不同所有制企业的异质性影响，研究内容和分析角度相比之前文献更加全面，拓

---

① 本研究关于国有企业所受监管的政府层级的分类是根据国泰安数据库进行的，将地方国企设定为由中间层级政府监管的企业；将央企设定为由最高层级政府监管的企业；将其他非国有企业设定为由最低层级政府监管的企业。

② 以中国工业企业数据库中2004年不同隶属关系企业单位营业收入所缴纳的排污费为例，中间层级政府监管企业缴纳排污费明显高于央企和基层政府监管的国有企业。具体地，中央级国有企业0.00070，省属和地区级国有企业0.00666（其中，省属国有企业0.00498，地区国有企业0.00760），县级国有企业0.00089，其他隶属关系为街道、镇、乡、居委会、村委会和其他的企业为0.00051，其中重污染型行业所对应中央级国有企业0.00075，省属和地区级国有企业0.00775（其中，省属国有企业0.00186，地区国有企业0.00039），县级国有企业0.00095，其他隶属关系为街道、镇、乡、居委会、村委会和其他的企业0.00055。

③ 企业总资产规模大于均值的为大企业，小于均值的为小企业。

④ 本研究是按照企业税负的中位数来划分高低税负类别；企业税负＝（支付的各项税费－收到的税收返还）/当期营业收入。

宽了现有文献对环境规制影响企业发展的认识；在企业所有制方面，细化了国有企业所有制类型，对不同层级政府监管的企业进行了比较分析。三是相比于以前文献仅片面地研究减排效应或经济效应，本节从绿色发展的角度，同时考虑了环境规制的减排和增效。

6.2.2 研究方法和数据

（1）研究设计与计量模型

①研究设计

本研究首先研究工业二氧化硫排污收费标准提高是否达到了减排效果，然后再考察排污收费标准改变对企业行为的影响，最后将着重探讨排污费改革政策影响工业企业发展的具体路径。因此，本研究聚焦于2007年开始实行的二氧化硫排污费征收标准提高这一准自然实验[①]，具体情况如表6.1所示，采用2004年至2014年中国各地区面板数据和沪深股市上市工业企业数据，先运用双重差分法（DID）研究排污费提高对污染减排的有效性。在此基础上，再采用三重差分方法（DDD）来识别这项措施在企业层面的影响。

表6.1 2007年至2014年各省二氧化硫排污费征收标准变化

省（区、市）	调整时间	调整前价格（元/公斤）	调整后价格（元/公斤）
江苏	2007.7.1	0.63	1.26
安徽	2008.1.1	0.63	1.26
山西	2008.1.1	0.63	1.26
河北	2008.7.1	0.63	1.26
山东	2008.7.1	0.63	1.26
内蒙古	2008.7.10	0.63	1.26

① 2007年5月国务院发布的《节能减排综合性工作方案》，要求各省（区、市）将二氧化硫排污费从原来的0.63元/公斤提高到1.26元/公斤，2014颁发的《关于调整排污费征收标准等有关问题的通知》更是要求各省（区、市）在2015年6月底前将二氧化硫排污费征收标准调整至不低于每污染当量1.2元。笔者通过各地区政府部门网站搜集了2007年至2014年各省（区、市）调整二氧化硫排污费征收标准的具体信息。其中，山西省和黑龙江省在政府相关文件中规定：只对未完成烟气脱硫设施建设或二氧化硫排放超标的企业进行二氧化硫排污费征收标准的调整，所以本研究在处理组中未考虑这两个省的样本。

续表

省（区、市）	调整时间	调整前价格（元/公斤）	调整后价格（元/公斤）
广西	2009.1.1	0.63	1.26
上海	2009.1.1	0.63	1.26
云南	2009.1.1	0.63	1.26
广东	2010.4.1	0.63	1.26
辽宁	2010.8.1	0.63	1.26
天津	2010.12.20	0.63	1.26
新疆	2012.8.1	0.63	1.26
黑龙江	2012.8.1	0.63	0.95
黑龙江	2013.8.1	0.63	1.26
北京	2014.1.1	0.63	10
宁夏	2014.3.1	0.63	1.26
浙江	2014.4.1	0.63	1.26

②计量模型

笔者利用2007年至2014年间各省（区、市）二氧化硫排污费征收标准调整在时间和空间上的差异，采用双重差分模型（DID）进行估计。由于各个省（区、市）实施排污费改革的时间节点不一致，而标准的双重差分方法一般要求不同省（区、市）政策发生为同一时间点，笔者借鉴 Bertrand & Mullainathan (1999) 提出的“多期双重差分方法”，将所有观测值中还未实施排污费改革的观测值作为控制组，已经实施排污费标准调整的观测值作为处理组，即使最终所有省（区、市）都已经实施排污费改革，也可以将未实施之时的观测值作为控制组。因此，基准模型如下：

$$Y_{it} = \alpha + \beta SCR_{it} + \delta' Control_{it} + \mu_i + \gamma_t + \varepsilon_{it} \tag{6.1}$$

其中，下标 i 和 t 分别表示省（区、市）和年份；因变量 Y_{it} 代表地区污染程度，基于本研究的研究对象，采用单位工业总产值工业二氧化硫排放强度（SO_2ind）来表示地区污染程度；SCR_{it} 是关键解释变量，表示具体省（区、市）二氧化硫排污费征收标准调整状况，若 t_{i0} 表示 i 省（区、市）实施排污费调整政策的当年，那么对于处理组省（区、市）且 $t \geqslant t_{i0}$ 时，则令 SCR_{it} 取值为 1，反之则为 0[①]；$Control_{it}$ 表示其他控制变量，主要包括：实际人均 GDP（$pgdp$），产业结构（$i2$），固定资产投资率（inv），废气治理占工业总产值比重（air_rate），国有及国有控股工业比重（$state\_rate$），六大污染型行业占比（$ind6$）；μ_i 是省（区、市）固定效应，以控制地区间不随时间变化的冲击的影响；γ_t 表示年份固定效应，以控制各年份不因企业而变化的冲击的影响；ε_{it} 表示随机扰动项。

环境规制的治污效果不仅依赖于排污收费标准的变化，更取决于环保机构是否严格执法。在中国，排污收费在实际执行过程中普遍存在着“非完全执行”的情形（李霁友，2017）。据此，笔者引入环境执法强度指标，讨论不同执法强度下环境规制的治污效果。基于指标数据的可得性，笔者选择各地区排污费征收总额作为环境执法的度量指标，并用当年实际缴纳排污费企业数量来进行标准化处理（包群等，2013）。因此，建立模型：

$$Y_{it}=\alpha+\beta SCR_{it}\times penalty_{it-1}+\sigma SCR_{it}+\vartheta penalty_{it-1}+\delta' Control_{it}+\mu_i+\gamma_t+\varepsilon_{it} \quad (6.2)$$

其中，$penalty_{it-1}$ 表示环境执法强度指标，其余各变量设定均与模型（6.1）中一致。考虑到排污费调整与环境执法强度代理变量之间的互相影响，因此笔者采用滞后一期的环境执法强度指标 $penalty_{it-1}$ 与主要解释变量 SCR_{it} 交互，讨论不同执法强度下排污收费标准调整的减排效果。

③企业绩效模型

基于排污收费政策减排有效性的分析，我们再来探讨排污收费标准提高对企业绩效的影响，需要在上述双重差分基础上加入企业维度的分析。影响企业绩效的因素有很多，既包括企业本身的经营能力、融资能力、组织结构、管理能力，也包括企业所在地区的地理区域、政治、经济等环境因素。排污费改革作为一种政策性冲击，我们使用三重差分法（DDD）来评估企业绩效在环境规制前后的变化，并且讨论此项排污费征收标准调整对不同类型企业的异质性影响。因此，笔者设立如下企业层面的模型：

$$Y_{ijft}=\alpha+\beta SCR_{ijft}+\delta' Control_{ft}+\mu_f+\gamma_{it}+\varphi_{jt}+\varepsilon_{ijft} \quad (6.3)$$

其中，i 表示省（区、市），j 表示行业，f 表示企业，t 表示年份。Y_{ijft} 是

---

① 考虑到部分省（区、市）实施排污费改革的时间在年中，规定若排污费提高的时点在当年的 7 月份以后，则设定该省（区、市）政策实施的当期为下一年。

i 省（区、市）行业 j 企业 f 在 t 年的企业绩效，这里用企业资产收益率（ROA）来衡量，SCR_{ijft} 表示为 t 年在 i 省（区、市）j 行业的企业 f 是否受到排污费标准调整这一外部冲击的影响，由于受排污费标准调整影响的行业主要为排放二氧化硫的六大行业①下的污染型行业，那么，如果 i 省（区、市）排污费改革的时间为 t，则在 t 年以后上述二氧化硫污染型行业所对应的企业 SCR_{ijft} 为 1，反之为 0。$Control_{ft}$ 为影响企业绩效的其他控制变量，μ_f 表示企业固定效应，以控制所有不随时间变化的企业层面特征；γ_{it} 表示省（区、市）-时间固定效应，以控制省（区、市）层面共同的时变特征；φ_{jt} 表示行业-时间固定效应，以控制相同行业共同的时变特征，ε_{ijft} 为残差项，通过估计系数 β 可以识别此项排污费改革对企业绩效的冲击；同时，为了探索影响企业绩效的具体路径，也对企业的生产性投资（$invest$）、研发投入（RD_asset）和创新产出（$\ln IApply$）② 进行了分析。

（2）变量说明及数据来源

①地区减排层面

本研究在地区减排层面选取的样本数据为 2004 年至 2014 年③中国 30 个省（区、市）经济环境数据，由于西藏缺失数据较多，这里不予考虑。各类数据主要来源于《中国环境统计年鉴》《中国环境年鉴》《中国统计年鉴》、国家统计局以及中国经济数据库等官方数据。

地区减排层面的变量选取方面，按照模型（6.1）中各变量选取，具体指标及描述性统计如表 6.2 所示。

---

① 《第一次全国污染源普查公报》数据显示，二氧化硫排放的行业主要包含：电力、热力生产供应业；非金属矿物制品业；黑色金属冶炼及压延加工业；化学原料及化学制品制造业；有色金属冶炼及压延加工业；石油加工炼焦及核燃料加工业等六大行业，因此本研究讨论的受排污费改革影响的工业企业也主要为这六大行业下所对应的污染型企业。

② 囿于数据的可得性，本研究创新产出指标未采用企业绿色专利数据，而采用企业发明专利数量来替代。通过对比 2017 年的各省（区、市）绿色专利数据和全部发明专利数据，笔者发现两者之间高度相关，相关系数达 0.89。笔者还比较了 2014 年至 2017 年各省（区、市）绿色专利和总发明专利的累计量数据，发现各省（区、市）在两种指标之间的排名高度一致，且二者之间相关系数高达 0.98。数据来源：http：//img. yichang. gov. cn/upload2017/2018/0910/20180910060333321. pdf。

③ 本研究的研究对象是 2007 年至 2014 年逐年在各个省（区、市）实施的排污收费标准提高措施，且这一标准到 2015 年全部省（区、市）都已调整完毕，另外考虑到后文中共同趋势的检验，所以本研究所选取的样本期间是 2004 年至 2014 年。

表 6.2　地区减排层面变量、具体指标及描述性统计

变量	指标说明	观测值	平均值	标准差	最小值	最大值
SO_2ind	单位工业总产值 SO_2 排放（吨/万元）	330	0.011	0.012	0.0002	0.063
penalty	排污费征收总额/缴费企业数（万元/家）	330	4.632	4.114	0.563	31.452
pgdp	实际人均 GDP（万元/人）	330	2.504	1.594	0.430	8.368
i2	第二产业占 GDP 比重（%）	330	47.488	7.635	21.306	59.045
inv	固定资产投资占 GDP 比重（%）	330	61.523	19.301	25.358	124.222
air_rate	废气治理占工业总产值比重（%）	330	0.085	0.087	0.001	0.586
state_rate	国有及有国有控股工业比重（%）	330	41.200	19.038	10.269	83.369
ind6	六大污染型行业占比（%）	330	40.091	12.795	19.156	75.769

数据来源：笔者根据各类统计年鉴中的数据整理得来。

②企业绩效层面

企业层面的控制变量及各种指标的度量，参考郑志刚等（2014）、郝阳和龚六堂（2017）等人的研究思路，企业绩效方程的被解释变量为企业的衡量公司盈利能力的资产收益率（*ROA*）。控制变量主要包含企业资产规模（ln *asset*）、杠杆率（*LEV*）、资产结构（*struc*）、成长能力（*growth*）、企业年龄（*age*）、管理水平（*Ind_Dir*，*top5*）、企业创新能力（*inaseet*）等。

投资方程的被解释变量为企业新增投资。参考已有文献（Chen et al.，2011；王曦等，2017），影响企业投资的主要因素还有企业投资机会托宾 Q，市场化程度（*top5*）、资产负债率（*LEV*）、企业规模（ln *asset*）、盈利能力（*Prof*）、企业经营现金流等（*Mcfps*）。

创新方程的被解释变量是研发投入（*RD_asset*）和创新产出（ln *IApply*）。参考齐绍洲等（2018），控制变量选取企业规模（ln *asset*，*labour*）、企业年龄（*age*）、社会财富创造能力（*TobinQ*）、企业信用评价（ln *debt*）。具体的变量定义如表 6.3 所示。

表 6.3　企业绩效层面变量定义

变量类别	变量名	变量定义	单位
资产收益率	*ROA*	净利润/总资产余额	%
新增生产投资	*invest*	购建固定资产、无形资产和其他长期资产支付的现金，用期初总资产标准化	%
研发投入	*RD _ asset*	当年研发支出占总资产比重	%
创新产出	ln *IApply*	ln（企业发明专利的数量+1）	
企业规模	ln *asset*	总资产取对数	百万
杠杆率	*LEV*	总负债/总资产	%
成长能力	*growth*	（期末总资产－上期末总资产）/上期末总资产	%
资产结构	*struc*	固定资产占总资产比例	%
企业年龄	*age*	统计的年份－成立年份	年
独立董事规模	*Ind _ Dir*	独立董事人数/董事会规模	%
股权集中度	top_5	前五大股东持股比例平方和	
企业创新能力	*inaseet*	无形资产所占比例	%
托宾 Q	*TobinQ*	公司市场价值与资产重置成本之间的比例	%
盈利水平	*Prof*	利润/总营业收入	%
经营现金流	*Mcfps*	（现金流入－现金流出）/总股本	%
企业人数	ln *labour*	员工总人数取对数	
企业信用评价	ln*debt*	总负债取对数	

为研究 2007 年开始实施的二氧化硫排污费调整对企业绩效的影响，本研究选取我国沪深两市上市工业企业作为初始样本，样本期间为 2004 年至 2014 年。对其进行如下处理：除去 ST 或 ST* 的企业，以规避异常值影响；剔除数据严重缺失的企业，并对个别变量的缺失值做插值处理；剔除流动资产、固定资产、固定资产净值大于总资产的异常值；对观测值在 1%和 99%分位数上进行缩尾处理，以消除异常值的影响。在对企业层面的研究中，企业财务数据、公司员工规

模数据以及企业所在行业数据来自 CSMAR 数据库，企业研发支出和所在省(区、市）特征数据来自 Wind 数据库，数据通过手工比对合并形成。处理后面板数据的描述性统计如表 6.4 所示。

表 6.4　企业绩效层面变量描述性统计

变量	观测值	平均值	标准差	最小值	最大值
ROA	13000	3.89	6.57	−28.50	22.01
invest	13000	8.66	10.21	0	448.1
RD _ asset	7903	1.81	1.64	0	40.96
ln *IApply*	9224	17.97	47.06	0	351
ln *asset*	13000	21.63	1.24	18.86	26.65
LEV	13000	45.45	23.50	4.587	155.7
growth	11000	17.99	39.46	−40.09	307.1
struc	13000	27.93	16.55	0.22	75.72
age	13000	12.44	5.17	0.07	47.08
Ind _ Dir	13000	36.41	5.05	25	57.14
*top*5	13000	0.18	0.12	0.01	0.58
inaseet	13000	4.56	5.04	−0.77	67.97
TobinQ	12000	238.8	160.7	88.76	1073
Prof	13000	6.12	18.09	−120.0	69.07
Mcfps	11000	45.82	84.93	−727	1219
ln *labour*	13000	7.64	1.25	3.40	11.12
ln *debt*	13000	20.67	1.58	14.22	27.72

资料来源：笔者自行计算。

6.2.3　实证结果与分析

(1) 排污费标准提高是否能促进减排

首先，笔者从宏观层面探讨工业二氧化硫排放收费标准的提高是否能起到降低排放强度的作用，运用模型（6.1）中双重差分方法来讨论排污费标准变化对二氧化硫减排强度的有效性。使用双重差分法得到无偏估计的一个重要前提是共同趋势假设成立，也就是在排污收费标准提高之前，处理组和控制组的二氧化硫排放强度随时间变化的趋势大概一致。如果二氧化硫排污费征收标准的提高在各省（区、市）之间实行并不是随机的，那么在分析过程中将受到内生性问题的影响无法得到无偏估计。因此对可能同时影响二氧化硫排放和各省（区、市）排污费改革措施实施的因素进行讨论。具体而言，各地区二氧化硫排放强度和废气治理投资将会影响排污费提高措施在各省（区、市）之间的实施情况，影响二氧化硫排放和排污费征收标准实施的各因素在处理组和控制组的对比情况如表 6.5 所示。

表 6.5　处理组和控制组省（区、市）工业部门的各关键变量在调整前的均值比较

变量	控制组均值	处理组均值	差分	t 值	p 值
单位工业总产值工业 SO_2 排放	0.021	0.018	0.004	1.114	0.268
单位缴费企业排污费征收额	1.819	2.303	−0.483	−1.308	0.194
废气治理投资占 GDP 比重	0.126	0.094	0.032	1.550	0.125
国有及国有控股工业比重	55.927	42.562	13.365	3.526	0.001***
固定资产投资率	45.704	47.531	−1.827	−0.908	0.366
人均 GDP	1.070	2.105	−1.034	−5.180	0.000***
第二产业占 GDP 比重	45.374	47.058	−1.684	−1.103	0.273
六大污染行业占比	42.053	38.043	3.650	1.339	0.1838

注：以上均为处理组和控制组在政策发生之前（2004—2006 年）各变量的均值比较；*、** 和 *** 分别表示显著性水平为 10%、5%和 1%。

二氧化硫排污费征收标准调整最早是在 2007 年开始实行，因此笔者比较了征收标准提高之前即2004年至2006年间处理组和控制组在二氧化硫排放强度与地区排污费执法强度之间的差异。通过表6.5处理组和控制组省（区、市）工业部门的各关键变量在调整前的均值比较，我们可以看出，单位工业总产值工业二氧化硫排放强度、单位缴费企业排污费征收额和地区废气治理投资的比重在处理组和控制组之间并无显著差异。考虑到污染是生产和投资的副产品、产业结构可能导致排污的差异性，通过对比处理组和控制组2004年至2006年间固定资产投资率和第二产业占GDP比重来进行检验，笔者发现固定资产投资率和产业结构在处理组和控制组之间的差异均不显著。因此，地区二氧化硫排放量，地区生产、投资和经济结构等状况的检验结果符合共同趋势假设。为了尽可能避免其他因素的干扰，笔者还对比了其他因素在处理组和控制组之间的差异，发现国有及国有控股工业比重和人均GDP在处理组和控制组之间有显著差异，因此，在回归分析时均应该对这些特征变量进行控制。

基于上述分析，我们再对二氧化硫排污费征收标准提高的减排效果进行讨论。表6.6分别显示了对模型（6.1）、（6.2）的估计结果，各列的因变量是单位工业总产值工业二氧化硫排放量（SO_2ind），*SCR*表示主要解释变量，其余为其他控制变量。表6.6的回归结果显示，第1列和第2列中双重差分项*SCR*的系数均不显著，这表明排污收费标准提高在整体上未能实现地区减排目标。结合已有文献的研究（李霁友，2017）可知，征收力度小[①]、执法强度弱等情况所导致企业宁可缴费也不愿治污、政府管理监督不严以及排污费被挪用并未用于环境治理等情况会使环境规制的效力下降。另外，物价的上涨导致减排成本的增加也可能部分抵消排污费标准调整的减排效果。第3列和第4列中加入了政策变量与排污费执法强度的交互项，结果显示，在加入其他控制变量的情况下，交互项的系数显著为负。这表明，在实施了排污费征收标准调整的省(区、市)，随着排污收费执法强度的提高，排污费征收标准调整的减排效果更明显。因此我们得出结论，在趋严的环境执法强度下，排污收费标准的提高能有效促进地区二氧化硫减排。

---

① 具体而言，以六大污染型行业所对应工业企业在2004年的数据为例，各行业企业平均缴纳排污费占销售总值比例：电力、热力生产供应业0.1025％、非金属矿物制品业0.0765％、黑色金属冶炼及压延加工业0.0357％、化学原料及化学制品制造业0.0701％、有色金属冶炼及压延加工业0.0512％、石油加工炼焦及核燃料加工业0.0480％。数据来源：中国工业企业数据库。

表 6.6　排污收费标准改革减排效果分析

变量	SO_2ind	SO_2ind	SO_2ind	SO_2ind
SCR	0.0014	−0.0011	0.0013	0.0010
	(0.0027)	(0.0023)	(0.0027)	(0.0020)
$Penalty$			-0.0007^{***}	-0.0004^{**}
			(0.0003)	(0.0002)
$SCR\times Penalty$			0.0001	-0.0003^{*}
			(0.0003)	(0.0002)
常数项	0.0208^{***}	0.0311	0.0209^{***}	0.0200
	(0.0016)	(0.0207)	(0.0014)	(0.0181)
其他控制变量	No	Yes	No	Yes
年份固定效应	Yes	Yes	Yes	Yes
省（区、市）固定效应	Yes	Yes	Yes	Yes
样本量	330	330	300	300
调整后的 R^2	0.5347	0.6567	0.5866	0.6933

注：其他控制变量包括前文中所提到的变量，小括号内为以省（区、市）聚类的稳健标准误，*、** 和 *** 分别表示显著性水平为 10%、5%和 1%。

(2) 排污费标准提高对上市工业企业的整体影响分析

①动态效应分析

与上文排污费改革的治污有效性研究相同，在运用三重差分对上市工业企业绩效的分析之前，先进行平行趋势检验，即检验在政策实施之前，处理组和控制组在企业绩效、生产性投资和创新等指标上的差异是否会随时间的推移而发生变化。如果排污收费标准实施之前的因素导致二氧化硫污染型行业与其他工业行业在企业绩效、生产性投资和创新等方面的差异出现显著变化，那么共同趋势假设不成立，回归结果将有偏差。虽然在实证回归过程中加入的影响企业绩效、生产性投资和创新的其他控制变量能够减弱这种偏差，但是为了更严谨地判断排污收费标准提高之前的因素是否对回归结果产生影响，笔者使用事件研究法对试点政策的动态效应进行实证检验，并构建以下模型：

$$Y_{ijft}=\alpha+\sum_{t=-4}^{6}\beta_t SCR_{ijft}+\delta' Control_{ft}+\mu_f+\gamma_{it}+\varphi_{jt}+\varepsilon_{ijft} \tag{6.4}$$

其中，以试点政策前一年（$t=-1$）作为基准期，SCR_{ijft} 的系数表示：排污收费标准实施前后处理组和控制组企业层面差异相对于政策实施前一期的变化。其他变量均与模型（6.3）相同。

t 在 95％置信水平下的估计结果如图 6.2 所示。我们可以发现，t 在政策实施前几期均不显著，说明处理组和控制组在政策实施之前并无显著差异，满足平行趋势检验。此外，由政策实施后的系数 t 可以看出，企业绩效（*ROA*）和生产性投资（*invest*）均在当期和滞后期有显著负向影响，企业研发支出（*RD _ asset*）仅在当期有显著影响，而对创新产出（ln *IApply*）影响并不显著。

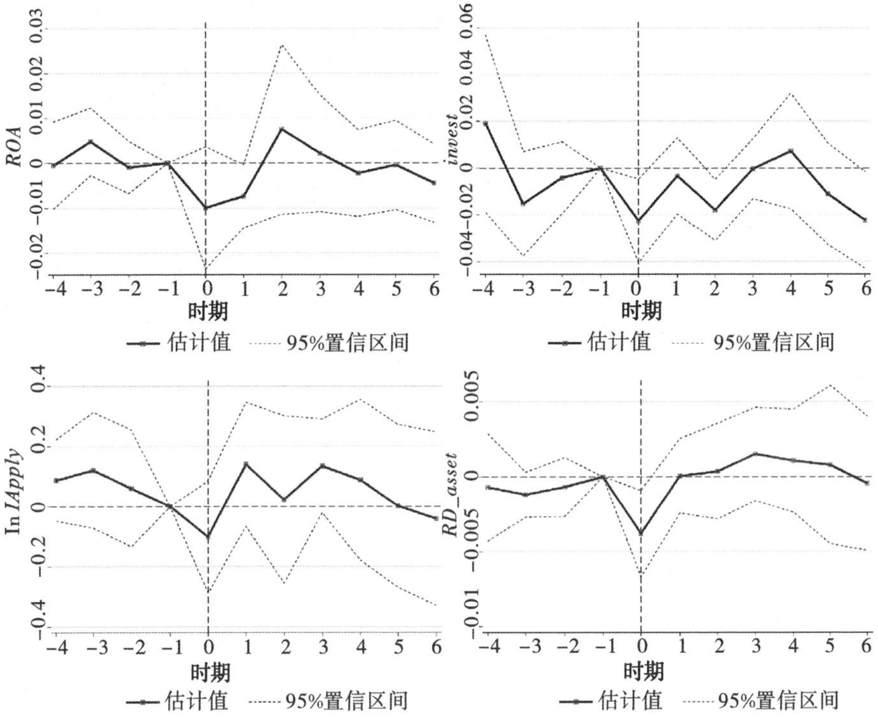

图 6.2　动态效应分析

注：笔者通过提取模型（6.4）事件分析回归中的估计系数与 95％的置信区间绘制上述图形。在回归中以排污费标准调整措施实施的前 1 年为基期，所以在图形上实施时间－1 的估计系数为 0。回归中采取固定效应法，分别控制企业固定效应、时间-行业固定效应、时间-省（区、市）固定效应，并在模型中加入上文所阐述的控制变量，以省（区、市）聚类得到稳健标准误。

②排污费标准提高对企业绩效的影响分析

笔者使用衡量企业绩效的指标资产收益率（*ROA*）作为被解释变量，基于模型（6.3）基准模型讨论排污费标准提高对企业绩效的影响，结果如表6.7所示。在第1列和第2列中，无论是否加入其他控制变量，政策项*SCR*的系数均显著为负，即工业企业排污收费标准提高将会显著降低企业绩效，且当控制其他因素保持不变时，相比于还未受排污收费标准提高影响的企业而言，受到影响的企业资产收益率平均降低0.9%。

第3列和第4列则引入地区环境执法强度与政策效应的交互项，讨论在提高地区环境规制强度和执法力度的情况下，排污费标准的提高能否倒逼企业实现增效。第3列和第4列回归结果显示，地区环境执法强度与政策效应的交互项均不显著，即在考虑地区环境规制强度和执法力度后，排污费标准调整对于环境规制强度和执法力度趋严的地区企业绩效并无显著影响。结合表6.6中减排层面的结果，在趋严的环境执法强度下，排污收费标准的提高能有效促进地区二氧化硫减排。我们可以得出，排污收费制度要想在地区和企业层面实现减排、增效的高质量发展目标，仍需要与合理的规制强度、严格的执法监督力度相配合。

表6.7　排污费对企业绩效的整体影响

变量	*ROA*	*ROA*	*ROA*	*ROA*
SCR	-0.0164^{***}	-0.0091^{**}	-0.0104^{**}	-0.0037
	(0.0037)	(0.0035)	(0.0040)	(0.0039)
SCR×*penalty*			-0.0012	-0.0010
			(0.0007)	(0.0006)
penalty			0.0011^{**}	0.0007^{*}
			(0.0005)	(0.0004)
常数项	0.0584^{***}	-3.8943^{***}	0.0566^{***}	-3.8338^{***}
	(0.0090)	(0.6145)	(0.0093)	(0.6482)
其他控制变量	No	Yes	No	Yes
企业固定效应	Yes	Yes	Yes	Yes
时间×省（区、市）固定效应	Yes	Yes	Yes	Yes

续表

变量	*ROA*	*ROA*	*ROA*	*ROA*
时间×行业固定效应	Yes	Yes	Yes	Yes
样本量	12852	11044	12852	11044
调整后的 R^2	0.0040	0.2077	0.0052	0.2082

注：其他控制变量表示前文中所提到的影响企业绩效的其他因素：企业资产规模（ln*asset*）、杠杆率（*LEV*）、资产结构（*struc*）、成长能力（*growth*）、企业年龄（*age*）、管理水平（*Ind _ Dir*，*top*5）、企业创新能力（*inaseet*）；小括号内为以省（区、市）聚类的稳健标准误，*、** 和 *** 分别表示显著性水平为 10%、5%和 1%。

③稳健性检验

结合图 6.2 和表 6.7 的结果，我们可以看出，整体而言，排污收费标准提高对上市工业企业绩效存在显著的抑制作用，然而为确保回归结果的稳健性，还需分别进行稳健性检验（见表 6.8）。

表 6.8　稳健性检验结果

变量	ln*profit*	*ROE*	行业污染属性指标不同定义 *ROA*	剔除并行政策影响 *ROA*	删除山西和黑龙江样本 *ROA*
SCR	−0.1942***	−0.0227**	−0.0124***	−0.0486***	−0.0096**
	(0.0702)	(0.0091)	(0.0043)	(0.0161)	(0.0035)
常数项	−65.7544***	−8.3398**	−3.7434***	1.3248***	−3.5633***
	(13.5066)	(3.5196)	(0.7750)	(0.1981)	(0.5707)
其他控制变量	Yes	Yes	Yes	Yes	Yes
企业固定效应	Yes	Yes	Yes	Yes	Yes
时间×省（区、市）固定效应	Yes	Yes	Yes	Yes	Yes
时间×行业固定效应	Yes	Yes	Yes	Yes	Yes

续表

变量	ln*profit*	*ROE*	行业污染属性指标不同定义 *ROA*	剔除并行政策影响 *ROA*	删除山西和黑龙江样本 *ROA*
样本量	9908	11044	7382	10835	10735
调整后的 R^2	0.2886	0.0361	0.2007	0.2114	0.2032

注：其他控制变量表示前文中所提到的影响企业绩效的其他因素：企业资产规模（ln*asset*）、杠杆率（*LEV*）、资产结构（*struc*）、成长能力（*growth*）、企业年龄（*age*）、管理水平（*Ind _ Dir*，*top*5）、企业创新能力（*inaseet*）；小括号内为以省（区、市）聚类的稳健标准误，*、**和***分别表示显著性水平为10%、5%和1%。

上文采用上市公司总资产收益率（*ROA*）来衡量企业绩效，为了保证结论的可靠性和严谨性，结合目前已有文献对企业绩效的研究，稳健性分析部分再分别采用企业利润总额（ln *profit*）、净资产收益率（*ROE*）作为衡量企业绩效的指标。综合比较上述反映企业绩效不同指标的回归结果，我们发现主要解释变量回归结果均显著，且与前文所得出的结论一致。根据《第一次全国污染源普查公报》的资料证据，上文将污染行业设定为：电力、热力生产供应业、非金属矿物制品业、黑色金属冶炼及压延加工业、化学原料及化学制品制造业、有色金属冶炼及压延加工业、石油加工炼焦及核燃料加工业等排放二氧化硫的主要六大行业。参考齐绍洲等（2018）的研究，笔者在稳健性分析部分对行业污染属性指标进行重新定义，这里采取的是政策实施之前的2000年企业所属行业二氧化硫排放量占全行业比重。采用单一年份的行业排放指标避免了随时间变化的行业排放指标可能造成模型的内生性问题，回归结果与前文一致。

为避免回归结果受到其他同类政策的干扰，笔者搜集了与排污收费制度相近的其他环境政策事件，发现2007年排污权交易试点政策可能会影响政策试点省（区、市）的污染型企业绩效，因此笔者又剔除了2007年排污权交易试点省（区、市）所对应的企业样本，然后基于剔除后的样本再对排污收费提高政策效力进行估计，估计结果与基准回归一致。山西省和黑龙江省只对未完成烟气脱硫设施建设或二氧化硫排放超标的企业进行排污费调整，前文是将其纳入控制组中，而在稳健性检验部分则直接剔除了这两个省份的样本，分析结果与基准回归一致。

（3）排污费标准提高对上市工业企业影响的机制分析

①排污费标准提高对企业投资的影响分析

检验排污费标准提高对企业新增投资的影响，估计结果如表 6.9 所示。我们可以发现，无论是否加入其他控制变量，政策变量 *SCR* 的系数均显著为负。因此排污收费标准的提高显著地降低了工业企业的生产性投资。当其他因素保持不变时，相比于还未受排污收费标准提高影响的那一部分企业，排污收费标准提高平均将使工业企业的新增投资减少 2.5%。

由此我们得出结论，排污收费改革措施将显著降低企业的新增投资。排污收费标准的提高产生了政策宣告作用，并使企业的运营成本大大增加，在一定程度上改变了工业行业对未来市场走势的判断和信心，并在企业成本增加的情况下部分挤出了企业用于投资的那一部分资金。

表 6.9　排污费改革对企业新增生产投资的影响

变量	*invest*	*invest*	*invest*	*invest*
SCR	−0.0300***	−0.0280***	−0.0265***	−0.0253***
	(0.0052)	(0.0044)	(0.0050)	(0.0041)
常数项	0.1241***	−0.3223***	0.1082***	−0.3257***
	(0.0063)	(0.0871)	(0.0089)	(0.0801)
其他控制变量	No	Yes	No	Yes
企业固定效应	Yes	Yes	Yes	Yes
年份固定效应	Yes	Yes	No	No
时间×省（区、市）固定效应	No	No	Yes	Yes
时间×行业固定效应	No	No	Yes	Yes
样本量	12844	10400	12844	10400
调整后的 R^2	0.0483	0.1058	0.0339	0.0916

注：其他控制变量是指影响企业投资的其他因素：企业投资机会托宾 Q、市场化程度（*top*5）、资产负债率（*LEV*）、企业规模（ln *asset*）、盈利能力（*Prof*）、企业经营现金流等（*Mcfps*）；小括号内为以省（区、市）聚类的稳健标准误，*、** 和 *** 分别表示显著性水平为 10%、5%和 1%。

②排污费标准提高对企业创新的影响分析

本部分检验排污费改革对企业创新层面的影响。企业创新，主要分两个方面进行讨论：企业创新投入和创新产出，分别用企业研发支出占总资产比重（RD_asset）和企业发明专利的数量（$\ln IApply$）来表示（见表6.10）。

第1列和第2列考察了排污收费标准的提高对企业创新产出的影响。结果显示排污费标准的提高对企业创新产出均无显著影响。第3列和第4列分别考察了排污收费标准的提高对企业创新投入的影响，结果显示排污收费标准提高对企业创新投入的影响均显著为负。由此可见，排污收费标准的提高对企业创新投入具有一定抑制作用，而对企业创新产出并无显著影响。这一实证结果与波特假说中环境规制诱发企业技术创新的这一假说相违背，因此我们可以得出，本次排污费改革的创新补偿效应并不存在。

表6.10 排污收费改革对企业创新的影响

变量	$\ln IApply$	$\ln IApply$	RD_asset	RD_asset
SCR	−0.0813	−0.0893	−0.0023*	−0.0031**
	(0.0656)	(0.0580)	(0.0013)	(0.0012)
常数项	−10.0628***	−2.2053	0.0460***	0.0715***
	(0.8458)	(5.7723)	(0.0143)	(0.0165)
其他控制变量	Yes	Yes	Yes	Yes
企业固定效应	Yes	Yes	Yes	Yes
年份固定效应	Yes	No	Yes	No
时间×省（区、市）固定效应	No	Yes	No	Yes
时间×行业固定效应	No	Yes	No	Yes
样本量	9063	9063	7590	7590
调整后的R^2	0.3395	0.3368	0.1359	0.1202

注：其他控制变量是指影响企业创新的其他因素：企业资产规模（ln *asset*）、企业年龄（*age*）、社会财富创造能力（*TobinQ*）、企业信用评价（ln *debt*）；小括号内为以省（区、市）聚类的稳健标准误，*、** 和 *** 分别表示显著性水平为10%、5%和1%。

③排污费标准提高的异质性分析

前面从整体上分析了排污费标准提高对企业绩效的影响效果，接下来，笔者分别从不同企业规模、不同层级政府的监管、不同税负这三个方面的视角，进行企业微观层面的异质性分析。表 6.11 显示了排污费标准提高对企业的异质性分析结果，分别表示在控制其他因素不变的情况下，排污费标准调整对不同类型企业的影响效果。

首先，按照不同的资产规模将样本分为大规模企业和小规模企业，对应表 6.11 中回归结果第 1 列和第 2 列，其中回归结果第 1 列显示，排污费标准调整对大企业影响的回归系数并不显著，而第 2 列中对小企业的回归系数为负，且在 5%显著性水平上显著，因此我们可以得出，当期实施排污收费改革对小企业有显著负向影响，而对大企业无显著影响。究其原因，大企业相对于小企业来说，存在两种不同的性质，一是大企业作为地方税收的重要来源，在地方政府更倾向于保经济增长的情况下，大企业更可能受到地方政府的庇护；二是在环境规制的实际过程中，不同规模企业所面临的合规成本也不同。一般而言，在环境规制这一负向冲击下，大企业所需的环境合规成本要远小于小企业，且其经营活动也更加稳健（Tombe & Winter，2015；龙小宁和万威，2017）。

其次，在排污收费改革与不同企业所有制的异质性分析中，按照不同监管政府的层级划分，笔者将样本分为由最低基层政府监管的非国有企业、由中央直接管理的央企、由地方政府管理的地方国企子样本分别进行回归，从第 3 列至第 5 列可知，排污费标准提高措施对央企和非国有企业的回归系数均不显著，但对地方国企的回归系数显著为负。我们可以得出，排污收费对地方政府监管的企业具有显著的负向作用，而对由中央政府控制的央企和民营企业并无显著影响，这一结论使企业环境行动和政府层级之间的倒 U 形的曲线关系部分得到证明。

表 6.11　排污费标准提高对不同企业的异质性分析

变量	大企业	小企业	非国有企业	央企	地方国企	高税负企业	低税负企业
SCR	−0.0043	−0.0122**	−0.0105	0.0031	−0.0079*	−0.0040	−0.0089*
	(0.0047)	(0.0055)	(0.0066)	(0.0066)	(0.0044)	(0.0050)	(0.0052)
常数项	−3.7561**	−3.4789***	−5.3768***	−3.3347*	−2.6857*	−4.9099***	−1.5925
	(1.8186)	(0.8863)	(1.6063)	(1.9029)	(1.5228)	(1.0805)	(1.1727)
其他控制变量	Yes	Yes	Yes	Yes	Yes	Yes	Yes

续表

变量	大企业	小企业	非国有企业	央企	地方国企	高税负企业	低税负企业
企业固定效应	Yes	Yes	Yes	Yes	Yes	Yes	Yes
时间×省（区、市）固定效应	Yes	Yes	Yes	Yes	Yes	Yes	Yes
时间×行业固定效应	Yes	Yes	Yes	Yes	Yes	Yes	Yes
样本量	5219	5825	5306	1881	3638	5608	5436
调整后的 R^2	0.2028	0.2036	0.1560	0.2050	0.1986	0.1849	0.2024

注：其他控制变量表示前文中所提到的影响企业绩效的其他因素：企业资产规模（ln*asset*）、杠杆率（*LEV*）、资产结构（*struc*）、成长能力（*growth*）、企业年龄（*age*）、管理水平（*Ind _ Dir*，*top*5）、企业创新能力（*inaseet*）；小括号内为以省（区、市）聚类的稳健标准误，*、**和***分别表示显著性水平为10%、5%和1%。

最后，考虑不同税负企业在排污费标准提高措施下的异质性影响，笔者按照企业税负的高低①将全样本分为高、低税负企业，对比低税负和高税负企业在排污费标准提高下的绩效表现。回归结果如第6列和第7列所示，第6列代表高税负企业，第7列代表低税负企业。结果显示第7列中回归系数显著为负，但第6列中回归系数并不显著，这表示相比于高税负企业，排污收费标准提高对低税负企业绩效具有更显著的负向影响。虽然排污费的征收标准是全国统一管理和制定，但排污费的征收和核实是由地方政府负责。在中国官员晋升锦标赛的重大背景下，地方政府为维持经济增长、扩大招商引资，在排污费征收过程中可能会采取减少环境收费项目、降低征收标准等措施。政府为促进高税负企业健康发展、保证税收来源，在排污收费方面，则可能对高税负企业以及其他利益相关型企业具有庇护效应。基于此，以上对不同资产规模、不同所有制企业和不同税收规模企业的分析，可以证明本研究的观点成立：不同资产规模

① 企业税负=（支付的各项税费－收到的税收返还）/当期营业收入；本研究按照中位数来划分高低税收类别。

企业、不同税收规模企业、不同政府层级监管的企业所受环境规制的影响具有异质性，其中，对中间层级政府监管的国有企业影响最大，并且对利益关联性较强的大企业和高税负企业具有包庇效应。

6.2.4 本节小结

随着中国绿色发展的逐步推进，政府对环境污染问题的重视程度不断提高，环境规制的力度和强度日益增大，各地区二氧化硫排污费征收标准的调整更是政府加强环境治理的一项重要举措。运用经济手段治理污染能否实现减排和增效的高质量发展？本研究首先采用双重差分法检验其是否能实现二氧化硫减排效果，接着在此基础上加入企业维度的分析，运用三重差分方法考察排污费标准调整在企业层面的影响，最后从征收标准偏低和关联性执法两个角度剖析经济手段治污所面临的挑战。通过这些问题的分析，笔者发现，总体而言，排污费标准提高并未实现预期减排效果。但对于已经实施排污费提高措施的地区，随着环境执法强度的增加，排污收费标准提高对地区二氧化硫减排效果明显。在企业层面，地区排污收费标准提高降低了企业绩效，受到影响的企业其资产收益率平均降低0.9%。笔者在影响机制上探讨了投资挤出和创新补偿两种效应，其中投资挤出效应占总效应的4.5%左右，而波特假说中的创新补偿并未被发现。由于排污费的征收本身在执法和监督中存在诸多问题，因此排污费标准提高对不同企业绩效的影响出现了异质性。研究发现排污收费标准提高对中间层级政府监督的企业影响最大，对大企业和高税负等利益关联性企业存在一定的庇护作用。

上述结论对于中国环境治理道路选择和排污税费制度建设具有较强的政策启示作用。首先，治理环境污染是一项长期且复杂的工程，相对于命令-控制型环境政策，更加严格的执法监督力度是保证经济手段能有效治理污染的重要前提；其次，运用经济手段治理污染使企业具有更大的排污自主性，企业根据排污成本与减排成本，可以灵活调整经营决策，但要想实现波特效应，还需要采取更加合理且适当的环境规制强度，大力促进法治建设；再次，上级政府在制定国企业绩考核指标时可以提高环保绩效方面的权重，避免出现包庇等问题(陈卓和潘敏杰，2018)。在生态文明建设和高质量发展进程中，中国的环境质量在持续改善，但成果不稳固，预期效果不明显，结构布局不合理等问题依然突出，因此需要中央政府持续发力，继续扩大和巩固现有治理成果，摸索出一条合理的中国环境治理路径。

6.3 绿色信贷政策对企业绿色高质量发展的影响

6.3.1 政策背景与文献综述

绿色信贷是绿色金融领域中起步最早、规模最大且体系最完整的政策工具。2007年开始，原国家环境保护总局和中国银监会、中国人民银行等部门联合开展关于完善绿色信贷政策的协同磋商，并在2007年发布了一系列与绿色信贷相关的政策性文件，主要包括中国人民银行发布的《关于改进和加强节能环保领域金融服务工作的指导意见》，原银监会发布的《关于防范和控制高耗能高污染行业贷款风险的通知》和《节能减排授信工作指导意见》，以及原国家环境保护总局、中国银监会和中国人民银行联合发布的《关于落实环保政策法规防范信贷风险的意见》。这一系列的政策性文件在授信政策上体现出"三个支持""三个不支持"。"三个支持"即银行业金融机构要对列为国家重点的节能减排项目给予支持，对得到财政、税收支持的节能减排项目给予支持，对节能减排显著地区的企业和项目在同等条件下给予支持。"三个不支持"即银行业金融机构对列入国家产业政策限制和淘汰类的新建项目不支持，对耗能、污染问题突出的企业和项目不支持，对列为落后产能的项目不支持。绿色信贷政策实质上是通过银行这一金融中介机构把调整和优化信贷结构与国家经济结构结合起来。

本研究评估绿色信贷政策对限制淘汰类和鼓励类企业的绿色全要素生产率所产生的异质性影响，有助于识别绿色信贷政策的执行效果，理解其中的作用机制，剖析不同企业在绿色信贷政策作用下的异质性行为，进而完善绿色信贷政策，使绿色金融在推进绿色发展中提供更有力的支撑。为此，本研究尝试利用工业企业数据库和企业污染数据库的匹配样本，回答以下问题：绿色信贷政策在事实上能否及如何影响企业的绿色全要素生产率，进而促进企业绿色高质量发展，实现经济与环境的"双赢"；绿色信贷政策的作用效应在异质性企业中是否存在非对称的差异表现。

与本节相关的文献主要聚焦于研究绿色信贷政策的影响。一方面对企业而言，绿色信贷政策能显著提高绿色企业的融资可得性，且民营绿色企业相比国有绿色企业在融资可得性的政策反应上更显著（牛海鹏等，2020；薛俭和朱迪，2021；郭晔和房芳，2021）。与之相应地，绿色信贷政策亦能对重污染企业产生明显的融资惩罚效应和投资抑制作用（苏冬蔚和连莉莉，2018）。此外，绿色信贷政策还能推进企业绿色创新，对限制行业和非限制行业在创新表现上有异质性政策效果（王馨和王营，2021；谢乔昕和张宇，2021）。另一方面对银行而言，绿色信贷政策有助于降低银行信贷风险，优化信贷结构，提高银行的成本效率（丁宁等，2020）。已有文献较少探讨绿色信贷政策对企业全要素生产率的影响。

与这一问题联系最为紧密的研究聚焦于讨论绿色信贷政策是否影响产业结构和产业效率，大部分研究结论认为绿色信贷会通过企业的资金渠道影响产业结构、推进产业升级，使经济结构得以优化，达到环境和经济的双赢效果（钱水土等，2019；王遥等，2019）。然而，也有文献采用微观企业数据实证发现，信贷约束机制导致高污染企业技术创新下降，绿色信贷政策并未引致波特效应出现（陆菁等，2021）。可见，现有文献对绿色信贷与企业绿色高质量发展之间的关系并未达成一致结论。

本节试图在当前文献的基础上进行三方面扩展：第一，现有文献鲜有研究绿色信贷政策对企业绿色高质量发展的影响，本研究采用双重差分法及一系列稳健性检验，对绿色信贷政策影响工业企业绿色全要素生产率进行衡量，基于微观角度对既有文献进行拓展和充实。第二，现有文献对环境规制和绿色全要素生产率的研究局限于产业层面或省市级层面，缺乏针对微观企业行为的研究，本研究采用微观企业数据，将工业企业的能源消耗和污染排放纳入全要素生产率，科学地测度工业企业的绿色全要素生产率，能准确衡量企业绿色技术水平和绿色转型程度。第三，已有文献对环境规制效果的评价多聚焦于污染性产业，而忽略了资金和资源在行业间调配的双重影响，本研究系统地讨论绿色信贷政策的约束与激励双重效应，对绿色信贷政策在企业间的异质性效果进行合理评价，为优化绿色金融政策、服务企业绿色发展提供丰富的经验支持和参考依据。

6.3.2 理论分析与假说提出

绿色信贷政策兼有金融配置的市场化属性和环境规制的行政化属性。具体到绿色信贷政策与企业绿色高质量发展的关系，从金融配置的市场化视角来看，绿色发展和产业升级的关键在于资源能得到有效配置。已有大量文献支持了金融发展对经济增长的作用，认为发达的金融体系缓解了企业面临的外部融资限制，通过资金的优化配置对全要素生产率产生正向影响，推动绿色发展（Beck & Levine，2004；Aghion & Howitt，2005；张军和金煜，2005）。从环境规制的行政化视角来看，绿色信贷政策对绿色环保行业和重污染行业的“有保有压”区别对待，对不同性质的企业会产生双重效应。对限制淘汰类企业而言，绿色信贷政策的信贷审核有严格控制，会谨慎发放贷款（马亚红，2021）。基于门槛限制和交易成本，限制淘汰类企业的生产成本增加，融资成本上升，生产性投资减少，生产规模缩小（Xu & Li，2020；Yao et al.，2021），从而使淘汰类企业的绿色全要素生产率受到抑制（郭晔和房芳，2021）。对鼓励类企业而言，绿色信贷政策则通过信贷支持起到培育扶植作用，使企业在信贷资金获取上具有可得性和便利性的比较优势，促进企业绿色高质量发展（连莉莉，2015；何凌云等，2019）。绿色信贷政策作为一项经济性的环境规制政策，根据政策内容的指向不同，对鼓励类企业和限制淘汰类企业的影响存在激励和抑制两种效应。据此本研究提出假设 6.2：

假设 6.2：绿色信贷政策会通过激励效应和抑制效应影响企业绿色高质量发展。

绿色技术创新是支撑企业绿色转型进而实现高质量发展所必不可少的关键条件。绿色技术的发展周期较长，风险较高，且需要依赖前期大量的研发投入。金融发展所提供的创新资金供给能确保创新活动的连续性，是推动技术创新的关键影响因素（张杰和高德步，2017；李标等，2018）。研发投入的增加使企业的生产技术得到改良，提高了资源配置效率，使企业在节能减排的同时提升经济效益，促进企业绿色高质量发展（李心斐和李芳芳，2022）。对绿色信贷政策所支持的鼓励类企业而言，绿色信贷政策能降低企业融资成本和提升投资效率，为鼓励类企业的绿色技术开发提供大量资金支持，增进企业的绿色创新产出（苏冬蔚和连莉莉，2018）。对绿色信贷政策所控制的限制淘汰类企业而言，波特假说认为，环境规制导致限制淘汰类企业的污染处理成本和信贷成本等高于技术投入，会迫使企业主动改进生产技术，进而产生“创新补偿”效应（Berman & Bui，2001）。企业的研发投入在绿色信贷政策影响企业绿色高质量发展中具有调节作用，随着研发投入水平的提升，绿色信贷政策对鼓励类企业的激励效应更明显，对限制淘汰类企业的抑制效应也能得到缓解。据此本研究提出假设 6.3：

假设 6.3：研发投入能强化绿色信贷政策对鼓励类企业的激励效应，同时缓解绿色信贷政策对限制淘汰类企业的抑制效应。

绿色信贷政策主要是以引导信贷资本流向和调整信贷结构对企业产生影响，

但不同企业面临的融资约束并不一致。在企业融资渠道丰富，资金成本较低的情况下，企业对银行借贷的依赖度也较低；反之，对于缺乏融资渠道的企业而言，银行借贷政策对其影响更大。因此在绿色信贷政策的影响效果上，不同企业的反应程度可能存在差异。

一方面，内外资企业所依赖的融资渠道不尽相同。外资企业可以得到母公司充裕的资金支持，且其商业信用度也高于内资企业，更易获得银行贷款，因此外资企业所面临的外源融资约束较低（孙浦阳等，2014；才国伟和杨豪，2019）。外资企业的发展对内资企业存在竞争挤出效应，内资企业因面临较紧的外部融资约束，无法与高效率的外资企业在市场份额上进行抗衡，故难以从事周期长、风险高的自主研发（崔兴华和林明裕，2019；Arkolakis et al.，2018）。当绿色信贷政策为内资企业提供新的融资渠道，其作用效果会更为显著，研发投入的调节效应在内资企业中也更明显。

另一方面，在内资企业中，国有与非国有企业所面临的融资约束程度也有较大差别。以银行为主体的中国金融资源配置长期存在基于所有制性质的信贷歧视，国有内资企业与非国有内资企业在信贷获取方面存在错配，国有内资企业能够持续获得稳定的贷款，而非国有内资企业则面临融资贵融资难的困境(饶品贵和姜国华，2013)。绿色信贷政策对非国有内资企业的融资便利性影响更为显著。非国有内资企业的研发行为容易受到外源资金的限制，一旦绿色信贷缓解了非国有企业的融资约束，则可能带来非国企的研发投入增加，研发投入的调节效应在非国企中也更为显著。据此本研究提出假设 6.4：

假设 6.4：相比外资企业和国有内资企业，绿色信贷政策对非国有内资企业的作用效果最为显著，且研发投入的调节效应最为明显。

6.3.3 研究设计、变量与数据

（1）研究方法

①绿色全要素生产率测度

笔者首先定义一个既包括期望产出也包括非期望产出的环境技术模型，方向性环境距离函数的思想是在期望产出增长的基础上，使投入和非期望产出(环境污染）尽可能地减少。具体表示如下：

$$\overrightarrow{D_0^t}(y^t, x^t, b^t; g_y, -g_b)=\sup[\beta:(y^t+\beta g_y, b^t-\beta g_b)\in P^t(x^t)] \tag{6.5}$$

其中，$g=(g_y, -g_b)$ 为设定的方向向量。x 表示投入向量，y 为期望产出向量，即通常意义上的经济增长，b 为非期望产出，即污染排放程度。β 代表期望产出增加和非期望产出减少的最大可能数量。

本研究根据涂正革（2008）的做法，将方向向量设定为 $g^t=(y^t, -b^t)$，在此基础上，以如下数学规划表达式计算方向性距离函数：

$$
\begin{aligned}
&\overrightarrow{D_0^t}(y_k^t, x_k^t, b_k^t; y_k^t, -b_k^t)=\max\beta \\
&s.t\sum^k z_k y_{k.m}^t \geqslant (1+\beta) y_{k,m}^t,\ m=1,\cdots,M \\
&\sum^k z_k b_{k,j}^t=(1-\beta) b_{k,j}^t,\ j=1,\cdots,J \\
&\sum^k z_k x_{k,n}^t \leqslant x_{k,n}^t,\ n=1,\cdots,N \\
&z_k \geqslant 0,\ k=1,\cdots,K
\end{aligned}
\tag{6.6}
$$

上式中，M、J、N 分别表示期望产出、非期望产出和投入要素的种类，K 为决策单位，t 表示时期，z_k 表示观测值的权重。笔者在方向性距离函数的基础上构造绿色全要素生产率，根据 Chung 等（1997）的方法，采用 Malmquist-Luenberger 生产率指数来测算企业的绿色全要素生产率，在 t 到 $t+1$ 期的 ML 指数为：

$$
ML_t^{t+1}=\left[\frac{1+\overrightarrow{D_0^t}(x^t, y^t, b^t; y^t, -b^t)}{1+\overrightarrow{D_0^t}(x^{t+1}, y^{t+1}, b^{t+1}; y^{t+1}, -b^{t+1})} \times \frac{1+\overrightarrow{D_0^{t+1}}(x^t, y^t, b^t; y^t, -b^t)}{1+\overrightarrow{D_0^{t+1}}(x^{t+1}, y^{t+1}, b^{t+1}; y^{t+1}, -b^{t+1})}\right]^{\frac{1}{2}}
\tag{6.7}
$$

当 $ML>0$ 时，代表绿色全要素生产率增长，而 $ML<0$ 则代表绿色全要素生产率下降。ML 指数可以进一步分解为 $EFFCH$ 和 $TECH$ 两个部分，用于衡量绿色追赶（技术效率变化）和绿色创新（技术进步变化），具体表达式如下：

$$
EFFCH_t^{t+1}=\frac{[1+D_0^{t+1}(x^t, y^t, b^t; y^t, -b^t)]}{[1+D_0^{t+1}(x^{t+1}, y^{t+1}, b^{t+1}; y^{t+1}, -b^{t+1})]}
\tag{6.8}
$$

$$
TECH_t^{t+1}=\left\{\frac{[1+D_0^{t+1}(x^t, y^t, b^t; y^t, -b^t)]}{[1+D_0^t(x^t, y^t, b^t; y^t, -b^t)]} \times \frac{[1+D_0^{t+1}(x^{t+1}, y^{t+1}, b^{t+1}; y^{t+1}, -b^{t+1})]}{[1+D_0^t(x^{t+1}, y^{t+1}, b^{t+1}; y^{t+1}, -b^{t+1})]}\right\}^{\frac{1}{2}}
\tag{6.9}
$$

当 $EFFCH>0$ 时表示技术效率提高，反之，则技术效率下降；当 $TECH>0$ 时表示技术进步，反之，则为技术退步。

②双重差分法

根据绿色信贷政策的内容，污染企业和环保企业都会受到信贷政策的影响，但显然影响方向并不相同。笔者依据政策内容将企业样本分为三组，分别为鼓励类、限制淘汰类和允许类。鼓励类企业包括环保节能减排等清洁企业，属于绿色信贷的主要支持企业；限制淘汰类企业包括高污染高排放和产能过剩的企业，属于绿色信贷不予贷款的行业；而允许类企业则是不属于以上两种类型企业的其他企业，该类企业的污染排放并未达到绿色信贷政策规定的限制类标准，又不属于节能环保行业，故不受绿色信贷政策的影响，在模型中作为对照组。

本研究采用双重差分法分别对鼓励类企业和限制淘汰类企业的政策效果进行估计。当衡量绿色信贷政策对环保支持企业的影响时，处理组为鼓励类企业，对照组为允许类企业；当衡量绿色信贷政策对污染行业的影响时，处理组为限制淘汰类企业，对照组为允许类企业。

$$GTFP_{ijkt}=\alpha_0+\alpha_1 Post_{2007}\times Treat_i+\beta X+\mu_i+\eta_j+\delta_{kt}+\varepsilon_{ijkt} \quad (6.10)$$

其中，i 代表企业，j 代表三位数行业，k 代表两位数行业，t 代表年度，$GTFP_{ijkt}$ 为企业 i 在 t 年度的绿色全要素生产率，$Post_{2007}$ 为时间虚拟变量，代表绿色信贷政策实施的时间，在 2007 年以后取值为 1；$Treat_i$ 为区分处理组和对照组的虚拟变量，当考察绿色信贷政策对鼓励类企业的影响时，$Treat_i=1$ 代表鼓励类企业，0 代表与绿色信贷政策无关的允许类企业，当考察绿色信贷政策对限制类企业的影响时，$Treat_i=1$ 代表限制类企业，0 代表与绿色信贷政策无关的允许类企业；$Post_{2007}\times Treat_i$ 即为核心解释变量，系数 α 代表绿色信贷政策对企业绿色全要素生产率的影响，X 为一系列企业层面的特征变量；μ_i 为企业固定效应，用于控制企业层面不随时间变化的影响因素；η_j 为三位数行业固定效应，用于控制三位数行业层面不随时间变化的影响因素；δ_{kt} 为两位数行业与年度交互固定效应，用于控制两位数行业层面随时间变化的影响因素；ε_{ijkt} 为随机误差项。

（2）数据来源与变量选择

①绿色全要素生产率的计算数据

绿色全要素生产率的投入和产出指标包括要素投入（资本投入，劳动力投入和资源投入)，期望产出和非期望产出。具体计算过程如下：其一，资本投入，按照大部分文献的既定做法，本研究采用永续盘存法对资本存量进行估算，公式为 $K_t=(1-\omega)K_{t-1}+I_t/P_t$。其中 K_t 为当期的资本存量，K_{t-1} 为前一期的资本存量；I_t 为当期的固定资产投入，P_t 表示将当期的固定资产投入用企业所在省（区、市）和两位数行业的固定资产投资价格指数进行平减；ω 为折旧率，本研究以 5%作为折旧率。其二，劳动力投入，用企业年末从业人员总数计算。其三，资源投入，本研究利用企业的工业煤炭消耗量代表工业企业的原材料资源投入，主要原因在于长期以来中国的能源消耗以煤炭为主，且煤炭的消耗量与二氧化硫排放量直接相关。其四，期望产出，用企业工业总产值计算，并根据两位数行业的生产者出厂价格指数进行平减，平减指数来源于《中国价格统计年鉴》。其五，非期望产出，用企业当年的二氧化硫排放量代表污染水平，原因在于二氧化硫污染物大多来自工业生产排放而非生活排放，且在数据上具有超越其他污染物的统计连续性。二氧化硫排放量的数据来源于中国工业企业污染排放数据库。

②双重差分法使用的数据

本研究所使用的原始数据来源于 2003 年至 2012 年的中国工业企业数据库与中国工业企业污染排放数据库匹配后得到的样本，基本匹配方式是先按企业统一标准的代码和名称进行基础匹配，再根据企业的地址、邮政编码、电话号码后六位等信息进行辅助匹配。进一步地，将匹配样本整理为 2003 年至 2012 年连续存在的面板数据，共 3479 家企业。具体变量解释如表 6.12 所示。

表 6.12　变量解释

变量	变量符号	变量解释
绿色全要素生产率	$GTFP$	企业绿色全要素生产率
企业类型	$Treat$	当企业为政策鼓励类企业或限制淘汰类企业时，$Treat=1$，否则为 0
政策实施	$Post$	当年度在 2007 年以后时 $Post=1$，否则为 0
企业规模	$\ln totalasset$	企业总资产取自然对数
资产负债率	lev	年末总负债与年末总资产的比值
企业员工数	$\ln staff$	企业员工人数取自然对数

续表

变量	变量符号	变量解释
资产回报率	*ROA*	净利润与总资产余额的比值
企业投资规模	*Invest*	企业新增固定资产投资占总资产比值
企业年龄	ln *age*	企业年龄取自然对数

本节实证识别策略的核心在于区分处理组和对照组企业，主要采取行业分类来进行识别。由于2007年原国家环境保护总局和银监会、中国人民银行等颁布的一系列绿色信贷政策均指出，银行发放贷款要参照国家发改委关于产业政策的文件，因此以发改委在2004年颁布的《关于进一步加强产业政策和信贷政策协调配合控制信贷风险有关问题的通知》为主，对限制和淘汰类行业进行分类，并参考各主要银行公布的2007年至2012年"两高一剩"行业（高污染、高耗能、产能过剩行业）贷款余额数据，确定本研究样本中的限制和淘汰类行业企业；根据原银监会发布的《节能减排授信工作指导意见》以及主要银行绿色信贷投向明细表，确定本研究样本中的鼓励类行业企业。具体识别匹配根据工业企业两位数行业的标识进行，部分行业参照相关文件的信息匹配至三位数或四位数行业[①]，分类结果如表6.13所示：

表6.13　两位数行业企业分类结果

企业类别	两位数行业及工业企业数量	合计
鼓励类	专用设备制造业（41），交通运输设备制造业（67），仪器仪表及文化、办公用机械制造业（8），电力、热力的生产和供应业（20），电气机械及器材制造业（53），通信设备、计算机及其他电子设备制造业（30），通用设备制造业（68），金属制品业（70）	357
限制淘汰类	交通运输设备制造业（3），化学原料及化学制品制造业（581），有色金属冶炼及压延加工业（39），有色金属矿采选业（2），煤炭开采和洗选业（88），煤炭采选业（3），电力、热力的生产和供应业（3），石油加工、炼焦及核燃料加工业（70），石油加工及炼焦业（1），通用设备制造业（20），非金属矿物制品业（439），黑色金属冶炼及压延加工业（124），黑色金属矿采选业（9）	1392

① 以同属于两位数行业的交通运输设备制造业为例，其中船舶制造属于限制淘汰类，而航空航天器制造则属于鼓励类。

续表

企业类别	两位数行业及工业企业数量	合计
允许类	农副食品加工业（27），化学纤维制造业（27），医药制造业（215），印刷业和记录媒介的复制（7），塑料制品业（39），家具制造业（5），工艺品及其他制造业（21），文教体育用品制造业（11），普通机械制造业（3），有色金属矿采选业（6），木材加工及木、竹、藤、棕、草制品业（31），橡胶制品业（41），水的生产和供应业（1），烟草制品业（12），燃气生产和供应业（3），电力、蒸汽、热水的生产和供应业（1），皮革、毛皮、羽绒及其制品业（46），石油和天然气开采业（4），纺织业（454），纺织服装、鞋、帽制造业（29），造纸及纸制品业（209），非金属矿采选业（26），食品制造业（144），食品加工业（4），饮料制造业（159）	1730
总计	3479	

在识别出三类不同企业样本的基础上，本研究得以继续研究绿色信贷政策对限制淘汰类和鼓励类企业不同的影响。在研究绿色信贷政策对限制淘汰类企业绿色高质量发展的影响时，处理组为限制淘汰类企业，对照组为允许类企业。在研究绿色信贷政策对鼓励类企业绿色高质量发展的影响时，处理组为鼓励类企业，对照组为允许类企业。

6.3.4 实证结果与分析

(1) 平行趋势检验

处理组和对照组在政策发生前是否满足平行趋势检验是利用双重差分法进行估计的首要前提。本研究参照 Beck (2010) 的做法，构建提前和滞后的政策变量，在保持控制变量不变的情况下同时加入回归，根据回归结果观察绿色信贷政策实施前后处理组与对照组在绿色全要素生产率方面的变动趋势差异。图 6.3 和图 6.4 分别是表示绿色信贷政策约束机制和激励机制效果的平行趋势图，以绿色信贷政策冲击的前一期为基准年份。我们可以发现，在绿色信贷政策颁布之前，核心解释变量系数并未显著异于零，且变化趋势较为平稳；在政策颁布之后，核心解释变量系数显著异于零，即限制淘汰类企业的绿色全要素生产率相比允许类企业显著降低，而鼓励类企业的绿色全要素生产率相比允许类企业得到了显著提升。这说明在政策冲击之前，处理组和对照组具有相同的变化趋势，因而平行趋势检验得以通过。

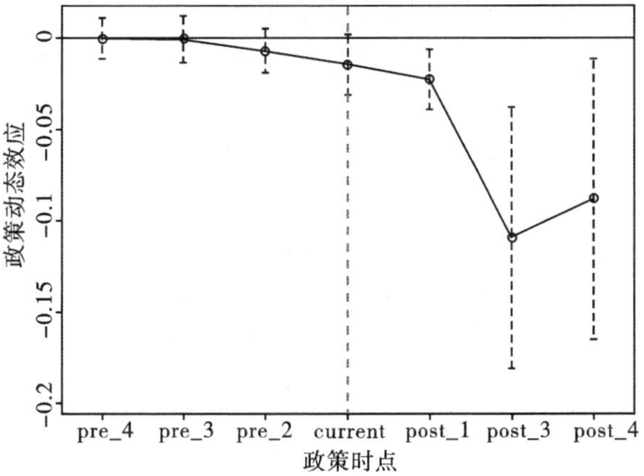

图 6.3　限制淘汰类企业的平行趋势

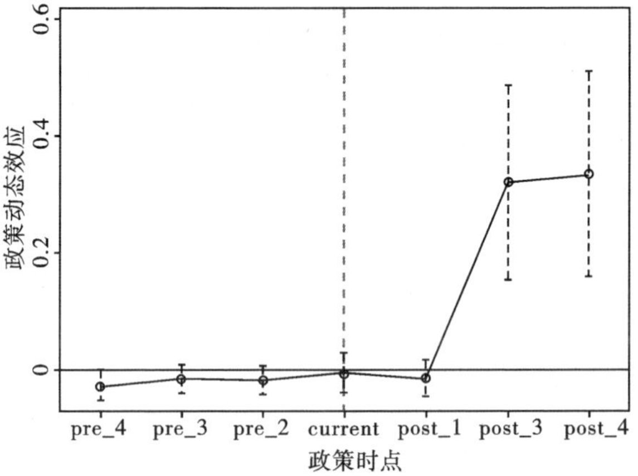

图 6.4　鼓励类企业的平行趋势

(2) 基准分析结果

表 6.14 显示了绿色信贷政策影响企业绿色高质量发展的基准回归结果，以企业绿色全要素生产率作为因变量，以限制淘汰类企业和鼓励类企业分别作为处理组，允许类作为对照组并利用模型 (6.10) 进行回归分析，标准误聚类到企业。表 6.14 第 1 列和第 2 列为限制淘汰类企业相比允许类企业绿色全要素生产率的变化，在加入企业层面控制变量并控制个体、年度、行业固定效应以及省（区、市）年度固定效应后，绿色信贷政策导致限制淘汰类企业的绿色全要素生产率降低了 5.7%，且通过了 1%的显著性检验。表 6.14 第 3 列和第 4 列为

鼓励类企业相比允许类企业绿色全要素生产率的变化，加入企业层面控制变量并控制个体、年度、行业固定效应以及省（区、市）年度固定效应后，绿色信贷政策导致鼓励类企业的绿色全要素提升了17%，且通过了1%显著性水平检验。对比限制淘汰类企业和鼓励类企业的不同影响结果，我们可以看出，绿色信贷政策对限制淘汰类企业存在抑制效应，对鼓励类企业则存在激励效应，绿色信贷政策对工业企业绿色全要素生产率具有双重影响效应。

基准回归的结果说明绿色信贷政策通过限制甚至不予贷款的方式挤压污染企业的融资空间，减少资本投入，造成限制淘汰类企业整体绿色全要素生产率的降低。同时该政策通过给予信贷优惠和简化审批流程等方式扶持节能环保企业，增加资本投入，提升了鼓励类企业整体绿色全要素生产率。因此，绿色信贷政策通过激励效应和抑制效应显著影响了企业绿色高质量发展水平，该结果支持了假设6.2。

表6.14　绿色信贷政策对企业绿色高质量发展的整体影响

变量	*Restrict*	*Restrict*	*Support*	*Support*
Treat×*Post*	−0.062***	−0.057***	0.208***	0.170***
	(0.02)	(0.02)	(0.04)	(0.04)
企业层面控制变量	YES	YES	YES	YES
个体固定效应	YES	YES	YES	YES
年度固定效应	YES	YES	YES	YES
三位数行业固定效应	NO	YES	NO	YES
省（区、市）年度固定效应	NO	YES	NO	YES
常数项	1.104***	1.001***	1.008***	0.819***
	(0.16)	(0.16)	(0.23)	(0.22)
样本量	27001	27001	17925	17925
R^2	0.396	0.414	0.414	0.444

注：小括号内为聚类到企业层面的稳健标准误，*、** 和 *** 分别表示显著性水平为10%、5%和1%。

（3）稳健性检验

①预期效应检验

本研究需要排除的一种情况是在2007年实施绿色信贷政策之前，工业企业已经对该政策产生了预期，那么在2007年之前会出现预期效应。在此检验中，将样本期间局限在2003年至2007年之间，把虚拟的政策实施时间提前至2005年，同样以模型（6.10）进行回归，表6.15的第1列和第2列为估计结果，在虚拟的政策时间和局限的样本期间内交互项系数并不显著，即不存在显著的预期效应，支持了基准回归结果的稳健性。

②排除其他政策干扰

本研究选择的研究期间为2003年至2012年。应该注意到2006年是“十一五”规划的起点，“十一五”规划对产业政策和污染限制进行了顶层安排，提出了《“十一五”期间全国主要污染物排放总量控制计划》，要求到2010年全国主要污染物排放总量比2005年减少10%。这一文件的出台可能会影响工业企业污染排放量，进而影响企业绿色全要素生产率，因此还需将样本期间限制在该政策出台以后的2005年至2012年，再以模型（6.10）进行回归，估计结果如表6.15第3列和第4列所示，交互项系数与基准回归结果是一致的。

表6.15　预期效应检验与排除其他干扰政策

变量	*Restrict*	*Support*	*Restrict*	*Support*
Treat×*Post*	−0.000039	0.009	−0.055***	0.153***
	(0.00345)	(0.007)	(0.02)	(0.04)
企业层面控制变量	YES	YES	YES	YES
个体固定效应	YES	YES	YES	YES
年度固定效应	YES	YES	YES	YES
三位数行业固定效应	YES	YES	YES	YES
省（区、市）年度固定效应	YES	YES	YES	YES
常数项	1.007***	1.066***	1.058***	0.827***
	(0.04)	(0.05)	(0.22)	(0.30)
样本量	15235	10067	21021	13960
R^2	0.343	0.366	0.471	0.499

注：小括号内为聚类到企业层面的稳健标准误，*、** 和 *** 分别表示显著性水平为10%、5%和1%。

③控制省（区、市）行业交互固定效应

尽管缩短样本区间后得到了与基准回归一致的结果，但仍不能完全排除《“十一五”期间全国主要污染物排放总量控制计划》对企业绿色全要素生产率的影响。参照陈登科（2020）的做法，考虑到该政策是以省（区、市）为单位来进行落实和推进的，且环境规制可能在同一省（区、市）的不同行业内有差异地执行，故笔者在回归方程中除了控制省（区、市）年度交互固定效应，还进一步控制省（区、市）与两位数行业的交互固定效应。在基准回归的基础上继续控制省（区、市）年度和省（区、市）行业交互固定效应后的回归结果如表 6.16 所示。第 1 列和第 2 列为限制淘汰类企业绿色全要素生产率受到的政策抑制效应影响，在控制了省（区、市）年度交互固定效应和省（区、市）两位数行业交互固定效应后，估计系数大小和方向均与基准回归一致。第 3 列和第 4 列为鼓励类企业绿色全要素生产率受到的政策激励效应影响，结果同样与基准回归一致，因而更进一步验证了结果的稳健性。

④利用企业利息支出作可变处置程度 DID（Variable Treatment Intensity DID）

本研究在识别策略上必须面对的一个质疑是，以行业为标准来区分处理组和对照组过于简单粗略，无法准确识别同一行业中限制淘汰类、鼓励类企业和允许类企业。事实上，绿色信贷政策对同一行业中技术工艺水平、产品需求度和环境表现有差异的企业会采取“有保有压”的方式区别对待[①]。参照 Qian（2008）的做法，不以虚拟变量区分处理组和对照组，而是替换为连续型变量以表征政策干预程度。本研究采用企业获得贷款所支付的利息开支取代区分处理组和对照组的虚拟变量。企业的利息支出代表绿色信贷政策对企业授信的干预程度，企业利息支出水平越高，说明该企业从银行获得的信贷资金越多，因此越有可能是鼓励类企业。反之，没有贷款利息支出的企业则更可能为银行认定的限制淘汰类企业。具体的识别模型如下：

$$GTFP_{ijkt}=\alpha_0+\alpha_1 Post_{2007}\times \ln fee_{it}+\beta X+\mu_i+\eta_j+\delta_{kt}+\varepsilon_{ijkt} \quad (6.11)$$

① 以中国农业银行的政策文件为例，水泥行业虽然为“两高一剩”行业，但水泥行业中由中国人民银行、国家发展和改革委员会等有关部门认定的 60 家信用等级高、产能高并符合环保要求的大型龙头企业，在农业银行总行批准的情况下可以作为支持类企业，生产产品为市场短缺产品的钢铁企业也属于支持类企业，因此不能完全按行业区分处理组和对照组。

其中，$\ln fee_{it}$ 表示企业 i 在 t 年的利息开支，其余变量定义与基准回归模型 6.10 一致。表 6.16 第 5 列显示了全样本的可变处置程度 DID 回归结果，企业的利息开支每增加一倍，其绿色全要素生产率会提升 0.8%，且通过 1%的显著性检验。由此可见，企业的绿色全要素生产率与企业获得的信贷资金显著正相关，银行为企业提供的信贷支持越多，企业的绿色全要素生产率越能得到显著提升，与基准回归中限制淘汰类企业缺乏银行绿色信贷支持，绿色全要素生产率降低，鼓励类企业获得绿色信贷扶持，绿色全要素生产率提升的结论一致，这更直观地说明了信贷水平高低对企业绿色全要素生产率的影响，支持了结果的稳健性。

表 6.16　控制交互固定效应及可变处置程度结果

变量	*Restrict*	*Restrict*	*Support*	*Support*	*Total*
$Treat \times Post$	−0.057***	−0.059***	0.170***	0.161***	
	(0.02)	(0.02)	(0.04)	(0.05)	
$\ln fee \times Post$					0.008***
					(0.003)
企业层面控制变量	YES	YES	YES	YES	YES
个体固定效应	YES	YES	YES	YES	YES
年度固定效应	YES	YES	YES	YES	YES
三位数行业固定效应	YES	YES	YES	YES	YES
省（区、市）年度固定效应	YES	YES	YES	YES	YES
省（区、市）×两位数行业固定效应	NO	YES	NO	YES	YES
常数项	1.001***	1.015***	0.819***	0.827***	1.159***
	(0.16)	(0.17)	(0.22)	(0.23)	(0.18)
样本量	27001	26999	17925	17921	30028
R^2	0.414	0.418	0.444	0.450	0.440

注：小括号内为聚类到企业层面的稳健标准误，*、** 和 *** 分别表示显著性水平为 10%、5%和 1%。

6.3.5 进一步分析

(1) 绿色信贷政策对企业绿色高质量发展的分解效应

在验证了绿色信贷政策通过激励效应和抑制效应对企业绿色高质量发展产生影响的基础上，本研究进一步检验绿色信贷政策影响的分解效应。绿色全要素生产率可被分解为技术效率变化和技术进步变化两部分。*EFFCH* 代表技术效率指数，当其大于 1 时说明绿色技术效率改善，反之则表示恶化；*TECH* 代表技术进步指数，当其大于 1 时说明绿色技术在进步，反之则表示在退步。因此采用以上两个分解指数作为因变量，带入模型（6.10）进行回归，表 6.17 显示了相关的分解结果。

表 6.17 的第 1 列和第 2 列是以限制淘汰类企业的 *EFFCH* 和 *TECH* 作为因变量的估计结果，系数显著为负，说明在绿色信贷政策的约束下，限制淘汰类的企业技术效率下降，技术创新不足以致出现技术退步，抑制了限制淘汰类企业的绿色全要素生产率。因此大多数限制淘汰类企业并未出现波特效应，即没有通过技术创新和改变生产模式来应对绿色信贷政策的负向冲击。这与现有文献的结论相符，即绿色信贷政策带来的成本增加和约束效应导致高污染企业技术创新下降（陆菁等，2021）。表 6.17 的第 3 列和第 4 列是以鼓励类企业的 *EFFCH* 和 *TECH* 作为因变量的估计结果，前者估计系数不显著，而后者估计系数显著为正。这说明鼓励类的企业绿色全要素生产率的政策激励效应是通过技术进步而非技术效率实现的。鼓励类企业在获得了绿色信贷资金供给后，将资金用于绿色创新，提升技术水平，而不是弥补生产的成本损失。以上分析共同表明技术创新在绿色信贷影响企业绿色高质量发展的过程中起到关键作用。

表 6.17 分解结果及调节效应

变量	*Restrict* *EFFCH*	*Restrict* *TECH*	*Support* *EFFCH*	*Support* *TECH*	*Restrict* *GTFP*	*Support* *GTFP*
Treat×*Post*	−0.005**	−0.037***	0.003	0.177***	−0.008	0.269***
	(0.002)	(0.01)	(0.004)	(0.03)	(0.03)	(0.06)
Treat×*Post*×*Medium*					−0.106***	−0.158
					(0.04)	(0.11)
Treat×*Post*×*Low*					−0.067**	−0.240***
					(0.03)	(0.07)

续表

变量	*Restrict* *EFFCH*	*Restrict* *TECH*	*Support* *EFFCH*	*Support* *TECH*	*Restrict* *GTFP*	*Support* *GTFP*
企业层面控制变量	YES	YES	YES	YES	YES	YES
个体固定效应	YES	YES	YES	YES	YES	YES
年度固定效应	YES	YES	YES	YES	YES	YES
三位数行业固定效应	YES	YES	YES	YES	YES	YES
省（区、市）年度固定效应	YES	YES	YES	YES	YES	YES
常数项	1.049***	0.814***	1.026***	0.720***	1.003***	0.798***
	(0.02)	(0.12)	(0.03)	(0.20)	(0.16)	(0.22)
样本量	27001	27001	17925	17925	27001	17925
R^2	0.146	0.455	0.167	0.482	0.415	0.446

注：小括号内为聚类到企业层面的稳健标准误，*、** 和 *** 分别表示显著性水平为10%、5%和1%。

(2) 研发投入在绿色信贷政策效应中的调节作用

前文验证了技术创新在绿色信贷政策提升企业绿色高质量发展的过程中起到关键作用。这说明，限制淘汰类企业只要通过研发投入以改进新技术进行绿色转型，就能缓解信贷政策可能带来的负向冲击。反之，鼓励类企业若未将资金用于新技术的研发，其绿色全要素生产率也不会增长，即企业研发投入的多少在绿色信贷政策对企业绿色高质量发展的作用效果上具有调节作用，本部分将对此进行验证。

由于中国工业企业数据库仅在 2005 年至 2007 年披露了工业企业的研发投入，因此本研究以企业在 2005 年至 2007 年研发投入的平均数作为企业研发水平的代理变量。该指标的另一个优势在于所使用的研发投入数据是政策发生前企业的研发行为，未受到政策影响，代表企业原有的研发意愿，因此能更准确地衡量企业初始研发水平高低在应对绿色信贷政策冲击时的异质性反应。笔者在模型中设置区分企业研发水平的虚拟变量，将 2005 年至 2007 年的处理组企业研发投入资金取平均数，然后等分成 10 份，其中研发投入最高的三等份为高研发组，中间四等份为中等研发组，而投入最少的三等份为低研发组。高研发水平企业为参照基准，被解释变量是工业企业的绿色全要素生产率。其余变量定义设定与模型（6.10）一致。

$$GTFP_{ijkt}=\alpha_0+\alpha_1 Post_{2007}\times Treat_i+\alpha_2 Post_{2007}\times Treat_i\times Low_i+\alpha_3 Post_{2007}\times Treat_i\times Medium_i+\beta X+\mu_i+\eta_j+\delta_{kt}+\varepsilon_{ijkt} \quad (6.12)$$

表 6.17 的第 5 列表示，在限制淘汰类行业面对绿色信贷政策的负向冲击时，研发投入高的企业受到的负面影响最小，绿色全要素生产率仅下降 0.8%且不显著。研发投入中等和投入低的企业均受到显著负向影响，绿色全要素生产率分别下降 10.6%和 6.7%，且在 1%和 5%的水平下显著。这说明限制淘汰类企业在技术研发领域投入的成本越多，越不受绿色信贷政策的负面影响，即使该企业受限于限制淘汰类的行业缺乏绿色信贷资金支持，只要企业注重研发投入进行技术创新，同样能提升绿色全要素生产率。

表 6.17 的第 6 列表示，在鼓励类行业普遍面临信贷政策扶持的背景下，研发投入高的企业获得最积极的正面效果，绿色全要素生产率提升 26.9%，高于基准回归中得到的平均水平。研发投入居中的企业绿色全要素生产率受到的影响与投入高的企业相比差异不显著，但系数已有所下降。研发投入低的企业系数下降幅度最大，其绿色全要素生产率的变化显著低于研发投入高的企业，几乎未受到政策的激励作用。这说明即使是受绿色信贷支持的鼓励类企业，如果企业本身不注重研发投入，那么绿色信贷的鼓励政策并不会对这些企业产生激励效应，不注重研发的企业绿色全要素生产率无法得到提升。因此，研发投入在绿色信贷政策对企业绿色高质量发展的影响中具有调节作用。企业研发投入水平高，绿色信贷政策对鼓励类企业的激励作用会得到增强，对限制淘汰类企业的抑制作用得到缓解。本部分的结论支持了假说 6.2。

(3) 不同产权性质下绿色信贷政策对企业绿色高质量发展的影响

为了研究不同所有权性质的企业受到的影响是否一致，笔者将样本首先按内外资进行分组，然后在内资企业中又按国有企业和非国有企业分组，再利用模型（6.12）进行回归。表 6.18 的第 1 列、第 3 列和第 5 列表明限制淘汰类企业中的国有内资企业和外资企业均未受到绿色信贷政策的抑制效应影响。只有非国有内资的限制淘汰类企业受到了抑制效应影响，而研发投入对抑制效应的缓解只在非国有企业中作用明显，研发投入水平最高的非国有限制淘汰类企业并未受到绿色信贷政策显著的负向冲击。表 6.18 的第 2 列、第 4 列和第 6 列则表明鼓励类企业中，不论国有内资企业、非国有内资企业还是外资企业均受到绿色信贷政策的激励效应影响，但其中非国有内资企业的影响最为显著，且研发投入对激励效应的强化作用同样仅在非国有内资企业中显著存在。基于产权异质性的结果显示，研发投入的调节效应对于抑制效应的缓解和对激励效应的强化均在非国有内资企业中表现更为明显。绿色信贷政策缓解了非国有内资企业所面临的资金短缺问题，使非国有内资企业有足够的资金进行技术创新的研发。而国有内资企业和外资企业都拥有充足的外部融资渠道，从而对绿色信贷政策的反应不敏感。总体而言，本部分结果支持了假说 6.3。

表 6.18　基于产权性质的企业异质性影响结果

变量	国有内资企业		非国有内资企业		外资企业	
	Restrict	*Support*	*Restrict*	*Support*	*Restrict*	*Support*
Treat×*Post*	0.029	0.149**	−0.018	0.244***	−0.018	1.078*
	(0.07)	(0.07)	(0.03)	(0.08)	(0.16)	(0.56)
Treat×*Post*×*Medium*	−0.109	0.157	−0.085*	−0.139	−1.218	−0.140
	(0.07)	(0.17)	(0.05)	(0.12)	(0.82)	(0.14)
Treat×*Post*×*Low*	−0.100	−0.110	−0.055**	−0.258***	−0.076	−0.758
	(0.07)	(0.09)	(0.02)	(0.08)	(0.17)	(0.60)
企业层面控制变量	是	是	是	是	是	是
个体固定效应	是	是	是	是	是	是
年度固定效应	是	是	是	是	是	是
三位数行业固定效应	是	是	是	是	是	是
省（区、市）年度固定效应	是	是	是	是	是	是
常数项	0.874**	1.221**	1.074***	0.611***	0.128	−0.140
	(0.34)	(0.53)	(0.20)	(0.23)	(0.66)	(1.25)
样本量	5247	3106	19279	12603	2322	2048
R^2	0.463	0.585	0.427	0.457	0.719	0.657

注：小括号内为聚类到企业层面的稳健标准误，*、** 和 *** 分别表示显著性水平为 10%、5%和 1%。

6.3.6 本节小结

本节研究利用2003年至2012年的工业企业数据库和企业污染数据库，以绿色金融中最主要的绿色信贷政策为代表，从高质量发展的视角检验了绿色信贷政策对工业企业绿色全要素生产率的影响效果，发现绿色信贷政策的不同措施对限制淘汰类企业和鼓励类企业分别产生了抑制效应和激励效应。具体的研究结果表明，首先，绿色信贷政策的抑制效应导致限制淘汰类企业绿色全要素生产率显著下降，限制淘汰类企业并未因绿色信贷政策而出现波特效应以达到高质量发展。但鼓励类企业得益于绿色信贷政策的激励效应，实现了企业的高质量发展。其次，通过对绿色全要素生产率分解，笔者发现，绿色信贷政策所产生的激励效应源于鼓励类企业技术水平的提升，抑制效应则由于限制淘汰类企业技术创新不足而引发。

本研究由此进一步验证了企业的研发投入在绿色信贷政策的作用效果中具备调节作用，能强化激励效应并缓解抑制效应。即使整体行业受负向影响，研发投入高的限制淘汰类企业仍能实现高质量发展。最后，相比国有内资企业和外资企业，研发投入的调节作用在缺乏外源融资渠道的非国有内资企业中仍显著存在。上述研究结论对进一步完善绿色信贷政策并发挥积极效应具有重要的政策启示。

第一，进一步完善和细化绿色信贷的分类标准。本研究发现，限制淘汰类企业中也有研发投入意愿高的企业，但这些企业受限于融资约束，被动地陷入创新下降的困境，未能实现绿色全要素生产率的提升以完成绿色转型。对于限制淘汰类企业中有研发基础和转型意向的企业，应当区别对待，引导和扶持传统企业从污染型转变为清洁型。相应地，也不能无差异地对所有鼓励类企业进行融资扶持，鼓励类企业中研发投入较少的企业，可能只想依靠“漂绿”获取信贷资金，绿色信贷政策应当更精准地识别这类企业，不给予信贷支持，将资金配置到研发投入和技术升级意愿更高的企业，真正实现资金的优化配置。

第二，根据企业属性建立细化的评估标准，充分考虑企业融资需求强度和技术创新意愿。绿色信贷政策设计和评估要充分考虑到内外资企业、国企与非国企的属性特点，深入企业进行调研，根据企业的反应不断动态调整实施措施，给予企业调整的空间和时间，将政策与企业的属性特点和行为反应相配合，灵活有效地实施政策以获得更好的政策效果。

第三，激励企业投入技术研发，将企业的技术效率和技术水平纳入银行信贷评估体系中。实现企业绿色高质量发展的关键在于提升技术效率和技术进步水平。简单地在行业层面划分的基础上调控信贷资源配置可能导致限制淘汰类企业受限于融资约束而无法进行技术研发投入，鼓励类企业则可能出现“滥竽充数”现象，以政策红利取代自身努力。因此，银行在绿色信贷政策的执行过程中，需要进一步根据企业的技术研发能力、研发投入和工艺水平等进行区分，引导信贷资金投入有能力也有意愿进行高质量发展的企业中，通过激励研发能力高且转型意愿强的企业，抑制和淘汰高质量发展动力不足的落后企业，进而带动产业和经济的高质量发展。

6.4 绿色债券对企业绿色高质量发展的影响

6.4.1 相关文献进展

与本节研究联系最为紧密的文献是有关发行绿色债券与上市公司市场价值的研究文献。大部分文献认为绿色债券对企业市场价值有正向促进作用，主要有以下三个理由：一是绿色债券发行方式灵活，对企业的环境披露水平有提升作用，可增强企业信用，提高企业声誉效应（Flammer，2021）；二是绿色债券主要投资于中长期项目且融资成本较低，能缓解企业资金约束，增强企业竞争力（Gianfrate & Peri，2019）；三是绿色债券比其他债券对投资者更具吸引力，一方面绿色债券有税收优惠和担保，并持续披露资金使用情况，使长期投资更稳健安全，另一方面绿色债券可以扩大投资者的投资组合产品种类，减少债券需求波动的风险敞口（Chatzitheodorou et al.，2019）。现有文献经过实证研究也证明了投资者对绿色债券和绿色基金的发行持积极态度，资本市场对支持清洁能源项目的绿色债券需求逐渐增加，对绿色债券的反应高于普通债券(Jakubik & Uguz，2020；Guild，2020；Glavas，2020)。

囿于绿色债券在国内兴起时间较短，国内文献中对此相关的研究尚不多见。基于此，本研究以 2016 年至 2020 年发行绿色债券的数据为依据，综合使用事件研究、多元回归和工具变量法，以期得到更稳健的实证结果。具体来讲，本研究首先利用事件研究法验证上市公司发行绿色债券是否在短期引发了资本市场正向反应，即发行绿色债券的信息公布后，发行绿色债券的公司在窗口期内是否获得更高的超额收益率；其次通过多元回归将绿色债券和传统债券的短期超额收益率进行比较；最后利用工具变量法进行长期分析，探讨资本市场反应背后的作用机制和发行绿色债券的长期影响。

本节主要在以下三个方面在既有文献的基础上作出了边际贡献：第一，本研究通过事件研究法验证了资本市场在短期内对发行绿色债券的反应，提供了资本市场存在绿色偏好的经验证据；第二，本研究利用多元回归实证检验了发行绿色债券和普通债券对两类企业产生的不同效果，支持了信号传递理论，为确定资本市场的绿色有效性提供了稳健检验；第三，本研究进一步解析了发行绿色债券影响企业市场价值的长期内在机制，发现绿色债券的发行企业会投入更多研发资金，并获得更多的绿色专利产出，从而将绿色金融有效性的讨论由是否有效拓展到如何产生效果层面，进一步丰富了相关领域的研究。

6.4.2 制度背景与研究假说

(1) 制度背景

作为中国绿色金融体系最具代表性的产品之一，绿色债券近年来发展迅速。2016年国家发展和改革委员会发布《绿色债券发行指引》，对绿色金融企业债券进行规范的同时梳理了绿色金融支持的重点项目领域，同时规定了现阶段重点支持的项目。可见绿色债券的主要功能在于为绿色项目提供新的融资渠道和长期的融资来源，并为投资者提供可长期持有的绿色资产。绿色债券蓬勃发展的实践中也出现了一些有待完善的问题，2020年7月，中国人民银行会同国家发展和改革委员会、中国证监会起草了《绿色债券支持项目目录（2020年版）(征求意见稿)》，进一步明确了绿色债券定义，细化了绿色项目范畴和类型，建立了绿色项目分类标准体系，自此绿色债券的发展进入新的阶段。

由于绿色债券的正外部性特征，政府对绿色债券的发行、用途和审批均有优惠政策支持：首先发行绿色债券的企业不受发债指标限制，在资产负债率和募集资金占项目总投资的比例限制上均有所放宽；其次，发行绿色债券的企业可将募集资金用于偿还银行贷款和补充营运资金；最后，政府设有专门的申报受理和审核绿色通道，提高了审批速度和效率。因此，绿色债券相比普通债券，对发行人、中介机构和投资者都具有比较优势。具体来讲，对发行人而言，绿色债券的发行期限更长，一般为3到5年，能有效匹配绿色项目的实施周期。

绿色债券的发行费用更低，例如上海清算所规定绿色债券的发行登记费率和付息兑付服务费率降低50%，广州对发行绿色债券的企业给予发行费用10%的一次性补贴等。此外绿色债券可以通过专门的绿色通道发行，发行效率更高。对中介机构而言，承销发行绿色债券可以在监管评级和证券业协会执业能力评价中获得加分。对投资者而言，绿色债券既有较高流动性又能够满足投资者参与绿色环保主题的投资需求。除上述显性优势，部分绿色债券可以免税，并有发行机构和第三方机构的双重认证，这些隐性优势也使得绿色债券的吸引力增强。

（2）研究假说

信息经济学认为，资本市场的上市企业与外部投资者之间存在着天然的信息不对称，信息不对称会导致逆向选择问题（Spence，1974）。信号传递是信息优势方向劣势方传递私有信息并解决逆向选择的主要途径，在资本市场非对称信息存在的情况下，环境友好的绿色上市企业为了获得竞争优势，会利用一定方式向投资者传递企业具备环境优势的信号。其中最常见的方式是定期发布年报和社会责任报告披露企业的环境信息，使投资者精准地识别绿色企业并通过资金给予支持。但以定期报告形式披露环境信息存在以下几点不足：首先，没有强制环境信息披露义务的企业可能并不重视环境信息的披露，披露信息的缺失将误导投资者对企业价值的判断；其次，定期报告的披露通常以一年或半年期进行，时间跨度较长，信息更新的不及时将使投资者预期反应滞后；最后，环境表现较差的企业也可能会通过披露更多空泛的环境信息冒充环境表现好的企业，存在滥竽充数的现象。

基于此，企业发行绿色债券可被视为环境信息披露以外的另一种绿色信号传递，用以识别绿色企业。原因在于发行绿色债券满足传递信号的两个属性：首先，绿色债券的发行属于企业的自愿行为；其次，发行绿色债券相比普通债券成本更低，具备传递信号所要求的成本差异性。这一是因其所筹集资金专项支持绿色项目，期限相比普通债券更长，资金的使用具有更高的稳定性和确定性，并能有效缓解期限错配问题；二是因绿色债券的绿色属性使其更易获得政府支持，在申请和审核时有专门绿色通道，更易获得税收优惠和贴息优惠政策。

就市场层面的反应而言，已有研究表明，越受投资者关注的信息越会引发市场波动，即使这些信息与上市企业的基本面无关（Bae& Wang，2012）。随着绿色发展上升为国家意识，以及投资者对环保的关注度普遍提高，上市企业的绿色意识和绿色行为也会获得市场更高的关注。而公众和投资者的绿色意识加强，环保类股票的收益率也会随之增加（王宇哲和赵静，2018；方先明和那晋领，2020）。综上所述，上市企业发行绿色债券可被视为信号发送方向接收方进行信号传递的一种途径，投资者根据企业发行绿色债券的行为将其视为识别绿色企业的判断依据。随着投资者对企业绿色行为的关注度提升，上市企业发行绿色债券将驱动股票市场的收益率增加。综合以上分析，本研究提出假设6.5：

假设6.5：短期来看，上市企业发行绿色债券会提升其股票收益率。

外源融资是企业进行研发活动的主要资金来源（解维敏和方红星，2011），发行绿色债券的企业在缓解了融资约束后，有更多的资金用于绿色技术投入和绿色项目的开发。以节能环保、清洁生产和清洁能源等为代表的绿色项目，具有科技含量高和能源消耗低的属性特点，对绿色技术存在较高需求，因此发行绿色债券的企业应当会更注重绿色技术的研发投入。进一步地，研发投入的增加会带来绿色创新产出的增长（杜金岷等，2017）。从另一方面看，市场通过交易方式引导资源流入绿色创新能力强的企业，能更好地激励企业自主开展绿色创新（齐绍洲等，2018），提升企业效率水平。资本市场通过提升发行绿色债券的上市企业股票收益率，能振兴企业信心，使企业更高效利用资源，促进全要素生产率的增长，由此本研究提出假设6.6：

假设6.6：长期来看，发行绿色债券的上市企业具有更高绿色创新能力和全要素生产率水平。

6.4.3 研究设计、变量与数据

（1）*研究方法*

①事件研究法

本节首先利用事件研究法，考察发行绿色债券对上市企业市场价值的影响。参照现有文献的做法，笔者将累积超额收益率（CAR）作为企业市场价值的代理变量，将企业发行债券的首个交易日作为事件日。对事件窗口期的选取，现有文献并无一致定论，但一般包含事件发生前几日和后几日。这是因为在事件发生之前，市场已经对企业发行债券形成了一定预期，可能有超前反应；而事件发生不止在当日产生影响，对股价的反应可能存在一定滞后效应。但窗口期

的选取不能过长，过长则会出现多个事件叠加，不能准确识别所研究事件的市场反应。因此，选择（−1，+1）窗口期，即事件发生前一个交易日至事件发生后一个交易日，共3个交易日，并用（−2，+2）的窗口期进行稳健性检验。同时，笔者采用一般文献的通用做法，选取事件日前的200日，即（−240，−41）作为估计期。

在计算超额收益率时，笔者为了克服统计偏差，同时采用市场模型、Fama-French三因素模型和Fama-French五因素模型分别计算超额收益率，以期获得更稳健的结果。

市场模型：

$$R_{it}=\alpha_i+\beta_i R_{mt}+e_{it} \tag{6.13}$$

其中，R_{it} 表示股票 i 在第 t 日的实际收益率，R_{mt} 表示第 t 日的市场收益率，采用股票 i 所属市场的指数回报率进行计算。股票超额收益率为：

$$AR_{it}=R_{it}-(\alpha_i+\beta_i R_{mt}) \tag{6.14}$$

三因素模型：

$$R_{it}-R_{ft}=\alpha_i+\beta_i(R_{mt}-R_{ft})+s_i SMB_t+h_i HML_t+e_{it} \tag{6.15}$$

其中，$R_{it}-R_{ft}$ 和 $R_{mt}-R_{ft}$ 分别表示根据无风险收益调整后的个股 i 收益率和市场收益率，SMB_t 表示在 t 时期流通市值低的组合与流通市值高的组合收益率之间的差异，HML_t 表示 t 时期账面市值高的公司组合与账面市值低的公司组合收益率之间的差异。加入上述新的风险因素后，三因素模型度量的股票超额收益率为：

$$AR_{it}=(R_{it}-R_{ft})-[\alpha_i+\beta_i(R_{mt}-R_{ft})+s_i SMB_t+h_i HML_t] \tag{6.16}$$

五因素模型：

$$R_{it}-R_{ft}=\alpha_i+\beta_i(R_{mt}-R_{ft})+s_i SMB_t+h_i HML_t+\omega_i RMW_t+c_i CMA_t+e_{it} \tag{6.17}$$

五因素模型在三因素模型基础上继续增加代表公司盈利和投资的因素。其中，RMW_t 表示 t 时期盈利能力强的公司组合与盈利能力差的公司组合收益率之间的差异，CMA_t 表示 t 时期投资水平低的公司组合与投资水平高的公司组合收益率之间的差异。在加入了上述新的风险因素后，五因素模型衡量的股票超额收益率为：

$$AR_{it}=(R_{it}-R_{ft})-[\alpha_i+\beta_i(R_{mt}-R_{ft})+s_i SMB_t+h_i HML_t+\omega_i RMW_t+c_i CMA_t] \tag{6.18}$$

最后，根据公式 $CAR(t_1, t_2)=\sum_{t_1}^{t_2} AR_{i\tau}$ 将窗口期的超额收益率加总，得到股票 i 在（t_1, t_2）事件窗口内的累积超额收益率 CAR。

②多元回归法

本节还使用多元回归法，通过比较事件发生后不同类别的企业超额收益率之间是否存在差异，即处理组是否显著异于对照组，进一步精确衡量发行绿色债券对企业累积超额收益率的影响。同时，笔者将其他可能影响到超额收益率的因素纳入回归模型中，确保结果的准确性。

具体而言，笔者将 2016 年至 2020 年期间发行绿色债券的上市企业作为处理组，将同期发行普通债券的上市企业作为对照组，以上市企业在事件窗口期的累积超额收益率 CAR（−1，+1）作为被解释变量，以区分处理组和对照组的虚拟变量（$Green_i$）作为核心解释变量进行多元回归，同时控制了其他可能影响股票超额收益率的因素。模型如下所示：

$$CAR_{ikj}=\alpha+\beta Green_{ikj}+\gamma X_{ikj}+List_{ikj}+industry_k+city_j+\varepsilon_{ikj} \quad (6.19)$$

其中，控制的影响因素 X_{ikj} 包括企业规模、前十大股东控股比例、托宾 Q、债务股权比率和企业的资产净利率等企业层级变量。$List_{ikj}$ 表示股票市场类型（上交所或深交所上市）。此外，根据企业所属行业、所处地区的差异分别控制了相关的固定效应，$industry_k$ 和 $city_j$ 分别为行业效应和地区效应。

（2）变量定义和描述性统计

本研究在事件分析法的基础上，通过多元回归分析进一步对发行绿色债券在资本市场的反应进行衡量，以事件分析法得到的上市企业在发行债券的事件窗口期所获得的累积超额收益率作为被解释变量，以上市企业所发行的债券是否是国家发改委认定的绿色债券作为解释变量，进行回归分析。这样做的优势在于，为发行绿色债券的上市企业找到对照组（发行普通债券的上市企业），以便将二者的市场反应进行对比。如果上市企业发行普通债券时累积超额收益率与发行绿色债券时的累积超额收益率存在显著差异，则进一步验证了资本市场对发行绿色债券有正向的反应。具体的变量定义和解释如表 6.19 所示，其中被解释变量 CAR 数据源于事件分析法的计算，上市企业发行绿色债券的信息来源于国泰安数据库，上市企业发行普通公司债券的信息来源于万得数据库，企业的相关财务指标数据来源于国泰安数据库。

表 6.19 变量定义

变量符号	变量定义
CAR	事件窗口（−1，+1）内上市企业的股票累积超额收益率
Green	代表上市企业是否发布绿色债券的虚拟变量，在企业发行绿色债券时为 1，在企业发行普通债券时为 0
ln *totalasset*	上市企业资产规模，用企业资产总额的自然对数表示
*Top*10*share*	上市企业的前十大股东控股比例
TobinQ	托宾 Q 值，用上市企业市场价值/资产重置成本表示
Lev	上市企业负债比率，用负债总额/资本总额表示
ROA	上市企业的资产净利率，用净利润/总资产表示

资料来源：笔者自行整理。

6.4.4 实证结果与分析

（1）事件研究法结果

笔者通过事件研究法检验在上市企业发行绿色债券前后该公司股票的超额收益率是否发生变化，从而考察发行绿色债券是否获得资本市场的正向反馈和认可。图 6.5 展示了根据市场模型测算的（−3，+3）事件窗口期内发行绿色债券的上市公司股票的日超额收益率和日累积超额收益率变化趋势。我们可以发现，在事件发生的前一天至事件发生的第二天，日超额收益率出现了明显的增加再回落的趋势，因此也带来累积超额收益率的上升。

图 6.5 通过直观的趋势变化表明了发行绿色债券这一事件对上市公司的股票收益率所产生的正向影响，在此基础上继续对正向影响的程度和显著性进行分析。资本市场对发行绿色债券的上市公司在（−1，+1）和（−2，+2）的事件窗口内股票的累积超额收益率如表 6.20 所示。在（−1，+1）事件窗口内，三种模型下股票的累积超额收益率均在 5%的置信水平上显著异于 0，说明发行绿色债券为上市公司带来了 5%～7%的超额收益。同时应注意到，这种反应的时效性极短，当把窗口期扩展到（−2，+2）时，只有五因素模型分析下的超额收益率是显著不为 0 的，市场模型和三因素模型的结果均不显著。以上结果共同表明了资本市场存在“绿色偏好”，对企业发行绿色债券的事件确实会出现

正向反应，但这种反应是短促的，市场会及时消化发行绿色债券带来的利好，股票收益率在发行债券的1～2天后会回归正常水平。以上结果支持了假设6.5的成立。

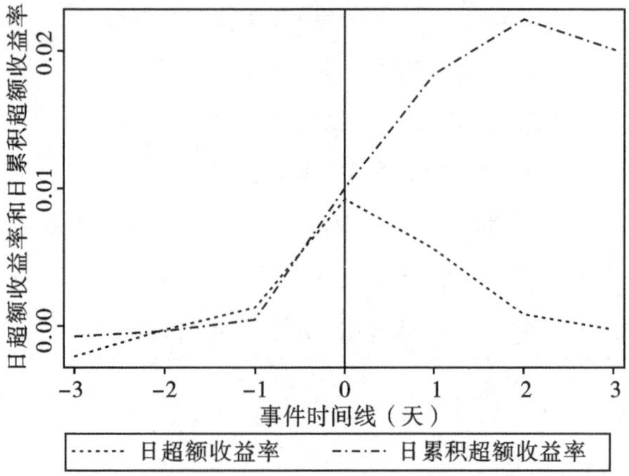

图6.5 发行绿色债券的上市公司在（−3，+3）事件窗口期日超额收益率和日累积超额收益率

表6.20 上市企业发行绿色债券的市场反应

模型	发行绿色债券的上市公司的累积超额收益率 窗口期（−1，+1）	发行绿色债券的上市公司的累积超额收益率 窗口期（−2，+2）
市场模型	0.00559**	0.00469
	(0.00281)	(0.00331)
三因素模型	0.00708**	0.00516
	(0.00303)	(0.00328)
五因素模型	0.00739**	0.00563*
	(0.00310)	(0.00324)
样本量	106	106

注：*、**和***表示在10%、5%和1%的显著性水平。

（2）多元回归分析

本研究采用多元回归方法进行稳健性检验，利用模型（6.19）估计发行绿色债券对企业累积超额收益率的影响大小。根据前文分析，我们可以预测发行绿色债券对上市企业的累积超额收益率高于对照组企业，即模型（6.19）中的系数应当显著为正。此处采用 OLS 方法进行估计，控制了上市企业行业和地区固定效应，并用稳健标准误作为显著性判断。表 6.21 显示了多元回归分析的结果，在未控制其他影响因素前，发行绿色债券的企业累积超额收益率比对照组企业（发行普通债券的上市企业）的累积超额收益率高出 0.85%，且估计结果在 10%的水平下显著。控制了可能对超额收益率产生影响的企业层面特征变量及固定效应后，发行绿色债券的企业累积超额收益率比对照组企业高出 0.96%，且估计结果在 5%的水平下显著，与事件研究法所得结果一致。这意味着，当上市企业发行绿色债券后，市场对这些企业的绿色认可度增强，从而显著提升了发行绿色债券上市企业的累积超额收益率。

表 6.21　多元回归分析结果

变量	*CAR*	*CAR*
Green	0.00851*	0.00969**
	(0.00449)	(0.00450)
控制变量	否	是
城市固定效应	是	是
行业固定效应	是	是
常数项	−0.00395***	0.153***
	(0.000809)	(0.0387)
样本量	1971	1971
R^2	0.500	0.531

注：小括号内为聚类到企业层面的稳健标准误，*、** 和 *** 分别表示显著性水平为 10%、5%和 1%。

6.4.5　经济结果与分析

上文分析已采用事件研究法和多元回归分析得到了基本一致的结果，即发行绿色债券提升了市场对上市企业的认可和预期。在验证了资本市场存在短期绿色偏好的基础上，本部分进一步探讨与发行普通债券的上市企业相比，发行绿色债券会对上市企业的经济后果产生怎样的影响。对这一问题的分析可以更好解释为什么市场会对上市企业发行绿色债券的消息产生正面预期，以及这种预期从长期来看是否是准确的。由于缺乏相关的上市企业污染数据，不能测算上市企业的绿色全要素生产率水平，故本研究利用 OP 和 LP 方法计算发行绿色债券和发行普通债券上市公司的全要素生产率，以此作为结果变量。

本部分主要观察 2012 年至 2019 年间发行绿色债券与普通债券的公司在全要素生产率这一经济结果上会有何种差异出现。由于核心解释变量可能具有内生性问题，例如企业的全要素生产率水平越高，越倾向于通过长期投资进行技术创新研发，实施环保节能等绿色技术含量高的项目，使得这些企业更有实力和意愿发行绿色债券，从而带来反向因果关系。因此，笔者通过构建工具变量法解决这一问题。

参照陈诗一和陈登科（2018）的方法，笔者采用政府环境治理变量（*GER*）作为企业是否发行绿色债券的工具变量。该指数的构造方法具体包括以下步骤：第一步，搜集全国 31 个省（区、市）的 2012 年至 2019 年政府工作报告，第二步，对文本进行分词处理，最后找出与环境相关词汇及其出现的频次，计算这些词汇占政府词频总数的比重。政府工作报告中关于环境的相关词汇出现比重越高，说明当地政府对绿色发展和环境保护更为重视，则更具备引导当地企业发行绿色债券的内在驱动力，如鼓励并奖励当地发行绿色债券的企业，对这些企业给予便捷审批程序和优惠政策等。同时政府工作报告中环境词汇数量作为省级层面的变量，直接影响企业全要素生产率水平的可能性较小，满足工具变量的外生性条件。根据两阶段最小二乘法（2SLS）估计方法笔者设定如下模型：

$$Y_{ijkt} = \beta_0 + \beta_1 Green_{ikj} + \gamma X_{ijkt} + \lambda_j + \delta_t + \varepsilon_{ijkt} \tag{6.20}$$

$$Green_{ikj} = \beta_0 + \beta_1 GER_{ikj} + \gamma X_{ijkt} + \lambda_j + \delta_t + \varepsilon_{ijkt} \tag{6.21}$$

其中，i 表示企业，j 表示城市，k 表示行业，t 表示年份，Y_{ijkt} 是模型的因变量，即通过 OP 和 LP 方法计算出的上市企业全要素生产率，$Green_{ikj}$ 为区分处理组和对照组的虚拟变量，与模型（6.19）一致，当上市公司为发行绿色债券的公司时该变量取值为 1，当上市公司为发行普通债券的公司时取值为 0，GER_{ikj} 为上市企业所在省（区、市）的政府环境治理指标，λ_j 和 δ_t 分别为行业固定效应和年度固定效应，β_1 表示上市企业发行绿色债券这一事件对发行企业的平均处理效应，X_{ijkt} 为相关控制变量。基于已有文献的分析，主要的控制变量包括：企业规模（ln *asset*）、杠杆比率（*Leverage*）、资产净利率（*ROA*）、前十大股东持股比例（*top*10*share*）、企业的年龄（*age*）、企业的销售费用（ln *salesfee*）及销售利润（ln *salesprofit*）。

对模型（6.20）和（6.21）进行回归分析，我们主要观察发行了绿色债券的企业和未发行绿色债券的企业在全要素生产率方面是否存在显著差异，结果如表6.22所示。第二阶段的回归结果表明发行绿色债券在5%的显著水平上有效促进了企业全要素生产率的提高，在控制行业和年度固定效应后，回归结果的显著性水平提升了，系数也有所增加。这说明在控制固定效应后，发行绿色债券的上市企业其全要素生产率提升了3.45%～3.71%，且结果在1%的水平下显著。

表6.22　经济影响分析结果

变量	*Optfp*				*Lptfp*			
	第一阶段回归	第二阶段回归	第一阶段回归	第二阶段回归	第一阶段回归	第二阶段回归	第一阶段回归	第二阶段回归
GER	18.49***		15.22***		18.38***		16.03***	
	(5.138)		(4.862)		(5.199)		(4.931)	
Green		2.109**		3.711***		2.050**		3.455***
		(0.875)		(1.310)		(0.831)		(1.182)
常数项	−0.696***	1.947***	−0.510***	−0.126	−0.699***	−2.345***	−0.497***	−4.245***
	(0.122)	(0.585)	(0.155)	(0.777)	(0.126)	(0.561)	(0.158)	(0.612)
控制变量	YES	YES	YES	YES	YES	YES	YES	YES
行业固定效应	NO	NO	YES	YES	NO	NO	YES	YES
年度固定效应	NO	NO	YES	YES	NO	NO	YES	YES
F 值	12.502		15.64		21.97		15.11	
样本量	2759	2759	2759	2759	2687	2687	2687	2687

注：*、** 和 *** 分别表示显著性水平为10%、5%和1%。

6.4.6 机制检验

前文验证了发行绿色债券不仅能在资本市场产生短期正向反应，还能在长期促进上市企业全要素生产率提升，那么影响的原因是什么？本部分用 2012 年至 2019 年八年的数据，以国家发展和改革委员会发布的《绿色债券发行指引》为外生冲击构建准自然试验，建立以下倍差法模型：

$$Y_{ijkt}=\beta_0+\beta_1 Green_{ikj}\times Post_t+\gamma X_{ijkt}+\alpha_i+\lambda_{jt}+\delta_{kt}+\varepsilon_{ijkt} \quad (6.22)$$

其中，i 表示企业，j 表示城市，k 表示行业，t 表示年份，Y_{ijkt} 是模型的因变量，主要选取企业营业收入规模（$Sales/asset$）、企业研发投入（$RDspend/asset$）、企业绿色产出（绿色专利申请数和授权数），$Green_{ikj}$ 为区分处理组和对照组的虚拟变量，与模型（6.19）一致，当上市公司为发行绿色债券的公司时该变量取值为 1，当上市公司为发行普通债券的公司时取值为 0，$Post_t$ 是年度虚拟变量，考虑到 2016 年 1 月国家发改委发布了《绿色债券发行指引》，中国自此开始正式发行贴标绿色债券，因此 $Post_t$ 在 2016 年及以后取值为 1，否则为 0，α_i 为个体固定效应，λ_{jt} 和 δ_{kt} 分别为城市年度交互固定效应和行业年度交互固定效应，β_1 表示上市企业发行绿色债券这一事件对发行企业的平均处理效应，X_{ijkt} 为相关控制变量。基于已有文献的分析，主要的控制变量包括：企业规模（$\ln asset$）、负债比率（$Leverage$）、资产净利率（ROA）、前十大股东持股比例（$top10share$），以及企业的托宾 Q 值（$TobinQ$）。

表 6.23 显示了模型（6.22）进行回归的结果，表明在国家颁布《绿色债券发行指引》之后，发行了绿色债券的企业在研发投入规模上比未发行绿色债券的企业上升了 0.26%个水平单位，与研发投入规模的平均值 0.016 相比，增加幅度达到了 16.7%左右，并且在 5%的水平下显著。同时，从长期来看，发行绿色债券的企业也具有绿色创新优势，处理组相比对照组而言，无论是绿色专利的申请数量还是授权数量均有显著提升，绿色专利申请数量增加了 4.57 个单位，绿色专利授权数量增加了 2.48 个单位，且在 5%的水平下显著。

导致以上结果出现的可能原因在于：一是发行绿色债券规定了企业必须将筹措到的资金专项用于绿色项目，而绿色项目的实施对技术上的要求更高，因此需要在研发领域有更多投入，研发投入的增加促进了绿色专利的产出；二是发行绿色债券也表明该企业更关注绿色环保领域的发展，以期在绿色领域能获得竞争优势。为获取和保持在绿色环保市场上的优势地位，企业有意识地增加研发投入，注重绿色技术的创新，引致研发投入和绿色专利的增加。绿色创新能力的提升促进了企业全要素生产率的增加，从而支持了假设 6.6。

表 6.23　经济影响分析结果

变量	*Sales/asset*	*RDspend/asset*	*Greenpatent*1	*Greenpatent*2
Green×*Post*	−0.0432	0.00267**	4.577**	2.487**
	(0.0473)	(0.00135)	(2.284)	(1.239)
控制变量	YES	YES	YES	YES
个体固定效应	YES	YES	YES	YES
城市年度固定效应	YES	YES	YES	YES
行业年度固定效应	YES	YES	YES	YES
常数项	1.274	0.178***	10.96	3.222
	(0.973)	(0.0535)	(10.78)	(8.264)
样本量	2750	1824	2750	2382
R^2	0.900	0.927	0.829	0.892

注：小括号内为聚类到企业层面的稳健标准误，*、** 和 *** 分别表示显著性水平为 10%、5%和 1%。

6.4.7　本节小结

绿色债券作为绿色金融市场上较为成熟的融资工具，是引导社会资金流入低碳环保等领域的重要抓手。中国金融体系长期存在对银行贷款依赖度过高和短期债务水平过高的问题，引入绿色债券这一融资工具，不仅能缓解企业在环保领域融资渠道单一的限制，还能向企业提供长期的资金，为绿色项目的顺利开展提质增效。本研究通过检验发行绿色债券后中国股票市场的反应来估计上市企业发行绿色债券对企业价值的影响，探讨绿色债券在资本市场的认可度，以及其长期的经济作用，基于 2016 年至 2020 年上市企业发行绿色债券的数据和企业财务数据，本研究得出以下结论：

上市企业在发行绿色债券的前后 3 天时间窗口内，获取了 5%～7%左右的股票累积超额收益。在该时间窗口内，发行绿色债券的上市企业股票累积超额收益率相比发行传统债券的企业高出 0.96%，且在 5%的水平下显著。进一步采用 2012 年至 2019 年上市企业的年度数据，笔者结合上市公司全要素生产率对发行绿色债券的长期影响进行了估计。结果表明，发行了绿色债券的企业相比未发行绿色债券的企业而言，全要素生产率水平提升了3.4%～3.7%。通过机制检验笔者发现，全要素生产率提升的主要原因在于发行绿色债券的企业更关注技术创新和研发，绿色创新能力更强。

本节研究的结果不仅对上市企业的绿色发展具有参考价值，也为今后培育绿色市场，实施相关政策提供了一定启示。

第一，要加快推进企业发行绿色债券，拓展直接融资渠道。本研究的结论在一定程度上证明了资本市场已具备绿色偏好，投资者对发行绿色债券的上市企业认可度和预期逐渐提升，上市公司发行绿色债券能够提升其在资本市场的市场价值，有助于上市企业增强在绿色领域发展的信心。当前有部分企业已达到绿色债券发行标准却并不积极申请发行绿色债券。只有使这些企业意识到发行绿色债券能获得资本市场正向反应，才会推动其积极参与发行绿色债券，扩大绿色债券市场规模，拓宽直接融资渠道。

第二，要强化企业绿色创新能力，促进生产效率提升。融资约束得到缓解后，发行绿色债券的企业全要素生产率得到了显著提升，这表明社会资本的融资引导产生了较好的经济效果。下一步需要对企业在直接融资中所获资金的使用行为进行引导和监督，确保企业将绿色债券融资和股权融资所得到的资金投入研发周期长但对经济能产生深远影响的绿色技术研发领域，提升企业的全要素生产率，更好地推进产业经济的绿色转型升级，实现经济的高质量发展。

6.5 全国文明城市建设对企业绿色高质量发展的影响

6.5.1 相关文献进展

纵观探讨全国文明城市评选与环境治理的文献，逯进等（2020）、徐换歌（2020）、刘哲和刘传明（2021）分别利用地级及以上城市数据从宏观层面验证授予文明城市称号能促进地方实现绿色发展；Zhang 等（2020）、石大千等（2019）利用上市企业数据从微观层面证实，授予文明城市称号能激励地方强化企业的环境信息披露水平，提高企业的生产率。然而，对授予全国文明城市称号能否改善环境质量这一问题而言，这些文献至少还存在以下三点改进空间：未充分验证授予全国文明城市称号在环境治理领域的激励机制。逯进等

(2020)、徐换歌（2020)、刘哲和刘传明（2021）分别探讨了技术创新、产业结构、环境规制、基础设施、公众参与等影响渠道，但是作为激励政策，首当其冲需要验证的是与激励紧密相关的官员政治动机。虽然 Zhang 等（2020）对此进行了初步论证，但是仍有待进一步考察政治强激励官员（拥有更强晋升动机的官员）所强化出的企业环境绩效的机制是什么。不能将授予全国文明城市称号产生的效应完全解读为评选效应。事实上，即便是没有获得全国文明城市称号的地区也存在为争取每届全国文明城市称号的评选效应。因此，获得全国文明城市称号的地区为复评而做出的努力，不仅存在与其他城市类似的评选效应，还存在其他城市所没有的荣誉效应，通过倍差法识别得到的应该是授予全国文明城市称号的荣誉效应。缺乏分析授予全国文明城市称号在微观层面的异质性效果与环境治理机制。使用宏观数据探讨的环境治理机制会因为数据高度加总的原因，一方面无法更为细致地比较政策在所有制、规模、污染程度等不同企业特征上的异质性效果，另一方面无法捕捉诸如新增企业分布等微观层面的环境治理机制。Zhang 等(2020)、石大千等（2019）虽然使用上市企业的微观数据进行了研究，但是受数据限制，仅能验证上市企业的环境信息披露和生产率水平。

为厘清这些问题，本节匹配中国工业企业污染排放数据库和中国工业企业数据库，首次使用 1999 年至 2008 年中国制造业企业污染排放数据，以 2005 年授予的全国文明城市称号为准自然实验，选取企业化学需氧量（COD）排放①，利用倍差法从微观视角系统考察授予全国文明城市称号在环境治理领域的政策效果。与既有文献相比，本节有以下三方面的特色与创新。

从微观层面补充环境激励型政策是否有效的实证检验。本研究以授予全国文明称号城市为例，利用制造业企业污染数据，一方面识别称号授予后的减排效果，另一方面较为全面地分析政策所激发的减排模式。

深入剖析全国文明城市称号授予效应的作用机制与空间溢出。本研究首次利用中国工业企业污染排放数据库识别授予全国文明城市称号的减排效应，一方面在官员政治激励框架下，从减排环节（源头防治与末端治理）、企业环境行为（清洁技术、规模扩张与进入市场）两大角度，进一步探讨政治强激励官员

---

① 本节选取企业 COD 排放，主要考虑该污染物属于隐性污染物（Greenstone & Hanna, 2014)。如果一个城市想要在众多城市中脱颖而出，摘得全国文明城市称号，势必会加倍做好非可视型公共服务，如水污染治理（吴敏和周黎安，2018），以增强市民群众的获得感、幸福感、安全感，使其积极参与全国文明城市的建设。同时，本研究也选取了企业烟尘排放作为稳健性检验。

与政治弱激励官员在推动企业减排模式上的差异；另一方面使用基于空间自滞后模型（SLX）的倍差法，利用新增企业信息，进一步识别授予全国文明城市称号的减排效应是以牺牲邻近城市为代价进行污染就近转移，还是激励邻近城市引进高质量绿色企业，在空间溢出层面产生示范效应。

从理论层面为构建现代环境治理体系、推动绿色发展提供科学依据。本研究从微观视角系统考察全国文明城市评选在环境治理层面的政策效果，不仅能为健全环境治理领导责任体系、构建现代环境治理体系提供理论依据，而且还能为推动企业生产方式绿色化、实现绿色发展提供政策启示。

6.5.2 政策背景与影响逻辑

（1）政策的背景介绍

全国文明城市评选由中央精神文明建设指导委员会（简称为中央文明委）负责，是中国“含金量最高、创建难度最大”的城市综合类评比政策。该评选政策最早可追溯至 1999 年 9 月、2002 年 10 月，中央文明委分两批表彰了 121 个全国创建文明城市工作先进城市（区）。在此基础上，中央文明委于 2003 年 8 月 25 日下发《关于评选表彰全国文明城市、文明村镇、文明单位的暂行办法》(文明委〔2003〕9 号)，2004 年 9 月 14 日印发《全国文明城市测评体系（试行)》(文明委〔2004〕7 号)，规定全国文明城市、文明村镇、文明单位的评选标准、申报评选范围和程序，确定全国文明城市每三年评选表彰一次，标志着全国文明城市评选政策的正式出台。

《全国文明城市测评体系（试行)》以提高人的文明素质、城市文明程度和居民生活质量为重点，包括 119 项具体测评内容，覆盖城市政务环境、法治环境、市场环境、人文环境、生活环境、生态环境和创建工作情况七大方面。其中，生态环境测评以实现可持续发展为目标，包括建成区绿化覆盖率、绿地率、人均公共绿地、生活垃圾无害化处理率、城市污水处理率、环境保护投资指数、空气污染指数、烟尘控制区覆盖率、环境噪声达标区覆盖率、城市水域功能区水质达标率 10 项内容。同时，发生具有全国影响的重大环境污染事件是全国文明城市评选“一票否决”的六大内容之一。此后，每届全国文明城市评选均会结合时代变化与需要对《全国文明城市测评体系（试行）》进行调整（刘思宇，2019），最新的《全国文明城市测评体系（2018 年版)》测评内容已调整为包括生态环境在内的十二大方面、共 88 项具体测评指标，始终将生态环境摆在测评的重要地位。因此，环境质量改善是评选全国文明城市的重要依据，与水污染治理直接相关的内容在最初的生态环境测评内容中占据两项，其重要性不言而喻。因此，这能为本研究选取企业 COD 排放评估授予全国文明城市称号的环境治理效果提供典型事实依据。

值得一提的是，为保障评选政策的有效性，全国文明城市评选实施动态管理的复评机制。各省（区、市）和中央、国家有关主管部门文明委，每年会对获得全国文明城市称号的地区进行复查。对于工作停滞不前、出现突出问题的，将给予必要的批评警告，限期整改。对于工作严重滑坡、出现重大问题的，将撤销荣誉称号。被撤销全国文明城市称号的地区不得参加下一届评选。同时，每一届评选还会专门对上一届当选城市进行复评，只有连续三届通过复查的城市才有机会被授予最后的“文明城市标兵”。2013 年 10 月，南京市因发生《全国文明城市测评体系（试行）》中“一票否决”的相关事项，被中央文明办取消全国文明城市资格。2016 年春节前，中央文明办与环保部、国家统计局相关司局组成专项督查组，通过实地暗访、调研考察、召开座谈会等方式对南京市深化文明城市创建工作进行专项督查，并在第五届评选中恢复其全国文明城市称号①。在南京市的专项督查工作中，环保部参与其中，彰显环境治理在全国文明城市评选中的重要性，这再次为本研究评估授予全国文明城市称号的环境治理效果提供了典型事实依据。

基于全国创建文明城市工作先进城市（区）两批的评比表彰工作，中央文明委分别于 2005 年 10 月、2009 年 1 月、2011 年 12 月、2015 年 3 月、2017 年 11 月和 2020 年 11 月 6 次公布全国文明城市评选的结果，第一届名单如表 6.24 所示。

表 6.24　全国文明城市名单

届次	公布时间	全国文明城市
第一届	2005 年 10 月	省会、副省级城市：厦门市、大连市、深圳市、宁波市、青岛市 地级市：包头市、烟台市、中山市 县级市：张家港市 直辖市城区：北京市西城区、上海市浦东新区、天津市和平区

注：每一届全国文明城市的名单并未包含上一届复查后合格的城市，同时由于 2009 年、2011 年、2015 年、2017 年和 2020 年入选城市较多，在此没有进行逐届列示。更详细名单可见中国文明网（http://www.wenming.cn/wmcs/）。

① 相关链接：https://china.huanqiu.com/article/9CaKrnJUe1J。

（2）政策的影响逻辑

生态环境问题是中国城市迈向文明迫切需要解决的突出问题之一，在第一届全国文明城市评选中就有城市因为环境污染严重而被“一票否决”，因此做好环境治理已成为各城市创建全国文明城市的重中之重。从评选程序来看，全国文明城市评选采取自愿申报、逐级推荐、提前公示、择优评选的流程，虽然在评选中引入“一票否决”，但这些内容均属于重大问题，发挥的是“入场券”功能。换而言之，全国文明城市评选仅仅限定不能发生有全国影响的重大环境污染事件这一最低环境规制要求。一个城市能否当选全国文明城市，更多取决于是否对标每届的《全国文明城市测评体系》，开展“争先恐后”的横向竞争，即便是当选的城市也会面临严格的动态复评。由此，全国文明城市评选对地方环境治理具备激励作用，在理论上能激励地方强化企业减排。具体理由如下：

其一，从地方官员晋升来看，全国文明城市评选能提供地方强化企业减排的政治激励。张天舒和王子怡（2020）通过对第一届至第四届参评全国文明城市评选的市委书记与市长数据，实证发现全国文明城市这份荣誉对地方官员晋升具有显著的信号功能。这就表明，全国文明城市评比符合政治激励论，即上级政府通过行使地方官员的任免权，使得地方积极参与这一评选政策。这也与晋升锦标赛有很多相似之处，如同级竞争、明确考核、排序取名（刘思宇，2019）。笔者整理了2005年各地级市时任市长及市委书记调任的情况（不包括县级市、直辖市以及新疆和西藏）。通过计算第一届受表彰城市的市长和市委书记与其他非文明城市市长和市委书记的晋升比例，我们可以发现全国文明城市评选对于市长和市委书记的晋升在统计意义上的确有所帮助（见表6.25）。这也在一定程度上说明官员晋升的政治激励效应的确存在于全国文明城市创建过程中。更为重要的，因获得全国文明城市称号而晋升释放出的标兵作用，又会激励其他官员为晋升而努力维持、争取荣誉，继而强化企业减排。

表6.25　各地级市时任市长和市委书记晋升情况统计

官员	是否被评为文明城市	总人数（人）	晋升人数（人）	晋升比例（%）
市长	是	8	4	50
市长	否	275	58	21
市委书记	是	8	7	87.5
市委书记	否	275	171	62

数据来源：本研究根据人民网、新华网以及各地人民政府网站整理。

其二，从财政补偿与奖励来看，全国文明城市评选能提供地方强化企业减排的经济激励。根据各级政府披露的财政支出信息，对于那些有望获得全国文明城市称号的城市，各省级政府均会拨予相应建设资金，同时地方亦会设立相应文明城市建设专项资金（刘思宇，2019）。因此，在拥有创建文明城市财政补偿政策的情况下，一旦想要并且有能力获取全国文明城市称号时，地方政府就会积极与相关部门协同合作，实现资源的最优化配置。同时，根据《关于评选表彰全国文明城市、文明村镇、文明单位的暂行办法》的规定，中央文明委会对获得全国文明城市称号的城市颁发奖牌和证书并给予适当奖励，各地和各相关部门也会从实际出发对获得全国文明城市称号的城市以及在创建工作中作出突出贡献人员进行奖励。在具体实施过程中，不少城市将全国文明城市创建工作与企业表彰联系在一起，尤其将企业参与创建工作情况列入优秀工业企业称号的评选中。

其三，从动态管理的复评机制来看，全国文明城市评选能保持对当选城市一定的压力，反向激励其为维持荣誉而强化企业减排。根据《关于推荐第二批全国文明城市、文明村镇、文明单位和第四批全国创建工作先进城市、村镇、单位的通知》和《第二批全国文明城市、文明村镇、文明单位和第四批全国创建工作先进城市、村镇、单位名单》，本研究发现在启动第二届全国文明城市评选活动时也对第一届获得全国文明城市称号的城市进行了复查，青岛市和上海市浦东新区在复查中落选第二届获选名单。之后的每一届都会对当选城市进行严格的复查。因此，一个城市并非获得全国文明城市称号就可以一劳永逸，全国文明城市评选的动态管理复评机制对当选城市形成一种反向激励。同时，全国文明城市评选时制定的“一票否决”红线，也会给相关城市造成更大的压力。当选城市为维持这一称号带来的“荣誉福利”，只能更加积极地完成中央所下达的各项指标，强化企业减排。

6.5.3 研究方法和数据

（1）研究设计与计量模型

为精准识别授予全国文明城市称号能否激励地方强化制造业企业 COD 减排，本研究采用倍差法，构建基准回归模型如下：

$$\ln COD\_em_{ijct} = \beta_0 + \beta_1 civilized_{ct} + \alpha \ln X_{ct} + \lambda \ln Z_{ijct} + \gamma_{jt} + \eta_{pt} + \delta_i + \mu_{ijct} \tag{6.23}$$

其中，i 表示制造业企业，j 表示企业所在的两位数行业，c 表示企业所在的城市，p 表示企业所在的省（区、市），t 表示年份，μ_{ijct} 为随机扰动项。被解释变量 $\ln COD\_em_{ijct}$ 表示制造业企业当年 COD 排放量，由于部分企业 COD 排放量为 0，该指标为当年 COD 排放量加 1 后取对数。核心解释变量 $civilized_{ct}$ 表示企业所在的城市是否被授予全国文明城市称号，被授予为 1，未被授予为 0。本研究以第一届授予全国文明城市称号为例，因此 $civilized_{ct}$ 在第一届当选城市的 2005 年至 2008 年样本中为 1，其他情景中均为 0。

为剔除其他因素对识别全国文明城市授予效应可能产生的干扰，本研究还引入城市控制变量 $\ln X_{ct}$，具体包括经济发展水平（$\ln gdpp$）和城市规模（$\ln pdensity$），分别使用人均 GDP 和人均土地面积的对数值来度量；企业控制变量 $\ln Z_{ijct}$，具体包括企业规模（$\ln size$）、企业从业人员年平均人数（$\ln person$）、企业年龄（$\ln age$）及其平方项［$(\ln age)^2$］，均进行了取对数处理。此外，为控制两位数行业的政策或因素干扰，以及“十一五”等五年规划节能减排目标政策等省级政策或因素的干扰，本研究还分别控制了两位数行业与年份的交互固定效应项（γ_{jt}）和省（区、市）与年份的交互固定效应（η_{pt}）。同时，通过固定效应估计法，控制企业固定效应（δ_i）。

全国文明城市分为省会、副省级城市、地级市、县级市与直辖市城区四类进行评选。考虑到省会、副省级城市、地级市、直辖市城区的全国文明城市创建工作均要分解到区县层级去做，因此本研究将稳健标准误统一聚类到地区的最小单位区县一级，以保证结果的可靠性。同时，本研究在稳健性分析中也将汇报聚类到参选单位（省会、副省级城市、地级市、县级市与直辖市城区）的稳健标准误结果，以保证聚类层次选取的稳健性。

在这里，笔者关注的是核心解释变量 $civilized_{ct}$ 的回归系数 β_1。当 β_1 显著为负时，便能说明授予全国文明城市称号能激励地方强化企业减排；否则，授予全国文明城市称号未能激励地方强化企业减排。

（2）数据来源与处理

本节选取 1999 年至 2008 年制造业企业的微观数据，数据来源于中国工业企业污染排放数据库和中国工业企业数据库。其中，中国工业企业污染排放数据库是由国家统计局收集、工业企业自行上报得到的能源环境数据库，拥有占中国主要污染排放总量 85％以上的工业企业信息，是目前最为全面的企业层面污染排放微观数据库。近年来，有越来越多的学者使用该数据库进行与环境能源经济相关的研究（Jiang et al.，2014；Liu et al.，2017；Wu et al.，2017；Wang et al.，2018；Zhang et al.，2018；Fan et al.，2019；陈钊和陈乔伊，2019；He et al.，2020；陈登科，2020；韩超等，2020；王班班等，2020；徐志伟等，2020；韩超等，2021）。

本节的样本期间选取1999年至2008年，主要考虑到本研究只讨论第一届全国文明城市称号的授予效应。具体理由为：其一，第一届全国文明城市评选建立在全国创建文明城市工作先进城市（区）的基础上，而第一批全国创建文明城市工作先进城市（区）的表彰时间是1999年9月。因此，我们有理由认为各地区从1999年开始便开启了文明城市的创建工作。其二，第二届全国文明城市的评选结果在2009年1月公布，因此为了不包含第二届全国文明城市的授予效应，本研究将样本的截止时间选择在2008年。此外，之所以没有拓展时间窗口考察第二届全国文明城市，主要是考虑到中国工业企业数据库在2010年的数据质量不理想。

本研究采用已有文献的做法，根据中国工业企业污染排放数据库和中国工业企业数据库统一标准设定的企业法人代码、企业名称、所在地行政代码、所属行业代码等企业身份信息，进行数据库的合并。具体做法如下：首先，参照Brandt等（2012）和聂辉华等（2012）的做法，对中国工业企业数据库进行数据处理，并在此基础上形成工业企业经济的非平衡面板数据；然后，采用类似的数据处理方法，整理中国工业企业污染排放数据库得到工业企业污染排放的非平衡面板数据；最后，根据企业身份信息所形成的唯一识别码将两个微观数据库进行合并，形成工业企业经济与污染排放的非平衡面板数据。考虑到“十一五”时期环境统计报表制度发生变更，火力发电行业企业的污染排放数据被单独统计（陈钊和陈乔伊，2019），中国工业企业污染排放数据库在2006年包含的火力发电行业企业很少，为保证数据的一致性和连续性，本研究仅考虑数据更为完整的制造业企业。

在企业数据的处理方面，本研究剔除符合以下任何一项条件的观测值：企业年龄、企业从业人员年平均人数和企业规模等主要变量中任意一项为负值或者缺失；企业就业人数小于8人；COD排放量超过COD产生量、COD去除量超过COD产生量；企业开业成立时间在1949年之前；企业固定资产、企业总资产、企业总产值小于或等于零；在样本时期仅出现一次的企业。此外，考虑到新疆与西藏所辖企业的缺失数据较多，本研究也不予考虑。由于本研究重点研究的是制造业企业，因此保留两位数行业代码为13～43的企业。同时，本研究为缓解极端值的影响，分别对被解释变量和企业层面的控制变量进行左右各1%分位水平上的极端值缩尾处理（Winsorization）。

有鉴于在研究过程中还涉及城市层面和官员特征的相关数据，笔者还从《中国城市统计年鉴》与《中国区域经济统计年鉴》搜集到各地级市、县级市地区生产总值、年末总人口、行政区域土地面积等数据；地级市官员特征数据则来自复旦大学经济学院陈硕教授及其团队成员整理的中华人民共和国地级市党委书记数据库（2000—2010年）。由于该数据库缺少1999年的数据，为满足本研究的研究需求，笔者还通过人民网、新华网、各地方政府网站及百度百科得到1999年各地级市官员信息。本研究所使用主要变量的统计描述如表6.26所示。

表6.26　主要变量的统计描述

变量	观察数	平均值	标准差	最小值	最大值
企业COD排放量（吨）	285998	53.15	204.73	0.00	1578.00
企业年龄（年）	285998	14.25	13.49	0	59
企业从业人员年平均数（人）	285998	503.57	793.14	23.00	5150.00
企业规模（亿元）	285998	0.63	1.60	0.0024	11.60
企业总产值（亿元）	285998	1.57	3.79	0.02	27.47
人均地区生产总值（万元/人）	6176	1.14	0.98	0.17	7.38
人口密度（万人/平方公里）	6176	0.10	0.37	0.000068	4.72
地级市党委书记年龄（岁）	2593	51.33	3.97	34	60

数据来源：笔者根据中国工业企业污染排放数据库、中国工业企业数据库、《中国城市统计年鉴》与《中国区域经济统计年鉴》等统计年鉴、中华人民共和国地级市党委书记数据库（2000—2010年）、人民网、新华网、各地方政府网站以及百度百科中的数据整理得来。

6.5.4 实证结果与分析

(1) 授予全国文明城市称号激励地方强化制造业企业减排的整体分析

①基准回归

依据基准回归模型 (6.23)，可以检验授予全国文明城市称号是否有效降低制造业企业的 COD 排放量，具体回归结果如表 6.27 所示。根据第 1 列至第 3 列的结果，无论是否加入控制变量，在授予全国文明城市称号后，当选城市制造业企业的 COD 排放量均会显著降低。从第 3 列的结果可以看出，在控制其他条件不变的情况下，授予全国文明城市称号能激励地方强化企业减排，促使制造业企业 COD 排放量显著地平均下降 25.0% {[exp (0.223) −1] ×100%}。该减排幅度在经济含义上意味着，在给定当选城市获得全国文明城市前的制造业企业 COD 排放量均值为 23.4 吨的情况下，授予全国文明城市称号使当选城市制造业企业平均降低 5.9 吨 (23.4 吨×25.0%) 的 COD 排放量。

表 6.27 基准回归结果

变量	$\ln(COD\_em+1)$	$\ln(COD\_em+1)$	$\ln(COD\_em+1)$
civilized	−0.217** (0.105)	−0.217** (0.105)	−0.223** (0.105)
被解释变量均值	23.399	23.399	23.399
城市层面控制变量	NO	YES	YES
企业层面控制变量	NO	NO	YES
企业固定效应	YES	YES	YES
行业×年份固定效应	YES	YES	YES
省（区、市）×年份固定效应	YES	YES	YES
样本量	285998	285998	285998
R^2	0.819	0.819	0.820

注：小括号内为聚类到区县级层面的稳健标准误，*、** 和 *** 分别表示显著性水平为 10%、5%和 1%，被解释变量均值为当选城市获得全国文明城市前未取对数的绝对值。

②政策效应的事件分析

一方面为检验基准回归是否满足倍差法的共同趋势检验这一重要前提假设，

另一方面为识别授予全国文明城市称号的时间效应，本研究采用与已有文献类似的做法，借鉴 Jacobson 等（1993）的事件分析法，构建模型如下：

$$\ln COD\_em_{ijct}=\beta_0+\sum_{\tau=-6}^{3}\beta_\tau civilized_{c\tau}+\alpha\ln X_{ct}+\lambda\ln Z_{ijct}+\gamma_{jt}+\eta_{pt}+\delta_i+\mu_{ijct} \tag{6.24}$$

其中，β_τ 是本节要重点关注的回归系数，其他字母的含义与模型（6.23）中的解释一致。本研究将第一届全国文明城市名单公布的前一年（2004 年）设为事件分析的基准年份。于是，β_τ 的具体含义是，与 2004 年相比，在 τ 年当选城市与未当选城市之间制造业企业 COD 排放量的平均差异。

事件分析的结果如图 6.6 所示。我们不难发现，在显著性水平为 5%的情况下，当选城市制造业企业 COD 排放量与未当选城市的平均差异在授予全国文明城市称号之前不随时间发生显著变化，基本满足倍差法的共同趋势假设。在授予全国文明城市称号之后，当选城市制造业企业 COD 排放量明显比未当选城市要少，而且随时间推移平均差距越来越大。这便说明，授予全国文明城市称号激励地方强化制造业企业的减排效应随时间有明显的加强趋势。

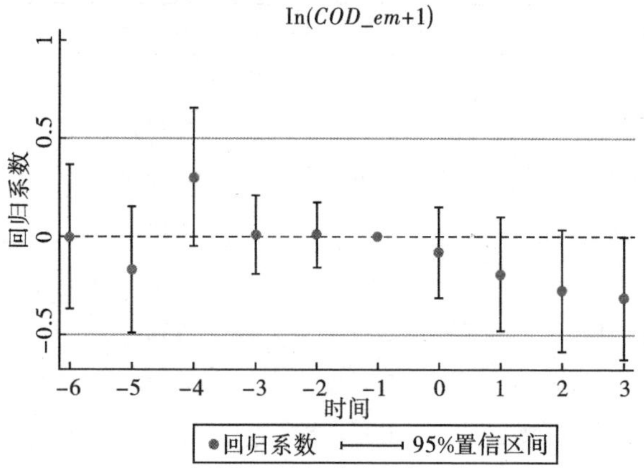

图 6.6 事件分析

注：笔者通过提取基于事件分析模型（6.24）得到的回归系数与 95%置信区间结果绘制而成，其中置信区间基于聚类到区县级层面的稳健标准误计算得到。

③安慰剂检验

结合表 6.28 和图 6.6 的结果我们可以看出，整体而言，授予全国文明城市称号能显著激励地方强化制造业企业的 COD 减排。为确保回归结果的稳健性，本研究分别将政策发生时点提前一年、提前两年，进行假定政策提前发生的安慰剂检验。如果表示政策提前发生的 *civilized _ pbo* 变量的回归系数不显著，就说明当选城市没有受到全国文明城市称号授予的提前反应或 2005 年前其他政策的干扰，与未当选城市制造业企业 COD 排放量保持不显著的差异；否则，就有理由怀疑当选城市制造业企业 COD 排放量的下降受到全国文明城市称号授予的提前反应或 2005 年前其他政策的干扰。

安慰剂检验结果如表 6.28 所示。我们不难发现，无论是将 *civilized _ pbo* 变量设定在 2004 年还是 2003 年，其回归系数不仅在统计意义上不显著，而且系数也很小，在经济意义上不显著。同时，授予全国文明城市称号激励地方强化企业减排的效应，尽管在统计意义上的显著性稍有下降，但其系数大小与基准回归相差不大。因此，可以认为满足政策实施时间的随机性假设，当选城市的减排效应没有受到全国文明城市称号授予的提前反应或 2005 年前其他政策的干扰。

表 6.28　政策提前发生的安慰剂检验

变量	ln（*COD _ em*+1） 提前一年发生	ln（*COD _ em*+1） 提前两年发生
civilized	−0.189*	−0.185*
	(0.114)	(0.100)
civilized _ pbo	−0.0474	−0.0773
	(0.102)	(0.116)
被解释变量均值	23.399	23.399
控制变量	YES	YES
企业固定效应	YES	YES
行业×年份固定效应	YES	YES
省（区、市）×年份固定效应	YES	YES
样本量	285998	285998
R^2	0.820	0.820

注：小括号内为聚类到区县级层面的稳健标准误，*、** 和 *** 分别表示显著性水平为 10%、5%和 1%，被解释变量均值为当选城市获得全国文明城市前未取对数的绝对值。

④稳健性分析

尽管前面的事件分析和安慰剂检验都在一定程度上验证了基准回归结果的可靠性，但是为了进一步确保回归结果的稳健性，本研究分别进行以下六类稳健性分析，具体结果如表 6.29 所示。

其一，替换被解释变量。在被解释变量选取上，本研究采用企业的烟尘排放量重新进行回归，结果如表 6.29 第 1 列所示。*civilized* 的回归系数仍然显著为负，基本与基准回归保持一致。这说明授予全国文明城市称号激励地方强化企业减排的效应不受被解释变量选取的影响。

其二，重新设定核心解释变量。由于第一届全国文明城市名单于 2005 年 10 月颁布，时间比较靠后，本研究参考 Deschênes 等（2017）的做法，将核心解释变量 *civilized* 中 2005 年的取值从 1 调整为 0.25，代入基准模型（6.23）中，重新回归结果如表 6.29 第 2 列所示。虽然 *civilized* 的回归系数绝对值稍有提升，但基本与基准回归保持一致。这说明授予全国文明城市称号激励地方强化企业减排的效应不受核心解释变量设定的影响。

其三，排除其他政策干扰。在基准回归中，本研究通过引入两位数行业与年份和省（区、市）与年份的交互固定效应，在一定程度上控制了行业和省级层面政策法规的干扰。然而，通过梳理全国文明城市评选过程，我们可以发现，还存在 1997 年开始的国家环境保护模范城市评选和 2003 年开始的生态县、生态市、生态省建设。为此，本节分别构造表征这两个政策的虚拟变量 *model _ env* 和 *ecologicalized*，引入基准模型（6.23）中，重新回归结果如表 6.29 第 3 列所示。虽然 *civilized* 的回归系数绝对值稍有下降，但基本与基准回归保持一致，仍然支撑授予全国文明城市称号能激励地方强化企业减排的结论。

其四，改变稳健标准误的聚类方式。每一届公布的全国文明城市名单中均包含省会、副省级城市、地级市、县级市与直辖市城区四类，因此本研究将稳健标准误按此聚类到参选单位层面，重新对基准回归模型（6.23）进行回归，结果如表 6.29 第 4 列所示。*civilized* 的回归系数仍然显著，基准结果不受聚类方式的影响。

表 6.29 稳健性分析结果

变量	ln（*smoke* _ *em*+1）替换被解释变量	ln（*COD* _ *em*+1）重设 *civilized*	ln（*COD* _ *em*+1）排除其他政策干扰	ln（*COD* _ *em*+1）改变聚类方式	*city* _ *civilized* 逆向因果检验	ln（*COD* _ *em*+1）控制组核验
civilized	−0.264**	−0.270**	−0.218**	−0.223*		
	(0.124)	(0.124)	(0.106)	(0.129)		
model _ *env*			0.129			
			(0.158)			
ecologicalized			0.158			
			(0.225)			
lag _ ln（*COD* _ *em*+1）（滞后一期）					−0.0000028	
					(0.00001)	
advanced						−0.0215
						(0.0689)
被解释变量均值	11.123	23.399	23.399	23.399	—	53.696
控制变量	YES	YES	YES	YES	YES	YES
企业固定效应	YES	YES	YES	YES	YES	YES
行业×年份固定效应	YES	YES	YES	YES	YES	YES
省（区、市）×年份固定效应	YES	YES	YES	YES	YES	YES
样本量	285998	285998	285998	285998	85131	130128
R^2	0.807	0.820	0.820	0.820	0.999	0.841

注：小括号内为聚类标准误，除第 3 列外均聚类到区县级层面，*、** 和 *** 分别表示显著性水平为 10%、5%和 1%，第 1 列至第 3 列被解释变量均值为当选城市获得全国文明城市前未取对数的绝对值，第 4 列被解释变量均值“—”表示不适用，第 5 列被解释变量均值为全国创建文明城市工作先进城市（区）前未取对数的绝对值。

其五，逆向因果检验。对基准回归可靠性的另一个担忧是，是否存在本身就注重生态环境的城市更易于获得全国文明城市称号。如果存在，那么这些城市可能很早就开始强化企业减排。为此，本研究使用授予全国文明城市称号前的样本（1999—2004 年），将是否获得全国文明城市的虚拟变量 *city _ civilized* 作为被解释变量，将滞后一期的企业 COD 排放量作为核心解释变量进行逆向因果检验。如果回归系数显著为负，则说明企业 COD 排放量较低的城市更容易获得全国文明城市称号。反之，企业 COD 排放量的高低还不能决定该城市能否获得全国文明城市称号。具体回归结果如表 6.29 第 5 列所示，回归系数不仅统计意义上不显著，而且系数很小，在经济意义上也不显著，说明不存在逆向因果问题。

其六，控制组评选效应的核验。考虑到第一届全国文明城市评选基于 1999 年 9 月、2002 年 10 月两批全国创建文明城市工作先进城市（区）的评比表彰工作而开展，因此那些未获得全国创建文明城市工作先进城市（区）称号的地区极有可能缺乏动力或基础去评选全国文明城市，甚至不存在全国文明城市的评选效应，这将会使基准回归的结果被高估。为此，本研究剔除全国文明城市获得地区所辖的制造业企业样本，以是否获得两批全国创建文明城市工作先进城市（区）称号重新构造处理组和控制组，即将获得全国创建文明城市工作先进城市（区）称号但未获得全国文明城市称号的地区作为处理组，将既未获得全国创建文明城市工作先进城市（区）称号又未获得全国文明城市称号的地区作为控制组，以 2003 年 8 月 25 日中央文明委下发的《关于评选表彰全国文明城市、文明村镇、文明单位的暂行办法》作为评选全国文明城市的外生冲击，使用授予全国文明城市称号前的样本（1999—2004 年），类似基准模型（6.23）构造虚拟变量 *advanced*，使用倍差法识别这两类城市在创建第一届全国文明城市时制造业企业 COD 排放量是否有显著差异。

如果发现存在显著差异，则有理由怀疑既未获得全国创建文明城市工作先进城市（区）称号又未获得全国文明城市称号的地区不存在评选效应，不能充当基准回归的控制组；否则，至少证明没有明显证据否认既未获得全国创建文明城市工作先进城市（区）称号又未获得全国文明城市称号的地区不能充当基准回归的控制组。具体回归结果如表 6.29 第 6 列所示，虚拟变量 *advanced* 在统计意义上不显著，至少说明这两类控制组的评选效应不存在显著差异。如果认为获得全国创建文明城市工作先进城市（区）称号的地区均会为当选第一届全国文明城市而努力的话，那么在统计意义上，其他地区也同样存在为此努力的评选效应。为确保该结果的合理性，本研究还进行了共同趋势检验，结果如附录七所示，满足倍差法需要的共同趋势假设。因此，本节选取的控制组存在统计意义上无差异的评选效应，选取较为合理。

（2）**授予全国文明城市称号激励地方强化制造业企业减排的异质性分析**

通过前文的基准回归和一系列稳健性检验我们可知，授予全国文明城市称号能激励地方强化制造业企业 COD 减排。那么，这种授予效应是否在不同类别企业之间存在异质性？为此，本研究分别从微观和宏观两个角度对企业进行划分，考察激励效果在不同控股企业、不同规模企业、不同行业企业、不同地区企业的异质性，具体结果如表 6.30 和表 6.31 所示。

①微观层面的异质性分析

本研究主要从企业控股情况和企业规模两个方面进行微观层面的异质性分析。为考察授予全国文明城市称号在不同控股企业之间的异质性，本研究将制造业企业划分为国有、外资、集体和民营[①]四类。从表 6.30 第 1 列我们可以发现，授予全国文明城市称号能激励地方显著改善国有、外资企业的环境绩效，尽管对集体和民营企业呈现负向影响但回归系数不显著。因此，地方在受到获得全国文明城市称号的激励后，一方面会率先调动与自身联系更为密切的国有企业进行更大力度的减排，另一方面会加强对外资企业的规制水平。

为考察授予全国文明城市称号在不同规模企业之间的异质性，本研究利用全国文明城市称号授予前（1999—2004 年）制造业企业平均固定资产合计的中位数，将制造业企业划分为大规模和小规模两类。从表 6.30 第 2 列我们可以发现，授予全国文明城市称号能激励地方显著改善大规模企业的环境绩效，尽管对小规模企业也呈现负向影响但回归系数不显著，呈现出明显的“抓大放小”特征。

---

① 国有指国有控股，外资包含外商控股与港澳台控股，集体指集体控股，民营包含私人控股与其他。

表 6.30 微观角度的异质性分析结果

变量	ln（COD _ em+1）	ln（COD _ em+1）
civilized×*dum*（*state enterprise*）	−0.323*	
	(0.170)	
civilized×*dum*（*foreign enterprise*）	−0.452***	
	(0.146)	
civilized×*dum*（*collective enterprise*）	−0.221	
	(0.239)	
civilized×*dum*（*private enterprise*）	−0.0604	
	(0.116)	
civilized×*dum*（*small size*）		−0.192
		(0.146)
civilized×*dum*（*large size*）		−0.240**
		(0.108)
被解释变量均值	23.399	23.399
控制变量	YES	YES
企业固定效应	YES	YES
行业×年份固定效应	YES	YES
省（区、市）×年份固定效应	YES	YES
样本量	285998	285998
R^2	0.820	0.820

注：小括号内为聚类到区县级层面的稳健标准误，*、** 和 *** 分别表示显著性水平为10%、5%和1%，被解释变量均值为当选城市获得全国文明城市前未取对数的绝对值。

②宏观层面的异质性分析

本研究主要从企业所属行业的污染密集型和所属城市的地理区位两个方面进行宏观层面的异质性分析。为考察授予全国文明城市称号在不同污染密集型行业企业之间的异质性，本研究使用 2010 年公布的《第一次全国污染源普查公报》，利用其中列举的 COD 排放量排名前 7 的行业，将制造业企业划分为污染密集型行业与非污染密集型行业[①]两类。从表 6.31 第 1 列我们可以发现，授予全国文明城市称号能激励地方显著改善污染密集型行业企业的环境绩效，尽管对非污染密集型行业企业也呈现负向影响但回归系数不显著。这说明地方在受到获得全国文明城市称号的激励后，会改变偏向高污染行业发展的粗放模式。

为考察授予全国文明城市称号在不同地理区位城市企业之间的异质性，笔者考虑到第一届全国文明城市主要集中在东部地区与中部地区，因此将制造业企业划分为东部地区企业与中西部地区企业两类。从表 6.31 第 2 列我们可以发现，授予全国文明城市称号能激励地方显著改善东部地区企业的环境绩效，对中西部地区企业的影响不仅回归系数不显著而且还呈现出正向影响。这表明，东部地区的官员更容易受到授予全国文明城市称号的激励而强化企业减排。

表 6.31　宏观角度的异质性分析结果

变量	ln（*COD* _ *em*+1）	ln（*COD* _ *em*+1）
civilized×*dum*（*non pollution*）	−0.167	
	(0.142)	
civilized×*dum*（*pollution*）	−0.293***	
	(0.0930)	
civilized×*dum*（*non east area*）		0.419
		(0.384)
civilized×*dum*（*east area*）		−0.313***
		(0.0980)
被解释变量均值	23.399	23.399
控制变量	YES	YES
企业固定效应	YES	YES
行业×年份固定效应	YES	YES

① 污染密集型行业为造纸及纸制品业、纺织业、农副食品加工业、化学原料及化学制品制造业、饮料制造业、食品制造业和医药制造业，其他制造业均为非污染密集型行业。

续表

变量	ln（COD_em+1）	ln（COD_em+1）
省（区、市）×年份固定效应	YES	YES
样本量	285998	285998
R^2	0.820	0.820

注：小括号内为聚类到区县层面的稳健标准误，*、**和***分别表示显著性水平为10%、5%和1%，被解释变量均值为当选城市获得全国文明城市称号前未取对数的绝对值。

（3）授予全国文明城市称号激励地方强化制造业企业减排的机制分析

一直以来，全国文明城市创建工作受到各级城市市委书记和市长的广泛关注①。在前文的机理分析中，我们可以发现授予全国文明城市称号所产生的减排效应更多来自对地方官员的政治激励，即在理论上政治强激励官员为获得晋升，会更加努力地倒逼制造业企业进行减排。更进一步，引致企业减排的手段有很多，强激励敏感型官员是否会从强化企业源头防治、提高清洁生产技术、引进高质量绿色企业等生产方式绿色化入手？为此，本研究首先按照官员年龄将其所辖区域内的制造业企业划分为强激励组和弱激励组，识别授予全国文明城市称号的政治激励效应，然后基于该分析框架，从减排环节（源头防治与末端治理）、企业环境行为（清洁技术、规模扩张与进入市场）两大角度，进一步探讨政治强激励官员与政治弱激励官员在推动企业减排上的模式差异。

①授予全国文明城市称号的政治激励效应

考虑到全国文明城市创建工作主要由市委书记作为一把手牵头负责②，以及县级市官员信息可获得性、直辖市城区特殊性与官员晋升空间的可比性等问题，笔者在考察授予全国文明城市称号推动企业减排的政治激励时，将研究样本限定为地级市，并选取地级市市委书记展开讨论。具体地，本研究参考以往相关文献的做法，将地级市市委书记年龄小于或等于 54 岁视为具有政治强激励

① 具体可见中央文明办组织中国网络电视台等重点网站开展的"全国文明城市书记（市长）访谈活动"（http://news.cntv.cn/special/qgwmcssjfthd/shouye/）。

② 全国文明城市创建工作一般由市委书记牵头负责并进行把脉调度（http://www.lf.gov.cn/Item/69159.aspx）。

动机，更有意愿努力晋升，大于 54 岁视为具有政治弱激励动机，继而将制造业企业划分为强激励组和弱激励组，回归结果如表 6.32 所示。

从回归结果我们可以看出，在控制其他条件不变的情况下，授予全国文明城市称号能激励具有政治强激励的地方官员强化企业减排，促使制造业企业 COD 排放量显著地下降 34.9%。该减排幅度在经济含义上意味着，在给定该类别当选城市获得全国文明城市前的制造业企业 COD 排放量均值为 22.1 吨的情况下，授予全国文明城市称号使当选城市制造业企业平均降低 7.7 吨的 COD 排放量。与之形成鲜明差别的是，无论是统计显著性，还是经济显著性，均显示授予全国文明城市称号未能激励具有政治弱激励的地方官员强化企业减排。因此，授予全国文明城市称号主要通过引发政治强激励官员推动企业减排，具有鲜明的政治激励特征。

表 6.32　授予全国文明城市称号的激励效应

变量	强激励组	弱激励组
	$\ln(COD\_em+1)$	$\ln(COD\_em+1)$
civilized	−0.299**	−0.0760
	(0.139)	(0.313)
被解释变量均值	22.141	18.745
控制变量	YES	YES
企业固定效应	YES	YES
行业×年份固定效应	YES	YES
省（区、市）×年份固定效应	YES	YES
样本量	150839	47012
R^2	0.833	0.865

注：小括号内为聚类到地级市层面的稳健标准误，*、** 和 *** 分别表示显著性水平为 10%、5%和 1%，被解释变量均值为当选城市获得全国文明城市称号前未取对数的绝对值。

②政治激励效应在调整减排环节（源头防治与末端治理）的表现

前文论证了授予全国文明城市称号存在显著的政治激励效应，延续这一官员政治激励框架，本研究接下来探讨该效应在调整减排环节方面的表现。一直以来，中国的污染减排主要通过末端治理实现，源头防治存在明显短板。相比于末端治理对污染物的事后处理，源头防治主要强调绿色生产过程，通过提升清洁生产技术降低污染物产生量。因此，从减排环节进行探讨，尤其考察政治激励效应能否推动源头防治，是检验授予全国文明城市称号减排效应可否持续的重要方面。为此，本研究将制造业企业 COD 排放量（COD_em_{ijct}）分解为 COD 产生量（COD_pro_{ijct}）与 COD 排放率（em_rate_{ijct}），具体见式（6.25）：

$$
\begin{aligned}
COD\_em_{ijct} &= COD\_pro_{ijct} \times COD\_em_{ijct}/COD\_pro_{ijct} \\
&= COD\_pro_{ijct} \times em\_rate_{ijct}
\end{aligned}
\tag{6.25}
$$

COD 产生量的变化可以反映源头防治的成效，COD 排放率可以反映末端治理的效果。进一步对式（6.25）取对数，并对时间求导，便可以将制造业企业 COD 排放量的变化分解为源头防治与末端治理。基于此，我们便可以考察授予全国文明城市称号，激发不同政治激励动机官员强化企业减排在减排环节层面的差异，具体回归结果如表 6.33 所示。

从回归结果我们可以看出，授予全国文明城市称号在减排环节对不同政治激励动机官员强化企业减排呈现出显著差异。对于政治强激励的地方官员，主要通过推动企业源头防治来实现减排，促使制造业企业 COD 产生量显著地平均下降 38.8%。该减排幅度在经济含义上意味着，在给定该类别当选城市获得全国文明城市称号前的制造业企业 COD 产生量均值为 96.9 吨的情况下，授予全国文明城市称号使当选城市制造业企业平均降低 37.6 吨的 COD 产生量。与之形成鲜明差别的是，对于政治弱激励的地方官员，仍然主要通过推动企业末端治理来实现减排，促使制造业企业 COD 产生率显著地平均下降 25.1%。该减排幅度在经济含义上意味着，在给定该类别当选城市获得全国文明城市称号前的制造业企业 COD 产生量均值为 64.0%的情况下，授予全国文明城市称号使当选城市制造业企业平均降低 16.1%的 COD 产生率，等同于平均提升 16.1%的 COD 去除率。因此，政治强激励的地方官员在强化企业减排时更注重长远发展，倾向于选择更有利于持续减排的源头防治，而政治弱激励的地方官员更在乎短期利益，仍依赖于推动企业末端治理的老路子，因而未能强化企业减少 COD 排放量。

表 6.33 政治激励效应在源头防治与末端治理上的表现

变量		源头防治	末端治理		源头防治	末端治理
	ln（COD _ em+1）（强激励组）	ln（COD _ pro+1）	lnem _ rate	ln（COD _ em+1）（弱激励组）	ln（COD _ pro+1）	lnem _ rate
civilized	−0.299**	−0.328**	0.0293	−0.0760	0.148	−0.224*
	(0.139)	(0.127)	(0.0987)	(0.313)	(0.384)	(0.114)
被解释变量均值	22.141	96.912	0.737	18.745	82.599	0.640
控制变量	YES	YES	YES	YES	YES	YES
企业固定效应	YES	YES	YES	YES	YES	YES
行业×年份固定效应	YES	YES	YES	YES	YES	YES
省（区、市）×年份固定效应	YES	YES	YES	YES	YES	YES
样本量	150839	150839	150839	47012	47012	47012
R^2	0.833	0.850	0.633	0.865	0.877	0.751

注：小括号内为聚类到地级市层面的稳健标准误，*、** 和 *** 分别表示显著性水平为10%、5%和 1%，被解释变量均值为当选城市获得全国文明城市称号前未取对数的绝对值。

③政治激励效应在优化企业环境行为（清洁技术、规模扩张与进入市场）的表现

前面的研究发现授予全国文明城市称号会引导不同政治激励动机官员在减排环节方面呈现截然不同的选择，接下来本研究将从企业环境行为角度，继续探讨授予全国文明城市称号在引导不同政治激励动机官员强化企业减排方面的差异。著名的环境库兹涅茨曲线将影响污染物排放量的因素归结于技术效应、规模效应与经济结构效应三大方面，从微观层面出发，这分别对应着企业在清洁技术、规模扩张、进退市场三方面的环境行为。理论上，地方政府一方面可以通过提升企业清洁技术，限制污染密集型企业的规模扩张来实现城市的环境

改善，另一方面也可以通过引进并鼓励清洁企业发展，淘汰并限制污染密集型企业发展来实现城市的经济结构优化。具体到微观层面，企业清洁技术水平与规模扩张可以分别表征城市推动环境改善的技术效应与规模效应，加总企业规模扩张到宏观层面，则能反映城市推动环境改善的经济结构效应，同时加总企业市场进退信息也是衡量经济结构效应的一种方式。基于此，本研究一方面从微观层面对制造业企业 COD 排放量进行分解，探讨减排的技术效应与规模效应，另一方面考虑到识别企业是否退出可能存在的误差，从新增企业视角加总到宏观层面分析减排的经济结构效应。

参考 Levinson（2009）的做法，本研究将制造业企业 COD 排放量分解为企业 COD 排放强度（$inten_{ijct}$）与企业产值（$output_{ijct}$），具体如式（6.26）：

$$\begin{aligned} COD\_em_{ijct} &= COD\_em_{ijct}/output_{ijct} \times output_{ijct} \\ &= inten_{ijct} \times output_{ijct} \end{aligned} \tag{6.26}$$

企业 COD 排放强度反映企业清洁技术水平，清洁技术水平越高，企业 COD 排放强度越低，反之亦然；企业产值表示企业规模扩张。进一步对式（6.26）取对数，并对时间求导，便可以将制造业企业 COD 排放量的变化分解为清洁技术与规模扩张。基于此，我们便可以从微观层面考察授予全国文明城市称号，激发不同政治激励动机官员强化企业减排在企业环境行为层面的差异，具体回归结果如表 6.34 所示。

从回归结果我们可以看出，授予全国文明城市称号同样在企业环境行为对不同政治激励动机官员强化企业减排上呈现出显著差异。对于政治强激励的地方官员，一方面会促进企业提升清洁技术水平来实现减排，另一方面还会适度限制企业规模以控制排放。在这两种方式的选择上，主要以提升企业清洁技术水平为主，制造业企业 COD 的减排有 80.3%来自企业技术效应，19.7%来自企业规模效应。与之形成鲜明差别的是，对于政治弱激励的地方官员，既没有展现出显著的企业技术效应，又没有呈现出负的企业规模效应。因此，政治强激励的地方官员在强化企业减排时，主要选择更有利于持续减排的企业技术效应，辅之以企业适度规模扩张，而政治弱激励的地方官员并没有利用好强化企业减排的技术效应和规模效应，这也是其未能强化企业减少 COD 排放量的一大原因。

表 6.34　政治激励效应在技术效应与规模效应上的表现

变量	ln（*COD* _ *em*＋1）（强激励组）	技术效应 ln*inten*	规模效应 ln（*output*＋1）	ln（*COD* _ *em*＋1）（弱激励组）	技术效应 ln*inten*	规模效应 ln（*output*＋1）
civilized	－0.299**	－0.240*	－0.0596*	－0.0760	－0.0933	0.0173
	(0.139)	(0.126)	(0.0305)	(0.313)	(0.277)	(0.0817)
被解释变量均值	22.141	32.646	1.723	18.745	25.410	1.916
控制变量	YES	YES	YES	YES	YES	YES
企业固定效应	YES	YES	YES	YES	YES	YES
行业×年份固定效应	YES	YES	YES	YES	YES	YES
省（区、市）×年份固定效应	YES	YES	YES	YES	YES	YES
样本量	150839	150839	150839	47012	47012	47012
R^2	0.833	0.815	0.947	0.865	0.848	0.959

注：小括号内为聚类到地级市层面的稳健标准误，*、** 和 *** 分别表示显著性水平为 10%、5%和 1%，被解释变量均值为当选城市获得全国文明城市称号前未取对数的绝对值。

接下来，本研究参考 Fan 等（2019）的做法，从新增企业视角加总到宏观层面分析减排的经济结构效应。具体地，笔者利用企业开业成立时间识别每年的新增企业，然后分年份加总到地级市层面，接着构建如下回归模型：

$$\ln Y_{ct} = \beta_0 + \beta_1 civilized_{ct} + \alpha \ln X_{ct} + \delta_c + \theta_t + \mu_{ct} \tag{6.27}$$

其中，被解释变量 $\ln Y_{ct}$ 表示地级市新增企业数量的对数值［ln（*firm* _ *num*＋1）］、新增企业 COD 排放强度的对数值［ln（*firm* _ *inten*）］和新增企业总产值的对数值［ln（*firm* _ *output*＋1）］。核心解释变量 $civilized_{ct}$ 表示城市是否被授予全国文明城市称号，被授予为 1，未被授予为 0。与基准回归模型的做法类似，为剔除其他因素对识别全国文明城市授予效应可能产生的干扰，本研究还引入城市控制变量 $\ln X_{ct}$，其具体包括经济发展水平（$\ln gdpp$）和城市规模（$\ln pdensity$），分别使用人均 GDP 和人均土地面积的对数值来度量，此外，还控制了城市固定效应（δ_c）和年份固定效应（θ_t），μ_{ct} 为随机扰动项。

表 6.35 给出了利用新增企业信息分析政治激励效应在经济结构效应方面表现的回归结果。我们可以发现，授予全国文明城市称号在新增企业方面对不同政治激励动机官员强化企业减排呈现出显著差异。对于政治强激励的地方官员，尽管没有统计显著上的证据表明会引进更多的新增企业，但是其符号为正，而且回归系数也达到 0.214，这意味着在给定该类别当选城市获得全国文明城市称号前的新增制造业企业数量均值为 1.4 家的情况下，授予全国文明城市称号使当选城市平均新增制造业企业 0.3 家。更为重要的是，这些新增企业能为当选城市带来更多的产出，而且其 COD 排放强度在经济意义上也相对更小。与之形成鲜明差别的是，对于政治弱激励的地方官员，在新增企业的各项指标上均不显著，而从经济意义上来看，会减少新增企业，引进的新增企业其产出也相对较低。因此，政治强激励的地方官员在强化企业减排时，会提高新增企业的准入门槛，侧重引进高质量的绿色企业，而政治弱激励的地方官员并没有充分利用全国文明城市的品牌效应，吸引高质量绿色企业的入驻，这也是其未能强化企业减少 COD 排放量的另一大原因。

表 6.35　政治激励效应在经济结构效应上的表现

变量	强激励组			弱激励组		
	ln（*firm*_*num*+1）	ln*firm*_*inten*	ln（*firm*_*output*+1）	ln（*firm*_*num*+1）	ln*firm*_*inten*	ln（*firm*_*output*+1）
civilized	0.214	−0.683	3.495*	−0.149	−0.468	−2.077
	(0.163)	(1.512)	(1.919)	(0.394)	(0.986)	(3.737)
被解释变量均值	1.357	55.708	2.158	0.867	100.588	1.015
控制变量	YES	YES	YES	YES	YES	YES
城市固定效应	YES	YES	YES	YES	YES	YES
年份固定效应	YES	YES	YES	YES	YES	YES
样本量	1980	1980	1980	572	572	572

续表

变量	强激励组			弱激励组		
	ln（*firm* _ *num*+1）	ln*firm* _ *inten*	ln（*firm* _ *output*+1）	ln（*firm* _ *num*+1）	ln*firm* _ *inten*	ln（*firm* _ *output*+1）
R^2	0.449	0.233	0.391	0.613	0.367	0.580

注：小括号内为聚类到地级市层面的稳健标准误，*、** 和 *** 分别表示显著性水平为10%、5%和1%，被解释变量均值为当选城市获得全国文明城市称号前未取对数的绝对值。

6.5.5 进一步分析

通过前面的分析，我们知道，在拥有政治强激励官员的地方，授予全国文明城市称号可以激励地方强化企业减排。由此延伸的一个问题是，这种减排效应是以牺牲邻近地区为代价，进行污染就近转移（沈坤荣等，2017），还是会进一步激励邻近地区强化企业减排，在空间溢出层面产生示范效应？

为回答以上问题，本研究参考 Wu 等（2017）的做法，利用企业开业成立时间识别每年的新增企业，然后分年份加总到参选单位层面，接着参考沈坤荣等的做法，基于空间自滞后模型的倍差法识别授予全国文明城市称号对邻近地区的影响，对模型（6.27）进行拓展，构建回归模型如下：

$$\ln Y_{ct} = \beta_0 + \beta_1 civilized_{ct} + \beta_2 near\_civilized_{ct} + \alpha \ln X_{ct} + \delta_c + \theta_t + \mu_{ct} \tag{6.28}$$

其中，被解释变量 $\ln Y_{ct}$ 表示城市新增企业数量的对数值［ln（*firm* _ *num*+1)］、新增企业 COD 排放总量的对数值［ln（*firm* _ *COD*+1)］、新增企业 COD 排放强度的对数值（ln*firm* _ *inten*）和新增企业总产值的对数值［ln（*firm* _ *output*+1)］。$near\_civilized_{ct}$ 为核心解释变量，用于识别授予全国文明城市称号对邻近城市的影响，当邻近城市被授予全国文明城市称号时为 1，否则为 0①。

表 6.36 列出了将邻近城市定义为与当选城市同省份城市的空间溢出效应结果。我们可以发现，授予全国文明城市称号会呈现出明显的示范效应，激励同省份城市提高新增企业的准入门槛，并且这些企业的 COD 排放强度更小而产值更大，因此，授予全国文明城市称号能激励地方强化企业减排，还会带动同省

① 为更好捕捉新增企业的特点，本研究还分别对污染密集型行业与非污染密集型行业两类企业进行讨论，具体结果见附录六和附录七。

份城市加大对高质量绿色企业的引进。

表 6.36 授予全国文明城市称号在同省内的空间溢出效应（全行业）

变量	ln（*firm* _ *num*+1）	ln（*firm* _ *COD*+1）	ln*firm* _ *inten*	ln（*firm* _ *output*+1）
civilized	0.0605	1.147*	−0.353	1.500
	(0.0960)	(0.681)	(0.766)	(1.177)
near _ *civilized*	0.0758***	0.253	−0.449***	0.702***
	(0.0275)	(0.224)	(0.154)	(0.254)
被解释变量均值	1.072	23.875	87.972	1.334
其他控制变量	Yes	Yes	Yes	Yes
年份固定效应	Yes	Yes	Yes	Yes
城市固定效应	Yes	Yes	Yes	Yes
Observations	6021	6021	6021	6021
R-squared	0.434	0.349	0.195	0.377

注：小括号内为聚类到参选单位层面的稳健标准误，*、** 和 *** 分别表示显著性水平为 10%、5%和 1%。

更进一步，本研究通过设定地理距离的阈值，对授予全国文明城市称号的空间溢出效应进行更为细致的探讨。具体地，笔者参考沈坤荣等（2017）的做法，从 50 千米开始至 1000 千米结束，每增加 50 千米重新定义邻近城市做一次回归，具体结果如图 6.7 所示。我们可以发现，整体而言，授予全国文明城市称号能带动邻近城市加大对高质量绿色企业的引进，同时更倾向于引进 COD 排放强度较低而产值较高的企业。观察各指标与地理距离的关系，我们可以进一步发现，对新增企业数量和产值的影响随着地理距离增加呈现出先上升后下降的倒 U 形曲线特征，拐点在 600～800 千米之间，对 COD 排放强度的影响基本为负，这说明授予全国文明城市称号对邻近城市引进高质量绿色企业的带动作用随地理距离有一个先增强后减弱的特点。这些结果也得到污染密集型行业与非污染密集性行业新增企业地理分布结果的支持①。

① 污染密集型行业与非污染密集性行业新增企业的地理分布结果见附录七。

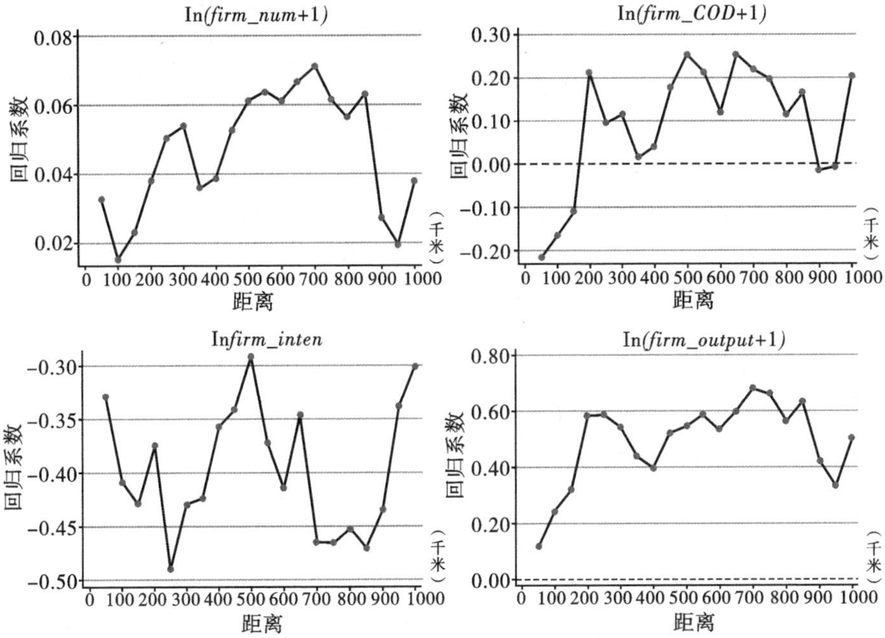

图 6.7　新增企业在邻近城市的地理分布特征

6.5.6　本节小结

本节研究通过匹配中国工业企业污染数据库与中国工业企业数据库得到1999 年至 2008 年制造业企业的非平衡面板数据，以 2005 年公布的第一批全国文明城市名单为一次准自然实验，运用倍差法，首次从企业微观层面评估授予全国文明城市称号对制造业企业环境绩效的影响。研究主要发现如下：整体分析方面，授予全国文明城市称号能够激励地方强化企业进行减排，全国文明城市评选的激励效果在授予荣誉后仍然有效。在控制其他条件不变的情况下，授予全国文明城市称号能激励地方促使制造业企业 COD 排放量显著地平均下降25.0%，这在经济含义上意味着，当选城市制造业企业平均降低 5.9 吨的 COD 排放量。

异质性分析方面，地方在受到获得全国文明城市称号的激励后，一方面会率先调动与自身联系更为密切的国有企业进行更大力度的减排，另一方面会加强对外资企业的规制水平，同时，也会采取抓大放小、瞄准排放主体的手段，显著改善大规模企业与污染密集型行业企业的环境绩效。整体而言，东部地区的官员更容易受到授予全国文明城市称号的激励而强化企业减排。

机制分析方面，授予全国文明城市称号具有鲜明的政治激励特征，其主要通过引发政治强激励官员的内生动力推动企业减排。在控制其他条件不变的情况下，授予全国文明城市称号能激励具有政治强激励的地方官员促使制造业企业COD排放量显著地平均下降34.9%，在经济含义上意味着，当选城市制造业企业平均降低7.7吨的COD排放量。同时，政治强激励的地方官员在强化企业减排时主要强调生产方式绿色化，强化源头防治，推行更有利于持续减排的清洁生产技术，辅之以企业适度规模扩张的模式，提高新增企业的准入门槛，侧重引进高质量的绿色企业。

利用新增企业信息，本研究发现称号授予的减排效应没有以牺牲邻近城市为代价，引发污染就近转移，反而激励邻近城市引进高质量绿色企业，在空间溢出层面存在示范效应，而且这一效应随地理距离增加呈现先增后降的倒U形特征。

本节研究存在以下两方面的政策启示：一方面为健全环境治理领导责任体系、推动企业生产方式绿色化转型提供理论依据。本研究实证发现政治强激励官员能推动企业生产方式绿色化实现减排，这便为构建兼顾问责机制与激励机制的环境治理领导责任体系提供了理论支撑。然而，中国最终要打赢污染防治攻坚战和决战决胜全面建成小康社会，还需要进一步完善官员的晋升考核机制，真正为建设生态文明这一关系到中华民族永续发展的千年大计提供组织保障，让荣誉发挥其实质力量。另一方面为构建现代环境治理体系、实现绿色发展提供政策启示。本研究从微观层面补充环境激励型政策是否有效的实证检验，实证发现授予全国文明城市称号不仅能激励当选城市强化企业减排，而且还能带动邻近城市强化企业减排。这便为解决生态环境问题、经济不协调不平衡等区域发展问题提供了思路，借鉴全国文明城市评选的做法，可以以标杆为引领，以点带面，倡导高起点规划、高标准建设、高质量管理，最终全方位优化行业结构。

6.6 本章小结

日益加重的环境污染问题已经严重影响了国民生活质量、地区经济运行效率和中国绿色发展，政府应如何制定相关政策措施来促进绿色与发展之间的融合，是当下亟待解决的重大问题。面对愈加严格的环境规制，企业在譬如“环保督察”“限电限牌”等问责机制的重重压力下虽缓解了污染，但这类强硬的环境政策也限制了企业发展的积极性。为了适应和把握新时期发展机遇，激励机制在环境治理领域开始大放异彩。有效的环境激励政策可以充分调动地方环境治理的积极性，变被动治理为主动治理。因此，探讨环境激励政策与企业绿色高质量发展之间的关系，摸清新时期环境激励政策对企业行为的作用机制，对中国未来环境激励政策的继续完善，实现环境与经济双赢的高质量发展具有重大意义。

基于上述的现实问题，本章探讨了利用各种激励政策手段治理污染能否实现减排和增效的高质量发展。这其中主要涉及二氧化硫排污费征收标准调整的环境规制政策、绿色信贷和绿色债券等绿色金融政策，以及全国文明城市的评选政策。经过研究我们发现，运用排污税费制度建设的经济手段治理污染使企业具有更大的排污自主性，可以根据排污成本与减排成本灵活调整经营决策。绿色信贷和绿色债券等融资工具，不仅能拓展企业在环保领域的融资渠道，实现资金的优化配置，提升企业技术效率和技术进步水平，同时可以根据企业的反应不断动态调整实施措施，更好地推进产业经济的绿色转型升级。评优评先的政治强激励政策能推动企业生产方式绿色化，从而实现减排，并推动构建兼顾问责机制与激励机制的环境治理领导责任体系。

当然，环境激励政策只是庞大的环境治理体系中的一环，与环境规制制度、环境执法监督和环境问责机制相辅相成。因此中央政府需要持续发力，继续扩大和巩固现有治理成果，摸索出一条合理的中国环境治理路径，打赢污染防治攻坚战，真正为建设生态文明这一关系到中华民族永续发展的千年大计构建强有力的机制，让环境激励政策发挥其实质力量。

第7章　公众参与型环境政策与绿色发展分析

7.1　引言

生态环境问题与民生问题紧密关联，良好的生态环境是最普惠的民生福祉。随着中国生产力的快速发展，人们的生态环境意识不断增强，对良好生态环境的需求持续上升，参与环境治理的意愿也随之走高。公众除了通过购买口罩、空气净化器等环保产品以加强个人层面的防护之外，也将环境需求诉诸政府门户网站、电视电话、微信、微博等渠道，加强社会层面的环境监督。除此之外，环境问题同样得到社会的广泛关注，并以此产生了诸多环保社会组织和团体，构成了公众参与的另一股力量。这些社会组织和团体通过监测和公布企业环境信息和违规违法行为，提起环保侵权公益诉讼等，发挥了连接政府与企业、政府与社会间的桥梁纽带作用。总体而言，以民众、非政府组织、第三方机构等为代表的公众力量的参与极大地推动了中国生态环境建设事业发展。

党的十八大以来，公众参与对优化环境监督治理体系的作用逐渐得到党和政府的高度重视，并被写入中央文件。2015年，《中共中央　国务院关于加快推进生态文明建设的意见》明确了公众参与环境治理的重要意义、具体途径和制度保障，提出鼓励公众积极参与，完善公众参与制度，及时准确披露各类环境信息，扩大公开范围，保障公众知情权，维护公众环境权益。健全举报、听证、舆论和公众监督等制度，构建全民参与的社会行动体系。建立环境公益诉讼制度，对污染环境、破坏生态的行为，有关组织可提起公益诉讼。在建设项目立项、实施、评价等环节，有序增强公众参与程度。引导生态文明建设领域各类社会组织健康有序发展，发挥民间组织和志愿者的积极作用。

党的十九大报告进一步指出，环境治理要坚持全民共治，需要构建政府为主导、企业为主体、社会组织和公众共同参与的现代环境治理体系。2018年，《中共中央 国务院关于全面加强生态环境保护 坚决打好污染防治攻坚战的意见》提出，建立健全生态环境保护的政府企业公众共治体系，推进全民共治。政府、企业、公众各尽其责、共同发力，政府积极发挥主导作用，企业主动承担环境治理主体责任，公众自觉践行绿色生活。2020年，中共中央办公厅和国务院办公厅联合印发的《关于构建现代环境治理体系的指导意见》指出，以坚持党的集中统一领导为统领，以强化政府主导作用为关键，以深化企业主体作用为根本，以更好动员社会组织和公众共同参与为支撑……为推动生态环境根本好转、建设生态文明和美丽中国提供有力制度保障，并提出到2025年建立健全环境治理的领导责任体系、企业责任体系、全民行动体系……提高市场主体和公众参与的积极性，形成导向清晰、决策科学、执行有力、激励有效、多元参与、良性互动的环境治理体系的主要目标。可见，公众参与已经成为构建美丽中国、实现人与自然和谐共生的中国式现代化的重要组成部分。

科学有效的公众参与给环境综合治理提供了新的思路。公众参与的张力逐渐打破传统环境治理“自上而下”的局限性，实现了环境治理模式的创新。本章将探讨环保目标责任制、环保巡视督察、绿色环境激励政策等以政府行政手段为主、市场行为机制为辅的环境治理体系，从理论和实证两个方面，对公众参与环境治理这一补充渠道进行充分讨论，重点探讨公众参与环境治理的宏微观理论逻辑、公众参与环境治理需求的来源、公众的参与模式与渠道，以及具有代表性的第三方环境非政府组织对绿色发展的作用。本章研究将引入公众这一重要参与主体，一方面扩展传统的“政府＋市场”型环境治理的理论体系，另一方面为充分发挥公众力量，完善中国环境“三方共治”的实践提供可行性方案。本章研究的技术路线如图7.1所示。

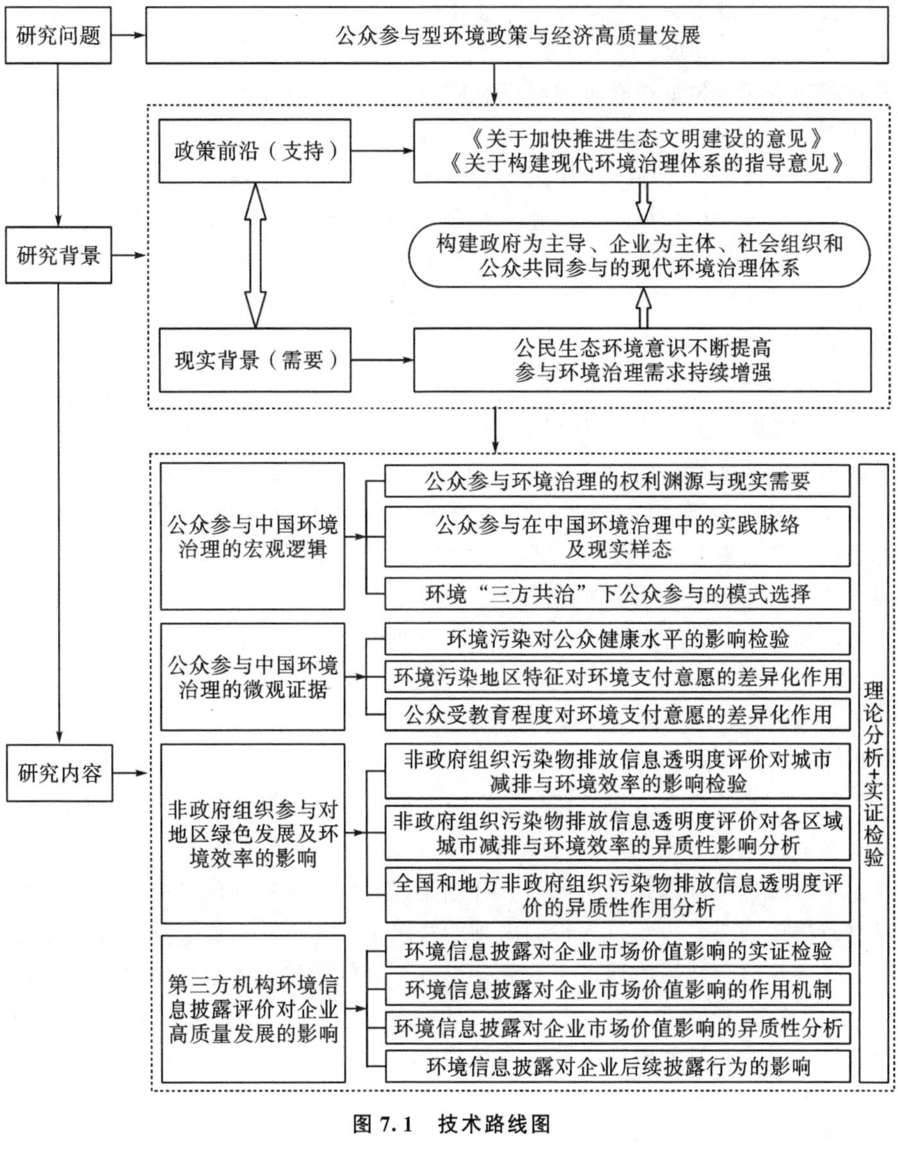
研究问题
公众参与型环境政策与经济高质量发展
研究背景
政策前沿（支持）
《关于加快推进生态文明建设的意见》
《关于构建现代环境治理体系的指导意见》
构建政府为主导、企业为主体、社会组织和公众共同参与的现代环境治理体系
现实背景（需要）
公民生态环境意识不断提高
参与环境治理需求持续增强
研究内容
公众参与中国环境治理的宏观逻辑
公众参与环境治理的权利渊源与现实需要
公众参与在中国环境治理中的实践脉络及现实样态
环境“三方共治”下公众参与的模式选择
公众参与中国环境治理的微观证据
环境污染对公众健康水平的影响检验
环境污染地区特征对环境支付意愿的差异化作用
公众受教育程度对环境支付意愿的差异化作用
非政府组织参与对地区绿色发展及环境效率的影响
非政府组织污染物排放信息透明度评价对城市减排与环境效率的影响检验
非政府组织污染物排放信息透明度评价对各区域城市减排与环境效率的异质性影响分析
全国和地方非政府组织污染物排放信息透明度评价的异质性作用分析
第三方机构环境信息披露评价对企业高质量发展的影响
环境信息披露对企业市场价值影响的实证检验
环境信息披露对企业市场价值影响的作用机制
环境信息披露对企业市场价值影响的异质性分析
环境信息披露对企业后续披露行为的影响
理论分析+实证检验

图 7.1　技术路线图

7.2 公众参与环境治理的宏观逻辑

7.2.1 公众参与环境治理的理论逻辑与意义

20世纪50年代，Mills和Scott首次提出公众参与理论，核心观点是政府应给予公众在更大范围和更高层次上参与决策的权利，以改变封闭落后的官僚决策方式。Cabin等（1993）随后深化了其内涵，认为它是权力的再分配以使得处在政治经济过程外围的穷人掌握一定权力，被吸纳到权力束中的过程。现代公众参与公共决策的理论逻辑依赖于民主、政治和经济三大原则：基于民主原则，公众应该知道政府治理追求的目标，有权要求公众在决策过程中的代表性（Shepherd & Bowler，1997）；基于政治原则，公众参与的公共决策才能反映公众利益，这是负责任政府的执政根基（Shepherd & Bowler，1997）；基于经济原则，公众作为剩余索取人一方有权知晓契约执行的信息，并作出决定是否缔结新的契约以维护公平（Williamson，1996）。

传统社会治理公众是不参与的，而现代社会治理公众是参与的，经济发展水平愈高，公众参与水平也愈高（塞缪尔和纳尔逊，1989）。公众参与对于一个国家的政治、经济、发展意义深远。就中国目前的环境实际来讲，公众参与的现实意义体现在以下三方面。

（1）公众参与是实现民主和“善治”的必要环节

民主，即以公众为本位。公众参与，有助于推动人民民主新境界。民主原则能够让公众有机会和权力机构对话，并提供一个学习社会责任和公民意识的机会（Petts，2003）。通过参与，公众不仅发展了公民能力，而且还“履行了与其权利相对等的公民义务”（Ciaran，2010）；通过参与，公众了解他们的利益如何与其他人的利益相关（Dietz & Stern，2008），从而“发挥他们作为公民的全部潜力”（Ciaran，2010）。可见，公众参与对实现民主治理意义非凡。

对于环境治理，谁是参与主体？研究环境参与主体的意义何在？国外研究者对参与主体有着广泛共识——对环境决策感兴趣或受环境影响的所有人。根据“权利说”，环境参与主体是指享有环境权利的所有公民，他们享有获取环境信息的权利，享有按照相关途径与程序平等参与一切关乎环境利益的决策，包括环境立法、执法和司法，相应地，公民还需履行环保责任和义务，贯彻环保理念。根据“群体说”，环境参与主体涉及三个群体：私人利益群体、阶层利益群体和公共利益群体（俞可平，1993）。当然，定义谁参与只是为了剔除对公共决策中不能作出建设性贡献的群体（Doelle & Sinclair，2006）。Dietz & Stern（2008）认为，公众涉及“可能与其利益相关、受其伤害以及选择知情或参与环境决策的人、组织及团体”，区分“公众”和“利益相关者”之间的关系很有意义。前者是不受决策直接影响但可能对决策参与感兴趣的个人或群体，是较为宽泛的集体，而后者涉及有组织的团体，他们已经或即将受到决策结果影响。

由此可见，民主就是多数人参与治理的结果。无论定义公众参与的主体还是讨论定义主体的意义，都包含着政府发展民主、追求环境“善治”的意愿，承诺、支持公众参与是政府“负责任”的态度和追求“善治”的集中体现。

（2）公众参与是环境治理工具的重要补充

环境治理，是政治治理严肃的一环。公众参与同其他政策性工具相互补充、相得益彰。公众参与环境治理的实践较早体现在美国1970年《国家环境政策法案》中（Morgan，2012）。广义上，公众参与环境治理被定义为政府、企业、公众之间在环境治理过程中任何形式的互动，它试图促进那些可能受环境决策影响的人的参与（Ciaran，2010）。环境学家非常看重公众参与在环境治理中的作用，他们认为早期公开地参与决策过程是公众参与最有效的模式，并具有很大的社会潜力（Hinrich，2014），有效、包容性的参与还可以提高社会生活质量（Lin，2011）。

公众参与作为环境治理工具的意义，需从政府、公民和社会三方面进行阐述：从政府治理来说，政府需要公众支持以提升环境治理能力。公众参与有助于“理性决策”，以提升决策的准确度和认同度。环境决策者希望通过公众参与填补环境信息，或者发现环境技术差距，从而提高环境决策的科学性和合法性（Momtaz & Gladstone，2008）。因此，科学性和合法性是公众参与环境治理的最重要目标之一（Hughes，1998；Lawrence，2003；Morrison & Early，2008）。从公民维权来说，公民需要获取环境信息来维护权利。公众通过参与了解周围环境信息，增加自己的安全感，知晓环境污染的程度并据此采取预防措施，避免自身财产、健康和生活质量受到污染侵害。从社会工具来说，公众参与能够促进公众社会学习、化解社会冲突。Sinclair & Diduck (2008) 认为集体学习和社会动员是促使资源不可持续模式变革的先决条件，公众参与环境治理对个人能力发展至关重要 (Hindess，2002)。由于环境评估的复杂性，相关者的利益和意见冲突不可避免 (Delli，1988)，搭建公众参与平台化解冲突符合整体利益，有助于决策者提前识别、解决冲突，有助于防止反对和诉讼导致项目实施受到阻碍 (Shepherd & Bowler，1997)。

相比于其他治理工具，公众参与环境事务为当事各方提供了一个渠道来表达诉求、交流信息、讨论环境后果，进而减轻社会误解以及误解带来的损失 (Hinrich，2014)。在中国广袤地域背景下，公众参与还能降低环境治理成本，更具经济性。

(3) 公众参与是实现环境公平的有效途径

环境公平的核心内涵，是环境利益和负担的公平分配。但有别于传统正义理论对“善物”的分配，环境正义的对象是“污染”“风险”“灾害”等“恶物”。“污染天堂”假说已经为环境不公平提供了现实证据，环境不公平的后果是“污染天堂”对公众健康的损害，甚至是生存尊严的丧失。美国黑人区、印度贫民窟、中国城中村中公众的生存现状和环境质量极差，而垃圾焚烧厂、火力发电厂及高危化学制造厂等污染源的建设选址影响了同域内环境公平，造成由大量“邻避效应”引起的环境群体性事件。污染已经成为健康不平等的重要传导机制 (祁毓和卢洪友，2015)，跨国、跨地域的环境不公平已经通过产业结构、种族特征、经济差异、人口规模等因素内化到“穷人”身上，破坏了“公共信托理论”中的公平原则和契约精神。

公众参与有助于促进实质性环境公平，即最终结果的公平 (Trinder & Hay，1991)。环境决策影响生活质量和公共福利，生态系统的关联性让每个人都参与其中并承担风险，而多样性的参与有助于公共决策的科学性、公平性 (Morrison & Early，2008)。公众参与实现环境公平的路径，一是信息交流和咨询。信息交流可以缩小环境信息鸿沟，这些信息可能涉及现有的生态或社会经济条件 (Tang & Wong，2008)，咨询通常针对更加具体的计划和政策，让公民参与其中、各抒已见。二是参与和协作。通过参与和协作，决策者才能确定所有可能与拟议行动相关的问题，并根据公众所产生的情绪预测和获得信息，这些预测本身就是社会影响的重要组成部分（Chavez & Bernal，2008）。三是反馈和授权决策。反馈是公众参与的核心过程之一，无反馈便无效果，授权决策是将权力从决策者转移至参与者，是公众参与的最高阶段。

在中国背景下，公众环境的代内平等、代际平等、实质性平等的呼声渐长，处于核心外围的公众主动联合，要求直接参与环境决策和治理的过程，维护环境公平、正义与自由。

7.2.2 公众参与在中国的实践及其现实样态

西方国家的先行探索对中国公众参与环境治理实践起到了一定的借鉴作用。自1970年美国首次提出公众参与环境保护后，1998年联合国欧洲经济委员会通过了《胡奥斯公约》（The Aarhus Convention），强调公众从公共当局获得环境信息的权利和参与环境治理的重要性。20世纪90年代以后，许多发达国家的“绿党”以改善环境、提升质量为施政纲领，动员公众以赢得选票支持。自此，公众得以深入洞察污染危害并且参与环境治理。法国经验表明，环保意识和公众参与是国家环境政策有效实施的重要保障，公众成为国家环境改善的中坚力量。Hinrich（2014）对欧盟的研究发现，公众参与渠道对环境治理至关重要。推动利益相关者行动的关键是公众早期真诚的参与（Petts & Leach，1997）。市场经济衍生的政治民主化和利益多元化，已经培育了中国公众参与的土壤。基于参与群体的不同特征，本节将中国环境治理的公众参与主体分为普通民众、专业环保机构、非政府环保组织、第三方环境监督机构、大众媒体等类别。有别于欧美的协商参与，中国公众参与环境治理、投身环境行动具有怎样的历史脉络？新时期的公众参与环境治理又有哪些独特的内涵和表征？这些问题都是本节的研究对象。

（1）参与内容的新分类

20世纪60年代，中国工业化刚刚起步，“大炼钢铁”“三线建设”等造成了严重的生态破坏和粗暴的环境污染，部分地区公众环保意识觉醒，公众参与进入萌芽阶段。1978年以后，市场经济逐步替代计划经济，粗放式工业发展模式导致相当程度的资源浪费和工业污染，公众开始关注环境污染，公众参与进入“概念性阶段”。21世纪初期，多元的利益诉求和严重的污染后果使公众参与多样化、规范化，公众参与进入实质性阶段。近5年来，理念和技术的改善使公众参与民主化、制度化，公众参与进入科学性阶段。公众参与环境治理的原有内容被宽泛地概括为参与立法与执法、参与决策与规划、参与监督与实践。而本节将新时期的公众参与内容归纳为三种权利、三类项目、三个阶段。这样的方式更具逻辑性和框架性，更能反映新时期公众参与的现状与趋势。

从环境权利角度看，公众参与的内容包括环境信息知情权、环境决策参与权和环境诉讼监督权三种。例如，公众在 2011 年就将关注焦点集中在北京 PM_{10} 读数与美国大使馆报告的 $PM_{2.5}$ 读数的分歧上，政府为回应公众诉求，从 2012 年开始监测和报告包括自治区在内的所有省会城市的 $PM_{2.5}$ 读数。显然，$PM_{2.5}$ 读数报告制度的实施是公众参与环境治理的成功案例，该指数不仅实现了公众环境知情权，更是地方政府改善大气环境的量化指标。

从参与类型角度看，环境项目可分为大型公共产品的基础设施建设项目(如三峡大坝建设等国家大型公共建筑)、公益性污染处理建设项目（如垃圾焚烧厂、污水处理厂等)、营利性私人企业建设项目（如多地的 PX 化工厂投资和重污染工业企业投资等）三种类型。公众参与基础设施项目的主体一般都是国家级专业环保人士和环保机构。2004 年在自然之友和绿水湾等五个研究机构和环保组织的呼吁下，怒江水电项目因可能破坏原生态被国务院叫停。怒江项目亦被外界称为中国乃至世界水利开发主要受阻于环保因素的一个罕见案例。公众参与公益性污染处理类和私人营利项目类的主体基本上都是利益相关者，即普通民众。如 2010 年中石油大连海域污染事件，以及 2007 年厦门 PX 项目决策事件等，后者还被媒体称为中国环境决策的里程碑。

从参与阶段角度看，公众参与内容包括环境项目的审批阶段、施工阶段、运营阶段三个阶段。多地的 PX 项目都是在审批和施工阶段被公众抗议而被迫关闭、重新选址，2014 年，湖南桃源创元铝业在运营近十年中造成严重污染遭到公众抵制后受到重罚并被迫关闭。目前，公众参与的阶段越来越多地从施工和运营阶段转向审批决策阶段，公众提前识别、防范风险的能力有所提升。

(2) 参与渠道：官方还是民间

在中国，公众参与环境治理的渠道主要有由政府提供的“自上而下”的官方渠道和由民众、专业机构和媒体发起的“自下而上”的民间渠道。

官方渠道。公众是解决中国环境污染问题的重要力量，但是制度化渠道的缺乏和单一阻碍了公众在环境治理上的有效参与。原环保部副部长潘岳认为，公众参与的法律机制缺失是中国环保法律未得到执行或宽松执行的一个重要原因。Thomas (2014) 提出环保部作为"善政"执行者应完善监督机制来促进公众参与。对此，中央政府从国家层面采取了一系列措施。

法律保障。在立法领域，1996 年国家颁布的《国务院关于环境保护若干问题的决定》首次提出公众参与环境保护，2015 年《环境保护公众参与办法》正式出台，确立了公众参与环境保护的法律地位。在司法领域，新环境保护法使得越来越多的司法保障条例相继出台，从制度层面保障了公众参与的合法性，也为其他环境治理工具提供了有力政策支持，其意义正如桂林等 (2016) 所言，通过加强法治建设为民众提供合法且充分的利益表达渠道，才是社会长治久安的治本之道。

沟通反馈。环境信访作为一种"接触式政治参与"，成为公众参与国家政治和公共事务的一种输入 (史卫民，2011)。当环境权受到侵害，民众往往通过电话、信件等方式向环保局、信访办、党委办等部门反映污染情况，投诉污染者，甚至要求环境赔偿。中国近年来的环保督察体系全面开放，接受群众举报和投诉，是最为直接的体现。此外，人大议案、政协提案也是政府与民众在环境治理上互动的渠道。政府在面临严峻的"管制压力"的同时，也可以根据民众的反映提前干预和预警，一定程度上可以缓解社会矛盾。

行政征询。针对大型环境项目，中央和地方政府都会通过项目论证会、专家评估会、学术咨询会、群众座谈会等多种方式向公众征求意见。但 2015 年天津港爆炸案将环评问题推上风口浪尖，"虚假环评""走过场环评"暴露了公众监督的缺失和政府的失职，导致公众参与"平等对话、化解风险"作用的失灵。

市场审核。2003 年环保部和证监会增加了公司 IPO 的环境信息披露要求，为公众监督提供机会；银行贷款、项目建设过程中的严厉的环境审核，为专家监督提供了渠道；市场的激烈竞争往往会激发同行业相互进行环境监督，促进企业披露环境信息。这些监督都使得公众有机会了解企业生产的具体环节，监控和发现企业污染行为。市场审核和准入制度为环境信息披露提供了技术保障。

民间渠道。信息不对称会导致官方渠道无法全面、准确、及时掌握环境污染信息。普通民众对身边细微的环境污染极其敏感，专业环保机构更多地对大型环境类的公共基础设施建设感兴趣，这些项目涉及的公众利益广、项目周期长。而大众媒体一直充当环境信息传播的媒介和工具。具体地，我国公众参与的民间渠道主要包括四类。

非理性抗争。非理性抗争是公众面对较大环境事故和在反映投诉失效的情况下采取的一种群体性行为。部分环保激进主义人士有意识地用实际行动代替说教，以寻求公众参与渐进式的改变。

司法诉讼。司法诉讼主要包括司法救助和公益诉讼。虽然司法救助在我国一直处于边缘化地位，但近年来法律日趋专业化和独立化使得弱势群体寻求司法救助成为可能。2015 年至 2017 年间，全国法院受理的社会组织和试点地区检察机关提起的环境公益诉讼一审案件数量日益增长。该现象成为法律界和环境资源界关注的焦点。短期来看，这对探索制度建设和鼓励公众参与作用良好；长远来看，其主要主体应该回归社会公众和环保组织，尤其是后者要承担重任。司法起诉需要环境法律专业知识，与个人相比环保组织更加具有公益性、专业化和团体性优势。

媒体曝光。互联网时代的传播手段使得环境信息能够短时间、大规模、高效率传播。民众将污染信息和环境状况通过微博、微信等自媒体发布到网络，能迅速引起利益相关者、主流媒体、政府部门的关注和行动。自媒体曝光扩大了环境治理网络，已成为公众参与环境治理的重要手段。如某著名地产公司董事长在微博上呼吁将 $PM_{2.5}$ 监测纳入中国环境标准，前央视某记者 2015 年拍摄的雾霾纪录片《穹顶之下》在网络上的广泛传播，都是典型案例。

“用脚投票”。公众影响环境政策不仅可以通过“用手投票”，他们还可以自由迁徙和选择定居的地方——“用脚投票”来影响地方环境治理（List & Sturm，2006）。当前我国很多高级专业人才和富裕阶层因环境污染而移民海外、2011 年以后由于国内城市严重的雾霾导致海南省房价大涨、部分严重污染的县市大量劳动人口省外定居，这些“环境移民”的产生都是“用脚投票”的典型现象。这无疑将给地方政府施加无形压力，同时极大损害了一个地区的人才、资金和技术等生产要素，这些都会迫使地方政府改善当地环境。

总之，不论是官方渠道还是民间渠道，随着信息技术和网络平台的扩展，政府作为管理者和服务者，对于官方渠道仍需不断完善和拓宽，对于民间渠道应予以方向引导和风险规避，这样才能提高环境治理效率、促进社会稳定和谐。

(3) 公众参与的表现及分析

环境信访既是政府洞察生态环境、公众意见的重要窗口，又是衡量普通民众环境参与程度的重要标志。图 7.2 展示了 1995 年至 2014 年中国环境信访数量变化趋势和 2004 年至 2014 年中国突发环境事件数量变化趋势。环境信访总量从 1995 年的 58678 件增加到 2014 年的 1619394 件，增长了近 27 倍，2004 年、2005 两年都发生了将近 1400 起突发环境事件，2007 年之后突发环境事件降低到每年 600 起左右。而且 2007 年至 2014 年间，环境信访数的增长远远高于突发环境事件数的增长速度。如何解释这种反向变化？一方面，环境信访的飙升反映公众对环境质量的更高要求，相比于隐性污染，显性污染（如空气污染和水污染等）的可见性更能触发公众的环境意识；另一方面，反向变化证实了信访在解决环境问题上的有效性，疏通缓解了环境压力，降低了突发环境事件的发生率。

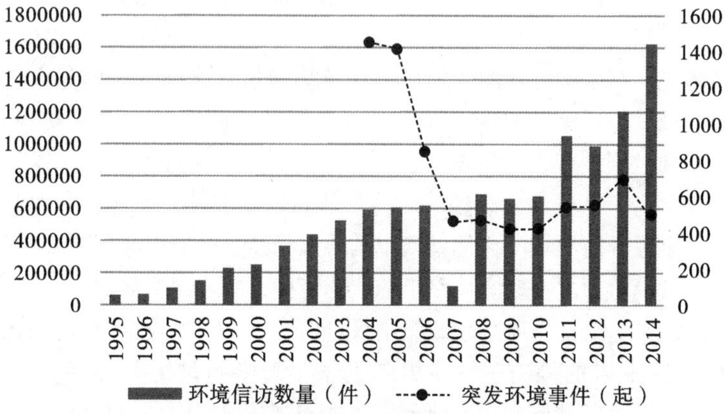

图 7.2　1995—2014 年中国环境信访数量与 2004—2014 年中国突发环境事件数量示意图

注：数据来源于历年《中国环境年鉴》《中国环境统计年鉴》。

从区域和经济发展程度来看，图 7.3 展示了 2014 年东部 11 省（区、市）、中部 8 省（区、市）、西部 12 省（区、市）的环境信访总量与这些省（区、市）当年 GDP 的关系。总体上，中、东、西部呈现出明显的空间差异，经济总量与环境信访呈正相关——经济越发达，公众环境质量要求越高，环境信访就越多。这符合 Dasgupta & Wheeler（1996）关于经济发展水平、环境污染水平、公众的收入水平和教育水平都对环境信访产生影响的研究结论。

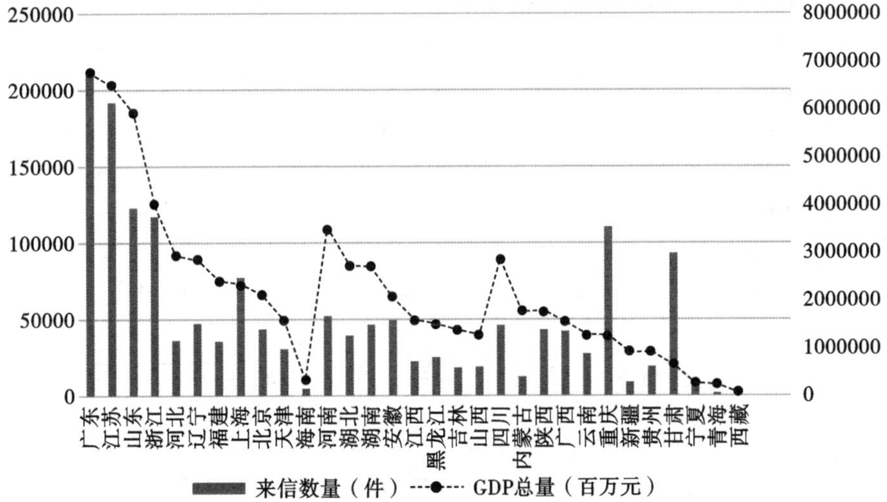

图 7.3　2014 年各省（区、市）环境信访总量与 2014 年各省（区、市）GDP 总量关系图

注：数据来源于 2015 年《中国环境年鉴》。

环保组织是公众改善环境质量诉求的产物。专业环保机构在传播环保知识、促进公众环保参与、开展环境维权与法律援助、参与环保政策的制定与实施、监督企业的环境行为、促进国际交流与合作等方面发挥了重要作用。图 7.4 展示了中国 1995 年至 2014 年中国环保系统机构数量增长的趋势。中国近 20 年专业环保机构成倍增长，代表了公众环境质量需求急速上升。中国专业环保机构主要来源于县市级，地市级和乡镇的环保机构基本持平且交叉缓慢增长。对此本节有以下分析：其一，中国污染大户——乡镇工业本身聚集在县乡地区，对于高度本地化的污染，县市级居民是环境污染最直接的受害者，所以县级环保机构要多于地市级和省级；其二，全国乡镇数量多于县市数量，但环保机构数量却少于县市，原因是大部分的环保组织集中登记在县市一级；此外，比起县市居民，乡镇民众面对环境污染，对专业知识掌握较少，不擅长成立合法化组织进行维权。

作为民间环保的生力军，中国环保组织呈现出的一系列新动向，为环保事业带来新生机：纯民间团体的增加使其对政府的资金和权力依赖度降低，能推动更为实务的行动取向；从参与宣传教育转换到参与决策监督，并由事后监督

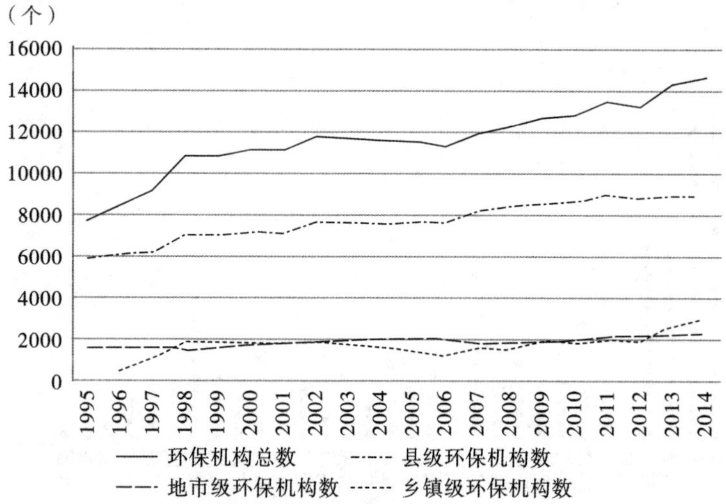

图 7.4　1995—2014 年中国环保系统机构数量趋势图

注：数据来源于历年《中国环境年鉴》。

转向事前参与；动员公众的意愿和能力明显增强，推动了更为广泛的公众参与；政府的不断赋权使环保组织功能得到扩展：一是建立网站、收集和公布数据(如陕西青年与环境互助网络和清水同盟)，二是部署独立调查（如成都市城市河流协会)，三是协助行政诉讼（如中国政法大学污染受害者法律援助中心)。但与西方国家相比，中国环保组织仍有差异，他们大多采取“隐藏策略”，不跟政府和相关单位产生直接冲突，更愿意培养和唤醒公民的环境意识而不是站在维权抗争的前线。

面对环境侵权与不公平，公众不再沉默，而是敢于发声、敢于行动。官方人士指出，近二十年来，中国的环境群体性事件以年均 29%的速度递增，这一惊人速度背后隐含的一系列群体行为都围绕着环境诉求和环境抗争，兼具组织化、复杂化特点，并呈现出数量增加、规模变大、形式更加丰富的态势。这无疑是民众环境意识觉醒和自身利益维护意识觉醒最明显的力证。环境群体性事件是环境矛盾和纠纷所引发的社会冲突的消极表现，也是公众环境抗争的非理性形式（华智亚，2014)。群体行为虽然迫使政府高效解决问题，但很容易造成群体情绪失控，这将带来极大的社会破坏，应当规避和减少。

大众媒体被西方社会称作与立法权、行政权、司法权并行的“第四种权力”，在构建公共舆论空间和环境治理方面有独特优势。首先，作为公众利益代言人，专业支持和智力优势使媒体具备环境治理的意愿和能力；其次，媒体具备信息中介、公共议程设置能力，可以传播和披露环境信息、曝光企业污染、抑制政府“偏好效应”、强化环境问责，以改善环境治理效果；最后，公众与污染之间的长期斗争早已形成一种“认知变革”，网络媒体尤其是自媒体的出现成为实现变革的手段和工具。社交网络和自媒体方兴未艾，公众的意见领袖通过微博、微信、贴吧、论坛等平台进行号召和动员，借助手机进行传播、互动，让环保行动更具有组织性。自媒体的兴起打破了传统媒体单一可控等弊端，让每个居民都能成为“新闻发布者”。显然，媒体对环境事件的持续跟踪报道已经成为公众参与环境治理的媒介和渠道。

大众媒体在推动公众进行环境治理方面的重要性毋庸置疑。首先，媒体曝光形成市场惩罚机制，污染曝光对企业来说是一种“声誉”惩罚（李焰和王琳，2013），在信用社会，“声誉”惩罚要比经济惩罚严重得多，它甚至能决定一个企业的生死；其次，媒体曝光形成行政干预机制，会对其他污染企业形成“惩罚预期”，促使监管机构使用行政手段来监督执法。同时，媒体曝光形成政治督促机制。新技术打破了信息的垄断权，媒体力量在环境方面的覆盖会促进政治家为公众利益行动，并最大限度地减少代理问题，激励政治家在环境规制中投入更多的精力。

现阶段，中国政治领域的公众参与主要体现在农村选举、信息公开、电视问政、城市公共项目听证会等方面，这些行政方式的转变促进了更大的多元化，强化了公众在社会中的主体作用，同时也加强了对由于改革引起的诉求多样化的合理引导，更加体现了民主善治和公平原则。就环境领域而言，目前国内没有学者对公众参与环境治理效果进行严格的实证评估，我们也无法用单一的数据来反映公众参与实效的全貌。但 Christine（2008）认为提高公众参与对增加中国环境法的效力意义重大，是克服法律、政治、经济障碍，实现有效环境治理最有希望的途径之一。大量事实证明，公众参与至少在以下几个方面改善了环境治理效果：一是公众参与促进国家的环境立法，强化了职能部门的环境执法，促使国家行动；二是公众加强了对污染源头的监督和举报，污染曝光加大了企业的污染成本，促使企业行动；三是公众参与唤起和传播了环保意识，提高了公众社会学习和参与能力，促使公民行动。总之，公众参与协调了政府、企业、民众三者的环境利益关系，并在逐步解决中央、地方与企业之间的信息不对称。

随着公众绿色需求不断提升，参与环境治理的各方最终会达成共识，逐步建立和改善治理体系、引进和推广前沿技术，丰富和拓展公众参与的内容与渠道。在未来更广泛的公众参与下，政府在冲突中解决问题和深化民主的能力也将随之提升。但其前提条件是公众具有足够的参与意愿和能力，政府提供完善的渠道并对此足够支持。因此，公众的智慧和政府的决心将是公众参与环境治理效率的决定性因素。

7.2.3 环境“三方共治”下公众参与的模式选择

当代中国的国家治理秉承政府负责、社会协同、公众参与的理念，是有为政府、成熟社会和现代公民共同治理的格局（王岩和魏崇辉，2016）。得益于这样的认知变化，中国未来环境治理模式将包含政府严格的环境规制、企业绿色的生产发展和公众广泛的环境参与。

首先，政府承担环境治理的主体责任，中央治理决心的加强将对公众参与提供更多支持：一是公众参与可以帮助深化改革、推进民主、实现更开放和持久增长；二是公众参与可以帮助释放和转移社会压力，因为环境问题不像领土、民族问题那样尖锐敏感，所以它成为一种政治上可接受的和谐的治理方式。鉴于“既要金山银山，又要绿水青山”的发展理念，政府态度将从之前的被动善后转变为主动引导。其次，可持续发展理念下企业生产管理方式的变革将是以“三方共治”环保体系作为理论指导和现实依据。在严格的环境规制和产业变革中，技术落后的污染企业没有竞争优势，且得不到资金支持，生存和发展将难以为继。国家和市场压力迫使企业寻求绿色技术创新变革以获取“金山银山”，从源头改善中国环境质量。最后，公众意识觉醒和自愿参与将是“三方共治”体系最根本、最核心的动力。环境污染对公众健康的危害越来越严重，大气污染和水污染引起的心脑血管病、呼吸系统疾病和肺癌已成为中国居民的主要疾病，导致中国癌症发病率和死亡率激增（Chen & Zheng，2016），公众对“绿水青山”的呼声前所未有，他们必将为维护自身权益而有所行动。

这三者的关系奠定了环境“三方共治”体系的基础（见图 7.5），形成“预防源头—控制过程—治理末端”的协同机制，严格按照事权划分责任，为共同构建“美丽中国”和生态中国持续发力。

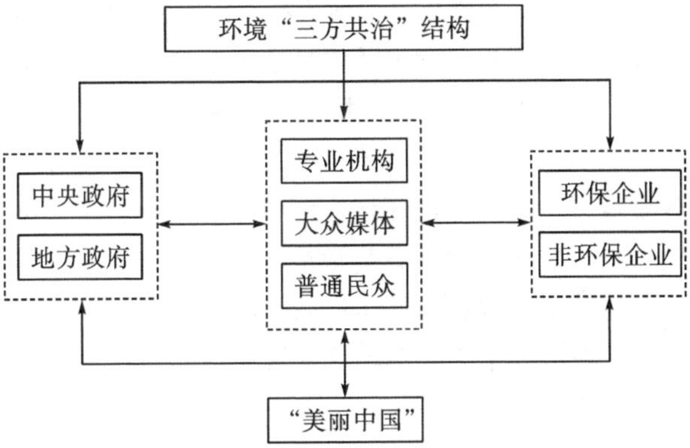

图 7.5　环境“三方共治”中政府、企业、公众三者关系示意图

(1) 政府模式：从被动善后到主动引导的中央-地方政府

中央-地方政府在环境治理中的主体地位与相互博弈。首先，中央政府为谋求发展，必然会采取保证人口增长、发展实体产业、推动交通运输等经济增长措施，环境污染便成为经济增长的非预期副产品，而地方政府更是以环境资源为代价以求在“政治竞赛”中胜出。由此导致的委托-代理问题和信息不对称将会严重阻碍环境治理效果。但发达国家的经验表明，经济增长的负外部性会经历一个由坏变好的过程，政府的立法执法、直接投资、支持公众参与起到决定性作用，体现政府的主体地位。但中央和地方在追求绿色发展中又有不同动机：中央需要严格执行环保政策来解决资源短缺和能源安全问题，并力求成为全球新生绿色技术市场的领导者 (Zheng & Kahn，2017)。而地方政府由于执政者升迁需要会更加注重经济增长，但片面地追求经济效率往往会以牺牲环境质量为代价。产生此差异的根源在于经济分权体制——中央财政转移支付体制导致了地方在中央和企业之间扮演着“协调人”角色。以 GDP 为上的政治升迁标准让地方政府成为高产出高污染企业的“保护伞”，地方执政者没有动力解决由他们政治边界之外所导致的跨界污染。

政府模式的选择。中央-地方政府的博弈可通过改变官员晋升标准（强化绿色 GDP）和加强公众参与（监管地方政府）解决。当中央和地方政府“同心同德”追求环境目标时，便可通过“宣传—组织—监督—惩罚”这一机制解决监管和执法等系列难题。宣传方面，通过城市修建创新大型绿色建筑（如武汉市 2016 年修建的东湖绿道）、通过短信微信等方式宣传环保理念，向社会公开举报投诉方式和渠道，让公众知晓政府治理决心、打消参与顾虑、提高参与动机；组织方面，拓展环境法律法规、细化环境标准和公众参与环保决策的流程，加强环境督查和官员问责（如2017年陕西省户县16个环保顽疾曝光，环保局三位领导被集体免职）；监督方面，Thomas（2014）认为，可以通过公众监督地方官员来增加政策执行力度，增加环境监测设备、经费、人员投入，动员公众参与对企业污染行为的监督，实施有奖举报、建立电子网络信访渠道等，减少公众参与的成本、提升参与效率；惩罚方面，政府对企业进行经济罚款和行政处罚，迫使企业为污染行为带来的环境后果买单，处罚行为能强化公众对政府的信任，提升参与信心。

（2）**企业模式：寻求绿色技术创新变革的环保-非环保企业**

环境污染的主要来源，是工业企业生产制造过程中无限制的废物排放。在国外减排呼声和国内公众环境诉求的压力下，政府和市场对于绿色技术的要求都在不断上升，严格的环境规制下，污染企业"搭便车"行为得到有效遏制。传统企业要想在产业绿色变革中涅槃重生，寻求绿色技术创新变革迫在眉睫，而企业转型无外乎改善生产技术和提升管理水平，一是加强自身科研能力创新，研发、掌握核心技术，二是加强与科研单位深入合作，转化、吸收前沿技术。在促进公众参与方面，公众监督企业污染在国外已见成效。Kagan等（2003）发现来自公众的压力已促进澳大利亚和新西兰的14家造纸厂的环境行为表现更为卓越。企业在绿色和持续发展的情况下如何促进公众参与？进行绿色技术创新、提升生产管理水平、加强环境信息公开透明、在法律规定范围内进行生产活动是中国企业的必然选择。

目前中国工业企业已经呈现出绿色发展的新特征：非环保产业绿色技术提升。非环保工业产业主要由采矿业、制造业、电气水生产和供应业、建筑业等构成。在政府的全面监督下，生存竞争的压力迫使大中型工业企业的科研投入持续增加，部分曾经的污染源头企业正在从资源消耗型转向绿色发展型，军工、火电、能源和石油化工行业的国有企业以及处于竞争边缘的民营企业更是如此。环保产业朝阳崛起。环保产业主要是围绕着杜绝、控制、减少污染源而发展起来的周边产业。根据国家统计局2015年的数据，环保产业营业额达到4.5万亿元，占到整个工业增加值的16%左右。中国在争夺新兴碳金融市场话语权上已具备优势，国内低碳经济和绿色金融已成规模，2015年，中国已经是全球最大的太阳能光伏电池生产国，并首次超越德国成为拥有最大光伏发电能力的国家。这些新特征都表明中国企业正在经历绿色转型。

(3) 公众模式：从被动反应到主动参与的普通民众、第三方环保机构与大众媒体

科学有效的“三方共治”体系既要让民众愿意对环境决策作出反应，更要促使民众参与环境决策当中。对此，政府不但要激发民众、机构、媒体的环保意识，更要建立良好的回应机制与司法保障机制，鼓励和保护民众、机构、媒体的环保行为，确保公众参与的效率。

要实现“三方共治”有效运转，公众的参与必须是全员参与、全方位参与和全过程参与。其一，参与主体至少包含所有利益相关者或其代表；其二，决策参与各方应全面了解参与讨论的所有信息；其三，参与整个过程对于表达公共价值和加强程序公平至关重要。民众还应不断提升对环境的要求——不仅要实现基本的安全（保证生命和健康安全）和卫生要求（符合标准、放心生活），还要实现舒适性和美学要求，提高生活品质。

政治制度日益开放、压力管制的变化以及精英阶层的分化，使得中国环保组织越来越关注和参与环境事务，正逐渐发挥预期作用（Wu & Chang，2017）。中国的环保组织在符合国情的基础上应更加注重培育以下能力：一是发展独立化和专业化能力，提升权威性和正义性；二是发展与政府、民众、媒体合作的能力，提升管理和组织水平；三是发展横向交流与培养国际视野的能力，拓展业务空间，为决策提供前瞻性政策建议。加强上述能力将更好发挥其参与环境治理的效能。

大众媒体在环境治理中的功能和价值毋庸置疑，但仍需注意科学控制自媒体的舆情走势，以防利益集团利用民众误导真相。另一方面要谨防媒体腐败，防止媒体与企业合谋以获取额外收益（才国伟等，2015）。大众媒体只有为公众利益代言，才能实现传播信息和塑造价值的社会功能。

得益于受教育水平提升和信息技术变革，公众能够掌握信息，参与社会生活的方方面面，并发挥其独特优势。公众参与机制在环境领域扮演着中央、企业与公众三者之间的利益协调工具，这让环境污染从一个强性对立问题转变成一种柔性协商机制。因此，科学有效的公众参与将是“三方共治”机制有效发挥作用的重要前提。

7.2.4 本节小结

公众参与不仅是实现民主和实施“善治”的重要方式，也是环境治理工具的重要补充，更是实现环境公平诉求的有效途径。建立在命令-控制基础上的一整套环境治理措施由于法律、经济、政治障碍等原因，实施效果并不显著，而公众参与环境治理正在发挥越来越重要的作用。环境信访与突发环境事件数、专业环保机构数、环境群体性事件与大众媒体参与报道数近 20 年的趋势体现了公众参与需求的快速增长，不同地域之间的公众参与是一种持续的动态不平衡的过程，呈现出时间和空间上的差异。公众参与内容与渠道的扩展使得环境治理效果明显改善，公众参与环境治理的效率取决于民众的受教育水平和政府的治理决心。科学有效的公众参与将促进政府主导下的“三方共治”机制有效发挥，极大改善环境现状以实现可持续发展。综合考虑政治和经济因素，成就绿色中国的关键在于：一是中央政府持之以恒的决心、地方发展理念的转变和对环保政策的严格执行；二是更加广泛有效的公众参与环境治理。简而言之，政府的决心和民众的智慧将会是公众参与环境有效治理的核心逻辑。

7.3 公众参与中国环境治理需求的微观证据

7.3.1 公众参与中国环境治理需求的基本思路

如何改善公众健康是社会各界尤其是学术界高度关注的话题。近年来，国内外学者分别从不同角度应用不同方法探寻公众健康的影响因素，其中家庭收入与环境污染是左右公众健康整体水平的两大重要因素：一般而言，家庭收入对公众健康存在显著的改善效应，其影响大小不低于教育、职业等其他因素的贡献（Benzeval 等，2001），而以大气污染为代表的环境污染是损害公众健康的重要因子（周桔，2013），越来越受到国内外文献的重视。

研究收入对健康影响的文献，主要发现收入与健康的关系存在以下两种情况。一类文献发现收入对健康存在显著正向影响，即在控制其他条件不变时，收入越高，健康状况越好，反之则越差（Pappas et al.，1991；Benzeval et al.，2001；齐良书和李子奈，2011），而且死亡率会随着个人收入的增加而大幅下降（Gerdtham & Magnus，2004）。另一类文献则发现收入与健康并非简单的线性关系，甚至存在倒U形的非线性关系，即当收入水平达到一定高度之后，收入继续增长，健康状况反而会变差（Pritchett & Summers，1996），而且这种关系还体现在农村收入差距对公众健康的影响上（封进和余央央，2007）。此外，还有不少的学者发现健康对收入存在反作用（秦立健等，2013）。

而在研究大气污染对健康影响的文献中，越来越多的文献应用中国数据，采用不同的研究范式证实大气污染对公众健康存在负向影响。一类文献采用剂量-反应关系进行量化研究，如赵晓丽等（2014）分析了北京市大气污染物对公众健康的损害。然而这些偏医学领域的文献大多基于个体或随机样本，而且存在内生性问题（陈硕和陈婷，2014），无法排除其他因素对公众健康的影响，因此国内外学者也应用经济学方法识别大气污染的健康风险，如陈硕和陈婷（2014）基于地级市面板数据并利用3SLS实证检验火电厂二氧化硫排放对公共健康的影响。值得注意的是，因各地区污染水平不同，中国存在严重的地区间健康不平等（祁毓和卢洪友，2015），比如Chen等（2013）发现北方的总悬浮颗粒物浓度高于南方55%，使得北方人平均寿命减少5.5年。

从前面的文献梳理来看，家庭收入和大气污染是影响公众健康的重要因素，而关于两者对公众健康交互影响的研究，更多通过对清洁空气的支付意愿体现出来。收入水平越高的人更有可能购买空气净化器、口罩等防护用品（Zhang & Mu，2018；Ito & Zhang，2020），以缓解大气污染暴露程度，甚至为逃避大气污染，选择空气更好的地方居住，并承受更高的住房价格（Chay & Greenstone，2003；Greenstone & Gallagher，2008；Zheng et al.，2010；Davis，2011；Gamper-Rabindran & Timmins，2013；Currie et al.，2015；Mastromonaco，2015）。这些效应得到了中国经验数据的支持：中国居民一方面对防护性用品存在较强的购买行为（Sun et al.，2017），另一方面愿意为清洁空气支付更高的住房价格（Zheng & Kahn，2008；陈永伟和陈立中，2012；Zheng et al.，2014）。

综上所述，国内外研究均认为家庭收入和大气污染对公众健康存在显著影响，研究两者对公众健康交互影响的文献多基于对清洁空气支付意愿的间接衡量方式，其中用住房价格衡量支付意愿需要建立在居民充分了解居住环境的前提假设上（Currie et al.，2015），这很难在当前的中国房地产市场中成立。为此，本节采用一种更为直接的方式捕捉家庭收入、大气污染与公众健康之间的相互关系，即引入家庭收入和大气污染的交互项，重点分析家庭收入的提高能否缓解环境污染对健康的影响。同时，笔者充分考虑到环境支付意愿在影响家庭收入转为健康福利中的重要性，分别通过被动型环境支付意愿（用南北地区分类反映）和主动型环境支付意愿（用不同受教育程度分类反映）作进一步检验。本节的研究对于中国实现“绿水青山”、改善大气环境质量有着重要的现实意义，尤其能为当前破解经济新常态和环境污染之间矛盾的升级提供新思路。在学术上，本研究可能存在以下三点边际贡献：考察收入与污染对健康的综合影响。国内外文献大多致力于研究大气污染或收入等单一因素对健康的影响，鲜有文献将两者结合起来研究其对健康的交互影响。选取多维度污染指标、主客观健康指标。本节用二氧化硫、烟尘、粉尘和 NO_x 四种大气污染物表示污染状况，而对健康的衡量，既采用客观诊断的发病数据，又选取主观感知的自评健康水平。其中发病数据还能与多数使用死亡率的文献形成互补，弥补单纯用死亡率检验高估（或低估）大气污染对健康损害的不足。结合环境支付意愿进行作用机制分析。本节考虑到居民环境支付意愿与地区大气污染水平和个体受教育程度密切有关，分别从南北地区和不同受教育程度两个方面，着重分析家庭收入对大气污染健康损害的影响差异。

7.3.2 研究方法和数据

（1）数据来源与变量界定

本节使用的数据来源于各类统计年鉴和中国疾病预防控制中心的营养与健康所提供的中国健康与营养调查数据（CHNS）。其中主要被解释变量为两类，一类是疾病发病状况，该变量主要参考 CHNS 调查表的“卫生保健和医疗服务的利用”部分，该部分设计了过去四周医生诊断病（伤）情况，这便为本节探究污染物对疾病发病概率的影响提供了可能[①]；另一类是自评健康指数，调查表的“目前健康状况”部分提供了过去三个月居民对自我健康的评价。笔者整理获得了 1989 年至 2011 年被调查省（区、市）健康的混合截面数据，其中包括 1989 年、1991 年、1993 年、1997 年、2000 年、2004 年、2006 年、2009 年及 2011 年的第一类指标，同时整理得到 1997 年、2000 年、2004 年和 2006 年四年的第二类指标。此外，本节选取的核心解释变量为不变价住户人均净收入（下文称“家庭收入”）和单位面积大气污染物排放量（下文称“大气污染”）。

---

① 以往的文献更多关注死亡率，而忽视了对发病率的检验，这部分检验更有利于及时把握公众健康的改善情况。

其他各类数据主要来源于1999年至2012年《中国统计年鉴》《新中国60年统计资料汇编》、1999年至2013年《中国环境年鉴》、2005年至2013年《中国环境统计年鉴》和1989年至2011年《中国国土资源年鉴》。

控制变量方面，考虑到人均GDP、受教育程度、年龄以及地区医疗水平会对个体健康状况产生影响（王兵和聂欣，2016），且抽烟与近污染源职业群体患呼吸系统疾病的可能性较高，本节控制了相应变量。另一方面，地区环境规制力度能够缓解污染物对公众健康的影响，本节选取了四种工业污染物去除率，以期控制地区环境规制强度。

数据处理方面，宏观控制变量以《中国统计年鉴》为准，缺失数据通过《新中国60年统计资料汇编》获得。其中人均GDP为了与CHNS提供的不变价家庭收入统一，通过2011年的实际GDP和不变价格的生产指数（以2011年为基期）推算得到。

处理得到的相关变量的含义及主要变量统计描述分别见表7.1、表7.2。

表7.1　变量含义

变量	描述
客观健康状况	指标为0表示健康，1表示患呼吸系统疾病，2表示患其他疾病
自评健康水平	自评健康状况由“很好”到“差”依次取值4、3、2、1（数据年份：1997年、2000年、2004年、2006年）
家庭收入	每个住户当年不变价净收入与住户家庭人数的比值，净收入＝总收入－总支出－负债（万元/人）
SO_2	ln［省（区、市）工业SO_2总排放量与省（区、市）土地面积的比值（g/平方米）］
烟尘	ln［省（区、市）工业烟尘总排放量与省（区、市）土地面积的比值（g/平方米）］
粉尘	ln［省（区、市）工业粉尘总排放量与省（区、市）土地面积的比值（g/平方米）］
NO_x	ln［省（区、市）工业NO_x总排放量与省（区、市）土地面积的比值（g/平方米）］（数据年份：2006年、2009年、2011年）
受教育程度	最高学历：受教育程度依次取1到6（小学毕业为1，初中毕业为2，高中毕业为3，中专、职业技校毕业为4，大专及本科毕业为5，硕士及以上为6）

续表

变量	描述
是否为城镇人口	城镇人口取值 1，否则为 0
是否为女性	女性取值 1，否则为 0
是否抽烟	非抽烟人口取值 1，否则为 0
年龄	年龄（5 至 108 岁）
近污染源职业人口	近污染源职业人口取值 1，否则为 0
医疗保险	有医疗保险取值 1，否则为 0
人均 GDP	ln［不变价 GDP/常住人口数（万元/人）］
人均医院床位数	ln［医院、卫生院固定实有床位数（张/万人）］
工业 SO_2 去除率	工业 SO_2 去除量与工业 SO_2 排放量的比值（%）
工业烟尘去除率	工业烟尘去除量与工业烟尘排放量的比值（%）
工业粉尘去除率	工业粉尘去除量与工业粉尘排放量的比值（%）

注：除自评健康水平与单位面积工业 NO_x 排放量外，数据年份为 1989 年、1991 年、1993 年、1997 年、2000 年、2004 年、2006 年、2009 年和 2011 年。

表 7.2 主要变量统计描述

变量	样本数	平均值	标准差	最小值	最大值
客观健康状况	113807	0.11	0.44	0	2
自评健康水平	50762	2.55	0.82	1	4
家庭收入	113807	0.63	0.94	−20.63	39.53
单位面积工业 SO_2 排放量	113807	6.67	0.61	5.34	7.85
单位面积工业烟尘排放量	113807	5.52	1.03	2.79	7.62
单位面积工业粉尘排放量	113807	6.22	0.82	4.26	7.93
单位面积工业 NO_x 排放量	32771	6.08	0.26	5.57	6.66
受教育程度	113807	1.93	1.57	0	6

数据来源：笔者根据 CHNS 数据库和各类统计年鉴中的数据整理得来。

(2) *研究方法*

本节使用多元 Logit 模型研究污染和收入对疾病发病概率的影响；考察污染和收入对自评健康指数的影响，则使用多元有序 Logit 模型，所构造基准模型如下：

$$H_{ijt}=\alpha+\beta_1 I_{ijt}+\beta_2 AP_{jt}+\gamma X_{ijt}+\varphi X_{jt}+\mu_j+\eta_t+\varepsilon_{ijt} \tag{7.1}$$

其中 H_{ijt} 代表微观个体的患病状况和自评指数，I_{ijt} 表示家庭收入，污染物（二氧化硫、烟尘、粉尘、NO_x）排放量变量为 AP_{jt}，X_{ijt} 为微观控制变量集合，X_{jt} 为宏观控制变量集合。i 表示微观个体，j 表示微观个体 i 所在省(区、市)，t 表示微观个体 i 所处的年份。H_{ijt} 表示微观个体的健康状况，μ_j 表示仅随城市变化的固定效应项，η_t 表示仅随时间变化的时间效应项，ε_{ijt} 表示随机扰动项。β_1、β_2 分别表示收入、大气污染对微观个体健康状况的影响。

为进一步研究家庭收入和大气污染对疾病发病概率的交互效应，本节引入收入与污染物的交互项 $I_{ijt}\times AP_{jt}$，构造如下模型：

$$H_{ijt}=\alpha+\beta_1 I_{ijt}+\beta_2 AP_{jt}+\beta_3 I_{ijt}\times AP_{jt}+\gamma X_{ijt}+\varphi X_{jt}+\mu_j+\eta_t+\varepsilon_{ijt} \tag{7.2}$$

对模型 (7.1)、(7.2) 需要指出的是，当 H_{ijt} 代表微观个体的疾病患病状况时，采用多元 Logit 模型，而当 H_{ijt} 表示微观个体的自评健康指数时，使用多元有序 Logit 模型。为保证回归结果的可靠性，本节还将分别采用多元 Probit 模型和多元有序 Probit 模型进行稳健性分析。

多元 Logit 模型对交互项的研究中，人均净收入及大气污染对发病概率的偏效应模型分别如下：

$$\frac{\partial P_i}{\partial I_{ijt}}=P_i(\beta_{1i}-\overline{\beta_1})+P_i(\beta_{3i}-\overline{\beta_3})AP_{jt} \tag{7.3}$$

$$\frac{\partial P_i}{\partial AP_{jt}}=P_i(\beta_{2i}-\overline{\beta_2})+P_i(\beta_{3i}-\overline{\beta_3})I_{ijt} \tag{7.4}$$

其中，$P_i(\beta_{1i}-\bar{\beta}_1)$、$P_i(\beta_{2i}-\bar{\beta}_2)$、$P_i(\beta_{3i}-\bar{\beta}_3)$ 是 β_1、β_2、β_3 转换的偏效应。

对 $P_i(\beta_{3i}-\bar{\beta}_3)$ 正负性的考察是本节对交互项研究的重点部分。若模型 (7.3) 中 $P_i(\beta_{3i}-\bar{\beta}_3)$ 的回归结果大于零，则说明对应大气污染物会显著降低收入健康福利。若模型 (7.4) 中 $P_i(\beta_{3i}-\bar{\beta}_3)$ 的回归结果小于零，则表明收入会缓解污染对健康的影响。本节还将重点研究收入能够缓解环境污染对健康的影响时对应的污染物排放量的范围，由模型（7.4）整体为负的回归结果中，我们可计算得出收入的范围，在此范围中收入会减缓对应大气污染物对健康的负向影响。

另一方面，使用多元有序 Logit 模型对交互项考察时，偏效应的模型表达如下：

$$\frac{\partial P_i}{\partial I_{ijt}} = \{g(\mu_{j-1} - X'\alpha) - g(\mu_j - X'\alpha)\}\beta_1 + \{g(\mu_{j-1} - X'\alpha) - g(\mu_j - X'\alpha)\}\beta_3 AP_{jt} \tag{7.5}$$

$$\frac{\partial P_i}{\partial AP_{jt}} = \{g(\mu_{j-1} - X'\alpha) - g(\mu_j - X'\alpha)\}\beta_2 + \{g(\mu_{j-1} - X'\alpha) - g(\mu_j - X'\alpha)\}\beta_3 I_{ijt} \tag{7.6}$$

其中 $\{g(\mu_{j-1} - X'\alpha) - g(\mu_j - X'\alpha)\}\beta_i$ 是 β_i 转换的偏效应。

对 $\{g(\mu_{j-1} - X'\alpha) - g(\mu_j - X'\alpha)\}\beta_3$ 的正负性考察中，若探究污染能否降低收入对提高自评健康水平的作用，则对于模型（7.5），$\{g(\mu_{j-1} - X'\alpha) - g(\mu_j - X'\alpha)\}\beta_3$ 小于零，说明对应大气污染物会显著降低收入提高健康水平的效能，若研究收入能否缓解污染对自评健康水平的影响，则考察模型（7.6）中 $\{g(\mu_{j-1} - X'\alpha) - g(\mu_j - X'\alpha)\}\beta_3$ 大于零的回归结果，此时收入会缓解对应大气污染物对自评健康的影响。本节还将着重研究模型（7.5）、（7.6）整体的正负性，一方面由模型（7.5）整体结果为正得出对应的污染物排放量范围，该范围内污染物波动均会对收入带来的自评信心产生抵消作用，另一方面，由模型（7.6）整体小于零得出收入的范围，收入在此范围内能够缓解大气污染排放所导致的消极自评。

需要指出的是，本节使用多元 Logit 模型得到的回归结果中，显著性系数是以健康人群为分析口径，反映相对于健康个体而言，收入和大气污染对微观个体呼吸系统疾病发病概率的影响方向。而偏效应系数以整体人群为考察口径，反映相对于其他人群（包括健康个体，患其他疾病个体），解释变量对个体呼吸系统疾病发病概率的作用程度。

7.3.3 实证结果与分析

（1）基本回归结果

为精准识别大气污染及家庭收入对公众健康的影响，本节同时考察了客观健康状况与主观健康心理，以期能够全面而客观地反映家庭收入和大气污染对公众健康的交互影响。同时，考虑到大气污染对健康的影响以及相关疾病的发病存在滞后效应，本节引入污染物滞后期进行相关估计，结果与当期污染的回归结果没有显著差异（吴新悦等，2009)，故以下研究均采用当期污染数据。

①家庭收入在大气污染对呼吸系统疾病发病概率影响中的交互效应估计

估计模型（7.1）得到的结果（见表 7.3 中第 1 列至第 4 列）显示，在不考虑交互效应时，家庭收入的提高能够显著降低发病概率。引入交互项后（见表 7.3 中第 5 列至第 8 列)，NO_x 交互项对发病概率的影响系数显著为负。因此，总体结果表明，家庭收入提高能显著降低呼吸系统疾病发病概率，尤其能减缓工业 NO_x 排放对公众健康的损害，收入提高带来的健康福利凸显。

表 7.3　对呼吸系统疾病发病概率的交互效应分析

变量	呼吸系统疾病	呼吸系统疾病	呼吸系统疾病	呼吸系统疾病	呼吸系统疾病	呼吸系统疾病	呼吸系统疾病	呼吸系统疾病
家庭收入	−0.0672**	−0.0654*	−0.0758**	−0.0569***	0.481	−0.0295	−0.0695	0.707*
	(0.033)	(0.0334)	(0.0353)	(0.0183)	(0.561)	(0.0985)	(0.183)	(0.396)
SO_2	−0.170				−0.125			
	(0.139)				(0.150)			
粉尘		−0.0312				−0.0213		
		(0.159)				(0.152)		
烟尘			−0.160				−0.159	
			(0.139)				(0.155)	
NO_x				−0.253				−0.139
				(0.345)				(0.381)
家庭收入 × SO_2					−0.0893			
					(0.0962)			
家庭收入 ×粉尘						−0.00819		
						(0.0240)		
家庭收入 ×烟尘							−0.00138	
							(0.0368)	

续表

变量	呼吸系统疾病	呼吸系统疾病	呼吸系统疾病	呼吸系统疾病	呼吸系统疾病	呼吸系统疾病	呼吸系统疾病	呼吸系统疾病
家庭收入 $\times NO_x$								-0.126^{**} (0.0664)
控制变量	YES	YES	YES	YES	YES	YES	YES	YES
样本量	113807	113807	113807	32771	113807	113807	113807	32771
ln *likelihood*	−30664	−30653	−30683	−12516	−30 660	−30653	−30681	−12515
Pseudo-R^2	0.0531	0.0534	0.0525	0.0467	0.0532	0.0535	0.0526	0.0467

注：***、**、* 分别表示在1%、5%、10%的水平下显著，小括号内为以省（区、市）聚类的稳健标准差（下同）。第4列和第8列因 NO_x 数据可获得性，仅匹配到2006年、2009年和2011年3年数据。

②家庭收入在大气污染对自评健康水平影响中的交互效应

未引入交互项时，家庭收入的提高能显著激励公众的自评信心，而工业烟尘排放显著降低了自评健康水平。同样，我们由模型（7.2）分析得出的表7.4可知，家庭收入和四类大气污染对自评健康水平没有显著的交互影响。

表7.4 对自评健康指数的交互效应分析

变量	自评健康指数	自评健康指数	自评健康指数	自评健康指数	自评健康指数	自评健康指数	自评健康指数	自评健康指数
家庭收入	0.103^{***} (0.0377)	0.0996^{***} (0.0380)	0.111^{***} (0.0384)	0.0880^{*} (0.0492)	0.404 (0.495)	0.252^{*} (0.148)	0.407 (0.339)	1.494 (1.453)
SO_2	0.207^{**} (0.0835)				0.231^{**} (0.0972)			
粉尘		0.0337 (0.132)				0.0618 (0.146)		
烟尘			-0.224^{**} (0.113)				-0.176^{*} (0.0946)	
NO_x				0.417 (0.314)				0.563 (0.395)
家庭收入 $\times SO_2$					−0.0453 (0.0740)			
家庭收入×粉尘						−0.0284 (0.0279)		

续表

变量	自评健康指数	自评健康指数	自评健康指数	自评健康指数	自评健康指数	自评健康指数	自评健康指数	自评健康指数
家庭收入×烟尘							−0.0499 (0.0541)	
家庭收入×NO_x								−0.224 (0.230)
控制变量	YES	YES	YES	YES	YES	YES	YES	YES
样本量	50762	50762	50762	10995	50762	50762	50762	10995
ln *likelihood*	−58270	−58259	−58324	−13065	−58269	−58257	−58321	−13063

注：第4和第8列因 NO_x 数据可获得性，仅匹配到2011年1年数据。

为保证结果的稳健性，本节采用多元 Probit 模型和多元有序 Probit 模型进行估计，以放松多元 Logit 模型和多元有序 Logit 模型对随机扰动项的独立假定，稳健性检验结果与表7.3、表7.4的回归结果基本一致。

③家庭收入和大气污染对公众健康交互影响的偏效应

为捕捉准确的交互效应，我们将模型（7.2）的估计结果进行偏效应转换（见表7.5），结合显著性分析能够发现：家庭收入的提高对 NO_x 带来的健康损害产生了显著的减轻效果；根据模型（7.3）、(7.4）可得，当家庭收入大于2.62万元时，家庭收入可以显著抵消工业 NO_x 对呼吸系统疾病发病概率的正向影响。

表7.5　对公众健康的偏效应估计

公共健康指标	偏效应	SO_2	粉尘	烟尘	NO_x
呼吸系统疾病	家庭收入	0.0121	0.00467	0.0103	0.0128
	大气污染	0.0146	0.00551	0.00878	0.00351
	家庭收入×大气污染	−0.00154	−0.000499	−0.00142	−0.00134
自评健康指数	家庭收入	−0.0320	−0.0200	−0.0322	−0.163
	大气污染	−0.0183	−0.00489	0.0139	−0.0615
	家庭收入×大气污染	0.00358	0.00225	0.00395	0.0245

(2) 异质性环境支付意愿的微观机制

以上分析表明，家庭收入带来的健康福利可被大气污染的健康侵害所抵消。事实上，家庭收入能否缓解大气污染的健康损害，主要取决于居民的环境支付意愿。环境支付意愿受到地区大气污染水平和个体受教育程度的影响，前者所产生的环境支付意愿偏重客观性，表现为被迫购买环境保护产品；而后者导致的支付意愿更具主观性，多表现为职业选择性与清洁产品购买性支付意愿（Sun et al.，2017）。基于此，本节一方面从客观角度，假定中国“南低北高”的污染特征有可能造成“南低北高”的环境支付意愿差异，将分南北地区进行对比分析；另一方面从主观支付意愿角度，假定受教育程度较高的人群更有可能将家庭收入转换为健康福利，将人群按照受教育程度高低分为两组进行检验，以期找到家庭收入缓解大气污染健康损害的作用机制及其证据。

南北地区差异比较：被动型环境支付意愿的作用机制。中国南北地区在集中供暖、产业结构和气候条件等方面存在显著差异，大气污染对公众健康的损害也呈现出“南低北高”的特点（Chen et al.，2013）。因此，北方居民更有可能被迫“培养”出较强的环境支付意愿，被动地将收入用于规避或减低大气污染对健康的损害。在大气污染源上，相比于南方地区主要来源于农业生产，北方地区主要大气污染源为居民和商业能源消耗（Lelieveld et al.，2015）。因此环境支付意愿被动产生条件必定存在差异。基于此，本节假定南北地区污染差异会造成“南低北高”的环境支付意愿，从而使北方地区家庭收入的健康福利表现更为明显。

从呼吸系统疾病的南北分布来看，北方地区的呼吸系统疾病发病情况要远远好于南方地区。这很难与南北地区大气污染差异不明显的情况吻合，因此，这也在一定程度说明，在同样的大气污染暴露下，北方居民的防护意识更强，被动的环境支付意愿表现更强。

数据分析结果显示，南方地区收入的健康福利显著弱于北方地区，这就意味着北方居民更加重视大气污染对健康的危害，更倾向于通过购买污染防护设备以规避环境风险，这样，收入的健康福利在北方地区更加凸显。由模型（7.2）的回归结果，我们可知，在北方，家庭收入的提高能够显著减缓工业烟尘与 NO_x 的健康损害，与此相反，南方地区工业 NO_x 的增加减弱了家庭收入带来的健康改善效应。因此，相比于南方，北方地区家庭收入更能够发挥减缓大气污染带来的健康风险（见表 7.6）。

表 7.6 呼吸系统疾病发病概率影响的区域异质性分析

变量	北方地区概率	北方地区概率	北方地区概率	北方地区概率	南方地区概率	南方地区概率	南方地区概率	南方地区概率
家庭收入	0.724	−0.0203	0.396	2.379**	0.464	0.0380	0.00678	0.632**
	(2.003)	(0.219)	(0.281)	(1.123)	(0.481)	(0.107)	(0.185)	(0.317)
SO_2	−0.374				−0.0222			
	(0.347)				(0.160)			
粉尘		0.240***				−0.0750		
		(0.0547)				(0.108)		
烟尘			0.872				−0.0603	
			(0.674)				(0.161)	
NO_x				1.892**				−0.622***
				(0.754)				(0.237)
家庭收入 $\times SO_2$	−0.135				−0.0812			
	(0.327)				(0.0830)			
家庭收入×粉尘		−0.0191				−0.0159		
		(0.0475)				(0.0300)		
家庭收入×烟尘			−0.0908*				−0.00947	
			(0.0547)				(0.0414)	
家庭收入 $\times NO_x$				−0.405**				−0.111**
				(0.191)				(0.0557)
控制变量	YES	YES	YES	YES	YES	YES	YES	YES
样本量	44182	44182	44182	13885	69625	69625	69625	18886
ln *likelihood*	−11225	−11239	−11290	−4722	−19302	−19297	−19223	−7719
Pseudo-R^2	0.0530	0.0518	0.0475	0.0486	0.0585	0.0587	0.0623	0.0506

注：第 4 列和第 8 列因 NO_x 数据可获得性，仅匹配到 2006 年、2009 年和 2011 年 3 年数据。

同时，模型（7.2）回归结果（见表7.7）显示，在北方，粉尘、NO_x 的增加能够显著降低家庭收入对自评健康的鼓励，居民对收入健康福利的期望随环境恶化而抵消，同时，南方居民收入的提高增强了其对健康状况的信心。因此，南北地区居民对收入健康福利的主观差异，导致了健康福利凸显程度的南北差异。

综上所述，南北方地区的收入对健康的改善作用存在较大差异。由于南北方大气污染差异，居民对健康情况的乐观程度不同，北方居民较重视大气污染的危害，客观上增加了其环境支付意愿，使得北方地区的收入健康福利得以凸显。稳健性分析系数与表7.6、表7.7中的回归结果保持了一致的显著性，验证了上述多元Logit模型及多元有序Logit模型分析结果的可信性。

从收入对健康的偏效应的估计结果（见表7.8），我们可以发现，从污染物排放强度看，在北方，当单位面积 NO_x 排放量低于281.46g时，家庭收入能够缓解 NO_x 的健康侵害；单位面积烟尘排放量低于34.46g时，收入能够降低由烟尘引起呼吸疾病的发病概率；在南方，单位面积 NO_x 排放量小于1.95g时，收入才能够缓解其对健康的危害。从家庭平均收入看，在北方，当家庭年收入大于4.05万元时，粉尘带来的健康风险得到减缓；家庭年收入大于5.31万元时，收入能够降低 NO_x 带来的健康损害；在南方，家庭年收入需达到13.75万元才能凸显出这一健康福利。总体而言，相比于南方，年收入高于5万元的家庭收入便能使北方居民产生较强的环境风险规避意识。

表7.7　对自评健康指数影响的区域异质性分析

变量	北方地区指数	北方地区指数	北方地区指数	北方地区指数	南方地区指数	南方地区指数	南方地区指数	南方地区指数
家庭收入	0.609	0.490***	0.377	6.845***	−0.100	0.118	0.160	−0.0160
	(0.428)	(0.172)	(0.512)	(0.712)	(0.616)	(0.180)	(0.389)	(1.243)
SO_2	0.297***				0.135			
	(0.0417)				(0.126)			
粉尘		0.274				−0.0642		
		(0.229)				(0.151)		
烟尘			−1.009				−0.268	
			(0.985)				(0.169)	

续表

变量	北方地区指数	北方地区指数	北方地区指数	北方地区指数	南方地区指数	南方地区指数	南方地区指数	南方地区指数
NO_x				−51.01***				0.561***
				(3.712)				(0.130)
家庭收入×SO_2	−0.0845				0.0401			
	(0.0628)				(0.0896)			
家庭收入×粉尘		−0.0790***				0.00999		
		(0.0274)				(0.0315)		
家庭收入×烟尘			−0.0532				0.00423	
			(0.0804)				(0.0621)	
家庭收入×NO_x				−1.084***				0.0231**
				(0.112)				(0.191)
控制变量	YES	YES	YES	YES	YES	YES	YES	YES
样本量	20585	20585	20585	4729	30177	30177	30177	6266
ln *likelihood*	−24377	−24438	−24491	−5730	−33432	−33447	−33415	−7196

注：第4列和第8列因 NO_x 数据可获得性，仅匹配到2011年1年数据。

以上分析进一步表明，南北方居民环境支付意愿存在巨大差异，“南低北高”的污染特征会造成“南低北高”的环境支付意愿，从而更加凸显北方居民家庭收入提高带来的健康福利。

需要指出的是，由于问卷调查的是过去四周的发病情况，有些自评差的个体实际患病了但未及时检查或无法支付检查费用，这类个体会在疾病统计数据中记为健康，实际上就造成了该数据的偏差，导致研究结论出现偏差，具体体现在上述结论中一些污染物（粉尘、NO_x）对疾病发病概率的影响不显著，而这极有可能是因为受影响的个体在这四周内还没有发病或者没有到医院进行检查和治疗。针对疾病的交互项研究结果表明，收入不能减缓污染物对健康风险的影响，而这与本节的预期（收入可以减缓大气污染带来的健康风险）是有差别的，这一误差有极大可能是因为收入较低的人群缺乏健康意识，从而不去医院检查或就诊。因此，对自评健康数据进行分析，可以对前面的分析起到补充作用、对前面的结果偏差进行完善，使分析结果更加符合事实。

表 7.8　南北地区的偏效应估计

污染物	偏效应	北方地区		南方地区	
		呼吸系统疾病	自评健康水平	呼吸系统疾病	自评健康水平
SO_2	家庭收入	0.00460	0.0192	0.00838	0.00823
	SO_2	0.0282	−0.0165	0.00395	−0.0111
	家庭收入×SO_2	−0.000213	−0.00337	−0.00112	−0.00329
粉尘	家庭收入	0.00190	−0.0367	0.00256	−0.00964
	粉尘	−0.00663	−0.0206	0.00645	0.00527
	家庭收入×粉尘	0.000361	0.00592	−0.000278	−0.000819
烟尘	家庭收入	−0.00573	−0.0283	0.00605	−0.0131
	烟尘	−0.0305	0.0757	0.00425	0.0220
	家庭收入×烟尘	0.00162	0.00399	−0.000831	−0.000347
NO_x	家庭收入	−0.0581	−0.707	0.0177	0.00180
	NO_x	−0.0699	5.270	0.0319	−0.0632
	家庭收入×NO_x	0.0103	0.112	−0.00232	−0.00261

②不同受教育程度人群比较：主动型环境支付意愿的作用机制

不同人群在环境支付意愿上的主观差异会影响大气污染带来的健康风险。这种支付意愿的主观差异主要取决于群体的健康意识差异。显然，群体的健康意识水平与其受教育程度有很大的关联性，如对冠心病患者采用健康信念模式进行健康教育，可不同程度地增强患者的健康意识和健康行为，促进健康生活方式的建立。本节从环境支付意愿主动性角度，考察不同受教育程度人群的家庭收入对环境污染健康损害的影响差异。

2000 年以来，受高等教育扩招政策影响，我国居民受教育程度发生了很大改变，如图 7.6 所示。因此，为减小由于受教育程度人群结构的变化所带来的划分误差，本节以2003年为界，在1989年至2003年，将学历为高中以下和高中以上（包括高中）的人群分别定义为低学历人群和高学历人群；在2003年至2011年，将学历为大学以下和大学以上（包括大学）的人群分别定义为低学历人群和高学历人群。

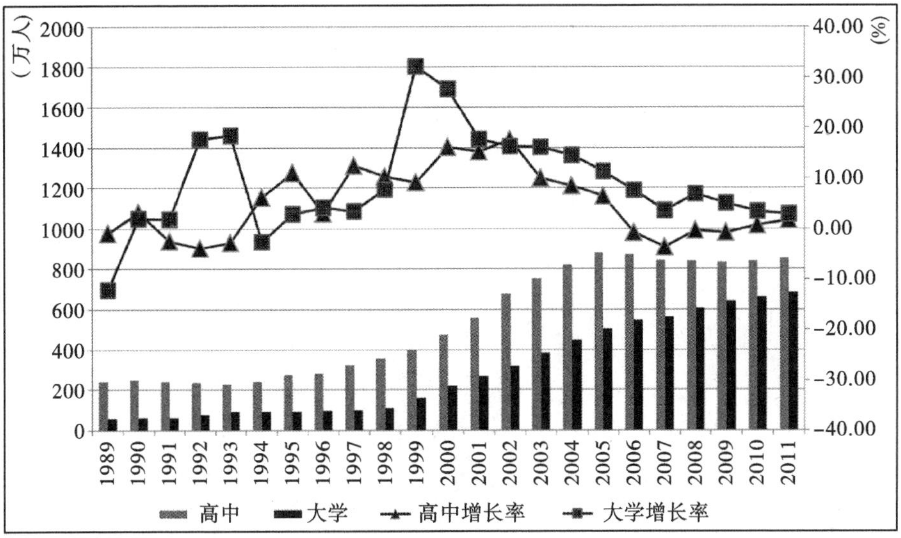

图7.6　1989—2011年高校、高中录取人数及录取率变化

从模型（7.2）和表7.9，我们能够发现，在1989年至2003年，相比于低学历人群，高学历人群收入可以显著减缓二氧化硫、烟尘引起的发病概率。具体而言，低学历的人群由于受教育程度较低，导致健康安全意识淡薄以及对环境的主观支付意愿不足，使得其收入的增加不能很好地缓解污染带来的健康风险。相比之下，高学历人群由于受教育程度高，具有较强的职业选择支付意愿与购买性支付意愿，主要表现为通过选择离污染源较远的职业来规避健康风险。本节样本数据也显示，相比于低学历人群的87%，只有24%的高学历人群从事靠近污染源的职业，说明高学历人群在职业选择时会更多地考虑工作环境因素，同时通过购买环境较好的房屋（Benzeval et al.，2001；齐良书和李子奈，2011；陈永伟和陈立中，2012）及清洁产品来规避污染。这也表明，受教育程度的提高能够促使人们更多地考虑收入的健康福利。

表 7.9　1989—2003 年对呼吸系统疾病发病概率的分教育水平异质性分析

变量	低学历人群概率	低学历人群概率	低学历人群概率	高学历人群概率	高学历人群概率	高学历人群概率
家庭收入	1.084	0.373	−0.209	6.603***	3.257*	1.278
	(1.667)	(1.503)	(1.023)	(2.046)	(1.951)	(2.016)
SO_2	0.113			0.505**		
	(0.192)			(0.237)		
粉尘		−0.018 4			0.0420	
		(0.485)			(0.517)	
烟尘			−0.272			−1.579**
			(0.712)			(0.648)
家庭收入	−0.209			−1.071***		
$\times SO_2$	(0.254)			(0.314)		
家庭收入		−0.125			−0.635**	
×粉尘		(0.263)			(0.297)	
家庭收入			−0.0276			−0.237
×烟尘			(0.156)			(0.291)
样本量	39732	39732	39732	8268	8268	8268
ln *likelihood*	−7785	−7773	−7798	−1538	−1539	−1536
Pseudo-R^2	0.0321	0.0337	0.0306	0.0563	0.0560	0.0580

注：因 NO_x 数据可获得性，未匹配到 1989—2003 年期间的 NO_x 数据。

对 2003 年以后的人群做与表 7.7 相同的回归，结果如表 7.10 所示。在 2003 年以后，相比于高学历人群，低学历人群收入的增长能显著提高其自评健康指数，而 NO_x 能显著降低高学历人群收入对自评的鼓励，烟尘能显著降低低学历人群收入所带来的自评健康信心。进一步分析，根据低学历人群中的年龄分布，30 岁及以下和 30 岁以上分别占比 13.54%和 86.46%，由于低学历人群中绝大部分出生在 20 世纪 70 年代之前，其能够切身体会到改革开放带来的经济红利，产生了对健康的过度自信。相较于前者，由于知识水平较高，高学历人群对环境污染带来的危害表现较为保守，风险规避意识较强。此外，本节使用多元有序 Probit 模型进行回归的结果也显示出表 7.9 中估计系数的稳健性。

表 7.10 2004—2011 年对自评健康指数的分教育水平异质性分析

变量	低学历指数	低学历指数	低学历指数	低学历指数	高学历指数	高学历指数	高学历指数	高学历指数
家庭收入	1.492 (1.068)	0.487* (0.268)	1.370*** (0.344)	0.701 (2.447)	0.299 (0.601)	−0.0208 (0.226)	−0.272 (0.278)	4.951** (1.976)
SO_2	0.653*** (0.228)				0.534 (0.417)			
粉尘		0.350** (0.148)				0.472** (0.197)		
烟尘			0.874** (0.345)				1.056* (0.544)	
NO_x				0.520 (0.588)				1.338* (0.772)
家庭收入×SO_2	−0.211 (0.158)				−0.0437 (0.0923)			
家庭收入×粉尘		−0.0705 (0.0484)				0.00546 (0.0398)		
家庭收入×烟尘			−0.214*** (0.0553)				0.0497 (0.0489)	
家庭收入×NO_x				−0.0930 (0.386)				−0.783** (0.315)
控制变量	YES	YES	YES	YES	YES	YES	YES	YES
样本量	9691	9691	9691	4871	1541	1541	1541	842
ln *likelihood*	−11448	−11453	−11464	−5716	−1785	−1778	−1784	−956

注：因 NO_x 数据可获得性，第 4 列和第 8 列仅匹配到 2011 年 NO_x 数据。

上述分析表明，受教育程度的普遍提高，可以使人们更加客观地看待收入的健康福利与污染的健康风险。同样在考虑人群异质性时，通过模型（7.3）、(7.4)，我们可以得出收入与污染物对呼吸系统疾病的偏效应（见表 7.11）。于是可以计算出，当家庭收入分别大于 0.47 万元和 0.11 万元时，高学历人群收入的提高能够减缓二氧化硫和粉尘对呼吸系统疾病带来的健康负效应。因此，学历越高的人群环境意识越强，即便收入不高，但也会有较高的环境支付意愿，从而可以改善自身健康水平（见表7.11）。

表7.11　1989—2003年高学历人群偏效应估计

污染物	偏效应	呼吸系统疾病
SO_2	家庭收入	0.0980***
	SO_2	0.00750**
	家庭收入×SO_2	−0.0159***
粉尘	家庭收入	0.0483*
	粉尘	0.00105
	家庭收入×粉尘	−0.00940**
烟尘	家庭收入	0.0183
	烟尘	−0.0220**
	家庭收入×烟尘	−0.00341

7.3.4　本节小结

本节从理论机制和实证层面考察了家庭收入如何缓解大气污染对公众健康的影响。首先利用微观家庭的健康和收入数据从总体上估算了家庭收入与大气污染对微观个体公众健康的交互影响，接着分析发现地区大气污染水平和个体受教育程度是影响居民环境支付意愿的主客观因素（封进和余央央，2007；赵晓丽等，2014），并比较不同环境支付意愿条件下居民家庭收入对大气污染损害的影响差异。具体地，本节研究得出以下几个主要结论。

总体上，家庭收入提高能显著降低呼吸系统疾病发病概率，尤其能减缓NO_x对呼吸系统疾病发病概率的影响，收入带来的健康福利凸显。特别是当家庭年收入大于2.62万元时，收入的增加可以显著减低NO_x造成呼吸系统疾病发病概率。

南北方地区环境污染的差异导致家庭收入所带来的健康福利存在较大差异。具体表现为以下四个方面：收入减缓呼吸系统疾病发病概率的效果北方较南方更为显著。在北方，收入更能减缓大气污染带来的健康风险，收入带来的健康福利作用的凸显存在明显的南北差异。在南方，收入的增加使得人们对自身健康状况过于自信，从而收入无法像北方一样起到降低健康风险的作用。从污染物强度对比，我们发现，北方高污染会使居民更容易通过收入的提高来减缓大气污染对健康的影响。从家庭平均收入对比，我们发现，北方居民只要年收入大于 5 万元就会有较强的环境支付意愿，将一部分收入用来购买防护用品，提高健康水平和降低呼吸系统的发病概率，而南方居民年收入要高达 14 万元左右时才会有此作用。所以，北方居民收入的健康效应比较突出。综上所述，“南低北高”的地区污染特征会造成“南低北高”的环境支付意愿差异，使北方家庭收入的健康福利表现得更为明显。

受教育程度不同的人群，其环境支付意愿存在显著差异，因而导致收入提高对环境污染健康损害的缓解作用呈现显著差异。一方面，受教育程度的普遍提高可以使得收入减缓大气污染带来的健康风险的作用凸显，这是因为受教育程度及其与此相关联的健康意识的普遍提高，可以帮助人们更加客观地看待收入所带来的健康福利和污染所带来的健康风险。通过进一步计算，我们可以发现，当家庭年收入分别大于 0.47 万元和 0.11 万元时，高学历人群收入的提高能够减缓二氧化硫和粉尘对呼吸系统疾病带来的健康负效应。学历越高的人群即使收入较低，但也会有环境支付意愿，将自己的一部分收入用于购买环境较好的房屋或者防护设备，从而降低呼吸系统疾病的发病概率和提高自身健康水平。

7.4 非政府组织参与对绿色发展的影响

7.4.1 非政府组织参与环境治理的政策背景

自改革开放以来，中国前所未有的经济扩张造成的工业污染已经危害到公众健康，引发公众对改善环境质量的强烈要求。面对严峻的生态环境形势，国家采取诸多举措，不断完善环境法律法规以控制污染，如于 2014 年修订通过的被称为“史上最严”的《中华人民共和国环境保护法》，赋予环境管理部门更大的权力，对污染者施加更严厉的惩罚，加强了对污染者行为的监督。除对环境污染企业进行罚款和采取“关停并转”等惩罚手段，政府还对从事新能源、节能环保产品生产的企业实行减税和财政激励（Lin，2011），引导企业积极向绿色方向转型。然而，传统的“自上而下”环境监管过程和“政府主动、企业被动、公众消极”的局面使得环境法规未能得到有效实施，企业逃避环境行政监管的情况屡见不鲜。Christine & Lee（2008）认为污染问题主要产生于市场的失败，包括垄断、主体关系信息不对称、经济消极外部性。此时，公众参与作为政府和企业以外的第三方力量，可以补充政府信息，约束企业行为，缓解政府与企业之间的信息与监督不对称问题。公众与政府、企业一道，成为改善环境问题的另一重要主体。尤其是近年来，民众的声音和诉求在地方环境治理中发挥了越来越重要的作用（郑思齐等，2013；于文超等，2014），政府也越来越尊重公众的环境权利。2015 年 9 月实施的《环境保护公众参与办法》正式规定了公众参与环境监管的法律地位和程序。中共十八届五中全会和“十三五”规划也强调，绿色发展需要政府、企业和公众共同监管的环境监管体系。

公民、法人和其他组织依法享有环境知情权、参与权、监督权，这是公众参与环境治理的法律渊源，保护环境同时也是每个企业和公民应尽的义务。公众和社会组织有效地参与环境监管体系的首要前提，就是能够充分获取环境信息，这就要求企业更加完整准确地披露自身环境信息，以接受社会公众和社会组织的监督。非政府组织在连接公众和政府方面发挥着重要作用，这些组织在分析环境信息方面更加专业，而且也更加贴近公众生活、为公众所理解。2008 年，公共与环境事务研究所（IPE）和自然资源保护委员会（NRDC）两个非政府专业组织联合制定了污染源监管信息公开指数（PITI 指数），该指数涵盖城市污染源违规及整治信息、企业清洁生产和环境行为评价、公众信访投诉数量等具体评价指标。该指数的发布为公众充分获取环境信息，进而参与环境治理体系提供了参考，同时为定量研究环境信息披露制度对企业污染和效率的影响提供了数据支撑。

本节重点关注非政府组织这一重要的公众参与环境治理的主体，这是中国城市环境监管体系中新兴的力量之一。本节基于倾向得分匹配和双重差分（PSM-DID）方法，利用自 2008 年以来由非政府环境组织公开的 PITI 指数，形成一个准自然实验，调查了处理组（PITI 披露报告所覆盖的城市）和控制组城市（PITI 信息未覆盖的城市）在 PITI 信息披露前后污染物排放的变化和环境技术效率的差异，并由此提出相关的政策建议。

7.4.2 相关文献进展

有关公众参与及其立法、政治和社会影响，大量文献均有涉及，这些文献从理论和实证的角度进行了研究。理论研究开始得更早。Mills（1959）和 Scott（1981）首先强调了公众参与的作用，他们认为政府应该更多地考虑公众意见，以避免决策过程中的官僚主义。Lynd（1959）要求政府在更大范围、更高层次上让公众参与公共事务的决策过程。这些理论与新社会运动在美国和其他西方国家的兴起有关。20 世纪 60 年代，西方社会经济急剧增长，而环境恶化、生态破坏和公共健康损害也随之而来。公共行政人员经常被批评为没有代表各个社会阶层的要求，也没有平衡他们的利益。一些批评者认为，行政人员是弱势群体的敌人，是精英群体而非公众阶层的仆人（Kirlin，1973；Lipsky，1969），公众强烈要求“强有力的民主”和“公民治理”（Roberts，2004）。Petts（2003）认为，立法和政治支持可以拓宽与政府进行有效沟通的渠道，提高公众在决策过程中的参与程度。作为信息的接受者，公众对项目有了更好的了解，从而能使项目和计划的实施更加顺利（Ciaran，2010；Del Furia & Wallace Jones，2000；Tang、Wong & Chi-hong，2008）。公众参与也可以成为人们充分发展公民能力的工具，让公民更好地了解自己的政府体系，从而更深入地了解个人和整个社会的利益（Barton，2002；Hindess，2002；Ciaran，2010）。

从这个角度来看，公众参与有助于公众更好地参与集体决策，对消除政府和公众彼此之间的信息偏误也有重要的作用（Fitzpatrick，2006；Renn，2006；Sinclair、Diduck & Fitzpatatrick，2008）。从广义上讲，公众参与是将公众关切、需求和价值观纳入政府和企业决策的过程（Creighton，2005）。Ciaran（2010）将公众参与定义为政府和企业与公众之间任何形式的互动，是环境影响评估（EIA）过程的一部分。环保主义者非常重视公众参与对环境治理的影响，他们认为公众参与最有效的形式是最初公开参与决策过程（Hinrich，2014），有效和包容的参与可以改善社会质量条件（Lin，2011）。与此同时，越来越多的研究采用实证方法来探索公众参与对环境保护的影响。随着新技术的发展，互联网作为一种媒介在环境公众参与中产生了巨大影响力。

Wagner、Vogt & Kabst（2015）邀请 171 名德国政策制定人员在一项在线调查中讨论公众参与发展，他们的研究结果支持两个主要理论：未来的选举成功将取决于参与机会的可用性，决策者将更加重视互联网未来的作用。

Gentzkow 和 Shapiro（2010）发现，在美国，随着媒体对环境报道的增加，政府处理环境问题的法规不断完善，媒体报道推动了绿色发展的实现。

多年来，非政府组织倾向于丰富处理环境问题的公众参与方法。Cohen、Ron 和 Perez（2013）认为非政府组织是鼓励和倡导赋权参与的核心行动者。Hasan、Nahiduzzaman 和 Aldosary（2018）比较了政府和非政府组织领导的环境项目，以评估公众对环境影响评估的参与程度，认为非政府组织主导的项目在确保公众参与环境影响评估的所有阶段，以及消除利益相关者的期望冲突方面发挥着至关重要的作用。

近年来，许多学者基于中国的数据进行了类似的研究。Wu、Xu 和 Zhang（2018）利用 2004 年至 2005 年中国 31 个省（区、市）的面板数据，调查了公众参与对环境绩效的影响，研究发现环境事件的发生率与非约束性环境污染物的排放显著相关。Li、Xia、Chen 和 Sun（2018）发现，《中国空气污染图》的发布抑制了工业污染排放，但其效果并不稳定，这表明政府和企业、公众应该共同参与处理环境问题。Li 和 He（2018）通过构建双重差分（DID）模型，探讨了环境非政府组织在中国城市环境治理模式中的作用，发现环境非政府组织的影响存在于中国东部和中部，而不是西部。

Zheng、Wan、Sun 和 Luo（2013）基于 Kahn 和 Kochen（2011）的研究方法，研究了 2004 年至 2009 年间中国 86 个主要城市的面板数据，结果表明公众对环境污染的认识可以迫使地方政府通过实施环境法规和改善产业结构来改善环境，从而加速空气污染的环境库兹涅茨曲线转折点的出现。Fedorenko 和 Sun（2016）采用过程跟踪、参与式观察、框架理论和深度访谈等方法，分析了网络公众在动员环境利益相关者方面的作用，研究表明，微博中一项重要的空气质量运动最终对环境政策产生了深远影响。研究结果肯定了公众参与在帮助环境政策实施方面的重要性，并讨论了政府与公众互动的新方法。Trucco（2017）建立了一个框架来分析政府回应和公众参与之间的关系，认为当政府回应公众参与时，公众可能会变得更加积极，这也可能促进政府积极表现。

7.4.3 研究方法和数据

（1）数据来源与变量界定

自 2008 年以来，公共与环境事务研究所（IPE）和自然资源保护委员会

(NRDC) 对 113 个城市（2013 年扩展到 120 个城市）的污染物排放监管信息透明度状况进行了评估，并发布了 PITI 报告及指数，被评估的城市涵盖中国东部、中部和西部地区，其中 110 个是“国家环境保护重点城市”，被列入中国环境保护“十一五”规划。这份环境信息披露报告设计了八项指标，对地方政府的环境信息披露进行定性和定量分析，这些可以作为不同城市污染监管信息公开性的指标。如果一个城市公开了更多关于污染源的信息，公众就会有更大可能性参与公共监督，进而引导政府更加努力地改善环境质量。因此，在某种程度上，PITI 指数可以表明地方政府在环境治理方面的努力程度。本节使用八项指标考察每个选定城市的环境状况。八项指标的具体内容和分值见表 7.12。

表 7.12　污染源监管信息公开指数中八项具体指标

指标	分值	指标	分值
污染源超标、违规记录信息公示	28 分	信访、投诉案件及其处理结果信息公示	18 分
污染源集中整治信息公示	8 分	项目环评文件受理情况和项目竣工环保验收结果信息公示	8 分
清洁生产审核信息公示	8 分	排污收费相关信息公示	4 分
企业环境行为整体评价信息公示	8 分	依申请公开情况	18 分

更具体地说，主要解释变量是是否被 PITI 报告覆盖的城市虚拟变量。在选定城市范围内，如果一个城市自 2008 年以来被包含在 PITI 报告中，则将其设为 1，否则为 0。笔者对 2003 年至 2012 年期间处理组 113 个城市和对照组 169 个城市的污染排放和经济社会发展数据进行分析，发现这 282 个城市的人口和 GDP 在 2015 年分别占全国人口的 92.16%、GDP 的 97.7%。此外，PITI 报告的覆盖城市在 2013 年进一步扩充到 120 个，将镇江、三门峡、自贡、德阳、南充、玉溪、渭南等 7 个重点环保城市列入考核名单。在基于 PSM-DID 方法的稳健性分析过程中，笔者指定区域变量为单个 ID，采用 Logit 模型来评估倾向分数并进行匹配。

除了环境信息透明度外，其他因素也会影响环境污染排放。因此，本节针对以下五个因素进行了控制。

ln *gdp* 和 ln *gdp* 的平方项：根据 Grossman & Kruger (1995) 提出的环境

库兹涅茨曲线（EKC）理论，经济增长和环境污染之间存在着“倒 U 形”曲线关系。因此，本节引入了人均 GDP 的对数和平方项，并将其统一换算为 2003 年（研究开始的年份）的固定价格。

产业结构（*ind*）：Qin & Yu（2016）指出，一个地区的环境污染水平与其产业结构密切相关。本节通过考虑工业增加值与 GDP 的比值来评价城市产业结构，用以反映区域产业结构对环境污染的影响。

资本与劳动力比率（ln *cap* _ *lab*）：一个地区的工业性质会影响其环境污染水平。按照资本劳动比划分，产业结构可以分为资本密集型和劳动密集型。Yuan 等（2012）发现，与其他行业相比，高新技术产业具有更高的能源效率和更低的污染排放。Qin & Yu（2016）使用资本劳动比作为资本密集型行业的代理变量，发现资本劳动比较高的地区环境污染水平相对较低。本节采用区域固定资产投资与就业人数之比的自然对数来评估资本劳动比的影响。

能源消耗（ln *energy*）：环境污染是由煤炭、石油、天然气等化石燃料的消费造成的。Jalil 和 Mahmud（2009）用 EKC 实证分析了环境污染和能源消耗之间的关系，发现能源消耗和污染水平之间存在显著的正相关关系，排放量与使用的化石燃料类型有关。考虑到能源消费对经济发展的影响和城市能源消费的数据可得性，本节使用工业用电量作为能源消耗的代理变量，因为它与总能源消费水平高度相关（Li & Xu，2018；Lin，2003；Qin，2014）。

外国直接投资与国内生产总值的比例（*fdi* _ *gdp*）：“污染天堂假说”（Birdsall & Wheeler，1993；Cole，2004；Jaffe & Peterson，Portney & Stavins，1995）表明，在自由贸易条件下，污染密集型产业将转移到环境污染法规相对薄弱的地区。本节使用外国直接投资与国内生产总值的比率来考察这一因素。

（2）*研究方法*

①基准回归模型

本节为识别非政府组织参与环境披露对地区绿色发展效率的影响，构建倍差法模型如下：

$$Y_{it} = \beta_0 + \beta_1 l(piti)_{it} + \beta X_{it} + \delta_i + \eta_t + \mu_{it} \tag{7.7}$$

其中，i 表示城市，t 表示年份，被解释变量 Y_{it} 表示城市污染物排放量，包括工业 SO_2 排放量（$\ln SO_2$）、工业废水排放量（ln *was* _ *wat*）、工业烟粉尘排放量（ln *dust*），核心解释变量 $l\ (piti)_{it}$ 为虚拟变量，表示该城市是否被公共与环境事务研究所和自然资源保护委员会两个专业的环境非政府组织进行污染源监管信息的公开评估。如果该城市在 2008 年之后的 PITI 评估列表中，则 $l\ (piti)_{it}$ 为 1，否则为 0。X_{it} 表示控制变量向量，具体包括前面所介绍的 $\ln gdp$、$\ln gdp$ 的平方项、产业结构（ind）、资本与劳动力比率（$\ln cap\_lab$）、能源消耗（$\ln energy$）、外国直接投资与国内生产总值的比例（fdi_gdp）。此外，本节还分别控制了城市固定效应（δ_i）和年份固定效应项（η_t）。μ_{it} 为误差项，由于核心解释变量属于城市层面的政策变量，本节将标准误聚类到城市层面，即允许误差项在城市层面上存在异方差与自相关。

本节重点关注核心解释变量 $l\ (piti)_{it}$ 的回归系数 β_1。当 β_1 显著为负时，说明 PITI 指数的发布促进了城市工业污染排放的减少，有助于污染物减排；否则，PITI 指数的发布未能促进城市工业污染排放的减少。

②考虑公众参与强度

对于处理组中的每个城市，城市污染源监管信息公开指数报告通过提供 PITI 分数来评估公众参与绩效，分数越高意味着被评估城市的环境绩效越好，本节进一步建立如下模型：

$$Y_{it} = \beta_0 + \beta_1 l(piti)_{it} \times \ln(piti\_ind) + \beta X_{it} + \delta_i + \eta_t + \mu_{it} \tag{7.8}$$

其中，结果变量 Y_{it} 衡量城市污染物排放和环境技术效率，$piti\_ind$ 是每个城市的 PITI 得分，i 代表城市，t 是年份，X_{it} 是一系列控制变量，δ_i 是城市固定效应，η_{it} 是时间固定效应，μ_{it} 是随机扰动项。

③环境技术效率测度

本节还基于 DEA 的方向性距离函数计算了中国 282 个城市的环境技术效率，并将其作为结果变量纳入模型（7.7）中，进一步采用双重差分 PSM 方法考察处理组在 PITI 指数发布前后的环境技术效率是否得到了显著提高，从而研究环境非政府组织对于地区工业环境技术效率的影响。

本节在计算城市的环境技术效率时，运用方向性环境距离函数进行测度，其基本思想是，在满足产出增长的同时，减少环境污染（涂正革，2008）。其表达式为：

$$\overrightarrow{D_0^t}(y^t,\ x^t,\ b^t;\ g_y,\ -g_b) = \sup[\beta:\ (y^t + \beta g_y,\ b^t - \beta g_b) \in P^t(x^t)] \tag{7.9}$$

其中，$\overrightarrow{D_0^t}\ (y^t,\ x^t,\ b^t;\ g_y,\ -g_b)$ 为方向性距离函数值。$g=\ (g_y,$

$-g_b$）为设定的方向向量。涂正革（2008）将方向向量设定为 $g^t=(y^t, -b^t)$；x^t 表示投入向量，y^t 为"合意产出"向量，通常为经济增长，b^t 为"非合意产出"，也即环境污染。β 代表了"好"产出增加和"坏"产出减少的最大可能数量。计算方向性距离函数的数学表达式为：

$$
\begin{aligned}
&\overrightarrow{D_0^t}(y_k^t,\ x_k^t,\ b_k^t;\ y_k^t,\ -b_k^t)=\max\beta \\
&s.\ t.\quad \sum_{k=1}^{K} z_k y_{k,m}^t \geqslant (1+\beta) y_{k,m}^t,\ m=1,\cdots,M \\
&\sum_{k=1}^{K} z_k b_{k,j}^t \geqslant (1-\beta) b_{k,j}^t,\ j=1,\cdots,J \\
&\sum_{k=1}^{K} z_k x_{k,n}^t \leqslant x_{k,n}^t,\ n=1,\cdots,N \\
&z_k \geqslant 0,\ k=1,\ \cdots,\ K
\end{aligned}
\tag{7.10}
$$

环境技术效率为：

$$
ETE(y^t,\ x^t,\ b^t;\ g_y,\ -g_b)=1/[1+\overrightarrow{D_0^t}(y^t,\ x^t,\ b^t;\ g_y,\ -g_b)]
\tag{7.11}
$$

当方向性距离函数值为 0 时，环境技术效率 ETE 为 1，表明生产者位于环境技术前沿，具有技术效率。反之表示技术无效率。

根据上述理论，我们需要找到中国 282 个城市的"合意产出""非合意产出"以及投入要素的数据来测算各地区环境技术效率。考虑到在用双重差分 PSM 方法估计环境非政府组织对地区环境技术效率的影响时，北京、天津、上海、重庆这四个直辖市的数据与其他城市不具有可比性，因此本节在测算环境技术效率时剔除了这四个决策单元。根据数据的可得性，本节测算地区环境技术效率的变量及其描述性统计见表 7.13，数据时间跨度为 2003 年至 2015 年。城市的"合意产出""非合意产出"以及投入要素数据均来源于《中国城市统计年鉴》。

合意产出。本节主要考虑工业行业的环境技术效率，因此选择工业生产总值（*ind_gdp*）作为"合意产出"。

非合意产出。关于非合意产出的选取，不同的学者进行了不同的研究。如 Managi & Kaneko（2004）、Wu（2007）等均选择了"三废"——废水、废气和固废的排放作为非合意产出。涂正革（2008）选择了二氧化硫来测算环境技术效率。王兵等（2010）选择了二氧化硫和废水中的化学需氧量（COD）作为“坏”产出来测算区域环境效率。另有众多学者将各种污染物综合起来，分别测算在各种污染组合下的技术效率。综合诸多学者的研究，以及考虑到数据的可得性，笔者选择二氧化硫排放量、工业废水排放量、工业烟粉尘排放量作为测算环境技术效率的污染产出。

投入要素。本节选取劳动力（*lab*）、资本（*cap*）和能源消耗（*energy*）来作为工业生产过程中的要素投入。劳动力使用工业从业人数来衡量；资本根据现有文献研究采用资本存量数据，采用“永续盘存法”来估计实际资本存量；能源消耗用工业用电量来代替。

表 7.13　描述性统计结果

变量	Max	Min	Ave	S. D.
$\ln SO_2$	13.12	0.69	10.55	1.13
$\ln was\_wat$	11.42	2.83	8.40	1.07
$\ln dust$	15.46	2.38	9.78	1.17
$\ln gdp$	12.46	7.55	9.99	0.82
$\ln gdp_2$	155.2	56.93	100.5	16.31
ind	90.97	15.17	48.89	10.89
$\ln cap\_lab$	13.95	7.88	11.83	0.86
$\ln energy$	15.46	6.92	12.19	1.40
fdi_gdp	0.20	−0.14	0.02	0.02

7.4.4　实证结果与分析

在基准回归分析中，结果变量分为两类：表 7.14 的第 1 列至第 3 列表示二氧化碳、粉尘和工业废水的污染排放，第 4 列至第 6 列表示分别仅考虑三种污染物时测度的环境技术效率，第 7 列显示将三种污染物结合在一起测度环境技术效率的平均结果。指标变量 l（*piti*）表示 PITI 信息披露对城市环境污染和环境技术效率的影响。结果表明，政策对污染排放和环境技术效率的影响在控制城市和年份固定效应后均为负，并且对污染排放的影响更为显著，非政府组织信息披露的公众参与可以降低处理城市的污染排放水平。环境技术效率的结果也是负面的，但并不显著，因此不能支持波特的假设，即当环境监管变得更加严格时，企业可以改进其生产技术的假说并不成立。事实上，更严格的环境法规增加了企业的合规成本，因为它们需要在遵守环境法规方面投入更多资金。

表 7.14 基准回归结果

变量	$\ln SO_2$	$\ln dust$	$\ln was\_wat$	ete_SO_2	ete_dust	ete_was_wat	ete_all
$l(piti)$	−0.149**	−0.222**	−0.106*	−0.0152	−0.00899	−0.00839	−0.0137
	(0.0674)	(0.0877)	(0.0542)	(0.0125)	(0.0132)	(0.0124)	(0.0147)
控制变量	Yes	Yes	Yes	Yes	Yes	Yes	Yes
城市固定效应	Yes	Yes	Yes	Yes	Yes	Yes	Yes
年度固定效应	Yes	Yes	Yes	Yes	Yes	Yes	Yes
样本量	3666	3666	3666	3666	3666	3666	3666
R^2	0.853	0.760	0.881	0.610	0.571	0.613	0.563

注：稳健标准误聚类到城市层面，*、** 和 *** 分别表示显著性水平为 10%、5% 和 1%。

为了确保基准结果的稳健性，本节需要进行平行趋势假设检验，在 2008 年 PITI 报告发布之前，检验处理组和控制组随着时间的推移是否存在共同的趋势。同时，基准回归结果仅揭示了 PITI 信息发布后公众参与对污染排放和环境技术效率的平均影响，为了捕捉工业污染排放和环境效率随 PITI 信息发布时间而产生的变化，笔者将回归方程扩展如下：

$$Y_{it} = \beta_0 + \beta_\tau \sum_\tau l(piti)_{i\tau} + \beta_L l(piti)_L + \beta X_{it} + \delta_i + \eta_t + \mu_{it} \qquad (7.12)$$

其中，结果变量 Y_{it} 衡量城市污染物排放量和环境技术效率，i 代表城市，t 是年份，X_{it} 是一系列控制变量，δ_i 是城市固定效应，η_t 是时间固定效应，μ_{it} 是随机扰动项。考虑到 2013 年 PITI 将评估城市从 113 个扩展到 120 个，τ 进入该模型，以确定该事件随时间的变化，当非政府组织在 2008 年发布 PITI 信息时，$\tau=0$，当 PITI 发布前一年，$\tau=-1$，当 PIPI 发布前两年，$\tau=-2$，其余可以通过这种方式得出。在 2013 年 PITI 扩大城市评估之前，$\tau=[-5, 7]$。2013

年新增 7 个城市后，τ = [−10, 2]。笔者遵循 Greenstone 和 Hanna（2014）的观点，通过排除 τ = −1，将 PITI 指数发布前一年作为基准组，最终统一为 τ= [−5, 7]。其目的是在平行趋势假设和时间效应分析中获得足够的样本量。该模型还引入了 l 来代替 τ = [−10, −6] 来估计其余年份的年均效应。

对平行趋势假设进行检验，结果如表 7.15 所示。在第 1 列至第 3 列中，结果变量为污染排放，政策实施前互动系数显著为正数，表明处理组城市污染排放严重高于控制组城市，污染排放未因非政府组织信息披露政策未落实而减少。结果不能支持平行趋势假设。然而，这种影响在逐渐下降，在 PITI 报告发布后，系数趋于负数，表明信息披露有助于降低污染排放水平。相反，在第 4 列至第 7 列中，结果变量是环境技术效率，指标变量的系数不显著，但从正向负变化，表明企业花费大量资源来达到环保要求，技术效率下降。

在时间趋势分析中，减排效应反映了整体下降趋势，表明 PITI 报告发布确实有助于减排，但减排信息披露效应随着时间的推移逐渐减弱。由于 2008 年 PITI 信息披露前出现下降情况，我们需要弄清楚是否有其他政策干预措施对污染减排和环境技术效率产生影响。应当看到，随着非政府组织信息披露办法的实施，大多数地方政府在 2005 年也实施了行政法规，将排放配额纳入地方政府领导人环境绩效评估系统（Chen et al.，2018）。第十一个国家环境保护五年规划从 2007 年开始设定污染物减排目标，政府还指定了 113 个环境保护重点城市，与大多数 PITI 城市重叠。由于存在政府和非政府组织的双重影响，本节研究也进一步区分减排的不同影响，控制政府行政命令和规划的作用，考察公众参与环境治理的净效应。

表 7.15　2003—2015 年期间平行趋势与时间趋势分析

变量	ln SO_2	ln *dust*	ln *was_wat*	*ete_*SO_2	*ete_dust*	*ete_was_wat*	*ete_all*
*taum*5	0.220***	0.267***	0.144**	0.0190	0.0160	−0.00337	0.0300
	(0.0701)	(0.0842)	(0.0637)	(0.0183)	(0.0194)	(0.0176)	(0.0199)
*taum*4	0.242***	0.268***	0.0806	0.000345	0.000926	0.0157	0.0215
	(0.0682)	(0.0797)	(0.0579)	(0.0167)	(0.0181)	(0.0169)	(0.0209)
*taum*3	0.153**	0.191***	0.0230	0.00795	0.00314	−0.00224	0.0208
	(0.0607)	(0.0656)	(0.0494)	(0.0143)	(0.0169)	(0.0138)	(0.0210)

续表

变量	ln SO_2	ln *dust*	ln *was* _ *wat*	*ete* _ SO_2	*ete* _ *dust*	*ete* _ *was* _ *wat*	*ete* _ *all*
*taum*2	0.0408	0.0626	−0.00681	0.00126	0.00163	−0.0101	−0.00309
	(0.0531)	(0.0471)	(0.0396)	(0.0101)	(0.0135)	(0.00946)	(0.0141)
*tau*0	−0.0456	−0.0428	−0.0312	0.0200	0.00230	−0.00417	−0.00631
	(0.0347)	(0.0454)	(0.0265)	(0.0135)	(0.0132)	(0.00895)	(0.0143)
*tau*1	−0.0178	−0.0690	−0.0541	−0.0131	0.00679	−0.00543	−0.0360*
	(0.0416)	(0.0706)	(0.0360)	(0.0203)	(0.0131)	(0.0121)	(0.0187)
*tau*2	0.00514	−0.0227	−0.0573	−0.00514	0.0148	0.00227	0.000738
	(0.0560)	(0.0740)	(0.0464)	(0.0158)	(0.0153)	(0.0151)	(0.0191)
*tau*3	0.0272	−0.0662	−0.105	−0.0311*	−0.00749	−0.00625	0.0305
	(0.0864)	(0.123)	(0.0705)	(0.0163)	(0.0179)	(0.0168)	(0.0209)
*tau*4	0.0168	−0.121	−0.103	−0.0286*	−0.0165	−0.0215	−0.00520
	(0.0898)	(0.119)	(0.0831)	(0.0173)	(0.0165)	(0.0164)	(0.0257)
*tau*5	−0.0309	−0.219*	−0.0650	−0.0269	−0.0147	−0.0300	−0.00728
	(0.0964)	(0.119)	(0.0831)	(0.0183)	(0.0183)	(0.0188)	(0.0237)
*tau*6	−0.123	−0.134	−0.0637	0.00324	−0.0211	−0.00101	0.00983
	(0.0953)	(0.128)	(0.0812)	(0.0195)	(0.0199)	(0.0185)	(0.0257)
*tau*7	−0.142	−0.0242	−0.0570	−0.0214	−0.0456**	−0.0200	0.0359
	(0.0867)	(0.132)	(0.0833)	(0.0186)	(0.0193)	(0.0185)	(0.0253)
控制变量	Yes	Yes	Yes	Yes	Yes	Yes	Yes
城市固定效应	Yes	Yes	Yes	Yes	Yes	Yes	Yes
时间固定效应	Yes	Yes	Yes	Yes	Yes	Yes	Yes
样本量	3666	3666	3666	3666	3666	3666	3666
R^2	0.854	0.761	0.881	0.612	0.574	0.615	0.566

注：稳健标准误聚类到城市层面，*、** 和 *** 分别表示显著性水平为 10%、5% 和 1%。

非政府组织信息披露只能对减排和环境技术效率的提高产生间接影响，因为它暴露出的问题，会引起政府重视，促使政府采取措施限制工业企业的污染排放。相比之下，政府的政策可以直接限制企业的活动。本节考察了政策争论中被忽视的公众参与的一个重要方面：当政府政策执行和非政府组织活动同时结合时，哪一个是主导因素和主要因素，哪一个是次要因素和促成因素？

一些实证研究证实，“十一五”期间，中国的节能政策有效地改善了中国的环境质量（Price，2011；Xu，2011；Lo & Wang，2013；Xu et al.，2014；Zhou et al.，2016）。此外，中央政府自2005年以来调整了对地方政府官员绩效评估的衡量标准。评价体系包含节能任务，地方政府官员需要说明其节能减排工作完成情况，努力实现2010年国家设定的能源和污染目标，未达到目标的省长、市长可能被拒绝提拔（Ma & Zheng，2016）。Chen等（2018）的研究表明新的评价体系与二氧化碳减排有积极关系。表7.16的第1列和第3列将政策干预时间提前至2006年，表明污染减排效果显著，政府实施减排定额和“十一五”规划，大大减少了污染物排放。然后将研究期调整为2007年至2015年，以消除政府行政效应，表7.16的第1列至第3列显示了微不足道的负向结果，表明非政府组织可以帮助减少污染物排放，但影响并不显著。以环境技术效率为结果变量，表7.16的第4列至第7列变化不大，这意味着政府政策和非政府组织信息披露活动都不能提高处理组城市的环境技术效率。

研究结果支持了一些现有文献，这些文献认为非政府组织在减少污染物排放方面发挥着积极作用，但该研究结果进一步消除了政府将绿色发展目标纳入地方政府绩效评估的效果，将2003年至2015年期间改为2006年至2015年，发现非政府组织在消除政府行政影响后影响不大（Li et al.，2018；Li et al.，2018），现有的文献可能夸大公众参与的影响。目前，公众参与仍然是减少污染排放和改善环境条件的补充途径，只有政府、公众和企业共同参与，才能有效和显著地减少污染排放。

表7.16 稳健性分析

变量	ln SO_2	ln *dust*	ln *was_wat*	*ete_* SO_2	*ete_dust*	*ete_was_wat*	*ete_all*
			Panel A：将政策提前到2006年				
piti_du05	−0.259***	−0.322***	−0.175***	−0.00830	−0.00162	0.00122	−0.0235
	(0.0701)	(0.0843)	(0.0544)	(0.0133)	(0.0154)	(0.0136)	(0.0171)

续表

变量	ln SO_2	ln *dust*	ln *was_wat*	*ete_SO_2*	*ete_dust*	*ete_was_wat*	*ete_all*
样本量	3666	3666	3666	3666	3666	3666	3666
R^2	0.854	0.761	0.881	0.610	0.571	0.613	0.564
Panel B：将研究期调整到 2007 年至 2015 年							
piti_du	−0.00991	−0.0955	−0.0206	−0.0101	0.000238	−0.00606	−0.0118
	(0.0644)	(0.0866)	(0.0508)	(0.0143)	(0.0127)	(0.0129)	(0.0151)
样本量	2820	2820	2820	2820	2820	2820	2820
R^2	0.875	0.771	0.890	0.657	0.622	0.650	0.574
控制变量	Yes	Yes	Yes	Yes	Yes	Yes	Yes
城市固定效应	Yes	Yes	Yes	Yes	Yes	Yes	Yes
时间固定效应	Yes	Yes	Yes	Yes	Yes	Yes	Yes

注：稳健标准误聚类到城市层面，*、** 和 *** 分别表示显著性水平为 10%、5% 和 1%。

除了 IPE 和 NRDC 评估的 120 个地级市外，一些地方性环境组织，如绿色安徽、绿色齐鲁、绿色湖南等将 PITI 评估标准纳入各自省份内的城市评估。我们将这些地方评估的城市合并为处理组（见表 7.17），第 1 列至第 3 列中的交互项系数呈现出负面和不显著的结果，表明与覆盖全国的非政府组织相比，地方环境非政府组织对污染排放的影响要小得多，原因可能是地方环保非政府组织对地方政府和工业企业的影响力不够。此外，与被评估的 120 个城市相比，当地非政府组织的评估方法缺乏透明度，这可能会导致公众对其发布的信息不信任。

表 7.17 地方性环境非政府组织的作用

变量	ln SO_2	ln *dust*	ln *was_wat*	*ete_SO_2*	*ete_dust*	*ete_was_wat*	*ete_all*
piti_all_du	−0.0804	−0.114*	−0.0659	0.000910	0.00814	0.00672	0.00166
	(0.0501)	(0.0613)	(0.0425)	(0.00857)	(0.00957)	(0.00859)	(0.0107)

续表

变量	$\ln SO_2$	$\ln dust$	$\ln was\_wat$	ete_SO_2	ete_dust	ete_was_wat	ete_all
控制变量	Yes	Yes	Yes	Yes	Yes	Yes	Yes
城市固定效应	Yes	Yes	Yes	Yes	Yes	Yes	Yes
时间固定效应	Yes	Yes	Yes	Yes	Yes	Yes	Yes
样本量	3666	3666	3666	3666	3666	3666	3666
R^2	0.853	0.759	0.880	0.610	0.571	0.613	0.563

注：稳健标准误聚类到城市层面，*、** 和 *** 分别表示显著性水平为 10%、5% 和 1%。

本节继续扩展双重差分框架，考虑公众参与强度对地区减排和绿色发展效率的影响，将指标变量 l（$piti$）替换为 l（$piti$）和 $piti$ 分数的交互项，结果如表 7.18 所示。第 1 列至第 3 列结果显示，随着 PITI 指数的提高，公众参与对减少污染排放的效果显著增强。PITI 得分越高，代表污染源监测信息披露水平越高，公众参与度越高。PITI 得分的增加反映出城市正在完善信息发布系统，发布关键污染源排放数据。120 个城市的排名分数引起了公众和政府的关注，促使更多的地区开始发布实时、在线的监测数据，并研究开发涉及技术和创新的互联网解决方案，如环境事务微博系统和云系统。所有这些努力都有助于在接下来的几年里获得更高的排名分数和更好的环境治理绩效。第 4 列至第 7 列结果表明，信息披露强度越高，对工业企业的压力越大，因此环境技术效率的提高并不显著。

表 7.18　加入 PITI 得分的回归结果

变量	$\ln SO_2$	$\ln dust$	$\ln was\_wat$	ete_SO_2	ete_dust	ete_was_wat	ete_all
$piti\_ipe$	-0.0482^{***}	-0.0576^{**}	-0.0257^{*}	-0.00254	-0.00154	-0.00128	-0.00160
	(0.0182)	(0.0236)	(0.0148)	(0.00354)	(0.00377)	(0.00351)	(0.00403)
控制变量	Yes	Yes	Yes	Yes	Yes	Yes	Yes

续表

变量	ln SO_2	ln *dust*	ln *was _ wat*	*ete* _ SO_2	*ete _ dust*	*ete _ was _ wat*	*ete _ all*
城市固定效应	Yes	Yes	Yes	Yes	Yes	Yes	Yes
时间固定效应	Yes	Yes	Yes	Yes	Yes	Yes	Yes
样本量	3666	3666	3666	3666	3666	3666	3666
R^2	0.853	0.759	0.881	0.610	0.571	0.613	0.563

注：稳健标准误聚类到城市层面，*、** 和 *** 分别表示显著性水平为 10%、5% 和 1%。

本节继续对中国东部、中部和西部数据的基准回归进行异质性分析，结果如表 7.19 所示。结果表明，非政府组织的环境监管信息对城市环境影响的区域差异显著，东部城市 $l(piti)$ 的系数比中西部城市更加显著，表明东部城市的非政府组织更加积极，在环境问题上发挥着更重要的作用。此外，第 1 列至第 3 列结果表明，东部地区政府更关心 PITI 结果，在控制污染排放方面反应迅速。第 4 列至第 7 列结果表明，东部地区的环境技术效率为正，而中西部地区为负。这表明环境非政府组织对提高城市环境技术效率的监督在东部城市具有积极影响，这支持了波特假说，即环境监管可以长期促进企业技术创新，从而提高环境技术效率，实现经济增长和环境保护的互利共赢。此外，EKC 理论认为，经济发展和生活水平的提高增加了对更好环境质量的需求，增加了公众改善居住条件的意愿，最终提高了环境技术效率。表 7.19 的结果可能与东部地区相对较高的经济发展水平有关，一方面，在公众的监督下，政府有动机改善环境条件，以实现环境和经济的双赢；另一方面，经济的发展也提高了技术水平，促进了企业环境技术效率的提高。

表 7.19　东部、中部和西部的回归结果

变量	ln SO_2 _ r_1	ln *dust* _ r_1	ln *was _ wat* _ r_1	*ete* _ SO_2 _ r_1	*ete _ dust* _ r_1	*ete _ was _ wat* _ r_1	*ete _ all* _ r_1
			东部地区				
piti _ du	−0.308***	−0.293**	−0.128*	0.0125	0.00233	−0.00672	0.0214
	(0.112)	(0.143)	(0.0713)	(0.0203)	(0.0243)	(0.0207)	(0.0248)

续表

变量	$\ln SO_2\_r_1$	$\ln dust\_r_1$	$\ln was\_wat\_r_1$	$ete\_SO_2\_r_1$	$ete\_dust\_r_1$	$ete\_was\_wat\_r_1$	$ete\_all\_r_1$
样本量	1495	1495	1495	1495	1495	1495	1495
R^2	0.853	0.780	0.898	0.698	0.639	0.704	0.623
				中部地区			
$piti\_du$	−0.0553	−0.148	−0.109	−0.00986	−0.0178	0.0140	−0.00683
	(0.0860)	(0.136)	(0.0997)	(0.0147)	(0.0156)	(0.0146)	(0.0223)
样本量	1404	1404	1404	1404	1404	1404	1404
R^2	0.851	0.714	0.812	0.575	0.487	0.601	0.524
				西部地区			
$piti\_du$	−0.145	−0.266	0.0278	−0.0415	0.00894	−0.0248	−0.0721***
	(0.143)	(0.171)	(0.124)	(0.0268)	(0.0242)	(0.0248)	(0.0207)
样本量	767	767	767	767	767	767	767
R^2	0.874	0.753	0.863	0.446	0.450	0.466	0.527
控制变量	Yes	Yes	Yes	Yes	Yes	Yes	Yes
城市固定效应	Yes	Yes	Yes	Yes	Yes	Yes	Yes
时间固定效应	Yes	Yes	Yes	Yes	Yes	Yes	Yes

注：稳健标准误聚类到城市层面，*、** 和 *** 分别表示显著性水平为 10%、5% 和 1%。

7.4.5 本节小结

本节利用 2003 年至 2015 年的环境污染、经济和社会发展数据，以及 2008 年开始的环境非政府组织发布的 PITI 信息，以 DID 方法实证研究了公众参与对城市环境保护的影响。研究发现，PITI 信息披露可以减少污染排放。本研究还基于方向性环境距离函数确定了城市的环境效率值。研究表明，PITI 信息披露并没有提高大多数城市的环境效率，但东部城市随着经济增长的加快，环境效率呈提高趋势。此外，为更加准确地评估公众参与的效果，本节研究排除了政府在环境保护中的行政作用后发现，在现阶段，政府仍然在减少污染方面发挥着重要的主导作用，公众参与更多发挥的是补充作用。因此，笔者提出以下政策建议。

第一，政府在环境改善中仍然发挥着重要作用，非政府组织的信息披露可以帮助公众更好地了解当地的环境状况，为环境治理提供支持。在这一点上，非政府组织目前仍然不能取代政府处理环境问题的主导位置，处理环境问题的更好方法是政府、公众和企业的集体努力。

第二，环境信息透明是公众参与监督环境法规实施的首要条件。因此，提高信息透明度可以提高公众参与当地环境事务的意愿。政府机构应主动提供相关信息，提高政府执法和决策的透明度，促进和鼓励公众了解和参与环境问题。此外，政府还应及时处理公众的环境投诉，并鼓励公众积极参与环境法规的制定。

第三，与全国性非政府组织相比，地方环境非政府组织在公众参与和减少污染排放方面没有显著影响力。但 PITI 报告中的证据表明，地方非政府组织正努力在处理环境问题方面发挥积极和促进作用。当前的挑战是如何引导当地非政府组织参与信息披露和公众参与过程，以及应该采取什么样的形式，这值得在理论和实践上进行讨论。

第四，建议通过教育和宣传提高中西部城市居民的环境意识，从而促使政府更有效地改善环境质量，在刺激经济发展的同时更加重视环境保护。东部城市的实证结果表明，更高水平的公众参与和更好的环境治理将导致环境技术效率的提高，中西部城市需要遵循东部方法来实现经济和环境的互利共赢。

7.5 环境信息披露评价对企业绿色发展的影响

7.5.1 研究背景、典型事实和理论依据

(1) 研究背景

开展环境信息披露是企业重要的社会责任，真实、准确且完整的企业环境信息披露有助于金融机构和投资者有效甄别绿色投融资标的物，消弭信息不对

称所导致的市场失灵。然而当前环境信息披露政策的“制度乏力”使企业环境信息披露动力不足，披露行为存在明显的选择性、应付性和自利性（唐勇军等，2021），出现披露信息不完整、隐瞒信息或虚假陈述等问题。这一方面会使企业面临被监管部门处罚及投资者追偿的法律风险，影响资本市场的稳定；另一方面也会引发资本市场对企业的误判，使污染企业占用绿色投资的资金，制约绿色金融实施效果。中国人民银行等七部委于 2016 年联合发布《关于构建绿色金融体系的指导意见》，提出培育第三方专业机构为上市公司和发债企业提供环境信息披露服务的能力，并鼓励第三方专业机构参与采集、研究和发布企业环境信息与分析报告。这意味着第三方机构介入绿色评估领域成为落实上市企业环境信息披露政策的重要途径。因而科学评估第三方机构环境信息披露评价对上市企业的微观影响具有重要的现实意义。

要使上市企业能切实主动地披露环境信息，就必须让企业意识到不履行环境信息披露责任会为企业带来实际的价值损失。第三方机构将搜集和量化的重污染行业上市企业的环境信息加以统一处理，转换成具有可比性的定量数据，能有效降低投资者的信息成本（Blankespoor et al.，2020）。评价结果的公布是否会引起被评价上市企业的市场价值产生变化，这是一个亟待解决的实证问题。具体地，当第三方机构向社会公布了企业环境信息披露质量评估结果后，投资者是否会改变其投资行为，从而影响被评估企业的市场价值？如有影响，这种影响是均等的，还是会在不同规模和不同性质的企业间存在异质性变化？其内在的机制和效果如何？第三方机构介入是否会督促企业改变披露行为？既有研究尚未给出答案。实际上，关于第三方机构以何种方式在多大程度上缓解信息不对称和投资风险的实证研究还很少。复旦大学绿色金融研究中心进行的“上市公司环境信息披露水平评价”研究，构建了综合性指标体系对部分重污染行业 A 股上市公司的环境信息披露情况进行评分，并在《中国企业绿色透明度报告》中公布被评价企业的得分结果，这为本节的研究提供了很好的契机来解答以上问题。

本节重点分析了第三方机构环境信息披露评价对上市企业的微观效应，在合法性理论与信号传递理论的基础上引入第三方评价的作用，并探讨了第三方评价对上市企业市场价值的理论影响和作用机制。以此为基础，本节选取 2009 年至 2018 年中国 A 股上市的 533 家重污染上市企业为研究对象，以第三方机构公布的企业环境信息披露得分为外生政策冲击，重点探究第三方机构评价对企业市场价值的整体效应和异质性结果，以及对企业后续披露行为的影响，并从投资者行为改变和资本市场风险两个角度论证了潜在的作用机制。本节结论表明，第三方机构能向投资者揭示被评价企业的选择性披露行为，降低被评价企业的市场价值，并促使部分被评价企业提升环境信息披露水平。

（2）文献研究进展

本节的研究与以下两个方面的文献相关：第一，环境信息披露对企业市场价值的影响。基于社会责任理论的文献认为，企业主动披露的环境信息质量越高，说明企业越积极承担社会责任，给投资者带来正面印象，能提高公司未来市值的预期（La Porta et al.，2002；Leuz & Wysocki，2015；Martin & Moser，2016；Ghoul et al.，2017）。国内研究中部分文献结论也验证了上述观点，社会责任等信息披露将会有助于改善资本市场信息环境，企业披露信息越透明越有利于投资者给予积极预期，降低企业的资本成本，提升收益率，增加企业市场价值（沈洪涛等，2010；张淑惠等，2011；王艳艳等，2014；吴红军等，2017）。也有文献发现，环境绩效水平或环境信息披露对企业市场价值产生负向影响（张兆国等，2019；吕备和李亚男，2020），或二者之间没有明显关联（王仲兵和靳晓超，2013；郭晔等，2019）。究其原因，中国上市企业缺乏环境信息披露的外在压力和内在动力，导致环境信息披露水平始终无法显性表达企业的投资价值，进而难以与市场价值呈现正向关系。就外在压力而言，中国长期缺乏严格的环境信息强制性披露规范，当前上市公司的环境信息披露仍属于自愿性披露。企业对于披露形式和内容的自由裁量权极大（杨广青等，2020），且环境违法成本过低，中国环境信息披露政策在资本市场上基本失效（方颖等，2018）。就内在动力而言，多数企业在环境披露内容中更倾向于披露空泛的定性信息，缺乏实质性定量数据。普遍存在的选择性披露现象使企业的同群效应更为明显，不规范的披露行为时有发生（熊家财，2015；潘安娥和郭秋实，2018；朱炜等，2019）。当外在压力与内在驱动同时缺失的情况下，第三方机构的介入显然存在合理性及迫切性。第三方机构评价是否以及如何产生经济效应，成为亟待讨论的问题。

第二，第三方机构评价的信息价值。第三方评价是由具备独立立场的专业组织或业界专家根据上市企业社会责任信息，在知名媒体上发布评级或评分报告（Chen & Xie，2005）。行为经济学理论认为，投资者倾向于根据容易获取的信息来决定其行为，并尤为关注不符合自身预期的信息（Hogg，1995）。第三方机构在媒体发布的信息易于获取，一旦公布结果与投资者预期不相符，投资者可能会改变投资行为，通过增减持股份而影响企业市场价值。已有研究也从实证上进行验证，发现第三方机构对企业的认可度越高，越能提升企业的环境责任声誉，从而对市场价值产生正面影响。以第三方机构对企业的社会责任(ESG) 评级为例，现有文献发现，ESG 指数越高的企业获取资本的成本越低，越有利于提升市场价值（Aboud & Diab，2018；Wong et al.，2020）。但总体来看，由于第三方评价在形式和内容上的非正式性，现有研究尚未对第三方评价影响企业市场价值的议题给予足够关注。这也为本节的研究提供了创新的可能性。

与既有研究相比，本节可能的贡献在于：首先，研究视角新颖。本节从第三方机构介入的视角分析企业环境信息披露与市场价值的关系，拓展了环境信息披露和企业市场价值领域的相关文献。已有文献多是对企业环境披露信息进行量化，较少研究关注第三方机构评价的效应和价值，本节能够拓展已有文献的认知。其次，科学评估了第三方机构的环境信息披露评价的作用，为环境信息披露政策的改革和推进提供了相应参考。第三方机构介入环境信息评价的政策规划并出台至今已有多年，然而，人们对这一规划的实践成效及其内在作用机制却知之甚少，其效果亟待评价。本节科学地评估了第三方机构环境信息披露评价在资本市场的影响及企业的异质性效果，丰富了人们对以上问题的认知，为第三方机构更好促进环境信息披露政策的落实和完善提供了重要依据。同时，第三方机构评价结果对企业市场价值影响有直接和间接效应，这不仅增加了对市场价值提升机制的认知，而且能够为资本市场资源优化配置提供重要的政策启示。

(3) 环境信息披露制度与第三方评价机构

近年来中国出台了一系列法律法规和相关政策，要求通过环境信息披露的方式促进企业提升环境治理水平。2003 年原国家环保总局发布《关于企业环境信息公开的公告》，要求被列入名单的重污染企业进行环境信息披露。2008 年公布的《环境信息公开办法》，要求重污染企业公开主要排放物的排放方式、排放浓度和超标情况等。2010 年原环境保护部公布了《上市公司环境信息披露指南》，要求火电、钢铁、水泥等 16 类重污染上市公司发布年度环境报告，定期披露污染物排放状况、环境守法和环境管理方面的信息。2014 年新环境保护法通过专章提出要全面加强信息公开与公众参与。2014 年原环境保护部发布了《企业事业单位环境信息公开办法》，对环境信息公开进行进一步明确和细化。当前环境信息披露制度体现了自愿披露与强制公开相结合的特点，明确了环境信息的公开方式，加大了对排污企业的惩罚力度，对企业环境保护行为也有相应的激励措施（杨烨和谢建国，2020）。2021 年，生态环境部印发《环境信息依法披露制度改革方案》，明确指出环境信息依法披露是重要的企业环境管理制度，是生态文明制度体系的基础性内容。

在此背景下，企业管理层面临对环境信息披露水平的决策：是提高环境信息披露水平以获取政府和市场的资源倾斜，还是尽可能少地披露环境信息以规避监管。企业在环境信息披露行为上的差异使得第三方评价机构介入有其特殊的意义和作用。国内专注于环境信息披露评价的第三方机构较少，本节选择复旦大学绿色金融中心发布的《中国企业绿色透明度报告》，主要基于以下原因：其一，该报告聚焦企业的环境信息披露质量评价，而非针对社会责任表现的综合评价；其二，不同于 ESG 评级，该报告结果以得分形式呈现，更直观且区分度更高；其三，该报告内容在媒体上公开，投资者可以免费查阅到相关信息，信息覆盖面和受众广泛[①]。

（4）《中国企业绿色透明度报告》的内容与特征

复旦大学绿色金融研究中心于 2014 年开始了“上市公司环境信息披露水平评价”的研究，以上市公司年报中披露的环境信息为基础，构建综合性指标体系对中国部分重污染行业 A 股上市公司的环境信息披露情况逐年评分，并在《中国企业绿色透明度报告》中公布评分结果。该研究确定了 15 个重污染行业的部分沪深 A 股上市公司作为评价对象，在指标构建上，先确定愿景指标、经济指标、治理指标、碳指标和排放指标这五大指标，再进一步细分成 20 个二级指标。对比生态环境部 2021 年颁布的《企业环境信息依法披露格式准则》，其中 12 项评价指标属于重点排污单位应当公布的内容。然而根据《中国企业绿色

---

① 该评价结果经过发布会公布，被多家媒体转载报道，研究结果得以对外部投资者进行广泛传播。其中机构投资者对该信息关注度较高，具体而言，机构投资者获取信息的主要渠道，如同花顺财经和东方财富网对该研究报告均进行了报道。以中国主要的信用评级机构之一东方金诚国际信用评价有限公司为例，其两次研报中引用了该研究报告结论。

透明度报告（2018）》，这 12 项内容得分比在 16%～58%之间。在披露准则中不作要求的“环境政策、方针、理念”指标得分最高。

朱炜等（2019）将企业的披露行为分为实质性披露和选择性披露。实质性披露是指企业如实披露，对所有环境状况进行了真实的公开，选择性披露是指企业有所隐瞒，仅披露了部分环境信息。从《中国企业绿色透明度报告》的结果来看，被评价的上市企业基本存在选择性披露行为，最愿意披露的是环保愿景等软性信息，而对监管机构所要求披露的硬性信息缺乏披露。第三方评价结果明显反映出重污染行业上市企业环保态度不积极，环境责任意识淡薄，披露行为不合规，存在环境违规风险。

（5）**理论机制分析**

在合法性理论框架下，企业存在的前提是由社会组织通过社会契约的形式赋予的，企业需要满足社会期望的契约要求以谋取生存和盈利（Guthrie & Parker，1989；Magness，2006）。在此过程中企业与社会达成了一致，其强度决定了社会资源拥有者对企业的认可程度（Cormier & Gordon，2001；冯天丽和井润田，2009）。随着社会演进，资源拥有者的期望内涵也在不断变化，未能及时调整行为的企业合法性受损（Clarkson et al.，2011）。企业进行环境信息披露本质上是一种体现社会合法的工具，在社会和环境领域表现不佳的公司面临更高的社会监管压力和合法性威胁（Lindblom，1993；Cho et al.，2013）。因此，环境表现差的企业也可能会披露更多的环境信息以缓解来自利益相关者的压力。但仔细区分企业所披露的环境信息内容时，我们可以发现，环境信息披露分为硬性信息披露和软性信息披露，前者包括治理结构和环境管理系统、环境绩效指标和环境支出，后者则主要涉及愿景和战略主张、环境概况和环境倡议（Clarkson et al.，2008）。Hummel & Schlick (2016) 等研究认为环境绩效好的公司愿意披露硬性信息，环境绩效差的公司则只披露软性信息。进行选择性披露的企业可能环境方面表现较差，却通过提高软性信息披露水平试图在资本市场上滥竽充数，蒙混投资者，这一研究结论解释了已有文献中所发现的企业环境信息披露水平高，但污染排放量和环境绩效却表现更差的现象。

当企业披露的硬性信息较为负面时，资本市场会如何反应？已有文献认为，如果信号接收方认为企业对负面信息的披露是积极主动的，则该负面信息的不良影响会得到缓解（Blacconiere & Patten，1994；Campbell et al.，2001；

Frias-Aceituno et al.，2012)。企业主动披露污染排放量或环境处罚事件等行为可能会被市场视为主动管理风险的积极信号，有助于规避可能出现的后续风险，降低未来股价崩盘的可能性（Zhang et al.，2021)，且企业在主动披露负面事件的同时，一般会告知投资者为克服负面问题而采取的措施。投资者会据此判断企业的管理水平和应急能力，主动披露负面硬性信息可能会被视为主动承担责任、应急能力强和防范风险能力提升的表现（Yang，2007；Reimsbach & Hahn，2013)。因此，企业主动披露负面信息并不一定会带来投资者对企业的负面判断和市场的负面反应。

综上所述，笔者认为在政府环境信息披露政策已经对上市重污染行业内企业必须披露内容做出规定的前提下，如果企业软性信息多，硬性信息少，在被第三方机构评估并将结果公之于众时，会引发投资者和市场的负面判断。不披露某些信息本身亦能作为一种信号（Cambell et al.，2001；Deegan，2002)。结合前文描述中被评价企业得分普遍较低，硬性信息缺失的事实，本节提出以下可被检验的第一项假设。

假设 7.1：第三方机构公布对企业环境信息披露的评价将降低被评估企业的市场价值。

第三方机构的环境信息披露评价在公布后，可能通过以下两类效应对被评估企业的市场价值产生影响。

一是直接效应。第三方评价结果的公布直接向市场传递了被评价企业披露行为不合规的信号，此时市场投资者将会减持该企业的股份，导致企业市场价值下降。一般而言，资本市场上同时存在着两类投资行为，即关注短期回报的投资型投资和关注长期回报的价值型投资。资本市场越成熟，价值型投资者比重越高，市场会更关心企业的未来增值潜力和履行社会责任的能力（张璇等，2019)。在绿色发展理念的指导下，绿色金融政策逐步深化，资本市场投资者对绿色投资的生态价值已达成共识，对上市企业的绿色治理和绿色创新能力也越发关注（危平和舒浩，2018；方先明和那晋领，2020)。当第三方机构公布了重污染行业企业的环境信息披露质量不高，缺乏证监会等监督机构所要求披露的信息内容时，会引发投资者对企业的负面判断，从而减持股份，降低企业的市场价值。据此本节提出第二项假设。

假设 7.2：第三方机构评估结果会引发投资者减持股份，这是导致企业市场价值下降的直接效应。

二是间接效应。已有文献认为上市企业选择性披露以及隐藏负面信息是股价崩盘风险增加的主要原因（Pindyck，1984；Jin & Myers，2006；Hutton et al.，2009；Kim & Zhang，2011）。现有研究已表明，信息质量差和透明度低的上市企业更有可能发生股价崩盘（Francis et al.，2004；曾颖和陆正飞，2006）。第三方机构公布了上市企业的环境信息评估结果，将重污染企业不规范不完整的披露行为在公众面前曝光，会使投资者认为其后期面临的环境风险和法律风险增加，从而带来股价崩盘风险上升。对风险水平更高的企业，投资者要求更高的风险溢价作为补偿（Handa & Linn，1993），使企业资本成本上升，陷入财务困境，后期违约的风险增加（Ghosh & Olsen，2009；喻灵，2017）。因此，在第三方机构公布企业的环境信息披露评价结果后，投资者发现企业并未按监管机构要求进行合规披露，股价崩盘风险和债务违约风险上升，会给予这些企业更低的市场估值，进一步削弱企业未来市场价值的升值空间。据此本节提出第三项假设。

假设 7.3：第三方机构评估结果使被评价企业的不合规披露行为曝光，这些企业面临更高的股价崩盘风险和债务违约风险，这是导致企业市场价值下降的间接效应。

7.5.2 研究方法和数据

(1) *多期双重差分模型*

本节以第三方机构复旦大学绿色金融研究中心公布的重污染行业上市企业环境信息披露评分为外生政策冲击，以 2009 年至 2018 年 A 股 533 家重污染上市企业为研究样本开展准自然实验。样本中处理组是 2014 年评价开始后被第三方机构评价并公布得分的企业，对照组是未被评价的企业。由于该研究中心每年公布的重污染上市企业名录存在差异，故形成的是处理组在不同年份有差异的面板数据。根据数据特征，本节采用多期双重差分法进行回归，构建基准模型如下：

$$Y_{it} = \delta disclosure_{it} + \gamma X_{i,\ t-1} + \alpha_i + \mu_{dt} + \eta_{kt} + \varepsilon_{it} \qquad (7.13)$$

其中，i、t、d、k 分别表示企业个体、年度、企业所属行业和企业所在城市。Y_{it} 为重污染行业上市企业 i 在第 t 年的市场价值，分别用 $\ln MV_{it}$ 和

$TobinQ_{it}$ 度量；$disclosure_{it}$ 为虚拟变量，不同年份被纳入评价范围的企业存在差异，当企业 i 在第 t 年被纳入评价范围时该虚拟变量取 1，否则为 0，系数 δ 即为第三方机构评价结果公布对企业市场价值的影响；$X_{i,t-1}$ 为与企业个体、年份相关的其他控制变量；α_i 为个体固定效应，控制不同企业不随时间变化的冲击对企业市场价值的影响；μ_{dt} 为行业年度固定效应，控制行业层面逐年变化的冲击对企业市场价值的影响；类似地，η_{kt} 为省（区、市）年度固定效应，控制省级层面逐年变化的冲击对企业市场价值的影响；ε_{it} 为随机扰动项。

被解释变量：本节被解释变量为企业市场价值，即企业未来收益的预期值（Sandner，2011），现有文献一般从绝对量和相对量两方面度量企业市场价值。绝对量包括上市公司的股票市值和债务资本的市场价值（冯仁涛等，2013），相对量则用 *TobinQ* 值来进行度量（Zhu et al.，2016）。*TobinQ* 值为企业市场价值与其资产重置成本的比值，在具体操作上采用期末总资产来代替资产重置成本。

核心解释变量：$disclosure_{it}$ 表示重污染行业上市企业 i 在第 t 年是否被第三方机构评分并在媒体曝光，被评分则取值为 1，否则为 0。

其他控制变量：是否被第三方机构评分并不是影响企业价值的唯一因素，因此必须控制其他影响企业市场价值的因素。$X_{i,t-1}$ 为代表企业特征的控制变量，包括企业规模（企业总资产）、营利能力（资产报酬率）、财务风险（资产负债率）、企业员工人数、企业年龄、股权集中度（持股排名前十位股东持股数占总股本的比例）。

表 7.20 给出了以上变量的具体定义方法。需要指出的是，模型中其他控制变量均采用滞后一期数值，这是由于投资者对于公司信息的了解往往基于上一期发布的年报，第三方机构也是基于上一期年报中披露的环境信息给予评分；同时还可以降低同期数据带来的内生性问题（孔东民等，2013）。

（2）数据来源与变量描述

本节以 2009 年至 2018 年 533 家上市重污染企业作为研究样本，将复旦大学《上市公司环境信息披露报告》涉及的重污染上市企业作为处理组，然后根据证监会 2012 年版《上市公司行业分类指引》找出处理组企业所属的分类编码，将沪深上市企业中与处理组企业属于同一类别，但未进入处理组的重污染企业作为对照组。企业市场价值和代表企业特征的财务数据主要来源于国泰安数据库（CSMAR）。为避免极端值影响，对连续型变量进行了上下 2.5%的缩尾处理。所有变量的描述性统计如表 7.20 所示。

表 7.20 变量的描述性统计

变量	名称	样本数	均值	标准差	最小值	最大值
ln *MV*	上市企业市值自然对数	4258	23.00	1.116	21.14	25.85
TobinQ	托宾 Q	4258	2.008	1.191	0.930	6.160
disclosure	企业是否被评价（0=否；1=是）	4258	0.186	0.389	0	1
ln *totalasset*	总资产自然对数	4258	22.48	1.304	20.27	25.70
roa	资产报酬率	4258	4.639	5.930	−9.152	20.56
lev	资产负债率	4258	46.65	20.85	9.192	86.00
ln *staff*	员工数自然对数	4258	8.107	1.173	5.849	10.63
*top*10*share*	前十位股东持股合计数占公司总股本的比例	4258	57.89	15.28	27.59	89.09
age	企业年龄	4258	17.17	4.717	9	29

7.5.3 实证结果与分析

(1) 基准回归结果

本部分使用 ln *MV* 和 *TobinQ* 作为因变量，对模型（7.13）进行全样本回归分析，标准误聚类到企业，结果如表 7.21 的第 1 列和第 2 列所示，被评价的重污染行业上市企业相对未被评价的上市企业而言，市场价值降低了 9.38%，在控制其他影响因素后，仍会导致市场价值下降 5.49%，并通过了 1%的显著性检验。将因变量替换为 *TobinQ* 值之后，表 7.21 的第 3 列显示被评价的重污染企业 *TobinQ* 值下降了 11.5%。表 7.21 的第 4 列是在控制其他影响因素后的估计结果，*TobinQ* 值降低程度甚至扩大到 15.8%，且通过了 1%的显著性检验。

基准回归的负向结果说明第三方评价机构提供了有效信息，资本市场对此作出了反应。根据第三方评价提供的信息，市场认为被评价企业并未认真履行环境信息披露义务，未按政策规定进行披露，故减少对被评价企业的投资，重污染行业上市企业的市场价值整体显著下降。基准回归的结果支持了假设 7.1。

表 7.21　环境信息披露第三方评价影响企业市场价值的基准回归结果

变量	ln *MV*	ln *MV*	*TobinQ*	*TobinQ*
disclosure	−0.0938***	−0.0549***	−0.115*	−0.158***
	(0.0363)	(0.0207)	(0.0629)	(0.0555)
ln *totalasset*		0.667***		−0.592***
		(0.0250)		(0.0722)
lev		0.0005		0.0045**
		(0.0007)		(0.0022)
roa		0.0110***		0.0378***
		(0.0018)		(0.0056)
ln *staff*		0.0422**		−0.0440
		(0.0187)		(0.0664)
*top*10*share*		−0.0041***		−0.0064**
		(0.0010)		(0.0028)
age		0.0024		0.0046
		(0.0164)		(0.0520)
常数项	23.02***	7.792***	2.029***	15.60***
	(0.0068)	(0.577)	(0.0117)	(1.708)
个体固定效应	是	是	是	是
行业×年度固定效应	是	是	是	是
省（区、市）×年度固定效应	是	是	是	是
样本量	4258	4258	4258	4258
R^2	0.925	0.964	0.746	0.783

注：小括号内为聚类到企业层面的稳健标准误，*、** 和 *** 分别表示 10%、5%和1%的显著性水平。

（2）稳健性检验

①平行趋势检验

双重差分法的有效性首先取决于平行趋势假定是否满足。图 7.7 和图 7.8 分别汇报了以市场价值 ln *MV* 和 *TobinQ* 作为被解释变量时的平行趋势，均以事件发生前一期为基期。在第三方公布评分结果之前，*disclosure* 对应的系数未显著异于 0 并且呈现较为平缓的变动趋势，而公布评分后系数出现了非常明显的下降趋势，说明事件发生前控制组和处理组基本上具有相同趋势，因此满足平行趋势检验。

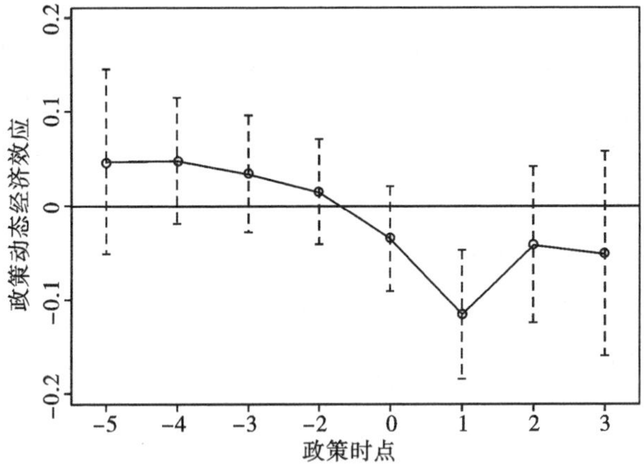

图 7.7　ln *MV* 平行趋势检验图

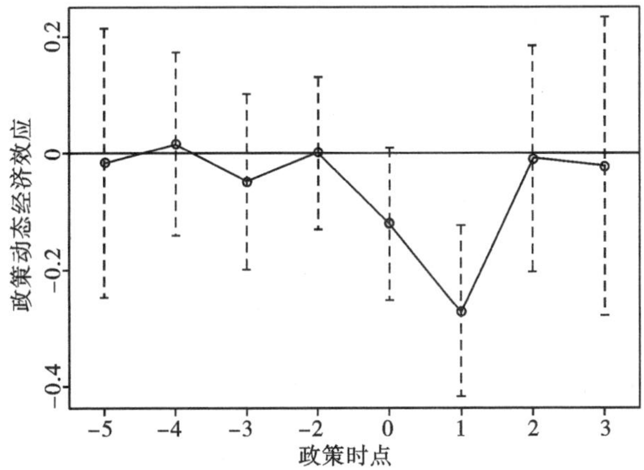

图 7.8　*TobinQ* 平行趋势检验图

②排除其他政策影响

本节选择的研究期间为 2009 年至 2018 年。而 2008 年美国次贷危机的发生也影响到中国经济，中国出台了四万亿人民币刺激计划，降低企业债务融资成本，可能会影响到企业价值（王贤彬和王淑芳，2019）。2010 年原环保部公布了《上市公司环境信息披露指南》，要求重污染上市公司发布年度环境报告。为了排除这些政策带来的干扰，本节将研究期间缩小为 2011 年至 2018 年，得到结果如表 7.22 第 1 列和第 2 列所示。排除以上政策影响后的回归结果中，核心解释变量系数仍显著为负，说明基准回归结果依然成立。

表 7.22　缩短样本期间的政策影响效果

变量	ln *MV*	*TobinQ*
disclosure	−0.0724***	−0.158*
	(0.0259)	(0.0953)
控制变量	是	是
个体固定效应	是	是
行业×年度固定效应	是	是
城市×年度固定效应	是	是
常数项	8.987***	19.26***
	(0.567)	(3.139)
样本数	2926	2926
R^2	0.977	0.798

注：小括号内为聚类到企业层面的稳健标准误，*、** 和 *** 分别表示 10%、5%和 1%的显著性水平。

③置换检验（Permutation Test）

在前面的分析中，基准回归控制了个体、行业与年份交互等固定效应和可能影响被解释变量的其他因素，且处理组和对照组也通过了平行趋势检验。尽管如此，仍无法完全排除遗漏变量问题可能导致的偏误。本部分根据已有文献做法进行置换检验（La Ferrara et al.，2012）。笔者首先随机选择进入处理组的企业并重复随机生成 1000 组样本；然后对每一份样本分别进行基准回归，得到 1000 个核心解释变量对应的估计系数。如果 δ^{false} 显著异于 0，说明模型存在识别偏误。图 7.9 和图 7.10 为随机抽样的估计系数核密度图，其中回归系数 δ^{false} 的均值均接近于 0，竖直线表示基准回归的真实系数位于随机抽样时的系数分布之外。这说明不存在因遗漏变量导致显著偏误的情况，实证结果是稳健的。

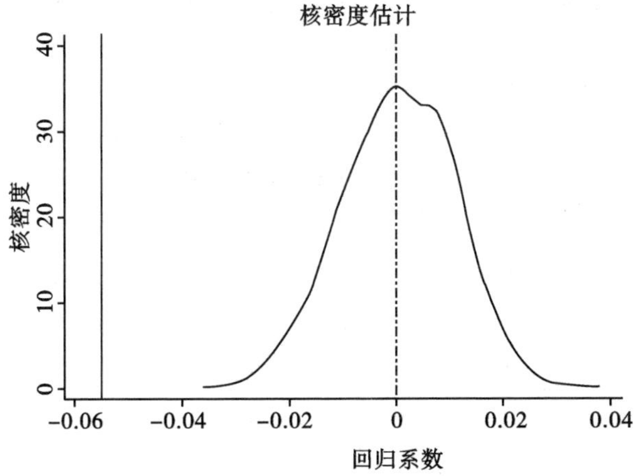

图 7.9　ln *MV* 的置换效应

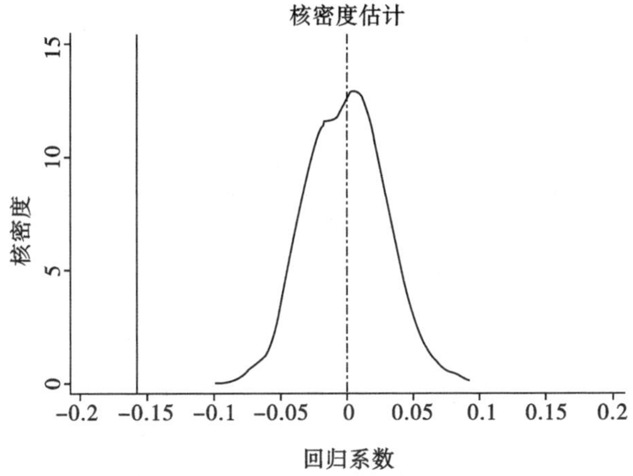

图 7.10　*TobinQ* 的置换效应

④反事实检验

首先，笔者选择与外生事件冲击无关的企业进行样本选择反事实检验。本节选取了包括教育业、商务服务、货币金融服务、资本市场服务和互联网服务等在内的服务业企业作为反事实检验样本。不同于重污染行业，以上所选行业属于知识技术密集型，污染排放较少，其环境表现不是投资者关注重点。回归结果如表 7.23 第 1 列和第 2 列所示，第三方机构评价并不会对服务业企业的市场价值造成影响，支持了实证结果的稳健性。其次，笔者将研究设定在事件发生之前以进行时间反事实检验。本节将研究期间调整为 2008 年至 2013 年，并假定事件冲击发生于 2011 年。回归结果如表 7.23 第 3 列和第 4 列所示，核心解释变量的系数并不显著，进一步说明了实证结果的稳健性。

表 7.23　反事实检验结果

变量	ln *MV*	*TobinQ*	ln *MV*	*TobinQ*
disclosure	−0.0236	43.30	−0.0292	−0.152
	(0.0447)	(49.46)	(0.0471)	(0.178)
控制变量	是	是	是	是
个体固定效应	是	是	是	是
行业×年度固定效应	是	是	是	是
城市×年度固定效应	是	是	是	是
常数项	9.461***	4.157	10.41***	21.61***
	(1.110)	(2.680)	(0.859)	(3.275)
样本数	2468	2468	1654	1654
R^2	0.984	0.544	0.980	0.805

注：小括号内为聚类到企业层面的稳健标准误，*、** 和 *** 分别表示 10%、5%和 1%的显著性水平。

⑤加入前定变量和变换固定效应

为有效识别第三方机构评价对被评价企业市场价值的因果效应，本节参考陈登科（2020）的做法，在回归方程中逐次添加两类变量：影响企业是否进入处理组的前定变量和开展第三方评价同时期其他政策变量。首先，在确定处理组企业的过程中，第三方机构可能会考虑该企业在行业中的影响力，从而选取行业中较为重要的企业进行评估。本节选取总资产份额（*Totalasset Share*）、销售收入比重（*Sales Share*）、利润比重（*Profit Share*）等因素进行衡量。表 7.24 第 1 列和第 3 列报告了仅控制前定变量与虚拟变量的交叉项的回归结果，第 2 列和第 4 列进一步增加了基准回归中的控制变量。我们可以看出，控制前定变量后，第三方机构的介入对被评价企业市场价值的负向效应并未发生改变，且依然在1%的水平下显著，进一步验证了基准回归结果的稳健性。其次，第三方评价开展的时期正值中国“十三五”规划实施期，同期还实施了其他环境政策，如“十三五”生态环境保护规划要求实施专项治理等。为排除这些政策效应，笔者在回归方程中进一步控制了城市固定效应，结果如表7.24的第5列和第6列所示。核心解释变量系数的大小和方向与基准回归结果仍保持一致，由此更进一步支持了第三方评价显著降低被评价企业市场价值的结论。

表7.24 环境信息披露第三方评价对企业市场价值的影响

变量	ln *MV*	ln *MV*	*TobinQ*	*TobinQ*	ln *MV*	*TobinQ*
disclosure	−0.0924**	−0.0551***	−0.115*	−0.158***	−0.0707***	−0.169**
	(0.0366)	(0.0210)	(0.0635)	(0.0560)	(0.0258)	(0.0660)
totalasset share×*disclosure*	−0.0003	−0.0001	−0.0008	−0.0005	$-7.52e^{-5}$	0.0003
	(0.0004)	(0.0004)	(0.0007)	(0.0007)	(0.0003)	(0.0005)
profit share×*disclosure*	$9.85e^{-6}$	$8.01e^{-5}$	0.0010	0.0006	0.0003	−0.0004
	(0.0005)	(0.0007)	(0.0009)	(0.0007)	(0.0006)	(0.0009)
sales share×*disclosure*	$8.81e^{-5}$	$7.01e^{-5}$	0.0002	$9.26e^{-5}$	$2.73e^{-5}$	$-3.61e^{-5}$
	(0.0001)	($6.75e^{-5}$)	(0.0002)	(0.0002)	($4.36e^{-5}$)	(0.0001)
控制变量	否	是	否	是	是	是
个体固定效应	是	是	是	是	是	是
行业×年度固定效应	是	是	是	是	是	是
省（区、市）×年度固定效应	是	是	是	是	否	否
城市×年度固定效应	否	否	否	否	是	是
常数项	23.02***	7.789***	2.029***	15.60***	8.150***	15.38***
	(0.0067)	(0.579)	(0.0117)	(1.712)	(0.664)	(1.872)

续表

变量	ln *MV*	ln *MV*	*TobinQ*	*TobinQ*	ln *MV*	*TobinQ*
样本量	4258	4258	4258	4258	3451	3451
R^2	0.925	0.964	0.746	0.783	0.974	0.835

注：小括号内为聚类到企业层面的稳健标准误，*、** 和 *** 分别表示 10%、5%和1%的显著性水平。

⑥交错 DID（Staggered DID）估计

近期在计量经济学理论方面的研究表明，当样本进入处理组的政策时点不一致时，双向固定效应（TWFE）所得出的估计量有效性和稳健性存疑。在多期 DID 中，即使政策冲击是完全随机的，TWFE 估计量仍可能会产生偏误，甚至出现相反的因果效应（Borusyak & Jaravel，2017；de Chaisemartin & D'Haultfœuille，2020；Goodman-Bacon，2021）。为此本部分采用了 Callaway & Sant' Anna（2021）提出的加权组群-时间平均处理效应。该估计方式得到的事件研究趋势图与 TWFE 方式估计的基准回归状态下的事件研究趋势图是一致的，支持了基准回归的稳健性。此外，本部分还使用了 Gardner（2021）提出的两阶段 DID 估计量，回归结果如表 7.25 所示，其系数大小、方向和显著性与基准回归结果是一致的，因此可以认为基准回归结果的结论较稳健。

表 7.25　两阶段 DID 估计结果

变量	ln *MV*	ln *MV*	*TobinQ*	*TobinQ*
disclosure	−0.0851**	−0.0573***	−0.193***	−0.235***
	(0.0423)	(0.0216)	(0.0644)	(0.0613)
控制变量	否	是	否	是
个体固定效应	是	是	是	是
行业×年度固定效应	是	是	是	是
省（区、市）×年度固定效应	是	是	是	是
样本数	4258	4258	4258	4258

注：小括号内为聚类到企业层面的稳健标准误，*、** 和 *** 分别表示 10%、5%和1%的显著性水平。

（3）机制分析

由理论分析部分我们可知，投资者意识是企业市场价值不可忽视的影响因素，投资者关注会带来显著的市场反应（刘杰等，2019）。机制分析的主要检验路径是投资者持股变动和企业崩盘风险及违约风险的变化对市场价值的影响。

①直接效应

本部分检验投资者持股变动这一直接效应，主要采用流通股大股东持股和机构投资者持股进行检验。在获取同等信息的情况下，重要的流通股股东相比中小股东更具有信息分析优势，对信息的分析更透彻，考虑更长远，判断企业市场价值也更为准确，其持股比例与企业市场价值显著正相关（古志辉等，2011）。机构投资者是一种特殊的外部投资人，其持有的股份数额相对较多，更关注企业长期经营绩效和长远发展，对环境友好型企业有投资偏好，更重视企业的环境责任意识和环境履约能力（Aghion et al.，2013；黎文靖和路晓燕，2015）。

本部分首先将模型（7.13）中的被解释变量分别替换为前五大流通股股东持股比例（*Own*5），前十大流通股股东持股比例（*Own*10），其余变量均与模型（7.13）一致。表 7.26 的第 1 列和第 2 列系数显示，流通股大股东持股比例显著下降。第三方机构评价结果发布后，重要的流通股股东对信息的反应更为迅速和敏感，及时减持了被评价企业的股份。再将模型（7.13）中的被解释变量替换为机构投资者持股股数的自然对数（*Institute*），其余变量均与模型（7.13）一致。表 7.26 的第 3 列结果表明，第三方机构公布评价结果后，机构投资者减持幅度较大，持股比例下降了 12.9%。

表 7.26 影响机制分析结果

变量	*Own*5	*Own*10	*Institute*	*DUVOL*	*DDKMV*
disclosure	−0.0257**	−0.0271**	−0.129*	0.0634**	−0.353**
	(0.0122)	(0.0126)	(0.0717)	(0.0304)	(0.163)
控制变量	是	是	是	是	是
个体固定效应	是	是	是	是	是
行业×年度固定效应	是	是	是	是	是
省（区、市）×年度固定效应	是	是	是	是	是

续表

变量	*Own*5	*Own*10	*Institute*	*DUVOL*	*DDKMV*
常数项	1.309***	1.421***	7.124***	−0.724	31.57***
	(0.332)	(0.342)	(2.015)	(0.686)	(7.582)
样本量	4254	4254	4235	4068	4119
R^2	0.662	0.648	0.829	0.362	0.729

注：小括号内为聚类到企业层面的稳健标准误，*、** 和 *** 分别表示 10%、5%和 1%的显著性水平。

以上分析表明，当第三方机构公布企业评分后，流通股大股东和机构投资者会及时关注信息并迅速采取行动，及时减持得分低的企业股份，降低企业的市场价值。直接效应的检验结果支持了假设 7.2 的结论。

②间接效应

理论分析部分认为在第三方机构公布企业的选择性披露行为后，企业的股价崩盘风险增加，后期违约风险上升。本部分采用股价崩盘风险的度量指标和财务困境指标对此进行检验。股价崩盘风险的衡量指标根据上市企业股票上下波动率（*DUVOL*）进行度量，该指标取值越大，表示上市企业的股价崩盘风险越高。公司财务困境指标利用 KMV 模型进行度量，模型中违约距离 *DD* 为上市企业资产价值到债务价值之间的距离，违约距离越小，预期的违约概率越大，即企业未来违约的风险越大。

本部分将模型（7.13）中的被解释变量分别替换为股票上下波动率（*DUVOL*）和信用违约距离（*DDKMV*），其余变量均与模型（7.13）一致。表 7.26 的第 4 列和第 5 列分别列示了以上结果，显然在第三方机构公布了被评价企业的环境信息披露得分后，投资者会认为其后期面临的环境风险和法律风险增加，从而带来股价崩盘风险增加了 6.3%，信用违约风险增加了 3.5%，且结果均在 5%的水平上显著。间接效应的检验结果支持了假设 7.3 的结论。

（4）异质性分析

上述计量分析表明，第三方机构的评价结果对被评价上市企业的市场价值会产生显著负向影响，直接原因在于重要的流通股股东及机构投资者减持了被评价企业的股份。沿此思路，不同规模和不同性质的企业可能会因投资者持股目的不同而呈现异质性表现，并影响其后续的环境信息披露行为。本节接下来从投资者持股目的、企业产权属性和企业资产规模三方面进行异质性分析，并考察不同企业在后续的环境信息披露行为上是否存在差异。

①投资者持股目的的异质性分析

本部分考虑投资者的异质信念程度对其投资行为的影响。根据已有文献的研究结果且限于数据的可得性，笔者在此以机构投资者为代表进行分析。机构投资者包括公募基金公司、社保基金机构、保险公司、信托和财务公司等不同类型，其持股目的和投资理念有很大差异。按照投资行为特征可分为稳定型机构投资者和交易型机构投资者。稳定型机构投资者持股稳定，长期关注所投资公司的实际价值，期望通过公司的良好运营和盈利增长来获利，而交易型机构投资者则会频繁交易，以短期的股票市场价格波动差价获利（许年行等，2013；周绍妮等，2017）。

稳定型机构投资者注重考察企业的长期价值，更希望所投资的企业具有良好的资本市场声誉，偏好投资愿意承担社会和环境责任的上市企业（Cox & Wicks.，2011），加之上市企业披露环境信息具有“类保险”效应，能对冲突发性环境事故对企业声誉和企业价值造成的负面影响（田利辉和王可第，2017），稳定型机构投资者更需要企业提升环境信息披露水平，以对冲未来可能发生的环境事故造成的负收益。相反，交易型机构投资者只考虑企业短期内的交易利润，并不关注企业是否承担了环境责任，也不关注企业的环境信息披露水平或其他相关环保行为（黎文靖和路晓燕，2015；Kim et al.，2019；Bueno-García et al.，2022）。因此，不同类型的机构投资者对第三方机构环境信息披露评价结果可能存在异质性反应，本部分对此进行检验。

参照杨棉之等（2020）的研究，本部分从时间和行业两个维度判断机构投资者的异质性，其计算公式如下：

$$SD_{i,t}=\frac{INVH_{i,t}}{STD(INVH_{i,t-3},\ INVH_{i,t-2},\ INVH_{i,t-1})} \tag{7.14}$$

$$INVW_{i,t}=\begin{cases}1,\ SD_{i,t}\geqslant MEDIAN_{i,t}(SD_{i,t})\\ 0,\ 其他\end{cases} \tag{7.15}$$

式（7.14）中，$INVH_{i,t}$ 表示企业 i 在 t 年时的机构投资者持股比例，STD（$INVH_{i,t-3}$，$INVH_{i,t-2}$，$INVH_{i,t-1}$）则表示企业 i 前三年机构投资者持股比例的标准差，$SD_{i,t}$ 为公司 i 在 t 年机构投资者持股比例与其过去三年机构投资者持股比例标准差的比值，在时间维度上衡量了机构投资者持股动机。

式 (7.15) 中 $INVW_{i,t}$ 为虚拟变量，表示机构投资者的异质性，$MEDIAN_{i,t}(SD_{i,t})$ 为 t 年的 $SD_{i,t}$ 行业中位数，当 $SD_{i,t} \geqslant MEDIAN_{i,t}(SD_{i,t})$ 时，$INVW_{i,t}$ 等于1，代表企业 i 在 t 年的机构投资者为稳定型机构投资者；当 $SD_{i,t} < MEDIAN_{i,t}(SD_{i,t})$ 时，$INVW_{i,t}$ 为0，代表企业 i 在 t 年的机构投资者为交易型机构投资者。

在对异质性机构投资者进行区分的基础上，采用模型 (7.16) 进行回归，其结果如表7.27所示。

$$Y_{it} = \delta_1 disclosure_{it} + \delta_2 disclosure_{it} \times INVW_{it} + \gamma X_{it-1} + \alpha_i + \mu_{dt} + \eta_{kt} + \varepsilon_{it} \tag{7.16}$$

表7.27的第1列和第2列结果显示，$INVW\_effect$ 回归系数在1%的水平上负向显著，说明在第三方机构公布了企业的环境信息披露评分后，稳定型机构投资者所投资的上市公司市场价值明显下降；表7.27的第3列结果显示，$INVW\_effect$ 回归系数在1%的水平上负向显著，说明稳定型机构投资者明显减持了被评价企业的股份，而 $disclosure_{it}$ 回归系数并不显著，说明交易型机构投资者的投资行为未受第三方评价结果的影响。

表7.27　投资者持股目的的异质性分析结果

变量	ln *MV*	*TobinQ*	*Institute*
disclosure	−0.0291	−0.119*	−0.0167
	(0.0277)	(0.0715)	(0.0851)
disclosure×*INVW*	−0.0459*	−0.0688	−0.208***
	(0.0259)	(0.0648)	(0.0699)
INVW _ effect	−0.075***	−0.188***	−0.225***
	(0.0214)	(0.0578)	(0.0749)
控制变量	是	是	是
个体固定效应	是	是	是
行业×年度固定效应	是	是	是
省（区、市）×年度固定效应	是	是	是
常数项	7.841***	15.68***	8.226***

续表

变量	ln *MV*	*TobinQ*	*Institute*
	(0.572)	(1.708)	(1.975)
样本量	4258	4258	4235
R^2	0.964	0.783	0.829

注：括号内为聚类到企业的稳健标准误，*、** 和 *** 分别表示 10%、5%和 1%的显著性水平。*INVW _ effect* 回归系数表示稳定型机构投资者所投资企业受到第三方机构评价结果的影响效应，为 *disclosure* 与 *disclosure*×*INVW* 两个变量回归系数之和。

②企业规模的异质性分析

本部分借鉴 Zwick & Mahon（2017）的方法，将企业按期初的总资产规模均分为十等份，以最低的三等份作为小规模企业，最高的三等份作为大规模企业，其余为中等规模企业，然后采用模型（7.17）进行回归。其中 *small* 和 *medium* 分别表示小规模和中等规模企业的虚拟变量，大型企业为基准模型。其余变量定义等设定与模型（7.13）一致。

$$Y_{it} = \delta_1 disclosure_{it} + \delta_2 disclosure \times small + \delta_3 disclosure \times medium + \gamma X_{it-1} + \alpha_i + \mu_{dt} + \eta_{kt} + \varepsilon_{it} \quad (7.17)$$

表 7.28 的第 1 列和第 2 列是按企业规模区分的异质性结果，均在 1%的水平下负向显著，说明大型企业的市场价值受到第三方机构评价显著负向影响。*Medium _ effect* 系数在 5%的水平上负向显著，说明第三方机构介入后，中型企业受到仅次于大型企业的显著负向冲击。*Small _ effect* 系数不显著说明小型企业的市场价值并未受到第三方机构介入的显著影响。

表 7.28　企业规模和企业性质的异质性分析结果

变量	ln *MV*	*TobinQ*	ln *MV*	*TobinQ*
disclosure	−0.094***	−0.210***	−0.013	−0.116
	(0.0252)	(0.0597)	(0.0296)	(0.0769)
disclosure×*small*	0.119***	0.127		
	(0.0419)	(0.125)		
disclosure×*medium*	0.0347	0.0638		
	(0.0355)	(0.0767)		

续表

变量	ln *MV*	*TobinQ*	ln *MV*	*TobinQ*
Medium _ effect	−0.0593**	−0.1461**		
	(0.0301)	(0.0726)		
Small _ effect	0.0249	−0.083		
	(0.039)	(0.124)		
disclosure×*SOE*			−0.0765**	−0.0770
			(0.0334)	(0.0824)
SOE _ effect			−0.0896***	−0.193***
			(0.024)	(0.062)
控制变量	是	是	是	是
个体固定效应	是	是	是	是
行业×年度固定效应	是	是	是	是
省（区、市）×年度固定效应	是	是	是	是
常数项	7.949***	15.76***	7.855***	15.67***
	(0.583)	(1.713)	(0.574)	(1.711)
样本量	4258	4258	4258	4258
R^2	0.964	0.783	0.964	0.783

注：括号内为聚类到企业的稳健标准误，*、** 和 *** 分别表示 10%、5%和 1%的显著性水平。*Medium _ effect* 回归系数表示小型企业受到的影响，为 *disclosure* 与 *disclosure*×*medium* 两个变量回归系数之和。*Small _ effect* 回归系数表示小型企业受到的影响，为 *disclosure* 与 *disclosure*×*small* 两个变量回归系数之和。*SOE _ effect* 回归系数表示国有企业受到的影响，为 *disclosure* 与 *disclosure*×*SOE* 两个变量回归系数之和。

前文分析表明投资者持股目的不同会带来投资行为的差异。为验证企业规模的异质性结果是否与其投资者结构有关，本部分对比了大中小型企业的异质性机构投资者分布。图 7.11 显示了大中型企业中稳定型机构投资者数量较大幅度地超过了交易型机构投资者数量，而小型企业则恰好相反，以交易型机构投资者为多数。大中型企业中稳定型机构投资者的作用更显著，当第三方机构公布了被评价企业的环境信息披露结果后，稳定型投资者认为被评价企业股份不再具备长期持有的价值，因而减持了大中型企业的股份；而小型企业中交易型投资者占多数，他们更关注企业短期的股价波动，故未受第三方机构介入的影响[①]。

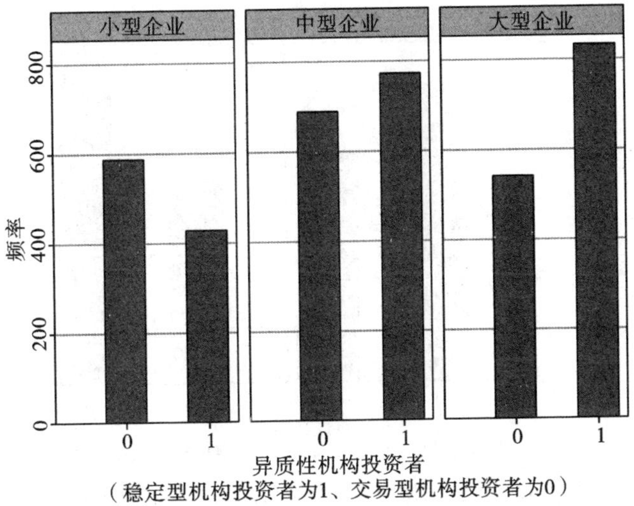

图 7.11　不同规模企业中异质性机构投资者分布情况

③企业性质的异质性分析

为了研究不同所有权性质的企业受到的影响是否一致，笔者在模型（7.18）中设置产权虚拟变量。*SOE* 表示国有企业的虚拟变量，以非国有企业为参照基准，被解释变量是企业市场价值。其余变量定义等设定与模型（7.13）一致。

$$Y_{i,t}=\delta_1 disclosure_{i,t}+\delta_2 disclosure_{i,t}\times SOE+\gamma X_{i,t-1}+\alpha_i+\mu_{d,t}+\eta_{k,t}+\varepsilon_{i,t} \tag{7.18}$$

表 7.27 的第 3 列和第 4 列是按企业性质区分的异质性结果，因变量分别为 ln *MV* 和 *TobinQ*，其中 *disclosure* 的回归系数并不显著，表示非国有企业并未受到第三方机构评价的负向影响，*SOE _ effect* 国有企业的市场价值在第三方机构评价后的变化，其系数在 1%的水平下显著为负，说明国有企业的市场价值因第三方机构公布评价结果而受到显著的负向冲击。图 7.12 显示了国有企业与非国有企业的异质性机构投资者分布，我们发现国有企业中稳定型机构投资

① 基于异质性机构投资者分布的组间均值差异性检验也证明了稳健性机构投资者和交易型机构投资者在大中小型样本中的分布的确存在显著差异。

者占多数，而非国有企业中交易投资者占多数。投资者投资理念和投资行为的差异决定了他们对第三方评价结果的反应上的差异，从而导致产权性质不同的企业受到异质性影响①。

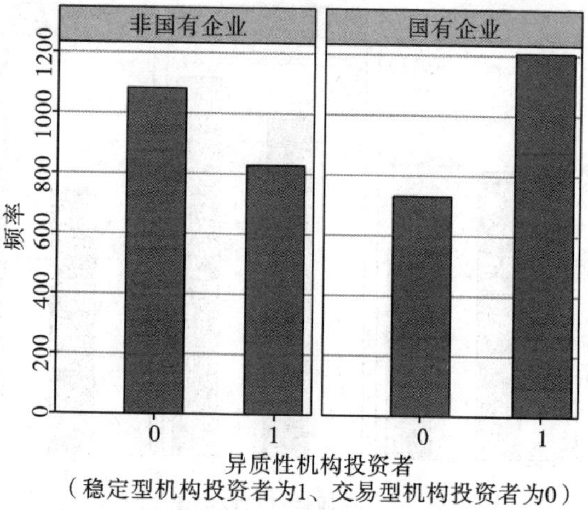

图 7.12　不同性质企业中异质性机构投资者分布情况

(5) 进一步分析：第三方机构对企业环境信息披露行为的影响分析

第三方机构公布评价结果后显著降低了被评价企业的市场价值，使被评价企业面临更严重的融资约束。为缓解融资压力，被评价企业是否会在后续的信息披露中提升环境信息披露水平？大中型企业和国有企业受到了严重的负向冲击，是否会有迫切的动力改变披露行为以重获市场青睐？本部分以第三方机构的介入作为核心解释变量，以上市公司的实际环境信息披露水平作为被解释变量进行检验。

参照已有文献的做法，笔者采用上市企业年报中与环境信息相关的内容评分衡量全部样本企业的实际环境信息披露水平（朱炜等，2019；杨广青等，2020）。上市公司的实际环境信息披露水平来自国泰安数据库（CSMAR）。笔者构建了模型（7.19）、模型（7.20）和模型（7.21）进行检验。

$$Score_{it} = \delta_1 disclosure_{it} + \gamma X_{it-1} + \alpha_i + \mu_{dt} + \eta_{kt} + \varepsilon_{it} \tag{7.19}$$

① 基于异质性机构投资者分布的组间均值差异性检验也支持稳健性机构投资者和交易型机构投资者在国企和非国企样本中的分布的确存在显著差异。

$$Score_{it} = \delta_1 disclosure_{it} + \delta_2 disclosure \times Small + \gamma X_{it-1} + \alpha_i + \mu_{dt} + \eta_{kt} + \varepsilon_{it} \tag{7.20}$$

$$Score_{it} = \delta_1 disclosure_{it} + \delta_2 disclosure \times SOE + \gamma X_{it-1} + \alpha_i + \mu_{dt} + \eta_{kt} + \varepsilon_{it} \tag{7.21}$$

被解释变量 $Score_{it}$ 为上市企业实际环境信息披露水平作为，$disclosure_{it}$ 代表企业 i 在 t 年是否被第三方评价公布得分。模型（7.19）衡量了第三方机构公布评价结果后，被评价企业的实际披露水平是否显著提升。模型（7.20）中 $Small$ 为虚拟变量，当企业规模为小型企业时等于 1，否则为 0，其衡量了被评价企业内的大中型企业相比小型企业而言，实际披露水平的提升程度。模型（7.21）中 SOE 为虚拟变量，当企业性质为国有企业时等于 1，否则为 0，其衡量了被评价企业内的国有企业相比非国有企业而言，实际披露水平的提升程度。

表 7.29 的第 1 列显示了模型（7.19）的回归结果，$disclosure_{it}$ 的回归系数在 5%的水平下显著为正，说明当第三方机构介入后，被评价企业的环境信息披露水平得到了显著提升。表 7.29 的第 2 列显示了模型（7.20）的回归结果，$disclosure_{it}$ 的回归系数在 1%的水平下显著为正，表示被第三方机构评价的大中型企业显著提升了环境信息披露水平，$Small\_effect$ 系数不显著说明小型企业并未因第三方机构的介入而提升披露水平。表 7.29 的第 3 列显示了模型（7.21）的回归结果，$disclosure_{it}$ 的回归系数在 1%的水平上正向显著，表示被第三方机构评价的非国有企业显著提升了环境信息披露水平，SOE_effect 系数不显著说明国有企业并未因第三方机构的介入而提升披露水平。

大中型企业和国有企业均受到第三方评价对其企业市场价值的负向影响，但在后期的披露水平提升上却存在显著差异。为探究其原因，笔者进一步将样本分为国有和非国有两组。表 7.29 的第 4 列将样本限制在国有企业内，我们发现国有大中小型企业在第三方机构介入后均未改变披露行为。表 7.29 的第 5 列将样本限制在非国有企业内，我们发现非国有大中型企业在第三方机构介入后显著提升了披露行为，而非国有小型企业披露行为则未发生显著改变。

以上结果表明，在第三方机构公布评分结果后，被评价企业的确提升了环境信息披露水平，主要是非国有大中型企业的披露水平显著提升。国有大中型企业虽然受到了第三方机构评价对市场价值的负向冲击，却并未改变披露行为。可能的原因在于在以银行为主体的中国金融资源配置中长期存在基于所有制性质的信贷歧视，国有企业能够从国有银行获得持续稳定的信贷资源，而非国有企业则面临融资贵融资难的困境（赖黎等，2016）。国有大中型企业并不依赖于资本市场的融资渠道，对资本市场所产生的负面冲击也并未进行有效应对。但非国有企业更依赖资本市场以缓解融资约束，故非国有大中型企业在受到第三方机构对其市场价值的负向冲击后，会及时提升披露水平。

表 7.29　第三方机构对企业环境信息披露行为的影响

变量	全样本 Score	全样本 Score	全样本 Score	国有 Score	非国有 Score
disclosure	0.702**	0.913***	1.186***	0.493	1.626***
	(0.313)	(0.352)	(0.424)	(0.532)	(0.518)
disclosure×*Small*		−0.977		0.0379	−2.129**
		(0.597)		(1.100)	(0.867)
Small _ effect		−0.0639		0.5307	−0.5029
		(0.530)		(1.057)	(0.753)
disclosure×*SOE*			−0.882		
			(0.540)		
SOE _ effect			0.3041		
			(0.404)		
控制变量	是	是	是	是	是
个体固定效应	是	是	是	是	是
行业×年度固定效应	是	是	是	是	是
省（区、市）×年度固定效应	是	是	是	是	是
常数项	−3.202	−4.656	−2.482	−1.190	−7.854
	(7.483)	(7.473)	(7.401)	(13.67)	(11.28)
样本量	4251	4251	4251	1951	2178
R^2	0.761	0.761	0.761	0.773	0.777

注：括号内为聚类到企业的稳健标准误，*、** 和 *** 分别表示 10%、5%和 1%的显著性水平。*Small _ effect* 回归系数表示小型企业受到的影响，为 *disclosure* 与 *disclosure*×*Small* 两个变量回归系数之和。*SOE _ effect* 回归系数表示小型企业受到的影响，为 *disclosure* 与 *disclosure*×*SOE* 两个变量回归系数之和。

7.5.4 本节小结

企业环境信息披露是发挥绿色金融的资源配置作用，引导资源流入绿色企业的基础和关键。在当前上市企业环境信息披露水平普遍较低的背景下，第三方机构对企业环境信息披露的评价是否能引发资本市场反应并改变企业披露行为，其中的影响机制如何，均值得探究。本节的实证结果表明，第三方环境信息披露评价在改善资本市场环境信息不对称程度方面是有效的，主要发现如下：在加入了可能影响企业市场价值的控制变量后，第三方机构公布评分导致被评价企业的市场价值下降5.49%。这说明市场认为被评价企业并未认真履行环境信息披露义务，未按政策规定进行披露，减少了对被评价企业的投资，重污染行业上市企业的市场价值整体显著下降。从影响机制来看，流通股大股东和机构投资者的投资行为改变是企业市场价值下降的直接原因。被评价企业后期股价崩盘风险和信用违约风险增加是企业市场价值下降的间接原因。进一步的分析结果表明，第三方评价使大中型企业和国有企业的市场价值受到显著负向冲击，小型企业和非国有企业未受到明显影响。主要原因在于不同规模和性质企业的投资者持股目的和理念不尽相同。非国有大中型企业更重视第三方机构的作用，在意识到第三方机构的评价会造成负面影响后显著改善其环境信息披露水平。国有企业的披露行为则不受第三方机构介入的影响。

基于上述结论，本节提出如下三点政策启示：第一，鼓励专业机构积极参与第三方评价。第三方机构发布独立、公正和权威的评价能重构投资者对上市企业市场价值的判断。第三方评价引导资金从环境责任意识低的企业流入环境责任意识高的企业，是落实环境政策、提升企业环境责任意识的重要抓手。在政策制定上应当支持和促进科研机构和专业智库开展多样化、连续性的企业环境信息披露质量评价。第二，引导上市企业重视非财务信息的披露。财务信息对市场价值的影响已不言而喻，但上市公司也要意识到非财务信息的重要性正与日俱增。在资本市场绿色导向持续增强的背景下，上市企业只有提升环保意识、切实履行环境责任、多披露有“含金量”的硬性环境信息，才能在聚焦可持续发展能力的非财务报告中交出亮眼答卷，以赢得投资者认可并获得资本优势，实现企业的长远良性发展。第三，强化大型企业和国有企业的环境责任意识。大型企业和国有企业的规模和性质决定其一旦出现环境责任事故，则必定波及甚广，损失甚重，故投资者为规避风险会首先减持大型企业和国有企业股份。大型企业和国有企业想要在资本市场更有竞争力，需要比一般企业披露更多环境信息才能增强投资者信心，这也从另一个角度说明了大型企业和国有企业承担环境责任的重要性。

7.6 本章小结

日益严重的生态环境问题既对中国经济的高质量、可持续发展形成了空前挑战，同时也严重损害公众的健康福利，近年来持续受到社会各界的广泛关注。虽然中国各级政府高度重视环境治理，不断将生态环境保护推向新的高度，但是传统的环境治理模式高度依赖于中央和地方政府的推动，治理体系表现为“自上而下”，企业履行环境治理责任的动力仍然不足，社会组织和公众参与环境监督的力度仍然不够。为打破“政府主动、企业被动、公众不动”的环境治理格局，中央政府通过立法、规划的方式，逐渐明确了公众在环境治理体系中的重要作用。因此，从理论和实证上分析公众参与（第三方机构、非政府组织、民众等）环境治理格局的经济逻辑，分析公众参与的环境经济收益，对打通公众由“旁观”到“参与”的渠道十分必要。然而，环境污染对公众健康水平有多大影响，为何受到公众的广泛关注？公众广泛参与环境治理将产生多大的环境和经济效益？作为实现公众环境知情权的一种方式，企业及时、准确地公开环境信息在敦促企业主动治理环境的同时，能否实现自身的高质量发展、实现环境和经济的双赢？现有研究尚未对这些关键问题作出明确回答。

基于以上现实问题，本章分析了公众参与型环境政策与绿色发展的融合，构建了公众参与环境治理的理论框架，并给出宏微观证据加以支撑。以第三方机构公布的城市污染源监管信息和上市企业环境信息披露评分为代表，笔者考察了公众参与对城市和企业绿色高质量发展的影响。研究发现，有别于欧美的协商参与，中国环境治理中的公众参与在独特的社会背景下有其独特内涵。在宏观层面，中国近 20 年里，公众参与环境治理的需求急速增长，公众逐渐由“环境关心”转变到“环境行动”，公众的崛起正在打破环境保护的力量格局。在微观层面，公众参与的内容扩充和渠道扩展加快了环境治理速度与成效，促使了“象征参与—实质参与—科学参与”的路径转变。公众受教育水平和政府的治理决心是公众参与效率的决定因素。实证研究表明，环境污染显著影响了公众的健康水平，公众参与环境治理的需求快速增长，公众参与能够补充政府的信息不对称，是环境治理工具的重要补充。现阶段，在城市层面，城市污染源监管信息公开对减少城市污染物排放有积极作用，但未能提升环境效率值。在企业层面，第三方机构公布企业信息披露评分将造成关注企业环境责任的股东减持，进而使得被评价企业的市场价值下降。公众参与能够倒逼企业提升环境信息披露质量以实现企业的高质量发展。

公众积极参与环境治理是中国经济发展绿色转型、实现高质量发展的重要力量。为此，政府应加大力度引导非政府组织和第三方机构合法、积极地参与企业信息披露的评价，以督促企业提高环境信息报告质量，提升企业履行环境社会责任的主动性。另外，要不断提高公众的环境意识，加强与民众的环境互动，保障环境诉求沟通渠道通畅，探索更加多样的参与形式，充分保障公众的环境知情权和监督权，健全公众全过程参与治理的法律保障。调动社会组织和民众参与，能够进一步完善环境监管和治理体系，推进“美丽中国”建设，公众的参与感、获得感和幸福感也将随之提升。

第8章　统筹环境保护与经济增长的治理体系研究

8.1　引言

中国的环境治理方式和政策体系逐步形成了“命令-控制型”和“市场激励型”两种主要规制手段，而“公众参与型”环境手段在补充和完善环境治理框架中的重要作用不断凸显。如何评价三种政策的实施效果及其对绿色发展的作用，引导三种政策相互补充融合，加快政府、市场与公众的环保互动，达成环保统一认识和责任共识，需要得到进一步研究和明确。

前文分别从政府行政命令、企业绿色激励、公众主动参与等视角探究了不同环境政策的单独实施对于绿色发展的影响，明确了单一政策工具对环境保护和绿色发展的融合推动作用。本章将基于研究成果提出环境保护的三方共治框架，从政府、市场与公众三个环境治理主体出发，探讨不同环境政策间的协同实施对环境保护和绿色发展是否具有加持作用。首先，本节先后以城市和企业两个角度切入，从宏观和微观两种视角，重点探讨政府主导的“命令-控制型”环境政策和市场自主的“市场激励型”环境政策的配合能否推动绿色发展，进一步检验当下中央政府重点推动的两种环境政策的协同效果。其次，将公众参与纳入实证研究体系当中，基于“官场＋市场＋公众”的环境治理模型，探讨民声民意如何影响和推动地方政府的环境治理行为。最后，本章总结政府、市场与公众三方互动的优化方式，以得出环境保护与经济高质量融合发展的最优解，为进一步优化当前环境治理体系，取得更加丰富的环境治理效果提供启示。

8.2 相关文献进展

改革开放四十多年来，中国经济实力迅速增强。国家统计局的数据显示，2022 年全国 GDP 达到 121.02 万亿元，人均 GDP 达到 8.57 万元，人们的物质生活水平大大提高。随着经济增长和工业化加速扩张，发达国家百年工业化进程中分阶段、分层次出现的环境问题，在中国数十年的时间内集中出现，绿色与发展的矛盾日趋尖锐。亚洲开发银行发布的《中国环境分析》的数据显示，在中国最大的 500 个城市中，只有不到 1%的城市达到了世界卫生组织建议的空气质量标准。2006 年中国二氧化硫排放总量为 2588.8 万吨，高达世界第一，其中 84%都来自工业二氧化硫排放。能源消费方面，2022 年全国能源消费总量为 54.1 亿吨标准煤，是 1978 年（5.7 亿吨标准煤）的 9.49 倍（国家统计局，2023），能源生产和消费总量均排名世界首位。煤炭等化石能源的开发利用过程中产生了大量的二氧化硫、氮氧化物等污染物，导致生态环境恶化，中国的生态环境承受能力和高质量发展受到严重挑战。温室气体大量排放的问题同样不容小觑，根据国际能源署（IEA）的统计数据，中国的碳排放总量在 2009 年已经达到 60.3 亿吨，自此开始，排放总量始终位列全球第一，2022 年排放量更是达到 114.8 亿吨，“双碳”目标的实现仍然任重道远。严峻的生态环境形势对中国经济社会的高质量、可持续发展提出了重大挑战。

面对每况愈下的生态环境质量和高强度的化石能源依赖，中国政府作了多方面的努力，在不同时期制定了差异化的环境规制政策。政府一方主导的命令-控制规制政策逐渐形成，环境政策演变具有鲜明的时代特征。2000 年之前中国基本形成了以命令-控制机制为主，辅之以排污收费制度的环境政策体系（涂正革和谌仁俊，2015）。从理论上来说，Porter（1991）、Porter & Linde（1995）和 Ambec & Barla（2002）等学者指出，虽然环境规制政策在实施初期可能会导致企业成本的提高，但合理适度的环境规制可以倒逼企业进行创新活动，继而通过创新来部分补偿甚至完全弥补环境规制所带来的企业绿色转型成本，这便是著名的波特假说。这一时期，中国政府部门和环境监管机构大多通过出台相关的环境政策等工具以推进工业与企业的高质量发展。但这一时期的环境规制政策更多的带有“行政命令有余，市场手段不足”的计划经济色彩（张晓，1999）。从改革开放初期实施的“三同时”、排污收费制度等政策，再到改革开放深入后“九五”期间开始的污染物排放总量控制、“两控区”政策都是命令-控制型环境规制政策的具体体现。其中，又以“两控区”的实施力度最大。

作为完全由政府主导的命令-控制机制在国外实践中已展示出在环境改善、技术创新等方面的积极作用，但在成本控制等方面的表现却不尽理想（Greenstone，2002；Chay et al.，2003；Becker，2005；Gerad & Lave，2005）。而在中国，命令-控制机制在推动环境治理和促进经济增长方面的作用仍然存在诸多争议。在治污效果方面，虽然有研究认为带有鲜明的命令-控制色彩的“两控区”政策显著增加了区内工业二氧化硫去除量，且在二氧化硫控制区内的减排效应更强，但过于严格的行政管制导致污染企业转移，“两控区”外的排污量反而存在超额增长的情况。在经济方面，研究发现“两控区”政策能促进污染密集型工业企业在利润、成本、就业等方面的积极表现（Jefferson et al.，2013），并且有助于区域经济增长，且主要作用于东部地区与大规模城市，该政策效应还随着时间推移而逐渐增强。然而，也有研究发现“两控区”政策不仅挤出了二氧化硫控制区内第二产业的就业机会，还降低了高排硫行业的出口强度。

虽然以波特效应为理论出发点，政府主导的环境规制政策大多希望倒逼企业进行技术创新，以实现可持续性的环境红利，然而，当面临过高的减排成本和研发成本时，企业并不能有效地将人力资本转化为产出。此外，各地区环境政策的实际执行情况也并不完全一致，只有在严格执行环境规制的地区，“两控区”政策才能通过激励技术创新来提升企业经济绩效。国家的官员考核机制同样会显著影响地区政府的环境治理行为，当考核内容侧重于经济增长时，往往存在竞相攀比以争夺资源的“逐底竞争”，此类政府竞争并不利于地区的环境质量改善。有证据指出，自 2005 年中央政府将环境保护目标作为考核地方官员的主要绩效评估标准后，“两控区”政策才开始发挥出对二氧化硫的显著减排作用，并对 GDP 增长率表现出显著的负向影响（Chen et al.，2018）。

进入 21 世纪，随着经济发展和市场化程度的提高，环境治理市场化手段逐步涌现，环境三方共治体系中的第二方——市场的位置得以凸显，由此形成市场化机制与命令-控制机制并存的环境政策格局。市场化手段的环境政策主要包括能源价格调整、环境税、排污权交易机制等。欧盟排放交易体系（EU-ETS）是学术界尤为关注的内容：在 EU-ETS 政策下，污染密集型企业若能通过转型保持国际竞争力，就可以提高本国社会福利（Malueg，1990），但也有证据表明该政策会对企业资本回报率产生负效应（Commins et al.，2011）。在中国，最为典型的环境治理市场化手段是二氧化硫排放权交易试点政策、碳排放权交易试点政策和环境保护税。

其中，2002 年开始启动的二氧化硫排放权交易试点政策是中国市场型环境政策的先驱，标志着中国开始利用市场化手段解决环境问题。这一政策在山东、山西、江苏、河南四省，上海、天津、柳州三市和中国华能集团进行“4＋3＋1”试点。这为中国探索建立并激活二氧化硫排放权交易市场，逐步推开政策实施提供了可贵的经验。作为典型的市场激励型工具——二氧化硫排放权交易试点政策和排污权交易制度，引起了众多学者的研究兴趣。从政策的具体实施成效来看，有研究认为，2002 年试行的二氧化硫排放权交易试点政策实施情况难以令人满意，呈现出企业参与度低、市场交易量少的特点（朱皓云和陈旭，2012)，在短期甚至在长期都很难提升工业总产值，但其减排潜力不容被忽视(涂正革和谌仁俊，2015)。

而部分研究认为二氧化硫排放权交易试点政策不仅产生了显著的减排效果，还具有长期持续作用。除了有利于经济增长和环境保护的双赢，该试点政策还实现了提高就业水平和减少污染排放的双重红利。

从能源角度来看，该试点政策显著降低了试点地区的单位产值能耗，提升了绿色全要素能源效率，但不同年份、不同地区的能源回弹效应差异导致了排污权交易试点政策减排效果的差别。大数据的发展使得学者们开始聚焦于企业微观数据，部分研究利用上市企业数据，发现该试点政策显著增加了试点地区内重污染行业企业的绿色发明专利数量，同时还通过促进技术创新和改善资源配置，提高了企业的全要素生产率。随着运筹学方法的推陈出新，许多研究也基于数据包络分析法进行效率分析，发现若该项政策得以全面实施，将具有巨大的环境和经济潜力，能促进区域之间的协调发展。

然而，仅有较少研究对比了命令-控制型与市场激励型环境规制工具的政策效应。虽然“建立市场”的排污权交易制度比行政命令型手段更具减排灵活性和持续有效性（申晨等，2017)，但市场型政策忽略了隐含的管理成本、执行成本和监控成本，且存在“道德挤出效应”（王燕，2014)。同时，法律条款的强效有力、监测过程的严格精准、交易信息的公开透明是市场型环境规制工具有效实施的必备因素（Bell，2013)。

有研究从创新角度出发，发现市场型工具能全面促进各类技术创新的增长，且主要作用于产能过剩型行业；命令型工具则对国有化企业的节能减排型和创新型发明专利具有明显效果（王班班和齐绍洲，2016）。命令-控制型与市场激励型政策是环境治理体系中政府和市场两种参与主体主导力量的差异，两种政策实施效果的对比和政策融合效果在已有文献中鲜有涉及，为本章的研究提供了空间。为此，本章第3节将重点探讨在城市宏观层面上，命令-控制型与市场引导型环境政策对绿色发展作用的比较。第4节将重点探讨在企业微观层面上，命令-控制型与市场引导型环境政策对绿色发展作用的比较。两节比较单独实施命令-控制型或市场激励型环境政策和联合实施两种环境政策对企业产出、利润、生产率的影响和作用渠道，以期为合理制定环境政策、优化环境政策工具的配合使用提供一定参考。

中国现已步入绿色发展阶段，被动等待环境库兹涅茨曲线拐点的到来已无法应对日益增加的环境压力，主动出击打好污染防治攻坚战已成为社会各界的共识。在市场激励型环境政策尚未得到大规模有效实施的情况下，政府推动实施的命令-控制型环境政策在环境治理体系中仍然占有主要地位，带有一定的“自上而下”特征。而传统的“自上而下”环境监管过程和“政府主动、企业被动、公众消极”的实际状况使得环境法规未能得到有效实施，企业逃避环境权威监管的情况屡见不鲜。Christine & Lee（2008）认为污染问题主要产生于市场的失败，包括垄断、主体关系信息不对称、经济消极外部性。此时，公众参与作为政府和企业以外的第三方力量，可以补充信息，约束权力，解决政府与企业之间的信息与监督不对称问题。公众与政府、企业一道，成为改善环境问题的另一重要主体。

尤其是近年来，民众的声音和诉求在地方环境治理中发挥了越来越重要的作用（郑思齐等，2013；于文超等，2014），政府也越来越尊重公众的环境权利。

在“十一五”规划出台后，地方政府有动机鼓励公众更多地参与地区环境治理，这样可以利用公众分散的信息优势，具有经济性，而且可以向公众传递政府决策的信息，缓解双向的信息不对称，促进政策的顺利推行，维护社会稳定；同时，还可以提高信息的可竞争性，集中民智，促进决策的科学性和民主性（Diduck & Mitchel，2003；Lockie，2008；Tang，2008；O' Faircheallaigh，2010）。2015年9月实施的《环境保护公众参与办法》正式规定了公众参与环境监管的法律地位和程序。中共十八届五中全会和“十三五”规划也强调，绿色发展需要政府、企业和公众共同监管的环境监管体系。公众参与环境治理对企业有直接影响和间接影响。直接影响是公众的参与直接影响了企业的环保行为，一方面公众参与会给企业带来压力，如大众媒体对企业环境污染的曝光会使其声誉受到损害，进而促使其纠正错误行为（李焰和王琳，2013）；另一方面公众参与也为企业提供了激励，例如环保企业可能更受消费者的喜爱，可以获得“绿色溢价”（Chekima et al.，2016）。间接影响是通过行政干预机制，促使监管机构使用行政手段来监督执法（涂正革等，2018）。可见，公众参与是构建高效环境治理体系的重要保障之一。

然而，如何在理论和实证中构建三方共治的治理理论框架和成效评估方法，在三方共治的大背景下推进绿色与发展融合，是亟待解决的重大问题。同时，在政策实践方面，众多学者的研究并没有充分考虑到公众的参与对环境治理的影响。如何打开地方政府环境治理的“黑箱”，从而剖析我国环境治理机制的内核？基于此，本章将提出基于“官场、市场和公众”的环境治理框架，并运用数据分析绩效考核、公众诉求和市场法治对地方政府环境治理行为的影响，同时使用群众环境信访数据，利用多个工具变量对公众参与型环境政策的治理效果进行评估，为政府-企业-公众三方互动参与环境治理提供理论支撑和实证证据。

基于以上的文献梳理，我们不难发现，面对动态变化的经济增长与环境污染的协调关系，不同的环境政策在不同经济发展阶段可能表现出来的效果迥异(张晓，1999)。环境规制的双赢效应既受制于其内生的制度结构安排，又受到所处制度环境的影响，尤其是市场化因素和政府质量因素的影响（祁毓等，2016)。这意味着在制定各地区环境政策时不能“一刀切”，需要充分考虑各地区经济发展阶段特征（林伯强和邹楚沅，2014)。因此，准确把握中国经济发展和环境质量的阶段性特征，科学选择环境政策尤为重要。现有研究，较少同时研究两个政策，大多集中于单一政策效果的研究。而在同时研究多个政策的文献中，较少将目光聚焦于现有环境政策组合或环境政策实施地区的选择。并且现有文献大多基于宏观数据进行分析，并不符合企业减排与交易的现实情况，缺乏微观层面的经验数据支撑。部分文献虽然使用了上市企业和工业企业等微观数据进行研究，但由于缺乏企业污染信息，研究角度多集中于生产和创新角度，难以评估环境规制政策对于企业的直接减排效应和内在影响机制。同时，公众参与环境事务为公众提供了一个渠道来表达诉求、交流信息、讨论环境后果，进而减轻社会误解以及误解带来的损失（Hinrich，2014）。在中国地域广袤的背景下，公众参与还能降低环境治理成本，更具经济性。遗憾的是，现有文献鲜有将公众参与的力量纳入研究当中，环境治理研究缺少公众这一重要视域，环境治理体系研究缺少理论支撑和实证检验，有待进一步完善。

由此，本章将首先从宏观、微观两个视角，从实证上分析单独使用和组合使用命令-控制型与市场激励型政策对环境保护和绿色发展的影响，并考察将二氧化硫减排目标完成情况纳入官员晋升考核标准后，经济和环境绩效考核对地方政府环境治理的影响，以及两种考核的交互效应。然后，聚焦“两控区”政策和二氧化硫排放权交易试点政策，从城市层面与企业层面剖析推进工业高质量发展的环境政策选择，研究结论将填补现有研究中关于城市层面环境政策实施方式与实施地区选择的经验证据空白，丰富环境规制政策效应评估的微观证据。此外，本章从理论上拓展了周黎安（2018）的“官场＋市场”模型，纳入公众参与和制度环境两个因素，发展出“官场＋市场＋公众”的地方环境治理理论框架，考察绩效考核、市场法治环境和公众监督在政治锦标赛框架下如何影响地方政府的环境治理行为。本章研究一方面可以为探究环境保护和绿色发展融合的政策体系、摸索最适合中国国情的环境治理工具提供经验证据；另一方面，可以完善“政府＋市场＋公众”的多主体环境治理体系，使得环境监管更加有效，发展更加有“质”和“量”。本章研究的技术路线如图 8.1 所示。

8.3 环境政策与城市绿色发展

回顾中国改革开放以来的环境治理方式，环境政策演变具有鲜明的时代特征。2000 年之前基本形成以命令-控制机制为主，辅之以排污收费制度的环境政策体系（涂正革和谌仁俊，2015），包括改革开放初期实施的“三同时”、排污收费制度等政策，再到改革开放深入后“九五”期间开始实施的污染物排放总量控制、“两控区”等政策。这一时期的环境政策通常由政府主导和推动，确保政策的强制实施，实现环境质量达到预期目标。然而，命令-控制型环境政策在实践中带有“行政命令有余，市场手段不足”的计划经济色彩（张晓，1999）。进入 21 世纪，随着经济发展和市场化程度的提高，环境治理市场化手段逐步涌现，最为典型的市场化手段是二氧化硫排放权交易试点政策、碳排放权交易试点政策、环境保护税，标志着中国环境政策整体框架的基本形成。

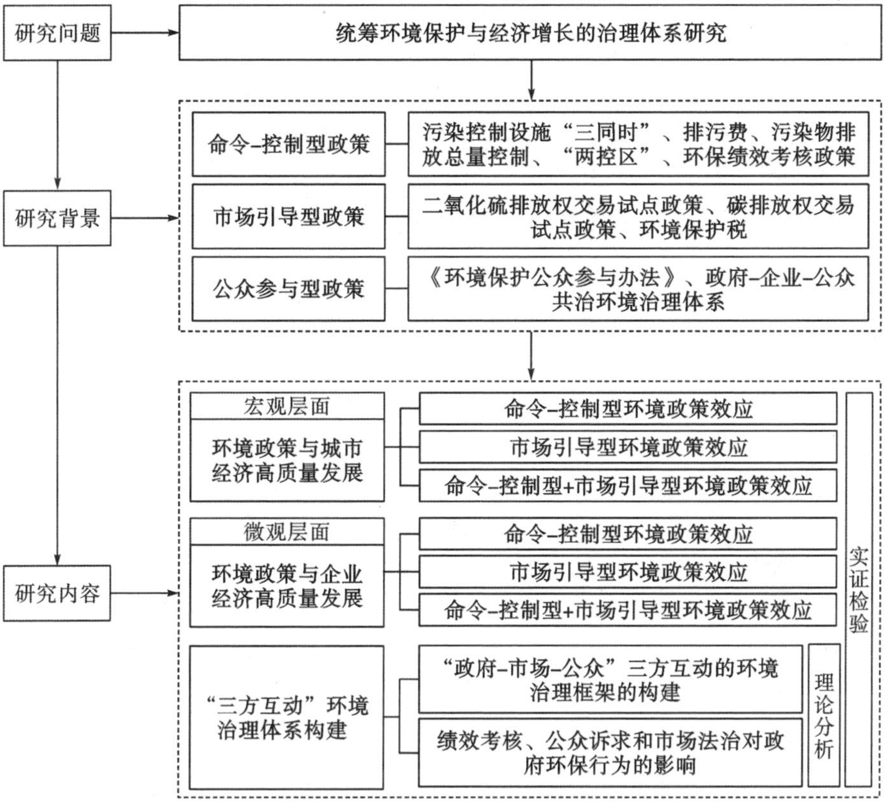

图 8.1　本章研究的技术路线图

从单一的命令-控制型环境政策转向市场化机制与命令-控制机制并存的环境政策格局，是中国环境保护实践的重大突破。然而，政府主导的命令-控制型环境政策和市场型的污染排放权交易机制基于不同的环境治理逻辑，两种政策的组合能否实现比单一政策更大的环境收益，以推进经济增长与环境保护的双赢发展，助力绿色发展，是亟待回答的重大问题。本节将聚焦始于 1998 年的“两控区”政策和 2002 年的二氧化硫排放权交易试点政策在城市工业层面的实践，研究并比较基于不同环境治理主体和治理逻辑的两种环境政策对城市工业高质量发展的作用及机制。本节选取工业总产值与工业劳动生产率反映城市工业经济的“量”和“质”，且使用 1994 年至 2015 年中国地级及以上城市数据，运用倍差法分别识别“两控区”政策和二氧化硫排放权交易试点政策对工业高质量发展的影响。研究发现，单一实施“两控区”政策是现阶段最有效的环境政策，能通过创新补偿显著提升工业经济的“量”和“质”，而二氧化硫排放权交易试点政策一方面受试点区以非发明专利为主的绿色创新结构制约，另一方面受环境规制强度的负向调节，未能推进工业高质量发展。从长远看，采取以命令-控制机制为主、市场化手段为辅的组合型环境政策，对不同地区实施差异化政策，是保障工业高质量发展的最佳策略。

8.3.1 研究方法和数据

(1) 研究设计与计量模型

为精准识别“两控区”政策和二氧化硫排放权交易试点政策对工业高质量发展的影响，本节将使用倍差法，即将政策实施时间和实施地区的虚拟变量的交互项引入回归，根据其回归系数来估计政策实施对参与个体的净效应大小。“两控区”(TCZ) 与二氧化硫排放权交易试点政策 (ETS) 的实施分别可以视作准自然实验，“两控区”和二氧化硫排放权交易试点区可视作处理组，而其他未实行政策的地区视作对照组，将 1998 年和 2002 年分别视作两次准自然实验开始的时间点。基于以上分析，笔者同时将两类环境政策的虚拟变量引入模型，构建基本模型如下：

$$Y_{it}=\beta_0+\beta_1 l(TCZ)_{it}+\beta_2 l(ETS)_{it}+\beta_3 X_{it}+\mu_i+\gamma_t+\xi_{it} \tag{8.1}$$

其中，Y_{it} 为需要识别的工业经济指标，包括工业总产值和工业劳动生产率。$l\ (TCZ)_{it}$ 和 $l\ (ETS)_{it}$ 分别为“两控区”和二氧化硫排放权交易试点政策实施的虚拟变量，由政策实施时间虚拟变量与政策实施地点虚拟变量相乘而得：当年份大于等于 1998 年时，“两控区”实施时间虚拟变量赋值为 1，否则为 0；当年份大于等于 2002 年时，二氧化硫排放权交易试点政策实施时间虚拟变量赋值为 1，否则为 0；将处理组赋值为 1，对照组赋值为 0。β_1 代表“两控区”政策对政策控制地区所产生的政策净影响；同理，β_2 代表二氧化硫排放权交易机制对试点地区所产生的政策净影响。X_{it} 为一系列控制变量组成的向量，在工业总产值的解释模型中，主要包括工业固定资产净值、工业从业人数、工业用电、使用外资金额和人口密度；在工业劳动生产率的解释模型中，主要包括人均工业固定资产净值、能源强度、人均教育事业费用支出、人均享有医院床位张数和人口密度。为控制地区与年份之间的差异，本节引入地区固定效应 μ_i 及

时间固定效应 γ_t，ξ_{it} 为随机误差项。

①基准回归的计量模型

本节首先检验两类环境政策对工业经济“量”和“质”的净影响，分别使用工业总产值作为经济总量指标，工业劳动生产率作为经济效率指标。对政策的实施类型与地区异质性的探讨，模型设计以基准回归为基础。

②检验城市环境政策的绿色创新补偿路径的计量模型

为检验环境政策能否通过刺激绿色创新促进经济增长，本节通过两阶段最小二乘法（2SLS），分别检验两类环境政策是否促进绿色创新，以及政策所刺激的绿色创新能否促进经济发展。笔者构建模型如下：

$$YI_{it}=\beta_0+\beta_1 l(TCZ\_ETS)_{it}+\beta_2 l(TCZ\_only)_{it}+\beta_3 l(ETS\_only)_{it}+\beta_4 X_{it}+\mu_i+\gamma_t+\xi_{it} \quad (8.2)$$

$$Y_{it}=\beta_0+\beta_1\widehat{YI}_{it}+\beta_1 X+\mu_i+\gamma_t+\xi_{it} \quad (8.3)$$

其中，模型（8.2）为第一阶段回归，模型（8.3）为第二阶段回归。模型（8.2）中，YI_{it} 为创新产出指标，包括大气污染防治专利数和大气污染防治发明专利数，$l\ (policy)_{it}$ 为两类环境政策的虚拟变量，将其作为工具变量，X_{it} 为一系列控制变量，同时控制个体和时间固定效应 μ_i 和 γ_t。将第一阶段回归结果估计得到绿色创新的估计值引入第二阶段的回归，可估计出由环境政策刺激绿色创新所产生的经济效应。对于解释绿色创新的第一阶段回归，引入人均GDP、全社会固定资产投资、使用外资金额、人均教育事业费用支出和人口密度等控制变量。

③检验环境规制强度在城市环境政策推进工业高质量发展中调节作用的计量模型

较强的环境规制是确保环境政策实现波特假说的必要条件（包群等，2013；涂正革和谌仁俊，2015），为检验环境规制强度在环境政策实现波特假说的调节作用，本节使用能客观反映地方政府环境执法力度的单位企业排污费作为环境规制强度的代理变量（包群等，2013），与两类环境政策的虚拟变量进行交互，分别得到交互项 $l\ (ch\_TCZ)_{it}$ 和 $l\ (ch\_ETS)_{it}$，其系数含义为：随着环境规制强度的增加，环境政策对政策实施地区的净效应。

④检验推进工业高质量发展的城市环境政策选择方式的计量模型

为回答两类环境政策应组合实施还是单独实施，本节构建模型如下：

$$Y_{it}=\beta_0+\beta_1 l(TCZ\_ETS)_{it}+\beta_2 l(TCZ\_only)_{it}+\beta_3 l(ETS\_only)_{it}+\beta_4 X_{it}+\mu_i+\gamma_t+\xi_{it} \quad (8.4)$$

其中，$l\ (TCZ\_ETS)_{it}$ 为两类环境政策同时实施的虚拟变量，$l\ (TCZ\_only)_{it}$ 为仅实施"两控区"政策的虚拟变量，$l\ (ETS\_only)_{it}$ 为仅实施二氧化硫排放权交易试点政策的虚拟变量。回归系数 β_1 衡量的是两类环境政策实施之后，组合型环境政策的净影响。而 β_2 与 β_3 衡量的是两类环境政策实施之后，单一型环境政策的净影响。

同时，为检验不同环境政策在不同地区的实施效果，本节定义南北地区虚拟变量，若某城市地处秦岭、淮河以北或在分界线上，则赋值为 1，否则为 0。将该虚拟变量与两类环境政策虚拟变量分别进行交互，得到 $l\ (TCZ\_N)_{it}$ 和 $l\ (ETS\_N)_{it}$，同时引入政策虚拟变量 $l\ (TCZ\_S)_{it}$ 和 $l\ (ETS\_S)_{it}$，构建模型如下：

$$Y_{it}=\beta_0+\beta_1 l(TCZ\_N)_{it}+\beta_2 l(ETS\_N)_{it}+\beta_3 l(TCZ\_S)_{it}+\beta_4 l(ETS\_S)_{it}+\beta_5 X_{it}+\mu_i+\gamma_t+\xi_{it} \quad (8.5)$$

回归系数 β_1、β_2 分别表示相比于南方城市，环境政策在北方城市实施效果的差异，回归系数 β_3 和 β_4 分别代表南方城市实施环境政策对工业"量"和"质"的净效应。

(2) 变量设定与数据来源

本节选取 1994 年至 2015 年全国地级及以上城市的非平衡面板数据，由于西藏自治区和海南省三沙市缺失数据较多，故不列入考虑范围。各类数据主要来源为 1995 年至 2016 年《中国城市统计年鉴》。排污费数据来源为 1996 年至 2015 年《中国环境年鉴》。大气污染防治专利数据来源于上海知识产权信息平台，使用经济发展与合作组织（OECD，2011）给出的大气污染防治专利号，在该平台上抓取中国境内有关专利。

本节具体变量及其描述性统计见表 8.1。

表 8.1　各类变量的描述性统计

变量	观测数量	平均值	标准差	最小值	最大值
被解释变量					
工业 SO_2 排放量（万吨）	4212	6.40	6.48	0.0002	75.88
工业生产总值（亿元）	5838	1536.41	3015.04	4.31	32626.91

续表

变量	观测数量	平均值	标准差	最小值	最大值
劳动生产率（万元/人）	5838	88.14	100.79	0.12	1390.30
大气污染防治专利数（件）	5860	9.69	35.45	0	697.00
大气污染防治发明专利数（件）	5860	3.42	14.66	0	275.00
控制变量					
人均生产总值（万元/人）	5835	2.62	3.45	0.17	49.31
工业从业人数（万人）	5860	532.68	36.56	0.31	1250.64
工业固定资产净值（亿元）	5838	508.31	853.54	3.39	8927.15
人均工业固定资产净值（万元/人）	5835	1.53	2.72	0.02	74.15
全社会固定资产投资（亿元）	5834	599.52	1015.34	3.90	15367.97
工业用电（万吨标准煤）	5860	45.41	83.26	0	990.28
能源强度（吨标准煤/万元）	5838	0.04	0.04	0	2.12
人均享有医疗资源（张/万人）	5857	31.29	17.69	0.01	522.81
人均财政教育事业费用支出（元/人）	5835	272.42	590.63	0	10001.79
使用外资金额（亿元）	5712	37.53	73.56	0	21897.86
人口密度（万人/平方公里）	5857	0.04	0.04	0.0005	1.16
交互项变量					
单位企业排污费（万元）	5175	3.05	3.51	0.27	28.02

资料来源：笔者根据各类统计年鉴中的数据整理得来。

8.3.2 实证结果与分析

(1) 城市环境政策对工业高质量发展的影响分析

本节首先对工业总产值和工业劳动生产率两类工业经济“量”和“质”的指标进行事件分析，结果如图 8.2 所示。不难发现，无论是对工业总产值，还是对工业劳动生产率，政策实施前，“两控区”与非“两控区”之间的差异不随时间发生显著变化，满足倍差法的共同趋势假设；同时，政策实施后，“两控区”政策对工业总产值和工业劳动生产率均呈现出显著的正效应，而且随着实施年份的推进，正向效应呈现出“倒 U 形”，分别在 2007 年、2005 年迎来转折点。与之不同，二氧化硫排放权交易试点政策没能满足共同趋势假设。然而，相比于基准年 2001 年，1999 年前二氧化硫排放权交易试点地区的工业总产值和工业劳动生产率均显著低于非试点区，但是从 1999 年开始这一差异不再显著，因此我们基本可以断定政策实施后出现的正效应有低估的可能。不过，二氧化硫排放权交易试点政策对工业总产值和工业劳动生产率的正向效应未能持续太久，反而随着政策实施，负向效应逐步增强。

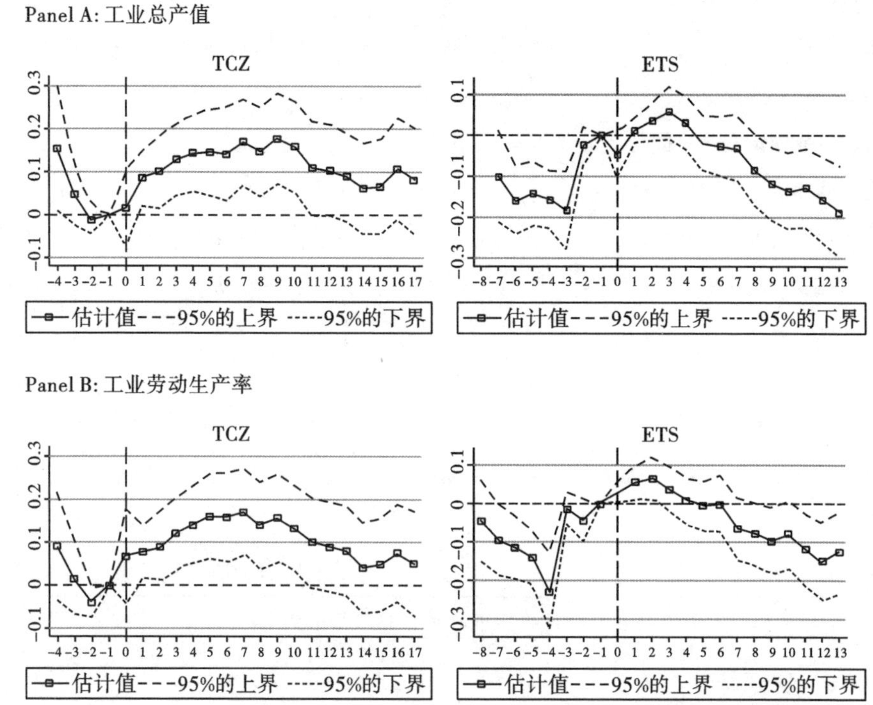

图 8.2　环境政策影响工业总产值和工业劳动生产率的事件分析

注：笔者通过提取事件分析回归中的估计系数与 95％的置信区间绘制上述图形。在回归中，以两类环境政策实施的前 1 年为基期，所以在图形上实施时间－1 的估计系数为 0。为控制城市和年份的固定效应，回归采取固定效应法，并在模型中加入模型介绍中阐述的控制变量，以城市聚类得到稳健标准误。横坐标代表时期，纵坐标代表系数。

基于以上的事件分析，本节进一步检验两类环境政策对工业经济的“量”和“质”的整体效应，结果如表 8.2 所示。不难发现，在控制其他变量不变的情况下，“两控区”政策能显著提升工业总产值和工业劳动生产率，表现出显著的经济红利，这与前面的事件分析吻合。虽然二氧化硫排放权交易试点政策对工业总产值和工业劳动生产率均表现出正向效应，但是不显著，这也能从前面的事件分析得到印证。因此，整体而言，“两控区”政策能显著提升工业经济的“量”和“质”，而二氧化硫排放权交易试点政策的正向效应不显著。进行安慰剂检验后符合政策实施时间和实施地点随机性，表明本节结果稳健。

表 8.2　环境政策对工业总产值和工业劳动生产率的影响

变量	工业总产值		工业劳动生产率	
l（TCZ）	0.117**	0.0676*	0.0105	0.0906**
	(0.0541)	(0.0406)	(0.0872)	(0.0421)
l（ETS）	0.111**	0.0295	−0.00101	0.0420
	(0.0476)	(0.0347)	(0.0660)	(0.0319)
常数项	5.022***	3.081***	1.282***	4.806***
	(0.0343)	(0.229)	(0.0477)	(0.313)
控制变量	No	Yes	No	Yes
城市固定效应	Yes	Yes	Yes	Yes
年份固定效应	Yes	Yes	Yes	Yes
样本量	5656	5656	5655	5655
R^2	0.925	0.945	0.904	0.970
N	287	287	287	287

注：小括号内为以城市聚类的稳健标准误，*、** 和 *** 分别表示 10%、5% 和 1% 的显著性水平。

（2）城市环境政策对工业高质量发展的深入分析

①创新补偿路径检验

本节使用 2SLS 检验两类环境政策是否通过倒逼企业进行绿色创新，来实现对工业经济“量”和“质”的影响，回归结果如表 8.3 所示。从第一阶段回归的结果，我们可以看出，在排除其他政策的影响后，两种政策对政策实施地区的大气污染防治专利数和大气污染防治发明专利数都呈现出显著的促进作用。在第二阶段的回归中，第 1、第 3、第 5、第 7 列数据表明，由“两控区”政策所引发的绿色创新都能显著促进工业经济“量”和“质”的提高，而从系数大小的对比可知，有关大气污染防治的发明专利相较于其他大气污染防治专利有更强的创新补偿能力。第 4 列数据表明，只有由二氧化硫排放权交易试点政策引发的大气污染防治发明专利显著促进工业总产值，而由其引发的大气污染防治专利却未能促进工业总产值和工业劳动生产率的提高，这更能说明发明专利有更强的创新补偿性，相较于其他专利，对提升工业经济“量”和“质”有着重要意义。

表 8.3　创新补偿路径检验

	“两控区”				SO_2 排放权交易试点政策			
第一阶段回归	大气污染防治专利数		大气污染防治发明专利数		大气污染防治专利数		大气污染防治发明专利数	
l（*policy*）	0.427***		0.434***		0.335***		0.373***	
	(0.081)		(0.0769)		(0.093)		(0.1194)	
控制变量	Yes		Yes		Yes		Yes	
城市固定效应	Yes		Yes		Yes		Yes	
年份固定效应	Yes		Yes		Yes		Yes	
第一阶段 *F* 值	55.75		18.38		55.16		17.83	
第二阶段	工业总产值				工业劳动生产率			
回归	TCZ	ETS	TCZ	ETS	TCZ	ETS	TCZ	ETS
YI _ all	0.195**	0.115			0.167*	0.0733		
	(0.0769)	(0.0778)			(0.087)	(0.0867)		
YI _ invent			0.266***	0.190**			0.203**	0.129
			(0.0822)	(0.0863)			(0.0908)	(0.0882)
常数项	3.097***	3.080***	3.041***	3.045***	5.029***	4.935***	5.106***	5.017***
	(0.251)	(0.238)	(0.272)	(0.249)	(0.347)	(0.314)	(0.373)	(0.335)
控制变量	Yes	Yes	Yes	Yes	Yes	Yes	Yes	Yes
城市固定效应	Yes	Yes	Yes	Yes	Yes	Yes	Yes	Yes
年份固定效应	Yes	Yes	Yes	Yes	Yes	Yes	Yes	Yes
样本量	5653	5653	5653	5653	5653	5653	5653	5653
N	287	287	287	287	287	287	287	287

注：小括号内为以城市聚类的稳健标准误，*、** 和 *** 分别表示 10%、5%和 1%的显著性水平。

综合基准回归的结果，我们可以得出“两控区”政策能通过创新补偿路径显著提升工业经济的“量”和“质”，而二氧化硫排放权交易试点政策尽管也能显著促进大气污染防治专利，但还无法发挥出创新补偿，故未能促进工业经济的“量”和“质”。究其原因，这很可能是由于二氧化硫排放权交易试点政策促进的绿色创新仍以非发明专利为主，发明专利占比较低。如图 8.3 所示，“两控区”的发明专利占比高于非“两控区”，而二氧化硫排放权交易试点区的发明专利占比显著低于非试点区。

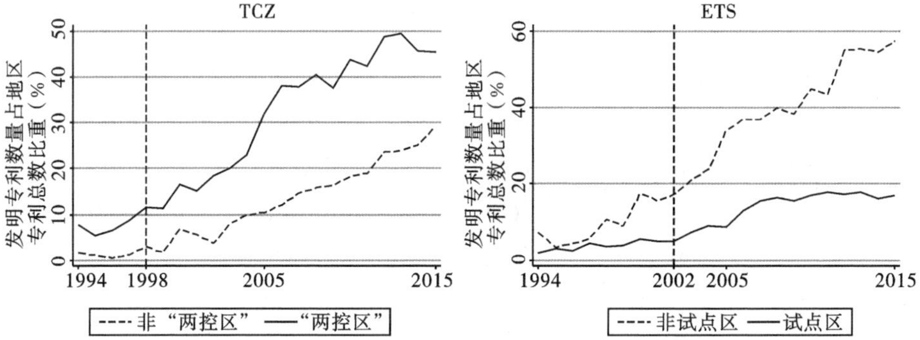

图 8.3　两类环境政策实施地区与非实施地区大气污染防治发明专利占比

②环境规制强度的调节检验

较强的环境规制是确保环境政策实现波特假说的必要条件（包群等，2013；涂正革和谌仁俊，2015），因此环境规制强度在两类环境政策对工业经济“量”和“质”的影响过程中，存在着调节作用。为此，本节使用能客观反映地方政府环境执法力度的单位企业的排污费（包群等，2013）衡量环境规制强度，将其与两类环境政策的虚拟变量进行交互，回归结果如表 8.4 所示。我们不难发现，在控制其他变量不变的情况下，随着环境规制的加强，“两控区”政策会显著提高大气污染防治发明专利数，但不会显著影响工业总产值和工业劳动生产率，而二氧化硫排放权交易试点政策会对工业总产值和工业劳动生产率呈现显著的负向影响，但对大气污染防治专利数和大气污染防治发明专利数均呈现显著的正向影响。这说明随着环境规制的加强，二氧化硫排放权交易试点政策虽然刺激出绿色创新，但也会因此挤占其他资源从而未能发挥出创新补偿。

表 8.4　环境规制强度的调节检验

变量	工业经济“量”和“质”		绿色创新	
	工业总产值	工业劳动生产率	大气污染防治专利数	大气污染防治发明专利数
l（*ch*_*TCZ*）	0.0232	0.00887	0.0617	0.122**
	(0.0194)	(0.0174)	(0.0456)	(0.0491)
l（*ch*_*ETS*）	−0.0952***	−0.0861***	0.210***	0.213**
	(0.0285)	(0.0252)	(0.0691)	(0.0853)
l（*TCZ*）	0.0857**	0.112***	0.370***	0.322***
	(0.0383)	(0.0401)	(0.0697)	(0.0626)
l（*ETS*）	0.196***	0.189***	0.0257	0.0296
	(0.0382)	(0.0345)	(0.0941)	(0.104)
常数项	3.059***	6.250***	2.896***	1.837**
	(0.253)	(0.282)	(0.725)	(0.792)
控制变量	Yes	Yes	Yes	Yes
城市固定效应	Yes	Yes	Yes	Yes
年份固定效应	Yes	Yes	Yes	Yes
样本量	5170	5169	5175	5175
R^2	0.947	0.970	0.603	0.441
N	287	287	287	287

注：小括号内为以城市聚类的稳健标准误，*、** 和 *** 分别表示 10%、5%和 1%的显著性水平。

我们进一步借助计算驻点，解释二氧化硫排放权交易试点政策对工业经济“量”和“质”的影响，可知当单位企业的排污费小于 7.85 万元时，二氧化硫排放权交易试点政策对工业总产值具有正向效应，而当单位企业的排污费小于 9.03 万元时，二氧化硫排放权交易试点政策对工业劳动生产率具有正向效应，这说明在排放权交易试点区，更容易实现工业经济“质”的提升。1995 年至 2015 年环境规制强度符合对工业总产值和工业劳动生产率正向调节作用的试点区城市占比如图 8.4 所示。我们不难发现，在二氧化硫排放权交易试点政策实施之前，地方政府的环保执法力度较低，对工业总产值和工业劳动生产率可产生正向调节的城市达到100%，随着2005年地方政府加强环保执法力度，对工业经济“量”和“质”具备正向调节的城市开始逐年减少。

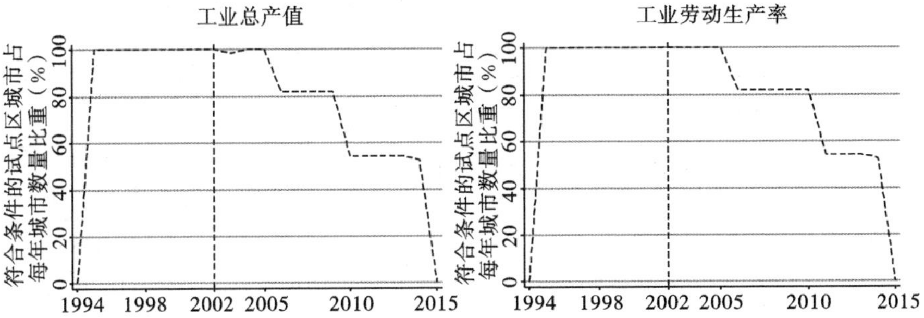

图 8.4 环境规制强度发挥正向调节作用的试点区城市比重

综上所述，作为命令-控制机制，“两控区”政策由于受政府主导，该政策对工业经济“量”和“质”的影响，对环境规制强度并不敏感。与之相反，作为市场化手段，二氧化硫排放权交易试点政策在环境规制强度大幅提高后，对工业经济“量”和“质”呈现出负向影响，但会激发更多的绿色创新。因此，在实行环境政策时，应辅之以适当的环境规制强度，以推进工业高质量发展。

（3）推进工业高质量发展的环境政策选择

①对环境政策实施方式的探讨：采取组合型环境政策还是单一型环境政策

前面的回归结果显示，“两控区”政策比二氧化硫排放权交易试点政策的实施效果要好，能通过绿色创新提升工业经济的“量”和“质”，而且随着环境规制的增强，二氧化硫排放权交易试点政策会对工业经济的“量”和“质”产生负向影响。然而，这一结果还不能完全归结于两类环境政策的比较，因为还存在一些地区同时实施两类环境政策。那么在中国，是组合型环境政策还是单一型环境政策更加有效？为此，笔者从基准回归政策效应的虚拟变量中，分离出同时实施两类环境政策的部分，重新进行回归，结果如表8.5所示。

根据表8.5，从对工业经济“量”和“质”的影响来看，在控制其他变量不变的情况下，组合型环境政策会显著降低工业劳动生产率，而单独实施“两控区”政策则可以促进工业总产值和工业劳动生产率，单独实施二氧化硫排放权交易机制也能提升工业劳动生产率，但影响大小不如单独实施“两控区”政策。从对绿色创新的影响来看，在控制其他变量不变的情况下，单独实施二氧化硫排放权交易机制不能激发绿色创新，但组合实施两类环境政策和单独实施“两控区”政策，可以显著增加大气污染防治专利数和大气污染防治发明专利数。同时，组合实施两类环境政策对大气污染防治专利数的影响程度低于单独实施“两控区”政策，但对大气污染防治发明专利数的促进更为明显。

表 8.5　环境政策实施方式的探讨

变量	工业经济“量”和“质”		绿色创新	
	工业总产值	工业劳动生产率	大气污染防治专利数	大气污染防治发明专利数
l（TCZ_ETS）	−0.0675	−0.0953*	0.342**	0.695***
	(0.0548)	(0.0510)	(0.152)	(0.181)
l（TCZ_only）	0.0798*	0.108**	0.404***	0.334***
	(0.0420)	(0.0439)	(0.0784)	(0.0711)
l（ETS_only）	0.0703	0.0999**	0.176	−0.0174
	(0.0457)	(0.0458)	(0.123)	(0.115)
常数项	3.085***	4.803***	0.821	0.784
	(0.228)	(0.312)	(0.643)	(0.657)
控制变量	Yes	Yes	Yes	Yes
城市固定效应	Yes	Yes	Yes	Yes
年份固定效应	Yes	Yes	Yes	Yes
样本量	5656	5655	5661	5661
R^2	0.945	0.970	0.621	0.456
N	287	287	287	287

注：小括号内为以城市聚类的稳健标准误，*、** 和 *** 分别表示 10%、5%和 1%的显著性水平。

综上所述，就中国整体而言，采取命令-控制机制是比市场化手段更为有效的环境政策，它更能激发绿色创新、提升工业经济的“量”和“质”。同时，实施以命令-控制机制为主、市场化手段为辅的环境政策组合方式，能推动大气污染防治发明专利，改善绿色创新质量，保障工业高质量发展。

②环境政策的地区实施方案探讨：“一刀切”还是差异化

"两控区"政策在北方主要控制二氧化硫排放，而在南方主要控制酸雨，由此控制的大气污染还包括其他引起酸雨的污染物，如 NO_x、汽车尾气等。而实施二氧化硫排放权交易机制的城市主要集中分布在北方，南方城市相对较少。这便为本节探讨环境政策在地区层面的实施方案提供了可能。为此，本节将南北地区虚拟变量分别与两类环境政策虚拟变量进行交互，以此来识别两类环境政策在南北城市的实施效果，回归结果见表 8.6。

表 8.6　两类环境政策在南北城市的实施情况

变量	工业经济"量"和"质"		绿色创新	
	工业总产值	工业劳动生产率	大气污染防治专利数	大气污染防治发明专利数
$l(TCZ\_N)$	0.0127	−0.0792**	−0.231**	−0.109
	(0.0369)	(0.0389)	(0.0944)	(0.104)
$l(ETS\_N)$	0.0994**	0.140***	−0.826***	−1.277***
	(0.0467)	(0.0463)	(0.155)	(0.205)
$l(TCZ\_S)$	0.0673	0.128***	0.517***	0.442***
	(0.0444)	(0.0472)	(0.0919)	(0.0853)
$l(ETS\_S)$	−0.0495	−0.0583	1.054***	1.413***
	(0.0377)	(0.0393)	(0.146)	(0.192)
常数项	3.057***	4.745***	1.110*	1.226*
	(0.227)	(0.314)	(0.613)	(0.624)
控制变量	Yes	Yes	Yes	Yes
城市固定效应	Yes	Yes	Yes	Yes
年份固定效应	Yes	Yes	Yes	Yes
样本量	5656	5655	5661	5661
R^2	0.945	0.970	0.628	0.470
N	287	287	287	287

注：小括号内为以城市聚类的稳健标准误，*、** 和 *** 分别表示 10%、5% 和 1% 的显著性水平。

我们可以发现，北方城市更适合于二氧化硫排放权交易机制，尽管其未能增加大气污染防治专利数和大气污染防治发明专利数，但是能显著提升工业总产值和工业劳动生产率，而南方城市则适合于“两控区”政策，不仅能显著增加大气污染防治专利数和大气污染防治发明专利数，还能提升工业劳动生产率。在北方城市，无论是“两控区”政策，还是二氧化硫排放权交易试点政策，均无法促进大气污染防治专利数和大气污染防治发明专利数，而南方城市则恰好相反，这可能与两大地区政策实施城市的创新程度有关。长三角和珠三角等地区的南方城市本身就拥有良好的创新基础，因此更适合通过环境政策倒逼企业进行绿色创新，进而提升工业经济“量”和“质”、实现工业的高质量发展。因此，环境政策在不同地区的实施切勿“一刀切”，而需要综合考虑城市的发展特征，采取差异化的实施方案。

8.3.3 本节小结

为破解新时代经济增长与环境保护之间的矛盾，需在充分认识新时代经济发展阶段特征的前提下，制定一系列推进工业高质量发展的城市环境政策。为此，笔者首先定义环境政策倒逼绿色创新来促进工业经济“量”和“质”的提升为环境政策下的工业高质量发展，并选取工业总产值与工业劳动生产率来反映城市工业经济的“量”和“质”，然后，使用1994年至2015年中国地级及以上城市数据，运用倍差法分别识别代表命令-控制机制和市场化手段的“两控区”政策和二氧化硫排放权交易试点政策，对工业经济“量”和“质”以及绿色创新的影响。

研究发现：第一，整体而言，以“两控区”为代表的命令-控制型环境政策能显著提升城市工业经济的“量”和“质”，而二氧化硫排放权交易试点政策代表的市场化手段对城市工业高质量发展的提升作用不大。第二，剖析创新补偿路径，“两控区”政策能通过创新补偿路径显著提升工业经济的“量”和“质”，而二氧化硫排放权交易试点政策虽然能显著促进大气污染防治专利，但由于未能扭转以非发明专利为主的绿色创新结构，从而无法发挥出巨大的创新补偿，故未能促进工业经济的“量”和“质”。第三，检验环境规制的调节作用，“两控区”政策因为属于政府主导型环境政策，对环境规制的变化并不敏感，而二氧化硫排放权交易试点政策在受到环境规制强度大幅提高的影响后，对工业经济“量”和“质”呈现出负向影响，但会激发更多的绿色创新。第四，探讨环境政策的实施方式，单一实施“两控区”政策是现阶段最有效的环境政策，但是从长远来看，组合两类环境政策虽然会显著降低工业经济的“质”，但能在很大程度上增加大气污染防治发明专利数，改善绿色创新质量。第五，探究环境政策的地区实施方案，北方城市更适合于二氧化硫排放权交易机制，尽管其未能激发绿色创新，但能显著提升工业经济的“量”和“质”，而南方城市则更适合于“两控区”政策，它不仅能显著促进大气污染防治专利数和大气污染防治发明专利数，还能提升工业经济的“质”。

基于以上结论，本节提出如下几点政策启示：第一，现阶段，应以适当的环境规制强度推行市场化手段，实施以命令-控制机制为主、市场化手段为辅的环境政策组合方式；第二，对不同地区实施差异化、适宜的环境政策，北方城市应当多鼓励市场化手段，南方城市则鼓励命令-控制机制；第三，鼓励绿色创新，提高创新成果转化率，促进创新产出成果转化为经济收益，发挥绿色创新的补偿效应。

8.4 环境政策与企业绿色发展

8.4.1 政策背景与研究假设

(1) 政策背景

①威逼型环境规制工具：“两控区”政策

为了缓解中国严重的酸雨污染问题，国家先后颁布了有关文件，最初于1998年开始对重点城市和地区的二氧化硫排放进行管控，而后将二氧化硫和酸雨污染控制纳入了国家“十五”计划和“十一五”规划之中，表8.7列出了“两控区”政策的具体内容。“两控区”涵盖了175个地级及以上城市和地区，其中大多面临着经济快速发展但环境污染严重的问题，根据不同地区的具体污染情况和控制目标，又进一步划分出了酸雨控制区和二氧化硫控制区。同时，考虑到部分酸雨污染严重地区并不具备相应的污染治理能力，因此笔者并未将国家级贫困县纳入“两控区”内。国家在“两控区”的控制目标上，于2000年、2005年和2010年提出了分阶段要求，控制范围也逐渐扩大①。其中，政府又于2005年开始，在“十一五”规划中将二氧化硫减排目标完成情况纳入官员

① 虽然“十五”期间“两控区”内严格的二氧化硫总量控制产生了一定效果，但由于整体能源消耗巨大和新建污染源向“两控区”外转移，需将控制范围扩大到全国。

晋升考核的评价指标，通过对政府官员施压以加大环境规制力度。作为中国典型的行政命令型环境规制手段，国家在控制地区内实行了非常严格的管制措施，同时提供了制度环境、监督环境和经济环境的保障。

整体而言，“两控区”政策在短期内较为有效，但并不具备长期持久性。1995年全国二氧化硫排放总量为2370万吨，其中“两控区”内排放占比高达60%，为1400万吨。虽然2000年排放总量降低至1995万吨，但其中66%仍来源于“两控区”。“十五”期间能源消耗骤增，2005年“两控区”内未实现控制目标，污染源的转移也导致“两控区”外二氧化硫排放量增势迅猛，比区内高106万吨。全国22.6%的城市空气中二氧化硫年均浓度超过国家二级标准，二氧化硫排放总量增加至2549万吨，直至2010年才再度减少至2185.1万吨。从各省（区、市）的控制情况来看，整体实施效果也难以令人满意。

表8.7 “两控区”政策（“威逼型”环境规制工具）内容

项目	“两控区”政策
政策文件	《酸雨控制区和二氧化硫污染控制区划分方案》《两控区酸雨和二氧化硫污染防治“十五”计划》《国家酸雨和二氧化硫污染防治“十一五”规划》
划分条件	以监测降雨PH值、硫沉降和二氧化硫排放量划分出酸雨控制区；以二氧化硫年平均浓度、日平均浓度和排放总量划分出二氧化硫控制区。
划定范围	共175个地级以上城市和地区，占国土面积的11.4%。
控制目标	2000年：“两控区”内二氧化硫排放量、工业污染源和空气二氧化硫浓度达到国家标准，缓解酸雨污染的恶化趋势。 2005年：“两控区”内二氧化硫排放总量控制在1053.2万吨以内，与2000年相比下降20%，同时80%的城市需达到国家空气质量二级标准。 2010年：全国二氧化硫排放总量较2005年下降10%。
控制措施	“两控区”内限产关停煤层含硫份大于3%的矿井、配套煤炭洗选设施、限制城市燃料含硫量；禁止再新建燃煤火电厂、实施火电厂的脱硫建设和能源转换、关停污染严重的小火电机组；对于化工、冶金、有色和建材等非火电行业，加强从源头到尾端各个生产环节的污染治理，控制锅炉、工业炉窑和生活二氧化硫的排放。

续表

项目	“两控区”政策
保障措施	制度环境：建立目标责任制度，列入领导政绩考核内容，建立排污企业环境责任追究制度，定期检查并向社会公布违规信息。 监督环境：完善酸雨、二氧化硫和空气质量的监测网络，由环保部展开定期监测和不定期抽查，并发挥公众舆论的监督力量。 经济环境：向“两控区”倾斜财政拨款，加大二氧化硫排污收费力度，在总量控制和排污许可证制度的基础上试行二氧化硫排污权交易制度和促进国内脱硫环保产业发展等经济政策。
控制情况	2000年“两控区”内二氧化硫排放总量为1316.4万吨，2005年为1298万吨，并未达到预期目标，2010年全国二氧化硫排放总量为2185.1万吨。除北京、天津、重庆和贵州之外，其他省（区、市）均未完成“十五”减排目标，在更为严格的“十一五”规划之下，仍有海南、西藏、青海和新疆四省（区）未达到控制标准。

②利诱型环境规制工具：排污权交易制度

中国排污权交易制度的发展经历了起步、摸索和深化的阶段。2007年，国家环境保护总局先后批复了11个试点地区，排污权交易政策得以正式启动，目前中国已有28个省（区、市）开展了排污权交易试点工作。表8.8列出了排污权交易制度的具体实施细则，可见试点地区内初始排污权的分配主要由地方政府负责。特别地，河北和内蒙古重点指出了不予核定出让排污权的特殊情况，此项规定在一定程度上保证了初始排污权分配的公平性和有效性。11个试点地区的主要交易行业和交易标的均为工业行业和二氧化硫，但交易基价却差别较大，例如山西省和湖南省的二氧化硫交易价格分别为18000元/吨和15000元/吨，远高于江苏省的2240元/吨和浙江省的1000元/吨。

在交易市场设置上，由于一级市场的行政干预色彩十分浓厚，部分地区构建了二级市场，同时设置了闲置排污权的储备期，使得企业参与更为活跃，有助于企业从“要我减排”转向“我要减排”。为了吸引更多企业自主自愿参与交易，2017年山西省将排污权交易手续费下调60%，仅征收1%（单笔交易金额500万元以上）和2%（单笔交易金额500万元及以下）的交易手续费，当年二氧化硫交易量高达15239吨，占全省工业二氧化硫排放量的7.87%，约为2015年的四倍（2.14%）。浙江省生态环境厅更是于2018年结合排污权交易量、交易价格和交易活跃度，首次创建了浙江省排污权交易指数，为排污权交易与环境保护、经济发展的密切关系提供了佐证。

表 8.8　排污权交易制度（“利诱型”环境规制工具）实施细则

项目	排污权交易制度内容
试点地区	2007 年：江苏省、天津市、浙江省、河北省、山西省、重庆市、湖北省、陕西省、内蒙古自治区、湖南省和河南省。
初始排污权	分配流程：一类以湖北、河北、浙江和江苏等为代表，由各级地方政府直接指导监督初始排污权的核定和分配工作，另一类以湖南、山西和内蒙古等为代表，在工作流程中加入了申报环节。 区域可分配总量：五年规划期末总量控制目标减去政府预留储备量以及其他应扣除的排污总量。 核定办法：对于钢铁、水泥、造纸等行业采用排放绩效方法予以核定，其他行业则根据不同标准下的最小值作为初始排污权。 不予核定情况：通过减产、临时停产、部分时段使用清洁能源、因国家标准更新进行提标改造和其他无法长期稳定降低排污量的方式来降低排污量的情况。
交易范围	大部分试点地区均面向工业行业交易二氧化硫等污染物。
交易价格	中西部内陆地区的交易基价要高于东部沿海地区。
交易市场	江苏、天津、内蒙古、陕西、河北和河南仅设立了政府拍卖（出让）初始排污权的一级市场，浙江、湖北、湖南、山西和重庆进一步构建了企业间相互交易的二级市场。
有效期限	各试点地区的排污许可证有效期和排污权有效期均为 5 年，拥有二级市场的地区限定了闲置排污权储备期为两或三年，超过该规定期限后相关部门将其收回。
交易情况	截至 2018 年，中国一级市场征收排污权有偿使用费达 117.7 亿元，二级市场交易金额共 72.3 亿元。其中，2018 年湖北省环交中心一级市场内共开展 82 次排污权交易，二氧化硫总成交量为 7729.03 吨，占全省工业二氧化硫排放总量的 8.47%。
制度发展	下调排污权交易手续费、开发排污权抵质押融资制度、基本账号制度和刷卡排污制度、创建排污权交易指数等创新手段。

③两类政策的关系

环境治理模式本质上与国家的政治体制息息相关，是国家治理逻辑的一个重要侧面。中国的环境规制存在着典型的历史遗留“体制烙印”，政府这只“有形的手”在环境治理中具有举足轻重的地位。然而严厉的环境管制措施往往带着浓厚的对抗性色彩，松动了政企之间的信任关系。不仅如此，硬性环境规制和重罚主义路径使得企业缺乏自我激励和主动性，在惰性思维下容易滋生出“挤牙膏式”治理、敷衍性治理和选择性治理等问题。因此，中国的环境治理过程中可能会出现“政府失灵”的情况。随着环境规制政策的柔软化趋势，以市场为基础的激励型环境政策如排污权交易制度开始产生萌芽，市场这只“无形的手”正在逐渐发挥作用。此项制度通过赋予经济主体在政府限额内向外排出污染物的合法权利，使得经济主体可以根据自身诉求，在排污权交易市场上售出多余的排污权或购买额外的排污权，以实现利益最大化，同时减少污染物排放量。其最终目的是希望通过市场交易的经济手段，对企业形成倒逼机制，迫使其内化生态环境成本，以解决环境经济矛盾中的“市场失灵”问题。

虽然“两控区”政策和排污权交易制度代表了两类典型的环境治理力量，但二者在政策设计中却密不可分。如图 8.5 所示，在实施地区上，“两控区”和排污权交易试点地区之间存在着大量的重合地区。“两控区”不仅在二氧化硫总量控制上富有经验，而且还为排污权交易制度的发展提供了良好的市场环境、先进的脱硫技术保障和准确的环境监测系统。

除此之外，“两控区”政策在“十五”计划中开始鼓励各地区试行排污权交易，在“十一五”规划中更是预留了 47.7 万吨的二氧化硫储备量，用于二氧化硫排污权有偿分配和排污权交易试点工作。于排污权交易制度而言，由于信息不对称等原因，买卖双方在交易时的交易成本并不为零。科斯第二定理表明，在交易费用大于零的排污权交易市场，不同的初始排污权分配会导致不同的资源配置效率，因此初始排污权分配是影响交易效率的决定性因素之一。在实际中，各地区的二氧化硫初始可分配总量取决于地方人大批准的五年规划和地方政府制订的年度计划，即由政府分配各污染主体的初始排污权。总之，不能单纯地使用模式替代来解决环境污染问题，而应选择最为有效的政策组合，使得政府与市场两方相得益彰，共同推进中国环境治理体系的现代化转型。

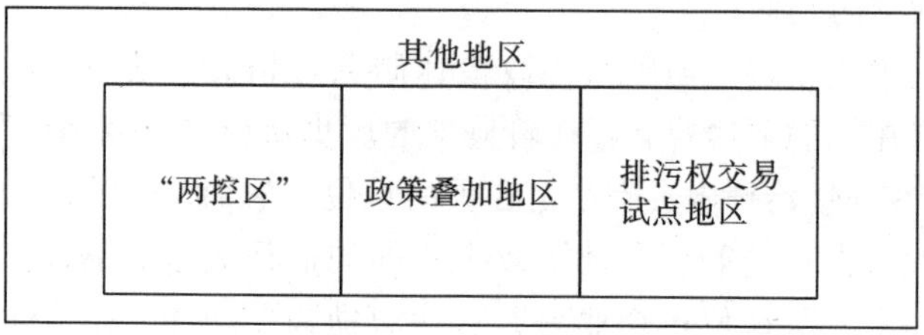

图 8.5　“两控区”与排污权交易试点地区示意图

(2) 研究假设

首先，为了考察“两控区”政策的减排效应，图 8.6 反映了两类地区内制造业企业的历年二氧化硫排放均值变化趋势。可见自 1998 年首次提出“两控区”政策之后，“两控区”内制造业企业的二氧化硫排放量骤降，短期内具备立竿见影的减排效果。在“十五”期间，制造业企业的二氧化硫排放量整体呈上升趋势，直至 2005 年达到峰值，其中“两控区”内企业排污量增速明显低于非“两控区”。“十一五”规划中将环境绩效纳入官员考核标准之中，实施了严格的“一票否决”目标责任制度，迫使地方政府加大环境规制压力，因此制造业企业的二氧化硫排放量又开始整体下降。同时，“十一五”规划中“两控区”内城市的平均目标减排率远高于非“两控区”，图 8.6 也显示出 2005 年之后“两控区”内制造业企业的二氧化硫排放均值始终低于非“两控区”。因此，从微观角度来看，“两控区”政策在制造业企业二氧化硫减排方面具有较强的作用。

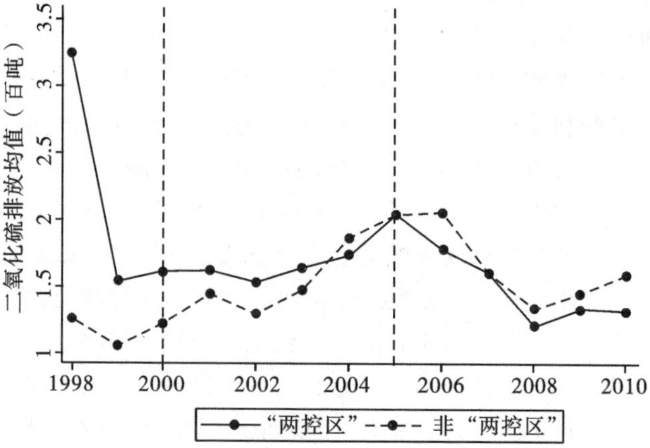

图 8.6　“两控区”与非“两控区”内企业的二氧化硫排放情况

虽然“两控区”政策意图通过自上而下的行政命令方式对二氧化硫污染进行管控，但在激烈的GDP晋升锦标赛中，各地区政府官员对于“两控区”政策的执行程度并不一致。政策执行偏差是影响政策实施效果的重要因素，只有合理的环境规制政策执行强度才能激励企业产生创新补偿效应，促进环境和经济的双赢。若政策实施并不完全，环境规制程度较为宽松，则会出现企业消极应对、敷衍治理的行为，不仅无法实现技术创新，反而会造成规制失灵和环境恶化的问题。而过度严格的环境规制则会导致企业无法负担高额的减排成本，打击企业治污积极性，有损经济健康发展。同时，企业决策者和政府之间存在着严重的信息不对称问题，由政府主导的“两控区”政策在减排技术的选择上具有“一刀切”特征，导致强制安装的脱硫设备与现有燃煤条件不符、高价购入的FGD装置大多闲置、减排成本远高于采用低硫煤或购入排污权等诸多资源错配现象。因此，政策执行偏差和信息不对称问题可能使得“两控区”政策不利于经济长期发展。据此，本研究提出假设8.1：

假设8.1：“两控区”政策具有较强的减排效应，但其“一刀切”特征会使得企业经济效益下滑。

其次，从政策实施背景来看，较低的环境规制程度和市场化水平，都是中国实施排污权交易制度必须面临的现实问题。中国的环境规制程度虽然日趋严格，但在全球范围内依旧排名靠后。虽然自1978年中共十一届三中全会提出实行改革开放，我国的市场化改革进程取得了卓越成就，但改革重点主要聚焦于经济发展，忽略了生态环境方面。从历年各省（区、市）的市场化指数来看，仅江苏、浙江和天津三个试点地区的市场化程度显著高于全国平均水平，陕西、山西和内蒙古地区市场化程度依旧维持在远低于全国平均市场化指数的较低水平。由于微观企业数据库的样本期范围限制，为了观察2007年二氧化硫排放权交易政策的长期减排效应，笔者根据地级市数据绘制了排污权交易试点地区和非试点地区内工业二氧化硫排放总量与排放强度的变化情况（见图8.7）。我们可以看出在2007年之前，试点地区的工业二氧化硫排放总量始终高于非试点地区，而在2007年当年就降低至非试点地区水平，此后持续保持。同样地，二氧化硫排放强度变化也呈现出类似趋势，二者结合表明该试点政策产生了一定的减排效应。

对于企业经济效益而言，不同于“两控区”内的限产关停等强制性规制措施，排污权交易制度更为灵活。由于治污效率的不同，排污权交易市场上出现

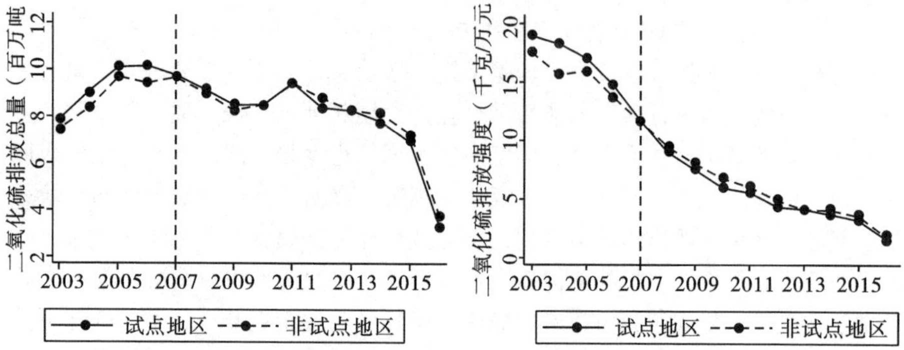

图 8.7　试点地区与非试点地区的二氧化硫排放情况

了排污权供应方和需求方，拥有先进技术的高效主体可以在排污权交易市场上出售剩余排污权以增加收益，而技术落后的低效主体则可以购入额外排污权以保证正常生产，缓解利润损失。总之，当污染企业面临巨大的环境规制压力时，排污权交易制度为高效率主体提供了获取额外利益的机会，为低效率主体提供了生产保障，缓解了高昂减排成本带来的经济压力。故本研究提出假设 8.2：

假设 8.2：排污权交易制度具有较弱的减排效应，但其“利诱性”使得企业经济效益受损较小。

为了探究政府“威逼”和市场“利诱”在减排方面的净效应和组合效应，笔者根据地级市数据绘制了两种政策组合下四类地区的工业二氧化硫排放总量均值和排放强度变化情况（见图 8.8）。我们可以看出，政策重叠地区的二氧化硫排放总量在 2007 年之后大幅降低。具体而言，与 2006 年相比，2009 年的二氧化硫排放量下降了 18.22%，超出其他地区 8 个百分点。同样地，政策重叠地区的二氧化硫排放强度在 2007 年之前明显高于其他三类地区，在 2007 年之后则逐渐降低至其他地区水平。若单独实施“两控区”政策或排污权交易制度，二氧化硫排放水平仅发生小幅度下降，并未和不实施两类政策地区的二氧化硫排放变化产生差异。由前文所述，“两控区”政策对于企业经济效益可能损害较大，而排污权交易制度在理论上保障了企业经济利益，故本研究提出假设 8.3：

假设 8.3：“两控区”政策和排污权交易制度结合能产生更大的减排合力，同时对企业经济效益的负面影响较小。

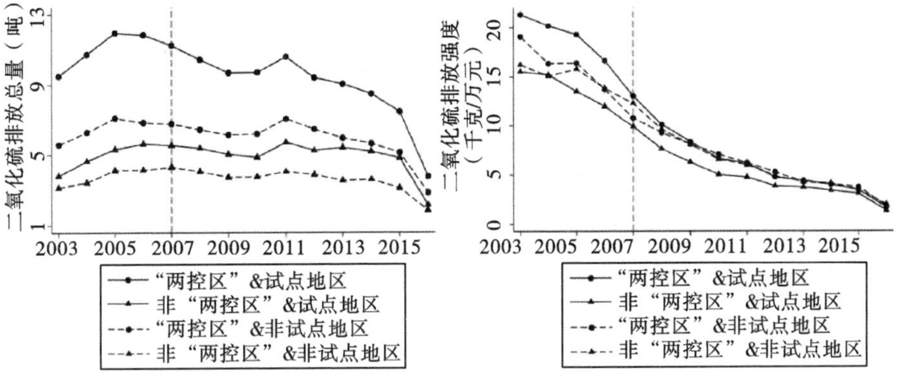

图 8.8　两类政策的组合效应

8.4.2　研究方法和数据

（1）数据来源

中国工业企业数据库是由国家统计局建立的全部国有及规模以上非国有工业企业数据库，主要包含了企业的基本信息和财务信息等丰富的企业经济绩效相关信息，但由于缺乏企业污染排放、能源消耗、治污设备的相关指标，因此难以直接运用于微观企业在环境规制政策下的减排行为分析。而中国工业企业污染数据库来源于中国环保部的污染企业环境年度调查，弥补了中国工业企业数据库中缺乏环境信息的问题，涵盖了企业的主要污染物排放信息、能源消耗信息和其他环境信息。故本研究首先将中国工业企业数据库与中国工业企业污染数据库进行匹配，得到一份包含经济与环境信息的非平衡企业面板数据，并基于此数据进行研究。

在数据处理方面，由于交易行业范围限制，且集中缺失 2006 年以后电力行业的相关数据，故本研究中的制造业不包括电力部门、采矿业和采掘业。在变量处理上，剔除了二氧化硫排放量、工业总产值、资产总计、劳动力和开业年份缺失（为零或异常），以及劳动力人数小于 8 人的企业（聂辉华等，2012）。其他城市级数据来源于《中国城市统计年鉴》，并根据企业行政区划代码将城市级数据与企业级数据进行合并，最终得到 1998 年至 2012 年间 286 个地级市的企业年度数据。同时，本研究对所使用的变量在左右 1%分位水平上进行了缩尾处理。

(2) 模型设计

首先，为了检验 1998 年首次实施的“两控区”政策对于中国制造业企业二氧化硫排放量的影响，本节构建基准模型 (8.6)：

$$\ln S_{chjit} = \beta_0 + \beta_1 TCZ_h + \rho Z_{ht} + \gamma X_{it} + \theta_{jt} + \varphi_t + \delta_i + \varepsilon_{chjit} \tag{8.6}$$

其中，被解释变量 $\ln S_{chjit}$ 为位于 c 省 (区) h 城市内 j 行业的公司 i 在 t 时期的二氧化硫排放量对数值。当检验“两控区”政策对企业经济绩效的影响时，将其分别替换为企业工业总产值对数值 $\ln Y_{chjit}$ 和利润总额对数值 $\ln TP_{chjit}$。TCZ_h 为“两控区”虚拟变量，若该城市为“两控区”政策实施地区，则等于 1，否则为 0。Z_{ht} 是城市级控制变量：城市生活水平。X_{it} 是企业级控制变量：企业规模。除此之外还控制了四位数行业的时间趋势 θ_{jt}、年份固定效应 φ_t 和个体固定效应 δ_i，且将随机扰动项 ε_{chjit} 聚类到城市层级。本节最关注的核心解释变量是 TCZ_h，当回归系数 β_1 显著为负时，表明 1998 年的“两控区”政策显著降低了“两控区”内制造业企业的二氧化硫排放量，同时也造成了企业的经济效益下滑。

“十一五”规划对官员考核体系进行了重大改革，将二氧化硫减排目标纳入官员绩效考核标准，实行强硬的问责制度和“一票否决”制度，未达标地区的政府官员将受到行政处罚甚至被免职。因此，地方官员出于自身仕途的考虑，更加重视环境污染治理问题 (Kahn et al., 2015; Chen et al., 2018; Fan et al., 2019)。Chen 等 (2018) 也表明 1998 年“两控区”政策的减排效应具有暂时性，仅当官员绩效考核体系调整之后，“两控区”政策的减排效应才再次得以激活。因此本节在模型 (8.6) 的基础上引入时间虚拟变量 $D2005_t$，若在 2005 年及以后则等于 1，否则为 0，构建双重差分模型 (8.7)，考察“两控区”与非“两控区”内企业在 2005 年前后的差异：

$$\ln S_{chjit} = \beta_0 + \beta_1 TCZ_h \times D2005_t + \rho Z_{ht} + \gamma X_{it} + \theta_{jt} + \varphi_t + \delta_i + \varepsilon_{chjit} \tag{8.7}$$

然后，为了识别 2007 年的二氧化硫排放权交易试点政策对中国制造业企业二氧化硫排放量的影响，笔者构建倍差法模型 (8.8)。其中，ETS_c 是排污权交易试点地区虚拟变量，若该省 (区、市) 为二氧化硫排放权交易试点地区，则等于 1，否则为 0。$D2007_t$ 是一个时间虚拟变量，若在 2007 年及以后则等于 1，否则为 0。为了排除其他环境规制因素的干扰，在控制变量中加入了政府环境规制程度，其余控制变量和固定效应和模型（8.6）、（8.7）相同，但将随机扰动项聚类到省级层面。

$$\ln S_{chjit} = \beta_0 + \beta_1 ETS_c \times D2007_t + \rho Z_{ht} + \gamma X_{it} + \theta_{jt} + \varphi_t + \delta_i + \varepsilon_{chjit} \tag{8.8}$$

最后，为了厘清“威逼型”“两控区”政策和“利诱型”排污权交易试点政策的净效应和组合效应，笔者构建模型（8.9）：

$$\ln S_{chjit} = \beta_0 + \beta_1 TCZ_h + \beta_2 ETS_c + \beta_3 TCZ_h \times ETS_c + \rho Z_{ht} + \gamma X_{it} + \theta_{jt} + \varphi_t + \delta_i + \varepsilon_{chjit} \tag{8.9}$$

在模型（8.9）中，β_1 代表在非排污权交易试点地区内，“两控区”和非“两控区”内企业在二氧化硫排放量、工业总产值和利润总额上的差异；β_2 代表在非“两控区”内，排污权交易试点区和非排污权交易试点区之间企业的差异；β_3 即为两类政策的组合效应。同时，考虑到非“两控区”内的政府环境规制因素，笔者还以各地级市的政府环境规制程度作为 TCZ_h 的连续型代理变量，考察更为广义的政府行政管制与企业排污行为的关系，以得到每单位政府环境规制强度变化对于企业二氧化硫排放量的具体影响。笔者构建模型（8.10）：

$$\ln S_{chjit} = \beta_0 + \beta_1 TCZ_h + \beta_2 ETS_c + \beta_3 TCZ_h \times ETS_c + \beta_4 ETS_c \times D2007_t + \beta_5 TCZ_h \times ETS_c \times D2007_t + \rho Z_{ht} + \gamma X_{it} + \theta_{jt} + \varphi_t + \delta_i + \varepsilon_{chjit} \tag{8.10}$$

考虑到时间因素，模型（8.10）加入了交互项 $ETS_c \times D2007_t$ 和 $TCZ_h \times ETS_c \times D2007_t$。估计系数 β_4 和 β_5 分别表示控制了其他因素之后，排污权交易试点地区和政策叠加地区内企业的环境和经济绩效在 2007 年前后的变化。当被解释变量为 $\ln S_{chjit}$ 时，若 β_5 显著为负，说明“威逼型”和“利诱型”环境规制工具能产生叠加减排效应，共同促进中国制造业的高污染企业减排。

（3）**变量界定**

基准回归中的被解释变量为制造业企业的二氧化硫排放量（千克）、工业总产值（千元）和利润总额（千元）。在城市级控制变量上，由于高生活水平地区内居民对于环境污染的容忍度较低，企业面临的环保压力也相应更大，因此以人均 GDP（元/人）来代表地区生活水平。在企业级控制变量上，由于环境技术模型中的零结合公理表明，有好产出就一定有坏产出，联合弱可处置性公理也表示好坏产出在一定的技术条件下具有同比例增减特性（涂正革，2008），因此本节以企业资产总计（千元）来代表企业规模。在环境规制程度的指标构造上，以往文献大多单方面使用环境治理投资或排污费作为环境规制强度的代理变量，为了得到一个能全面反映中国环境规制强度的地级市政府环境规制指标，本节收集并计算了2003年至2012年27个省（区、市）的政府工作报告中环境相关词汇的词频总占比①。同时，由于不同地级市之间的产业结构具有异质性，本节将省级环保词频与基于2003年至2012年中国工业企业数据库构建的地级市重工业从业人员比例进行交乘，最终得到地级市的政府环境规制强度指标*ER*（Chen et al.，2018；陈诗一和陈登科，2018）。主要变量的统计性描述如表8.9所示。

表8.9 主要变量的统计性描述

变量	指标含义	观察数	平均值	标准差	最小值	最大值
S	SO_2 排放量（千克）	362507	139787.4	3698980	0.01	2180000000
Y	工业总产值（千元）	331974	248381	1616847	0.47	143704000
TP	利润总额（千元）	242303	14295.84	167227.8	−13845879	19979040
K	资产总计（千元）	362507	290876	2019244	1	223413472
$Gdpp$	人均GDP（元/人）	4290	20412.07	23853.85	1519.14	144730.9
ER	环境规制强度（%）	2280	2.71	1.68	0.42	7.50

注：企业二氧化硫排放量S和企业资产总计K变量的样本期范围为1998年至2012年。由于数据质量问题，企业工业总产值Y和利润总额TP变量的样本期不包括2010年。在控制变量中，$Gdpp$为1998年至2012年286个地级市的人均GDP数据，ER为2003年至2012年27个省（区、市）的地级市数据。

8.4.3 实证结果与分析

本节分别检验了“两控区”政策和排污权交易试点政策对中国制造业企业在环境和经济两方面的影响，以回应前文的疑问及假设。第一部分主要包括对1998年“两控区”政策和2005年官员考核体系变化后“两控区”政策的效应检验；第二部分为对2007年二氧化硫排放权交易试点政策的效应检验；第三部分

① 由于文件可得性和环境词汇限制，27个省（区、市）中不包括西藏、四川、宁夏和新疆，具体环境相关词汇为“减排、污染、环保、环境、生态、绿水、绿色、能源、能耗、青山”。

检验了行政命令型与市场激励型环境规制政策的净效应和组合效应，并对减排方式进行了分析，以探究最适宜中国当前发展阶段的环境规制政策组合。

(1)“两控区”政策

表 8.10 列出了模型 (8.6) 和模型 (8.7) 的回归结果，第 1 列至第 4 列给出了 1998 年“两控区”政策首次实施后，“两控区”与非“两控区”内企业在环境与经济两方面的差异。整体而言，1998 年之后“两控区”内制造业企业的二氧化硫排放量虽然降低了 10.3%，但在统计上并不显著。同样的，该政策总体上也并未对企业的二氧化硫排放强度产生显著影响，即未能促进企业通过技术进步来降低二氧化硫排放强度。“两控区”政策虽然在经济质量方面并未损害企业的利润总额，但在经济总量方面使得企业工业总产值显著降低了 7.25%，即牺牲了部分经济增长作为减排代价，并不具备长期可持续性。

1998 年的“两控区”政策之所以失效，主要有以下两方面原因。首先，不同区域的环境规制政策存在着执行偏差问题 (张华，2016)。经济欠发达地区的政府官员为了争夺资源和减少财政收支缺口，会放松环境规制程度，即存在政策非完全执行现象 (邹国伟和周振江，2018；李胜兰等，2014)。而经济发达地区的居民对环境质量的要求更高，政府官员会更重视经济与环境的双赢发展，实施严格的环境规制 (韩国高和张超，2018)。因此，过松的环境规制会造成规制失灵，而过严的环境规制会损害企业经济效益。其次，政府和企业之间在最优减排技术选择和事后监管方面都存在着严重的信息不对称问题。政府的管控措施之一是强制企业安装脱硫设施，但一方面进口脱硫设施在实际生产中常常不能高效运转；另一方面政府难以准确鉴别和监测脱硫设施是否正常运行，使得大量设备闲置。同时，对于部分企业而言，使用低硫煤或购入排污权是更加节省成本的减排方式。因此，1998 年的“两控区”政策不仅未产生显著的环境红利，还损害了企业的经济效益。

表 8.10 的第 5 至第 8 列数据表明了 2005 年官员绩效考核体系转变后“两控区”政策的实施效应。具体来看，相对于非“两控区”而言，“两控区”内制造业企业的二氧化硫排放量在 2005 年之后降低了 14.9%，且在 1% 的统计水平上显著，二氧化硫排放强度也显著降低了 15.6%。结果表明 2005 年的官员绩效考核体系调整激活了“两控区”政策的减排效应。首先，“十一五”规划将全国整体二氧化硫控制目标层层分解落实到了各省、自治区和直辖市，其中“两控

区”城市的平均目标减排率为13.55%，远高于非“两控区”的4.04%。其次，当环境绩效被引入官员考核标准之后，若地方政府官员未实现二氧化硫减排目标，会受到行政处罚甚至撤职处理，这迫使地方政府不再“唯GDP论”，而是开始重视经济增长与环境保护的协调发展。最后，为了应对高目标和强压力，“两控区”城市的地方政府也付诸了更多的实际行动。如图8.9所示，在官员考核体系调整之前，“两控区”城市的政府环境规制强度持续低于非“两控区”，而在官员考核体系调整之后，“两控区”城市的地方政府更加重视环境治理。因此，在官员考核体系调整的大背景下，“两控区”政策产生了显著的减排效应。

表8.10的第7列至第8列结果显示，“两控区”政策虽然并未对企业的工业总产值产生显著负面影响，却使得利润总额显著下降了10.8%。在经济总量上，首先，2005年之后“两控区”城市的政府工作报告中GDP增长目标显著低于非“两控区”，表明“两控区”城市内政府更倾向于环境保护而非经济增长(Chen et al., 2018)。其次，环境规制会带来“产品创造”效应，清洁生产过程和产品能增强企业竞争力，有利于企业经济发展（韩超和桑瑞聪，2018），同时地方政府和企业之间的政治关联也会缓解环境规制压力对企业经济发展的负面影响（杨其静，2011）。因此，由于各种因素的综合影响，2005年官员考核体系调整后，“两控区”政策对于制造业企业工业总产值的影响并不显著。然而，在经济质量方面，利润总额代表了企业的经营状况，是企业收益中最主要和稳定的指标，更能反映企业的实际经营情况。一方面，环境规制会促进制造业行业结构的清洁化，污染行业的市场份额将逐渐减少（Fan et al., 2019）；另一方面，环境规制同样会带来“产品剔除”效应，较高的减排成本压力可能导致部分企业竞争力下降（韩超和桑瑞聪，2018）。和非“两控区”城市相比，“两控区”城市内污染行业存在着更多企业退出（Chen et al., 2018）。故政府“威逼”减排本质上仍有损于企业经济质量，企业付出了较大的经济代价。

表8.10 “两控区”政策基准回归结果

变量	$\ln S$	$\ln S/Y$	$\ln Y$	$\ln TP$	$\ln S$	$\ln S/Y$	$\ln Y$	$\ln TP$
TCZ_h	−0.103	−0.0330	−0.0725*	−0.0759				
	(0.147)	(0.135)	(0.0418)	(0.148)				
$TCZ_h \times$					−0.149***	−0.156***	0.0149	−0.108*
$D2005_t$					(0.0499)	(0.0525)	(0.0276)	(0.0636)

续表

变量	$\ln S$	$\ln S/Y$	$\ln Y$	$\ln TP$	$\ln S$	$\ln S/Y$	$\ln Y$	$\ln TP$
控制变量	YES	YES	YES	YES	YES	YES	YES	YES
固定效应	YES	YES	YES	YES	YES	YES	YES	YES
常数项	7.951***	3.420***	4.340***	−2.306**	8.136***	3.643***	4.281***	−2.181**
	(0.912)	(0.907)	(0.388)	(1.021)	(0.932)	(0.912)	(0.385)	(1.040)
样本量	362507	331974	331974	242303	362507	331974	331974	242303
R^2	0.926	0.937	0.936	0.824	0.926	0.937	0.936	0.824

注：每一列回归均控制了城市控制变量（人均 GDP）、企业控制变量（企业规模）及固定效应（年份固定效应、企业固定效应和行业与年份的交互固定效应）。小括号内为聚类到城市层级的稳健标准误，*、** 和 *** 分别表示 10%、5% 和 1% 的显著性水平，下同。

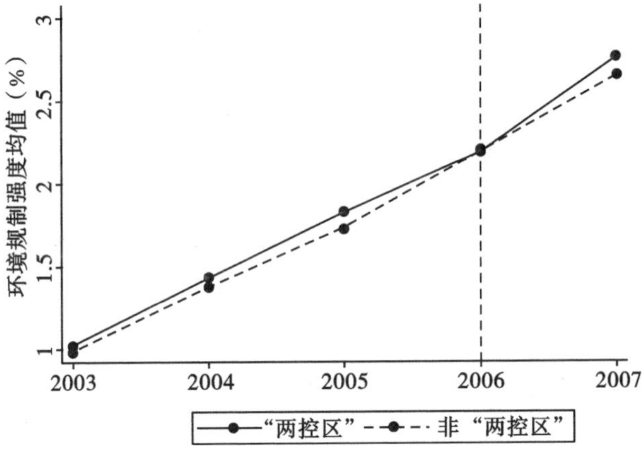

图 8.9 "两控区"与非"两控区"的环境规制强度

双重差分估计的一致性需要平行趋势假设成立，即在政策实施之前，"两控区"与非"两控区"内制造业企业的二氧化硫排放量变化趋势相同。为了检验平行趋势假设，同时分析"两控区"政策的动态效应，笔者利用事件分析法，构建如下模型：

$$\ln S_{chjit} = \beta_0 + \sum_{\tau \neq 2004} \beta_\tau TCZ_h \times Dyear_\tau + \rho Z_{ht} + \gamma X_{it} + \theta_{jt} + \varphi_t + \delta_i + \varepsilon_{chjit} \tag{8.11}$$

其中，$Dyear_\tau$ 为年份虚拟变量，模型（8.11）将政策实施前一年作为基准年份，β_τ 代表了“两控区”政策在不同年份的动态效应，若在政策实施前 β_τ 并不显著，则表明平行趋势假设检验通过。如图 8.10 所示，β_τ 的估计值在政策实施前和当年都并不显著，但在政策实施后显著为负，即平行趋势检验通过。

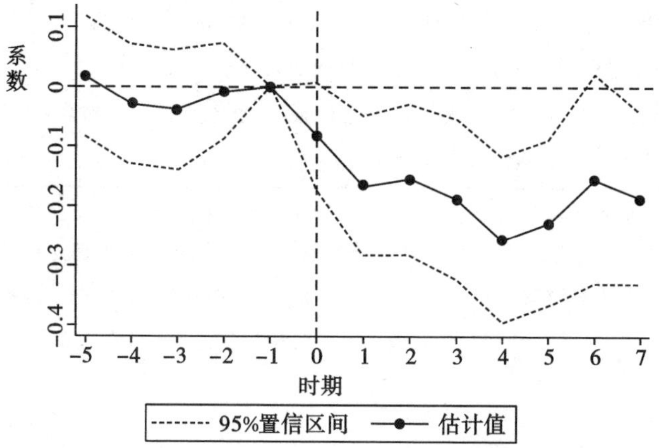

图 8.10　“两控区”政策平行趋势检验

除此之外，在稳健性检验部分，为了排除 2007 年二氧化硫排放权交易试点政策带来的混杂影响，本节剔除了 11 个排污权交易试点地区进行回归，如表 8.11 第 1 列至第 4 列所示，回归结果依旧稳健可靠。同时，本节还就被解释变量的选取进行了安慰剂检验。“十五”计划中控制目标包括二氧化硫、烟尘、工业粉尘、COD、氨氮和工业固体废物六种污染物，“十一五”规划中不仅将控制目标聚焦于二氧化硫和 COD 两种污染物，还将减排目标自上而下层层分解至各省（区、市）。因此，理论上“两控区”政策只会对二氧化硫排放产生影响，同时对烟粉尘、COD 和氨氮排放可能存在一定的溢出作用，但不会影响工业废水的排放量。故笔者将被解释变量分别更换为上述四类污染物，表 8.11 的第 5 列结果显示“两控区”政策对于工业废水排放量并无显著影响，符合理论预期。第 6 列至第 8 列结果表明，相对于非“两控区”而言，“两控区”内制造业企业的 COD、氨氮和烟粉尘排放量在 2005 年之后分别显著降低了 12.7%、16.4%和 11.3%，表明在官员绩效考核体系调整之后，“两控区”内的水污染和大气污染问题都得到了有效改善。因此，政府不仅需要全面均衡的考核系统以激励地方官员重视环保问题，还需要具有针对性和指向性的规制目标，这样才能发挥出更大的减排功效。

表 8.11 “两控区”政策稳健性检验与安慰剂检验

变量	ln *S*	ln *S/Y*	ln *Y*	ln *TP*	ln *Water*	ln *COD*	ln *NH*	ln *Pow*
$TCZ_h\times$	−0.191***	−0.141**	−0.0404	−0.225**	−0.0377	−0.127**	−0.164*	−0.113*
$D2005_t$	(0.0643)	(0.0709)	(0.0378)	(0.0926)	(0.0416)	(0.0596)	(0.0940)	(0.0677)
控制变量	YES	YES	YES	YES	YES	YES	YES	YES
固定效应	YES	YES	YES	YES	YES	YES	YES	YES
常数项	7.088***	3.255***	3.692***	−4.193**	7.986***	4.830***	2.597	7.445***
	(1.076)	(1.051)	(0.785)	(2.020)	(0.609)	(0.908)	(1.793)	(0.867)
样本量	176389	161920	161920	120582	290179	261200	123761	324658
R^2	0.934	0.945	0.940	0.831	0.867	0.908	0.915	0.923

（2）二氧化硫排放权交易试点政策

表 8.12 列出了倍差法模型（8.8）的回归结果，其中第 1 列至第 4 列的数据表明，当控制住地区内其他环境规制因素之后，2007 年的二氧化硫排放权交易试点政策使得试点地区内制造业企业的二氧化硫排放量显著降低了 11%，同时并未对企业的污染排放强度、工业总产值和利润总额产生影响。整体而言，2007 年前后全国制造业二氧化硫排放总量下降了 5.96%，共计 97.14 万吨，其中 71.98 万吨都来自排污权交易试点地区。这说明市场“利诱”型环境规制工具在中国已初见成效，能在不损害企业经济利益的前提下降低污染物排放量，具有长期可持续性。除环境规制程度之外，市场化程度也是影响排污权交易机制实施效应的重要因素。高度市场化地区的排污权交易机制更加完善，信息不对称问题造成的交易成本也相对较小，理论上交易效率更高。故本节以国民经济研究所历年公布的各省（区、市）市场化指数 $Market_{ct}$ 来衡量地区市场化程度，并与 $ETS_c\times D2007_t$ 进行交乘，探究不同市场化程度地区中排污权交易制度的政策效应差异。

第 5 列数据表明，位于高度市场化试点地区内企业在 2007 年后减少了更多的二氧化硫排放量。以 2007 年各省（区、市）的市场化指数为例，浙江省（市场化指数最高，高达 10.92）减少了 17.6%（10.92×0.0161=0.176）的二氧化硫排放量，而青海省（市场化指数最低，仅为3.54）只减少了5.7%（3.54×0.0161=0.057）的二氧化硫排放量，前者是后者的三倍左右，表明二氧化硫排放权交易试点政策在高度市场化地区能发挥出更大的减排效应，同时并未影响企业的经济利益。

表8.12　二氧化硫排放权交易试点政策基准回归结果

变量	ln S	ln S/Y	ln Y	ln TP	ln S	ln S/Y	ln Y	ln TP
$ETS_c \times$	−0.110*	−0.0601	−0.0518	−0.0336				
$D2007_t$	(0.0583)	(0.0536)	(0.0403)	(0.126)				
$Market_{ct} \times$					−0.0161**	−0.00936	−0.00652	−0.00739
$ETS_c \times D2007_t$					(0.00621)	(0.00578)	(0.00437)	(0.0164)
控制变量	YES	YES	YES	YES	YES	YES	YES	YES
环境规制变量	YES	YES	YES	YES	YES	YES	YES	YES
固定效应	YES	YES	YES	YES	YES	YES	YES	YES
常数项	7.473***	3.392*	3.893***	−4.194*	7.511***	3.422*	3.912***	−4.170*
	(1.707)	(1.739)	(0.986)	(2.344)	(1.710)	(1.731)	(0.996)	(2.318)
样本量	231519	203302	203302	156367	231519	203302	203302	156367
R^2	0.946	0.954	0.944	0.836	0.946	0.954	0.944	0.836

注：小括号内均为聚类到省级层面的稳健标准误。

为了保证回归结果稳健可靠，本节还进行了一系列平行趋势检验、稳健性检验和安慰剂检验。平行趋势检验部分同样利用事件分析法，以2006年作为基准年份，估计结果如图8.11所示，β_τ 的估计值在政策实施前均不显著，而在政策实施后显著为负。因此，试点地区内制造业企业的二氧化硫排放量降低并非由事前差异导致，满足平行趋势假设。同时，随着排污权交易制度的不断完善成熟，该试点政策逐渐发挥出更大的减排效应。在政策实施后第五年，该减排效应虽然依旧显著，但在数值上却有所下降。由于2012年出台了《重点区域大气污染防治“十二五”规划》，规划范围中的19个重点防治区域里存在着天津、河北、江苏、浙江、武汉、湖南长株潭、重庆、山西中北部和陕西关中这9个地区与排污权交易试点地区重合，因此挤出了排污权交易试点政策的部分减排效应。

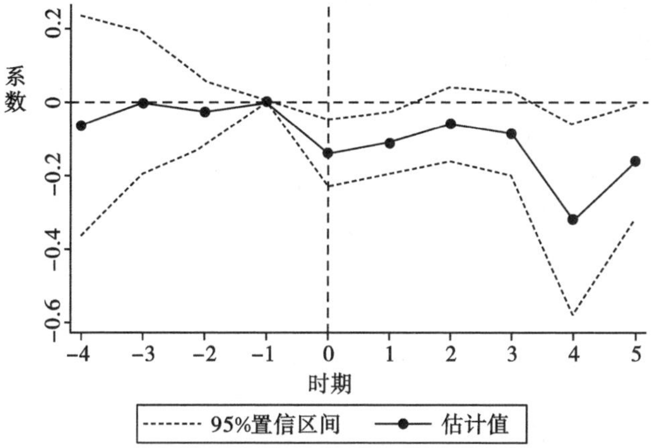

图 8.11　二氧化硫排放权交易试点政策平行趋势检验

在稳健性检验部分，本节首先从企业存续时间出发，以样本企业的存续时间中位数 5 年作为划分标准，将企业分为长期存续企业和短期存续企业两种类型，用虚拟变量 $Long_i$ 表示，并构建相应三重差分模型。回归结果如表 8.13 第 1 列所示，估计系数显著为负，即排污权交易试点政策对于长期存续企业的减排效应更强。具体而言，在其他条件不变的情况下，长期存续企业的减排效应比短期存续企业要高出 9.5%。究其原因，由于排污权交易市场上的储备排污权除了来自企业通过工艺更新、清洁生产和强化污染治理所得的富余排污权，还来自收回依法取缔、关闭的污染单位的主要污染物排放权利。因此，部分企业在面临更严格的环境规制压力时，可能由于难以降低排污量达到年度许可标准，从而被依法取缔关闭，退出市场。而长期存续企业具备资本、资源和技术优势，在高环境规制压力下的激烈市场竞争中占据了有利地位，既能作为排污权交易市场上出售排污权的转让方，又能作为购入剩余排污权的受让方，故降低了更多的二氧化硫排放量。

其次，由前文我们可知，在样本期内存在着诸多并行环境规制政策。一方面，以 2002 年的二氧化硫排放权交易试点政策为代表，虽然大部分学者认为该试点政策并未得到有效实施，在短期内无法实现波特效应（涂正革和谌仁俊，2015），但也有少数学者研究发现，该试点政策不仅显著降低了工业二氧化硫排放强度（张墨等，2017），还促进了试点地区的绿色生产技术进步，具有绿色发展效应（傅京燕等，2018）。因此本节剔除掉 2002 年的山东省、山西省、江苏省、河南省、上海市、天津市和柳州市这7个试点地区，第2列结果表明2002年的二氧化硫排放权交易试点政策并未对本节结论产生影响。另一方面，以2007年国务院印发的《节能减排综合性工作方案》为代表，各省（区、市）在“十一五”规划中被分配了不同的减排目标，这可能会对企业的减排行为产生影响。因此，本节将“十一五”规划中各省（区、市）的二氧化硫目标减排率R_c作为控制变量加入回归模型之中。如表8.13第3列所示，回归结果依旧显著为负，且在数值上保持稳定，即有效排除了2007年节能减排综合性工作的干扰。

本节主要进行了两类安慰剂检验，首先是关于政策实施时间的随机性假设，本节限制样本期范围为2003年至2006年，将政策实施时间分别提前2年和3年进行回归，如第4列至第5列数据所示，回归结果不再显著，说明试点地区内污染企业的二氧化硫减排的确来自2007年的排污权交易试点政策，而非其他环境政策或随机性因素所致。其次是关于被解释变量的选取，二氧化硫排放权交易试点政策的对象是二氧化硫，理论上只会对二氧化硫排放量产生影响，而不会影响工业废水、COD和氨氮的排放量。故本节将被解释变量更换为上述三类水污染物，如表8.13的第6至第8列数据显示，回归结果并不显著，符合理论预期。

表8.13　二氧化硫排放权交易试点政策稳健性检验与安慰剂检验

变量	$\ln S$ 存续时间	$\ln S$ 控制2002年试点政策	$\ln S$ 控制“十一五”规划	$\ln S$ 提前三年	$\ln S$ 提前两年	$\ln Water$ 工业废水	$\ln COD$ COD	$\ln NH$ 氨氮
$ETSc \times D2007_t \times Long_i$	-0.0950^{*} (0.0544)							
$ETS_c \times D2007_t$		-0.132^{*} (0.0715)	-0.110^{*} (0.0583)			-0.0283 (0.0455)	-0.0630 (0.0811)	-0.125 (0.0910)
$ETS_c \times D2004_t$				0.0557 (0.0876)				
$ETS_c \times D2005_t$					-0.00312 (0.0880)			
R_c	NO	NO	YES	NO	NO	NO	NO	NO

续表

变量	ln S 存续时间	ln S 控制2002年试点政策	ln S 控制“十一五”规划	ln S 提前三年	ln S 提前两年	ln $Water$ 工业废水	ln COD COD	ln NH 氨氮
控制变量	YES	YES	YES	YES	YES	YES	YES	YES
环境规制变量	YES	YES	YES	YES	YES	YES	YES	YES
固定效应	YES	YES	YES	YES	YES	YES	YES	YES
常数项	7.459***	7.105***	7.774***	10.22***	10.17***	8.565***	4.955**	2.596
	(1.724)	(1.957)	(1.487)	(3.010)	(3.082)	(0.960)	(2.167)	(2.800)
样本量	231519	153331	231519	80097	80097	102492	102492	102492
R^2	0.946	0.945	0.946	0.887	0.887	0.904	0.948	0.921

(3) 两类政策的组合效应

前文发现两类环境规制工具各有利弊，然而行政命令型和市场激励型环境规制工具能否优势互补产生叠加效应，实现经济与环境的双重红利？不同地区内企业在面临不同环境规制政策时的减排方式又有何不同？为了回答这些问题，本节从组合角度出发，对以上问题进行探究。

表8.14中第1列数据为模型（8.9）的估计结果，我们可以看出在非排污权交易试点地区内，“两控区”与非“两控区”内企业的二氧化硫排放量并无显著差异，而在非“两控区”内，排污权交易试点地区内企业的二氧化硫排放量显著高于非试点地区。同时实施两类政策虽然具有17.4%的组合减排效应，但在统计上并不显著。由于虚拟变量 TCZ_h 并未考虑到非“两控区”内的环境规制因素，故以各地区的政府环境规制程度 ER_{ht} 作为广义上政府“威逼”的代理变量，与 ETS_c 进行交乘，观察每单位政府环境规制程度变化带来的减排效应。表8.14的第2列结果表明，在政府环境规制程度越严格的地区，政府“威逼”和市场“利诱”越能发挥出更大的减排合力。图8.12反映了“两控区”内历年环境规制程度变化趋势，可见二氧化硫控制区内政府环境规制更为严格。具体而言，二氧化硫控制区内二氧化硫排放量降低了约20%（平均 ER 为3.15%），而酸雨控制区内降幅仅为15%（平均 ER 为2.41%）。同时，非“两控区”内降幅约为17%（平均 ER 为2.76%），表明不能忽视其他地区内的政府“威逼”力量。

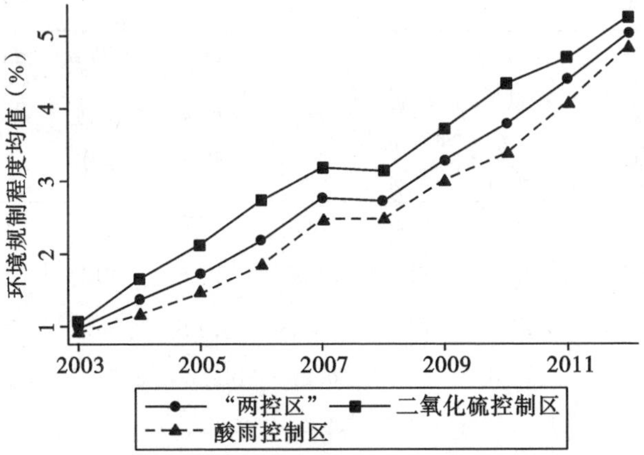

图 8.12　“两控区”内历年环境规制程度变化

表 8.14　两类政策的组合效应

变量	ln S	ln S	ln S	ln S/Y	ln Y	ln TP
$TCZ_h \times ETS_c \times D2007_t$			-0.197^{***}	-0.129^{*}	-0.0628^{*}	-0.285^{***}
			(0.0692)	(0.0739)	(0.0367)	(0.0929)
$ETS_c \times D2007_t$			0.0722	0.105	−0.0366	0.143^{*}
			(0.0745)	(0.0764)	(0.0359)	(0.0799)
$TCZ_h \times ETS_c$	−0.174		−0.119	−0.0365	−0.0584	−0.242
	(0.268)		(0.237)	(0.234)	(0.0767)	(0.370)
TCZ_h	−0.0206		−0.0173	0.0111	−0.0441	0.0969
	(0.136)		(0.136)	(0.133)	(0.0665)	(0.115)
$ER_{ht} \times ETS_c$		-0.0436^{*}				
		(0.0222)				
ER_{ht}		−0.0190				
		(0.0203)				
ETS_c	1.955^{***}	0.781^{***}	1.930^{***}	2.609^{***}	−0.526	2.175^{***}
	(0.586)	(0.247)	(0.562)	(0.527)	(0.483)	(0.838)
控制变量	YES	YES	YES	YES	YES	YES

续表

变量	ln S	ln S	ln S	ln S/Y	ln Y	ln TP
固定效应	YES	YES	YES	YES	YES	YES
常数项	6.985***	7.049***	7.053***	2.135**	4.642***	−3.335***
	(0.991)	(1.424)	(0.976)	(0.978)	(0.446)	(1.145)
样本量	362507	231519	362507	331974	331974	242303
R^2	0.926	0.946	0.926	0.937	0.936	0.824

注：小括号内均为聚类到城市层级的稳健标准误。

考虑到排污权交易试点政策的时间因素之后，模型（8.10）的回归结果如表 8.14 的第 3 列至第 6 列所示，政策组合地区内制造业企业的二氧化硫排放量在 2007 年后降低了 19.7%，且在 1%的统计水平上显著。然而，在非“两控区”内，排污权交易试点政策并无显著作用，即市场型工具在中国仍需要严格的环境规制提供制度保障。表 8.14 的第 4 列结果表明，政策组合地区中 19.7%的减排效应，12.9%都来自企业技术改进，占比达 65%。但与此同时，表 8.14 的第 5 列至第 6 列结果显示，排污权交易制度尚未弥补“两控区”政策在经济总量和质量上的负面影响，政策组合地区内制造业企业的工业总产值在 2007 年之后降低了 6.28%，利润总额降幅甚至高达 28.5%。然而，排污权交易制度对于企业经济质量的正面影响也不容忽视，第 6 列结果表明，排污权交易制度在非“两控区”内产生了 14.3%的经济质量红利，企业利润总额得到了显著提升。总体而言，在“两控区”内严格的环境规制压力之下，排污权交易政策虽然产生了一定的环境红利，但并未发挥创新补偿效应，因此短期内还未带来经济红利。但在环境规制较为松懈的非“两控区”内，排污权交易制度能显著改善企业的经济质量。

表 8.15　减排方式分析

变量	ln C_fuel	C_fuel_s	ln Equ	ln Euq_abi	ln C_fuel	C_fuel_s	ln Equ	ln Euq_abi
$TCZ_h \times ETS_c$					−0.101***	0.0506	−0.0162	−0.0900
$\times D2007_t$					(0.0359)	(0.0592)	(0.0246)	(0.0976)
$ETS_c \times$					0.0348	−0.0245	−0.000580	0.00669
$D2007_t$					(0.0370)	(0.0639)	(0.0244)	(0.0874)

续表

变量	$\ln C\_fuel$	C_fuel_s	$\ln Equ$	$\ln Euq\_abi$	$\ln C\_fuel$	C_fuel_s	$\ln Equ$	$\ln Euq\_abi$
$TCZ_h \times$	0.0475	-0.360^{***}	−0.0201	-1.374^{***}	0.0719	-0.397^{***}	−0.0168	-1.340^{***}
ETS_c	(0.115)	(0.0845)	(0.0798)	(0.465)	(0.109)	(0.0957)	(0.0771)	(0.470)
TCZ_h	-0.143^{**}	0.0659	−0.0144	0.976^{**}	-0.141^{**}	0.0701	−0.0139	0.978^{**}
	(0.0693)	(0.0751)	(0.0386)	(0.464)	(0.0694)	(0.0744)	(0.0385)	(0.461)
ETS_c	−0.331	0.200	-1.027^{***}	1.201^{**}	−0.348	0.226	-1.027^{***}	1.176^{*}
	(0.224)	(0.148)	(0.250)	(0.605)	(0.226)	(0.149)	(0.247)	(0.612)
控制变量	YES	YES	YES	YES	YES	YES	YES	YES
固定效应	YES	YES	YES	YES	YES	YES	YES	YES
常数项	5.644^{***}	1.362	0.294	7.350^{***}	5.688^{***}	1.280	0.301	7.428^{***}
	(0.542)	(0.842)	(0.331)	(1.570)	(0.533)	(0.833)	(0.329)	(1.561)
样本量	263285	153732	250966	205154	263285	153732	250966	205154
R^2	0.881	0.786	0.834	0.751	0.881	0.786	0.834	0.751

注：由于样本限制，燃料煤消耗量（吨）（C_fuel）的样本期为 2003 年至 2011 年，燃料煤平均硫份（%）（C_fuel_s）的样本期为 2006 年至 2011 年，废气治理设施数（套）（Equ）的样本期为 1998 年至 2011 年，废气治理设施处理能力（立方米/时）（Equ_abi）的样本期为 2001 年至 2011 年。

不同地区的地理位置造成了能源禀赋差异，不同环境规制政策的管控措施也有所不同，因此企业的减排机制并不一致，表 8.15 分别列出了两类环境规制政策对于企业能源消耗和污染治理的影响。一方面从能源消耗角度来看，结合表 8.15 的第 1 列和第 5 列，我们可知，若单独实施“两控区”政策，制造业企业的燃料煤消耗量显著降低约 14%，而政策组合地区内企业的燃料煤消耗量在 2007 年之后也降低了 10.1%。表 8.15 的第 2 列和第 6 列结果表明，两类政策组合有助于推动能源清洁化转变，企业所使用的燃料煤中平均硫份降低了近 40%。因此，两类环境规制政策组合能促进企业提升前端治理技术，通过降低污染能源消耗量和使用清洁能源等方式从源头上降低污染物排放量。另一方面从污染治理角度来看，表 8.15 的第 3 列和第 7 列表明，在非“两控区”中，排污权交易试点地区内企业的废气治理设施数显著低于非试点地区，因为企业能从交易市场中购入额外排污权以满足排污限额，无需购置更多治污设施来降低排污量。表 8.15 的第 4 列和第 8 列结果显示，在单独实施“两控区”政策和排污权交易制度的地区，企业的废气治理设施处理能力显著较高，而在政策组合地区内企业的治污能力却显著较低。由于政策组合地区一方面采取了强制性限产关停措施，另一方面建立了灵活的排污权交易市场，因此企业大多选择源头治理中的低成本减排方式，或是选择购入排污权这一类对于产出有利的排污方式，并未提升自身的末端治理技术。

8.4.4 本节小结

中国经济发展迅猛，制造业作为国民经济的重要组成部分，创造了巨大的经济效益。但与此同时，严重的大气污染问题也随之而来。本节使用中国工业企业数据与中国工业企业污染数据的匹配数据库，一方面比较了政府“威逼型”“两控区”政策和市场“利诱型”二氧化硫排放权交易政策的净效应和组合效应，以厘清中国高污染企业的真正减排诱因，另一方面分析了两类环境规制政策对于制造业企业经济总量和经济质量的影响，探寻了环境与经济协调发展的环境治理路径。

本节研究表明：第一，1998 年的“两控区”政策在整体上不仅未能产生显著的二氧化硫减排效应，还使得区内制造业企业的工业总产值显著降低了 7.25%。这说明一味地通过政府“威逼”并不能有效地改善环境污染问题，“一刀切”特征甚至使得企业付出了高昂的经济代价。第二，自 2005 年将目标污染物控制情况纳入官员绩效考核体系后，“两控区”政策产生了 14.9%的减排效应，虽然对企业工业总产值并未产生显著负面影响，但企业利润总额却下降了 10.8%。这说明政绩考核导向转变之后，地方政府官员更加重视环境污染治理问题，但政府“威逼”依旧有损于企业经济质量。第三，2007 年的二氧化硫排放权交易试点政策不仅产生了 11%的环境红利，且并未损害企业的经济利益。同时，在市场化程度越高的地区，排污权交易制度的政策效应越为明显。这说明中国环境治理体系中的市场“利诱型”工具方兴未艾，随着环境规制的日趋严格和市场化改革的不断完善，在未来能发挥出巨大的环境与经济红利。第四，若同时考虑“两控区”政策和二氧化硫排放权交易试点政策，我们可发现，政府行政管制带来的“威逼”效应是市场激励型环境规制工具有效实施的制度保障。虽然市场激励型环境规制工具尚未能弥补政府“威逼”型工具带来的经济损失，但在减排方面能为其锦上添花，形成更大的减排合力。第五，从环境治理技术角度来看，两类环境规制政策组合有助于降低污染能源消耗量和推动燃料煤低硫化转型，但并未刺激企业通过购置治污设施和提高治污能力等末端治理渠道进行减排。

中国作为一个发展中国家，正在经历经济发展和环境治理体系的现代化转型阶段。为了更好地治理环境污染问题，首先，应实施严格但适度的环境规制，充分发挥好政府行政管制的作用，为市场型工具发挥效能提供制度保障。其次，应坚持市场化改革，不断完善排污权交易制度，降低企业参与交易的各项成本，以吸引更多企业自发参与市场交易。最后，应加强环境政策的差异性和针对性设计，根据不同地区的污染程度、市场化程度、执法力度、产业布局和能源结构等因素，找准最佳结合点，制定具有不同特色的环境组合政策。一言以蔽之，中国制造业的减排之路依旧道阻且长，为了保持减排效应的可持续性，需要有机结合各类环境规制工具，使得中国的环境治理更加游刃有余。

8.5 三方互动环境治理体系构建

本节基于“官场、市场和公众”环境治理框架，运用 2000 年至 2015 年的省级数据分析绩效考核、公众诉求和市场法治对地方政府环境治理行为的影响。研究发现：第一，环境绩效纳入官员晋升考核显著地改变了地方政府在政治锦标赛下的环境治理模式，2006 年后经济绩效对环境治理投入的支撑效应逐渐超过挤占效应，环境绩效对环境治理投入的压力效应与激励效应并存；第二，公众参与在一定程度上能够促进地方政府的环境治理行为，但专业有序的渠道效果更显著；第三，市场法治环境的改善显著减少了地方政府的环保人力投入。总之，与官员晋升直接关联的绩效考核仍然是我国环境治理的“牛鼻子”，但是公众有序参与和市场法治建设是环境治理长治久安的保障。

8.5.1 三方互动的环境治理框架

行政发包制（周黎安，2014）和政治锦标赛理论（周黎安，2007）从政治经济学视角解释了中国经济的快速增长，周黎安（2018）在此基础上提出“官场＋市场”的中国增长理论。本节按照“官场＋市场”理论逻辑将其拓展至地方政府的环境治理，并纳入社会公众这一新的主体，演绎出“官场＋市场＋公众”三方环境治理模型框架，这一理论框架包含以下三方面的内容（见图 8.13）。

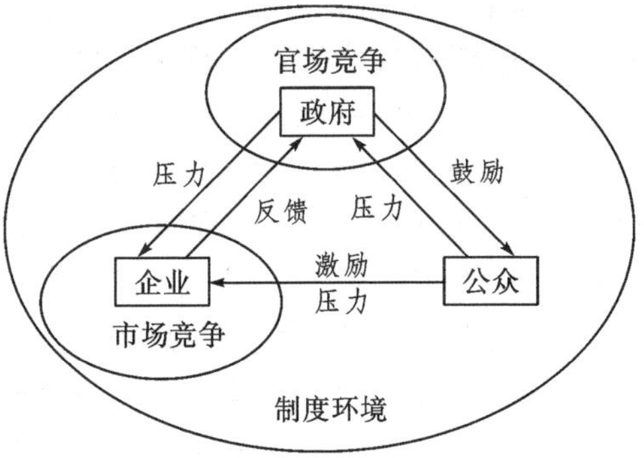

图 8.13　三方共治下的环境治理框架

首先，官场晋升与环境治理。根据“官场+市场”理论，地方官员和企业分别处于官场竞争和市场竞争之中，过去的很长一段时间，官场的晋升依赖于企业在市场中竞争的取胜——地区 GDP 增长率领先。因此，在缺乏环境考核或者环境考核软约束的情况下，追求高经济增长就会弱化甚至挤占地方政府环境治理的资源投入，这是典型的“多任务条件下代理人行为的扭曲”(Holmstrom & Milgrom，1991)。自“十一五”规划（2006—2010 年）开始，环境指标开始纳入地方官员的政绩考核，这改变了地方官员晋升激励的内涵——不仅要金山银山，更要绿水青山。新的晋升规则无疑会促进地方政府投入更多资源用于环境保护，加强环境监管，以提升地区环境治理水平。同时，作为污染源的企业会受到来自地方政府的压力，进而改变以往的经营和生产模式，通过增大环保投资和采用符合标准的清洁生产模式等方式以应对政府的环境管制。

辖区内企业相应行为的改变最终在市场竞争的作用下，又会以经济绩效和环境绩效（污染物排放量和单位 GDP 能耗等）的形式反馈给地方政府，进而影响官场竞争的结果，并对其行为造成影响。因此，官场竞争和市场竞争在地方环境治理问题上呈现“双向嵌入”关系：地方政府官员在晋升压力下会主动调整发展模式，改变环境治理行为；同时，相应政策会改变辖区内企业的经营与投资行为，企业在市场竞争中的绩效最终会影响官场竞争的指标（经济增长率和环境状况），将政策效果反馈给地方政府，地方政府会对自身行为作出相应调整。

由此，本节提出假设 8.4：

假设 8.4：环境绩效纳入地方官员晋升考核会改变地方政府的环境治理行为，并促使经济增长支撑政府的环境治理投入。

其次，公众民声与环境治理。近年来，民众的声音和诉求在地方环境治理中发挥了越来越重要的作用（郑思齐等，2013；于文超等，2014）。因此，本节在原有的政府和企业的基础上引入第三个主体——公众，这会对原有“官场+市场”模式造成冲击。政府的环境治理实际上面临着信息不对称的问题（Lee，2008）。在“十一五”规划出台后，地方政府有动机鼓励公众更多地参与地区环境治理，这样可以利用公众分散的信息优势，具有经济性，而且可以向公众传递政府决策的信息，缓解双向的信息不对称，促进政策的顺利推行，维护社会稳定；同时，还可以提高信息的可竞争性，集中民智，促进决策的科学性和民主性（Diduck & Mitchel，2003；Lochie et al.，2008；Tang et al.，2008；O' Faircheallaigh，2010）。

公众参与环境治理对“官场+市场”模式的影响有两方面：一是对政府的影响。公众对环境治理的参与会增加政府的压力，如大众传媒的曝光、环境信访、人大议案和政协提案等，这会影响政府的环境治理行为，但地方政府还面临着其他的考核，如信访指标也在地方官员的绩效考核之列，不同目标之间的冲突可能会影响公众参与环境治理所发挥的作用；二是对企业的影响。这分为直接影响和间接影响，直接影响是公众的参与直接影响了企业的环保行为，一方面公众参与会给企业带来压力，如大众媒体对企业环境污染的曝光会使其声誉受到损害，进而促进其纠错行为（李焰和王琳，2013）；另一方面公众参与也为企业提供了激励，例如环保企业可能更受消费者的喜爱，可以获得“绿色溢价”（Chekima et al.，2016）。间接影响是通过行政干预机制，促使监管机构使用行政手段来监督执法（涂正革等，2018）。

据此，本节提出假设 8.5：

假设 8.5：公众参与环境治理会给政府施加压力，提升地方政府的环境治理水平。

最后，市场法治与环境治理。地方政府和企业虽然分别受到官场竞争和市场竞争的影响，但是它们和公众都嵌套在更高层次的制度环境之中，而在众多的制度当中，市场制度和法治对地方环境治理至关重要。市场法治环境对政府、企业和社会公众均有重要影响：其一，对政府而言，良好的市场法治环境有利于敦促政府按照法律法规行事，促进治理能力现代化，提高治理的效率，实现“善治”（张文显，2014），同时，良好的市场法治环境有利于规范政府与市场的关系，减少地方政府对经济的干预，进而能够将原先用于经济增长和增加就业的公共资源转移到改善民生等其他方面（白俊红和刘宇英，2018）；其二，对企业而言，良好的市场制度有利于提高资源配置的效率，促进市场竞争，而健全的法治环境有利于引导经济主体按照法律法规行事，维护市场竞争的公平性和秩序性；其三，对社会公众而言，良好的法治环境有利于推动公共治理，法律界定了公共治理的范围，规定了公共治理的主体，设定了公共治理的行为方式和监督救济机制，可以为公共治理提供制度保障（罗豪才和宋功德，2005）。

据此，本节提出假设 8.6：

假设8.6：良好的市场法治环境有利于减少地方政府环境治理中的人力投入，提高环境治理的效率，但会促进地方政府转移更多资源投入环境治理支出的其他项目。

本节创新点有三个方面：第一，从理论上拓展了周黎安（2018）的“官场＋市场”模型，纳入了公众参与和制度环境两个因素，发展出了“官场＋市场＋公众”的地方环境治理理论框架；第二，不同于目前多数环境经济学的研究范式——环境规制如何影响经济增长和环境质量，本节考察绩效考核、市场法治环境和公众监督在政治锦标赛框架下如何影响地方政府的环境治理行为；第三，本节不仅系统地比较了环境绩效考核前后地方政府的环境治理模式的差异，而且研究了在环境绩效考核开始后，经济和环境绩效考核对地方政府环境治理的影响，以及两种考核的交互效应。

8.5.2 模型与变量

（1）环境治理模型

根据“市场＋官场＋公众”环境治理理论分析，地方政府的环境治理受到经济绩效考核、环境绩效考核、公众参与和市场法治环境的四重影响，笔者建立相应的模型如下：

$$gov_{i,t}=\beta_1 rgdp_{i,t-1}+\beta_2 rgdp_{i,t-1}\times t_{2006}+\beta_3 market_{i,t}+\varphi P_{i,t}+\rho X_{i,t}+\eta_i+\lambda_t+\varepsilon_{i,t} \tag{8.12}$$

其中，$gov_{i,t}$ 为第 i 个省（区、市）第 t 年反映政府环境治理的投入型指标，$rgdp_{i,t-1}$ 为上一年度该地区相对经济绩效（地区 GDP 增长率减去全国平均增长率）[①]，t_{2006} 是环境绩效考核的虚拟变量，因为 2006 年环境绩效开始纳入

① 地方官员通常会在一年结束之后才能得到当年经济绩效的排名情况，由此来决定下一年的环境治理行为。因此，本节选择滞后一期的核心解释变量 $rgdp_{i,t-1}$ 和 $rgdp_{i,t-1}\times t_{2006}$ 来衡量这一影响，同时采用前定变量也有利于缓解模型的内生性问题。

地方政府考核内容（2006 年及以后值为 1，2006 年之前为 0），$market_{i,t}$ 反映市场法治环境，$P_{i,t}$ 反映公众参与环境治理的指标；$X_{i,t}$ 为控制变量，衡量了影响政府环境治理行为的其他因素，主要包括官员个人特质，影响公众参与环境治理的因素以及一些社会经济指标，η_i 为地区固定效应①，λ_t 为时间固定效应，$\varepsilon_{i,t}$ 是随机扰动项。系数 β_1 反映了环境绩效考核开始前经济绩效对于政府环境治理行为的影响，$\beta_1+\beta_2$ 反映了环境绩效考核开始后经济绩效对于政府环境治理行为的影响，而 β_2 衡量了两者的差异。向量 φ 的各个分量反映了公众参与环境治理的不同方式对政府环境治理行为的影响。

笔者还构造了减排绩效指标 $renergy_{i,t-1}$ 替代模型（8.12）中的环境考核虚拟变量 t_{2006}，进而更加精准衡量相对经济绩效对政府环境治理的影响，并借此分析两种绩效考核之间的交互影响，改进模型为：

$$gov_{i,t} = \beta_1 rgdp_{i,t-1} + \beta_2 rgdp_{i,t-1} \times renergy_{i,t-1} + \beta_3 renergy_{i,t-1} + \beta_4 market_{i,t} + \varphi P_{i,t} + \rho X_{i,t} + \eta_i + \lambda_t + \varepsilon_{i,t} \quad (8.13)$$

这里，系数 β_1 表示当地区环境绩效等于全国平均水平时，经济绩效（GDP 增长率）对环境治理投入的效应；β_3 表示当地区经济绩效等于全国平均水平下，环境绩效（GDP 能耗下降率）对环境治理投入的效应；β_2 表示经济绩效和环境绩效对环境治理的交互效应。其他变量系数与模型（8.12）相同。

（2）变量界定及数据

①环境治理变量：环保人力投入、环保财政支出及其占比

目前文献衡量政府的环境治理水平主要采用了两大类指标：投入型和绩效型（郑思齐等，2013；于文超等，2014）。本节的目的是探究地方政府的环境治理行为，因此选择的是投入型指标。目前学者多选择环境污染治理投资总额作为衡量政府环境治理投入的指标，但是环境污染治理投资总额所包含的三个项目（城市环境基础设施建设投资、建设项目“三同时”环保投资和工业污染源治理投资）存在统计范围上交叉、时间不一致等问题（逯元堂等，2010），而且

① 考虑到样本数量有限（480 个），故笔者没有控制省（区、市）固定效应，而是将 30 个省（区、市）分为东部、中部和西部地区，控制地区固定效应。东部地区包括北京、天津、上海、广东、辽宁、江苏、浙江、山东、福建、河北和海南；中部地区包括山西、吉林、黑龙江、安徽、江西、河南、湖北和湖南；西部地区包括四川、贵州、云南、陕西、甘肃、青海、宁夏、重庆、新疆、广西和内蒙古。

“十一五”期间，政府事权的实际环保投资，仅占实际环保投资总额的 16.8%，而企业及其他投资占 83.2%（逯元堂等，2012）。相比之下，节能环保财政支出更能直接体现政府的环境治理投入。由于该数据从 2007 年开始才有单独的统计报告，利用环境财政支出占比以及环保机构人均环保财政支出，笔者推算了 2007 年之前的环保财政支出数据。除此之外，本节还选择各地区环保机构人员总数作为衡量地方政府的环境治理行为的另一项指标，因为政府的环境监管与治理无疑需要相应的人员来执行，地区环保机构人员的数量可以作为衡量地方政府环境监管与治理的投入型指标。

图 8.14 显示了全国及各地区环保机构总人数和节能环保财政支出的变化趋势。就地区环保机构总人数而言，2006 年之后东部地区环保机构人员总数的增速明显加快，而中部地区的变化总体较为平缓，两者的差距不断变大，西部地区的环保机构总人数显著落后于东部地区和中部地区，其增速在 2011 年之后才有显著变化，其与东部和中部地区的差距在逐渐缩小。就节能环保财政支出而言，2006 年以后三个地区的节能环保财政支出的增速明显加快，东部地区的增速最快，从总量上迅速超过其他地区，而中部和西部地区的增速和总量均较为接近。

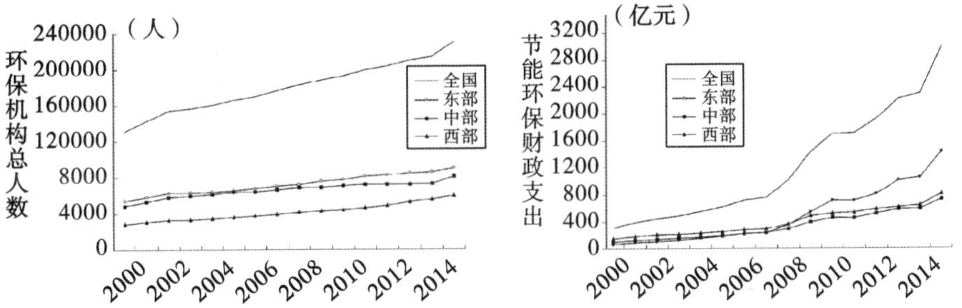

图 8.14　各地区环保机构总人数及节能环保财政支出

②核心变量：绩效考核、市场法治和公众参与

本节的核心解释变量主要包括地方官员的考核指标、公众诉求与市场法治三大指标。

考核指标包括经济绩效和环境绩效。政治锦标赛强调的是相对绩效考核（周黎安，2007），本节选择了地区实际 GDP 增长率与全国平均增长率之差 $rgdp_{i,t}$ 衡量该省（区、市）的相对经济绩效，该值越大表明相对经济绩效越好。如前所述，本节构造了虚拟变量与经济绩效考核的交互项 $rgdp_{i,t} \times t_{2006}$ 来衡量环境绩效考核对经济绩效考核所发挥作用的影响。同时，本节参考齐晔

（2013）和孙伟增等（2014）的研究，选择地区单位 GDP 能耗增长率与全国平均增长率之差 $renergy_{i,t}$ 衡量地区相对环境绩效①，该值越小表明环境绩效越好，反之环境绩效越差。$rgdp_{i,t} \times renergy_{i,t}$ 变量衡量环境绩效与经济绩效对环境治理的交互影响。

公众诉求。公众参与环境治理有两个指标，分别是公众直接参与的环境信访数量 $\ln lvt_{i,t}$（来信总数与来访批次之和）以及有关的环境人大议案和政协提案数量（$\ln rdzx_{i,t}$），反映公众民意的人大议案和政协提案是公众参与环境治理的集中体现，它们一旦通过并上升到法律层面，公众参与环境治理的最终目的就能实现。

市场法治。本节参考樊纲等（2011）和王小鲁等（2019）的研究，利用中国分省（区、市）市场化总指数来表示地区的市场法治环境 $market_{i,t}$②。市场化和法律制度是环境治理的重要工具，是政府治理的补充。

③控制变量：经济状况、污染状况和官员特质

经济发展状况。环境治理的投入跟经济发展阶段和产业结构高度相关，本节用实际人均 GDP（2000 年价格）$\ln gdppc_{i,t}$ 衡量经济发展阶段，用第二产业产值占 GDP 的百分比衡量地区产业结构 $scnd\_pct_{i,t}$。地区人口规模跟环境治理投入关系密切，本节控制了年末人口密度 $popdens_{i,t}$，同时控制 15 至 64 岁人口所占的比重 $age_{i,t}$ 和公众受教育程度 $edu_{i,t}$③ 来反映人口的年龄结构和素质。除此之外，本节还用地区移动电话用户数（$\ln cellphone_{i,t}$）来反映地区的通信水平和信息的可获取程度④。上述数据来自《中国统计年鉴》和 Wind 数据库。

环境污染现状。本节利用单位 GDP 污染物排放量来衡量地区的环境污染状况，如单位 GDP 烟尘和粉尘排放量（吨/万元）$smoke_{i,t}$、单位 GDP 二氧化硫

---

① 根据齐晔（2013）和孙伟增等（2014）的研究结果，中央政府在“十一五”规划中将节能目标列为“约束性指标”，并确立了节能目标责任制，在地方官员的考核计分表中，单位 GDP 能耗是核心考核指标，约占到 40% 的比重，而且各类污染物排放量与单位 GDP 能耗高度相关。因此，本节并没有再采用其他污染物（单位 GDP）排放量作为环境绩效指标。

② 由于樊纲等（2011）和王小鲁等（2019）两份市场化报告中的市场化指数采用的基期不同，前者以 2001 年为基期，后者以 2008 年为基期，本节将后者换算为了以 2001 年为基期的数据。

③ 本节参考郑思齐等（2013）的研究，用普通高等学校在校学生数占省（区、市）总人口的比重来衡量公众的受教育程度。

④ 由于移动电话数量 2000 年的数据缺失，本节采用两者 2001 年至 2003 年的平均增长速度倒推 2000 年的数据。

排放量（吨/万元）$SO_{2i,t}$ 以及单位 GDP 废水排放量（吨/万元）$water_{i,t}$。如图 8.15 所示，我们可以发现在 2006 年之后，三种污染物的排放强度显著下降，尤其是单位 GDP 二氧化硫排放量下降很快，这可能与环境绩效考核中设置了二氧化硫排放量的约束性指标密切相关。

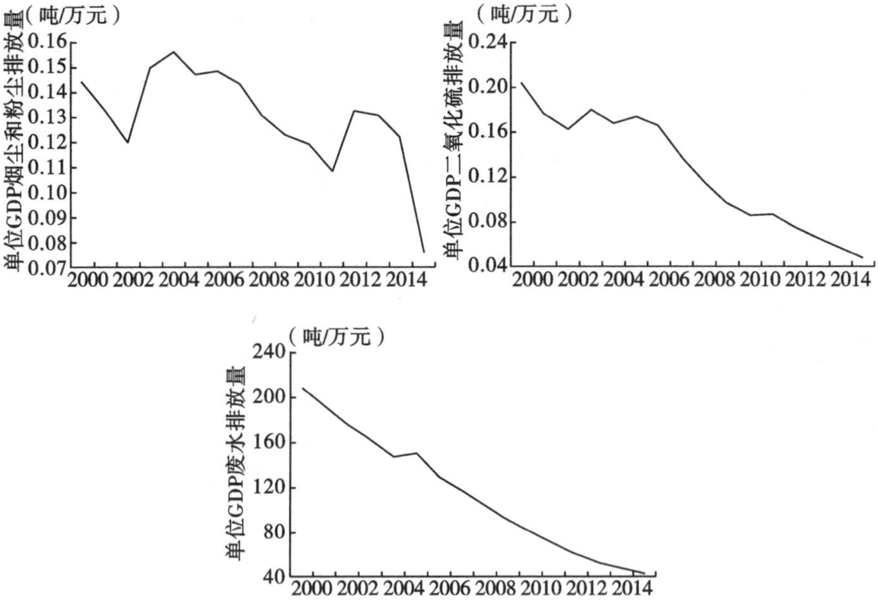

图 8.15　全国单位 GDP 污染物排放量变化趋势

官员个人特质。地方官员的个人特质会对地方的经济增长和环境治理等方面产生重要影响（徐现祥和王贤彬，2010）。本节仅考虑了省委书记的任职年限（$tenure_{i,t}$）和是否达到 65 岁（$age65_{i,t}$）两大主要因素，因为这两大主要因素对地方政府的环境治理行为的影响更为显著（于文超等，2014；Shi & Xi，2018）。对于在一年中的 1 至 6 月上任的省委书记，本节将该年记为该官员在该省份任职的开始年份；对于在一年中的 7 至 12 月上任的，我们将该年的下一年记为该官员在该省份任职的开始年份，相应的变量也按照这个方法赋值。省委书记的数据来自中国政治精英数据库（CPED）（Jiang，2018）。

本节使用的数据取自 2000 年至 2015 年中国 30 个省、自治区和直辖市（不含西藏和港澳台地区）的面板数据，表 8.16 列出了各原始变量（未取对数，采用 2000 年的价格）的统计描述。

表 8.16 原始变量的描述性统计

变量	单位	样本数	均值	标准差	最小值	最大值
环保机构总人数（*epeople*）	人	480	5929.34	4496.4	538	27017
节能环保财政支出（*ebudget*）	亿元	480	55.7	55.37	0.97	335.3
环保支出占比（*enbr*）	%	480	3.28	1.73	0.43	9.77
相对经济绩效（*rgdp*）	%	480	1.805	2.010	−4	12.40
是否有环境绩效考核（t_{2006}）		480	0.625	0.485	0	1
相对环境绩效（*rpol*）	%	480	−1.274	5.90	−28.9	66.10
环境信访数量（*lvt*）	件	480	28823	32002	398	286731
人大议案和政协提案数（*rdzx*）	件	480	446	328	28	2471
省委书记年龄 65 岁及以上（*age*65）		480	0.073	0.260	0	1
省委书记的任期（*tenure*）	年	480	4.41	2.8	1	15
公众的受教育程度（*educ*）	%	480	1.417	0.72	0.224	3.56
移动电话用户数量（*cellphone*）	万户	480	2314.7	2556.6	13.76	16675
年轻人所占的比重（*prop_yng*）	%	480	72.88	3.84	63.46	83.85
实际人均 GDP（*gdppc*）	万元	480	2.31	2.05	0.276	12.6
人口密度（*popdens*）	人/平方公里	480	396.2	474.5	7.2	2940
产业结构（*scnd_pct*）	%	480	39.202	7.99	13.12	53.04
市场化指数（*market*）		480	7.0	2.45	2.37	14.34
单位 GDP 废水排放量（*water*）	吨/万元	480	11.427	8.337	0.658	47.09
单位 GDP 二氧化硫排放量（SO_2）	吨/亿元	480	125.0	117.8	1.6	640.5
单位 GDP 烟尘和粉尘排放量（*smoke*）	吨/亿元	480	110	124.6	0.95	875.6
公路“密度”（*road*）	千米/万公顷	480	65.76	42.51	2.08	170.8

(3) 内生性及其处理

模型（8.11）和（8.12）是本节的基准回归模型，但经济绩效变量可能存在内生性问题。首先是相对经济绩效和政府的环境治理行为可能存在双向因果关系，根据“官场＋市场＋公众”环境治理模型，政府的环境治理行为会受到其经济绩效考核结果的影响，同时其环境治理行为（如放松或强化环境监管等）反过来也可能会影响其经济绩效，尤其是那些以高污染工业为主要产业的地区。

本节在模型中选择了滞后一期的经济绩效 $rgdp_{i,t-1}$ 作为解释变量，这有利于缓解反向因果关系问题。除此之外，基准回归方程可能会遗漏与相对经济绩效有关的变量，如各省（区、市）的资源禀赋和技术水平等。

为此，本节使用工具变量法重新估计基准回归模型。不同的被解释变量选择不同的工具变量：当被解释变量是地区环保机构总人数 $\ln epeople_{i,t}$ 时，选择滞后两期的公路“密度” $\ln road_{i,t-2}$ 和滞后三期的经济绩效 $rgdp_{i,t-3}$ 作为相对经济绩效 $rgdp_{i,t-1}$ 的工具变量，将工具变量与虚拟变量 t_{2006} 的交互项 $edu_{i,t-2}\times t_{2006}$、$rgdp_{i,t-3}\times t_{2006}$ 和 $\ln road_{i,t-2}\times t_{2006}$ 作为 $rgdp_{i,t-1}\times t_{2006}$ 的工具变量，将工具变量与相对环境绩效 $renergy_{i,t-1}$ 的交互项作为 $rgdp_{i,t-1}\times renergy_{i,t-1}$ 的工具变量。

公路“密度” $road_{i,t}$ 的定义是该省（区、市）公路里程数（km）除以该省（区、市）的行政区划面积（万公顷），这是一个外部的工具变量，由于公路的建设往往提前规划很多年，很少会及时调整，而且其作为重要的基础设施会影响经济绩效（樊纲等，2011；申萌等，2012），但又与当前的环保机构总人数之间没有直接关系，满足外生性的要求。

将滞后三期的经济绩效 $rgdp_{i,t-3}$ 作为工具变量的理由有两个：第一，省委书记和省长的任期通常为 3 到 5 年，滞后三期内的经济绩效可能属于上一任省委书记任内的成果，其会影响现任的经济绩效①，但又具有一定的外生性；第二，在晋升锦标赛模式下，省级领导人任期内平均经济绩效比其任期内某年的经济年增长率对其晋升发挥的作用更重要（Li & Zhou，2005），滞后三期的经济绩效会影响之后的经济增长，但是对当前政府环境治理行为的影响会较弱，然而滞后一期的经济绩效由于存在心理学上的“近因效应”（Glenberg et al.，1983；Baddeley & Hitch，1993），会对官员的行为造成更大影响。

当被解释变量是节能环保财政支出 $\ln ebudge_{i,t}$ 和环保预算占比 $enbr_{i,t}$ 时，选择滞后两期的公众受教育程度 $edu_{i,t-2}$ 和滞后两期的人均地区生产总值 $\ln gdppc_{i,\ t-2}$ 作为 $rgdp_{i,t-1}$ 的工具变量，将工具变量与虚拟变量 t_{2006} 的交互项作为 $rgdp_{i,t-1}\times t_{2006}$ 的工具变量，将工具变量与相对环境绩效 $renergy_{i,t-1}$ 的交互项作为 $rgdp_{i,t-1}\times renergy_{i,t-1}$ 的工具变量。工具变量发生变化是因为公路

---

① 根据 Li & Zhou（2005）的研究，中央在考核地方官员的经济绩效时，为了消除地区差异对经济增长率带来的影响，会比较同一省（区、市）前后两任官员的经济绩效。

“密度”与节能环保财政支出之间可能存在联立性问题，因为两者都是政府财政支出的重要项目，地方政府在决定两种项目的支出时面临着权衡取舍。因此，我们用滞后两期的人均 *gdp* 替代公路“密度”来反映地区经济的增长潜力，其会影响之后的经济绩效，但由于本节已经控制了当期的人均 GDP，滞后两期的人均 GDP 对当前的节能环保财政支出影响较小，具有一定的外生性。除此之外，公众的受教育程度反映了劳动力的质量，是人力资本的重要内容，而人力资本会对经济增长产生推动作用。本节用普通高等学校在校学生数占省（区、市）总人口的比重来衡量公众的受教育程度，而高等学校的招生人数虽然受到政府政策的影响，但是也有一定的自主性。因此，滞后两期的公众受教育程度会对当前的经济增长产生影响，但对政府的环境保护政策没有直接影响，具有外生性。

8.5.3 实证结果与分析

如前所述，本节选择各地区环保机构人员总数 $\ln epeople_{i,t}$、节能环保财政支出 $\ln ebudge_{i,t}$ 和环保预算占比 $enbr_{i,t}$ 作为衡量政府环境治理投入的三个指标，下面我们将基于虚拟变量模型和连续变量模型考察（经济和环境）绩效考核、市场法治环境以及公众参与三大核心因素对地方政府的环境治理投入的影响。

（1）环境考核为虚拟变量的回归结果

表 8.17 的第 1 列至第 3 列数据分别是采用 LSDV（虚拟变量的最小二乘法）、2SLS（两阶段最小二乘法）和 GMM（广义矩法）对环保人力投入模型的估计结果，第 3 至第 6 列是对环保财政投入模型的估计结果。Hausman 检验的结果表明在 1%的显著性水平下确定为固定效应模型。但是，固定效应估计仍不能完全消除核心变量的内生性，因此，本节采用针对内生性问题的 2SLS 和 GMM 估计模型，也报告了 LSDV 法剔除固定效应的结果。表 8.17 列出了回归结果，我们可以发现以下几个结论。

表 8.17　环境考核为虚拟变量的回归结果

变量	地区环保机构总人数（取对数）			节能环保财政支出（取对数）			节能环保财政支出占比	
	LSDV	2SLS	GMM	LSDV	2SLS	GMM	LSDV	2SLS
rgdp _ 1	−0.050*	−0.102**	−0.098***	−0.051	−0.265***	−0.272***	0.017	−0.591***
	(0.025)	(0.043)	(0.035)	(0.033)	(0.064)	(0.051)	(0.077)	(0.226)

续表

变量	地区环保机构总人数（取对数）			节能环保财政支出（取对数）			节能环保财政支出占比	
	LSDV	2SLS	GMM	LSDV	2SLS	GMM	LSDV	2SLS
$rgdp\_1\times t_{2006}$	0.056^{**}	0.118^{***}	0.117^{***}	0.031	0.314^{***}	0.323^{***}	−0.067	0.740^{***}
	(0.026)	(0.042)	(0.034)	(0.031)	(0.079)	(0.065)	(0.069)	(0.285)
$\ln lvt$	−0.028	−0.062	−0.069	0.008	−0.018	−0.027	−0.131	−0.247
	(0.089)	(0.088)	(0.045)	(0.074)	(0.070)	(0.047)	(0.207)	(0.230)
$\ln rdzx$	0.271^{**}	0.265^{***}	0.267^{***}	0.017	0.031	0.039	−0.163	−0.168
	(0.102)	(0.093)	(0.047)	(0.076)	(0.059)	(0.045)	(0.224)	(0.174)
Market	-0.107^{**}	-0.108^{**}	-0.107^{***}	0.083^{*}	0.058	0.058^{***}	0.284^{**}	0.218^{*}
	(0.050)	(0.045)	(0.021)	(0.044)	(0.037)	(0.022)	(0.132)	(0.119)
常数项	5.273^{**}	4.320^{**}	4.346^{***}	-2.617^{*}	-3.620^{**}	-3.472^{***}	6.365	2.402
	(2.151)	(2.129)	(0.793)	(1.321)	(1.411)	(0.922)	(4.592)	(4.865)
控制变量	√	√	√	√	√	√	√	√
Sargan/Hansen		1.74	1.25		2.63	2.93		3.18
		(0.42)	(0.54)		(0.27)	(0.23)		(0.20)
样本量	450	390	390	450	420	420	450	420
R^2	0.863	0.863	0.863	0.884	0.835	0.832	0.650	0.507

注：LSDV和2SLS的回归系数下方的括号内的数为聚集到省级层面的稳健标准误，GMM的回归系数下方的括号内的数为稳健标准误；Sargan Test（2SLS）和Hansen Test（GMM）统计量括号里的数为 p 值；*** 表示 $p<0.01$，** 表示 $p<0.05$，* 表示 $p<0.1$；其他控制变量的估计值没有在表中报告，控制变量包括时间和地区固定效应。

①地方经济增长模式发生改变

根据模型估计结果计算，本节绘制了经济绩效和环境绩效对政府环境治理投入的偏效应。图8.16反映了2006年前后经济绩效对政府环境治理投入偏效应的变化。在控制其他条件并考虑内生性问题的情况下，2006年前相对经济绩效 *rgdp* 每提高1个百分点，环保机构人力投入相应地减少约10.2个百分点，经济高速增长背后是环境治理投入的缺失与不足，这印证了周黎安（2007）的观点——围绕GDP排名的竞赛严重挤占了环境保护的资源投入，本节将其称为经济高增长对环境治理投入的挤占效应。环境绩效考核开始后，相对经济绩效与环保人力投入之间关系发生显著的变化，交互项 $rgdp \times t_{2006}$ 的系数为 0.118，且统计上高度显著，表明 2006 年之后相对经济绩效每提高 1 个百分点，环保机构人力资源的投入平均增加约 1.6 个百分点，笔者称之为支撑效应，这意味着高经济增长支撑环保人力的高投入。

同样，我们从环保的财政支出模型的估计也可以发现类似结果，2006 年前，相对经济绩效每提高 1 个百分点，节能环保财政支出减少 26.5 个百分点；2006 年后，相对经济绩效与财政环保支出呈现正相关，相对经济绩效每提高 1 个百分点，环保财政支出平均增加 4.9 个百分点。从环保支出占财政总支出比例来看，2006 年之前，相对经济绩效每提高 1 个百分点，环保财政支出占比下降 0.59 个百分点，但是 2006 年后地区相对经济绩效每提高 1 个百分点，环保支出比例增加 0.15 个百分点，说明经济发展较快地区环保财政支出的绝对数量和占比都上升了。

由此可见，无论从环保人力资源还是财政资源投入角度，中央将生态环境指标纳入地方政府绩效考核已经开始改变地方的环境治理行为，地方政府间的政治锦标赛已经从唯 GDP 论，转变为物质文明与生态文明并重。

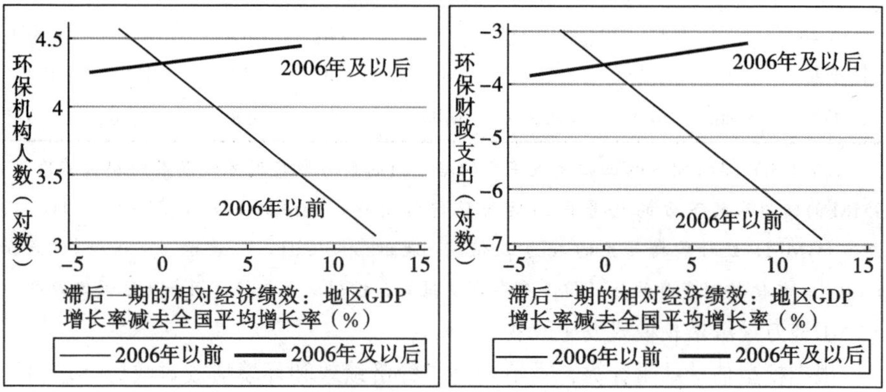

图 8.16　2006 年前后经济绩效对政府环境治理投入的偏效应

②公众参与环境治理的效果逐渐显现，但是不同渠道效果迥异

环境信访制度对地方政府环保人力投入和财力投入在统计与经济意义上均不显著。充分反映民意的人大议案、政协提案对环保人力投入的影响高度显著，人大议案、政协提案增加 1%，环境机构人力投入增加近 0.265%，但对环保财

政投入的影响并不显著。因此，虽然环境信访对地方政府环境治理的直接影响不是很显著，但是反映公众民意的人大议案、政协提案已成为地方环境治理的重要力量。公众参与内容的扩充和渠道的扩展加快了环境治理速度与成效，促使公众从象征参与，到实质参与，再到科学参与的转变是环境治理成功的重要保障（涂正革等，2018）。

③健康的市场法治环境极大减轻环保人力投入

环境治理不仅需要政府“有形手”的直接介入，更需要市场“无形手”的调节和相关法律制度的威慑。表 8.17 的结果显示，在控制其他因素的条件下，反映市场化程度和法治环境的市场化指数每提高 1 个单位，环保机构的人力投入平均减少 10.8%，节能环保财政支出平均增加约 5.8%。良好的市场法治环境使得地方政府治理更加高效，政府与市场的关系也更加健康，这使得地方政府能够转移更多资源投入环境治理支出项目，而非依赖增加环保人力投入展开环境治理。从市场化指数的取值分布看，上海、江苏、浙江和广东四个地区的市场化指数平均值高达 10 以上。这意味着，相对于全国市场化指数的平均值 7 而言，如果保证其他条件不变，市场化指数提高 3 个单位，相对应的是环境机构人力将少投入 33%，环保财政支出将增加 17.4%。从环保预算比例的变化看，市场化指数每提高一个单位，环保预算比例平均增加 0.22 个百分点。因此，营造以法治为核心的健康市场环境是生态文明建设长治久安的基石。

综上所述，在环境绩效考核前，以经济增长为核心的政治锦标赛模式是以环境治理投入低为特征的，经济增长对环境治理投入表现出鲜明的挤占效应；环境绩效考核显著地改变了经济绩效考核对于地方政府环境治理的挤占效应，地方政府开始兼顾经济发展与环境保护，而且这一模式具有动态性，地方政府会根据上一年的经济绩效决定当前的环境治理行为，假设 8.4 的支撑效应得到证实。同时，公众参与对地方政府的环境治理行为逐渐显现积极的影响，人大议案、政协提案对环保人力投入有显著影响，但是对环保财力投入的影响并不显著，环境信访对于地方政府环保人力和财力投入的影响不显著。反映市场法治环境的市场化指数对地方政府的环境治理有显著的影响，市场法治环境的强化显著减少了地方政府在人力上的投入，使得地方政府能够将更多资源投入环境治理支出的其他项目，这表明法治建设和市场化进程对环境治理的意义重大。

（2）环境绩效的连续型变量回归结果

前面通过虚拟变量回归模型，我们发现环境绩效考核改变了以经济绩效考核为核心的政治锦标赛模式，下面本节将利用连续型变量——相对环境绩效 $renergy_{i,t-1}$（地区 GDP 能耗增长率与全国平均增长率之差）替代环境考核虚拟变量 t_{2006}，考察 2006 年以后（环境绩效考核开始后）环境绩效和经济绩效考核对地方政府环境治理行为的交互影响。表 8.18 显示了模型（8.12）的估计结果①，从中我们可得出以下主要结论。

①相对经济绩效对环境治理投入的支撑效应逐渐超过挤占效应

当 GDP 能耗增长率等于全国平均增长率时，经济绩效对地区环保机构人力投入没有显著影响，当 GDP 能耗增长率低于全国平均水平时，经济绩效提高对环境治理人力投入有支撑效应，而当 GDP 能耗增长率高于全国平均水平时，经济绩效提高对环境治理人力投入表现出挤占效应，其大小受到前期相对环境绩效的影响（见表 8.18）。图 8.17（左）显示了在不同环境绩效水平下，经济绩效对地方政府环境治理的偏效应②。例如，当 $renergy=-6$（GDP 能耗增长率低于全国平均水平 6 个百分点），经济绩效对环保人力投入的偏效应高达 6.8%；当 $renergy=5$（GDP 能耗增长率高出全国平均水平 5 个百分点），经济绩效对环保人力投入的偏效应为 −6.4%。这意味着，环境绩效好，经济绩效更支撑未来的环境治理投入。相反，环境绩效差，经济绩效减少未来的环境治理投入，表现出挤占效应。因此，经济绩效对环境治理起到支撑效应还是挤占效应很大程度取决于前期的环境绩效水平。在 2006 年至 2015 年的 300 个样本观测值中，有 62%的样本表现出支撑效应，特别是 2011 年至 2015 年（“十二五”期间）的 150 个样本中，72%的样本表现出支撑效应。由此我们可推断，在环境绩效考核开始后，经济绩效的提升对环境治理的支撑效应逐渐超过挤占效应，也印证了前面虚拟变量回归所得结论。

---

① 由于环境绩效考核从 2006 年才开始，本部分仅适用 2006 年至 2015 年的面板数据。根据第一阶段回归的结果，为了解决潜在的弱工具问题，在本部分当被解释变量为节能环保财政支出 $\ln ebudget_{i,t}$ 和节能环保财政支出占比 $enbr_{i,t}$ 时，仅选择滞后两期的人均国内生产总值 $\ln gdpc_{i,t-2}$ 作为 $rgdp_{i,t-1}$ 的工具变量，将工具变量与相对环境绩效 $renergy_{i,t-1}$ 的交互项作为 $rgdp_{i,t-1}\times renergy_{i,t-1}$ 的工具变量。此时，模型变为“恰好识别”，GMM 还原为 2SLS，无法进行 Sargan 和 Hansen 检验，故不再汇报 GMM 以及 Sargan 和 Hansen 检验的结果。

② 根据模型（8.12），相对经济绩效对地方政府环境治理的偏效应为 $\beta_1+\beta_2\times renergy_{i,t-1}$，相对环境绩效对地方政府环境治理的偏效应为 $\beta_3+\beta_2\times rgdp_{i,t-1}$。

表 8.18　连续型变量的回归结果

变量	地区环保机构总人数（取对数）			节能环保财政支出（取对数）		节能环保财政支出占比	
	LSDV	2SLS	GMM	LSDV	2SLS	LSDV	2SLS
rgdp _1	−0.003	−0.004	0.001	−0.018	−0.032	−0.045	−0.117
	(0.013)	(0.031)	(0.023)	(0.015)	(0.021)	(0.058)	(0.074)
rgdp _1×	−0.004	−0.012**	−0.011**	−0.001	−0.033**	−0.005	−0.103**
renergy _1	(0.003)	(0.005)	(0.005)	(0.003)	(0.016)	(0.007)	(0.050)
renergy _1	0.008	0.022**	0.019**	−0.001	0.058**	0.005	0.188**
	(0.007)	(0.011)	(0.010)	(0.009)	(0.027)	(0.030)	(0.091)
ln*lvt*	−0.083	−0.076	−0.093*	0.089	0.114**	0.112	0.095
	(0.105)	(0.098)	(0.051)	(0.078)	(0.056)	(0.240)	(0.159)
ln*rdzx*	0.235**	0.232**	0.233***	−0.085	−0.104*	−0.426*	−0.576**
	(0.111)	(0.097)	(0.051)	(0.063)	(0.063)	(0.217)	(0.248)
Market	−0.099**	−0.111**	−0.103***	0.058	0.005	0.178	−0.047
	(0.048)	(0.045)	(0.023)	(0.045)	(0.048)	(0.125)	(0.121)
常数项	5.040**	4.413**	4.617***	−3.379**	−4.777***	1.368	−5.140
	(1.873)	(2.022)	(0.851)	(1.239)	(1.549)	(4.052)	(4.752)
控制变量	√	√	√	√	√	√	√
Sargan/Hansen 统计量		3.85 (0.15)	2.50 (0.29)				
样本量	300	300	300	300	300	300	300
R^2	0.864	0.861	0.861	0.871	0.796	0.540	0.232

注：LSDV 和 2SLS 回归系数下方的括号内的数为聚集到省级层面的标准误，GMM 回归系数下方的括号内的数为稳健的标准误；Sargan Test（2SLS）和 Hansen Test（GMM）统计量括号里的数为 p 值；*** 表示 $p<0.01$，** 表示 $p<0.05$，* 表示 $p<0.1$；其他控制变量的估计值没有在表中报告，控制变量包括时间和地区固定效应；模型中的交互项都经过再参数化处理：实际值减去全国平均值。

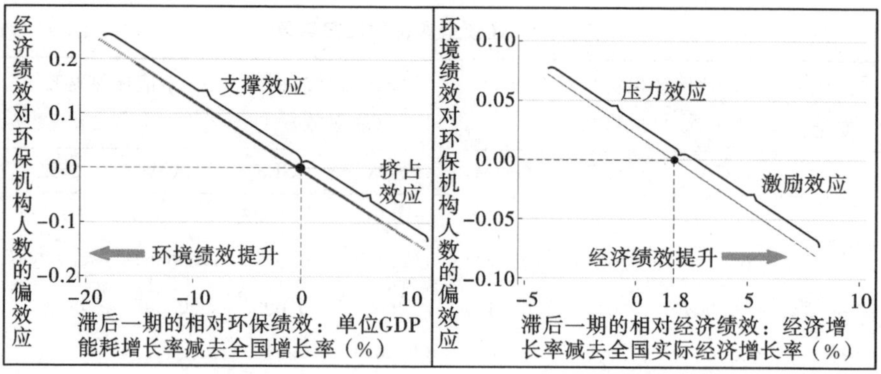

图 8.17　相对经济绩效（左）、相对环境绩效（右）对政府环保人力投入的偏效应

同样，从环保财政支出模型的估计，我们也发现类似结果：当 GDP 能耗增长率等于全国平均增长率时，经济绩效对地区节能环保财政支出及其占比没有显著影响；当 GDP 能耗增长率低于全国平均水平时，经济绩效的提高对环境治理财力投入呈现支撑效应，例如 *renergy*＝－6，经济绩效对节能环保财政支出及其占比的偏效应分别为 16.6%和 0.501 个百分点；而当 GDP 能耗增长率高于全国平均水平时，经济绩效的提高对环境治理财力投入表现出挤占效应，例如 *renergy*＝5 时，经济绩效对地方政府节能环保财政支出及其占比的偏效应分别为－19.7%和－0.632 个百分点。

②相对环境绩效对环境治理投入显现出压力效应和激励效应并存

根据表 8.18 的估计结果，当地方相对经济绩效（经济增长率减去全国平均增长率）低于 1.8 时，环境绩效对地方政府环境治理的压力效应显著，其大小受经济绩效的影响。图 8.17（右）展示了在不同经济绩效水平下，环境绩效对政府环境治理人力投入的偏效应。在地区 GDP 增长率等于全国平均水平的情况下，GDP 能耗增长率每提高 1 个百分点，政府环保治理人力投入额外增加 2.2%，节能环保财政支出平均增加 5.8%，环保支出占财政总支出的比例上升 0.19 个百分点。环境绩效的落后会对地方官员产生压力，促使政府加大环境治理的人力投入。同样，环境绩效对环境治理行为的影响大小也与经济绩效的水平有关：当地方相对经济绩效低于 1.8 时，环境绩效对于环境治理人力投入的压力效应会更大；当相对经济绩效高于 1.8 时，环境绩效对政府环保治理的压力效应转变为激励效应，其激励强度受到前期相对经济绩效的影响。激励效应分为两种：第一种是相对环境绩效的提高（GDP 能耗相对增长率下降）

会带来环境治理更大的投入；另一种是相对环境绩效的下降会降低环境治理投入。例如，当相对经济绩效 $rgdp=5$ 时，GDP 能耗增长率每下降（提高）1 个百分点，政府环保治理人力投入额外增加（减少）3.8%，节能环保财政支出平均增加（减少）10.7%，环保支出占财政总支出的比例上升（下降）0.33 个百分点。

之所以会出现相对经济绩效小于 1.8 时有压力效应，大于 1.8 时有两种激励效应的现象，本节推测这与官员的晋升机制有关。当某地区的经济绩效不高时，需要配合环境绩效，地方官员才能有更大概率得到晋升。当某地区的经济绩效高时，可能出现两种情况：一是"强者愈强"的激励效应，该地区前期的环境绩效好，而且有好的经济绩效作为支撑，地方官员可以在下一期继续追求经济与生态环境的良性互动；另一种是"弱者愈弱"的激励效应，该地区前期的环境绩效虽然相对较差，但是经济绩效十分突出，地方官员可能无需依赖环境绩效，仅凭借优异的经济绩效即可晋升，因为环境绩效对地方领导人晋升的影响没有经济绩效那么显著（孙伟增等，2014），而且加大环保投入会占用原本用于经济发展的相应资源，使得经济增长降速，这对于仍然处于较低发展水平的地区可能影响较大。

③公众参与环境治理的效果增强，而且专业有序渠道的效果更显著

在环境绩效考核开始后，公众参与对地方政府的环境人力投入和财力投入出现完全不同的结果：环境信访数量对环境机构人力具有微弱的负向影响，而对财力投入具有显著的正向影响，环境信访数量每增加 1%，会使得环境机构人力投入下降近 0.09%，节能环保财政支出上升 0.11%。充分反映民意的人大议案、政协提案对环境人力投入有显著的正向，对节能环保财政支出的影响为负，人大议案、政协提案增加 1%，会使得环境机构人力投入增加近 0.23%，使得节能环保财政支出下降 0.1%。

④良好的市场法治环境显著减少了地方政府的环保人力投入，但对环境治理的财力投入影响不显著

与前面虚拟变量回归结果类似，市场化指数每提高 1 个单位，环保机构的人力投入平均减少 10%左右，节能环保财政支出变化不显著。这表明良好的市场法治环境使得地方政府更加高效，能够通过减少冗员以及减少对经济发展的干预，将更多公共资源投入节能环保支出的其他项目。

综上所述，环境绩效考核开始后，经济绩效提升对地方政府环境治理的支撑效应开始显现，这与2006年之前经济绩效对环境治理以挤占效应为主形成鲜明对比，而且随着环境绩效的提升，经济绩效对环境治理投入的支撑效应更加显著。首先，对于经济增长率处于相对平稳的区域，环境绩效考核对环境治理有显著的压力效应，但不可忽视的是，对于经济增长率处于高增长的区域，环境绩效对环境治理显现出两种不同的激励效应。其次，良好的市场法治环境极大地降低了地方政府在人力上的投入，使得地方政府能够更加注重通过其他途径开展环境治理。最后，公众参与对地方政府的环境治理行为的影响更加积极。环境信访对于地方政府财力投入有显著正向影响，人大议案、政协提案对环保人力的投入有显著的正向影响。

（3）**地区异质性分析**

前文我们利用全国的数据分析了地方政府的环境治理行为，但是东部和中西部地区的经济发展阶段是不同的，那些处于发展初期阶段的地区可能仍然采取粗放式的发展模式，需要激励才能改变以往的发展模式，而那些已经进入较高发展阶段的地区，可能会自觉采取更加环保的增长方式。因此，为了分析地区的差异性，我们构造了虚拟变量 $east_{i,t}$（等于1表示是东部地区，否则等于0），并设置其与核心解释变量的交互项，重新估计了模型（8.2），得到如下结论：

①经济绩效和环境绩效对东部地区环境治理人力投入的影响较弱，对中西部地区的影响较强

在东部地区，经济绩效对地区环保机构人数的偏效应受前期环境绩效的影响较弱（见表8.19）。当GDP能耗增长率等于全国增长率时，经济绩效对地区环保机构人力投入有正向影响，但是统计上并不显著，而且滞后一期相对环境绩效对偏效应的影响微乎其微。同样，环境绩效对地区环保机构人数的偏效应也较弱，当前期的经济增长率等于全国增长率时，GDP能耗相对增长率每提高1个百分点，会使得地区环保机构人数下降0.2%，而且经济绩效对偏效应的影响也十分微弱。这表明东部地区环境治理的人力投入受经济和环境绩效考核的影响较小。相反，中西部地区对于经济和环境绩效考核的反应则较强，其结果与全国层面的结果较为类似，不再赘述。

表 8.19　地区差异性分析结果

变量	地区环保机构总人数（取对数）			节能环保财政支出（取对数）			节能环保财政支出占比	
	LSDV	2SLS	GMM	LSDV	2SLS	GMM	LSDV	2SLS
*rgdp*_1	−0.011	−0.016	−0.014	−0.010	−0.041	−0.038*	−0.005	−0.076
	(0.015)	(0.033)	(0.024)	(0.014)	(0.025)	(0.021)	(0.054)	(0.071)
*rgdp*_1×*east*	0.044	0.096	0.087*	−0.025	0.117	0.122	−0.152**	0.126
	(0.029)	(0.071)	(0.049)	(0.021)	(0.111)	(0.080)	(0.067)	(0.235)
*rgdp*_1×*renergy*_1	−0.004	−0.015**	−0.015**	−0.003	−0.015*	−0.015**	−0.012	−0.059**
	(0.003)	(0.006)	(0.006)	(0.004)	(0.008)	(0.007)	(0.008)	(0.024)
*rgdp*_1×*renergy*_1×*east*	0.001	0.014**	0.014*	0.008	0.041	0.058**	0.027	0.109*
	(0.005)	(0.006)	(0.007)	(0.007)	(0.030)	(0.024)	(0.021)	(0.059)
*renergy*_1	0.007	0.026**	0.023**	0.006	0.025	0.023	0.028	0.109**
	(0.006)	(0.012)	(0.011)	(0.009)	(0.016)	(0.016)	(0.032)	(0.047)
*renergy*_1×*east*	−0.003	−0.028**	−0.025	−0.032	−0.098**	−0.126***	−0.097	−0.257**
	(0.013)	(0.016)	(0.016)	(0.021)	(0.055)	(0.042)	(0.068)	(0.118)
常数项	4.89**	4.087*	4.429***	−3.146**	−3.324**	−3.001***	2.364	0.439
	(1.974)	(2.189)	(0.905)	(1.244)	(1.402)	(0.888)	(3.926)	(3.811)
控制变量	√	√	√	√	√	√	√	√
Sargan/Hansen		3.95	2.35		5.5	2.51		6.94
		(0.4)	(0.67)		(0.24)	(0.64)		(0.14)
样本量	300	300	300	300	300	300	300	300
R^2	0.866	0.857	0.858	0.875	0.843	0.832	0.563	0.476

注：LSDV 和 2SLS 回归系数下方的括号内的数为聚集到省级层面的标准误，GMM 回归系数下方的括号内的数为稳健的标准误；Sargan Test（2SLS）和 Hansen Test（GMM）统计量括号里的数为 p 值；*** 表示 $p<0.01$，** 表示 $p<0.05$，* 表示 $p<0.1$；其他控制变量的估计值没有在表中报告，控制变量包括时间和地区固定效应。

②经济绩效和环境绩效对东部地区环境治理财政投入的影响与中西部地区截然相反，经济绩效的支撑效应和环境绩效的激励效应在东部地区更明显

首先，在东部地区，虽然经济绩效对地方环境治理的财政投入偏效应仍然受前期环境绩效水平的影响，但是环境绩效越差，经济绩效对下一期环境治理投入的支撑效应越强，而环境绩效越好，支撑效应越弱，这与中西部地区截然相反。例如，当 *renergy*＝2（GDP 能耗增长率比全国高两个百分点）时，在东部地区，经济绩效对节能环保财政支出的偏效应高达 12.8%，表现为支撑效应；而在中西部地区，经济绩效对节能环保财政支出的偏效应则为－7.1%，表现为挤占效应。节能环保财政支出占比的估计结果较为类似。这表明东部地区已经进入经济发展与环境保护良性互动的阶段，而中西部地区仍然存在“两极分化”的现象：前期环境绩效越好，经济发展对环境治理的支撑作用越明显，前期环境绩效越差，经济发展对环境治理的挤占效应越强。

其次，在东部地区，环境绩效对地方节能环保财政支出的压力效应与激励效应并存，但是两种效应出现的情况与中西部地区恰好相反，而且东部地区以激励效应为主，中西部地区以压力效应为主。根据表 8.19 的估计结果，当地方相对经济绩效（经济增长率减去全国增长率）低于 2.8 时，环境绩效对地方政府环境治理的激励效应显著，其大小受前期的经济绩效影响。激励效应同样分为两种：第一种是相对环境绩效的提高（GDP 能耗相对增长率下降）会带来环境治理更大的投入；另一种是相对环境绩效的下降会降低环境治理投入。当相对经济绩效高于 2.8 时，环境绩效对地方政府环境治理的压力效应显著，其大小受经济绩效的影响。但是，在 2006 年至 2015 年 110 个东部地区样本中，仅有 17 个相对经济绩效高于 2.8，因此环境绩效对东部地区环境治理主要表现为激励效应。环境绩效对中西部地区的影响类似于全国层面回归的结果，当地方相对经济绩效（经济增长率减去全国增长率）低于 1.7 时，环境绩效对地方政府环境治理的压力效应显著，当其高于 1.7 时，环境绩效对地方政府环境治理的激励效应显著。并且在 2006 年至 2015 年 190 个中西部地区样本中，仅有 72 个相对经济绩效低于 1.7，因此，环境绩效对中西部地区的环境治理主要表现为压力效应。

东部和中西部地区的差异可能和其发展阶段有关，中西部地区经济发展较为落后，技术水平不高，发展经济满足广大人民群众的基本需求为主要任务，因此可能会采取牺牲环境的粗放式发展模式，而东部地区已处于较高的发展阶段，追求高质量发展成为主要基调。

8.5.4 本节小结

笔者运用2000年至2015年中国省级层面的面板数据，基于三方共治的环境治理模型，分别利用固定效应模型和工具变量法估计了绩效考核、市场法治以及公众参与对地方政府环境治理行为的影响，并利用近乎外生工具变量法进行了稳健性检验。我们可以发现：

（1）环境绩效纳入地方政府考核显著地改变了以GDP增长率为核心的政治锦标赛模式，经济发展对地方环境治理投入的挤占效应逐渐变为支撑效应

2006年及以前经济绩效每提高1个百分点，环保机构人力投入相应地减少10.2个百分点，节能环保财政支出减少26.5个百分点，环保财政支出占比下降0.59个百分点。2006年之后经济绩效每提高1个百分点，环保机构人力资源的投入平均增加1.6个百分点，环保财政支出平均增加4.9个百分点，环保支出比例增加0.15个百分点。因此，政治锦标赛竞赛标准的变化，导致地方政府间围绕GDP增长率的竞赛从挤占与弱化环境治理投入，转变到支撑与促进环境治理的投入。

环境绩效考核开始后，经济绩效对地方政府环境治理的支撑效应逐渐超过挤占效应，其程度取决于前期的环境绩效水平；环境绩效对地方政府环境治理的压力效应与激励效应并存，其大小受前期经济绩效水平的影响。首先，经济绩效对地方政府环境治理的影响表现为支撑效应和挤占效应，当单位GDP能耗增长率等于全国平均增长率时，经济绩效对地区环保机构人力投入没有显著影响，当单位GDP能耗增长率低于全国平均水平时，经济绩效提高对环境治理人力投入有支撑效应，当单位GDP能耗增长率高于全国平均水平时，经济绩效提高对环境治理人力投入有挤占效应，其大小受到前期相对环境绩效的影响。这意味着，环境绩效好，经济绩效支撑下一期的环境治理投入；相反，环境绩效差，经济绩效减少下一期的环境治理投入，表现出挤占效应。其次，环境绩效对地方政府的环境治理表现为压力效应和激励效应。当地方相对经济绩效（经济增长率减去全国增长率）低于1.8时，环境绩效对地方政府环境治理的压力效应显著，其大小受经济绩效的影响。当相对经济绩效高于1.8时，环境绩效对政府环保治理的压力效应转变为激励效应，其激励强度受到前期相对经济绩效的影响。激励效应分为两种：第一种是相对环境绩效的提高（单位GDP能耗相对增长率下降）会带来环境治理更大的投入；另一种是相对环境绩效的下降会降低环境治理投入。

公众参与环境治理在一定程度上能够促进地方政府的环境治理行为，但是不同的参与途径所起到的作用不同。作为公众参与环境治理的环境信访制度对地方政府环保人力投入在统计和经济意义上均不显著，在环境绩效考核开始后对地方政府的节能环保财政支出有显著的正向影响，相应弹性值为 0.11。充分反映民意的人大议案、政协提案对环保人力投入的影响高度显著，人大议案、政协提案增加 1%，环境机构人力投入增加近 0.265%，但对环保财政投入的影响并不显著。

市场法治环境能显著减少地方政府的环保人力投入，并促使地方政府拨出更多资源投入环境治理支出的其他项目。反映市场化程度和法治环境的市场化指数每提高 1 个单位，环保机构的人力投入平均减少 10.8%，节能环保财政支出平均增加 5.8%。

东部和中西部地区的环境治理模式存在显著差异。这表现在两个方面：首先，经济绩效和环境绩效对东部地区环境治理人力投入的影响较弱，对中西部地区的影响较强；其次，经济绩效和环境绩效对东部地区环境治理财政投入的影响与中西部地区截然相反，经济绩效的支撑效应和环境绩效的激励效应在东部地区更明显。

本节研究对于促进地方政府治理环境，剖析我国环境治理机制的内核具有一定的启示意义。通过对地方官员绩效考核标准的修改，推动中国经济快速发展的政治锦标赛模式也能够促进地方政府的环境治理行为。但是我们要看到，这种改革也有负面作用，随着考核内容的逐渐增多，指标体系的愈发复杂，激励效果将随之降低，而且由于地方政府资源和注意力的有限性，各地区不同的区位特征，以及地方领导人不同的施政偏好，不同地区可能在众多考核项目中作出不同的权衡取舍，进而影响政策的实际效果。更为长远的解决方法是营造良好的市场法治环境，厘清政府与市场的关系，加强相关制度建设，同时让社会公众更多地参与地方环境治理，使其发挥更大的作用。例如更好地发挥人大和政协在监督与问责地方官员方面的职能，鼓励社会公众更多地参与政府决策，在决策过程中更多地吸纳民意，并增强大众传媒对于地方政府和企业的监督作用等。

8.6 本章小结

生态文明建设是关系人民福祉、关乎民族未来的大计，是实现中国梦的重要内容。中国在过去四十年里工业化进程不断加速，短短几十年的时间便达到了西方发达国家一两百年才达到的工业化程度。但经济快速发展的背后，中国正面临着巨大的、多方面的环境挑战，能源结构粗放、能源消耗不断上升，环境问题日趋严重。因此，为改善生态环境综合质量，让良好生态环境成为可持续发展的支撑，实现生态环境保护和绿色发展双赢，中国亟须在完善环境治理体系、创新环境政策工具上持续下足功夫。

为避免环境继续恶化，中国政府很早就通过试点实验的方式，采取命令-控制型的行政手段对重点地区、重点领域的环境问题进行治理。1998 年政府开始对重点城市和地区的二氧化硫排放进行管控，而后将二氧化硫和酸雨污染控制纳入了国家“十五”计划和“十一五”规划之中。“两控区”涵盖了 175 个地级以上城市和地区。又从 2005 年开始，“十一五”规划将二氧化硫减排目标完成情况纳入官员晋升考核的评价指标，通过对政府官员施压以加大环境规制力度。作为中国典型的行政命令型环境规制手段，“两控区”政策在控制地区内实行了非常严格的管制措施，同时提供了制度环境、监督环境和经济环境的保障。

除了政府直接干预外，借助市场的力量来探究环境治理也是必不可少的环节，中国在 2007 年开始试点碳排放交易制度。然而需要指出的是，中国的市场化道路正处于起步阶段，很多时候，市场化的实践都是在“摸着石头过河”。因此，也有一部分学者认为，普通民众对清洁空气的需求并不像发达国家那样有效地影响企业或者个体的行为决策。而如果公众或者整个社会对清洁环境的重视程度都比较低，那么市场化手段在环境治理方面的效果往往不够理想。

基于以上现实问题，本章首先利用固定效应模型和工具变量法估计了绩效考核、市场法治以及公众参与对地方政府环境治理行为的影响。其次使用 1994 年至 2015 年中国地级及以上城市数据，运用倍差法分别识别代表命令-控制机制与市场化手段的“两控区”政策和二氧化硫排放权交易试点政策，对工业经济“量”和“质”以及绿色创新的影响。最后在企业微观层面比较了政府“威逼型”“两控区”政策和市场“利诱型”二氧化硫排放权交易政策的净效应和组合效应，以厘清中国高污染企业的真正减排诱因，同时分析了两类环境规制政策对于制造业企业经济总量和经济质量的影响，探寻了环境与经济协调发展的环境治理路径。

此外，在本章的研究中笔者构建了三方共治的环境治理体系，并通过实证检验发现，公众参与环境治理在一定程度上能够促进地方政府的环境治理行为，但是不同的参与途径所起到的作用不同。作为公众参与环境治理的环境信访制度对地方政府环保人力投入的影响在统计和经济意义上均不显著，在环境绩效考核开始后，对地方政府的节能环保财政支出有显著的正向影响。充分反映民意的人大议案、政协提案对环保人力投入的影响高度显著，环境机构人力投入会随着人大议案、政协提案的增加而增加。这里的启示是，首先，中国环境政策的制定者在运用命令控制型工具的时候，可以考虑积极引导公众参与环境治理。这样的基于三方共治的环境治理政策设计比单纯的命令型环境政策的效果更好。其次，公众对环境治理的参与会增加政府的压力，如大众传媒的曝光、环境信访、人大议案和政协提案等，都会影响政府的环境治理行为。最后，公众参与也会对企业产生一定的影响。这部分的影响可以分为两个方面：一方面，公众的参与直接影响了企业的环保行为——公众参与会给企业带来压力——如大众媒体对企业环境污染的曝光会使其声誉受到损害，进而促进其纠错行为；另一方面，间接影响是通过行政干预机制，促使监管机构使用行政手段来强化监督执法。

基于以上的分析，我们的基本结论是，在三方共治的大背景下，一方面需要提高公众的有序参与度，因为公众参与不仅是实现民主和实施“善治”的有效方式，也是环境治理工具的重要补充，更是实现环境公平诉求的有效途径。这要求营造良好的市场法治环境，厘清政府与市场的关系，加强相关制度建设，让社会公众更多地参与地方环境治理，使其发挥更大的作用。例如更好地发挥人大和政协在监督与问责地方官员方面的职能，鼓励社会公众更多地参与政府决策。政府在决策过程中更多地吸纳民意，并增强大众传媒对于地方政府和企业的监督作用等。而另一方面，在中国工业企业绿色转型与中国工业经济的高质量发展的进程中，命令型手段和市场化手段相结合是大势所趋。从长远来看，组合两类环境政策虽然会显著降低工业经济的“质”，但能在很大程度上提升大气污染防治发明专利数，改善绿色创新质量，并且这种组合调控的方式也避免了企业生产效率的下降。组合两类环境政策的同时，应考虑因地制宜，对不同地区实施差异化、适宜的环境政策，对北方城市应当多鼓励市场化手段，对南方城市则鼓励命令-控制机制，以使政策发挥出最大效果。

第 9 章　研究结论、政策启示与研究展望

9.1　研究结论

为系统性研究绿色与发展融合的机制、路径和政策体系，本研究首先梳理了绿色发展的内涵、绿色与发展融合的理论逻辑，接着测度了绿色与发展的融合程度，然后依次评估了节能减排目标、中央环保督察、环境激励政策、公众参与型环境政策等典型政策对绿色发展的影响，以及命令-控制型、市场引导型、公众参与型三类环境政策之间的组合效应。研究所得的主要结论如下：

（1）绿色与发展的融合程度虽然整体向好，但在地区间存在较大差异，为促进融合，需因地制宜、因时制宜地选择绿色发展路径

本研究引入内生方向性距离函数，测度了中国省级和市级工业绿色发展效率、绿色全要素生产率增长，并使用 Dagum 基尼系数进行了区域差异性分析。具体地，整体趋势方面，绿色全要素生产率逐年增长，并在 2012 年开始新旧动能转化，绿色动能、绿色技术进步分别逐步替代发展动能、发展技术进步，成为绿色全要素生产率增长的新动能。区域差异方面，无论是绿色发展效率、绿色全要素生产率增长的绝对值，还是绿色全要素生产率增长的动力源泉，在省(区)、城市之间均存在显著差异，特别是将省（区、市）分为 8 个经济区，将城市分为十九大城市群进行比较后，我们会发现这些差异主要来自组间。发展路径选择方面，本研究引入内生方向性距离函数，在社会福利最大化目标下构

建了一个统筹分析经济增长和污染减排关系的新框架，并分别测度出各省(区)、各城市绿色发展的差异化道路及其经济环境效应。研究发现，为促进绿色与发展更好融合，东部地区应侧重于污染减排，中西部地区应侧重于经济增长，统筹增长与减排所得到的绿色发展方向，相比于国家规划导向更能激发出“绿色潜能”。

（2）节能减排目标是促进绿色与发展融合的重要手段，但在推动区域高质量协调发展方面还有待优化

本研究通过梳理中央下达、地方提出的节能减排目标，分别从污染减排、经济增长、区域协调三个方面，评估节能减排目标对绿色发展的影响。具体地，污染减排方面，各城市在政府工作报告中所反映的环保目标要求，会显著降低企业二氧化硫排放量，促进其向绿色低碳转型。“十一五”自上而下的约束性减排目标，对全行业和工业二氧化硫排放量均呈现显著的减排效应，有助于地方绿色发展。经济增长方面，利用DEA模型模拟，我们发现，适度的总量减排目标政策能实现经济与环境的双赢，而且随着技术水平的提升，工业增长能承受更高的减排目标约束，这说明“双碳”目标具有可行性。区域协调方面，“十一五”自上而下的节能目标，具有向经济欠发达地区配置更多能源要素的偏向性特征，该政策没能促进区域经济协调发展，反而显著抑制了节能目标较低地区企业总产值的平均增长。

（3）中央环保督察是促进绿色与发展融合的重要抓手

本研究通过对中央环保督察，以及其前身区域环保督查的梳理，分别从污染减排与经济增长两个方面，评估中央环保督察对绿色发展的影响。具体地，污染减排方面，笔者首先使用企业数据识别了区域环保督查的减排效应，研究发现该政策虽然显著降低了跨流域边界地区企业的废水排放强度，但是助长了水污染密集型企业和大气污染密集型企业向非跨流域边界地区转移的倾向；然后使用空气质量的日度数据，笔者依次考察了中央环保督察在河北的试点，以及在全国逐步实施的政策效果，研究发现与以往的运动式治理不同，该政策对空气质量具有显著的、长期的正向影响，且没有因为督察组的离开而出现报复性反弹。经济增长方面，使用上市企业的季度数据进行研究，发现中央环保督察政策能通过创新补偿机制改善上市工业企业绩效。

（4）环境激励政策能在一定程度上促进绿色与发展的融合，但需关注对污染密集型行业企业绿色转型的激励

本研究聚焦排污收费、绿色金融、全国文明城市建设等政策，探讨环境激励政策对企业绿色高质量发展的影响。具体地，排污收费方面，笔者使用上市企业数据进行研究，发现二氧化硫排污费征收标准调整对企业绩效造成了显著的负向影响。绿色金融方面，笔者首先使用企业能源环境经济数据，采用 DEA 模型测度企业绿色全要素生产率，发现绿色信贷政策抑制了限制淘汰类企业绿色全要素生产率增长，并促进了鼓励类企业绿色全要素生产率的增长；然后使用上市企业数据，笔者分别采用事件研究法和 OP、LP 方法测度企业的累积超额收益率与全要素生产率增长，发现绿色债券政策通过激发企业绿色创新的方式，显著提升了企业累积超额收益率与全要素生产率增长。全国文明城市建设方面，笔者使用制造业企业污染排放数据，研究发现地方获得全国文明城市称号后，能显著促进企业 COD 减排。

（5）公众参与型环境政策是促进绿色与发展融合的新兴方式，但也需关注对污染密集型行业企业绿色转型的引导

本研究先从理论分析和微观需求两个方面，为公众参与中国环境治理构建理论框架，继而以第三方机构公布的城市污染源监管信息和上市企业环境信息披露评分为代表，考察公众参与对城市和企业绿色高质量发展的影响。具体地，理论框架方面，笔者首先从理论、实践和模式三方面对公众参与中国环境治理进行了逻辑梳理，发现有别于欧美的协商参与，中国环境治理中的公众参与在独特的社会背景下有其独特内涵，公众逐渐由“环境关心”转变到“环境行动”，并发生“象征参与—实质参与—科学参与”的路径转变，公众受教育水平和政府的治理决心是公众参与效率的决定因素；然后，实证发现家庭收入提高能够显著减轻工业粉尘对健康的损害，从需求端为公众参与中国环境治理找到微观证据。政策评估方面，笔者首先分析公共与环境事务研究所和自然资源保护委员会对城市开展的污染源监管信息公开指数评价，发现该评价能促进城市污染减排，但未提升环境技术效率；然后，探讨复旦大学对上市企业开展的环境信息披露水平评价，发现在较低的环境信息披露水平下，第三方机构的评价结果会导致大股东和机构投资者减持，进而使被评价企业的市场价值下降。

(6) 合理组合各类环境政策，是绿色与发展融合的有力保障

本研究分别从政策比较与政策组合两个视角，为构建保障绿色与发展融合的环境治理体系提供理论证据。具体地，政策比较方面，笔者利用“两控区”政策和二氧化硫排放权交易试点政策，从宏微观两个层面比较命令控制型与市场引导型环境政策对绿色发展的影响，研究发现“两控区”政策会通过限制高污染行业企业的发展、激发绿色创新，来实现对工业经济“量”和“质”的双提升。虽然2002年实施的二氧化硫排放权交易试点政策未能推进工业高质量发展，但是2007年实施的二氧化硫排放权交易试点政策能显著降低污染行业企业的污染排放，并未对其产出造成损害。政策组合方面，笔者构建基于“官场、市场和公众”的环境治理框架，实证发现环境绩效纳入官员晋升考核显著地改变了地方政府在政治锦标赛下的环境治理模式，2006年后经济绩效对环境治理投入的支撑效应逐渐超过挤占效应，环境绩效对环境治理投入的压力效应与激励效应并存。公众参与在一定程度上能够促进地方政府的环境治理行为，但专业有序的渠道效果更显著。市场法治环境的改善显著减少了地方政府的环保人力投入。

9.2 政策启示

本研究测度评价了各地区的绿色与发展融合程度，并系统评估了各类环境政策对绿色发展的影响，这不仅为认识绿色与发展融合的机制和路径给出了经验证据，而且为构建绿色与发展融合的政策体系提供了理论依据。主要政策启示如下：

(1) 为促进绿色与发展更好融合，需走一条符合自身情况的因地制宜、因时制宜之路

通过在社会福利最大化目标下构建一个统筹分析经济增长和污染减排关系的新框架，中国工业绿色发展应考虑地区差异，在社会福利最大化下统筹经济增长与污染减排的关系，避免“一刀切”，因地制宜、因时制宜地选择适合本地区当前经济发展阶段的绿色发展路径。具体而言，东部地区应创新绿色技术、开发清洁产品、发展高端制造业、加快产业结构调整升级，中西部地区可以适当承接部分东部转移产业，加大工业发展步伐，迈入发展新阶段。在规划目标上，可以根据国家对经济增长与污染减排的整体需求，适当提高中西部地区的经济增长目标或污染减排目标，加速其经济转型。

（2）重视节能减排目标在资源配置中的经济功能，强化区域之间的合作共赢，激发其推动区域高质量协调发展的作用

通过有关节能减排目标与经济增长、区域协调的研究，我们发现为实现碳达峰与碳中和目标，中国节能减排政策亟须作出有益调整。在设定地方节能目标政策时，在平衡区域经济发展的同时，应更强调各地区的节能潜力，调动经济欠发达地区的生产积极性，更好地激发出绿水青山就是金山银山的双赢发展。在实现“双碳”目标的过程中，要强调地区之间的技术分享和交流，提高分享交流效率，并建立有效的全国碳排放交易市场，培育区域之间稳定的合作共赢机制。

（3）优化中央环保督察制度，使其成为促进绿色与发展融合的长期政策

通过对中央环保督察的系统性评估，我们发现相比于周期较长、市场基础要求高的经济调节手段，严格的环境管制和环境执法对于发展中国家来说尤为重要，尽管环境治理可能带来较大的经济成本，但环境质量的改善有利于促进经济绿色转型、改善民生。具体地，治理环境污染除了依赖科技进步、改善结构等内生手段外，还需要地方政府大力推动，企业配合，公众和媒体共同参与，内外结合、上下共抓才能形成建设生态文明体系的合力。目前，既要完善环保督察“回头看”等长期制度，以降低制度成本并保证效果持续，也要利用好“千里眼”卫星监测等新兴科技手段，辅助环保监测与执法，倒逼企业绿色转型。

（4）强化环境激励政策在激励污染密集型行业企业绿色转型中的作用

通过对排污收费、绿色金融、全国文明城市建设等政策进行评估，我们发现这些政策虽然均能发挥出显著的污染减排效应，但是在促进经济增长方面却表现出截然不同的效果。虽然绿色债券政策能显著提升企业绩效，但是绿色信贷政策、二氧化硫排污费征收标准调整均抑制了污染密集型行业企业的绩效。因此，目前的环境激励政策还有待优化，不能一味限制污染密集型行业企业的发展，更需要激励并支持它们的转型升级，这样才能实现更好的高质量发展。

(5) 加强公众参与型环境政策在引导污染密集型行业企业绿色转型中的作用

通过对公众参与中国环境治理的理论框架构建，以及对第三方机构评估效益的评估，我们发现公众参与型环境政策在促进绿色与发展融合中，发挥着越来越重要的作用，但这些政策均存在不同程度的经济成本。与环境激励政策类似，还需探索公众参与在引导污染密集型行业企业绿色转型中的作用，比如鼓励专业机构积极参与第三方评价，继而引导上市企业重视非财务信息的披露，强化国有大中型企业的环境责任意识，扭转污染密集型行业企业的环保形象，打破污染密集型行业企业就是污染企业的传统观念。

(6) 有机结合命令控制型、市场引导型、公众参与型环境政策，构建各类环境政策优势互补的环境治理体系

通过对命令控制型、市场引导型、公众参与型环境政策的效应比较与组合效应识别，我们发现应实施严格但适度的环境规制，充分发挥好政府行政管制的作用，为市场型工具提供制度保障；坚持市场化改革，不断完善排污权交易制度的建设，降低企业参与交易的各项成本，以吸引更多企业自发参与市场交易；加强环境政策的差异性和针对性设计，根据不同地区的污染程度、市场化程度、执法力度、产业布局和能源结构等因素，找准最佳结合点，制定具有不同特色的环境组合政策。

9.3 研究展望

探讨绿色与发展融合是一个富有价值的系统性巨大工程，囿于数据可获性与研究侧重点的考虑，本研究尚存在诸多不足，未来至少还可以从以下三方面进行完善与延伸。

(1) 拓展到碳中和、碳达峰等重大目标政策的情景分析中

本研究虽然在第 4 章利用 DEA 模型，以总量减排目标为研究情景，模拟分析了“双碳”目标对地区高质量发展的影响，但是考虑到研究内容的侧重点，大量的研究内容还是基于污染减排的背景。因此，未来可以针对国家实现碳中和、碳达峰的政策需要，分析“双碳”目标与绿色发展的融合，比如利用第 3 章构建的统筹经济增长与污染减排分析框架，探索各地区实现“双碳”目标

的差异化路径。

(2) **评估经济政策在促进绿色与发展融合中的作用**

本研究将政策评估限定在环境政策上，事实上很多财政、税收、贸易、货币等经济政策均会影响企业的生产行为，进而对绿色与发展的融合产生影响。因此，我们未来可以梳理会对污染密集型行业企业产生影响的经济政策，评估这些政策在促进绿色与发展融合中的作用，构建更为全面的政策体系。

(3) **挖掘更多有意义的绿色与发展融合机制**

本研究主要从绿色技术创新、融资行为、清洁生产、污染转移、末端治理等方面，探寻绿色与发展融合的宏微观机制，这也是近年来研究文献的主要做法。未来如果想要更深入认识绿色与发展的融合，我们还需要探索更多有意义的机制。

附　　录

附录一

传统方向向量（y，$-b$）的方向性距离函数模型

$$\vec{D}^{t}(x_{k'}^{t}, y_{k'}^{t}, b_{k'}^{t}; g_{y}, -g_{b}) = \max\beta$$

$$s.t.\ \sum_{k=1}^{K} z_{k}^{t} y_{k,m}^{t} \geqslant (1+\beta) y_{k',m}^{t},\ m=1,\cdots,M,$$

$$\sum_{k=1}^{K} z_{k}^{t} b_{k,j}^{t} = (1-\beta) b_{k',j}^{t},\ j=1,\cdots,J,$$

$$\sum_{k=1}^{K} z_{k}^{t} x_{k,n}^{t} \leqslant x_{k',n}^{t},\ n=1,\cdots,N,$$

$$z_{k}^{t} \geqslant 0,\ k=1,\cdots,K$$

附录二

城市绿色发展效率及排名

城市	无效率	发展无效率	绿色无效率	发展无效率贡献率（%）	绿色无效率贡献率（%）	效率排名
深圳	0.000	0.000	0.000	—	—	1
广州	0.093	0.007	0.086	7.8	92.2	2
东营	0.112	0.000	0.112	0.0	100.0	3
茂名	0.115	0.000	0.114	0.4	99.6	4
北京	0.243	0.028	0.216	11.4	88.6	5
海口	0.270	0.047	0.224	17.3	82.7	6
中山	0.281	0.020	0.261	7.1	92.9	7
泰州	0.320	0.016	0.304	5.1	94.9	8
佛山	0.360	0.029	0.332	7.9	92.1	9
杭州	0.365	0.037	0.328	10.0	90.0	10
烟台	0.414	0.022	0.393	5.2	94.8	11
惠州	0.421	0.057	0.364	13.5	86.5	12
上海	0.450	0.003	0.448	0.6	99.4	13
天津	0.465	0.034	0.431	7.4	92.6	14
南京	0.472	0.013	0.459	2.7	97.3	15
长春	0.487	0.022	0.464	4.6	95.4	16
青岛	0.525	0.044	0.481	8.4	91.6	17
威海	0.546	0.049	0.498	8.9	91.1	18
揭阳	0.593	0.134	0.459	22.6	77.4	19
常州	0.599	0.026	0.573	4.3	95.7	20
资阳	0.621	0.171	0.450	27.5	72.5	21
防城港	0.622	0.060	0.563	9.6	90.4	22
南通	0.650	0.063	0.587	9.7	90.3	23
无锡	0.659	0.046	0.613	7.0	93.0	24
三明	0.665	0.162	0.503	24.4	75.6	25
肇庆	0.692	0.265	0.427	38.3	61.7	26
湛江	0.717	0.029	0.688	4.0	96.0	27

续表

城市	无效率	发展无效率	绿色无效率	发展无效率贡献率（%）	绿色无效率贡献率（%）	效率排名
通辽	0.806	0.275	0.531	34.2	65.8	28
宁德	0.820	0.220	0.600	26.9	73.1	29
合肥	0.830	0.086	0.744	10.3	89.7	30
苏州	0.840	0.068	0.772	8.1	91.9	31
随州	0.844	0.262	0.582	31.0	69.0	32
绍兴	0.846	0.066	0.780	7.8	92.2	33
盐城	0.864	0.071	0.793	8.2	91.8	34
扬州	0.866	0.158	0.708	18.3	81.7	35
鹰潭	0.886	0.248	0.639	28.0	72.0	36
珠海	0.900	0.082	0.818	9.1	90.9	37
福州	0.907	0.103	0.804	11.4	88.6	38
阳江	0.928	0.190	0.738	20.5	79.5	39
江门	0.928	0.208	0.721	22.4	77.6	40
黄山	0.937	0.182	0.755	19.4	80.6	41
厦门	0.938	0.084	0.854	9.0	91.0	42
芜湖	0.948	0.103	0.844	10.9	89.1	43
济南	0.950	0.220	0.730	23.2	76.8	44
聊城	0.952	0.174	0.777	18.3	81.7	45
漳州	0.957	0.187	0.770	19.5	80.5	46
舟山	0.962	0.216	0.746	22.5	77.5	47
泉州	0.964	0.183	0.781	19.0	81.0	48
淄博	0.997	0.155	0.842	15.5	84.5	49
淮安	1.020	0.235	0.785	23.1	76.9	50
镇江	1.023	0.198	0.825	19.3	80.7	51
玉溪	1.032	0.181	0.851	17.5	82.5	52
长沙	1.036	0.300	0.736	29.0	71.0	53
清远	1.048	0.396	0.652	37.8	62.2	54
鄂尔多斯	1.052	0.304	0.749	28.9	71.1	55
岳阳	1.055	0.220	0.835	20.9	79.1	56

续表

城市	无效率	发展无效率	绿色无效率	发展无效率贡献率（%）	绿色无效率贡献率（%）	效率排名
潍坊	1.057	0.241	0.816	22.8	77.2	57
湖州	1.062	0.212	0.851	19.9	80.1	58
三亚	1.066	0.627	0.439	58.8	41.2	59
漯河	1.086	0.258	0.829	23.7	76.3	60
武汉	1.089	0.250	0.839	23.0	77.0	61
南充	1.095	0.411	0.685	37.5	62.5	62
宁波	1.097	0.281	0.815	25.7	74.3	63
滨州	1.107	0.263	0.844	23.8	76.2	64
徐州	1.109	0.254	0.855	22.9	77.1	65
临沂	1.112	0.324	0.787	29.2	70.8	66
铜陵	1.118	0.294	0.824	26.3	73.7	67
荆门	1.133	0.333	0.800	29.4	70.6	68
德阳	1.151	0.356	0.796	30.9	69.1	69
四平	1.154	0.526	0.628	45.6	54.4	70
沧州	1.158	0.378	0.780	32.6	67.4	71
自贡	1.165	0.363	0.802	31.2	68.8	72
河源	1.170	0.384	0.786	32.8	67.2	73
连云港	1.173	0.377	0.796	32.1	67.9	74
南平	1.178	0.472	0.707	40.0	60.0	75
廊坊	1.180	0.337	0.843	28.5	71.5	76
沈阳	1.180	0.377	0.803	32.0	68.0	77
台州	1.189	0.411	0.778	34.6	65.4	78
丽水	1.191	0.389	0.801	32.7	67.3	79
日照	1.207	0.394	0.812	32.7	67.3	80
柳州	1.208	0.375	0.833	31.1	68.9	81
德州	1.212	0.374	0.838	30.9	69.1	82
温州	1.216	0.344	0.872	28.3	71.7	83
泰安	1.219	0.447	0.771	36.7	63.3	84
襄阳	1.220	0.462	0.759	37.8	62.2	85

续表

城市	无效率	发展无效率	绿色无效率	发展无效率贡献率（%）	绿色无效率贡献率（%）	效率排名
锦州	1.223	0.376	0.846	30.8	69.2	86
安庆	1.226	0.361	0.865	29.5	70.5	87
石家庄	1.239	0.424	0.815	34.2	65.8	88
许昌	1.252	0.523	0.730	41.7	58.3	89
菏泽	1.253	0.440	0.812	35.2	64.8	90
潮州	1.256	0.482	0.773	38.4	61.6	91
蚌埠	1.256	0.576	0.680	45.9	54.1	92
莆田	1.263	0.415	0.848	32.9	67.1	93
成都	1.273	0.428	0.845	33.6	66.4	94
延安	1.284	0.789	0.495	61.5	38.5	95
东莞	1.284	0.436	0.848	34.0	66.0	96
大庆	1.289	0.778	0.511	60.3	39.7	97
宣城	1.298	0.537	0.761	41.4	58.6	98
盘锦	1.302	0.509	0.792	39.1	60.9	99
宿迁	1.308	0.522	0.786	39.9	60.1	100
马鞍山	1.314	0.472	0.842	35.9	64.1	101
鄂州	1.315	0.465	0.850	35.4	64.6	102
金华	1.317	0.529	0.788	40.2	59.8	103
十堰	1.324	0.593	0.731	44.8	55.2	104
南昌	1.348	0.574	0.774	42.6	57.4	105
龙岩	1.356	0.580	0.776	42.8	57.2	106
大连	1.359	0.548	0.811	40.3	59.7	107
滁州	1.360	0.636	0.725	46.7	53.3	108
庆阳	1.361	0.676	0.684	49.7	50.3	109
郑州	1.364	0.563	0.802	41.3	58.7	110
汕头	1.365	0.565	0.800	41.4	58.6	111
辽阳	1.372	0.517	0.855	37.7	62.3	112
周口	1.383	0.599	0.784	43.3	56.7	113
吉林	1.391	0.570	0.821	41.0	59.0	114

续表

城市	无效率	发展无效率	绿色无效率	发展无效率贡献率（%）	绿色无效率贡献率（%）	效率排名
莱芜	1.416	0.578	0.838	40.8	59.2	115
韶关	1.429	0.679	0.750	47.5	52.5	116
遂宁	1.431	0.550	0.881	38.4	61.6	117
衡水	1.439	0.686	0.752	47.7	52.3	118
唐山	1.440	0.607	0.833	42.2	57.8	119
焦作	1.447	0.672	0.775	46.5	53.5	120
宜昌	1.451	0.644	0.807	44.4	55.6	121
洛阳	1.454	0.698	0.756	48.0	52.0	122
呼和浩特	1.457	0.607	0.849	41.7	58.3	123
绵阳	1.466	0.704	0.762	48.0	52.0	124
通化	1.472	0.650	0.822	44.1	55.9	125
嘉兴	1.486	0.752	0.734	50.6	49.4	126
昆明	1.486	0.649	0.837	43.6	56.4	127
安阳	1.494	0.689	0.805	46.1	53.9	128
松原	1.495	0.839	0.656	56.1	43.9	129
榆林	1.496	0.664	0.832	44.4	55.6	130
北海	1.504	0.811	0.692	53.9	46.1	131
保定	1.524	0.778	0.746	51.1	48.9	132
湘潭	1.536	0.765	0.771	49.8	50.2	133
营口	1.538	0.736	0.802	47.9	52.1	134
常德	1.539	0.750	0.789	48.7	51.3	135
阜阳	1.541	0.776	0.765	50.3	49.7	136
邯郸	1.543	0.728	0.814	47.2	52.8	137
南阳	1.552	0.794	0.758	51.2	48.8	138
郴州	1.552	0.791	0.761	51.0	49.0	139
内江	1.558	0.752	0.806	48.3	51.7	140
巴中	1.561	0.702	0.859	45.0	55.0	141
泸州	1.569	0.788	0.781	50.2	49.8	142
枣庄	1.577	0.867	0.709	55.0	45.0	143

续表

城市	无效率	发展无效率	绿色无效率	发展无效率贡献率（%）	绿色无效率贡献率（%）	效率排名
赣州	1.598	0.773	0.824	48.4	51.6	144
咸宁	1.601	0.961	0.639	60.1	39.9	145
衢州	1.605	0.762	0.842	47.5	52.5	146
三门峡	1.619	0.843	0.776	52.1	47.9	147
抚州	1.627	0.830	0.797	51.0	49.0	148
酒泉	1.642	0.850	0.792	51.8	48.2	149
重庆	1.653	0.876	0.777	53.0	47.0	150
黄石	1.660	0.859	0.801	51.8	48.2	151
包头	1.660	0.805	0.855	48.5	51.5	152
汕尾	1.663	0.950	0.713	57.1	42.9	153
荆州	1.683	0.933	0.750	55.4	44.6	154
眉山	1.686	0.961	0.725	57.0	43.0	155
巴彦淖尔	1.698	0.861	0.837	50.7	49.3	156
抚顺	1.705	0.857	0.847	50.3	49.7	157
新乡	1.711	1.037	0.674	60.6	39.4	158
嘉峪关	1.724	0.904	0.820	52.4	47.6	159
黄冈	1.727	0.965	0.762	55.9	44.1	160
秦皇岛	1.727	0.887	0.841	51.3	48.7	161
商丘	1.749	1.011	0.738	57.8	42.2	162
承德	1.751	0.888	0.863	50.7	49.3	163
西安	1.751	1.021	0.730	58.3	41.7	164
九江	1.756	1.002	0.755	57.0	43.0	165
梧州	1.761	0.960	0.801	54.5	45.5	166
济宁	1.762	0.975	0.786	55.4	44.6	167
衡阳	1.773	0.970	0.803	54.7	45.3	168
信阳	1.775	1.038	0.737	58.5	41.5	169
宝鸡	1.793	1.056	0.737	58.9	41.1	170
孝感	1.793	1.077	0.716	60.1	39.9	171
上饶	1.795	1.005	0.791	56.0	44.0	172

续表

城市	无效率	发展无效率	绿色无效率	发展无效率贡献率（%）	绿色无效率贡献率（%）	效率排名
南宁	1.803	1.083	0.720	60.1	39.9	173
白城	1.817	1.097	0.720	60.4	39.6	174
六安	1.818	1.003	0.815	55.2	44.8	175
新余	1.819	1.024	0.796	56.3	43.7	176
邢台	1.826	1.081	0.745	59.2	40.8	177
云浮	1.831	1.026	0.805	56.0	44.0	178
兰州	1.863	1.071	0.791	57.5	42.5	179
银川	1.873	1.014	0.859	54.1	45.9	180
亳州	1.876	1.202	0.674	64.1	35.9	181
钦州	1.881	1.121	0.760	59.6	40.4	182
驻马店	1.884	1.174	0.710	62.3	37.7	183
鹤壁	1.889	1.125	0.763	59.6	40.4	184
桂林	1.897	1.179	0.717	62.2	37.8	185
白山	1.932	1.180	0.752	61.1	38.9	186
乌兰察布	1.935	1.127	0.808	58.2	41.8	187
金昌	1.946	1.092	0.855	56.1	43.9	188
崇左	1.947	1.220	0.727	62.7	37.3	189
株洲	1.969	1.192	0.776	60.6	39.4	190
邵阳	1.973	1.194	0.779	60.5	39.5	191
本溪	1.975	1.254	0.721	63.5	36.5	192
哈尔滨	1.990	1.250	0.740	62.8	37.2	193
赤峰	1.991	1.142	0.848	57.4	42.6	194
咸阳	1.996	1.273	0.723	63.8	36.2	195
辽源	2.038	1.341	0.697	65.8	34.2	196
宜宾	2.053	1.244	0.809	60.6	39.4	197
广安	2.056	1.283	0.773	62.4	37.6	198
梅州	2.059	1.325	0.735	64.3	35.7	199
遵义	2.065	1.249	0.817	60.5	39.5	200
乐山	2.070	1.331	0.738	64.3	35.7	201

续表

城市	无效率	发展无效率	绿色无效率	发展无效率贡献率（%）	绿色无效率贡献率（%）	效率排名
益阳	2.084	1.302	0.782	62.5	37.5	202
葫芦岛	2.091	1.256	0.835	60.1	39.9	203
达州	2.094	1.311	0.783	62.6	37.4	204
宿州	2.103	1.358	0.745	64.6	35.4	205
克拉玛依	2.103	1.418	0.685	67.4	32.6	206
吉安	2.107	1.285	0.821	61.0	39.0	207
池州	2.107	1.373	0.734	65.2	34.8	208
开封	2.118	1.484	0.633	70.1	29.9	209
鞍山	2.125	1.340	0.785	63.1	36.9	210
娄底	2.144	1.358	0.786	63.3	36.7	211
丹东	2.174	1.333	0.842	61.3	38.7	212
萍乡	2.199	1.429	0.770	65.0	35.0	213
曲靖	2.224	1.399	0.825	62.9	37.1	214
景德镇	2.230	1.545	0.685	69.3	30.7	215
安康	2.241	1.504	0.737	67.1	32.9	216
乌鲁木齐	2.250	1.513	0.737	67.2	32.8	217
临汾	2.255	1.481	0.774	65.7	34.3	218
朝阳	2.264	1.460	0.804	64.5	35.5	219
永州	2.273	1.588	0.685	69.9	30.1	220
宜春	2.318	1.512	0.806	65.2	34.8	221
玉林	2.330	1.470	0.859	63.1	36.9	222
呼伦贝尔	2.371	1.582	0.789	66.7	33.3	223
贵阳	2.374	1.672	0.702	70.4	29.6	224
西宁	2.384	1.651	0.733	69.3	30.7	225
贺州	2.387	1.636	0.751	68.5	31.5	226
攀枝花	2.394	1.678	0.717	70.1	29.9	227
百色	2.400	1.649	0.751	68.7	31.3	228
汉中	2.454	1.719	0.735	70.1	29.9	229
商洛	2.487	1.703	0.784	68.5	31.5	230

续表

城市	无效率	发展无效率	绿色无效率	发展无效率贡献率（%）	绿色无效率贡献率（%）	效率排名
怀化	2.496	1.788	0.708	71.7	28.3	231
吴忠	2.497	1.648	0.850	66.0	34.0	232
平顶山	2.533	1.834	0.699	72.4	27.6	233
广元	2.565	1.857	0.708	72.4	27.6	234
朔州	2.575	1.745	0.830	67.8	32.2	235
张家口	2.593	1.844	0.749	71.1	28.9	236
来宾	2.607	1.755	0.852	67.3	32.7	237
绥化	2.632	2.016	0.615	76.6	23.4	238
贵港	2.650	1.956	0.694	73.8	26.2	239
雅安	2.674	2.164	0.510	80.9	19.1	240
昭通	2.680	1.916	0.765	71.5	28.5	241
太原	2.682	2.046	0.636	76.3	23.7	242
渭南	2.688	1.826	0.863	67.9	32.1	243
乌海	2.695	1.862	0.832	69.1	30.9	244
齐齐哈尔	2.859	2.150	0.709	75.2	24.8	245
武威	2.879	2.174	0.705	75.5	24.5	246
运城	2.892	2.159	0.733	74.6	25.4	247
铁岭	2.987	2.231	0.757	74.7	25.3	248
长治	3.028	2.347	0.681	77.5	22.5	249
张掖	3.048	2.387	0.661	78.3	21.7	250
吕梁	3.063	2.396	0.668	78.2	21.8	251
石嘴山	3.088	2.284	0.804	74.0	26.0	252
天水	3.099	2.569	0.530	82.9	17.1	253
佳木斯	3.164	2.516	0.648	79.5	20.5	254
铜川	3.221	2.611	0.610	81.1	18.9	255
白银	3.261	2.424	0.837	74.3	25.7	256
牡丹江	3.271	2.676	0.595	81.8	18.2	257
保山	3.288	2.617	0.670	79.6	20.4	258
淮北	3.360	2.722	0.638	81.0	19.0	259

续表

城市	无效率	发展无效率	绿色无效率	发展无效率贡献率（%）	绿色无效率贡献率（%）	效率排名
安顺	3.381	2.516	0.865	74.4	25.6	260
六盘水	3.468	2.732	0.736	78.8	21.2	261
临沧	3.534	2.944	0.590	83.3	16.7	262
丽江	3.544	2.865	0.679	80.8	19.2	263
张家界	3.610	2.964	0.647	82.1	17.9	264
晋中	3.679	3.019	0.660	82.0	18.0	265
阜新	3.817	3.092	0.725	81.0	19.0	266
河池	3.931	3.232	0.699	82.2	17.8	267
淮南	4.140	3.500	0.640	84.6	15.4	268
忻州	4.167	3.409	0.758	81.8	18.2	269
定西	4.190	3.534	0.656	84.3	15.7	270
固原	4.811	4.122	0.689	85.7	14.3	271
晋城	4.879	4.274	0.605	87.6	12.4	272
普洱	4.955	4.541	0.414	91.6	8.4	273
大同	4.966	4.358	0.607	87.8	12.2	274
伊春	5.081	4.508	0.573	88.7	11.3	275
双鸭山	5.223	4.665	0.558	89.3	10.7	276
阳泉	5.425	4.714	0.712	86.9	13.1	277
鸡西	5.543	5.097	0.446	92.0	8.0	278
鹤岗	5.871	5.336	0.534	90.9	9.1	279
平凉	6.148	5.495	0.653	89.4	10.6	280
黑河	6.295	5.580	0.715	88.6	11.4	281
七台河	6.371	5.804	0.568	91.1	8.9	282

注：特别值得一提的是，东营、茂名的效率排名较高，可能的解释是：东营有其特殊性，它是一个沿海资源城市，拥有中国第二大石油工业基地胜利油田，与其他大多数城市工业不同，得益于石油资源优势，东营市形成了石油勘探、开采、炼制加工等功能齐全的石油工业体系，是一个富裕城市（人均 GDP 一度超过深圳）。同样，茂名也是一个沿海资源型城市，工业主要为石油化工。

十九大城市群的地区间基尼系数

城市群	G_{jh}	城市群	G_{jh}	城市群	G_{jh}	城市群	G_{jh}	城市群	G_{jh}
1-2	0.302	3-4	0.523	5-10	0.298	8-9	0.284	11-17	0.294
1-3	0.509	3-5	0.519	5-11	0.258	8-10	0.351	11-18	0.251
1-4	0.232	3-6	0.454	5-12	0.217	8-11	0.271	11-19	0.291
1-5	0.220	3-7	0.448	5-13	0.361	8-12	0.249	12-13	0.384
1-6	0.281	3-8	0.569	5-14	0.257	8-13	0.315	12-14	0.317
1-7	0.255	3-9	0.668	5-15	0.221	8-14	0.238	12-15	0.233
1-8	0.256	3-10	0.545	5-16	0.218	8-15	0.244	12-16	0.214
1-9	0.357	3-11	0.596	5-17	0.308	8-16	0.244	12-17	0.352
1-10	0.342	3-12	0.507	5-18	0.248	8-17	0.279	12-18	0.298
1-11	0.303	3-13	0.720	5-19	0.272	8-18	0.229	12-19	0.241
1-12	0.240	3-14	0.651	6-7	0.246	8-19	0.246	13-14	0.174
1-13	0.420	3-15	0.522	6-8	0.337	9-10	0.428	13-15	0.369
1-14	0.316	3-16	0.484	6-9	0.462	9-11	0.305	13-16	0.419
1-15	0.239	3-17	0.685	6-10	0.354	9-12	0.342	13-17	0.172
1-16	0.213	3-18	0.640	6-11	0.380	9-13	0.236	13-18	0.185
1-17	0.364	3-19	0.568	6-12	0.276	9-14	0.213	13-19	0.252
1-18	0.298	4-5	0.189	6-13	0.538	9-15	0.321	14-15	0.270
1-19	0.275	4-6	0.284	6-14	0.438	9-16	0.351	14-16	0.310
2-3	0.443	4-7	0.255	6-15	0.294	9-17	0.230	14-17	0.169
2-4	0.305	4-8	0.229	6-16	0.252	9-18	0.210	14-18	0.141
2-5	0.295	4-9	0.314	6-17	0.483	9-19	0.285	14-19	0.209
2-6	0.257	4-10	0.315	6-18	0.420	10-11	0.381	15-16	0.205
2-7	0.251	4-11	0.272	6-19	0.369	10-12	0.349	15-17	0.318
2-8	0.359	4-12	0.232	7-8	0.297	10-13	0.492	15-18	0.254
2-9	0.481	4-13	0.372	7-9	0.421	10-14	0.400	15-19	0.236
2-10	0.358	4-14	0.272	7-10	0.334	10-15	0.347	16-17	0.357

续表

城市群	G_{jh}	城市群	G_{jh}	城市群	G_{jh}	城市群	G_{jh}	城市群	G_{jh}
2-11	0.398	4-15	0.232	7-11	0.343	10-16	0.348	16-18	0.288
2-12	0.296	4-16	0.221	7-12	0.251	10-17	0.446	16-19	0.242
2-13	0.557	4-17	0.320	7-13	0.495	10-18	0.393	17-18	0.172
2-14	0.460	4-18	0.260	7-14	0.392	10-19	0.409	17-19	0.248
2-15	0.315	4-19	0.276	7-15	0.268	11-12	0.303	18-19	0.197
2-16	0.278	5-6	0.276	7-16	0.240	11-13	0.329		
2-17	0.505	5-7	0.243	7-17	0.441	11-14	0.258		
2-18	0.445	5-8	0.214	7-18	0.375	11-15	0.284		
2-19	0.388	5-9	0.298	7-19	0.323	11-16	0.295		

资料来源：笔者根据计算结果整理得到。表中使用数字代码指代城市群，各城市群数字代码见表3.10。

各省（区、市）“十一五”“十二五”“十三五”目标和规划方向

省（区、市）	“十一五”增长目标（%）	“十一五”减排目标（%）	“十一五”规划方向	“十二五”增长目标（%）	“十二五”减排目标（%）	“十二五”规划方向	“十三五”增长目标（%）	“十三五”减排目标（%）	“十三五”规划方向
北京	8.00	4.46	0.558	14.90	2.84	0.191	2.50	8.25	3.300
天津	15.00	1.95	0.130	16.00	1.95	0.122	8.00	5.59	0.699
河北	16.30	3.20	0.196	13.00	2.68	0.206	7.20	6.36	0.883
山西	14.00	2.97	0.212	14.90	2.37	0.159	4.80	4.36	0.908
内蒙古	18.00	0.77	0.043	10.50	0.77	0.073	8.00	2.30	0.288
辽宁	13.00	2.52	0.194	9.00	2.24	0.249	6.50	4.36	0.671
吉林	14.70	0.96	0.065	15.00	0.55	0.037	6.00	3.89	0.648
黑龙江	10.00	0.40	0.040	15.00	0.40	0.027	3.00	2.30	0.767
上海	9.00	5.82	0.647	6.50	2.90	0.446	6.50	4.36	0.671
江苏	12.00	3.89	0.324	12.00	3.15	0.263	7.50	4.36	0.581
浙江	17.90	3.20	0.179	6.00	2.81	0.468	6.00	3.66	0.610
安徽	21.20	0.81	0.038	18.00	1.25	0.069	8.00	3.43	0.429
福建	12.00	1.65	0.138	9.90	1.44	0.145	8.50	0.00	0
江西	17.00	1.44	0.085	20.00	1.55	0.078	11.00	2.52	0.229
山东	9.10	4.36	0.479	6.30	3.18	0.505	7.00	6.10	0.871
河南	14.00	2.97	0.212	12.00	2.50	0.208	8.00	6.36	0.795
湖北	12.00	1.61	0.134	17.00	1.72	0.101	8.00	4.36	0.545
湖南	12.00	1.87	0.156	14.00	1.72	0.123	8.00	4.61	0.576
广东	11.60	3.20	0.276	10.70	3.15	0.294	8.00	0.61	0.076
广西	12.70	2.06	0.162	12.60	1.63	0.129	7.50	2.75	0.367
海南	15.90	0.00	0	18.00	−6.17	−0.343	5.00	0.00	0
重庆	18.00	2.50	0.139	16.00	1.46	0.091	10.00	3.89	0.389
四川	12.00	2.50	0.208	15.00	1.87	0.125	7.50	3.43	0.457

续表

省（区、市）	“十一五”增长目标（%）	“十一五”减排目标（%）	“十一五”规划方向	“十二五”增长目标（%）	“十二五”减排目标（%）	“十二五”规划方向	“十三五”增长目标（%）	“十三五”减排目标（%）	“十三五”规划方向
贵州	13.00	3.20	0.246	20.00	1.78	0.089	11.00	1.44	0.131
云南	9.00	0.81	0.090	11.00	0.81	0.074	7.00	0.20	0.029
陕西	12.50	2.52	0.202	16.00	1.63	0.102	11.00	3.20	0.291
甘肃	13.00	0.00	0	16.00	−0.40	−0.025	7.50	1.65	0.22
青海	15.00	0.00	0	15.00	−3.14	−0.209	7.50	1.23	0.164
宁夏	14.00	1.93	0.138	13.80	0.73	0.053	11.93	2.52	0.211
新疆	17.00	0.00	0	17.00	0.00	0	8.00	0.61	0.076
平均			0.176			0.128			0.529

数据来源：笔者根据中央及省级政府研究资料整理得到。增长目标来自省级政府五年规划中对于经济产出的年均增长率的预期目标。污染物减排目标来自中央政府五年规划中对于二氧化硫排放总量控制的年均减排率的约束目标，其中“十一五”规划目标来自《“十一五”期间全国主要污染物排放总量控制计划》，“十二五”规划目标来自《国务院关于印发“十二五”节能减排综合性工作方案的通知》，“十三五”规划目标来自《国务院关于印发“十三五”节能减排综合工作方案的通知》。规划方向等于减排目标与增长目标之比。

附录三

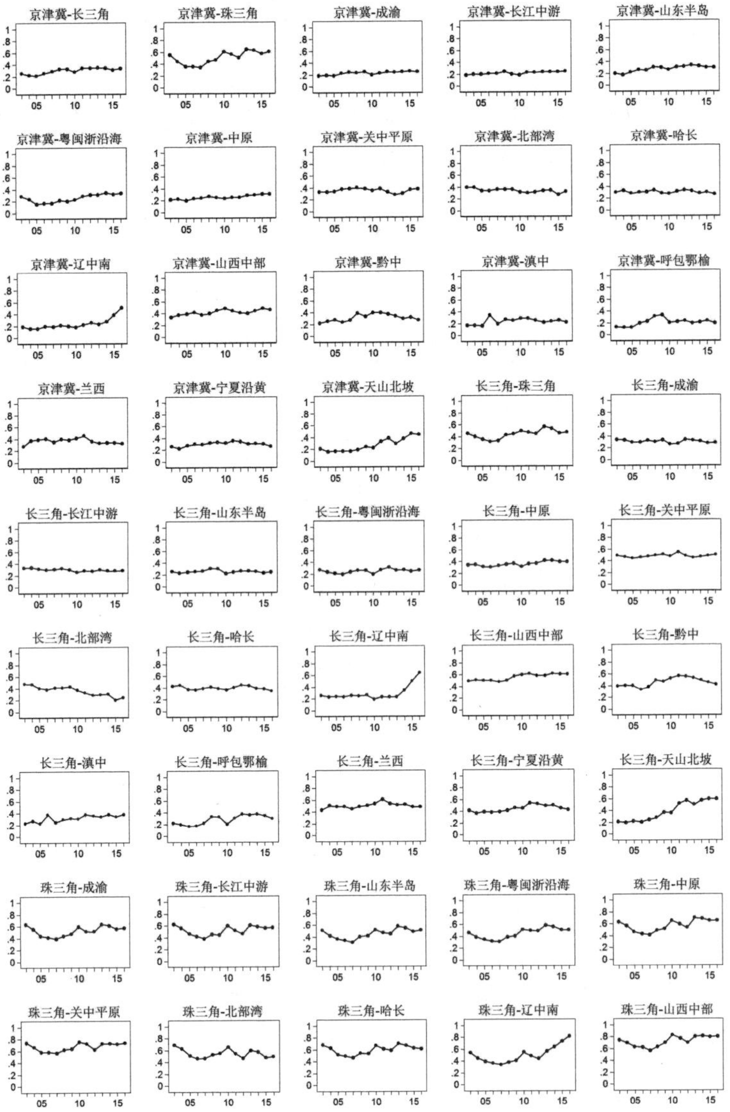
京津冀-长三角
京津冀-珠三角
京津冀-成渝
京津冀-长江中游
京津冀-山东半岛
京津冀-粤闽浙沿海
京津冀-中原
京津冀-关中平原
京津冀-北部湾
京津冀-哈长
京津冀-辽中南
京津冀-山西中部
京津冀-黔中
京津冀-滇中
京津冀-呼包鄂榆
京津冀-兰西
京津冀-宁夏沿黄
京津冀-天山北坡
长三角-珠三角
长三角-成渝
长三角-长江中游
长三角-山东半岛
长三角-粤闽浙沿海
长三角-中原
长三角-关中平原
长三角-北部湾
长三角-哈长
长三角-辽中南
长三角-山西中部
长三角-黔中
长三角-滇中
长三角-呼包鄂榆
长三角-兰西
长三角-宁夏沿黄
长三角-天山北坡
珠三角-成渝
珠三角-长江中游
珠三角-山东半岛
珠三角-粤闽浙沿海
珠三角-中原
珠三角-关中平原
珠三角-北部湾
珠三角-哈长
珠三角-辽中南
珠三角-山西中部

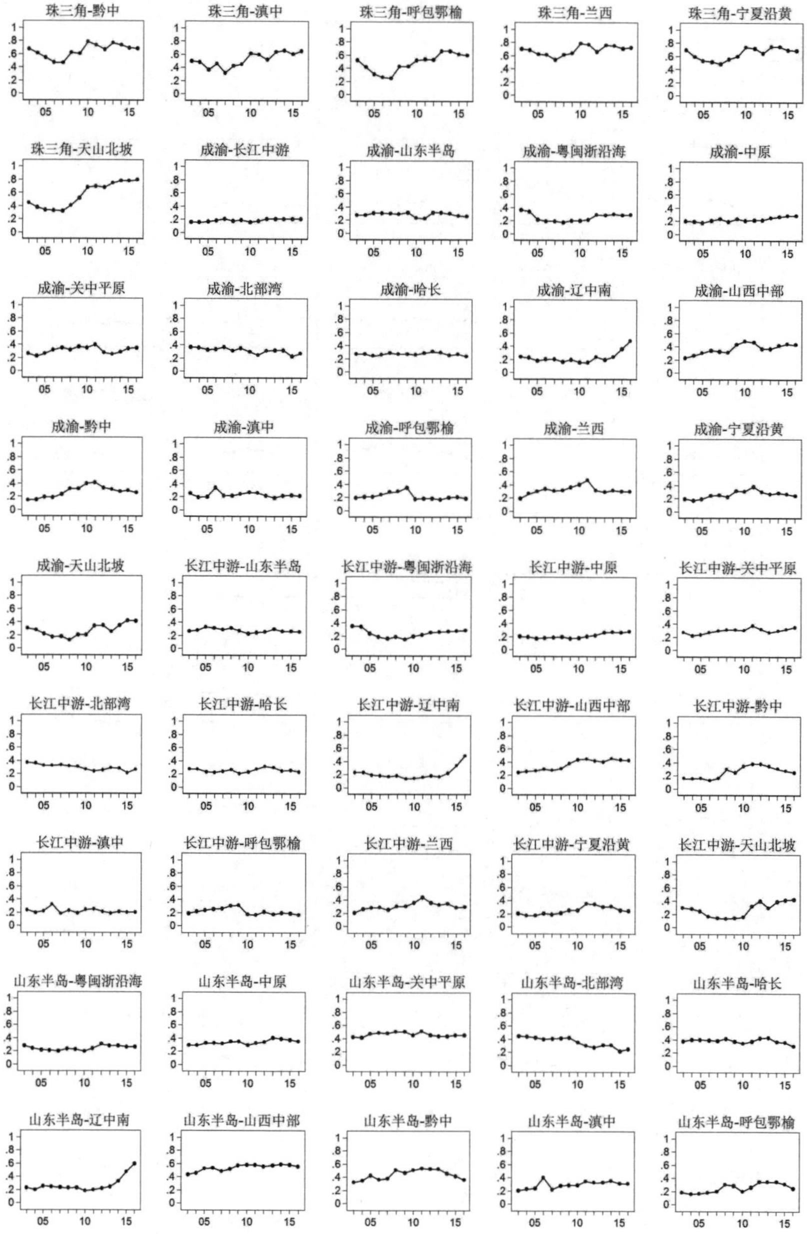
珠三角-黔中
珠三角-滇中
珠三角-呼包鄂榆
珠三角-兰西
珠三角-宁夏沿黄
珠三角-天山北坡
成渝-长江中游
成渝-山东半岛
成渝-粤闽浙沿海
成渝-中原
成渝-关中平原
成渝-北部湾
成渝-哈长
成渝-辽中南
成渝-山西中部
成渝-黔中
成渝-滇中
成渝-呼包鄂榆
成渝-兰西
成渝-宁夏沿黄
成渝-天山北坡
长江中游-山东半岛
长江中游-粤闽浙沿海
长江中游-中原
长江中游-关中平原
长江中游-北部湾
长江中游-哈长
长江中游-辽中南
长江中游-山西中部
长江中游-黔中
长江中游-滇中
长江中游-呼包鄂榆
长江中游-兰西
长江中游-宁夏沿黄
长江中游-天山北坡
山东半岛-粤闽浙沿海
山东半岛-中原
山东半岛-关中平原
山东半岛-北部湾
山东半岛-哈长
山东半岛-辽中南
山东半岛-山西中部
山东半岛-黔中
山东半岛-滇中
山东半岛-呼包鄂榆

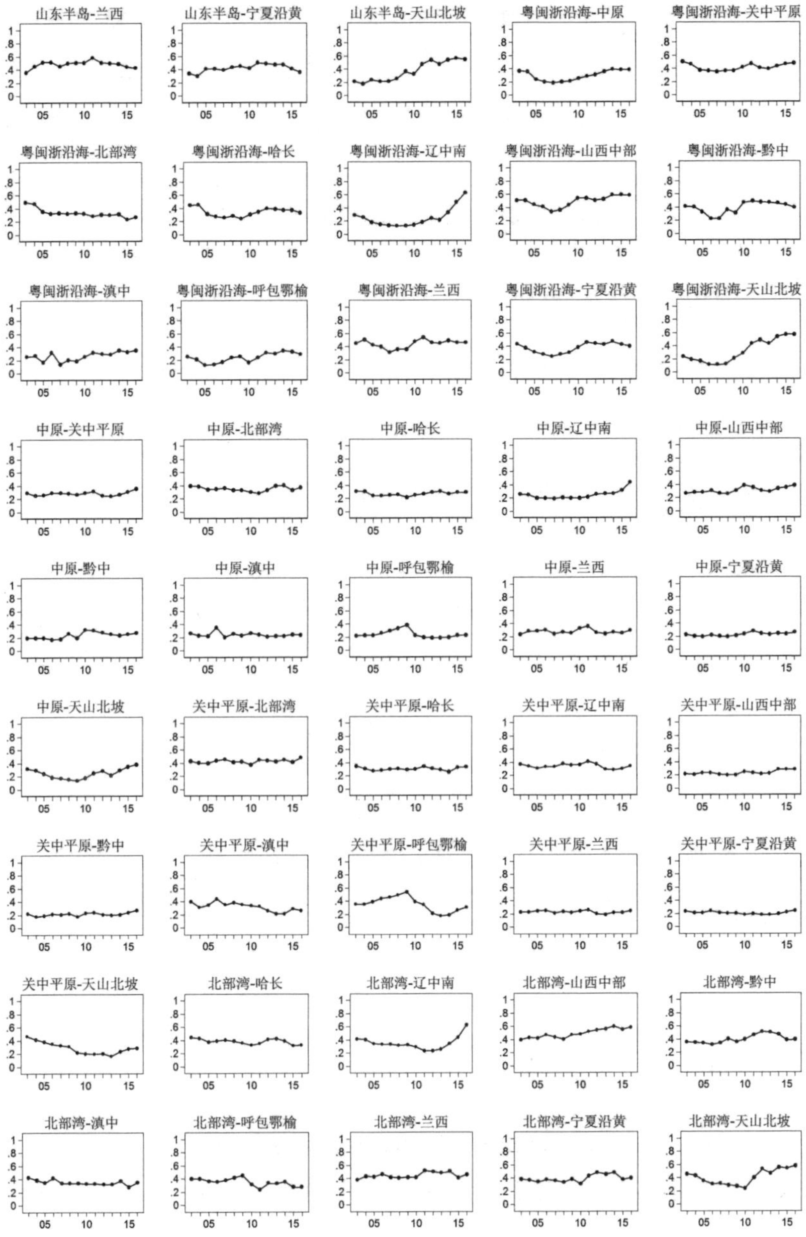

山东半岛-兰西
山东半岛-宁夏沿黄
山东半岛-天山北坡
粤闽浙沿海-中原
粤闽浙沿海-关中平原
粤闽浙沿海-北部湾
粤闽浙沿海-哈长
粤闽浙沿海-辽中南
粤闽浙沿海-山西中部
粤闽浙沿海-黔中
粤闽浙沿海-滇中
粤闽浙沿海-呼包鄂榆
粤闽浙沿海-兰西
粤闽浙沿海-宁夏沿黄
粤闽浙沿海-天山北坡
中原-关中平原
中原-北部湾
中原-哈长
中原-辽中南
中原-山西中部
中原-黔中
中原-滇中
中原-呼包鄂榆
中原-兰西
中原-宁夏沿黄
中原-天山北坡
关中平原-北部湾
关中平原-哈长
关中平原-辽中南
关中平原-山西中部
关中平原-黔中
关中平原-滇中
关中平原-呼包鄂榆
关中平原-兰西
关中平原-宁夏沿黄
关中平原-天山北坡
北部湾-哈长
北部湾-辽中南
北部湾-山西中部
北部湾-黔中
北部湾-滇中
北部湾-呼包鄂榆
北部湾-兰西
北部湾-宁夏沿黄
北部湾-天山北坡

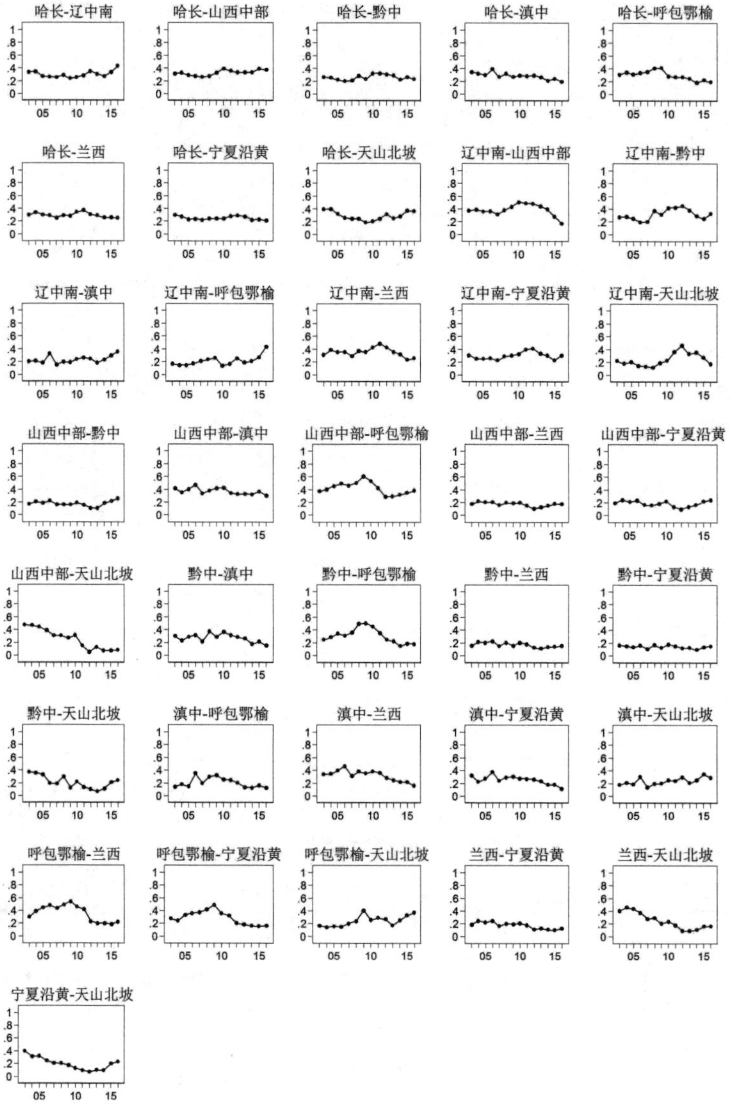

十九大城市群的地区间基尼系数的演变趋势

注：横轴表示年份，如“05”表示2005年，纵轴表示基尼系数（“.2”表示“0.2”，其他同）。

资料来源：笔者根据计算结果绘制。

附录四

工业全行业企业样本的回归结果

变量	lny	lny	lny	lny	lny	lny	lny
bias×*post*	−0.011**	−0.010**	−0.010***	−0.009**	−0.008**	−0.010***	−0.010***
	(0.004)	(0.004)	(0.004)	(0.004)	(0.004)	(0.003)	(0.001)
省级层面控制变量	YES	YES	YES	YES	YES	YES	YES
前定变量	NO	YES	YES	YES	YES	YES	YES
企业层面控制变量	NO	NO	YES	YES	YES	YES	YES
企业固定效应	YES	YES	YES	YES	YES	YES	YES
两位数行业×年份固定效应	YES	YES	YES	NO	NO	YES	YES
三位数行业×年份固定效应	NO	NO	NO	YES	NO	NO	NO
四位数行业×年份固定效应	NO	NO	NO	NO	YES	NO	NO
样本量	237864	237864	237864	237833	237499	237864	237864
调整后的 R^2	0.906	0.906	0.907	0.909	0.910	0.907	0.907

注：第 1 列至第 5 列括号内为聚类到省（区、市）的稳健标准误，第 6 列括号内为聚类到地级市的稳健标准误，第 7 列括号内为异方差-稳健标准误，*、** 和 *** 分别表示显著性水平为 10%、5%和 1%。

制造业与采矿业企业样本的回归结果

变量	lny	lny	lny	lny	lny	lny	lny
bias×*post*	-0.011^{**}	-0.010^{**}	-0.010^{***}	-0.009^{**}	-0.008^{**}	-0.010^{***}	-0.010^{***}
	(0.004)	(0.004)	(0.004)	(0.004)	(0.004)	(0.003)	(0.001)
省级层面控制变量	YES	YES	YES	YES	YES	YES	YES
前定变量	NO	YES	YES	YES	YES	YES	YES
企业层面控制变量	NO	NO	YES	YES	YES	YES	YES
企业固定效应	YES	YES	YES	YES	YES	YES	YES
两位数行业×年份固定效应	YES	YES	YES	NO	NO	YES	YES
三位数行业×年份固定效应	NO	NO	NO	YES	NO	NO	NO
四位数行业×年份固定效应	NO	NO	NO	NO	YES	NO	NO
样本量	231994	231994	231994	231968	231634	231994	231994
调整后的 R^2	0.904	0.904	0.906	0.907	0.908	0.906	0.906

注：第 1 列至第 5 列括号内为聚类到省（区、市）的稳健标准误，第 6 列括号内为聚类到地级市的稳健标准误，第 7 列括号内为异方差-稳健标准误，*、** 和 *** 分别表示显著性水平为 10%、5%和 1%。

附录五

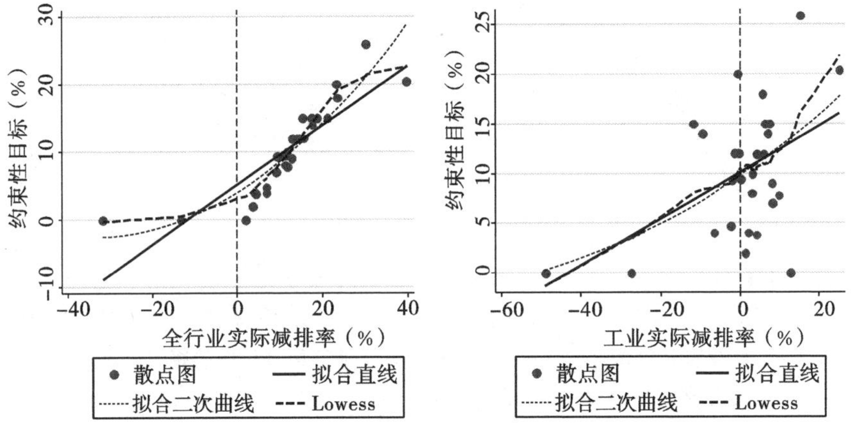

约束性目标与全行业实际减排率、工业实际减排率的相关关系

注：笔者根据 2006 年至 2011 年《中国环境年鉴》数据计算所得。

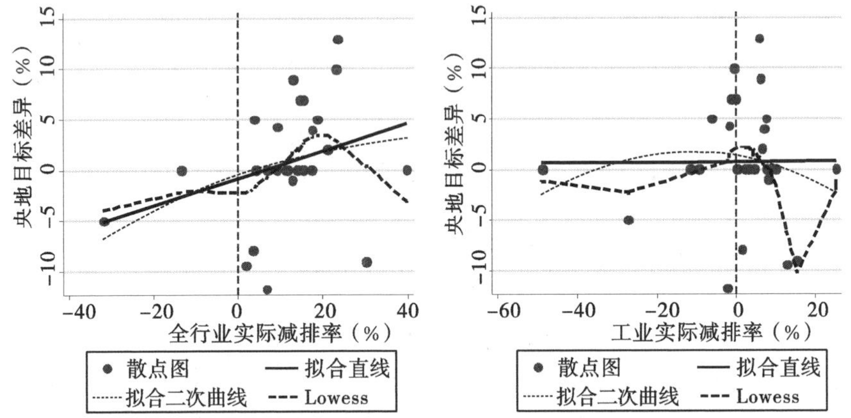

央地目标差异与全行业实际减排率、工业实际减排率的相关关系

注：笔者根据 2006 年至 2011 年《中国环境年鉴》数据计算所得，并将未明确设定减排目标地区的央地目标差异设为 0。

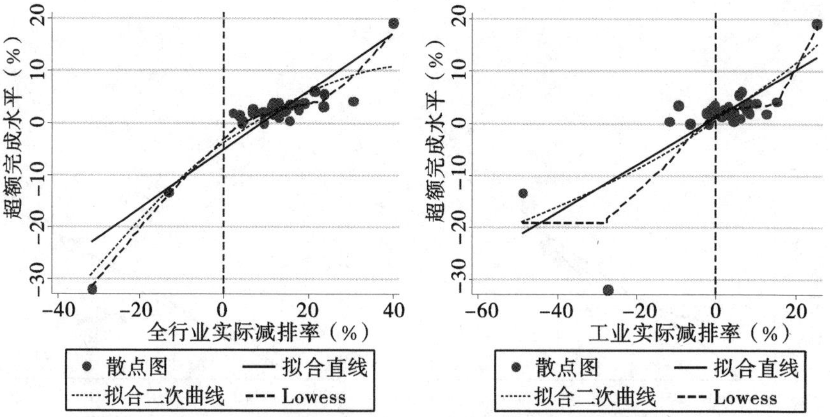

目标完成意愿与全行业实际减排率、工业实际减排率的相关关系

注：笔者根据 2006 年至 2011 年《中国环境年鉴》数据计算所得。

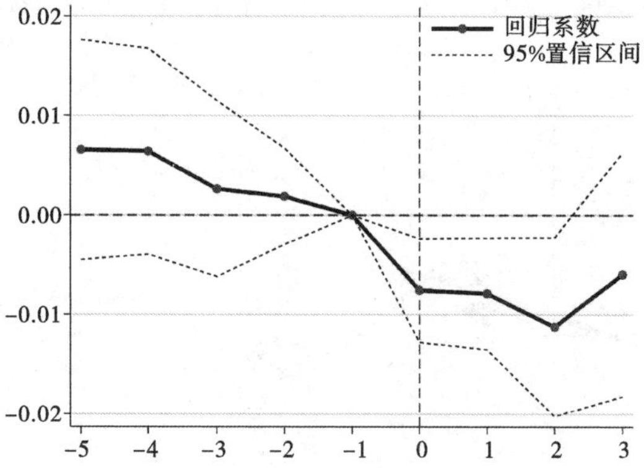

工业全行业企业样本的事件分析

注：笔者基于事件分析模型（4.16）得到的回归系数与 95%置信区间的结果绘制，其中置信区间基于聚类到省级层面的稳健标准误计算得到。下图同。

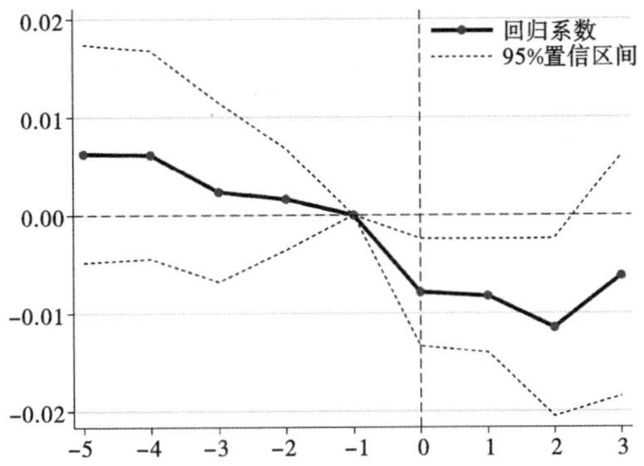

制造业与采矿业企业样本的事件分析

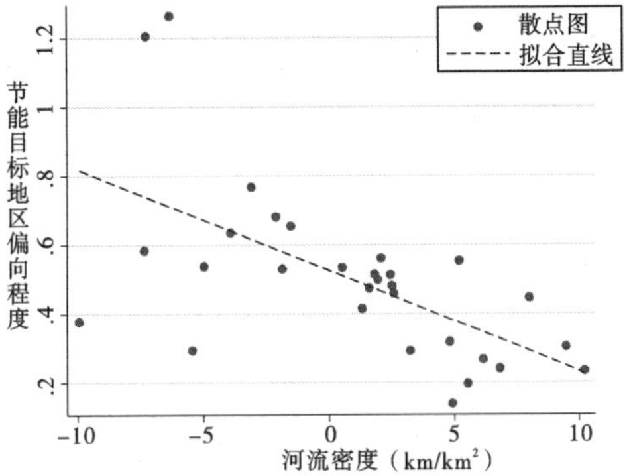

工具变量的相关性

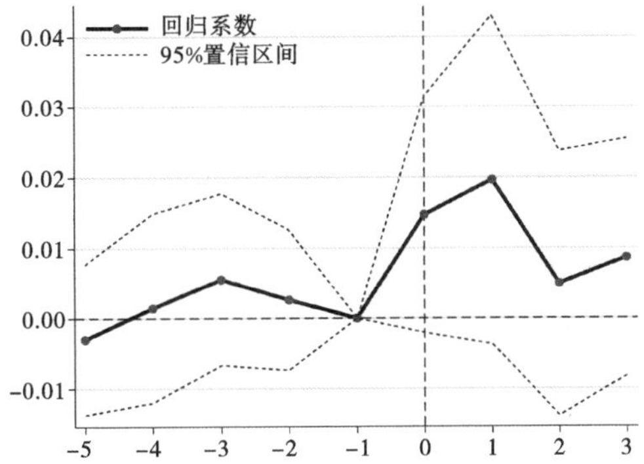

采矿业企业样本的事件分析

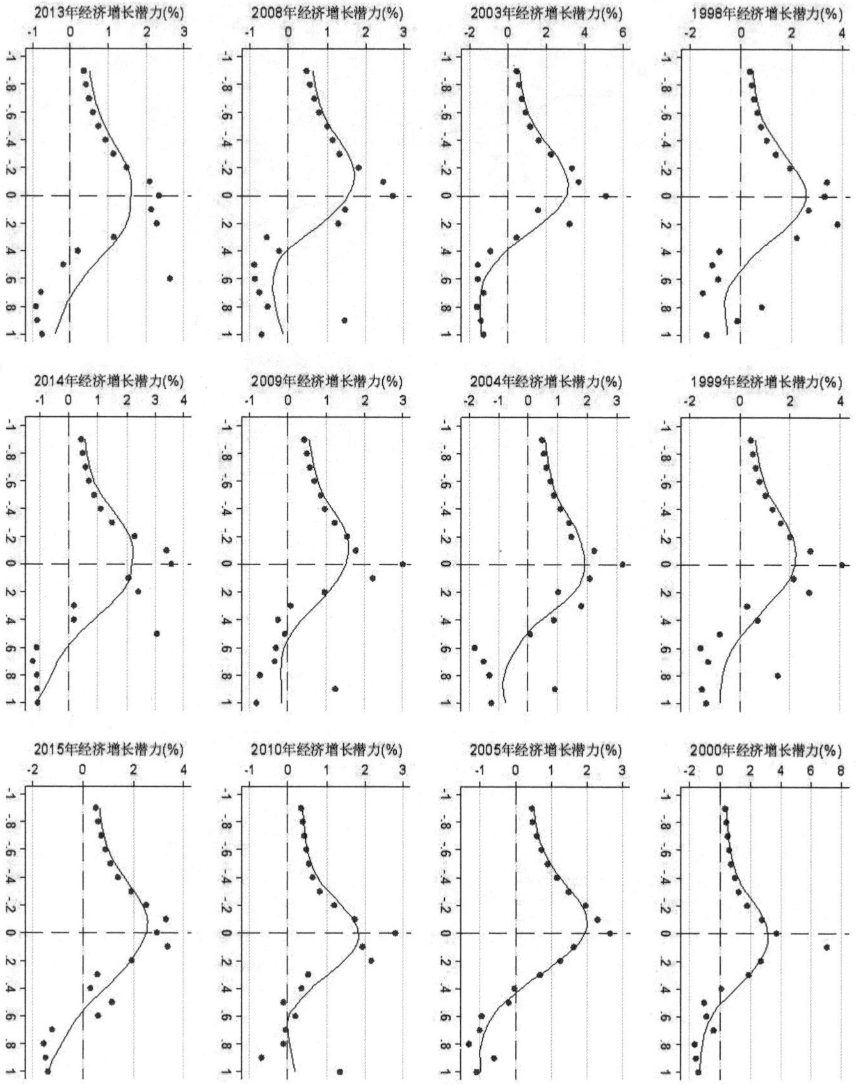
2013年经济增长潜力(%)
2008年经济增长潜力(%)
2003年经济增长潜力(%)
1998年经济增长潜力(%)
2014年经济增长潜力(%)
2009年经济增长潜力(%)
2004年经济增长潜力(%)
1999年经济增长潜力(%)
2015年经济增长潜力(%)
2010年经济增长潜力(%)
2005年经济增长潜力(%)
2000年经济增长潜力(%)

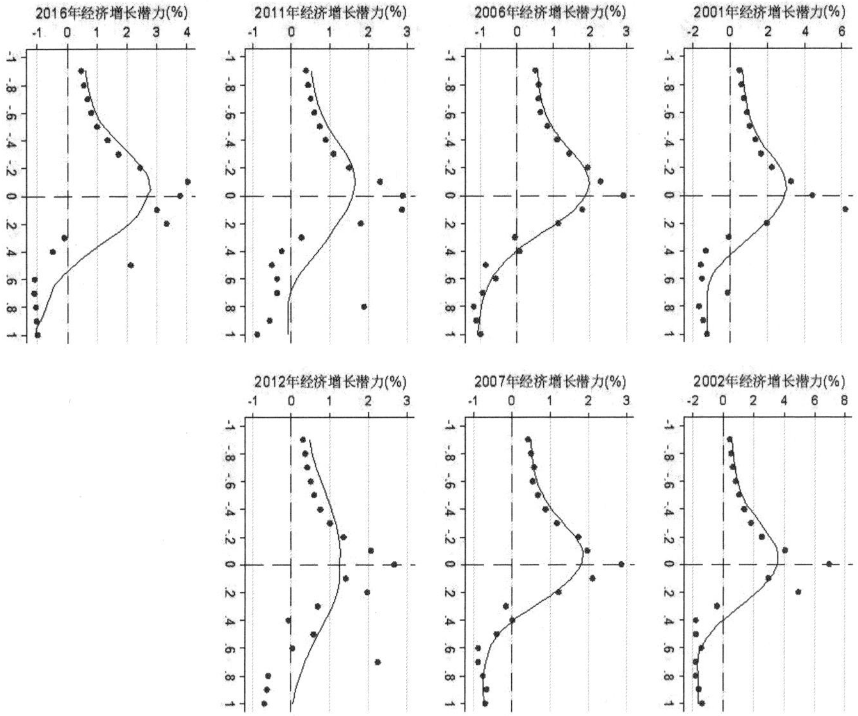

1998—2016 年提高减排目标的经济增长潜力

注：笔者根据省级数据和模型计算结果整理得来。各年份经济增长潜力基于 30 个省（区、市）潜在产出的加总数据计算得到。经济增长潜力指减排目标每提高 0.1，潜在产出的增长率。

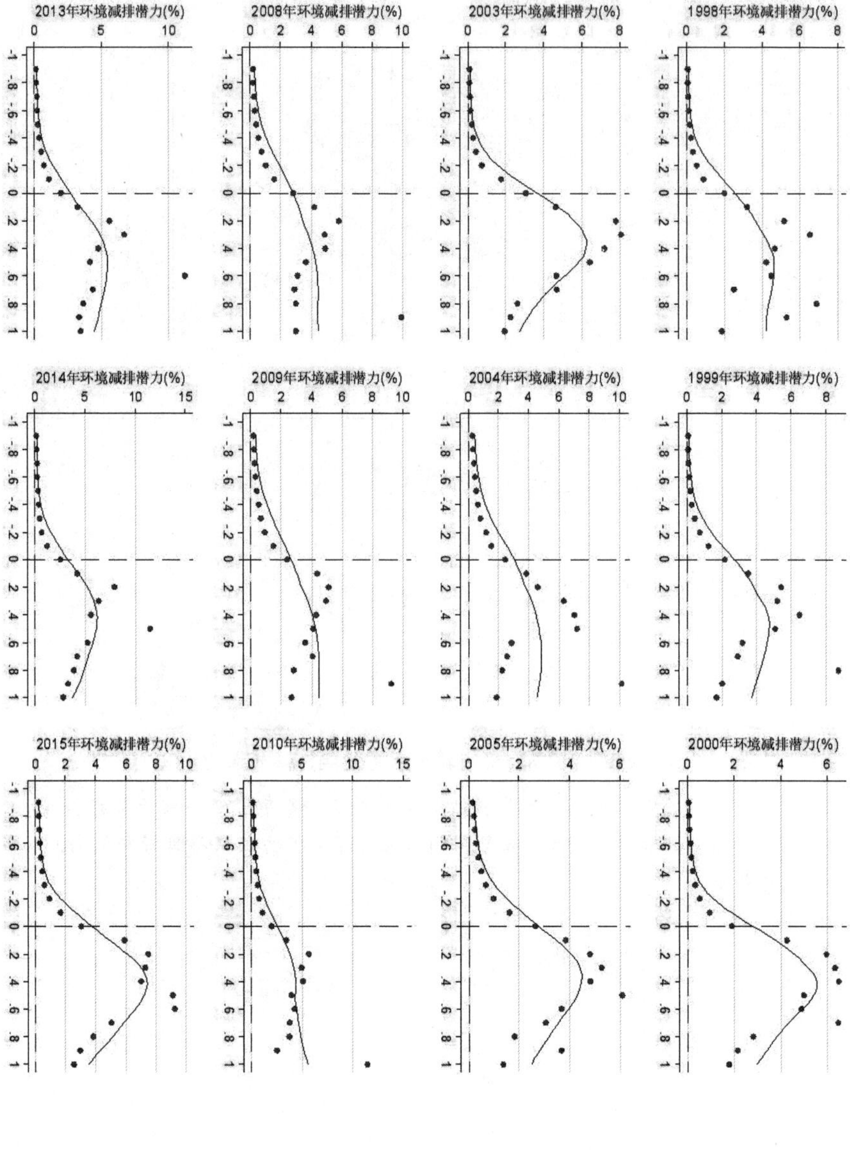
2013年环境减排潜力(%)
2008年环境减排潜力(%)
2003年环境减排潜力(%)
1998年环境减排潜力(%)
2014年环境减排潜力(%)
2009年环境减排潜力(%)
2004年环境减排潜力(%)
1999年环境减排潜力(%)
2015年环境减排潜力(%)
2010年环境减排潜力(%)
2005年环境减排潜力(%)
2000年环境减排潜力(%)

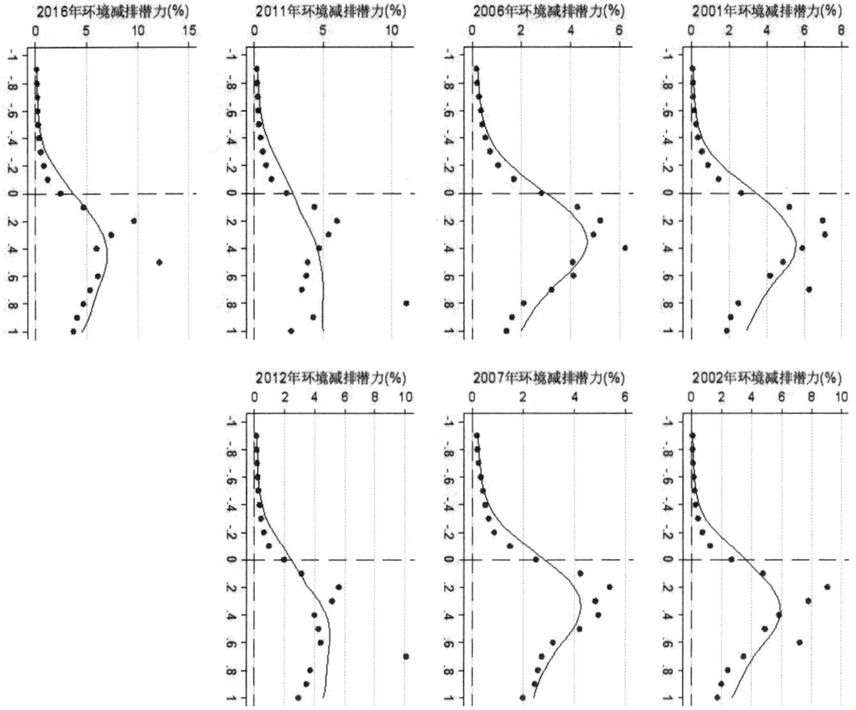

1998—2016 年提高减排目标的环境减排潜力

注：笔者根据省级数据和模型计算结果整理得来。各年份环境减排潜力基于 30 个省（区、市）潜在排放的加总数据计算得到。环境减排潜力指减排目标每提高 0.1，潜在排放的减少率。

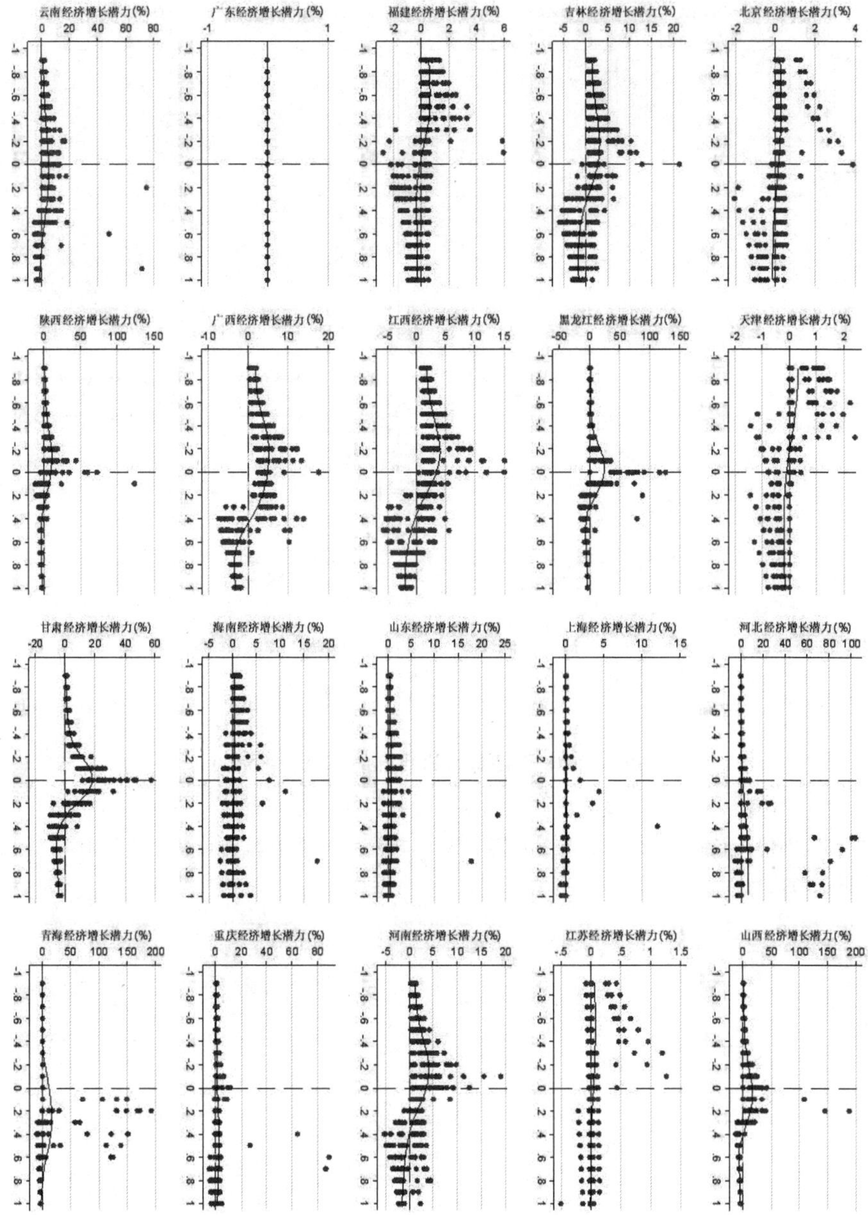
云南经济增长潜力(%)
广东经济增长潜力(%)
福建经济增长潜力(%)
吉林经济增长潜力(%)
北京经济增长潜力(%)
陕西经济增长潜力(%)
广西经济增长潜力(%)
江西经济增长潜力(%)
黑龙江经济增长潜力(%)
天津经济增长潜力(%)
甘肃经济增长潜力(%)
海南经济增长潜力(%)
山东经济增长潜力(%)
上海经济增长潜力(%)
河北经济增长潜力(%)
青海经济增长潜力(%)
重庆经济增长潜力(%)
河南经济增长潜力(%)
江苏经济增长潜力(%)
山西经济增长潜力(%)

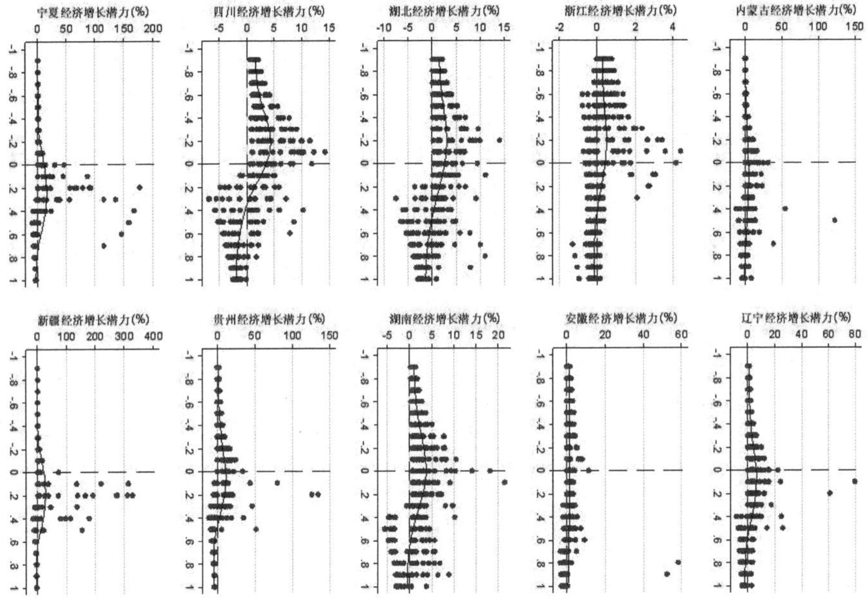

30个省（区、市）提高减排目标的经济增长潜力

注：笔者根据省级数据和模型计算结果整理得来。各省（区、市）经济增长潜力基于潜在产出计算得到。经济增长潜力指减排目标每提高0.1，潜在产出的增长率。由于广东一直处于生产前沿面，故各减排目标下经济增长潜力均为0。

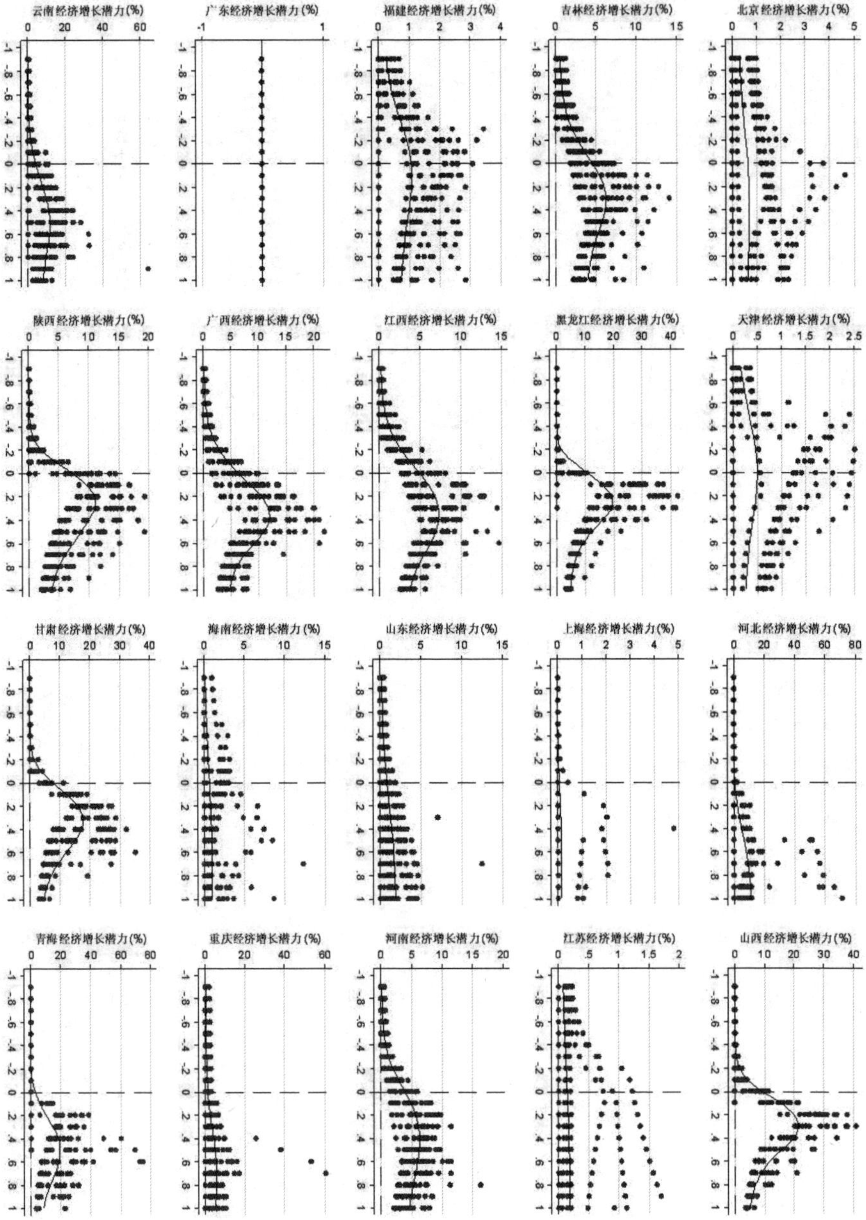
云南经济增长潜力(%)
广东经济增长潜力(%)
福建经济增长潜力(%)
吉林经济增长潜力(%)
北京经济增长潜力(%)
陕西经济增长潜力(%)
广西经济增长潜力(%)
江西经济增长潜力(%)
黑龙江经济增长潜力(%)
天津经济增长潜力(%)
甘肃经济增长潜力(%)
海南经济增长潜力(%)
山东经济增长潜力(%)
上海经济增长潜力(%)
河北经济增长潜力(%)
青海经济增长潜力(%)
重庆经济增长潜力(%)
河南经济增长潜力(%)
江苏经济增长潜力(%)
山西经济增长潜力(%)

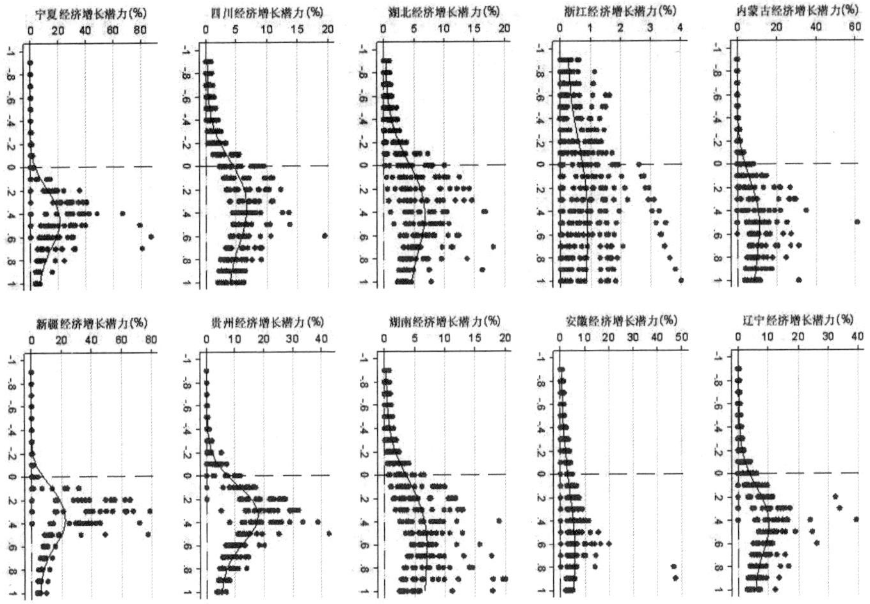

30个省（区、市）提高减排目标的环境减排潜力

注：笔者根据省级数据和模型计算结果整理得来。各省（区、市）环境减排潜力基于潜在排放计算得到。环境减排潜力指减排目标每提高0.1，潜在排放的减少率。由于上海和广东一直处于生产前沿面，故各减排目标下的环境减排潜力均为0。

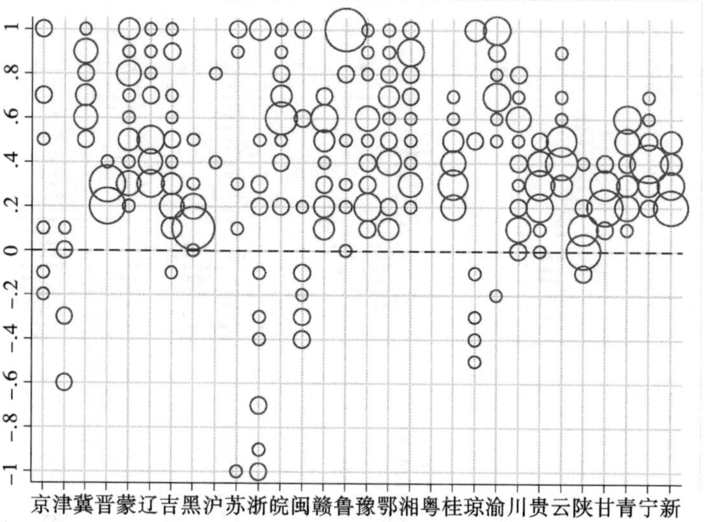

1998—2016 年保绿色增长下的 30 个省（区、市）最优减排目标分布

注：笔者根据省级数据和模型计算结果整理得来。最优减排目标为潜在产出最大时的减排目标。

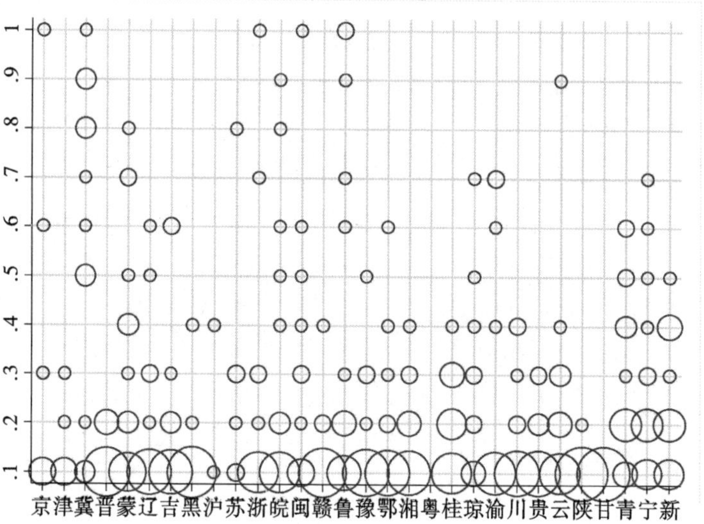

1998—2015 年边际减排成本最小化下的 30 个省（区、市）最优减排目标分布

注：笔者根据省级数据和模型计算结果整理得来。最优减排目标为边际减排成本最小时的减排目标。

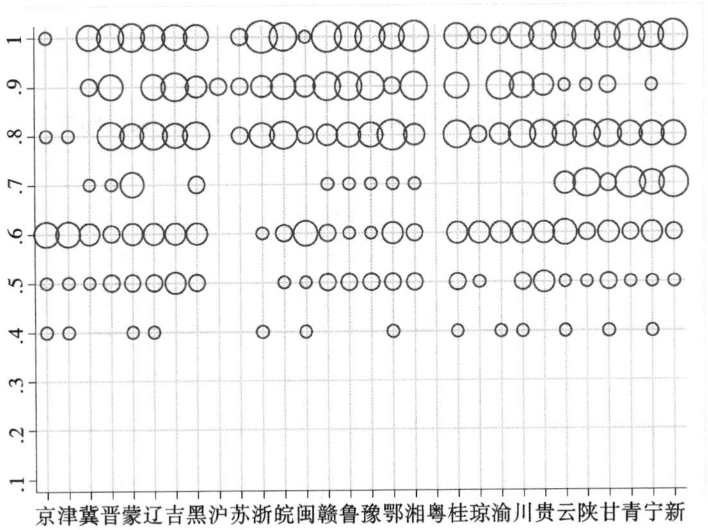

碳排放权交易机制下保绿色增长的30个省（区、市）最优减排目标分布

注：笔者根据省级数据和模型计算结果整理得来。最优减排目标为碳排放权交易机制下潜在产出最大时的减排目标。

附录六

授予全国文明城市称号在同省（区、市）内的空间溢出效应

Panel A：非污染密集型行业				
变量	ln（*firm* _ *num*+1）	ln（*firm* _ *COD*+1）	ln *firm* _ *inten*	ln（*firm* _ *output*+1）
civilized	0.0431	0.757	−0.0288	0.785
	(0.0784)	(0.639)	(0.692)	(1.014)
near _ *civilized*	0.0492**	0.238	−0.283*	0.521**
	(0.0211)	(0.159)	(0.154)	(0.224)
被解释变量均值	0.652	6.651	72.017	1.075
控制变量	Yes	Yes	Yes	Yes
城市固定效应	Yes	Yes	Yes	Yes
年份固定效应	Yes	Yes	Yes	Yes
Observations	6021	6021	6021	6021
R-squared	0.361	0.272	0.234	0.323
Panel B：污染密集型行业				
变量	ln（*firm* _ *num*+1）	ln（*firm* _ *COD*+1）	ln *firm* _ *inten*	ln（*firm* _ *output*+1）
civilized	−0.00291	−0.0473	−0.344	0.296
	(0.0649)	(0.590)	(0.290)	(0.782)
near _ *civilized*	0.0333	0.0721	−0.254**	0.326
	(0.0209)	(0.211)	(0.103)	(0.227)
被解释变量均值	0.420	17.224	113.308	0.260
控制变量	Yes	Yes	Yes	Yes
城市固定效应	Yes	Yes	Yes	Yes
年份固定效应	Yes	Yes	Yes	Yes
Observations	6021	6021	6021	6021
R-squared	0.342	0.301	0.159	0.310

注：小括号内为聚类到参选单位层面的稳健标准误，*、** 和 *** 分别表示显著性水平为 10%、5%和 1%，被解释变量均值为当选城市获得全国文明城市前未取对数的绝对值。

附录七

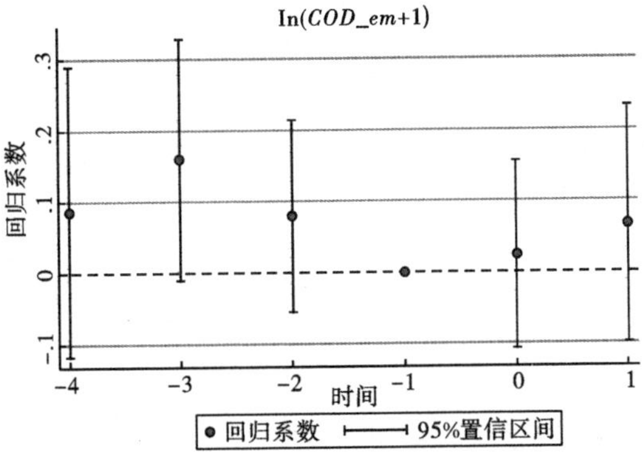

控制组评选效应核验的事件分析

注：笔者根据事件分析模型（6.24）得到的回归系数与95%置信区间结果绘制而成，其中置信区间基于聚类到区县级层面的稳健标准误计算得到。

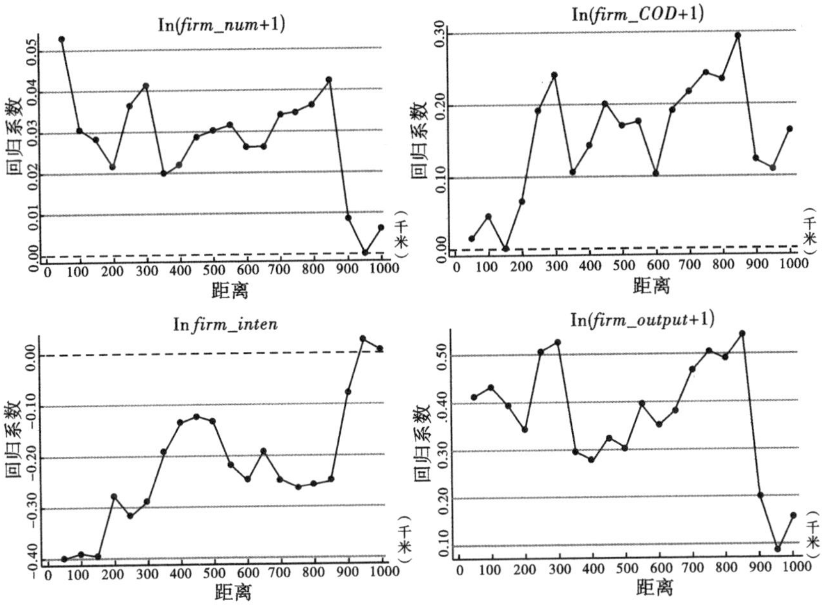

非污染密集型行业新增企业在邻近城市的地理分布特征

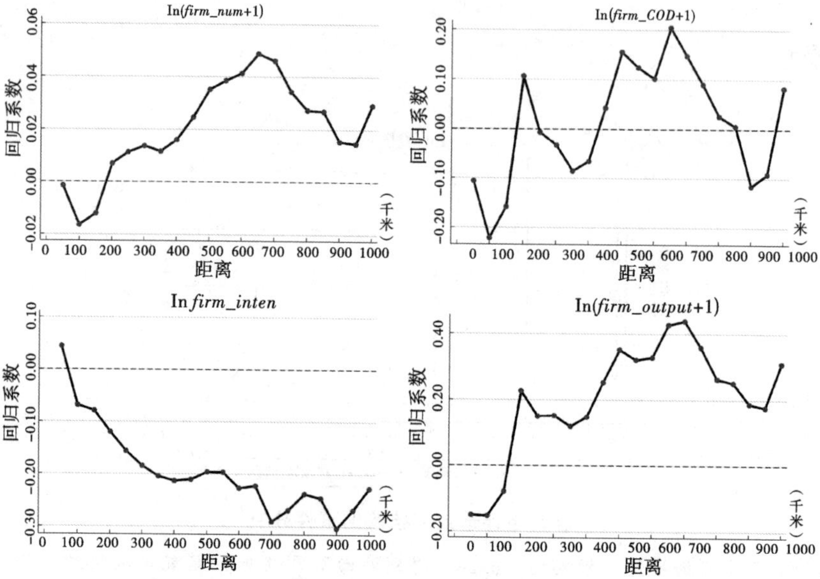

污染密集型行业新增企业在邻近城市的地理分布特征

参考文献

中文

[1] 科埃利，拉奥，奥唐奈，等. 效率与生产率分析引论：第二版 [M]. 王忠玉，译. 北京：中国人民大学出版社，2008.

[2] 陈诗一. 节能减排、结构调整与工业发展方式转变研究 [M]. 北京：北京大学出版社，2011.

[3] 皮尔斯. 绿色经济的蓝图 [M]. 何晓军，译. 北京：北京师范大学出版社，1996.

[4] 卡逊. 寂静的春天 [M]. 吕瑞兰，李长生，译. 长春：吉林人民出版社，1997.

[5] 刘思华. 绿色经济论：经济发展理论变革与中国经济再造 [M]. 北京：中国财政经济出版社，2001.

[6] 齐晔. 中国低碳发展报告 2013 [M]. 北京：社会科学文献出版社，2013.

[7] 亨廷顿，纳尔逊. 难以抉择：发展中国家的政治参与 [M]. 汪晓寿，吴志华，项继权，译. 北京：华夏出版社，1989.

[8] 史卫民. 改革开放以来中国公民政治参与的发展 [M]. 北京：社会科学文献出版社，2011.

[9] 王小鲁，樊纲，胡李鹏. 中国分省份市场化指数报告（2018）[M]. 北京：社会科学文献出版社，2019.

[10] 魏一鸣，焦建玲. 高级能源经济学 [M]. 北京：清华大学出版社，2013.

[11] 吴敬琏. 中国增长模式抉择 [M]. 上海：上海远东出版社，2005.

[12] 张庆丰，克鲁克斯. 迈向环境可持续的未来：中华人民共和国国家环境分析 [M].《迈向环境可持续的未来》翻译组，译. 北京：中国财政经济出版社，2012.

[13] 邹进泰，熊维明. 绿色经济 [M]. 太原：山西经济出版社，2003.

[14] 安淑新. 促进经济高质量发展的路径研究：一个文献综述 [J]. 当代经济管理，2018，40 (9)：11-17.

[15] 安树伟. 近年来我国城市环境污染的趋势、危害与治理 [J]. 城市发展研究，2013，20 (5)：134-139.

[16] 白俊红，刘宇英. 对外直接投资能否改善中国的资源错配 [J]. 中国工业经济，2018 (1)：60-78.

[17] 包国宪，保海旭，张国兴. 中国政府环境绩效治理体系的理论研究 [J]. 中国软科学，2018 (6)：181-192.

[18] 包群，邵敏，杨大利. 环境管制抑制了污染排放吗？[J]. 经济研究，2013，48 (12)：42-54.

[19] 才国伟，邵志浩，徐信忠. 企业和媒体存在合谋行为吗？来自中国上市公司媒体报道的间接证据 [J]. 管理世界，2015 (7)：158-169.

[20] 才国伟，杨豪. 外商直接投资能否改善中国要素市场扭曲 [J]. 中国工业经济，2019 (10)：42-60.

[21] 蔡昉，都阳，王美艳. 经济发展方式转变与节能减排内在动力 [J]. 经济研究，2008 (6)：4-11.

[22] 蔡昉，王德文，曲玥. 中国产业升级的大国雁阵模型分析 [J]. 经济研究，2009，44 (9)：4-14.

[23] 蔡昉. 生产率、新动能与制造业：中国经济如何提高资源重新配置效率 [J]. 中国工业经济，2021 (5)：5-18.

[24] 蔡昉. 中国经济增长如何转向全要素生产率驱动型 [J]. 中国社会科学，2013 (1)：56-71.

[25] 曹静，王鑫，钟笑寒. 限行政策是否改善了北京市的空气质量？[J]. 经济学（季刊），2014，13 (3)：1091-1126.

[26] 曹卫斌，叶朋，赵慧. 全国河流的密度统计方法 [J]. 水利水电工程设计，2015，34 (2)：53-56.

[27] 曾颖，陆正飞. 信息披露质量与股权融资成本 [J]. 经济研究，2006 (2)：69-79.

[28] 陈超凡. 中国工业绿色全要素生产率及其影响因素：基于 ML 生产率指数及动态面板模型的实证研究 [J]. 统计研究，2016，33 (3)：53-62.

[29] 陈登科. 贸易壁垒下降与环境污染改善：来自中国企业污染数据的新证据 [J]. 经济研究，2020，55 (12)：98-114.

[30] 陈海嵩. 环保督察制度法治化：定位、困境及其出路 [J]. 法学评论，2017，35 (3)：176-187.

[31] 陈健鹏，李佐军. 中国大气污染治理形势与存在问题及若干政策建议 [J]. 发展研究，2013 (10)：4-14.

[32] 陈景华，陈姚，陈敏敏. 中国经济高质量发展水平、区域差异及分布动态演进 [J]. 数量经济技术经济研究，2020，37 (12)：108-126.

[33] 陈明华，刘华军，孙亚男. 中国五大城市群金融发展的空间差异及分布动态：2003～2013 年 [J]. 数量经济技术经济研究，2016，33 (7)：130-144.

[34] 陈诗一，陈登科. 雾霾污染、政府治理与经济高质量发展 [J]. 经济研究，2018，53 (2)：20-34.

[35] 陈诗一，陈登科. 中国资源配置效率动态演化：纳入能源要素的新视角 [J]. 中国社会科学，2017 (4)：67-83.

[36] 陈诗一. 边际减排成本与中国环境税改革 [J]. 中国社会科学，2011 (3)：85-100.

[37] 陈诗一. 工业二氧化碳的影子价格：参数化和非参数化方法 [J]. 世界经济，2010，33 (8)：93-111.

[38] 陈诗一. 节能减排与中国工业的双赢发展：2009—2049 [J]. 经济研究，2010，45 (3)：129-143.

[39] 陈诗一. 中国的绿色工业革命：基于环境全要素生产率视角的解释 (1980—2008) [J]. 经济研究，2010，45 (11)：21-34.

[40] 陈诗一. 中国各地区低碳经济转型进程评估 [J]. 经济研究，2012，47 (8)：32-44.

[41] 陈硕，陈婷．空气质量与公共健康：以火电厂二氧化硫排放为例 [J]．经济研究，2014，49 (8)：158-169.

[42] 陈文颖，高鹏飞，何建坤．二氧化碳减排对中国未来 GDP 增长的影响 [J]．清华大学学报 (自然科学版)，2004 (6)：744-747.

[43] 陈晓东，金碚．供给侧结构性改革下的节能减排与我国经济转型升级 [J]．经济纵横，2016 (7)：18-22.

[44] 陈旭，邱斌，刘修岩，等．多中心结构与全球价值链地位攀升：来自中国企业的证据 [J]．世界经济，2019，42 (8)：72-96.

[45] 陈永伟，陈立中．为清洁空气定价：来自中国青岛的经验证据 [J]．世界经济，2012，35 (4)：140-160.

[46] 陈钊，陈乔伊．中国企业能源利用效率：异质性、影响因素及政策含义 [J]．中国工业经济，2019 (12)：78-95.

[47] 陈振明，薛澜．中国公共管理理论研究的重点领域和主题 [J]．中国社会科学，2007 (3)：140-152.

[48] 陈卓，潘敏杰．雾霾污染与地方政府环境规制竞争策略 [J]．财经论丛，2018 (7)：106-113.

[49] 谌仁俊，黄诗茜，姬晓晨，等．推进工业高质量发展的城市环境政策选择 [J]．亚太经济，2019 (3)：113-124.

[50] 谌仁俊，肖庆兰，兰受卿，等．中央环保督察能否提升企业绩效：以上市工业企业为例 [J]．经济评论，2019 (5)：36-49.

[51] 谌莹，张捷．碳排放、绿色全要素生产率和经济增长 [J]．数量经济技术经济研究，2016，33 (8)：47-63.

[52] 程时雄，柳剑平，龚兆鋆．中国工业行业节能减排经济增长效应的测度及影响因素分析 [J]．世界经济，2016，39 (3)：166-192.

[53] 迟福林．动力变革：推动高质量发展的历史跨越 [J]．北方经济，2018 (3)：2.

[54] 崔兴华，林明裕．FDI 如何影响企业的绿色全要素生产率：基于 Malmquist-Luenberger 指数和 PSM-DID 的实证分析 [J]．经济管理，2019，41 (3)：38-55.

[55] 戴亦一，潘越，冯舒．中国企业的慈善捐赠是一种“政治献金”吗？来自市委书记更替的证据 [J]．经济研究，2014，49 (2)：74-86.

[56] 邓冠玉. 高质量发展背景下我国社会经济与生态环境协调发展研究：兼谈文章《碳达峰、碳中和与经济、社会、生态环境的协同研究》[J]. 生态经济，2022，38 (7)：230-231.

[57] 邓辉，甘天琦，涂正革. 大气环境治理的中国道路：基于中央环保督察制度的探索 [J]. 经济学 (季刊)，2021，21 (5)：1591-1614.

[58] 邓忠奇，徐佳宾. 中国兼顾节能减排的中期经济增长路径 [J]. 数量经济技术经济研究，2015，32 (2)：83-98.

[59] 邓忠奇. 方向距离函数中方向向量的最优选择 [J]. 系统工程理论与实践，2016，36 (4)：934-944.

[60] 邓宗兵，何若帆，陈钲，等. 中国八大综合经济区生态文明发展的区域差异及收敛性研究 [J]. 数量经济技术经济研究，2020，37 (6)：3-25.

[61] 丁宁，任亦侬，左颖. 绿色信贷政策得不偿失还是得偿所愿？基于资源配置视角的 PSM-DID～1 成本效率分析 [J]. 金融研究，2020 (4)：112-130.

[62] 董敏杰，李钢，梁泳梅. 中国工业环境全要素生产率的来源分解：基于要素投入与污染治理的分析 [J]. 数量经济技术经济研究，2012，29 (2)：3-20.

[63] 董直庆，王辉. 城市财富与绿色技术选择 [J]. 经济研究，2021，56 (4)：143-159.

[64] 杜金岷，吕寒，张仁寿，等. 企业 R&D 投入的创新产出、约束条件与校正路径 [J]. 南方经济，2017 (11)：18-36.

[65] 樊纲，王小鲁，马光荣. 中国市场化进程对经济增长的贡献 [J]. 经济研究，2011，46 (9)：4-16.

[66] 方先明，那晋领. 创业板上市公司绿色创新溢酬研究 [J]. 经济研究，2020，55 (10)：106-123.

[67] 方颖，郭俊杰. 中国环境信息披露政策是否有效？基于资本市场反应的研究 [J]. 经济研究，2018，53 (10)：158-174.

[68] 方颖，纪衎，赵扬. 中国是否存在“资源诅咒” [J]. 世界经济，2011，34 (4)：144-160.

[69] 封进，余央央. 中国农村的收入差距与健康 [J]. 经济研究，2007 (1)：79-88.

[70] 冯仁涛，张庆，余翔. 商标、广告对企业市场价值的贡献研究：基于医药行业的实证分析 [J]. 管理评论，2013，25 (6)：154-160.

[71] 冯天丽，井润田. 制度环境与私营企业家政治联系意愿的实证研究 [J]. 管理世界，2009 (8)：81-91.

[72] 傅京燕，李丽莎. 环境规制、要素禀赋与产业国际竞争力的实证研究：基于中国制造业的面板数据 [J]. 管理世界，2010 (10)：87-98.

[73] 傅京燕，司秀梅，曹翔. 排污权交易机制对绿色发展的影响 [J]. 中国人口·资源与环境，2018，28 (8)：12-21.

[74] 高赢. 中国八大综合经济区绿色发展绩效及其影响因素研究 [J]. 数量经济技术经济研究，2019，36 (9)：3-23.

[75] 古志辉，郝项超，张永杰. 卖空约束、投资者行为和 A 股市场的定价泡沫 [J]. 金融研究，2011 (2)：129-148.

[76] 桂林，尹振东，聂辉华. 利益表达、社会稳定与公共治理 [J]. 经济研究，2016，51 (11)：153-165.

[77] 郭峰，石庆玲. 官员更替、合谋震慑与空气质量的临时性改善 [J]. 经济研究，2017，52 (7)：155-168.

[78] 郭俊杰，方颖，杨阳. 排污费征收标准改革是否促进了中国工业二氧化硫减排 [J]. 世界经济，2019，42 (1)：121-144.

[79] 郭晓丹，张军，吴利学. 城市规模、生产率优势与资源配置 [J]. 管理世界，2019，35 (4)：77-89.

[80] 郭晔，房芳. 新型货币政策担保品框架的绿色效应 [J]. 金融研究，2021 (1)：91-110.

[81] 郭晔，苏彩珍，张一. 社会责任信息披露提高企业的市场表现了么？[J]. 系统工程理论与实践，2019，39 (4)：881-892.

[82] 韩超，陈震，王震. 节能目标约束下企业污染减排效应的机制研究 [J]. 中国工业经济，2020 (10)：43-61.

[83] 韩超，胡浩然. 清洁生产标准规制如何动态影响全要素生产率：剔除其他政策干扰的准自然实验分析 [J]. 中国工业经济，2015 (5)：70-82.

[84] 韩超，桑瑞聪. 环境规制约束下的企业产品转换与产品质量提升 [J]. 中国工业经济，2018 (2)：43-62.

[85] 韩超，张伟广，单双. 规制治理、公众诉求与环境污染：基于地区间

环境治理策略互动的经验分析［J］. 财贸经济，2016（9）：144-161.

［86］韩国高，张超. 财政分权和晋升激励对城市环境污染的影响：兼论绿色考核对我国环境治理的重要性［J］. 城市问题，2018（2）：25-35.

［87］郝阳，龚六堂. 国有、民营混合参股与公司绩效改进［J］. 经济研究，2017，52（3）：122-135.

［88］何凌云，梁宵，杨晓蕾，等. 绿色信贷能促进环保企业技术创新吗［J］. 金融经济学研究，2019，34（5）：109-121.

［89］贺菊煌，沈可挺，徐嵩龄. 碳税与二氧化碳减排的 CGE 模型［J］. 数量经济技术经济研究，2002（10）：39-47.

［90］洪大用. 经济增长、环境保护与生态现代化：以环境社会学为视角［J］. 中国社会科学，2012（9）：82-99.

［91］胡鞍钢，郑京海，高宇宁，等. 考虑环境因素的省级技术效率排名（1999—2005）［J］. 经济学（季刊），2008（3）：933-960.

［92］胡鞍钢，周绍杰. 绿色发展：功能界定、机制分析与发展战略［J］. 中国人口·资源与环境，2014，24（1）：14-20.

［93］华智亚. 风险沟通与风险型环境群体性事件的应对［J］. 人文杂志，2014（5）：97-108.

［94］黄菁，陈霜华. 环境污染治理与经济增长：模型与中国的经验研究［J］. 南开经济研究，2011（1）：142-152.

［95］黄玖立，冯志艳. 用地成本对企业出口行为的影响及其作用机制［J］. 中国工业经济，2017（9）：100-118.

［96］蒋丹，张绘. 建立和完善行政问责下经济责任问责机制的探索［J］. 管理世界，2016（9）：176-177.

［97］蒋伏心，王竹君，白俊红. 环境规制对技术创新影响的双重效应：基于江苏制造业动态面板数据的实证研究［J］. 中国工业经济，2013（7）：44-55.

［98］解维敏，方红星. 金融发展、融资约束与企业研发投入［J］. 金融研究，2011（5）：171-183.

［99］金碚. 关于“高质量发展”的经济学研究［J］. 中国工业经济，2018（4）：5-18.

［100］金碚. 资源环境管制与工业竞争力关系的理论研究［J］. 中国工业

经济，2009 (3)：5-17.

[101] 金飞，张琦. 中国市区县级 TFP 变动问题的讨论：2007～2010 年 [J]. 数量经济技术经济研究，2013，30 (9)：55-71.

[102] 金太军，袁建军. 政府与企业的交换模式及其演变规律：观察腐败深层机制的微观视角 [J]. 中国社会科学，2011 (1)：102-118.

[103] 康志勇，张宁，汤学良，等. “减碳”政策制约了中国企业出口吗 [J]. 中国工业经济，2018 (9)：117-135.

[104] 孔东民，刘莎莎，王亚男. 市场竞争、产权与政府补贴 [J]. 经济研究，2013，48 (2)：55-67.

[105] 匡远凤，彭代彦. 中国环境生产效率与环境全要素生产率分析 [J]. 经济研究，2012，47 (7)：62-74.

[106] 赖黎，马永强，夏晓兰. 媒体报道与信贷获取 [J]. 世界经济，2016，39 (9)：124-148.

[107] 黎文靖，郑曼妮. 空气污染的治理机制及其作用效果：来自地级市的经验数据 [J]. 中国工业经济，2016 (4)：93-109.

[108] 黎文靖，路晓燕. 机构投资者关注企业的环境绩效吗？来自我国重污染行业上市公司的经验证据 [J]. 金融研究，2015 (12)：97-112.

[109] 李标，崔西伟，吴贾. 马克思主义视角下金融发展、创新投入与工业创新绩效 [J]. 财经科学，2018 (6)：94-109.

[110] 李斌，彭星，欧阳铭珂. 环境规制、绿色全要素生产率与中国工业发展方式转变：基于 36 个工业行业数据的实证研究 [J]. 中国工业经济，2013 (4)：56-68.

[111] 李斌，詹凯云，胡志高. 环境规制与就业真的能实现“双重红利”吗？基于我国“两控区”政策的实证研究 [J]. 产业经济研究，2019 (1)：113-126.

[112] 李谷成. 中国农业的绿色生产率革命：1978—2008 年 [J]. 经济学(季刊)，2014，13 (2)：537-558.

[113] 李霁友. 环保费改税对我国生态环境及经济发展的影响 [J]. 管理世界，2017 (3)：170-171.

[114] 李江龙，徐斌. “诅咒”还是“福音”：资源丰裕程度如何影响中国绿色经济增长？[J]. 经济研究，2018，53 (9)：151-167.

[115] 李金铠，马静静，魏伟．中国八大综合经济区能源碳排放效率的区域差异研究 [J]．数量经济技术经济研究，2020，37 (6)：109-129.

[116] 李科．我国省际节能减排效率及其动态特征分析 [J]．中国软科学，2013 (5)：144-157.

[117] 李蕾蕾，盛丹．地方环境立法与中国制造业的行业资源配置效率优化 [J]．中国工业经济，2018 (7)：136-154.

[118] 李玲，陶锋．中国制造业最优环境规制强度的选择：基于绿色全要素生产率的视角 [J]．中国工业经济，2012 (5)：70-82.

[119] 李平．环境技术效率、绿色生产率与可持续发展：长三角与珠三角城市群的比较 [J]．数量经济技术经济研究，2017，34 (11)：3-23.

[120] 李胜兰，初善冰，申晨．地方政府竞争、环境规制与区域生态效率 [J]．世界经济，2014，37 (4)：88-110.

[121] 李树，陈刚．环境管制与生产率增长：以 APPCL2000 的修订为例 [J]．经济研究，2013，48 (1)：17-31.

[122] 李硕，王敏，张丹丹．中央环保督察和企业进入：来自企业注册数据的证据 [J]．世界经济，2022，45 (1)：110-132.

[123] 李涛．资源约束下中国碳减排与经济增长的双赢绩效研究：基于非径向 DEA 方法 RAM 模型的测度 [J]．经济学（季刊），2013，12 (2)：667-692.

[124] 李卫兵，刘方文，王滨．环境规制有助于提升绿色全要素生产率吗？基于“两控区”政策的估计 [J]．华中科技大学学报（社会科学版），2019，33 (1)：72-82.

[125] 李卫兵，张凯霞．空气污染对企业生产率的影响：来自中国工业企业的证据 [J]．管理世界，2019，35 (10)：95-112.

[126] 李小胜，张焕明．中国碳排放效率与全要素生产率研究 [J]．数量经济技术经济研究，2016，33 (8)：64-79.

[127] 李晓西，刘一萌，宋涛．人类绿色发展指数的测算 [J]．中国社会科学，2014 (6)：69-95.

[128] 李心斐，李芳芳．重污染企业社会责任对全要素生产率的影响研究：基于研发投入的中介作用 [J]．行政论坛，2022，28 (1)：135-142.

[129] 李焰，王琳．媒体监督、声誉共同体与投资者保护 [J]．管理世界，

2013 (11): 130-143.

[130] 李永友，沈坤荣. 我国污染控制政策的减排效果：基于省际工业污染数据的实证分析 [J]. 管理世界，2008 (7): 7-17.

[131] 李永友，文云飞. 中国排污权交易政策有效性研究：基于自然实验的实证分析 [J]. 经济学家，2016 (5): 19-28.

[132] 李占风，张建. 资源环境约束下中国工业环境技术效率的地区差异及动态演变 [J]. 统计研究，2018，35 (12): 45-55.

[133] 李子豪. 公众参与对地方政府环境治理的影响：2003—2013 年省际数据的实证分析 [J]. 中国行政管理，2017 (8): 102-108.

[134] 厉以宁，朱善利，罗来军，等. 低碳发展作为宏观经济目标的理论探讨：基于中国情形 [J]. 管理世界，2017 (6): 1-8.

[135] 连莉莉. 绿色信贷影响企业债务融资成本吗? 基于绿色企业与"两高"企业的对比研究 [J]. 金融经济学研究，2015，30 (5): 83-93.

[136] 梁平汉，高楠. 人事变更、法制环境和地方环境污染 [J]. 管理世界，2014 (6): 65-78.

[137] 梁若冰，席鹏辉. 轨道交通对空气污染的异质性影响：基于 RDID 方法的经验研究 [J]. 中国工业经济，2016 (3): 83-98.

[138] 林伯强，杜克锐. 理解中国能源强度的变化：一个综合的分解框架 [J]. 世界经济，2014，37 (4): 69-87.

[139] 林伯强，杜克锐. 我国能源生产率增长的动力何在：基于距离函数的分解 [J]. 金融研究，2013 (9): 84-96.

[140] 林伯强，杜克锐. 要素市场扭曲对能源效率的影响 [J]. 经济研究，2013，48 (9): 125-136.

[141] 林伯强，刘泓汛. 对外贸易是否有利于提高能源环境效率：以中国工业行业为例 [J]. 经济研究，2015，50 (9): 127-141.

[142] 林伯强，刘希颖. 中国城市化阶段的碳排放：影响因素和减排策略 [J]. 经济研究，2010，45 (8): 66-78.

[143] 林伯强，孙传旺. 如何在保障中国经济增长前提下完成碳减排目标 [J]. 中国社会科学，2011 (1): 64-76.

[144] 林伯强，谭睿鹏. 中国经济集聚与绿色经济效率 [J]. 经济研究，2019，54 (2): 119-132.

[145] 林伯强，邹楚沅. 发展阶段变迁与中国环境政策选择 [J]. 中国社会科学，2014 (5)：81-95.

[146] 林伯强. 电力消费与中国经济增长：基于生产函数的研究 [J]. 管理世界，2003 (11)：18-27.

[147] 林伯强. 碳中和进程中的中国经济高质量增长 [J]. 经济研究，2022，57 (1)：56-71.

[148] 林婷，谌仁俊. “促增长”与“保环境”双目标下的地区环境规制水平 [J]. 经济问题探索，2021 (5)：1-16.

[149] 林兆木. 关于我国经济高质量发展的几点认识 [J]. 先锋队，2018 (5)：10-12.

[150] 蔺鹏，孟娜娜. 绿色全要素生产率增长的时空分异与动态收敛 [J]. 数量经济技术经济研究，2021，38 (8)：104-124.

[151] 刘冲，郭峰，傅家范，等. 政治激励、资本监管与地方银行信贷投放 [J]. 管理世界，2017 (10)：36-50.

[152] 刘华军，杜广杰. 中国经济发展的地区差距与随机收敛检验：基于2000—2013年DMSP/OLS夜间灯光数据 [J]. 数量经济技术经济研究，2017，34 (10)：43-59.

[153] 刘华军，杨骞. 资源环境约束下中国TFP增长的空间差异和影响因素 [J]. 管理科学，2014，27 (5)：133-144.

[154] 刘华军，赵浩. 中国二氧化碳排放强度的地区差异分析 [J]. 统计研究，2012，29 (6)：46-50.

[155] 刘建涛，贾凤姿. 环境与心灵的双重救赎：环境危机的人性之维 [J]. 理论导刊，2012 (3)：40-42.

[156] 刘杰，陈佳，刘力. 投资者关注与市场反应：来自中国证券交易所交易公开信息的自然实验 [J]. 金融研究，2019 (11)：189-206.

[157] 刘瑞翔，安同良. 资源环境约束下中国经济增长绩效变化趋势与因素分析：基于一种新型生产率指数构建与分解方法的研究 [J]. 经济研究，2012，47 (11)：34-47.

[158] 刘思宇. “评比表彰”的激励逻辑：基于创建全国文明城市的考察 [J]. 中国行政管理，2019 (2)：72-78.

[159] 刘修岩，李松林，陈子扬. 多中心空间发展模式与地区收入差距

[J]. 中国工业经济，2017 (10)：25-43.

[160] 刘哲，刘传明. 文明城市对产业结构升级的影响效应研究：来自文明城市评选的准自然实验 [J]. 产业经济研究，2021 (1)：43-55.

[161] 刘志杰. 中国地区经济差距时空演变：基于 Dagum 基尼系数分解 [J]. 统计与决策，2011 (2)：103-105.

[162] 龙亮军，王霞，郭兵. 基于改进 DEA 模型的城市生态福利绩效评价研究：以我国 35 个大中城市为例 [J]. 自然资源学报，2017，32 (4)：595-605.

[163] 龙硕，胡军. 政企合谋视角下的环境污染：理论与实证研究 [J]. 财经研究，2014，40 (10)：131-144.

[164] 龙文滨，胡珺. 节能减排规划、环保考核与边界污染 [J]. 财贸经济，2018，39 (12)：126-141.

[165] 龙小宁，万威. 环境规制、企业利润率与合规成本规模异质性 [J]. 中国工业经济，2017 (6)：155-174.

[166] 娄峰. 碳税征收对我国宏观经济及碳减排影响的模拟研究 [J]. 数量经济技术经济研究，2014，31 (10)：84-96.

[167] 陆菁，鄢云，王韬璇. 绿色信贷政策的微观效应研究：基于技术创新与资源再配置的视角 [J]. 中国工业经济，2021 (1)：174-192.

[168] 陆旸. 中国的绿色政策与就业：存在双重红利吗？[J]. 经济研究，2011，46 (7)：42-54.

[169] 陆诤岚. 结构性污染成因的分析与研究 [J]. 北京交通大学学报 (社会科学版)，2005 (1)：39-43.

[170] 逯进，赵亚楠，苏妍. "文明城市"评选与环境污染治理：一项准自然实验 [J]. 财经研究，2020，46 (4)：109-124.

[171] 逯元堂，王金南，吴舜泽，等. 中国环保投资统计指标与方法分析 [J]. 中国人口·资源与环境，2010，20 (S2)：96-99.

[172] 逯元堂，吴舜泽，陈鹏，等. "十一五"环境保护投资评估 [J]. 中国人口·资源与环境，2012，22 (10)：43-47.

[173] 罗豪才，宋功德. 公域之治的转型：对公共治理与公法互动关系的一种透视 [J]. 中国法学，2005 (5)：3-23.

[174] 吕备，李亚男. 从系统管理视角看环境信息披露与企业价值的关系

[J]. 系统科学学报，2020，28（2）：123-128.

[175] 吕承超，崔悦. 中国高质量发展地区差距及时空收敛性研究 [J]. 数量经济技术经济研究，2020，37（9）：62-79.

[176] 吕承超，索琪，杨欢. “南北”还是“东西”地区经济差距大：中国地区经济差距及其影响因素的比较研究 [J]. 数量经济技术经济研究，2021，38（9）：80-97.

[177] 马亚红. 环境规制对重污染企业负债的影响研究：基于新《环境保护法》的准自然实验分析 [J]. 投资研究，2021，40（8）：4-27.

[178] 马勇，童昀，任洁，等. 公众参与型环境规制的时空格局及驱动因子研究：以长江经济带为例 [J]. 地理科学，2018，38（11）：1799-1808.

[179] 毛奕欢，林雁，谭洪涛. 中央环保督察与企业生产决策：来自企业实质性改进的证据 [J]. 产业经济研究，2022（3）：15-27.

[180] 莫建雷，段宏波，范英，等.《巴黎协定》中我国能源和气候政策目标：综合评估与政策选择 [J]. 经济研究，2018，53（9）：168-181.

[181] 聂辉华，江艇，杨汝岱. 中国工业企业数据库的使用现状和潜在问题 [J]. 世界经济，2012，35（5）：142-158.

[182] 聂荣，高艳，储德银. 中国农村居民收入分配差距的时空演变：基于 Dagum 基尼系数分解 [J]. 财贸研究，2015，26（4）：20-28.

[183] 牛海鹏，张夏羿，张平淡. 我国绿色金融政策的制度变迁与效果评价：以绿色信贷的实证研究为例 [J]. 管理评论，2020，32（8）：3-12.

[184] 潘安娥，郭秋实. 政府监管与企业环境信息披露：基于高管环保意识的调节作用 [J]. 软科学，2018，32（10）：84-87.

[185] 潘建成. 创新是工业高质量发展的内生动力 [J]. 中国中小企业，2018（3）：35.

[186] 潘文卿. 碳税对中国产业与地区竞争力的影响：基于 CO_2 排放责任的视角 [J]. 数量经济技术经济研究，2015，32（6）：3-20.

[187] 庞瑞芝，李鹏. 中国新型工业化增长绩效的区域差异及动态演进 [J]. 经济研究，2011，46（11）：36-47.

[188] 戚建刚，余海洋. 论作为运动型治理机制之“中央环保督察制度”：兼与陈海嵩教授商榷 [J]. 理论探讨，2018（2）：157-164.

[189] 齐良书，李子奈. 与收入相关的健康和医疗服务利用流动性 [J].

经济研究，2011，46（9）：83-95.

［190］齐绍洲，林屾，崔静波．环境权益交易市场能否诱发绿色创新：基于我国上市公司绿色专利数据的证据［J］．经济研究，2018，53（12）：129-143.

［191］齐亚伟，陶长琪．我国区域环境全要素生产率增长的测度与分解：基于 Global Malmquist-Luenberger 指数［J］．上海经济研究，2012，24（10）：3-13.

［192］祁毓，卢洪友，张宁川．环境规制能实现“降污”和“增效”的双赢吗？来自环保重点城市“达标”与“非达标”准实验的证据［J］．财贸经济，2016（9）：126-143.

［193］祁毓，卢洪友，张宁川．环境质量、健康人力资本与经济增长［J］．财贸经济，2015（6）：124-135.

［194］祁毓，卢洪友．污染、健康与不平等：跨越“环境健康贫困”陷阱［J］．管理世界，2015（9）：32-51.

［195］钱水土，王文中，方海光．绿色信贷对我国产业结构优化效应的实证分析［J］．金融理论与实践，2019（1）：1-8.

［196］乔坤元，周黎安，刘冲．中期排名、晋升激励与当期绩效：关于官员动态锦标赛的一项实证研究［J］．经济学报，2014，1（3）：84-106.

［197］秦立建，陈波，秦雪征．健康对农民工外出务工收入的影响分析［J］．世界经济文汇，2013（6）：110-120.

［198］曲久辉．水质转化的安全风险与过程控制［J］．中国科学基金，2005（2）：7-11.

［199］屈小娥，刘柳．环境分权对经济高质量发展的影响研究［J］．统计研究，2021，38（3）：16-29.

［200］饶品贵，姜国华．货币政策、信贷资源配置与企业业绩［J］．管理世界，2013（3）：12-22.

［201］任胜钢，郑晶晶，刘东华，等．排污权交易机制是否提高了企业全要素生产率：来自中国上市公司的证据［J］．中国工业经济，2019（5）：5-23.

［202］商波，杜星宇，黄涛珍．基于市场激励型的环境规制与企业绿色技术创新模式选择［J］．软科学，2021，35（5）：78-84.

［203］邵帅，齐中英．西部地区的能源开发与经济增长：基于“资源诅咒”

假说的实证分析 [J]. 经济研究，2008 (4)：147-160.

[204] 邵帅，杨莉莉，黄涛. 能源回弹效应的理论模型与中国经验 [J]. 经济研究，2013，48 (2)：96-109.

[205] 申晨，贾妮莎，李炫榆. 环境规制与工业绿色全要素生产率：基于命令一控制型与市场激励型规制工具的实证分析 [J]. 研究与发展管理，2017，29 (2)：144-154.

[206] 申萌，李凯杰，曲如晓. 技术进步、经济增长与二氧化碳排放：理论和经验研究 [J]. 世界经济，2012，35 (7)：83-100.

[207] 沈洪涛，黄珍，郭肪汝. 告白还是辩白：企业环境表现与环境信息披露关系研究 [J]. 南开管理评论，2014，17 (2)：56-63.

[208] 沈洪涛，游家兴，刘江宏. 再融资环保核查、环境信息披露与权益资本成本 [J]. 金融研究，2010 (12)：159-172.

[209] 沈坤荣，金刚，方娴. 环境规制引起了污染就近转移吗？[J]. 经济研究，2017，52 (5)：44-59.

[210] 盛丹，张国峰. "两控区"环境管制与企业全要素生产率增长 [J]. 管理世界，2019，35 (2)：24-42.

[211] 石大千，胡可，陈佳. 城市文明是否推动了企业绿色高质量发展：基于环境规制与交易成本视角 [J]. 产业经济研究，2019 (6)：27-38.

[212] 石敏俊，袁永娜，周晟吕，等. 碳减排政策：碳税、碳交易还是两者兼之？[J]. 管理科学学报，2013，16 (9)：9-19.

[213] 石庆玲，陈诗一，郭峰. 环保部约谈与环境治理：以空气污染为例 [J]. 统计研究，2017，34 (10)：88-97.

[214] 石庆玲，郭峰，陈诗一. 雾霾治理中的"政治性蓝天"：来自中国地方"两会"的证据 [J]. 中国工业经济，2016 (5)：40-56.

[215] 史贝贝，冯晨，张妍，等. 环境规制红利的边际递增效应 [J]. 中国工业经济，2017 (12)：40-58.

[216] 史丹，李少林. 京津冀绿色协同发展效果研究：基于"煤改气、电"政策实施的准自然实验 [J]. 经济与管理研究，2018，39 (11)：64-77.

[217] 史丹，李少林. 排污权交易制度与能源利用效率：对地级及以上城市的测度与实证 [J]. 中国工业经济，2020 (9)：5-23.

[218] 史丹. 绿色发展与全球工业化的新阶段：中国的进展与比较 [J].

中国工业经济，2018 (10)：5-18.

[219] 宋德勇，张麒. 环境保护与经济高质量发展融合的演进与驱动力 [J]. 数量经济技术经济研究，2022，39 (8)：42-59.

[220] 宋马林，刘贯春. 增长模式变迁与中国绿色经济增长源泉：基于异质性生产函数的多部门核算框架 [J]. 经济研究，2021，56 (7)：41-58.

[221] 宋雅琴，古德丹. “十一五规划”开局节能、减排指标“失灵”的制度分析 [J]. 中国软科学，2007 (9)：25-32.

[222] 苏冬蔚，连莉莉. 绿色信贷是否影响重污染企业的投融资行为? [J]. 金融研究，2018 (12)：123-137.

[223] 孙传旺，刘希颖，林静. 碳强度约束下中国全要素生产率测算与收敛性研究 [J]. 金融研究，2010 (6)：17-33.

[224] 孙广生，黄祎，田海峰，等. 全要素生产率、投入替代与地区间的能源效率 [J]. 经济研究，2012，47 (9)：99-112.

[225] 孙浦阳，李飞跃，顾凌骏. 商业信用能否成为企业有效的融资渠道：基于投资视角的分析 [J]. 经济学 (季刊)，2014，13 (4)：1637-1652.

[226] 孙伟增，罗党论，郑思齐，等. 环保考核、地方官员晋升与环境治理：基于 2004—2009 年中国 86 个重点城市的经验证据 [J]. 清华大学学报 (哲学社会科学版)，2014，29 (4)：49-62.

[227] 孙晓华，袁方，翟钰，等. 政企关系与中央环保督察的治理效果 [J]. 世界经济，2022，45 (6)：207-236.

[228] 汤维祺，钱浩祺，吴力波. 内生增长下排放权分配及增长效应 [J]. 中国社会科学，2016 (1)：60-81.

[229] 汤维祺，吴力波，钱浩祺. 从“污染天堂”到绿色增长：区域间高耗能产业转移的调控机制研究 [J]. 经济研究，2016，51 (6)：58-70.

[230] 汤韵，梁若冰. 两控区政策与二氧化硫减排：基于倍差法的经验研究 [J]. 山西财经大学学报，2012，34 (6)：9-16.

[231] 唐杰英. 环境规制、两控区政策与 FDI 的区位选择：基于中国企业数据的实证研究 [J]. 国际贸易问题，2019 (5)：117-129.

[232] 唐勇军，马文超，夏丽. 环境信息披露质量、内控“水平”与企业价值：来自重污染行业上市公司的经验证据 [J]. 会计研究，2021 (7)：69-84.

[233] 陶锋，赵锦瑜，周浩. 环境规制实现了绿色技术创新的“增量提质”

吗？来自环保目标责任制的证据 [J]. 中国工业经济，2021 (2)：136-154.

[234] 滕泽伟. 中国服务业绿色全要素生产率的空间分异及驱动因素研究 [J]. 数量经济技术经济研究，2020，37 (11)：23-41.

[235] 田利辉，王可第. 社会责任信息披露的“掩饰效应”和上市公司崩盘风险：来自中国股票市场的 DID-PSM 分析 [J]. 管理世界，2017 (11)：146-157.

[236] 田银华，贺胜兵，胡石其. 环境约束下地区全要素生产率增长的再估算：1998—2008 [J]. 中国工业经济，2011 (1)：47-57.

[237] 涂正革，谌仁俊. 工业化、城镇化的动态边际碳排放量研究：基于 LMDI“两层完全分解法”的分析框架 [J]. 中国工业经济，2013 (9)：31-43.

[238] 涂正革，谌仁俊. 排污权交易机制在中国能否实现波特效应？[J]. 经济研究，2015，50 (7)：160-173.

[239] 涂正革，邓辉，谌仁俊，等. 中央环保督察的环境经济效益：来自河北省试点的证据 [J]. 经济评论，2020 (1)：3-16.

[240] 涂正革，邓辉，甘天琦. 公众参与中国环境治理的逻辑：理论、实践和模式 [J]. 华中师范大学学报 (人文社会科学版)，2018，57 (3)：49-61.

[241] 涂正革，傅立权. SO_2 排污权交易在中国的理论红利核算 [J]. 中国地质大学学报 (社会科学版)，2016，16 (3)：52-62.

[242] 涂正革，王秋皓. 中国工业绿色发展的评价及动力研究：基于地级以上城市数据门限回归的证据 [J]. 中国地质大学学报 (社会科学版)，2018，18 (1)：47-56.

[243] 涂正革，肖耿. 环境约束下的中国工业增长模式研究 [J]. 世界经济，2009，32 (11)：41-54.

[244] 涂正革. 工业二氧化硫排放的影子价格：一个新的分析框架 [J]. 经济学 (季刊)，2010，9 (1)：259-282.

[245] 涂正革. 环境、资源与工业增长的协调性 [J]. 经济研究，2008 (2)：93-105.

[246] 涂正革. 中国的碳减排路径与战略选择：基于八大行业部门碳排放量的指数分解分析 [J]. 中国社会科学，2012 (3)：78-94.

[247] 王班班，莫琼辉，钱浩祺. 地方环境政策创新的扩散模式与实施效果：基于河长制政策扩散的微观实证 [J]. 中国工业经济，2020 (8)：99-117.

[248] 王班班，齐绍洲. 市场型和命令型政策工具的节能减排技术创新效应：基于中国工业行业专利数据的实证 [J]. 中国工业经济，2016 (6)：91-108.

[249] 王兵，侯冰清. 中国区域绿色发展绩效实证研究 (1998—2013)：基于全局非径向方向性距离函数 [J]. 中国地质大学学报 (社会科学版)，2017，17 (6)：24-40.

[250] 王兵，刘光天. 节能减排与中国绿色经济增长：基于全要素生产率的视角 [J]. 中国工业经济，2015 (5)：57-69.

[251] 王兵，聂欣. 经济发展的健康成本：污水排放与农村中老年健康 [J]. 金融研究，2016 (3)：59-73.

[252] 王兵，唐文狮，吴延瑞，等. 城镇化提高中国绿色发展效率了吗? [J]. 经济评论，2014 (4)：38-49.

[253] 王兵，吴延瑞，颜鹏飞. 环境管制与全要素生产率增长：APEC 的实证研究 [J]. 经济研究，2008 (5)：19-32.

[254] 王兵，吴延瑞，颜鹏飞. 中国区域环境效率与环境全要素生产率增长 [J]. 经济研究，2010，45 (5)：95-109.

[255] 王灿，陈吉宁，邹骥. 基于 CGE 模型的 CO_2 减排对中国经济的影响 [J]. 清华大学学报 (自然科学版)，2005 (12)：1621-1624.

[256] 王帆宇. 中国快速城市化进程中的环境污染：形势研判、归因与应对策略 [J]. 生态经济，2016，32 (3)：174-180.

[257] 王红建，汤泰劼，宋献中. 谁驱动了企业环境治理：官员任期考核还是五年规划目标考核 [J]. 财贸经济，2017，38 (11)：147-161.

[258] 王欢欢，樊海潮，陈诗一. 污染物总量控制与结构调整 [J]. 经济学 (季刊)，2023，23 (4)：1495-1512.

[259] 王慧，孙慧，肖涵月，等. “谨小慎微”抑或“险中求胜”：环境政策不确定性与污染密集型企业绿色创新 [J]. 产业经济研究，2021 (2)：30-41.

[260] 王建林，赵佳佳，宋马林. 基于内生方向距离函数的中国城市土地利用效率分析 [J]. 地理研究，2017，36 (7)：1386-1398.

[261] 王林辉，王辉，董直庆. 经济增长和环境质量相容性政策条件：环境技术进步方向视角下的政策偏向效应检验 [J]. 管理世界，2020，36 (3)：

39-60.

[262] 王玲玲，张艳国. “绿色发展”内涵探微 [J]. 社会主义研究，2012 (5)：143-146.

[263] 王岭，刘相锋，熊艳. 中央环保督察与空气污染治理：基于地级城市微观面板数据的实证分析 [J]. 中国工业经济，2019 (10)：5-22.

[264] 王书斌，徐盈之. 环境规制与雾霾脱钩效应：基于企业投资偏好的视角 [J]. 中国工业经济，2015 (4)：18-30.

[265] 王曦，李丽玲，王茜. 定向降准政策的有效性：基于消费与投资刺激效应的评估 [J]. 中国工业经济，2017 (11)：137-154.

[266] 王夏晖，何军. 生态环保推动中国经济高质量发展的路径与行动 [J]. 环境保护，2018，46 (11)：7-10.

[267] 王贤彬，王淑芳. 刺激计划与企业融资：基于“四万亿”政策的理论分析与实证检验 [J]. 产业经济评论，2019 (3)：50-67.

[268] 王小鲁，樊纲. 中国地区差距的变动趋势和影响因素 [J]. 经济研究，2004 (1)：33-44.

[269] 王馨，王营. 绿色信贷政策增进绿色创新研究 [J]. 管理世界，2021，37 (6)：173-188.

[270] 王岩，魏崇辉. 协商治理的中国逻辑 [J]. 中国社会科学，2016 (7)：26-45.

[271] 王艳艳，于李胜，安然. 非财务信息披露是否能够改善资本市场信息环境：基于社会责任报告披露的研究 [J]. 金融研究，2014 (8)：178-191.

[272] 王燕. 市场激励型排放机制一定优于命令型排放机制吗？[J]. 中国地质大学学报 (社会科学版)，2014，14 (1)：22-29.

[273] 王遥，潘冬阳，彭俞超，等. 基于 DSGE 模型的绿色信贷激励政策研究 [J]. 金融研究，2019 (11)：1-18.

[274] 王宇哲，赵静. “用钱投票”：公众环境关注度对不同产业资产价格的影响 [J]. 管理世界，2018，34 (9)：46-57.

[275] 王仲兵，靳晓超. 碳信息披露与企业价值相关性研究 [J]. 宏观经济研究，2013 (1)：86-90.

[276] 危平，舒浩. 中国资本市场对绿色投资认可吗？基于绿色基金的分析 [J]. 财经研究，2018，44 (5)：23-35.

[277] 魏楚，杜立民，沈满洪. 中国能否实现节能减排目标：基于 DEA 方法的评价与模拟 [J]. 世界经济，2010，33 (3)：141-160.

[278] 魏楚. 中国城市 CO_2 边际减排成本及其影响因素 [J]. 世界经济，2014，37 (7)：115-141.

[279] 魏涛远，格罗姆斯洛德. 征收碳税对中国经济与温室气体排放的影响 [J]. 世界经济与政治，2002 (8)：47-49.

[280] 吴传清，董旭. 环境约束下长江经济带全要素能源效率的时空分异研究：基于超效率 DEA 模型和 ML 指数法 [J]. 长江流域资源与环境，2015，24 (10)：1646-1653.

[281] 吴红军，刘啟仁，吴世农. 公司环保信息披露与融资约束 [J]. 世界经济，2017，40 (5)：124-147.

[282] 吴建南，徐萌萌，马艺源. 环保考核、公众参与和治理效果：来自31 个省级行政区的证据 [J]. 中国行政管理，2016 (9)：75-81.

[283] 吴健生，刘浩，彭建，等. 中国城市体系等级结构及其空间格局：基于 DMSP/OLS 夜间灯光数据的实证 [J]. 地理学报，2014，69 (6)：759-770.

[284] 吴敏，周黎安. 晋升激励与城市建设：公共品可视性的视角 [J]. 经济研究，2018，53 (12)：97-111.

[285] 吴明琴，周诗敏. 环境规制与污染治理绩效：基于我国“两控区”的实证研究 [J]. 现代经济探讨，2017 (9)：7-15.

[286] 吴新悦，张城敏，葛秀平，等. 北京市 1272 例原发性肺癌生存时间及影响因素调查分析 [J]. 北京医学，2009，31 (1)：20-23.

[287] 席鹏辉. 财政激励、环境偏好与垂直式环境管理：纳税大户议价能力的视角 [J]. 中国工业经济，2017 (11)：100-117.

[288] 向书坚，郑瑞坤. 中国绿色经济发展指数研究 [J]. 统计研究，2013，30 (3)：72-77.

[289] 肖攀，李连友，唐李伟，等. 中国城市环境全要素生产率及其影响因素分析 [J]. 管理学报，2013，10 (11)：1681-1689.

[290] 谢乔昕，张宇. 绿色信贷政策、扶持之手与企业创新转型 [J]. 科研管理，2021，42 (1)：124-134.

[291] 熊波，杨碧云. 命令控制型环境政策改善了中国城市环境质量吗？

来自“两控区”政策的“准自然实验”[J]. 中国地质大学学报（社会科学版），2019，19（3）：63-74.

[292] 熊家财. 我国上市公司环境会计信息披露现状与影响因素：来自重污染行业上市公司的经验证据[J]. 南方金融，2015（12）：42-48.

[293] 徐换歌. 评比表彰何以促进污染治理：来自文明城市评比的经验证据[J]. 公共行政评论，2020，13（6）：151-169.

[294] 徐敏燕，左和平. 集聚效应下环境规制与产业竞争力关系研究：基于“波特假说”的再检验[J]. 中国工业经济，2013（3）：72-84.

[295] 徐现祥，梁剑雄. 经济增长目标的策略性调整[J]. 经济研究，2014，49（1）：27-40.

[296] 徐现祥，王贤彬. 晋升激励与经济增长：来自中国省级官员的证据[J]. 世界经济，2010，33（2）：15-36.

[297] 徐业坤，马光源. 地方官员变更与企业产能过剩[J]. 经济研究，2019，54（5）：129-145.

[298] 徐志伟，殷晓蕴，王晓晨. 污染企业选址与存续[J]. 世界经济，2020，43（7）：122-145.

[299] 许年行，于上尧，伊志宏. 机构投资者羊群行为与股价崩盘风险[J]. 管理世界，2013（7）：31-43.

[300] 许宪春，任雪，常子豪. 大数据与绿色发展[J]. 中国工业经济，2019（4）：5-22.

[301] 许宪春，张钟文，常子豪，等. 中国分行业全要素生产率估计与经济增长动能分析[J]. 世界经济，2020，43（2）：25-48.

[302] 许宪春. 绿色经济发展与绿色经济核算[J]. 统计与信息论坛，2010，25（11）：20-23.

[303] 薛俭，吉小琴，朱清叶. 环境规制、FDI对我国区域经济增长的影响：基于“两控区”政策的实证分析[J]. 生态经济，2019，35（3）：140-145.

[304] 薛俭，朱迪. 绿色信贷政策能否改善上市公司的负债融资？[J]. 经济经纬，2021，38（1）：152-160.

[305] 鄢一龙，吕捷，胡鞍钢. 整体知识与公共事务治理：理解市场经济条件下的五年规划[J]. 管理世界，2014（12）：70-78.

[306] 闫文娟，郭树龙. 环境规制与出口强度：基于“两控区”政策的考

察 [J]. 财经论丛, 2018 (8): 97-105.

[307] 颜鹏飞, 王兵. 技术效率、技术进步与生产率增长: 基于 DEA 的实证分析 [J]. 经济研究, 2004 (12): 55-65.

[308] 杨广青, 杜亚飞, 刘韵哲. 企业经营绩效、媒体关注与环境信息披露 [J]. 经济管理, 2020, 42 (3): 55-72.

[309] 杨海生, 陈少凌, 周永章. 地方政府竞争与环境政策: 来自中国省份数据的证据 [J]. 南方经济, 2008 (6): 15-30.

[310] 杨俊, 邵汉华. 环境约束下的中国工业增长状况研究: 基于 Malmquist-Luenberger 指数的实证分析 [J]. 数量经济技术经济研究, 2009, 26 (9): 64-78.

[311] 杨棉之, 赵鑫, 张伟华. 机构投资者异质性、卖空机制与股价崩盘风险: 来自中国上市公司的经验证据 [J]. 会计研究, 2020 (7): 167-180.

[312] 杨其静. 企业成长: 政治关联还是能力建设? [J]. 经济研究, 2011, 46 (10): 54-66.

[313] 杨瑞龙, 尹振东, 桂林. 上访与对地方官员问责: 一个新政治经济学的视角 [J]. 经济研究, 2010 (12): 60-69.

[314] 杨万平, 李冬. 中国生态全要素生产率的区域差异与空间收敛 [J]. 数量经济技术经济研究, 2020, 37 (9): 80-99.

[315] 杨烨, 谢建国. 环境信息披露制度与中国企业出口国内附加值率 [J]. 经济管理, 2020, 42 (10): 39-58.

[316] 杨振兵, 邵帅, 杨莉莉. 中国绿色工业变革的最优路径选择: 基于技术进步要素偏向视角的经验考察 [J]. 经济学动态, 2016 (1): 76-89.

[317] 姚昕, 刘希颖. 基于增长视角的中国最优碳税研究 [J]. 经济研究, 2010, 45 (11): 48-58.

[318] 叶祥松, 彭良燕. 我国环境规制下的规制效率与全要素生产率研究: 1999—2008 [J]. 财贸经济, 2011 (2): 102-109.

[319] 于伟, 张鹏, 姬志恒. 中国城市群生态效率的区域差异、分布动态和收敛性研究 [J]. 数量经济技术经济研究, 2021, 38 (1): 23-42.

[320] 于文超, 高楠, 龚强. 公众诉求、官员激励与地区环境治理 [J]. 浙江社会科学, 2014 (5): 23-35.

[321] 于文超, 何勤英. 辖区经济增长绩效与环境污染事故: 基于官员政

绩诉求的视角［J］. 世界经济文汇，2013（2）：20-35.

［322］余泳泽，刘大勇，龚宇. 过犹不及事缓则圆：地方经济增长目标约束与全要素生产率［J］. 管理世界，2019（7）：26-42.

［323］余泳泽，潘妍. 中国经济高速增长与服务业结构升级滞后并存之谜：基于地方经济增长目标约束视角的解释［J］. 经济研究，2019（3）：150-165.

［324］余泳泽，孙鹏博，宣烨. 地方政府环境目标约束是否影响了产业转型升级？［J］. 经济研究，2020，55（8）：57-72.

［325］余泳泽，杨晓章，张少辉. 中国经济由高速增长向高质量发展的时空转换特征研究［J］. 数量经济技术经济研究，2019，36（6）：3-21.

［326］余泳泽. 异质性视角下中国省际全要素生产率再估算：1978—2012［J］. 经济学（季刊），2017，16（3）：1051-1072.

［327］余壮雄，陈婕，董洁妙. 通往低碳经济之路：产业规划的视角［J］. 经济研究，2020（5）：116-132.

［328］俞可平. 马克思的市民社会理论及其历史地位［J］. 中国社会科学，1993（4）：59-74.

［329］喻灵. 股价崩盘风险与权益资本成本：来自中国上市公司的经验证据［J］. 会计研究，2017（10）：78-85.

［330］袁富华. 低碳经济约束下的中国潜在经济增长［J］. 经济研究，2010，45（8）：79-89.

［331］原毅军，谢荣辉. FDI、环境规制与中国工业绿色全要素生产率增长：基于 Luenberger 指数的实证研究［J］. 国际贸易问题，2015（8）：84-93.

［332］詹国彬，陈健鹏. 走向环境治理的多元共治模式：现实挑战与路径选择［J］. 政治学研究，2020（2）：65-75.

［333］詹蕾，郭平，颜建军. 环境税政策与产业结构优化：基于省级面板数据的空间计量分析［J］. 经济地理，2022，42（5）：114-124.

［334］张彩云. 排污权交易制度能否实现“双重红利”：一个自然实验分析［J］. 中国软科学，2020（2）：94-107.

［335］张国兴，高秀林，汪应洛，等. 中国节能减排政策的测量、协同与演变：基于 1978—2013 年政策数据的研究［J］. 中国人口·资源与环境，2014，24（12）：62-73.

［336］张华. 地区间环境规制的策略互动研究：对环境规制非完全执行普

遍性的解释 [J]. 中国工业经济，2016 (7)：74-90.

[337] 张慧玲，盛丹. 前端污染治理对我国企业生产率的影响：基于边界断点回归方法的研究 [J]. 经济评论，2019 (1)：75-90.

[338] 张杰，高德步. 金融发展与创新：来自中国的证据与解释 [J]. 产业经济研究，2017 (3)：43-57.

[339] 张军，金煜. 中国的金融深化和生产率关系的再检测：1987—2001 [J]. 经济研究，2005 (11)：34-45.

[340] 张墨，王璐，王军锋. 基于匹配倍差法的排污权交易制度实施效果研究 [J]. 干旱区资源与环境，2017，31 (11)：26-32.

[341] 张宁，张维洁. 中国用能权交易可以获得经济红利与节能减排的双赢吗? [J]. 经济研究，2019，54 (1)：165-181.

[342] 张宁. 碳全要素生产率、低碳技术创新和节能减排效率追赶：来自中国火力发电企业的证据 [J]. 经济研究，2022，57 (2)：158-174.

[343] 张淑惠，史玄玄，文雷. 环境信息披露能提升企业价值吗? 来自中国沪市的经验证据 [J]. 经济社会体制比较，2011 (6)：166-173.

[344] 张天舒，王子怡. 荣誉称号影响官员晋升的信号机制研究：来自全国文明城市评比的证据 [J]. 中国行政管理，2020 (9)：121-127.

[345] 张文显. 法治与国家治理现代化 [J]. 中国法学，2014 (4)：5-27.

[346] 张希良，黄晓丹，张达，等. 碳中和目标下的能源经济转型路径与政策研究 [J]. 管理世界，2022，38 (1)：35-66.

[347] 张晓. 中国环境政策的总体评价 [J]. 中国社会科学，1999 (3)：88-99.

[348] 张晓娣，刘学悦. 征收碳税和发展可再生能源研究：基于 OLG-CGE 模型的增长及福利效应分析 [J]. 中国工业经济，2015 (3)：18-30.

[349] 张璇，李子健，李春涛. 银行业竞争、融资约束与企业创新：中国工业企业的经验证据 [J]. 金融研究，2019 (10)：98-116.

[350] 张叶青，陆瑶，李乐芸. 大数据应用对中国企业市场价值的影响：来自中国上市公司年报文本分析的证据 [J]. 经济研究，2021，56 (12)：42-59.

[351] 张友国，郑玉歆. 碳强度约束的宏观效应和结构效应 [J]. 中国工业经济，2014 (6)：57-69.

[352] 张友国. 碳强度与总量约束的绩效比较：基于 CGE 模型的分析 [J]. 世界经济，2013，36 (7)：138-160.

[353] 张兆国，张弛，曹丹婷. 企业环境管理体系认证有效吗 [J]. 南开管理评论，2019，22 (4)：123-134.

[354] 赵连阁，钟搏，王学渊. 工业污染治理投资的地区就业效应研究 [J]. 中国工业经济，2014 (5)：70-82.

[355] 赵琳，唐珏，陈诗一. 环保管理体制垂直化改革的环境治理效应 [J]. 世界经济文汇，2019 (2)：100-120.

[356] 赵晓丽，范春阳，王予希. 基于修正人力资本法的北京市空气污染物健康损失评价 [J]. 中国人口·资源与环境，2014，24 (3)：169-176.

[357] 赵秀娟，姜华，王丽涛，等. 应用CMAQ模型解析河北南部城市的霾污染来源 [J]. 环境科学学报，2012，32 (10)：2559-2567.

[358] 郑京海，胡鞍钢. 中国改革时期省际生产率增长变化的实证分析 (1979—2001 年) [J]. 经济学 (季刊)，2005 (1)：263-296.

[359] 郑石明. 政治周期、五年规划与环境污染：以工业二氧化硫排放为例 [J]. 政治学研究，2016 (2)：80-94.

[360] 郑思齐，万广华，孙伟增，等. 公众诉求与城市环境治理 [J]. 管理世界，2013 (6)：72-84.

[361] 郑志刚，梁昕雯，吴新春. 经理人产生来源与企业未来绩效改善 [J]. 经济研究，2014，49 (4)：157-171.

[362] 钟定胜，张宏伟. 等标污染负荷法评价污染源对水环境的影响 [J]. 中国给水排水，2005 (5)：101-103.

[363] 仲伟周，任炳群，郭大为，等. 我国地区能源强度差异的统计特性及政策含义 [J]. 华东经济管理，2013，27 (5)：56-60.

[364] 周桔. 大气环境污染的健康效应研究回顾 [J]. 中国科学院院刊，2013，28 (3)：371-377.

[365] 周黎安，刘冲，厉行，等. “层层加码”与官员激励 [J]. 世界经济文汇，2015 (1)：1-15.

[366] 周黎安，陶婧. 官员晋升竞争与边界效应：以省区交界地带的经济发展为例 [J]. 金融研究，2011 (3)：15-26.

[367] 周黎安. “官场＋市场”与中国增长故事 [J]. 社会，2018，38

(2)：1-45.

[368] 周黎安. 行政发包制 [J]. 社会，2014，34 (6)：1-38.

[369] 周黎安. 中国地方官员的晋升锦标赛模式研究 [J]. 经济研究，2007 (7)：36-50.

[370] 周亮，车磊，周成虎. 中国城市绿色发展效率时空演变特征及影响因素 [J]. 地理学报，2019，74 (10)：2027-2044.

[371] 周绍妮，张秋生，胡立新. 机构投资者持股能提升国企并购绩效吗？兼论中国机构投资者的异质性 [J]. 会计研究，2017 (6)：67-74.

[372] 周县华，范庆泉. 碳强度减排目标的实现机制与行业减排路径的优化设计 [J]. 世界经济，2016，39 (7)：168-192.

[373] 周晓博，于果，张颖. 基于国家治理视角的生态补偿逻辑框架研究 [J]. 生态经济，2021，37 (9)：185-195.

[374] 朱皓云，陈旭. 我国排污权交易企业参与现状与对策研究 [J]. 中国软科学，2012 (6)：15-23.

[375] 朱宁，梁林，沈智扬，等. 经济新常态背景下中国商业银行内生性效率变化及分解 [J]. 金融研究，2018 (7)：108-123.

[376] 朱炜，孙雨兴，汤倩. 实质性披露还是选择性披露：企业环境表现对环境信息披露质量的影响 [J]. 会计研究，2019 (3)：10-17.

[377] 朱永彬，刘晓，王铮. 碳税政策的减排效果及其对我国经济的影响分析 [J]. 中国软科学，2010 (4)：1-9.

[378] 诸大建. 用国际可持续发展研究的新成果和通用语言解读生态文明 [J]. 中国环境管理，2019，11 (3)：5-12.

[379] 邹国伟，周振江. 环境规制、政府竞争与工业企业绩效：基于双重差分法的研究 [J]. 中南财经政法大学学报，2018 (6)：13-21.

[380] 左翔，李明. 环境污染与居民政治态度 [J]. 经济学 (季刊)，2016，15 (4)：1409-1438.

[381] 程虹. 如何衡量高质量发展 [EB/OL]. (2018-03-14) [2022-12-20]. https://www.yicai.com/oldepaper/pc/201803/14/node_A11.html.

[382] 黄润秋. 以生态环境高水平保护推进绿色发展 [N]. 经济日报，2020-09-13 (001).

外文

[1] ABBOTT P, WALLACE C. Social quality: a way to measure the quality of society [J]. Social indicators research, 2012, 108: 153-167.

[2] ABOUD A, DIAB A. The impact of social, environmental and corporate governance disclosures on firm value: evidence from Egypt [J]. Journal of accounting in emerging economies, 2018, 8 (4): 442-458.

[3] AGEE M D, ATKINSON S E, CROCKER T D. Child maturation, time-invariant, and time-varying inputs: their interaction in the production of child human capital [J]. Journal of productivity analysis, 2012, 38: 29-44.

[4] AGHION P, HOWITT P, MAYER F D. The effect of financial development on convergence: theory and evidence [J]. The quarterly journal of economics, 2005, 120 (1): 173-222.

[5] AGHION P, VAN R J, ZINGALES L. Innovation and institutional ownership [J]. American economic review, 2013, 103 (1): 277-304.

[6] AIGNER D J, CAIN G G. Statistical theories of discrimination in labor markets [J]. ILR review, 1977, 30 (2): 175-187.

[7] ALEXEEV M, CONRAD R. The elusive curse of oil [J]. The review of economics and statistics, 2009, 91 (3): 586-598.

[8] ALLAN G, LECCA P, MCGREGOR P, et al. The economic and environmental impact of the introduction of a carbon tax in Scotland: a computable general equilibrium analysis [J]. Ecological economics, 1998 (100): 40-50.

[9] AMBEC S, BARLA P. A theoretical foundation of the Porter hypothesis [J]. Economics letters, 2002, 75 (3): 355-360.

[10] ANDREWS D W, STOCK J H. Identification and inference for econometric models: essays in honor of Thomas Rothenberg [M]. Cambridge: Cambridge University Press, 2005.

[11] ANGER N, OBERNDORFER U. Firm performance and employment in the EU emissions trading scheme: an empirical assessment for Germany [J]. Energy policy, 2008, 36 (1): 12-22.

[12] ANGRIST J D, PISCHKE J S. Mostly harmless econometrics: an empiricist's companion. [M]. Princeton: Princeton University Press, 2008.

[13] ARKOLAKIS C, RAMONDO N, RODRÍGUEZ C A, et al. Innovation and production in the global economy [J]. American economic review, 2018, 108 (8): 21-28.

[14] ARNDT C, DAVIES R, GABRIEL S, et al. A sequential approach to integrated energy modeling in South Africa [J]. Applied energy, 2016, 161: 591-599.

[15] ATKINSON S E, TSIONAS M G. Shadow directional distance functions with bads: GMM estimation of optimal directions and efficiencies [J]. Empirical economics, 2018, 54: 207-230.

[16] ATKINSON S E, TSIONAS M. Directional distance functions: optimal endogenous directions [J]. Journal of econometrics, 2016, 190: 301-314.

[17] AUTY R M. Resource-based industrialization: sowing the oil in eight developing countries [M]. Oxford: Oxford University Press, 1990.

[18] BADDELEY A D, HITCH G. The recency effect: implicit learning with explicit retrieval? [J]. Memory & cognition, 1993, 21: 146-155.

[19] BAE K H, WANG W, What's in a "China" name? a test of investor attention hypothesis [J]. Financial management, 2012, 41 (2): 429-455.

[20] BARRO R J. Notes on growth accounting [J]. Journal of economic growth, 1999, 4 (2): 119-137.

[21] BARTON B. Underlying concepts and theoretical issues in public participation in resources development. [M] // ZILLMAN D, LUCAS A, PRING G . Human rights in natural resources development: public participation in the sustainable development of mining and energy resources. Oxford: Oxford University Press, 2002.

[22] BAUMOL W J, OATES W E. The theory of environmental policy [M]. Cambridge: Cambridge University Press, 1988.

[23] BAYER P, KEOHANE N, TIMMINS C. Migration and hedonic valuation: the case of air quality [J]. Journal of environmental economics and management, 2009, 58 (1): 1-14.

[24] BECK T, LEVINE R. Stock markets, banks, and growth: panel evidence [J]. Journal of banking and finance, 2004, 28 (3): 423-442.

[25] THORSTEN B, LEVINE R, LEVKOV A. Big bad banks? the winners and losers from bank deregulation in the United States [J]. Journal of finance, 2010, 65 (5): 63-67.

[26] BECKER R A. Air pollution abatement costs under the Clean Air Act: evidence from the PACE survey [J]. Journal of environmental economics and management, 2005, 50 (1): 144-169.

[27] BENZEVAL M, JUDGE K, SHOULS S. Understanding the relationship between income and health: how much can be gleaned from cross-sectional data? [J]. Social policy & administration, 2010, 35 (4): 376-396.

[28] BERMAN E, BUI L T M. Environmental regulation and productivity: evidence from oil refineries [J]. Review of economics and statistics, 2001, 83 (3): 498-510.

[29] BERTRAND M, MULLAINATHAN S. Is there discretion in wage setting? a test using takeover legislation [J]. Rand journal of economics, 1999, 30 (3): 535-554.

[30] BIRDSALL N, WHEELER D. Trade policy and industrial pollution in Latin America: where are the pollution havens? [J]. The journal of environment & development, 1993, 2 (1): 137-149.

[31] BLANKESPOOR E, DEHAAN E, MARINOVIC I. Disclosure processing costs, investors' information choice, and equity market outcomes: a review [J]. Journal of accounting and economics, 2020, 70 (2-3): 10-13.

[32] BOUSSEMART J P, BRIEC W, KERSTENS K, et al. Luenberger and Malmquist productivity indices: theoretical comparisons and empirical illustration [J]. Bulletin of economic research, 2003, 55: 391-405.

[33] BOYD G A, TOLLEY G, PANG J. Plant level productivity, efficiency, and environmental performance of the container glass industry [J]. Environmental and resource economics, 2002, 23 (1): 29-43.

[34] BOYD G A, MCCLELLAND J D. The impact of environmental constraints on productivity improvement in integrated paper plants [J]. Journal of

environmental economics and management, 1999, 38 (2): 121-142.

[35] BOYD G A, PANG J X. Estimating the linkage between energy efficiency and productivity [J]. Energy policy, 2000, 28 (5): 289-296.

[36] BRANDT L, BIESEBROECK J V, ZHANG Y F. Creative accounting or creative destruction? firm-level productivity growth in Chinese manufacturing [J]. Journal of development economics, 2011, 97 (2): 339-351.

[37] BRÄNNLUND R, CHUNG Y, FÄRE R, et al. Emissions trading and profitability: the Swedish pulp and paper industry [J]. Environmental and resource economics, 1998, 12: 345-356.

[38] BRAUER M, FREEDMAN G, FROSTAD J, et al. Ambient air pollution exposure estimation for the global burden of disease 2013 [J]. Environmental science & technology, 2016, 50 (1): 79-88.

[39] CAI H, CHEN Y, GONG Q. Polluting the neighbor: unintended consequences of China's pollution reduction mandates [J]. Journal of environmental economics and management, 2016, 76: 86-104.

[40] CAI H, TREISMAN D. Does competition for capital discipline governments? decentralization, globalization, and public policy [J]. American economic review, 2005, 95 (3): 817-830.

[41] CALLAWAY B, SANT'ANNA P H C. Difference-in-differences with multiple time periods [J]. Journal of econometrics, 2021, 225 (2): 200-230.

[42] CAMBELL D, SHRIVES P, BOHMBACH S H. Voluntary disclosure of mission statements in corporate annual reports: signals what and to whom [J]. Business and society review, 2001, 106 (1): 65-87.

[43] CAVES D W, CHRISTENSEN L R, DIEWERT W E. The economic theory of index numbers and the measurement of input, output, and productivity [J]. Econometrica, 1982, 50 (6): 1393-1414.

[44] CESUR R, TEKIN E, ULKER A. Air pollution and infant mortality: evidence from the expansion of natural gas infrastructure [J]. The economic journal, 2017, 127 (600): 330-362.

[45] CHAMBERS R G, FÄRE R, GROSSKOPF S. Productivity growth in APEC countries [J]. Pacific economic review, 1996, 1 (3): 181-190.

[46] CHAMBERS R G, FÄRE R, GROSSKOPF S, et al. Generalized quadratic revenue functions [J]. Journal of econometrics, 2013, 173 (1): 11-21.

[47] CHAMBERS R G, CHUNG Y H , FÄRE R. Benefit and distance function [J]. Journal of economic theory, 1996, 70 (2): 407-419.

[48] CHAMBERS R G, CHUNGY H, FÄRE R. Profit, directional distance functions, and Nerlovian efficiency [J]. Journal of optimization theory and application, 1998, 98 (2): 351-364.

[49] CHAMBERS R. Challenging the professions: frontiers for rural development [M]. London: Intermediate Technology Publications Ltd (ITP), 1993.

[50] CHANG S J, WU B. Institutional barriers and industry dynamics [J]. Strategic management journal, 2014, 35 (8): 1103-1123.

[51] CHARNES A, COOPER W W, RHODES E. Measuring the efficiency of decision making units [J]. European journal of operational research, 1978, 2 (6): 429-444.

[52] CHATZITHEODOROU K, SKOULOUDIS A, EVANGELINOS K, et al. Exploring socially responsible investment perspectives: a literature mapping and an investor classification [J]. Sustainable production and consumption, 2019, 19: 117-129.

[53] CHÁVEZ B V, BERNAL A S. Planning hydroelectric power plants with the public: a case of organizational and social learning in Mexico [J]. Impact assessment and project appraisal, 2008, 26 (3): 163-176.

[54] CHAY K, DOBKIN C, GREENSTONE M. The Clean Air Act of 1970 and adult mortality [J]. Journal of risk and uncertainty, 2003, 27: 279-300.

[55] CHEKIMA B, WAFASAW S K, IGAU O A, et al. Examining green consumerism motivational drivers: does premium price and demographics matter to green purchasing? [J]. Journal of cleaner production, 2016, 112: 3436-3450.

[56] CHEN S, ZHENG S, SONG T, et al. Government intervention and investment efficiency: evidence from China [J]. Journal of corporate finance, 2011, 17 (2): 259-271.

[57] CHEN W, ZHENG R, BAADE P D, et al. Cancer statistics in China,

2015 [J]. CA: a cancer journal for clinicians, 2016, 66 (2): 115-132.

[58] CHEN Y J, LI P, LU Y. Career concerns and multitasking local bureaucrats: evidence of a target-based performance evaluation system in China [J]. Journal of development economics, 2018, 133: 84-101.

[59] CHEN Y, EBENSTEIN A, GREENSTONE M, et al. Evidence on the impact of sustained exposure to air pollution on life expectancy from China's Huai River policy [J]. Proceedings of the national academy of sciences, 2013, 110 (32): 12936-12941.

[60] CHEN Y, JIN G Z, KUMAR N, et al. The promise of Beijing: evaluating the impact of the 2008 Olympic Games on air quality [J]. Journal of environmental economics and management, 2013, 66 (3): 424-443.

[61] CHEN Y, WHALLEY A. Green infrastructure: the effects of urban rail transit on air quality [J]. American economic journal: economic policy, 2012, 4 (1): 58-97.

[62] CHEN Y, XIE J. Third-party product review and firm marketing strategy [J]. Marketing science, 2005, 24 (2): 218-240.

[63] CHEN Z, KAHN M E, LIU Y, et al. The consequences of spatially differentiated water pollution regulation in China [J]. Journal of environmental economics and management, 2018, 88: 468-485.

[64] CHETTY R, LOONEY A, KROFT K. Salience and taxation: theory and evidence [J]. American economic review, 2009, 99 (4): 1145-1177.

[65] CHEW S H, HUANG W, LI X. Does haze cloud decision making? a natural laboratory experiment [J]. Journal of economic behavior & organization, 2021, 182: 132-161.

[66] CHO S Y, LEE C, Jr, PFEIFFER R J. Corporate social responsibility performance and information asymmetry [J]. Journal of accounting and public policy, 2013, 32 (1): 71-83.

[67] CHUNG Y H, FÄRE R, GROSSKOPF S. Productivity and undesirable outputs: a directional distance function approach [J]. Journal of environmental management, 1997, 51 (3): 229-240.

[68] CIARAN J, LEACH B, HOUSE R, et al. Evaluating methods for

public participation: literature review [J]. Environment agency, 2000, 20 (5): 352-376.

[69] CLARKSON P M, LI Y, RICHARDSON G D, et al. Revisiting the relation between environmental performance and environmental disclosure: an empirical analysis [J]. Accounting, organizations and society, 2008, 33 (4-5): 303-327.

[70] COHEN-BLANKSHTAIN G , RON A , PEREZ A G . When an NGO takes on public participation: preparing a plan for a neighborhood in east Jerusalem [J]. International journal of urban & regional research, 2013, 37 (1): 61-77.

[71] COLE M A. Trade, the pollution haven hypothesis and the environmental Kuznets curve: examining the linkages [J]. Ecological economics, 2004, 48 (1): 71-81.

[72] COMMINS N, LYONS S, SCHIFFBAUER M, et al. Climate policy & corporate behavior [J]. The energy journal, 2011, 32 (4): 51-68.

[73] CORDEN W M, NEARY J P. Booming sector and de-industrialisation in a small open economy [J]. The economic journal, 1982, 92 (368): 825-848.

[74] CORMIER D, GORDON I M. An examination of social and environmental reporting strategies [J]. Accounting, auditing & accountability journal, 2001, 14 (5): 587-617.

[75] COŞAR A K, DEMIR B. Domestic road infrastructure and international trade: evidence from Turkey [J]. Journal of development economics, 2016, 118: 232-244.

[76] COX P, WICKS P G. Institutional interest in corporate responsibility: portfolio evidence and ethical explanation [J]. Journal of business ethics, 2011, 103: 143-165.

[77] CUÑADO J, DE GRACIA F P. Environment and happiness: new evidence for Spain [J]. Social indicators research, 2013, 112: 549-567.

[78] CURRIE J, DAVIS L, GREENSTONE M, et al. Environmental health risks and housing values: evidence from 1600 toxic plant openings and closings [J]. American economic review, 2015, 105 (2): 678-709.

[79] DAGUM C. A New approach to the decomposition of the Gini income

inequality ratio [J]. Empirical economics, 1997, 22 (4): 515-531.

[80] DASGUPTA S, WHEELER D. Citizen complaints as environmental indicators: evidence from China [M]. Washington D.C.: World Bank Publications, 1997.

[81] DAVIS L W. The effect of driving restrictions on air quality in Mexico City [J]. Journal of political economy, 2008, 116 (1): 38-81.

[82] DAVIS L W. The effect of power plants on local housing values and rents [J]. Review of economics and statistics, 2011 (93): 1391-1402.

[83] DE CHAISEMARTIN C, D'HAULTFOEUILLE X. Two-way fixed effects estimators with heterogeneous treatment effects [J]. American economic review, 2020, 110 (9): 2964-2996.

[84] DEARFIELD K L, BENDER E S, KRAVITZ M, et al. Ecological risk assessment issues identified during the US Environmental Protection Agency's examination of risk assessment practices [J]. Integrated environmental assessment and management: an international journal, 2005, 1 (1): 73-76.

[85] DEEGAN C. Introduction: The legitimising effect of social and environmental disclosures: a theoretical foundation [J]. Accounting, auditing & accountability journal, 2002, 15 (3): 282-311.

[86] DEL F L, WALLACE J J. The effectiveness of provisions and quality of practice concerning public participation in EIA in Italy [J]. Environmental impact assessment review, 2000 (20): 457-479.

[87] DELLI P J. Alternative conflict management techniques in land-use decisions: Sanibel Island case study [J]. Managing public lands in the public interest, 1988 (10): 21-25.

[88] DENISON E F. Education, economic growth, and gaps in information [J]. Journal of political economy, 1962, 70 (5): 124-128.

[89] DESCHENES O, GREENSTONE M, SHAPIRO J S. Defensive investments and the demand for air quality: evidence from the nox budget program [J]. American economic review, 2017, 107 (10): 2958-2989.

[90] DIDUCK A, MITCHELL B. Learning, public involvement and environmental assessment: a Canadian case study [J]. Journal of environmental

assessment policy and management, 2003, 5 (3): 339-364.

[91] DINCECCO M, PRADO M. Warfare, fiscal capacity, and performance [J]. Journal of economic growth, 2012, 17: 171-203.

[92] DOELLE M, SINCLAIR A J. Time for a new approach to public participation in EA: promoting cooperation and consensus for sustainability [J]. Environmental impact assessment review, 2006, 26 (2): 185-205.

[93] DONG H, DAI H, GENG Y, et al. Exploring impact of carbon tax on China's CO_2 reductions and provincial disparities [J]. Renewable and sustainable energy reviews, 2017, 77: 596-603.

[94] EBENSTEIN A, FAN M, GREENSTONE M, et al. Growth, pollution, and life expectancy: China from 1991—2012 [J]. American economic review, 2015, 105 (5): 226-231.

[95] ELISTE P, FREDRIKSSON P G. Environmental regulations, transfers, and trade: theory and evidence [J]. Journal of environmental economics and management, 2002, 43 (2): 234-250.

[96] FAN H, ZIVIN J S G, KOU Z, et al. Going green in China: firms' responses to stricter environmental regulations [J]. NBER working paper, 2019, No. 26540.

[97] FÄRE R, GROSSKOPF S, NOH D W, et al. Characteristics of a polluting technology: theory and practice [J]. Journal of econometrics, 2005, 126 (2): 469-492.

[98] FÄRE R, GROSSKOPF S, NORRIS M, et al. Productivity growth, technical progress, and efficiency changes in industrialised countries [J]. The American economic review, 1994, 84 (1): 66-83.

[99] FÄRE R, GROSSKOPF S, PASURKA C A, et al. Substitutability among undesirable outputs [J]. Applied economics, 2012, 44: 39-47.

[100] FÄRE R, GROSSKOPF S, PASURKA C A. Environmental production functions and environmental directional distance functions [J]. Energy, 2007, 32 (7): 1055-1066.

[101] FÄRE R, GROSSKOPF S, PASURKA C A. Potential gains from trading bad outputs: the case of U. S. electric power plants [J]. Resource and

energy economics, 2014, 36: 99-112.

[102] FÄRE R, GROSSKOPF S, PASURKA C A. Tradable permits and unrealized gains from trade [J]. Energy Economics, 2013, 40: 416-424.

[103] FÄRE R, GROSSKOPF S, WHITTAKER G. Directional output distance functions: endogenous directions based on exogenous normalization constraints [J]. Journal of productivity analysis, 2013b, 40 (3): 267-269.

[104] FÄRE R, GROSSKOPF S. Directional distance functions and slacks-based measures of efficiency [J]. European journal of operational research, 2010, 200: 320-322.

[105] FÄRE R, PASURKA C, VARDANYAN M. On endogenizing direction vectors in parametric directional distance function-based models [J]. European journal of operational research, 2017, 262 (1): 361-369.

[106] FARRELL M J. The measurement of productive efficiency [J]. Journal of the Royal Statistical Society, 1957, 120 (3): 253-281.

[107] FEDORENKO I, SUN Y. Microblogging-based civic participation on environment in China: a case study of the PM 2.5 campaign [J]. International journal of voluntary and nonprofit organizations, 2016, 27 (5): 2077-2105.

[108] FEENSTRA R C, LI Z, YU M. Exports and credit constraints under incomplete information: theory and evidence from China [J]. Review of economics and statistics, 2014, 96 (4): 729-744.

[109] FERRARA E L, CHONG A, DURYEA S. Soap operas and fertility: evidence from Brazil [J]. American economic journal: applied economics, 2012, 4 (4): 1-31.

[110] FITZPATRICK D P. Conceptualizing learning for sustainability through environmental assessment: critical reflections on 15 years of research [J]. Environmental impact assessment review, 2008, 28 (5): 415-428.

[111] FLAMMER C. Corporate green bonds [J]. Journal of financial economics, 2021 (11): 15-20.

[112] FOSTER J B, CLARK B. The paradox of wealth: capitalism and ecological destruction [J]. Monthly review, 2009, 61 (6): 1-18.

[113] FRANCIS J, LAFOND R, OLSSON P M, et al. Costs of equity and

earnings attributes [J]. The accounting review, 2004, 79 (4): 967-1010.

[114] GENTZKOW M, SHAPIRO J M. What drives media slant? evidence from U. S. daily newspapers [J]. Social science electronic publishing, 2010, 78 (10): 35-71.

[115] GERARD D, LAVE L B. Implementing technology-forcing policies: the 1970 clean air act amendments and the introduction of advanced automotive emissions controls in the United States [J]. Technological forecasting and social change, 2005, 72 (7): 761-778.

[116] GERDTHAM U G, MAGNUS M J. Absolute income, relative income, income inequality and mortality [J]. Journal of human resources, 2004 (39): 229-247.

[117] GHANEM D, ZHANG J J. Effortless perfection: do Chinese cities manipulate air pollution data? [J]. Journal of environmental economics and management, 2014, 68 (2): 203-225.

[118] GHOUL S E, GUEDHAMI O, KIM Y. Country-level institutions, firm value, and the role of corporate social responsibility initiatives [J]. Journal of international business studies, 2017, 48: 360-385.

[119] GIANFRATE G, PERI M. The green advantage: exploring the convenience of issuing green bonds [J]. Journal of cleaner production, 2019, 219: 127-135.

[120] GLAVAS D. Green regulation and stock price reaction to green bond issuance [J]. Finance, 2020, 41 (1): 7-51.

[121] GLENBERG A M, BRADLEY M M, KRAUS T A, et al. Studies of the long-term recency effect: support for a contextually guided retrieval hypothesis [J]. Journal of experimental psychology: learning, memory, and cognition, 1983, 9 (2): 231.

[122] Goodman B A. Difference-in-differences with variation in treatment timing [J]. Journal of econometrics, 2021, 225 (2): 254-277.

[123] GOODSTEIN E. Jobs and the environment: an overview [J]. Environmental management, 1996, 20: 313-321.

[124] GOULDER L H. Carbon tax design and US industry performance

[J]. Tax policy and the economy, 1992, 6: 59-104.

[125] GRAY W B, SHADBEGIAN R J, WANG C, et al. Do EPA regulations affect labor demand? evidence from the pulp and paper industry [J]. Journal of environmental economics and management, 2014, 68 (1): 188-202.

[126] GRAY W B, SHADBEGIAN R J. Plant vintage, technology and environmental regulation [J]. Journal of environmental economics & management, 2003, 46 (3): 384-402.

[127] GREENSTONE M, GALLAGHER J. Does hazardous waste matter? evidence from the housing market and the superfund program [J]. Quarterly journal of economics, 2008 (123): 951-1003.

[128] GREENSTONE M, HANNA R. Environmental regulations, air and water pollution, and infant mortality in India [J]. American economic review, 2014, 104 (10): 3038-3072.

[129] GREENSTONE M, HE G, JIA R, et al. Can technology solve the principal-agent problem? evidence from China's war on air pollution [J]. American economic review: insights, 2022, 4 (1): 54-70.

[130] GREENSTONE M. The impacts of environmental regulations on industrial activity: evidence from the 1970 and 1977 clean air act amendments and the census of manufactures [J]. Journal of political economy, 2002, 110 (6): 1175-1219.

[131] GROSSMAN G M, KRUEGER A B. Economic growth and the environment [J]. Quarterly journal of economics, 1995, 110 (2): 353-377.

[132] GROSSMAN G M, KRUEGER A B. Economic growth and the environment [J]. NBER working paper, 1995, 110 (2): 353-377.

[133] GUAN D, MENG J, REINER D M, et al. Structural decline in China's CO_2 emissions through transitions in industry and energy systems [J]. Nature geoscience, 2018, 11 (8): 551-555.

[134] GUILD J. The political and institutional constraints on green finance in Indonesia [J]. Journal of sustainable finance and investment, 2020, 10 (2): 157-170.

[135] GUO Z, ZHANG X, ZHENG Y, et al. Exploring the impacts of a

carbon tax on the Chinese economy using a CGE model with a detailed disaggregation of energy sectors [J]. Energy economics, 2014, 45: 455-462.

[136] HAILU A, VEEMAN T S. Environmentally sensitive productivity analysis of the Canadian pulp and paper industry 1959—1994: an input distance function approach [J]. Journal of environmental economics and management, 2000, 40: 251-274 .

[137] HAMMITT J K, ZHOU Y. The economic value of air-pollution-related health risks in China: a contingent valuation study [J]. Environmental and resource economics, 2006, 33: 399-423.

[138] HAMPF B, KRÜGER J J. Optimal directions for directional distance functions: an exploration of potential reductions of greenhouse gases [J]. American journal of agricultural economics, 2015, 97 (3): 920-938.

[139] HANDA P, LINNS C. Arbitrage pricing with estimation risk [J]. Journal of financial and quantitative analysis, 1993, 28 (1): 81-100.

[140] HARRISON A, HYMAN B, MARTIN L, et al. When do firms go green? comparing price incentives with command and control regulations in India [M]. Cambridge: National Bureau of Economic Research, 2015.

[141] HASAN M A , NAHIDUZZAMAN K M , ALDOSARY A S . Public participation in EIA: a comparative study of the projects run by government and non-governmental organizations [J]. Environmental impact assessment review, 2018, 72: 12-24.

[142] HE G J, WANG S D, ZHANG B. Watering down environmental regulation in China [J]. Quarterly journal of economics, 2020, 135 (4): 2135-2185.

[143] HINDESS B. Deficit by design [J]. Australian journal of public administration, 2002, 61 (1): 30-38.

[144] HOGG M A, TERRY D J, WHITE K M. A tale of two theories: a critical comparison of identity theory with social identity theory [J]. Social psychology quarterly, 1995: 255-269.

[145] HOLMSTROM B. Moral hazard in teams [J]. The Bell journal of economics, 1982: 324-340.

[146] HU A G. The five-year plan: a new tool for energy saving and emissions reduction in China [J]. Advances in climate change research, 2016, 7 (4): 222-228.

[147] HUMMEL K, SCHLICK C. The relationship between sustainability performance and sustainability disclosure: reconciling voluntary disclosure theory and legitimacy theory [J]. Journal of accounting and public policy, 2016, 35 (5): 455-476.

[148] HUTTON A, MARCUS A, TEHRANIAN H. Opaque financial reports and the distribution of stock returns [J]. Journal of financial economics, 2009, 94 (1): 67-86.

[149] JACOBSON L S, LALONDE R J, SULLIVAN D G. Earnings losses of displaced workers [J]. The American economic review, 1993 (3): 685-709.

[150] JAFFE A B, PALMER K. Environmental regulation and innovation: a panel data study [J]. Review of economics and statistics, 1997, 79 (4): 610-619.

[151] JAFFE A B, PETERSON S R, PORTNey P R, et al. Environmental regulation and the competitiveness of US manufacturing: what does the evidence tell us? [J]. Journal of Economic literature, 1995, 33 (1): 132-163.

[152] JALIL A, MAHMUD S F. Environment Kuznets curve for CO_2 emissions: a cointegration analysis for China [J]. Energy policy, 2009, 37 (12): 5167-5172.

[153] JEFFERSON G H, TANAKA S, YIN W. Environmental regulation and industrial performance: evidence from unexpected externalities in China [J]. SSRN working paper, 2013, No. 2216220.

[154] JEFFERSON G, RAWSKI T, LI W, et al. Ownership, productivity change, and financial performance in Chinese industry [J]. Journal of comparative economics, 2000, 28 (4): 786-813.

[155] JIANG J. Making bureaucracy work: patronage networks, performance incentives, and economic development in China [J]. American journal of political science, 2018, 62 (4): 982-999.

[156] JOHNSON T. Good governance for environmental protection in

China: instrumentation, strategic interactions and unintended consequences [J]. Journal of contemporary Asia, 2014, 44 (2): 241-258.

[157] JORGENSON D W, GRILICHES Z. The explanation of productivity change [J]. The review of economic studies, 1967, 34 (3): 249-283.

[158] KAGAN R A, GUNNINGHAM N, THORNTON D. Explaining corporate environmental performance: how does regulation matter? [J]. Law & society review, 2003, 37 (1): 51-90.

[159] KAHN M E, LI P, ZHAO D. Water pollution progress at borders: the role of changes in China's political promotion incentives [J]. American economic journal: economic policy, 2015, 7 (4): 223-242.

[160] KIM J B, LI Y, ZHANG L. Corporate tax avoidance and stock price crash risk: firm-level analysis [J]. Journal of financial economics, 2011, 100 (3): 639-662.

[161] KIRLIN J. The impact of increasing lower-status clientele upon city government structures: a model from organization theory [J] . Urban affairs quarterly, 1973 (8): 317-343.

[162] KOSTKA G, GORON C. From targets to inspections: the issue of fairness in China's environmental policy implementation [J]. Environmental politics, 2021, 30 (4): 513-537.

[163] KUZNETS S. Economic growth and income inequality [J]. The American economic review, 1955, 45 (1): 1-28.

[164] PORTAJ R, LOPEZ-DE-SILANES F, SHLEIFER A, et al. Investor protection and corporate valuation [J]. The journal of finance, 2002, 57 (3): 1147-1170.

[165] LAU L J, YOTOPOULOS P A. A test for relative efficiency and application to Indian agriculture [J]. The American economic review, 1971, 61 (1): 94-109.

[166] LEE C Y. Meta-data envelopment analysis: finding a direction towards marginal profit maximization [J]. European journal of operational research, 2014, 237 (1): 207-216.

[167] LEE M. Environmental regulations and market power: the case of the

Korean manufacturing industries [J]. Ecological economics, 2008, 68 (1-2): 205-209.

[168] LELEU H. Shadow pricing of undesirable outputs in nonparametric analysis [J]. European journal of operational research, 2013, 231: 474-480.

[169] LELIEVELD J, EVANS J S, FNAIS M, et al. The contribution of outdoor air pollution sources to premature mortality on a global scale [J]. Nature, 2015, 525 (7569): 367-371.

[170] LEUZ C, WYSOCKI P D. The economics of disclosure and financial reporting regulation: evidence and suggestions for future research [J]. Journal of accounting research, 2016, 54 (2): 525-622.

[171] LEVINSON A. Technology, international trade, and pollution from US manufacturing [J]. American economic review, 2009, 99 (5): 2177-2192.

[172] LEVINSON A. Valuing public goods using happiness data: the case of air quality [J]. Journal of public economics, 2012, 96 (9-10): 869-880.

[173] LI H, WU T, ZHAO X, et al. Regional disparities and carbon "outsourcing": the political economy of China's energy policy [J]. Energy, 2014, 66: 950-958.

[174] LI L, XIA X H, CHEN B, et al. Public participation in achieving sustainable development goals in China: evidence from the practice of air pollution control [J]. Journal of cleaner production, 2018, 201: 499-506.

[175] LI X, QIAO Y, ZHU J, et al. The "APEC Blue" endeavor: causal effects of air pollution regulation on air quality in China [J]. Journal of cleaner production, 2017, 168: 1381-1388.

[176] LIN B, JIA Z. The energy, environmental and economic impacts of carbon tax rate and taxation industry: a CGE based study in China [J]. Energy, 2018, 159: 558-568.

[177] LIN K. The prototype of social quality theory and its applicability to Asian societies [J]. The international journal of social quality, 2011, 1 (1): 57-69.

[178] LINDBLOM C K. The implications of organizational legitimacy for corporate social performance and disclosure [C]. Critical Perspectives on

Accounting Conference, New York, 1994.

[179] LIST J A, STURM D M. How elections matter: theory and evidence from environmental policy [J]. The quarterly journal of economics, 2006, 121 (4): 1249-1281.

[180] LOCKIE S, FRANETOVICH M, SHARMA S, et al. Democratisation versus engagement? social and economic impact assessment and community participation in the coal mining industry of the Bowen Basin, Australia [J]. Impact assessment and project appraisal, 2008, 26 (3): 177-187.

[181] LUECHINGER S, RASCHKY P A. Valuing flood disasters using the life satisfaction approach [J]. Journal of public economics, 2009, 93 (3-4): 620-633.

[182] LUECHINGER S. Air pollution and infant mortality: a natural experiment from power plant desulfurization [J]. Journal of health economics, 2014, 37: 219-231.

[183] LUENBERGER D G. Benefit functions and duality [J]. Journal of mathematical economics, 1992, 21: 461-481.

[184] MA B, ZHENG X. Biased data revisions: unintended consequences of China's energy-saving mandates [J]. China economic review, 2018, 48: 102-113.

[185] MACKINNON J G, WEBB M D. Wild bootstrap inference for wildly different cluster sizes [J]. Journal of applied econometrics, 2017, 32 (2): 233-254.

[186] MAGNESS V. Strategic posture, financial performance and environmental disclosure: an empirical test of legitimacy theory [J]. Accounting, auditing & accountability journal, 2006, 19 (4): 540-563.

[187] MAJUMDAR S K, MARCUS A A. Rules versus discretion: the productivity consequences of flexible regulation [J]. Academy of management journal, 2001, 44 (1): 170-179.

[188] MALUEG D A. Welfare consequences of emission credit trading programs [J]. Journal of environmental economics and management, 1990, 18 (1): 66-77.

[189] MARTIN P R, MOSER D V. Managers' green investment disclosures

and investors' reaction [J]. Journal of accounting and economics, 2016, 61 (1): 239-254.

[190] MARTIN R, PREUX L B, WAGNER U J. The impact of a carbon tax on manufacturing: evidence from microdata [J]. Journal of public economics, 2014, 117: 1-14.

[191] MAS-COLELL A, WHINSTON M D, GREEN J R. Microeconomic theory [M]. New York: Oxford University Press, 1995.

[192] RALPH M. Do environmental right-to-know laws affect markets? capitalization of information in the toxic release inventory [J]. Journal of environmental economics & management, 2015, 71: 54-70.

[193] MATUS K, NAM K M, SELIN N E, et al. Health damages from air pollution in China [J]. Global environmental change, 2012, 22 (1): 55-66.

[194] MCMULLEN J S, SHEPHERD D A. Entrepreneurial action and the role of uncertainty in the theory of the entrepreneur [J]. Academy of management review, 2006, 31 (1): 132-152.

[195] MEADOWS H. , MEADOW D L, RANDERS J, et al. The limits to growth: a report to the club of rome [R]. Club of Rome, 1972: 458-460.

[196] MOMTAZ S, GLADSTONE W. Ban on commercial fishing in the estuarine waters of New South Wales, Australia: community consultation and social impacts [J]. Environmental impact assessment review, 2008, 28 (2-3): 214-225.

[197] MORGAN R K. Environmental impact assessment: the state of the art [J]. Impact assessment and project appraisal, 2012, 30 (1): 5-14.

[198] MORGENSTERN R D, PIZER W A, SHIH J S. Jobs versus the environment: an industry-level perspective [J]. Journal of environmental economics and management, 2002, 43 (3): 412-436.

[199] MORRISON-SAUNDERS A, EARLY G. What is necessary to ensure natural justice in environmental impact assessment decision-making? [J]. Impact assessment and project appraisal, 2008, 26 (1): 29-42.

[200] MOSER P, VOENA A. Compulsory licensing: evidence from the trading with the enemy act [J]. American economic review, 2012, 102 (1): 396-

427.

[201] MURTY M N, KUMAR S. Win-win opportunities and environmental regulation: testing of Porter Hypothesis for Indian manufacturing industries [J]. Journal of environmental management, 2003, 67 (2): 139-144.

[202] NEWELL P, PATERSON M. Climate capitalism: global warming and the transformation of the global economy [M]. Cambridge: Cambridge University Press, 2010.

[203] NIELSEN C P, HO M S. Clearing the air: the health and economic damages of air pollution in China [M]. Cambridge, MA: Mit Press, 2007.

[204] NORDHAUS W D. Economic growth and climate: the carbon dioxide problem [J]. American economic review, 1977, 67 (1): 341-346.

[205] NUNN N, WANTCHEKON L. The slave trade and the origins of mistrust in Africa [J]. American economic review, 2011, 101 (7): 3221-3252.

[206] O'FAIRCHEALLAIGH C. Public participation and environmental impact assessment: purposes, implications, and lessons for public policy making [J]. Environmental impact assessment review, 2010, 30 (1): 19-27.

[207] OH D H. A global Malmquist-Luenberger productivity index [J]. Journal of productivity analysis, 2010, 34 (3): 183-197.

[208] OLLIVIER H. North-South trade and heterogeneous damages from local and global pollution [J]. Environmental & resource economics, 2016, 65 (2): 337-355.

[209] PALMER K, OATES W E, PORTNEY P R. Tightening environmental standards: the benefit-cost or the no-cost paradigm? [J]. Journal of economic perspectives, 1995, 9 (4): 119-132.

[210] PAN J, MA H, ZHANG Y. Green economy and green jobs in China: current status and potentials for 2020 [M]. Washington D. C.: Worldwide Institute, 2011.

[211] PANAYOTOU T. Empirical tests and policy analysis of environmental degradation at different stages of economic development [R]. International Labour Organization, 1993.

[212] PASTOR J T, LOVELL C A K. A global Malmquist productivity

index [J]. Economicsletters, 2005, 88 (2): 266-271.

[213] JAKUBIK P, UGUZ S. Impact of Green Bond Policies on insurers: evidence from the European equity market [J]. Journal of economics and finance, 2020: 1-13.

[214] PETTS J, LEACH B. Evaluating methods for public participation: literature review [M]. Bristol: Environment Agency, 2000: 352-376.

[215] PETTS J. Public participation and environmental impact assessment [M] // PETTS J. Handbook of environmental impact assessment, London: Blackwell Science, 2003.

[216] PEYRACHE A, DARAIO C. Empirical tools to assess the sensitivity of directional distance functions to direction selection [J]. Applied economics, 2012, 44 (8): 933-943.

[217] PINDYCK R S. Uncertainty in the theory of renewable resource markets [J]. The review of economic studies, 1984, 51 (2): 289-303.

[218] PORTER M E, LINDE C. Toward a new conception of the environment-competitiveness relationship [J]. Journal of economic perspectives, 1995, 9 (4): 97-118.

[219] PORTER M E. America's green strategy [J]. Scientific American, 1991 (4): 142-153.

[220] PRICE L , LEVINE M D, NAN Z , et al. Assessment of China's energy-saving and emission-reduction accomplishments and opportunities during the 11th Five Year Plan [J]. Energy policy, 2011, 39 (4): 2165-2178.

[221] PRICE L, WANG X, YUN J. The challenge of reducing energy consumption of the top-1000 largest industrial enterprises in China [J]. Energy policy, 2010, 38 (11): 6485-6498.

[222] PRITCHETT L, SUMMERS L H. Wealthier is Healthier [J]. Journal of human resources, 1996 (31): 841-868.

[223] QIAN N. Missing women and the price of tea in China: the effect of sex-specific earnings on sex imbalance [J]. The quarterly journal of economics, 2008, 123 (3): 1251-1285.

[224] QIN X, YU W. Foreign direct investment, economic growth and

environmental pollution: an empirical study based on spatial panel data of 259 prefecture-level cities in China [J]. Macroeconomic researches, 2016, 36: 99-103.

[225] REHDANZ K, MADDISON D. Local environmental quality and life-satisfaction in Germany [J]. Ecological economics, 2008, 64 (4): 787-797.

[226] REIMSBACH D, HAHN R, GÜRTÜRK A. Integrated reporting and assurance of sustainability information: an experimental study on professional investors' information processing [J]. European accounting review, 2018, 27 (3): 559-581.

[227] RENN O. Participatory processes for designing environmental policies [J]. Land use policy, 2006, 23 (1): 34-43.

[228] ROBERTS N. Public deliberation in an age of direct citizen participation [J]. The American review of public administration, 2004, 34 (4): 315-353.

[229] SANDERS N J, STOECKER C. Where have all the young men gone? using sex ratios to measure fetal death rates [J]. Journal of health economics, 2015, 41: 30-45.

[230] SANDLER B. Grow or die: marxist theories of capitalism and the environment [J]. Rethinking Marxism, 1994, 7 (2): 38-57.

[231] SCHREIFELS J J, FU Y, WILSON E J. Sulfur dioxide control in China: policy evolution during the 10th and 11th Five-year Plans and lessons for the future [J]. Energy policy, 2012, 48: 779-789.

[232] SHAO S, YANG Z, YANG L, et al. Can China's energy intensity constraint policy promote total factor energy efficiency? evidence from the industrial sector [J]. The energy journal, 2019, 40 (4): 10-12.

[233] SHAPIRO J S, WALKER R. Why is pollution from US manufacturing declining? the roles of environmental regulation, productivity, and trade [J]. American economic review, 2018, 108 (12): 3814-3854.

[234] SHEPHARD R W. Theory of cost and production functions [M]. Princeton, NJ: Princeton University Press, 1970.

[235] SHEPHERD A, BOWLER C. Beyond the requirements: improving

public participation in EIA [J]. Journal of environmental planning and management, 1997, 40 (6): 725-738.

[236] SHI X, XU Z. Environmental regulation and firm exports: evidence from the Eleventh Five-year Plan in China [J]. Journal of environmental economics and management, 2018, 89: 187-200.

[237] SINCLAIR A J, DIDUCK A, FITZPATRICK P. Conceptualizing learning for sustainability through environmental assessment: critical reflections on 15 years of research [J]. Environmental impact assessment review, 2008, 28 (7): 415-428.

[238] SOLOW R M. Technical change and the aggregate production function [J]. The review of economics and statistics, 1957, 39 (3): 312-320.

[239] SPENCE M. Market signaling: informational transfer in hiring and related screening processes [M]. Cambridge: Harvard University Press, 1974.

[240] STOCK J H, YOGO M. Testing for weak instruments in Linear Ⅳ Regression [J]. NBER technical working papers, 2005, 14 (1): 80-108.

[241] SUN L, ZHU D, CHAN E. Public participation impact on environment NIMBY conflict and environmental conflict management: comparative analysis in Shanghai and Hong Kong [J]. Land use policy, 2016, 58: 208-217.

[242] TANG B S, WONG S W, LAU C H. Social impact assessment and public participation in China: a case study of land requisition in Guangzhou [J]. Environmental impact assessment review, 2008, 28 (1): 57-72.

[243] TANG P C, YANG S W, SHEN J, et al. Does China's low-carbon pilot programme really take off? evidence from land transfer of energy-intensive industry [J]. Energypolicy, 2018, 114 (12): 482-491.

[244] TOMBE T, WINTER J. Environmental policy and misallocation: the productivity effect of intensity standards [J]. Journal of environmental economics and management, 2015, 72: 137-163.

[245] TRINDER E, HAY A, DIGNAN J, et al. Concepts of equity, fairness, and justice in British transport legislation, 1960—1988 [J]. Environment and planning: government and policy, 1991, 9 (1): 31-50.

[246] TRUCCO L . Broken cities: the effect of government responsiveness on citizens' participation [J]. Working paper, 2016.

[247] VARDANYAN M, NOH D W. Approximating pollution abatement costs via alternative specifications of a multi-output production technology: a case of the US electric utility industry [J]. Journal of environmental management, 2006, 80 (2): 177-190.

[248] VOSS H. Environmental public participation in the UK [J]. The international journal of social quality, 2014, 4 (1): 26-40.

[249] WANG C H, WU J J, ZHANG B. Environmental regulation, emissions and productivity: evidence from Chinese COD-emitting manufacturers [J]. Journal of environmental economics and management, 2018, 92 (8): 54-73.

[250] WANG C. Decomposing energy productivity change: a distance function approach [J]. Energy, 2007, 32 (8): 1326-1333.

[251] WANG C. Sources of energy productivity growth and its distribution dynamics in China [J]. Resource and energy economics, 2011, 33 (1): 279-292.

[252] WANG K, XIAN Y, LEE C Y, et al. On selecting directions for directional distance functions in a non-parametric framework: a review [J]. Annals of operations research, 2019, 278: 43-76.

[253] WANG K, XIAN Y, WEI Y M, et al. Sources of carbon productivity change: a decomposition and disaggregation analysis based on global Luenberger productivity indicator and endogenous directional distance function [J]. Ecological indicators, 2016, 66: 545-555.

[254] WANG M Y , LO K , WANG M Y . Energy conservation in China's Twelfth Five-year Plan period: continuation or paradigm shift? [J]. Renewable and sustainable energy reviews, 2013, 18: 499-507.

[255] WANG R, WIJEN F, HEUGENS P P. Government's green grip: multifaceted state influence on corporate environmental actions in China [J]. Strategic management journal, 2018, 39 (2): 403-428.

[256] WATANABE M, TANAKA K. Efficiency analysis of Chinese industry: a directional distance function approach [J]. Energy policy, 2007, 35

(12): 6323-6331.

[257] WILLIAMSON O E. The mechanisms of governance [M]. New York: Oxford University Press, 1996.

[258] WU H Y, GUO H X, ZHANG B, et al. Westward movement of new polluting firms in China: pollution reduction mandates and location choice [J]. Journal of comparative economics, 2017, 45 (1): 119-138.

[259] WU H, GUO H, ZHANG B, et al. Westward movement of new polluting firms in China: pollution reduction mandates and location choice [J]. Journal of comparative economics, 2017, 45 (1): 119-138.

[260] WU J, CHANG I S, YILIHAMU Q, et al. Study on the practice of public participation in environmental impact assessment by environmental non-governmental organizations in China [J]. Renewable and sustainable energy reviews, 2017, 74: 186-200.

[261] WU J, DENG Y H, HUANG J, et al. Incentives and outcomes: China's environmental policy [J]. Capitalism and society, 2014, 9 (1): 1-41.

[262] XING Z, WANG J, ZHANG J. CO_2 emission performance, mitigation potential, and marginal abatement cost of industries covered in China's nationwide emission trading scheme: a meta-frontier analysis [J]. Sustainability, 2017, 9 (6): 932.

[263] YANG K. Examining perceived honest performance reporting by public organizations: bureaucratic politics and organizational practice [J]. Journal of public administration research and theory, 2009, 19 (1): 81-105.

[264] YANG Z, FAN M, SHAO S, et al. Does carbon intensity constraint policy improve industrial green production performance in China? a quasi-DID analysis [J]. Energy economics, 2017, 68: 271-282.

[265] YUAN X, ZUO J. Transition to low carbon energy policies in China: from the Five-Year Plan perspective [J]. Energy policy, 2011, 39 (6): 3855-3859.

[266] YUAN Y J, GUO L L, SUN J. Structure, technology, management and energy efficiency: stochastic frontier approach based on provincial panel data during 2000-2010 [J]. China industrial economy, 2012, 28: 18-30.

[267] ZHANG P. Do energy intensity targets matter for wind energy development? identifying their heterogeneous effects in Chinese provinces with different wind resources [J]. Renewable energy, 2019, 139: 968-975.

[268] ZHANG X, TAN J, CHAN K C. Environmental law enforcement as external monitoring: evidence from the impact of an environmental inspection program on firm-level stock price crash risk [J]. International review of economics & finance, 2021, 71: 21-31.

[269] ZHANG X, ZHANG X, CHEN X. Happiness in the air: how does a dirty sky affect mental health and subjective well-being? [J]. Journal of environmental economics and management, 2017, 85: 81-94.

[270] ZHAO X, WU L. Interpreting the evolution of the energy-saving target allocation system in China (2006—2013): a view of policy learning [J]. World development, 2016, 82: 83-94.

[271] ZHENG J, HU A. An empirical analysis of provincial productivity in China (1979—2001) [J]. Journal of Chinese economic and business studies, 2006, 4 (3): 221-239.

[272] ZHENG J, LIU X, BIGSTEN A. Efficiency, technical progress, and best practice in Chinese state enterprises (1980—1994)[J]. Journal of comparative economics, 2003, 31 (1): 134-152.

[273] ZHENG S Q, KAHN M E, SUN W Z, et al. Incentives for China's urban mayors to mitigate pollution externalities: the role of the central government and public environmentalism [J]. Regional science and urban economics, 2014, 47 (9): 61-71.

[274] ZHENG S, JING C, KAHN M E, et al. Real estate valuation and cross-boundary air pollution externalities: evidence from Chinese cities [J]. Journal of real estate finance & economics, 2014, 48 (3): 398-414.

[275] ZHENG S, KAHN M E, LIU H. Towards a system of open cities in China: home prices, FDI flows and air quality in 35 major cities [J]. Regional science and urban economics, 2010, 40 (1): 1-10.

[276] ZHENG S, KAHN M E, SUN W, et al. Incentives for China's urban mayors to mitigate pollution externalities: the role of the central government and

public environmentalism [J]. Regional science and urban economics, 2014, 47: 61-71.

[277] ZHENG S, KAHN M E. A new era of pollution progress in urban China? [J]. Journal of economic perspectives, 2017, 31 (1): 71-92.

[278] ZHENG S, KAHN M E. Land and residential property markets in a booming economy: new evidence from Beijing [J]. Journal of urban economics, 2008, 63 (2): 743-757.

[279] ZHOU J, MAO X Q, HU T, et al. Implications of the 11th and 12th Five-year Plans for energy conservation and CO_2 and air pollutants reduction: a case study from the city of Urumqi, China [J]. Journal of cleaner production, 2016, 112: 1767-1777.

[280] ZHOU P, ANG B W, HAN J Y. Total factor carbon emission performance: a Malmquist index analysis [J]. Energy economics, 2010, 32 (1): 194-201.

[281] ZHOU P., ANG B W, WANG H. Energy and CO_2 emission performance in electricity generation: a non-radial directional distance function approach [J]. European journal of operational research, 2012, 221 (3): 625-635.

[282] ZHOU Y, ZHU S, HE C. How do environmental regulations affect industrial dynamics? evidence from China's pollution-intensive industries [J]. Habitat international, 2017, 60: 10-18.

[283] ZHU J, YE K, TUCKER J W, et al. Board hierarchy, independent directors, and firm value: evidence from China [J]. Journal of corporate finance, 2016, 41: 262-279.

[284] ZOFIO J L, PASTOR J T, APARICIO J. The directional profit efficiency measure: on why profit inefficiency is either technical or allocative [J]. Journal of productivity analysis, 2013, 40: 257-266.

[285] ZWICK E, MAHON J. Tax policy and heterogeneous investment behavior [J]. American economic review, 2017, 107 (1): 217-248.